여러분의 합격을 응원하는
해커스공무원 특별 혜택

FREE 공무원 형사정책 **특강**

해커스공무원(gosi.Hackers.com) 접속 후 로그인 ▶ 상단의 [무료강좌] 클릭 ▶ [교재 무료특강] 클릭

 해커스공무원 온라인 단과강의 **20% 할인쿠폰**

7988F8C89A97NH93

해커스공무원(gosi.Hackers.com) 접속 후 로그인 ▶ 상단의 [나의 강의실] 클릭 ▶
좌측의 [쿠폰등록] 클릭 ▶ 위 쿠폰번호 입력 후 이용

* 등록 후 7일간 사용 가능(ID당 1회에 한해 등록 가능)

합격예측 **온라인 모의고사 응시권 + 해설강의 수강권**

8FEBF38C7EFY5U36

해커스공무원(gosi.Hackers.com) 접속 후 로그인 ▶ 상단의 [나의 강의실] 클릭 ▶
좌측의 [쿠폰등록] 클릭 ▶ 위 쿠폰번호 입력 후 이용

* ID당 1회에 한해 등록 가능

해커스 회독증강 콘텐츠 **5만원 할인쿠폰**

B6E582A2C7B7B2AJ

해커스공무원(gosi.Hackers.com) 접속 후 로그인 ▶ 상단의 [나의 강의실] 클릭 ▶
좌측의 [쿠폰등록] 클릭 ▶ 위 쿠폰번호 입력 후 이용

* 등록 후 7일간 사용 가능(ID당 1회에 한해 등록 가능)
* 특별 할인상품 적용 불가
* 월간 학습지 회독증강 행정학/행정법총론 개별상품은 할인대상에서 제외

쿠폰 이용 관련 문의 1588-4055

KB093596

단기 합격을 위한
해커스 커리큘럼

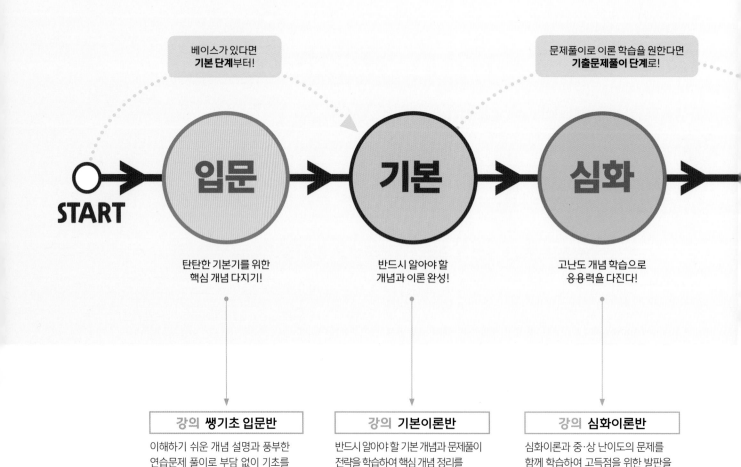

베이스가 있다면
기본 단계부터!

문제풀이로 이론 학습을 원한다면
기출문제풀이 단계로!

START

입문

탄탄한 기본기를 위한
핵심 개념 다지기!

기본

반드시 알아야 할
개념과 이론 완성!

심화

고난도 개념 학습으로
응용력을 다진다!

강의 **쌩기초 입문반**

이해하기 쉬운 개념 설명과 풍부한
연습문제 풀이로 부담 없이 기초를
다질 수 있는 강의

강의 **기본이론반**

반드시 알아야 할 기본 개념과 문제풀이
전략을 학습하여 핵심 개념 정리를
완성하는 강의

강의 **심화이론반**

심화이론과 중·상 난이도의 문제를
함께 학습하여 고득점을 위한 발판을
마련하는 강의

단계별 교재 확인 및
수강신청은 여기서!
gosi.Hackers.com

* 커리큘럼은 과목별·선생님별로 상이할 수 있으며, 자세한 내용은 해커스공무원 사이트에서 확인하세요.

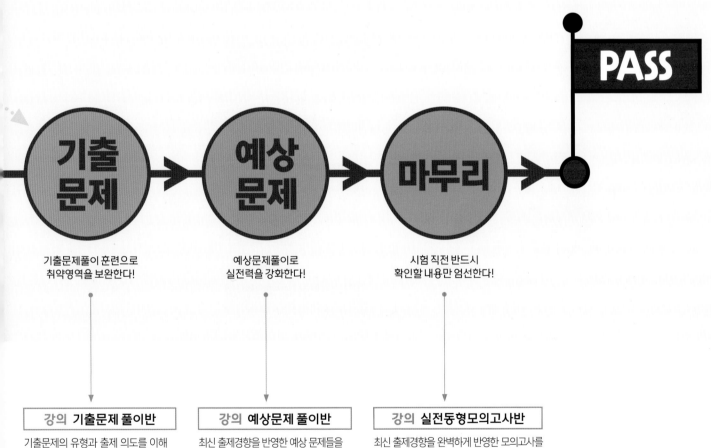

PASS

기출 문제

기출문제풀이 훈련으로
취약영역을 보완한다!

예상 문제

예상문제풀이로
실전력을 강화한다!

마무리

시험 직전 반드시
확인할 내용만 엄선한다!

강의 기출문제 풀이반

기출문제의 유형과 출제 의도를 이해
하고, 본인의 취약영역을 파악 및 보완
하는 강의

강의 예상문제 풀이반

최신 출제경향을 반영한 예상 문제들을
풀어보며 실전력을 강화하는 강의

강의 실전동형모의고사반

최신 출제경향을 완벽하게 반영한 모의고사를
풀어보며 실전 감각을 극대화하는 강의

강의 봉투모의고사반

시험 직전에 실제 시험과 동일한 형태의
모의고사를 풀어보며 실전력을 완성하는 강의

해커스공무원

노신
형사정책

기본서

노신

약력

고려대학교 법과대학 법학과 졸업
제주대학교 법학전문대학원 졸업
변호사
현 | 해커스공무원 형사정책 · 교정학 강의
현 | 해커스경찰 범죄학 강의

저서

해커스공무원 노신 형사정책 기본서
해커스공무원 노신 형사정책 단원별 기출문제집
해커스공무원 노신 형사정책 법령집
해커스공무원 노신 형사정책 핵심요약집
해커스공무원 노신 형사정책 실전동형모의고사
해커스공무원 노신 교정학 기본서
해커스공무원 노신 교정학 단원별 기출문제집
해커스공무원 노신 교정학 법령집
해커스공무원 노신 교정학 핵심요약집
해커스공무원 노신 교정학 실전동형모의고사
해커스경찰 노신 범죄학 기본서
해커스경찰 노신 범죄학 단원별 기출+실전문제집

공무원 시험
합격을 위한 필수 기본서!

공무원 공부, 어떻게 시작해야 할까?

누구에게나 첫 시작, 첫 도전은 설렘 반, 걱정 반일 것입니다. 특히 인생의 중요한 전환점에 선 여러분들에게 '형사정책'이라는 과목은 어쩌면 큰 부담일지도 모릅니다. 하지만 우리가 학습하여야 하는 '형사정책'은 수백년 동안 축적된 전공으로서의 형사정책이 아닌, 수험 목적의 형사정책입니다. 즉, 이제까지 출제된 내용을 기반으로 시험에 합격할 수 있도록 전략적으로 학습하는 것이 중요합니다. 『해커스공무원 노신 형사정책 기본서』는 수험생 여러분들의 소중한 하루하루가 낭비되지 않도록 올바른 수험생활의 길을 제시하고자 노력하였습니다.

이에 『해커스공무원 노신 형사정책 기본서』는 다음과 같은 특징을 가지고 있습니다.

첫째, 형사정책의 핵심을 빠르고 쉽고 정확하게 이해할 수 있도록 구성하였습니다.

수험생 여러분들의 효율적인 학습을 위해 기본 개념부터 심화 이론까지 차근차근 이해하며 따라갈 수 있도록 형사정책의 핵심 내용만을 짜임새 있게 구성하였습니다. 이를 통해 기본서 하나만으로도 형사정책의 내용을 정확히 이해하고, 수험생활 전반에 걸쳐 본인의 학습 수준에 맞게 기본서를 활용할 수 있습니다.

둘째, 다양한 학습장치를 통해 수험생 여러분들의 입체적인 학습을 지원합니다.

형사정책은 핵심 이론 외에도 관련 법령과 판례를 정확히 학습하는 것이 중요하므로, 이론을 중심으로 법령, 판례를 체계적으로 수록함으로써 빈틈없는 학습이 가능하도록 하였습니다. 또한 심층적인 학습을 할 수 있도록 심화이론을 담은 '참고' 및 이론과 제도를 비교하여 정리할 수 있는 '핵심 POINT'를 수록하였고, 본문에서 학습한 내용을 다시 한번 확인하고 스스로 실력을 점검할 수 있도록 철저한 기출 분석을 기반으로 한 '기출·실전문제 OX'를 수록하였습니다.

더불어, 공무원 시험 전문 사이트 해커스공무원(gosi.Hackers.com)에서 교재 학습 중 궁금한 점을 나누고 다양한 무료학습 자료를 함께 이용하여 학습 효과를 극대화할 수 있습니다.

부디 『해커스공무원 노신 형사정책 기본서』와 함께 공무원 형사정책 시험 고득점을 달성하고 합격을 향해 한걸음 더 나아가시기를 바랍니다.

『해커스공무원 노신 형사정책 기본서』가 공무원 합격을 꿈꾸는 모든 수험생 여러분에게 훌륭한 길잡이가 되기를 바랍니다.

노신

목차

이 책의 구성

『해커스공무원 노신 형사정책 기본서』는 수험생 여러분들이 형사정책 과목을 효율적으로 정확하게 학습할 수 있도록 상세한 내용과 다양한 학습장치를 수록·구성하였습니다. 아래 내용을 참고하여 본인의 학습 과정에 맞게 체계적으로 학습 전략을 세워 학습하시기 바랍니다.

① 단원별 출제 경향을 파악하고 학습방향 설정하기

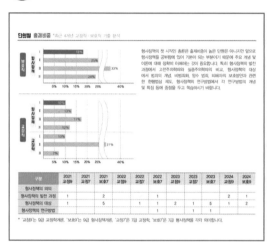

학습의 우선순위를 설정할 수 있는 단원별 출제경향

각 대단원 도입부마다 해당 단원의 출제경향을 한 눈에 파악할 수 있도록 최근 4년간의 9·7급 교정직·보호직 기출문제를 분석한 출제경향을 수록하였습니다. 실제 시험에서 어느 단원이 빈출되고 있는지 확인함으로써 학습의 우선순위를 설정하고, 중점을 두어 학습해야 할 부분은 무엇인지 미리 파악이 가능합니다.

② 이론의 세부적인 내용을 정확하게 이해하기

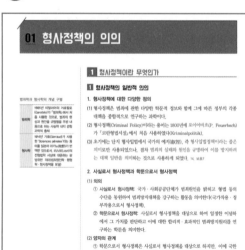

최신 출제 경향 및 개정 법령을 반영한 이론

1. 최신 출제 경향 반영
최신 공무원 시험의 출제 경향을 철저히 분석하여 자주 출제되거나 출제가 예상되는 내용 등을 엄선하여 수록하였습니다. 출제 경향을 토대로 방대한 형사정책 과목의 내용 중 시험에 나오는 이론들의 효과적인 학습이 가능합니다.

2. 개정 법령 및 최신 판례 수록
교재 내 관련 이론에 최근 개정된 법령과 최신 판례들을 전면 반영하였습니다. 기본서만으로도 형사정책 관련한 이론과 법령, 판례를 충분히 학습할 수 있어 실전에 효율적으로 대비할 수 있습니다.

③ 다양한 학습장치를 활용하여 이론 완성하기

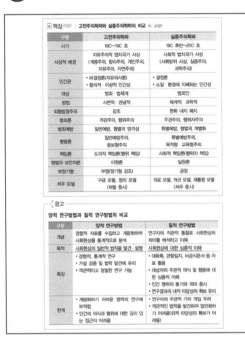

한 단계 실력 향상을 위한 핵심 POINT 및 참고

1. 핵심 POINT
주요 개념들을 비교·정리하고, 이론들 간의 공통점과 차이점, 특이사항을 표로 요약·정리하여 '핵심 POINT'에 수록하였습니다. 학습한 내용을 일목요연하게 정리하고, 유사하거나 대비되는 개념들을 서로 비교하며 학습할 수 있습니다.

2. 참고
본문 내용 중 더 알아두면 이해에 도움이 될 만한 내용이나 심화된 이론 등을 '참고'에 담아 제시하였습니다. 형사정책 이론의 큰 흐름 속에서 이해가 어려웠던 부분의 학습을 '참고'를 통해 보충하고, 심화된 내용까지 학습하시기 바랍니다.

④ 기출·실전문제 OX와 해설을 통해 다시 한번 이론 정리하기

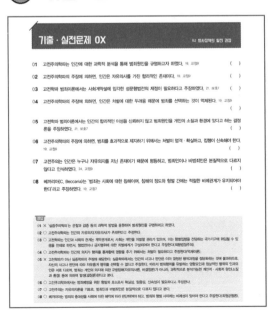

기출·실전문제 OX와 상세한 해설

1. 기출·실전문제 OX
9·7급 교정직, 보호직 등 다양한 형사정책 기출문제 중 공무원 시험에 재출제 될 가능성이 높고 우수한 퀄리티의 문제들을 엄선한 후, OX 문제로 변형하여 수록하였습니다. 기출되었던 지문을 풀면서 학습한 이론을 다시 한번 점검할 수 있습니다.

2. 상세한 해설
각 문제마다 상세한 해설을 수록하였습니다. 문제를 풀고 해설을 확인하는 과정을 통해 학습한 내용을 복습하고 스스로 실력 점검을 하시기 바랍니다.

단원별 **출제비중** *최근 4개년 교정직·보호직 기출 분석

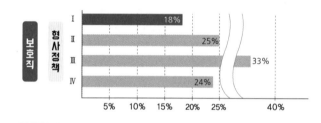

형사정책의 첫 시작인 총론은 출제비중이 높은 단원은 아니지만 앞으로 형사정책을 공부함에 있어 기본이 되는 부분이기 때문에 주요 개념 및 이론에 대해 정확히 이해하는 것이 중요합니다. 특히 형사정책의 발전 과정에서 고전주의학파와 실증주의학파의 비교, 형사정책의 대상에서 범죄의 개념, 비범죄화, 암수 범죄, 피해자의 보호방안과 관련한 현행법상 제도, 형사정책의 연구방법에서 각 연구방법의 개념 및 특징 등에 중점을 두고 학습하시기 바랍니다.

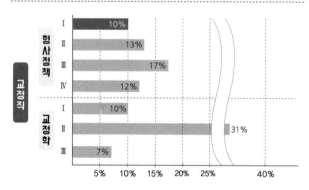

구분	2021 교정9	2021 교정7	2021 보호7	2022 교정9	2022 교정7	2022 보호7	2023 교정9	2023 교정7	2023 보호7	2024 교정9	2024 보호9
형사정책의 의의											
형사정책의 발전 과정	1		2			1				2	1
형사정책의 대상	1		5		1	1	2	1	5	1	2
형사정책의 연구방법						1		1	1		

* '교정9'는 9급 교정학개론, '보호9'는 9급 형사정책개론, '교정7'은 7급 교정학, '보호7'은 7급 형사정책을 각각 의미합니다.

I

총론

01 형사정책의 의의

1 형사정책이란 무엇인가

1 형사정책의 일반적 의의

1. 형사정책에 대한 다양한 정의

(1) 형사정책은 범죄에 관한 다양한 학문적 정보와 함께 그에 따른 정부의 각종 대책을 종합적으로 연구하는 과학이다.

(2) 형사정책(Criminal Policy)이라는 용어는 1800년에 포이어바흐(P. Feuerbach)가 『코란형법서설』에서 처음 사용하였다(Kriminalpolitik).

(3) 초기에는 단지 형사입법에서 국가의 예지(叡智), 즉 형사입법정책이라는 좁은 의미로만 사용되었으나, 점차 범죄의 실태와 원인을 규명하여 이를 방지하려는 대책 일반을 의미하는 것으로 사용하게 되었다. 14. 보호7

2. 사실로서 형사정책과 학문으로서 형사정책

(1) 의의

① 사실로서 형사정책: 국가 · 사회공공단체가 범죄원인을 밝히고 형법 등의 수단을 동원하여 범죄방지대책을 강구하는 활동을 의미한다(국가작용 · 정부작용으로서 형사정책).

② 학문으로서 형사정책: 사실로서 형사정책을 대상으로 하여 일정한 이념하에서 그 가치를 판단하고 이에 대한 합리적 · 효과적인 범죄방지원리를 연구하는 학문을 의미한다.

(2) 양자의 관계

① 학문으로서 형사정책은 사실로서 형사정책을 대상으로 하지만, 이에 국한되는 것은 아니다. 학문으로서 형사정책은 어떤 범죄행위 · 일탈행위가 형법적 제재를 받아야 하는가를 우선적으로 고려해야 한다. 그러므로 형사제재와 다른 법규범 · 사회규범 제재의 적합성 · 필요성 · 균형성을 모두 고려해야 한다.

② 사실로서 형사정책에는 일정한 한계가 있다. 형사정책은 범죄에 대한 효과적 대책수립을 목적으로 하지만, 정책적 필요성이 형법의 원칙을 넘을 수는 없다(예 죄형법정주의 등). 즉, 법을 통하지 않은 형사정책은 불가능하다 [형법은 형사정책의 뛰어넘을 수 없는 한계: 리스트(Liszt)]. 20. 보호7☆

범죄학과 형사학의 개념 구별

범죄학	1885년 이탈리아의 가로팔로(Garofalo)가 『범죄학』에서 처음 사용한 것으로, 범죄의 현상과 원인을 규명함을 주된 내용으로 하는 사실학 내지 경험과학의 총체
형사학	1914년 가로(Garraud)가 사용한 'Sciences pénales'라는 용어를 일본의 마키노(牧野)가 번역한 것으로, 리스트(Liszt)의 전형법학 사상에 대응하는 광범위한 의미(범죄원인학 · 행형학 · 형사정책을 포괄)

③ 학문으로서 형사정책은 형법과 형법학에 대한 연구를 토대로 입법론을 제시하는 것을 궁극적인 목적으로 한다. 따라서 형사정책의 대상에는 범죄에 대한 법규범과 국가통제기관의 효율성 이외에 빈곤·실업 등과 같은 사회구조적 결핍상태나 차별 과정도 포함된다.

3. 협의의 형사정책과 광의의 형사정책

(1) 협의의 형사정책

① 의의: 협의의 형사정책이란 범죄자와 범죄위험이 있는 자를 대상으로 형벌 또는 이와 유사한 수단으로 범죄방지를 직접적 목적으로 하는 국가의 입법·사법·행정 활동을 의미한다. 14. 보호7☆

② 장·단점

㉠ 장점: 형사정책학의 연구대상을 명확하게 확정할 수 있고 형사정책의 개념을 고유하게 규정할 수 있다.

㉡ 단점: 학문으로서 형사정책을 형법적 수단에 의한 정책만으로 한정하는 것은 스스로 논의에 대한 한계를 축소시킨다.

(2) 광의의 형사정책

① 의의

㉠ 광의의 형사정책이란 협의의 형사정책 외에도 범죄방지를 간접적·종속적 목적으로 하는 모든 활동을 포함한다(예 주택사업·교육사업·공공부조사업 등). 이에 의하면 형사정책은 범죄예방과 관계되는 각종 사회정책을 포괄하는 개념이 된다[최선의 사회정책이 가장 좋은 형사정책: 리스트(Liszt)]. 12. 보호7

㉡ 최근에는 국가의 범죄방지활동뿐만 아니라 형사사법 과정 및 예방단계의 시민활동, 국가의 범죄피해보상까지도 광의의 형사정책에 포함시키기도 한다.

② 비판: 형사정책의 학문적 한계가 애매하게 되고 개념규정 자체를 무의미하게 만들 우려가 있으므로 일정한 한계를 긋는 것이 타당하다.

(3) 평가

① 오늘날의 형사정책 연구는 형법적 수단은 물론이고 형법 외적 수단까지도 활용하는 광의의 형사정책을 지향하고 있다. 따라서 직접적 범죄방지대책과 더불어 간접적 범죄방지대책도 연구대상으로 삼고 있다.

② 범죄에 대한 대처방안이 형벌 외에 보안처분 및 각종 사회 내 처우 등으로 다양화되었다. 또한 형사정책의 주체도 종래 국가·공공단체 중심에서 형사정책의 각 분야에 대한 시민참가 등으로 확대되고 있다.

③ 협의의 개념이 본래 의미의 형사정책이지만, 우리나라에서는 광의의 개념으로 사용되는 것이 일반적이다.

2 형사정책학의 특성

1. 경험과학성과 규범학성 14. 보호7☆

(1) 경험과학성(사실학적 특성)

형사정책은 범죄의 현상과 원인에 대해 실증적·인과적 연구를 지향한다는 점에서 경험과학적 특성을 지닌다.

(2) 규범학성(정책학적 특성)

형사정책은 범죄현상에 기초하여 바람직한 범죄대책을 연구대상으로 포함하므로 규범학적 특성도 지니고 있다.

2. 종합과학성과 독립과학성 14. 보호7☆

(1) 종합과학성 20. 보호7

형사정책은 인간과 사회에 관한 모든 방면의 지식이 총동원되어야만 효율적인 결과를 얻을 수 있는 종합과학적 특성을 갖는다[학제적·간(間) 학문적·개방적 성격]. 이러한 특성은 '범죄학자는 학문계의 영원한 손님(Reckless)', '범죄학은 영토를 가지지 않은 제왕의 학문(Sellin)' 등으로 표현된다.

(2) 독립과학성

초기의 형사정책은 형법의 보조수단적 성격(형사입법정책)을 띠고 출발하였으며, 20세기 초까지도 변화하는 범죄현상을 대상으로 하고 다른 학문분야의 성과를 기초로 범죄방지대책을 수립한다는 이유로 형사정책의 독립과학성이 부정되었다. 그러나 1930년대 이후에는 형사정책이 고유한 학문성을 가지고 있다고 보아 독립과학성을 인정하는 것이 일반적이다.

3. 실천과학성과 정책과학성 14. 보호7

(1) 실천과학성

형사정책은 전체 형법학의 실천원리로서 기능한다.

(2) 정책과학성

형사정책은 현존하는 범죄방지수단의 유효성을 분석하여 보다 바람직한 범죄대책을 수립하기 위한 정책과학이다.

2 형사정책과 인접학문분야

1 형사정책과 형법해석학

1. 견해의 대립

이원적 협력관계설	① 형사정책은 범죄원인을 규명하여 이에 대한 합리적 방지대책을 강구하는 분야이다. 반면에 형법해석학(형법도그마틱)은 실정형법에 대한 학문으로서 그 규범내용을 파악하여 해석·적용하기 위한 이론영역이다. ② 형사정책은 형법해석학의 발전으로부터 많은 시사를 받을 수 있고 그 결정은 형법해석학의 발전과 보조를 같이 하여야 한다. 반면에 형법해석학은 형사정책적인 전체구상 안에서만 그 해결점을 발전시켜야 한다.
통합관계설	① 법 발견이란 논리적 추론 과정을 통하여 기존 법률을 포섭적으로 적용하는 것보다 넓은 개념이라고 하여, 형사정책과 형법해석학을 하나의 포괄적 영역으로 보는 입장이다[록신(Roxin)]. ② 법 발견은 법적 규율의 구체적 현실화 과정이며, 법률에 내재된 입법자의 목표를 창조적으로 발전시키고 체계화하는 것은 형법해석학의 영역에 속하는 것처럼 보이지만 사실은 형사정책이라는 것이다. 11. 사시

2. 검토

통합관계로 보는 입장은 형사정책에 대한 형법의 한계 역할이 무시되는 법치국가적 문제점을 안고 있다. 리스트(Liszt)는 형법을 '범죄자의 대헌장'인 동시에 '형사정책의 뛰어넘을 수 없는 한계'라고 주장한다. 형사정책의 이념이 범죄예방을 위해 아무리 훌륭하더라도 그것은 형법의 범위 안에서 실현되어야 하며, 형법이 형사정책의 수단이 되어서는 안 된다는 것이다. 따라서 형사정책과 형법해석학은 이원적 협력관계(상호의존적·상호제약적 관계)에 있다고 보아야 한다. 22. 보호7

2 형사정책과 범죄학

(1) 원래적 의미의 형사정책은 범죄학의 경험적 연구를 토대로 독자적인 규범적 기준에 따라 범죄화·비범죄화 또는 형벌의 개폐를 결정하는 분야이다. 반면에 원래적 의미에서 범죄학은 범죄의 현실적 원인과 그에 대한 대책으로서 형벌의 실제적 효과를 경험적으로 연구하는 분야를 말한다.

(2) 따라서 형사정책은 규범과학(정책학)이지만 범죄학은 경험과학(사실학)이라고 할 수 있다. 또한 형사정책은 가치과학이고, 범죄학은 존재과학이라고 할 수 있다. 이처럼 양자의 성격이 학문적으로는 엄격히 구별됨에도 불구하고 실제로는 혼용되어 사용되는 경우가 적지 않다.

01 좁은 의미의 형사정책학은 범죄와 범죄자, 사회적 일탈행위 및 이에 대한 통제방법을 연구하는 경험과학 또는 규범학이 아닌 사실학의 총체를 말한다. 14. 보호7 ( )

02 형사정책은 사회학, 통계학 등 다양한 주변 학문의 성과를 기초로 범죄 현상을 분석함으로써 일반적인 범죄방지책을 제시한다. 20. 보호7 ( )

03 형사정책학은 법학은 물론 심리학, 사회학 등 다양한 주변 학문영역의 성과를 기초로 하나, 단순한 종합과학이 아니라 범죄방지를 위한 체계적인 대책수립을 목표로 하는 독립과학이다. 14. 보호7 ( )

04 형사정책학은 기존 형벌체계가 과연 범죄대책으로서 유효한가에 대한 검증을 함으로써 형법규정의 개정방향을 선도한다는 점에서 형법학과 형사정책학은 상호의존성을 가진다. 14. 보호7 ( )

05 형사정책을 시행함에 있어서도 죄형법정주의는 중요한 의미를 가진다. 20. 보호7 ( )

정답

01 ✕ 협의의 형사정책이란 범죄자와 범죄위험이 있는 자를 대상으로 형벌 또는 이와 유사한 수단으로 범죄방지를 직접적 목적으로 하는 국가의 입법 · 사법 · 행정 활동을 의미하는데, 형사정책은 범죄의 현상과 원인에 대해 실증적 · 인과적 연구를 지향한다는 점에서 경험과학적 특성을 지니며(사실학적 특성), 동시에 범죄현상에 기초하여 바람직한 범죄대책을 연구대상으로 포함하므로 규범학적 특성도 지니고 있다(정책학적 특성).

02 ○ 형사정책은 인간과 사회에 관한 모든 방면의 지식이 총동원되어야만 효율적인 결과를 얻을 수 있는 종합과학적 특성을 갖는다.

03 ○ 형사정책은 인간과 사회에 관한 모든 방면의 지식이 총동원되어야만 효율적인 결과를 얻을 수 있는 종합과학적 특성을 갖는다. 초기의 형사정책은 독립과학성이 부정되었으나, 1930년대 이후에는 형사정책이 고유한 학문성을 가지고 있다고 보아 독립과학성을 인정하는 것이 일반적이다.

04 ○ 형사정책은 전체 형법학의 실천원리로서 기능하며, 현존하는 범죄방지수단의 유효성을 분석하여 보다 바람직한 범죄대책을 수립하기 위한 정책과학이다.

05 ○ 형사정책은 범죄에 대한 효과적 대책수립을 목적으로 하지만, 정책적 필요성이 형법의 원칙(죄형법정주의 등)을 넘을 수는 없다. 즉, 법을 통하지 않은 형사정책은 불가능하다는 것이다(형법은 형사정책의 뛰어넘을 수 없는 한계: Liszt).

02 형사정책의 발전 과정

1 고전주의학파

1 서론

1. 중점사항

계몽사상과 사회계약론의 영향을 받은 18세기 중엽의 고전주의학파는 실증주의학파와 달리 범죄행위에 대한 설명(범죄원인)보다는 형벌제도와 법제도의 개혁에 중점적으로 관심을 두었다.

2. 전제와 기본 주장

(1) 전제

① **쾌락주의**: 인간의 본성은 항상 기쁨을 극대화하고 고통을 최소화하려는 경향을 갖는다.

② **사회계약론**: 인간과 사회의 관계는 계약관계이다. 사회는 개인을 처벌할 권리가 있으며, 이는 형벌집행을 전담하는 국가기구에 위임될 수 있다.

③ **자유의지론**: 인간의 의지는 심리적으로 실재하는 것으로, 자유의지에 의해 사람들은 자기 스스로의 행동을 규율하고 통제할 수 있다. 21. 교정9☆

④ **억제이론**: 행위를 통제할 수 있는 근본적인 도구는 고통에 의한 공포감이며, 처벌은 인간의 의지가 행위를 통제함에 영향을 주기 때문에 필요하다. 19. 교정9

⑤ **죄형법정주의**: 형법전이나 금지행위에 대한 처벌체계가 구성되어야 한다. 21. 교정9

(2) 기본 주장

① 자유의지론을 기초로, 범죄인과 비범죄인은 본질적으로 다르지 않다고 본다. 24. 교정9

② 자백을 위한 고문을 금지하고, 증거와 진술에 의해 재판해야 한다.

③ 책임에 따른 형벌을 부과하여야 하므로, 정기형을 주장하고 부정기형은 반대한다. 24. 교정9

④ 형벌은 사회계약을 보전함에 정당성이 있고, 일반예방에 그 목적이 있다.

⑤ 모든 인간은 잠재적 범죄자이다(통제이론에 영향).

⑥ 과도하게 잔혹한 형벌과 사형에 반대한다.

⑦ 범죄란 자유의지를 가진 인간의 합리적 선택의 결과이다(비결정론). 15. 교정7☆

⑧ 법적 질서를 자유의사에 따른 합의의 산물로 보고 법에서 금지하는 행위를 하거나 의무를 태만히 하는 행위를 모두 범죄로 규정하며, 범죄의 원인에 따라 책임소재를 가리고 그에 상응하는 처벌을 부과해야 한다. 12. 교정7

2 주요 학자

1. 베카리아(C. Beccaria)

(1) 최대다수의 최대행복

형법은 범죄방지를 위한 공리적 기능을 하는 데 중점을 두어야 한다(공리주의).

(2) 범죄와 형벌

사회계약론에 입각한 형법 원리와 범죄통제를 주장하면서, 비인간적인 형벌의 폐지, 사형의 폐지, 고문의 폐지, 형벌의 목적사상(일반예방사상), 죄형법정주의를 강조한다. 18. 교정9

(3) 입법의 역할

입법자는 법관이 법률의 범위를 넘어 범죄자에게 형벌을 부과할 수 없도록 해야 한다(법관의 법해석 재량권을 부정). 또한 일반예방의 전제조건으로서 법 조문은 누구나 알 수 있는 말로 작성되어야 한다. 19. 교정7

(4) 형벌의 목적

① 형벌의 목적은 일반예방을 통한 사회안전의 확보, 즉 불법으로부터 범죄자를 격리하고 형벌집행을 통하여 범죄경향을 가진 다른 사람에 대하여 위협적(위하적) 효과를 거두는 것에 있다(범죄 억제). 24. 보호9☆

② 범죄를 처벌하는 것보다 예방하는 것이 더욱 중요하며, 처벌은 범죄예방에 도움이 된다고 판단될 때에 정당화된다. 따라서 처벌은 공개적이어야 하고 신속하며 필요한 것이어야 한다. 16. 교정9☆

③ 범죄의 중대성은 사회에 미친 해악에 따라 판단되어야 하고 범죄자의 의도에 의해 결정되어서는 안 되며, 범죄와 형벌 사이에는 비례성이 있어야 한다(죄형균형론). 형벌의 목적을 달성하기 위해서는 <u>형벌의 고통이 범죄의 이익을 약간 넘어서는 정도</u>가 되어야 한다. 24. 보호9☆

(5) 형벌의 확실성 강조

① 형벌집행의 3요소로서 형벌의 확실성(Certainty), 엄중성(Severity), 신속성(Swiftness)을 주장한다. 24. 보호9☆

② 형벌의 확실성은 범죄예방의 가장 확실한 수단이다. 처벌의 정도는 가혹하지만 회피할 가능성이 있는 처벌보다, 비록 처벌의 정도가 그다지 강하지 않아도 회피할 가능성이 없는 처벌이 더욱 강력한 효과가 있기 때문이다. 13. 사시☆

(6) 사형제도와 사면제도 반대

① 사형제도는 일반예방에 필요한 한도를 넘어서는 불필요한 제도이며, 정당성이 없고 예방효과에서도 회의적이며, 오판의 경우에 회복이 불가능하다고 지적하면서 사형제도의 폐지를 주장하였다. 24. 보호9☆

② 사면제도는 범죄자의 요행심을 불러일으킴으로써 법에 대한 존중심을 훼손하는 결과를 가져온다는 점에서 기본적으로 반대한다. 24. 보호9

(7) 일반예방주의

범죄를 처벌하는 것보다는 예방하는 것이 더 중요한 방법이라고 보아, 이를 위한 교육의 중요성을 강조하였다. 또한 특별예방에 대해서도 독자적으로 주장하였다.

(8) 배심원제도

① 법이란 부자와 빈자 또는 귀족과 평민을 구별하지 말아야 하고, 범죄자는 배심원들에 의해 평결되어야 한다고 본다.

② 범죄자와 피해자 사이에 계급적 차이가 있을 경우에는 배심원의 절반은 피해자 계급으로, 나머지 절반은 범죄자 계급으로 구성되어야 한다고 주장한다.

2. 벤담(J. Bentham)

(1) 범죄원인의 사회성

① 최대다수의 최대행복이라는 공리주의를 바탕으로, 범죄의 사회적 원인을 지적하였다. 15. 사시

② 상상적 범죄와 실제적 범죄를 구별하면서, 상상적 범죄의 비범죄화를 주장하였다. 15. 사시☆

(2) 공리주의적 형벌관

① 형벌은 필요악이므로 범죄예방을 목적으로 할 때에만 정당화된다고 주장한다. 10. 사시

② 범죄예방을 위해 최소비용을 사용하여야 한다고 하며, 형벌의 계량화를 주장하였다. 10. 사시

③ 형벌은 일반예방목적에 의해 정당화되며, 개선목적은 부차적 목적에 불과하다고 본다. 22. 보호7

④ 범죄와 형벌의 균형을 주장하면서(죄형균형론) 형벌이 관련당사자의 감정에 좌우되는 것은 불공정·불합리하며, 형벌의 강도는 범죄의 중대성에 의해서만 결정되어야 한다고 본다(채찍의 비유). 15. 사시

(3) 기타

① 최소비용으로 최대의 감시효과를 거둘 수 있는 새로운 감옥 형태로서 파놉티콘형 교도소를 제안하였으나, 실제로 건립되지는 않았다. 18. 교정9☆

사형에 관한 베카리아(C. Beccaria)의 주장

절대적으로 사형폐지를 주장한 것은 아니었고, 사회계약을 부정하는 범죄(예 국사범 등)의 경우에는 사형이 인정될 수 있다고 하였다.

상상적 범죄와 실제적 범죄

범죄가 사회적으로 악을 수반하는 경우를 '실제적 범죄', 악을 수반하지 않는 경우를 '상상적 범죄'라고 하여 상상적 범죄는 진정한 범죄가 아니라고 한다.

벤담(J. Bentham)의 형벌 기준

벤담은 형벌 기준을 세 가지로 제시하였다.
1. **관대성 기준**
   강제노역을 받은 죄수가 추가적으로 육체적 고통을 받아서는 안 된다.
2. **열등처우 기준**
   죄수가 극빈층보다 좋은 대우를 받아서는 안 된다.
3. **경제성 기준**
   죄수관리는 경제적으로 이루어져야 하며 공공부담의 증대나 강제노역으로 인한 수익은 허용되지 않는다.

파놉티콘형 교도소 16. 경채☆

파놉티콘(Panopticon)은 원형탑 모양의 감옥을 말한다. 중앙에 있는 간수는 둘레에 있는 죄수를 볼 수 있으나, 빛을 등지고 있는 죄수는 중앙에 있는 간수를 보지 못하도록 고안되었으며 야간에는 한 감방에 8명씩 수용하도록 하였다. 벤담(J. Bentham)은 파놉티콘의 포괄적 감시체제가 죄수의 상호접촉과 범죄전염을 막을 수 있다고 주장하였지만, 이는 감옥 내 범죄전염을 막기 위해 고립을 최선의 방법으로 생각했던 개혁가들의 주장과는 배치되는 것이었다.

🏛 핵심 OX

03 벤담(Bentham)은 법의 목적이 최대다수의 최대행복을 보장하는 것이라고 주장하였다. (○, ×)

04 벤담(Bentham)은 최소비용으로 최대의 감시효과를 거둘 수 있는 파놉티콘(Panopticon)이라는 감옥 형태를 구상하였다. (○, ×)

03 ○
04 ○

② '국제형법'이라는 용어를 최초로 사용하였고, 범죄피해자 구조의 필요성을 강조하였다.

③ 고전학파의 기본입장과 달리, 공익을 위해 필요한 경우에는 예외적으로 고문을 인정할 수 있다고 한다.

3. 포이어바흐(P. Feuerbach)

(1) 심리강제설에 의한 일반예방

① 국가는 시민의 자유보장에 그 목적이 있으므로 법률 위반에 대해 물리적 강제를 가해서는 안 되고, 범죄의 쾌락보다 형벌의 고통이 크다는 점을 알게 하는 심리강제로 위법행위와 고통을 결부하여 범죄를 방지해야 한다(위하, 일반예방).

② 심리강제설은 인간이 자유의지를 가지고 있어서 자기결정능력과 책임을 질 수 있는 존재라는 것을 인정할 때에만 가능하다.

(2) 형법의 보조수단으로서 형사정책 22. 보호7

① 입법을 지도하는 국가의 예지(叡智)라는 의미에서 '형사정책'이라는 용어를 처음으로 사용하였다.

② 집행기관은 법을 형벌목적에 대한 정당성을 고려하여 인간적으로 집행하며, 형사정책은 이러한 목적을 유지하기 위한 형법의 보조수단으로서 의미가 있다.

4. 감옥개량운동

(1) 연혁

① 중세시대의 감옥은 무질서한 잡거구금이 행해지고, 위생상태도 극히 불량하여 비인간적·비합리적으로 운영되는 형태였다.

② 인도적 감옥에 관한 연구는 18세기 말에 시작되었으며, 하워드(J. Howard), 마코노키(A. Machonochie), 프랭클린(B. Franklin), 바그니츠(H. Wagnitz) 등이 대표적 연구자이다.

(2) 하워드(J. Howard)의 감옥개혁안

① 하워드(J. Howard)는 감옥개량운동의 선구자로서, 1777년 『영국과 웨일즈의 감옥상태론』을 저술하여 당시 감옥의 폐해를 고발하고 인도적 감옥개혁을 주장하였다. 18. 교정9☆

② 형벌집행의 목적은 노동습관의 교육이라고 보아 독거구금과 독거방형무소의 건설, 복지차원의 감옥개량, 노동처우 등을 주장하였다.

③ 구금시설은 안전하고 위생적인 시설이 되어야 하며, 수형자의 인권을 보장하고 건강을 유지시켜야 한다.

④ 감옥은 단순한 징벌장소가 아닌 개선장소가 되어야 하며, 이를 위해 과밀수용을 지양하고 연령과 성별에 따라 분리수용을 해야 한다. 10. 교정9

감옥개량운동의 영향을 받은 시설

1790년에 미국의 윌리엄 펜(W. Penn)이 설립한 월넛 구치소(Walnut Street Jail), 1821년에 하빌랜드(J. Habiland)가 설계한 동부 감옥(The Eastern State Penitentiary) 등이 있다.

⑤ 죄수들에게 노역을 부과하는 것은 유익하나, 시설 내의 노동조건을 개선하여야 한다.

⑥ 수용자 관리를 위한 독립된 관청의 설치, 교도관의 공적 임명 및 충분한 보수 지급 등이 필요하다.

⑦ 사형제도와 관련하여 하워드(J. Howard)가 사형폐지운동을 전개하였다는 입장이 일반적이나, 사형의 제한·폐지 등 형벌개혁에는 관심을 보이지 않았다는 견해도 있다.

3 형사정책적 성과 - 실증적 형사정책 연구의 단서

1. 재판의학과 사례 연구

(1) 차키아스(P. Zacchias)는 『법의학의 문제』를 통해 의학을 범죄의 증명에 이용하는 법의학을 정립하였으나, 이는 단지 일정한 범죄의 증명과 책임능력의 감정에 국한된 것으로 구체적인 범죄학 연구에 이른 것은 아니었다.

(2) 17세기에는 형사재판에 관한 사례 연구가 시작되었다[예 삐타발(Pitaval)의 『저명사건기록』, 포이어바흐(P. Feuerbach)의 『저명한 범죄의 기록에 기한 서술』, 히치히와 해링(Hitzing & Haring)의 『신삐타발』 등]. 이는 당시 범죄와 재판에 관한 묘사를 수집해 놓은 것에 불과하여 학문적 체계를 세우기 위한 것으로 평가하기는 어렵다.

2. 범죄통계학파(범죄현상에 대한 통계적 연구)

(1) 케틀레(A. Quetelet)는 모든 사회현상을 '대수의 법칙'으로 파악하여, 범죄는 집단현상이며 사회적·경제적 상태와 함수관계에 있다고 봄으로써 범죄현상의 법칙성을 주장하여 범죄연구에 대한 과학적 접근을 가능하게 하였다(결정론적 입장). 13. 사시

(2) "사회는 범죄를 예비하고 범죄자는 그것을 실행하는 수단(도구)에 불과하다."고 하여 범죄원인의 사회성을 주장하였다. 14. 사시☆

(3) 범죄의 원인은 본질적으로 도덕적 결핍이며, 절대적 빈곤보다는 상대적 빈곤이 범죄원인으로 중요하다고 본다.

(4) 암수범죄의 문제에 대해서는 공식적으로 인지된 범죄와 암수범죄 사이에는 변함없는 고정관계가 존재한다고 보아 공식통계에 나타난 범죄현상이 실제의 범죄현상을 징표할 수 있다고 하였다(정비례의 법칙). 24. 교정9☆

(5) 인신범죄는 따뜻한 지방에서 발생하고, 재산범죄는 추운 지방에서 발생한다고 주장하였다(범죄의 기온법칙). 10. 보호7

🔖 **핵심 O X**

05 케틀레(Quetelet)는 "사회는 범죄를 예비하고, 범죄자는 그것을 실천하는 도구에 불과하다."고 본다. (O, ×)

05 ○

(6) 이후 사회현상으로서의 범죄에 관심을 기울이게 되어 통계적 연구방법으로 범죄와 관련이 있는 개인적·사회적 요인에 대한 연구가 시작되었고, 범죄와 자연적·사회적 환경과의 관련성에 대한 관심이 커지게 되어 집단현상으로서의 범죄에 관심을 갖게 하는 계기가 되었다.

(7) 이와 같은 통계적 방법을 이용한 범죄현상의 해명은 실증주의학파의 출현계기가 되었으며, 이후 범죄사회학 이론의 이론적 동기를 제공하였다고 한다.

4 고전주의학파에 대한 평가

(1) 고전주의학파는 18세기까지의 자의적·독선적 형사사법의 운영실태를 비판하고, 인본주의를 바탕으로 합목적적 형사사법제도의 토대를 마련하였다. 24. 교정9

(2) 고전주의학파가 범죄발생의 통제방안으로 제시한 것은 결국 형사사법제도의 개편이나 형벌제도의 개편이다.

(3) 고전주의학파는 범죄현상을 형벌 중심의 범죄원인론에 한정하여 사변적으로 고찰하였다(범죄원인에 대한 실증적 연구 결여). 그러므로 범죄는 자기 이익을 충족하기 위해 본인 스스로가 선택하는 것이라고 인식하였기 때문에 범죄를 서서를 수밖에 없는 외부적 영향(소질·환경)에 대한 고려가 부족하다는 비판을 받는다. 12. 사시

5 현대적 고전주의학파

1. 의의

(1) 실증주의 범죄학 이론이 등장한 이후에 고전주의 범죄학 이론에 대한 관심이 새로이 제기된 것은 1960년대 후반부터이다. 이는 실증주의에 입각하여 재활이념과 부정기형으로 범죄예방을 도모했으나, 그 성과가 기대에 미치지 못하고 범죄문제가 점차 악화되면서 종래 고전주의가 추구하였던 범죄 억제에 관심을 갖게 되었기 때문이다.

(2) 현대적 고전주의에서는 범죄의 동기를 가진 자 또는 잠재적 범죄인의 수는 크게 차이가 없으나, 범죄에 적합한 상황·기회에 차이가 있으므로 시대별·사회별로 범죄율의 차이가 난다고 본다. 11. 사시

2. 억제이론

(1) 의의

억제이론(제지이론, Deterrence Theory)은 인간의 공리주의적 합리성에 대한 고전학파의 주장을 전제로 하여 형벌이 확실하게 집행될수록(확실성), 형벌의 정도가 엄격할수록(엄중성), 형벌집행이 범죄 이후에 신속할수록(신속성) 사람들이 형벌에 대한 두려움을 느끼고 범죄를 자제한다고 보는 입장이다(강력한 처벌을 통한 범죄의 억제). 12. 교정9

| 형벌의 억제효과의 순서: 확실성 > 엄중성 > 신속성 |

일반억제	범죄자에 대한 처벌을 통해 일반시민이 범죄비용을 인식하게 하여 일반시민의 범죄를 줄이는 것
특별억제	형벌을 통해 범죄자의 처벌에 대한 민감성을 자극하여 범죄자의 재범을 줄이는 것 12. 교정9

(2) 집단비교분석법

집단비교분석법이란 일정한 시점에 형벌의 운용형태가 다른 여러 지역을 대상으로 각 지역의 범죄발생률을 상호비교하여 특정한 형벌양태의 범죄억제 효과를 밝히는 것이다[깁스(J. Gibbs), 티틀(C. Tittle) 등].

(3) 시계열분석법

시계열분석법이란 입법정책이나 형벌양태가 변화하기 이전과 이후로 나누어 범죄율의 증감을 서로 비교하는 방법이다[로스(H. L. Ross) 등].

3. 범죄경제학

(1) 의의

① 범죄경제학이란 사람들이 범죄행위를 생각할 때의 과정과 다른 행위를 생각할 때의 과정이 본질적으로 동일하다고 보아, 일상생활에서처럼 범죄행위도 이익과 손실을 계량한 후에 저지른다는 입장이다. 14. 사시

② 범죄의 발생은 개인의 자유로운 의사결정의 결과이므로, 문화적 영향(환경)이나 생물학적 영향(소질) 등에 대한 논의는 불필요하다고 본다.

③ 범죄경제학은 범죄인의 치료 · 처우 효과에 대한 불신을 배경으로 대두되었으며, 형벌의 범죄억제력에 대한 연구를 하여 기본적으로 형벌의 신속성 · 확실성 · 엄중성을 강화함으로써 범죄를 억제할 수 있다고 본다.

④ 범죄경제학은 베커(G. Becker)에 의해 정립되었으며, 합리적 선택이론, 일상생활이론, 생활양식노출이론 등도 범죄경제학의 범주에 속한다.

(2) 일상생활이론 24. 교정9

① 코헨(L. Cohen)과 펠슨(M. Felson)의 일생생활이론은 범죄자가 아니라 범행의 조건을 특정화하는 이론이다.

② 사회에서 발생하는 범죄는 ㉠ 범행 동기를 지닌 범죄자, ㉡ 적절한 범행대상, ㉢ 범행을 막을 수 있는 사람(감시자)의 부존재라는 범죄발생의 3요소가 시공간적으로 수렴해야 발생한다(범죄기회이론). 14. 사시

③ 전통적 범죄원인론은 대부분 ㉠ 요인의 규명에 중점을 두었으나, 일상생활이론에서는 범죄 동기나 범죄를 저지를 개연성이 있는 사람의 수는 일정하다고 가정하므로, ㉡ · ㉢ 요인(적절한 범행대상, 감시자의 부존재)에 의해 범죄발생 여부가 결정된다고 보았다. 11. 사시

집단비교분석법

1. 깁스(J. Gibbs)는 1968년 미국 전역에서 살인사건을 대상으로 범죄발생율, 범죄검거율, 평균형량 등의 관계를 분석하였는데, 형벌의 집행이 확실하고 형벌의 정도가 엄격한 지역일수록 살인사건의 발생률은 낮은 것으로 조사되었다.

2. 티틀(C. Tittle)은 1969년 살인사건 외에 다른 범죄까지 포함하여 형벌의 효과를 연구하였는데, 살인사건은 형벌의 엄격성이 높을수록 그 발생률이 감소하였으나, 다른 범죄의 경우에는 이러한 관계를 찾아볼 수 없었다. 반면에 형벌의 확실성은 모든 범죄에 매우 중요한 영향을 미치는 것으로 조사되었다.

시계열분석법

1967년 영국에서 도로안전법을 제정하여 음주운전자가 도로교통을 위반하거나 교통사고를 유발한 경우 운전면허를 정지시키는 방법을 시행하였다. 로스(Ross)는 도로안전법의 시행 이전과 이후의 음주운전 사고율을 비교 · 연구하였는데, 시행 이전에 비해 시행 이후의 사고건수는 1/3 정도로 현저히 감소하였고 이는 형벌의 확실성이 범죄발생에 중요한 영향을 미치는 것으로 해석되었다.

🗑 **핵심 OX**

06 범죄경제학의 입장에서 보면 범죄는 비용과 이득이라는 관점에서 개인이 내린 자유로운 의사결정의 결과이다. (O, ×)

06 ○

④ 잠재적 범죄자에 대한 가시성과 접근성이 용이하고 범죄표적의 매력성이 있으며, 보호능력의 부재(무방비) 상태일수록 범죄피해의 위험성은 그만큼 높아지게 되어 동일한 시간과 공간에서 수렴되면 범죄발생의 가능성이 높아진다(미시적 차원의 범죄율 설명).

⑤ 두 번째 요소인 적절한 범행대상의 특징을 가치(Value), 이동의 용이성(Inertia), 가시성(Visibility), 접근성(Access)으로 규정하였다(범죄피해의 위험 수준을 결정하는 요소로서 VIVA 모델).

⑥ 세 번째 요소인 감시자 또는 보호자는 경찰이나 민간경비원 등의 공식 감시자를 의미하는 것이 아니라, 의도하지 않더라도 친지나 친구 또는 모르는 사람으로부터 보호받게 되는 측면을 의미한다(비공식적 통제체계에서의 자연스러운 범죄예방과 억제를 중요시).

⑦ 또한 사회의 특징이 범죄발생의 3요소의 결합을 통한 범죄발생을 용이하게 한다고 본다(거시적 차원의 범죄율 설명).

　예 제2차 세계대전 이후에 미국에서 주거침입절도와 자동차절도가 급증

⑧ 이후 펠슨은 감시자 또는 보호자의 개념을 ⑦ 통제인[handler](잠재적 범죄인을 사적으로 통제할 수 있는 사람, 부모·교사·고용주·친구 등), ⑥ 관리인[manager](장소·시설을 관리하는 사람, 경비원·경비업체 등), ⑥ 감시인(보호자)[guardian](범행대상을 공적·사적으로 보호할 수 있는 사람, 경찰·경호원·이웃·행인 등) 등으로 보다 확대·구체화하였다.

⑨ 에크(Eck)는 일상활동이론의 3요소에 통제인(광의)을 추가하여 이를 기반으로 범죄의 삼각형(crime triangle)을 고안하였다.

　⑦ 내부의 삼각형은 잠재적 범죄자(Offender), 범죄대상과 피해자(Target/Victim), 범행에 용이한 장소(Place)로 구성되어 있다.

　⑥ 외부의 삼각형은 통제인(광의)으로 추가된 세 주체로서 통제인(협의)(handler), 관리인(manager), 감시인(guardian)을 나타낸다.

⑩ 일생생활이론 및 범죄의 삼각형은 환경설계를 통한 범죄예방(CPTED) 및 상황적 범죄예방기법과 밀접한 관련이 있다.

(3) **합리적 선택이론** 10. 교정9

① 클라크(R. Clarke)와 코니쉬(D. Cornish)의 합리적 선택이론은 경제학에서의 기대효용 법칙에 기초하고 있다.

② 인간은 범죄로 인하여 얻게 될 효용과 손실의 크기를 비교하여 범행 여부를 결정한다. 따라서 범죄는 각 개인의 선택의 결과이고, 이러한 선택 과정에서 고려하는 요인들에는 개인적 요인과 상황적 요인이 있다.

③ 범죄자는 자신의 경험이나 학습한 지식을 기초로 범죄를 선택한다고 보아, 범죄선택의 단계를 구분하였다.

1단계	범죄행동의 선택	행위자는 ㉠ 범죄로 인한 이익, ㉡ 체포의 위험성, ㉢ 형벌의 부담을 비교하여 범죄실행의 여부를 결정한다.
2단계	범죄종류의 선택	행위자는 입수한 정보를 바탕으로 어떤 범죄를 행할 것인지 결정한다.
3단계	범죄대상의 선택	행위자는 무작위가 아닌 합리적인 계산에 의해 범죄대상을 결정한다.

④ 클라크와 코니쉬는 코헨과 펠슨의 VIVA 개념을 확장하여 물건의 종류나 특성에 따라 범죄피해의 대상이 되는 빈도에 차이가 있고, 이러한 차이를 물건의 특성으로 설명하고자 시도하였다(CRAVED 모델). 즉, 재산범죄 범죄자들이 선호하는 경향이 있는 물건, 피해대상의 속성(취약물품의 특성)을 은폐성(Concealable), 이동용이성(Removable), 사용성(Available), 수익성(Valuable), 오락성(Enjoyable), 처분용이성(Disposable)을 통해 설명하였다.

---

2 실증주의학파

1 서론

1. 발생배경

19세기와 20세기 초의 실증주의 철학은 범죄연구에도 큰 영향을 미쳤다. 또한 자연과학이 발전(진화론, 인류학 등)함에 따라 인문분야에서도 과학적·객관적인 방법에 의해 실증적으로 문제를 해결해야 한다는 요구가 야기되었다. 24. 교정9☆

2. 기본전제

(1) 사람들의 행위는 본인들이 통제할 수 없는 어떤 영향(소질·환경)들에 의해 결정된다. 18. 교정7

(2) 범죄행위를 유발하는 영향요인과 정상적인 행위의 인과요인은 서로 다르다. 따라서 범죄는 개인의 의지에 의한 규범침해(자유의사론, 비결정론)가 아니라, 과학적으로 분석가능한 개인적·사회적 원인 등에 의하여 발생(결정론)한다. 21. 교정9☆

합리적 선택이론의 핵심개념

1. 범죄행동에는 다양한 목적이 있다.
2. 범죄행동은 합리성에 근거한다.
3. 범행의사 결정은 범죄마다 서로 다른 방식으로 구체화된다.
4. 범죄 선택은 참여에 대한 결정과 사건에 대한 결정으로 구분된다.
5. 참여결정은 최초 참여, 계속 참여, 범죄 중단의 단계로 분리된다.
6. 범죄사건은 여러 단계와 결정들에 의한 절차에 따라 진행된다.

🏛 핵심 OX

07 실증주의학파에서는 "형벌은 계몽주의·공리주의에 사상적 기초를 두고 이루어져야 한다."고 본다.　　(O, ×)

07 ×

(3) 인간의 사고나 판단은 이미 결정된 행위 과정을 정당화하는 것에 불과하므로, 자신의 사고나 판단에 따라 자유롭게 행위를 선택할 수 없다. 12. 교정7

(4) "범죄인은 비범죄인과 본질적으로 다르다."고 보아, 처벌이 아니라 처우(교화·개선)에 의하여 사회를 보호해야 한다. 15. 교정7

(5) 범죄행위를 연구하는 데 있어서 경험적이고 과학적인 접근을 강조하여, 과학적 분석을 통해 범죄원인을 규명한다. 21. 교정9☆

(6) 고전주의는 범죄를 하는 이유가 아니라 범죄를 하지 않는 이유를 설명하지만, 실증주의는 반대로 범죄를 하게 만드는 원인을 설명한다.

2 이탈리아학파

1. 롬브로조(C. Lombroso)

(1) 생래적 범죄인론

① 정신병원과 형무소에서 정신병과 범죄에 대한 생물학적 원인을 조사하여 수용자들의 두개골에 현저한 생물학적 퇴행성 혹은 격세유전적 특성이 있음을 발견하고, 이를 토대로 생래적 범죄인론을 주장하였다. 15. 교정9☆

② 생래적 범죄인은 태어나면서부터 범죄를 저지를 수밖에 없는 운명을 타고난 사람이라고 한다. 이들은 범죄성향의 통제가 불가능하고, 운명적으로 범죄에 빠질 수밖에 없다. 생래적 범죄인은 전체 범죄인 중 65~70%를 차지한다고 보았다. 18. 보호7

(2) 범죄인 분류

범죄인류학적 입장에서 범죄인을 **생**래적 범죄인, **정**신병(또는 정신박약)에 의한 범죄인, **격**정 범죄인, **기**회 범죄인(가범죄인·준범죄인·상습범죄인 등), **잠**재적 범죄인으로 분류하였다. 14. 보호7

(3) 처우의 개별화(형벌의 개별화)

① 생래적 범죄인은 예방이나 교정이 불가능하기 때문에 초범이라도 무기형(영구격리)을 부과해야 하고, 잔혹한 누범자에 대해서는 사형(도태처분)도 인정한다. 18. 보호7☆

② 격정범에 대하여는 단기자유형을 반대하고 벌금을 과하는 것이 효과적이다.

③ 소년이나 노인에 대해서는 감옥이 아닌 형무농원이나 감화학교에 수용해야 한다.

(4) 여성범죄론

① 여성범죄의 대부분은 기회범이지만, 매춘의 범죄성을 긍정(犯罪代償)하면서 매춘부 집단에서는 생래적 범죄성이 나타날 수 있다고 본다.

② 여성범죄의 양적 특징(여성범죄 < 남성범죄)을 부정하면서, 여성범죄에 매춘을 포함시키면 남성범죄를 훨씬 능가할 것이라고 주장한다.

생물학적 퇴행성 혹은 격세유전적 특성
인간의 진화 과정에서 이미 없어진 고대 인간의 원시성·야만성과 관련된 특징을 일컫는 것이다.

📖 선생님 TIP
범죄인 분류(롬브로조, Lombroso)
생/정/격/기/잠

③ 여성범죄인은 신체적 · 감정적으로 남성에 가까운 특성이 있다고 하며(남성성 가설), 여성범죄의 지역적 특성을 주장한다. 16. 보호7

(5) 평가

① 개인의 생물학적 · 신체적 특성이 범죄의 원인이라는 롬브로조(C. Lombroso)의 주장은 많은 비판을 받는다. 그럼에도 불구하고 그가 '범죄학의 아버지'라고 불리는 이유는 처음으로 <u>관찰과 검증</u>이라는 과학적 방법을 동원하여 범죄원인을 규명하려고 한 점에 있다.

② 롬브로조(C. Lombroso)도 후기에는 제자인 페리(E. Ferri)의 영향으로 사회적 요인도 범죄의 원인으로 고려해야 한다고 하였으나, 간접적 영향력만을 가질 뿐이라고 하였다.

2. 페리(E. Ferri)

(1) 범죄사회학

① 마르크스(K. Marx)의 유물사관, 스펜서(H. Spencer)의 발전사관, 다윈(C. Darwin)의 진화론 등의 영향을 받아 범죄원인으로 인류학적 요소, 물리적 요소, 사회적 요소의 세 가지를 열거하면서, 특히 범죄의 사회적 원인을 중시하였다. 18. 교정7☆

② 사회적 책임론과 결정론을 주장하며, 자유의사에 기한 규범의 선택가능성은 환상에 불과하다고 보고, 철저한 결정론을 취하여 도덕적 책임을 부정하고 이에 대신하는 사회적 책임을 제시하였다. 21. 교정9☆

(2) 범죄포화의 법칙과 범죄의 과포화 현상

① 일정한 개인적 · 사회적 환경에서는 그에 따르는 일정량의 범죄가 있는 것이 원칙이고 그 수가 절대적으로 증감할 수 없다는 내용의 범죄포화의 법칙을 주장하였다. 이에 의하면 인간에게는 전혀 자유의사가 없으며, 인간의 행위라는 것은 내적 · 외적 원인에 의해 결정되는 것이다. 18. 교정9☆

② 범죄의 과포화 현상이란 사회 · 물리적인 예외조건이 존재하면 범죄의 규칙성 · 항상성이 포화상태에 달하여 기본적 · 전형적인 범죄에 대해 반사적 · 부수적인 범죄가 병발하게 되는 현상을 말한다(예 공무집행방해죄가 발생하면 그에 부수하여 모욕죄 · 위증죄 · 손괴죄 등이 발생, 절도죄가 발생하면 그와 함께 장물죄 등이 발생).

(3) 형벌대체물사상(형벌대용물사상) 11. 사시

① 범죄는 인류학적 · 물리적 · 사회적 요소에 의해서 발생하므로, 범죄 방지를 위해서는 범죄자의 개인적 원인에 대한 조치를 취하는 동시에 범죄를 발생시킨 사회의 제 사정을 연구하여 그 근원을 제거해야 한다고 본다. 18. 교정7

② 특히 범죄의 사회적 근원을 강조하여 범죄를 사회제도 자체의 결함에 따른 전염병적 · 병리적 현상으로 보고, 형벌을 통한 직접적 대책보다는 범죄의 충동을 방지하는 간접적 대책으로 형벌에 대한 대용물이 필요하다고 주장한다.

③ 결국 범죄의 방지를 위해서는 사회제도 및 법률제도의 근본적 개량이 필요하다고 본다.

(4) 이탈리아 형법초안

① 형벌을 대신하여 도덕적 색채를 띠지 않고 범죄자의 위험성에 상응하는 사회방위처분 내지 보안처분으로, 형사제재를 일원화하는 내용의 이탈리아 형법초안에 근거를 두었다.

② 범죄자의 도덕적 책임성을 부정했으며, 응보형과 같은 개인의 유책성에 근거하여 이를 상쇄하고자 하는 형벌제도의 운용을 거부하였다. 대신에 과학적인 지식과 전문능력을 활용하여 직업훈련소 등을 통한 범죄자의 재사회화 방안을 강조하였다.

(5) 범죄인 분류

① 범죄인을 **생**래적 범죄인, **정**신병 범죄인, **격**정 범죄인, **기**회(우발) 범죄인, **관**습(상습) 범죄인으로 분류하였다. 13. 사시

② 롬브로조(C. Lombroso)와는 달리 생래적 범죄인에 대해서는 사형을 부정하고 무기격리할 것을 주장하고, 일반 범죄자에 대하여는 직업훈련소에 수용하여 재사회화를 도모하여야 한다고 본다. 18. 보호7

③ 범죄인류학적 입장에 기초하면서도 사회적 환경을 중시하여 기회 범죄인을 가장 중시하였다. 14. 보호7

3. 가로팔로(R. Garofalo)

(1) 범죄학

범죄의 현상과 원인을 규명하는 사실학의 의미로서 '범죄학'이라는 용어를 최초로 사용하여 범죄원인론에 관한 연구를 하였다.

(2) 범죄의 심리적 원인

범죄원인으로서 인류학적 요소 중에서도 심리학적 측면을 중시하여, 정상인은 이타적인 정서(연민과 성실의 정)를 기본적으로 가지고 있으나 범죄자는 이러한 정서가 결핍되어 있다고 본다(심리적 · 도덕적 변종). 18. 보호7☆

(3) 자연범설

① 범죄의 법률적 정의는 시대 · 사회별로 다르므로 보편성이 결여되어 있다고 비판하면서, 범죄의 시간적 · 공간적 종속성을 인정하지 않는 자연범설을 주장하였다. 10. 교정9

② 가로팔로는 범죄인을 자연범 · 법정범 · 과실범으로 구분하였다. 14. 보호7

③ 모든 사회에서 범죄로 규정하고 형벌로 규제하는 행위가 자연범이다(절대적 범죄개념).

④ 자연범은 생래적인 것이므로 어떤 사회제도나 정책도 효과가 없다. 자연범에게는 애타적 심리의 결여 정도에 따라 적절한 처우방법을 사용해야 한다. 자연범에게는 사형이나 유형, 법정범에 대해서는 정기형, 과실범에 대해서는 불처벌이 가장 합리적이다. 14. 보호7

(4) 범죄대처수단

형벌을 통해 문명사회에 적응하지 못하는 자들을 자연의 유기체와 마찬가지로 제거해야 한다고 보았다(적응의 법칙, 적자생존의 논리). 10. 교정9

3 프랑스학파

1. 서설

이탈리아학파와 달리 프랑스학파는 범죄의 사회적 원인을 주목하였다. 이는 케틀레(Quetelet)가 통계적 방법으로 범죄를 대량관찰하여 사회병리학적 관점에서 접근한 것에서 비롯되어 사회적 환경에 범죄원인이 있다는 결론에 이르렀기 때문에 '환경학파'로 불리기도 한다.

2. 뒤르껭(E. Durkheim)

(1) 아노미(Anomie)

① 의의: 아노미란 사회구성원에 대한 도덕적 규제가 제대로 되지 않는 상태, 즉 사회의 도덕적 권위가 무너져 사회구성원들이 지향적인 삶의 기준을 상실한 무규범 상태로서 사회통합의 결여를 말한다. 16. 보호7☆

② 아노미의 예: 갑자기 경제적으로 어려워졌다거나 풍족해졌을 경우에 사람들은 삶의 기준을 상실함으로써 많은 반사회적 행위를 저지르게 된다.

③ 현대사회의 경우에도 사회통합력이 약화되어 구성원의 감정에 대한 억제력이 상실되고 무규범에 가까운 상태가 되며, 이런 상태(아노미)가 바로 범죄를 유발하는 원인이 된다는 것이다. 11. 사시

(2) 자살론

① 자살이 단지 개인적 문제(자살은 인간의 왜곡된 이성의 결과)라는 견해를 비판하고, 사회의 문화구조적 모순에서 비롯된 것으로 본다(급격한 정치·경제·기술적 사회변동이 자살의 원인).

② 자살 유형을 아노미적 자살(예 사회비관으로 인한 자살 등)과 이기적 자살(예 사업실패로 인한 자살 등), 이타적 자살(예 자살테러 등)과 운명적 자살(예 연예인의 자살 등)로 구분하였다.

(3) 범죄의 원인

① 범죄의 주된 원인은 <u>사회적 상황</u>이며, 이는 사회적 통합의 수준과 도덕적 통합의 수준에서 파악될 수 있다. 18. 승진

적응의 법칙(가로팔로, R. Garofalo)

1. 범죄가 고질적인 심리적 비정상성에 기인하여 영원히 사회생활을 할 수 없을 만큼 심리적 변태상태에서 범행한 자에 대해서는 '사형'을 가해야 한다.
2. 유목민, 원시부족의 생활에 적합한 자들에게는 장기수용·무기형·강제이주 등 '부분제거'를 가해야 한다.
3. 이타심 부족으로 범행한 자로서 재범위험성이 없는 경우에는 '손해배상(보상)'을 가해야 한다.

아노미적 자살

뒤르껭(E. Durkheim)은 아노미적 자살의 예로서 불경기와 호경기 때 모두 급격한 경제침체 또는 성장으로 자살률이 높음을 들었는데, 이 시기에는 목표와 수단 간의 괴리를 더 많이 경험하게 되어 스트레스가 증가하게 되고, 높은 스트레스는 자살률로 나타나게 된다고 한다.

사회적·도덕적 통합의 수준

1. **사회적 통합의 수준**
   사람들이 일상적 사회생활을 하는 중에 얼마나 상호 간에 밀접히 연관되어 있는가에 관한 것
2. **도덕적 통합의 수준**
   자기가 속해 있는 사회적 단위와 일체감을 느끼고 그것의 권위를 얼마나 인정하는가에 관한 것

② 사람은 원래 이기적이며 삶에 대한 불안감을 가진 존재이기 때문에 외부 통제로 규제하여야 하는데, 사회적 통합의 수준이 낮거나 사회의 도덕적 권위가 훼손되면 이러한 규제활동을 할 수 없어 많은 범죄가 발생한다. 이는 후에 허쉬(T. Hirschi)의 사회유대이론에 영향을 주었다.

(4) 범죄의 순기능 인정

① 모든 사회와 시대에 공통적으로 적용될 수 있는 범죄개념은 존재하지 않으며, 특정 사회에서 형벌의 집행대상으로 정의된 행위가 범죄가 된다고 보았다(절대적 범죄개념의 부정).

② 범죄는 모든 사회에 불가피하게 나타나는 현상으로, 병리적인 것이 아니라 정상적인 현상이다. 범죄가 없다는 것은 사회구성원에 대한 규제가 완벽하다는 의미이며, 이는 사회발전에 필요한 비판과 저항이 없기 때문에 사회는 발전하지 못하고 정체에 빠져드는 병리적 상태가 된다(범죄정상설). 20. 교정9☆

③ 범죄에 대한 제재와 비난을 통하여 사람들이 사회의 공동의식을 체험할 수 있도록 함으로써 사회의 유지존속에 있어 중요한 역할을 담당한다. 결국 범죄는 건전한 사회의 통합적 구성요소가 된다(범죄필요설, 범죄기능설). 11. 사시

④ 형벌은 개인의 피해에 대한 보복이 아니라 범죄예방이라는 목표를 지향하는 제도라고 보면서, 범죄예방은 사회의 규범의식 또는 도덕성의 회복까지 목표로 하여야 한다고 보아 적극적 일반예방을 주장하였다.

(5) 평가

① 사회학적 일탈연구의 기초를 제시하여 미국의 범죄사회학에 큰 영향을 미쳤다.
예 머튼(R. Merton)의 아노미이론, 코헨(A. Cohen)의 비행하위문화이론, 허쉬(T. Hirschi)의 사회유대이론 등

② 범죄정상설에 대하여는 범죄를 필요악으로 방임해야 하는지, 그 정도는 얼마인지에 대한 방안이 결여되어 있다는 비판도 제기된다.

3. 타르드(G. Tarde)

(1) 극단적 환경결정론

① 롬브로조(C. Lombroso)의 생래적 범죄인설을 비판하고 마르크스주의적 세계관에 기초하여 범죄는 사회제도, 특히 자본주의적 경제질서의 제도적 모순에서 기인한다고 본다. 12. 사시☆

② "죄는 범죄인을 제외한 모든 사람에게 있다."고 하여, 범죄의 사회적 원인을 강조한다. 13. 교정9

③ 인간은 타인과 접촉하면서 관념을 학습하며, 행위는 자기가 학습한 관념으로부터 유래한다. 따라서 사람은 태어날 때는 정상이지만, 이후 범죄가 생활방식인 환경에서 양육됨으로써 범죄자가 된다.

(2) 모방의 법칙(범죄모방설)

개인과 사회의 접촉 과정을 연구하여 모든 사회현상은 모방의 결과이며, 범죄
행위도 모방에 의해 행해진다고 보아 모방의 법칙을 주장하였다. 14. 사시☆

거리의 법칙	사람들은 타인과 얼마나 밀접하게 접촉하는가에 비례하여 타인을 모방(학습)한다. 모방의 강도는 거리에 반비례하고 접촉의 긴밀도에 비례하므로, 모방은 도시와 같이 사람들과 접촉이 빈번한 지역에서 쉽게 발생하고 쉽게 변화한다.
방향의 법칙	모방의 방향에 관한 것으로, 대체로 열등한 사람이 우월한 사람을 모방하는 방향으로 진행된다. 도시와 농촌의 범죄들을 보면 대도시에서 먼저 발생하고 이후에 농촌지역에서 모방된다. 또한 상류계층이 저지르는 범죄를 하류계층이 모방함으로써 범죄가 전파된다.
삽입의 법칙	모방의 변화 과정에 관한 것으로서, 처음에는 단순한 모방이 다음 단계에서 유행이 되고, 유행이 관습으로 변화·발전되어 가면서 새로운 유행이 기존의 유행을 대체한다(무한진행의 법칙).

(3) 평가

① 모방의 법칙은 미국의 범죄사회학의 출발점인 학습이론에 결정적 기초를
제공하여 '초기학습이론'이라 불리기도 한다. 10. 사시

② 범죄인을 전문직업적인 형태로 인정하고, 도시범죄와 농촌범죄의 특징을 재산
범죄와 인신범죄라고 보는 등 범죄학이 발전하는 데 중요한 공헌을 하였다.

③ 다만, ㉠ 경제적 영향과 같은 특별한 사회적 동기를 무시하였고, ㉡ 생물학의
업적인 유전법칙이나 사회적 도태이론 등을 무시하였다. 또한 ㉢ 새로운 사회
현상·범죄현상에 대해서는 모방에 의해서 설명하기 곤란하고, ㉣ 범죄자의
범죄학습 과정에 대하여 설명이 충분하지 않다는 비판을 받는다. 10. 사시

4. 라까사뉴(A. Lacassagne)

(1) 환경학파

① 롬브로조(C. Lombroso)의 생물학적 결정론을 반대하면서 범죄의 환경적
요인을 강조하였다.

② 사회환경 중 경제상황을 특히 중시하여 통계를 기초로 곡물가격과 재산범
죄의 관계를 연구하였다(물가의 앙등과 실업의 증대 → 범죄의 증가).

(2) 사회적 원인의 범인성

"사회는 범죄의 배양기이고 범죄자는 그 미생물에 해당된다. 처벌해야 하는 것
은 범죄자가 아니라 사회이다."라고 하여 범죄원인은 사회와 환경에 있다고
보았다. 18. 승진☆

(3) 사형존치론

사형은 해당 국가의 인도적 문제와 감정·철학 등에 따라 허용될 수 있다고
주장한다.

📦 **핵심 OX**

11 타르드(Tarde)는 "사회환경은 범죄
의 배양기이며, 범죄자는 미생물에 해당한
다."라는 말로써 사회환경이 범죄에 미치
는 영향을 강조하였다. (O, ✕)

11 ✕

4 독일학파

1. 리스트(F. V. Liszt)

(1) 형법의 목적사상 22. 보호7

① 범죄원인에 대하여 환경과 소질을 모두 고려하면서도 사회적 원인(환경)을 보다 중시하였다(다원적 범죄원인론). 18. 승진

② '형벌의 부과 기준은 행위가 아니고 행위자'라는 입장에서 반사회적 위험성을 기준으로 범죄자의 특성에 맞게 형벌을 개별화(특별예방)할 것을 강조한다(목적형주의, 주관주의 형법이론). 15. 사시

③ '마르부르크 강령'에서 범죄사회학 · 범죄인류학 · 범죄심리학 · 범죄통계학 등의 통합을 주장하여 이를 범죄학이라 칭하고, 범죄학과 형법학이 통합되어 전형법학(총체적 형법학)으로 발전되어야 한다고 주장한다.

(2) 범죄자 분류

① 행위자의 반사회성을 기준으로 하여 범죄인을 8가지 유형으로 분류하였다.

② 반사회적 태도 또는 위험성을 중심으로 범죄인을 처우(형벌의 개별화)해야 한다고 보며, 다음의 조치가 필요하다고 주장한다. 15. 사시

　㉠ 개선이 가능하고 개선을 필요로 하는 범죄자에게는 개선

　㉡ 개선을 필요로 하지 않는 범죄자에게는 위하

　㉢ 개선이 불가능한 범죄자에게는 무해화

(3) 주장 내용

① 범죄대책으로 부정기형의 채택, 단기자유형의 폐지, 집행유예 · 벌금형 · 누진제도의 합리화, 강제노역의 필요, 소년범죄에 대한 특별한 처우 등을 주장한다. 15. 사시

② 벨기에의 프린스(Prins), 네덜란드의 하멜(Hamel) 등과 함께 국제형사학협회(I.K.V)를 창설하였다.

③ "형법은 범죄인의 마그나 카르타이며, 형법은 형사정책의 넘을 수 없는 한계이다."라고 하여 사회방위와 인권보장을 동시에 강조하였다.

④ "최선의 사회정책이 최상의 형사정책이다."라고 하여 광의의 형사정책을 강조하였다.

⑤ 특별예방주의의 입장에서 범죄자의 위험성에 기초한 보안처분을 주장하였다.

리스트(Liszt)의 범죄자 분류

리스트(Liszt)는 범죄자를 ① 법익침해 의식이 결여 · 희박한 범죄인, ② 타인에 대한 동정으로 인한 범죄인, ③ 긴급범죄인, ④ 성욕범죄인, ⑤ 격정범죄인, ⑥ 명예심 · 지배욕에 의한 범죄인, ⑦ 특정한 이념으로 인한 사상범죄인, ⑧ 이욕 · 쾌락욕 등에 의한 범죄인으로 분류하였다.

🧷 **핵심 OX**

12 리스트(Liszt)는 '처벌되어야 할 것은 행위자가 아니고 행위'라는 명제를 제시하였다. (O, ×)

13 리스트(Liszt)는 형벌의 목적을 개선, 위하, 무해화로 나누고 선천적으로 범죄성향이 있으나 개선이 가능한 자에 대해서는 개선을 위한 형벌을 부과해야 한다고 하면서, 이러한 자에 대해서는 단기자유형이 효과적이라고 주장하였다. (O, ×)

14 리스트(Liszt)는 "모든 사회적 현상은 모방의 결과이며, 범죄도 다른 사람의 범죄를 모방한 것이다."라고 주장한다. (O, ×)

15 아샤펜부르크(Aschaffenburg)는 개인적 요인과 환경적 요인을 결합하여 범죄인으로부터 생겨나는 법적 위험성을 기준으로 범죄인을 분류하였다. (O, ×)

12 ×
13 ×
14 ×
15 ○

2. 아샤펜부르크(G. Aschaffenburg)

(1) 범죄의 원인

범죄의 원인을 일반적 원인(사회적 원인)과 개인적 원인으로 구분하고, 범죄대책을 범죄예방책 · 재판대책 · 형벌대책 · 소년범과 정신질환자 등에 대한 개별대책으로 구분한다.

(2) 범죄인 분류

범죄원인의 개인적 요소와 환경적 요소를 결합하여, 범죄인의 법적 위험성을 기준으로 범죄인 7분법을 제시한다(우발, 격정, 기회, 예모, 누범, 관습, 직업 범죄인). 14. 보호7

3. 기타 학자

(1) 엑스너(F. Exner)

범죄생물학을 발전시켜 범죄의 생물학적 요인 이외에 사회적 원인에 대해서도 가치를 부여하고 통계적 연구방법을 사용하였다.

(2) 크레취머(E. Kretschmer)

『신체구조와 성격』에서 범죄인과 일반인의 체격형을 비교 · 연구하였다.

★ 핵심 POINT | 고전주의학파와 실증주의학파의 비교 15. 교정7

구분	고전주의학파	실증주의학파
시기	18C~19C 초	19C 후반~20C 초
사상적 배경	자유주의적 법치국가 사상 (계몽주의, 합리주의, 개인주의, 자유주의, 자연주의)	사회적 법치국가 사상 (사회방위 사상, 실증주의, 과학주의)
인간관	• 비결정론(자유의사론) • 합리적 · 이성적 인간상	• 결정론 • 소질 · 환경에 지배되는 인간상
대상	범죄 · 법체계	범죄인
방법	사변적 · 관념적	체계적 · 과학적
죄형법정주의	강조	완화 내지 폐지
범죄론	객관주의, 행위주의	주관주의, 행위자주의
범죄예방	일반예방, 형벌의 엄격성	특별예방, 형벌의 개별화
형벌론	일반예방주의, 응보형주의	특별예방주의, 목적형 · 교육형주의
책임론	도의적 책임론(행위 책임)	사회적 책임론(행위자 책임)
형벌과 보안처분	이원론	일원론
부정기형	부정(정기형 강조)	긍정
처우 모델	구금 모델, 정의 모델 (처벌 중시)	의료 모델, 개선 모델, 재통합 모델 (처우 중시)

오스트리아학파

1. 그로쓰(H. Gross)

① 최초로 범죄학 · 범죄수사학 연구소를 설립하였으며, 주된 관심분야는 범죄수사학이었다.

② 동일한 범행수법을 반복하는 범죄 경향에 착안하여 이를 범죄수사에 활용하는 수법수사를 창안하였다.

2. 렌츠(A. Lenz)

① 범죄인류학과 범죄심리학을 통합하려는 시도로, 종래 범죄생물학 영역에 심리학 · 정신분석학 등의 연구성과를 도입하여 『범죄생물학원론』을 저술하고 범죄생물학회를 창립하였다(신롬브로조학파).

② 범죄는 환경의 영향하에서의 인격의 발로이며 선천적 · 후천적 · 정신적 · 신체적 잠재원인이 현실화된 것이라고 하였다.

3. 젤리히(E. Seelig)

범죄대책을 진압에 의한 예방과 진압이 없는 예방으로 구분하여 예방단계에서의 형사정책을 중시하였다.

3 형사정책의 새로운 동향

1. 범죄인 및 범죄의 연구에 관한 방법론상 비판

(1) 연구대상에 관한 비판

종래의 연구대상은 주로 전통적 범죄(예 하층계급의 살인·절도·강도 등)였으나 오늘날에는 상층계급이 범하는 각종 직업상의 범죄(예 화이트칼라 범죄 등)도 큰 비중을 차지한다. 따라서 상하계층의 모든 사람들이 범하는 각종 범죄를 대상으로 연구하여 모든 범죄에 적용되는 범죄이론을 개발할 필요가 있다.

(2) 범죄통계의 허구성 지적

공식 범죄통계는 주로 사법기관에 인지되거나 사법절차에 회부된 범죄자를 대상으로 집계된 것이므로, 암수범죄(숨은 범죄)는 포함되지 않는다. 암수범죄에 대한 규명 없이는 정확한 범죄현상을 파악하는 것이 불가능하다.

(3) 범죄자의 유형적 차이 무시

기존의 연구는 범죄자 간의 차이를 무시하고 모든 범죄를 묶어 범죄자 집단으로 하여 이를 비범죄자 집단과 비교하였다. 그러나 각종 범죄자 사이에는 각기 그 배경이 다르므로, 각 죄종별로 구분하여 조사·연구하는 방법이 고려되어야 한다.

(4) 표본집단의 대표성에 관한 의문

범죄자에 대한 연구를 위해 표본집단을 추출함에 있어 그 표본집단이 과연 전체 범죄자 집단을 정확히 대표하는지가 문제된다. 표본집단의 비대표성 때문에 연구결과를 전체 범죄문제에 적용해서 설명하는 것은 무리라는 지적이 있다.

2. 형벌의 일반예방 기능에 관한 재인식

오늘날에는 형벌집행에서 행하는 범죄자의 개선·교화를 위한 노력도 중요하지만 일반예방의 기능도 간과해서는 안 되며, 일반예방에 역점을 둔 형사정책이 필요하다는 방향으로 사고가 전환되고 있다.

3. 사전예방의 강조

기존의 형사정책이 관심을 둔 대상은 범죄자의 개선·교정이었으나, 오늘날에는 그와 같은 사후대책보다는 사전예방이 더 효과적이라고 보아 범죄의 사전예방을 위한 제반대책을 강구하려는 노력이 행해진다(예 조기비행의 예측, 빈곤의 퇴치·지역사회의 조직화 등의 사회정책 등).

4. 새로운 형사정책의 구상

사회의 변화에 따라 기존의 형사정책으로는 대처할 수 없는 새로운 형태의 범죄가 발생하고 있다(예 교통범죄 등의 과실범죄, 노동쟁의·시위에서 불법행위, 환경범죄, 컴퓨터범죄 등). 이에 대해서는 기존 범죄와는 다른 특수한 예방책이 필요하며, 처우방법도 달리해야 한다.

5. 범죄인의 인권보장에 관한 재인식

교정주의 이념과 사회방위 사상에 근거한 지금까지의 형사정책에서는 범죄인의 인권이 무시되고 개인의 권리를 침해하는 경우가 많았다. 따라서 범죄인의 인권보장이라는 차원에서 개선이 필요하다.

6. 비구금처우(사회 내 처우)의 선호와 교정시설의 개방화

범죄자를 시설에 수용하여 개선·교화한다는 종래의 방법에서 범죄자가 다시 생활할 사회와 가까워질 수 있는 제도나 시설을 통해 범죄자를 재사회화하는 것이 범죄자의 재범방지와 사회보호에 효율적이라는 사고가 강조된다.

4 형사정책에 대한 국제협력

1 국제적 학술단체와 회의

1. 국제형사인류학회(I.K.K)

롬브로조(Lombroso)의 범죄인류학적 연구를 기초로 범죄방지 대책을 토의하기 위해 1885년 로마에서 시작되었다.

2. 국제형사학협회(I.K.V)

1889년 리스트(Liszt), 하멜(Hamel), 프린스(Prins)에 의해 독일의 사회학적 범죄이론을 근간으로 하여 신파이론의 확립을 목적으로 설립되었다. 19. 승진

3. 국제형법 및 형무회의(IPPC)

1872년 런던에서 '국제형무회의'라는 명칭으로 정부 간의 공식대표로 구성하여 개최되었다. 초기에는 행형문제가 중심이었으나, 점차 형법 전반적인 내용으로 확대되었다. 1929년에 '국제형법 및 형무회의'로 바뀌었고, 1950년에는 'UN 범죄방지 및 범죄자처우회의'로 계승되었다. 19. 승진

국제형사인류학회의 연구

초기에는 롬브로조(Lombroso)의 영향으로 범죄인류학적 테마를 연구하였으나, 후에 페리(Ferri)의 영향으로 범죄원인으로 사회적 요인을 중시하는 입장으로 범위가 넓어지기도 하였다.

국제형사학협회의 연구

미수·공범의 해석과 입법문제, 소년범·누범·상습범의 문제, 단기자유형의 비판 및 대안(원상회복·벌금형 등), 벌금형의 개선 석방자의 보호, 부랑자·걸인에 대한 처우, 국제적 범죄, 우생학적·사회적 단종, 사회학적 사법보조, 직업범죄인에 대한 제재 등을 주요한 연구대상으로 하였다.

국제형법 및 형무회의의 연구

자유형의 단일화, 부정기형의 문제, 수형자 분류, 수형자 인격조사, 누진제, 교도작업의 문제, 형사법관 및 교도관리에 대한 범죄학 예비교육의 필요성, 소년범·상습범의 문제, 석방자보호, 가석방위원회의 문제, 작업임금지급의 필요성 등이 주요 연구주제이다.

4. 국제형법학회(AIDP)

1924년 국제형사학협회를 계승한다는 목적으로 결성되었다. 5년마다 형법총론, 형법각론, 형사소송법 · 법원조직법, 국제형법 등 4개 분과로 나누어 학술대회를 개최하며, 1979년부터 특정 주제를 선정하여 학회를 진행하고 있다. 19. 승진

5. 국제범죄학회(ISC)

(1) 1937년 파리에서 결성되어 1938년 로마에서 제1차 세계범죄학대회를 개최한 이래 5년마다 열리고 있으며, 제12회 대회는 1998년 서울에서 개최되었다. 19. 승진

(2) 범죄의 과학적 연구와 사회방위를 연구하려는 목적으로 『국제범죄학연보』를 발간하고 있고 범죄학 분야의 우수한 논문에 대해 캐롤상(Denis Carrol Award)을 수여하고 있다.

6. UN 범죄방지 및 범죄자처우회의

(1) 1950년 국제형법 및 형무회의를 계승하기 위한 목적으로 설립된 이 회의는 최대규모의 정부단위의 국제 협력체로서 UN 경제사회이사회 산하의 사회방위국과 개최국 정부의 공동협력으로 주최된다. 19. 승진

(2) 제1회 회의에서는 '피구금자처우최저기준규칙'을 결의하였다.

2 범죄대책을 위한 국가 간 협력

1. 국제적 협력기구와 협력수단

(1) 의의

오늘날에는 범죄의 국제화 현상이 일어나고 있으며, 국제조직범죄 · 국제경제범죄 · 해상테러범죄 · 사이버범죄 등이 심각한 문제가 되고 있다. 이와 같은 현실에서는 범죄대책에 대한 국가 간의 협력과 공조가 절실하게 요청된다.

(2) 국제형사경찰기구(ICPO)

① 배경: 국제형사경찰기구는 1914년 국제적 범죄에 대응하기 위해 범죄수사의 상호 협력을 목적으로 만들어진 단체이다. 1956년에는 ICPO 헌장을 제정하고 인터폴(Interpol)을 설립하였다.

② 활동: 현재 150여 개 나라가 가입되어 있다. 형사재판권 행사 여부를 판정하고 범죄인을 인도하며, 국가 간 수사에 도움을 주는 등의 활동을 하고 있다.

(3) 범죄인 인도제도

① 국제적 범죄의 재판 관할을 분명하게 하기 위해 범죄인 인도제도가 마련되어 있다. 그러나 범죄인 인도에 대한 조약이 있을 경우에는 조약이 우선한다.

② 범죄인 인도조약이 체결되어 있는 국가는 상호주의를 보증하고 도망한 범죄인을 인도하는 등의 수단이 마련되어 있다.

(4) 국제수사 공조와 국제사법 공조

① 국제수사 공조: 한 나라의 요청이 있을 때 다른 나라가 그 나라의 범죄에 대한 수사를 돕는 것을 말한다.

② 국제사법 공조: 한 나라의 형사사건을 해결하기 위해 필요한 증인심문, 증거물 인도 등 재판상 필요한 절차에 다른 국가가 협조하는 것을 의미한다.

③ 국제사법 공조의 원칙: 상호주의의 원칙, 쌍방가벌성의 원칙, 특정성의 원칙, 정치범 불인도의 원칙, 자국민 불인도의 원칙, 일사부재리의 원칙, 군사범죄 불인도의 원칙 등이 있다.

(5) 외국형사판결의 집행

① 1985년에 '유럽수형자이송협약'이 발효되어 각국은 외국에서 자유형을 선고받고 복역 중인 자국민을 국내로 송환받아 국내에서 외국판결을 집행하도록 하고 있으며, 현재 유럽 국가를 중심으로 미국·일본 등 60여 개 국가가 가입되어 있다.

② 우리나라는 2003년 「국제수형자이송법」을 제정하고, 2005년 '유럽수형자이송협약'에 가입하여 국제수형자이송제도를 실시하고 있다.

2. 국제형사법원(ICC; International Criminal Court)

(1) 의의

국제범죄자에 대한 처벌을 확보하기 위하여 UN 국제법위원회의 주도로 국제형사법원(ICC)이 2003년에 설립되었다. 국제형사법원은 내란이나 전시 중 민간인 대량학살 및 집단강간, 고문 등 중대범죄를 저지른 개인을 해당 국가가 처벌할 능력이나 의지가 없을 경우 이를 기소하고 재판을 진행한다.

(2) 관할

① 국제형사법원(ICC)의 재판대상인 범죄는 집단살해죄, 반인도적 범죄, 전쟁범죄, 침략범죄 등이다.

② 해당 범죄에 대해 관할권이 있는 국가의 국내법원이 우선적으로 관할권을 가지며, 해당 범죄를 처리할 의사가 없거나 능력이 없는 경우에만 국제형사법원(ICC)이 보충적으로 관할한다.

③ 개인만 처벌할 수 있고 공소시효도 없으며, 정부의 지시로 범죄를 저질렀다 하더라도 처벌된다. 또한 국적이 로마규정 당사국이 아닌 경우에도 처벌이 가능하다. 최고 형량은 종신형이고 범행 당시 18세 이하인 경우에는 처벌할 수 없다. 로마규정은 2002년 7월 1일부터 발효되기 시작했으며, 국제형사법원은 그 이후에 발생한 범죄만 처벌할 수 있다.

국제형사법원의 구성

1. 1998년 로마에서 열린 UN 외교회의에서 국제형사법원에 관한 조약(로마조약)이 체결되어 2002년 7월 1일부터 발효됨에 따라 창설되었다.
2. 전심, 1심, 상소부 등 3심제로 이루어져 있으며, 검사는 직접 수사에 착수할 수 있고, UN 안전보장이사회나 조약 당사국의 제소에 따라 수사를 시작할 수도 있다.

3. 우리나라의 국제협력

(1) 우리나라는 1970년 이후 'UN 범죄방지 및 범죄자처우회의'에 참여해왔으며, 항공기 납치에 관한 국제협약이나 외교관 등 국제적 인물에 대한 테러행위에 관한 국제협약에 가입하였다. 또한 1988년 「범죄인 인도법」, 1991년 「국제형사사법 공조법」을 각각 제정하였으며, 2002년 국제형사법원조약에 가입하였다.

(2) 2005년 유럽수형자이송협약에 가입하였고, 2007년 「국제형사재판소 관할 범죄의 처벌 등에 관한 법률」을 제정하였다. 이 법률에서는 국제형사재판소 관할 범죄의 처벌규정을 마련하고, 외국인의 국외범에 대해서도 처벌할 수 있도록 하였으며, 국제형사재판소와의 범죄인 인도 및 형사사법 공조 등 국제협력의 근거를 제시하였다.

01 고전주의학파는 인간에 대한 과학적 분석을 통해 범죄원인을 규명하고자 하였다. 19. 교정9 ( )

02 고전주의학파의 주장에 의하면, 인간은 자유의사를 가진 합리적인 존재이다. 19. 교정9 ( )

03 고전학파 범죄이론에서는 사회계약설에 입각한 성문형법전의 제정이 필요하다고 주장하였다. 21. 보호7 ( )

04 고전주의학파의 주장에 의하면, 인간은 처벌에 대한 두려움 때문에 범죄를 선택하는 것이 억제된다. 19. 교정9

( )

05 고전학파 범죄이론에서는 인간의 합리적인 이성을 신뢰하지 않고 범죄원인을 개인의 소질과 환경에 있다고 하는 결정론을 주장하였다. 21. 보호7 ( )

06 고전주의학파의 주장에 의하면, 범죄를 효과적으로 제지하기 위해서는 처벌이 엄격 · 확실하고, 집행이 신속해야 한다. 19. 교정9 ( )

07 고전주의는 인간은 누구나 자유의지를 지닌 존재이기 때문에 평등하고, 범죄인이나 비범죄인은 본질적으로 다르지 않다고 인식하였다. 24. 교정9 ( )

08 베까리아(C. Beccaria)는 '범죄는 사회에 대한 침해이며, 침해의 정도와 형벌 간에는 적절한 비례관계가 유지되어야 한다'라고 주장하였다. 19. 교정7 ( )

정답

01 ✕ '실증주의학파'는 관찰과 검증 등의 과학적 방법을 동원하여 범죄원인을 규명하려고 하였다.

02 ○ 고전주의학파는 인간의 자유의지(자유의사)가 존재한다고 주장한다.

03 ○ 고전학파는 인간과 사회의 관계는 계약관계로서, 사회는 개인을 처벌할 권리가 있으며, 이는 형벌집행을 전담하는 국가기구에 위임될 수 있음을 전제로 하면서, 형법전이나 금지행위에 대한 처벌체계가 구성되어야 한다고 주장한다(죄형법정주의).

04 ○ 고전주의학파는 인간의 의지가 행위를 통제함에 영향을 주기 위해서는 처벌이 필요하다고 주장한다(억제이론).

05 ✕ 고전학파가 아닌 실증학파의 주장에 해당한다. 실증학파에서는 인간의 사고나 판단은 이미 결정된 행위과정을 정당화하는 것에 불과하므로, 자신의 사고나 판단에 따라 자유롭게 행위를 선택할 수 없다고 주장한다. 따라서 범죄행위를 유발하는 영향요인과 정상적인 행위의 인과요인은 서로 다르며, 범죄는 개인의 의지에 의한 규범침해(자유의사론, 비결정론)가 아니라, 과학적으로 분석가능한 개인적 · 사회적 원인(소질과 환경) 등에 의하여 발생(결정론)한다고 본다.

06 ○ 고전주의학파에서는 범죄예방을 위한 형벌의 요소로서 확실성, 엄중성, 신속성이 필요하다고 주장한다.

07 ○ 고전주의는 자유의지론을 기초로, 범죄인과 비범죄인은 본질적으로 다르지 않다고 본다.

08 ○ 베까리아는 범죄의 중대성을 사회에 미친 해악에 따라 판단하여야 하고, 범죄와 형벌 사이에는 비례성이 있어야 한다고 주장한다(죄형균형론).

09 베까리아(C. Beccaria)의 주장에 의하면, 처벌의 공정성과 확실성이 요구되며, 범죄행위와 처벌 간의 시간적 근접성은 중요하지 않다. 19. 교정7　　　　　　　　　　　　　　　　　　　　　　　　　　（　　）

10 베까리아(C. Beccaria)는 '형벌의 목적은 범죄예방을 통한 사회안전의 확보가 아니라 범죄자에 대한 엄중한 처벌에 있다'라고 주장하였다. 19. 교정7　　　　　　　　　　　　　　　　　　　　　　　　（　　）

11 베카리아(Beccaria)의 주장에 의하면, 형벌의 목적은 범죄를 억제하는 것이다. 24. 보호9　　　　（　　）

12 베카리아(Beccaria)의 주장에 의하면, 범죄를 억제하는 효과를 높이기 위해서는 처벌의 신속성뿐만 아니라 처벌의 확실성도 필요하다. 24. 보호9　　　　　　　　　　　　　　　　　　　　　　　　　（　　）

13 베카리아(Beccaria)의 주장에 의하면, 형벌이 그 목적을 달성하기 위해서는 형벌로 인한 고통이 범죄로부터 얻는 이익을 약간 넘어서는 정도가 되어야 한다. 24. 보호9　　　　　　　　　　　　　　　　　（　　）

14 베카리아(Beccaria)의 주장에 의하면, 인도주의의 실천을 위하여 사형제도는 폐지되어야 하고 사면제도가 활용되어야 한다. 24. 보호9　　　　　　　　　　　　　　　　　　　　　　　　　　（　　）

15 고전학파 범죄이론에서는 파놉티콘(Panopticon) 교도소를 구상하여 이상적인 교도행정을 추구하였다. 21. 보호7
　　　（　　）

정답

09 ✕ 베까리아는 형벌집행의 3요소로서 형벌의 확실성, 엄중성, 신속성(범죄와 처벌 간의 시간적 근접성)을 주장한다.

10 ✕ 베까리아는 형벌의 목적이 일반예방을 통한 사회안전의 확보에 있다고 주장하여, 범죄를 처벌하는 것보다 예방하는 것이 중요함을 강조하였다.

11 ○ 베카리아의 주장에 의하면, 형벌의 목적은 일반예방을 통한 사회안전의 확보, 즉 불법으로부터 범죄자를 격리하고 형벌집행을 통하여 범죄경향을 가진 다른 사람에 대하여 위협적(위하적) 효과를 거두는 것에 있다(범죄 억제).

12 ○ 베카리아는 형벌집행의 3요소로서 형벌의 확실성(Certainty), 엄중성(Severity), 신속성(Swiftness)을 주장한다.

13 ○ 베카리아는 범죄와 형벌 사이에는 비례성이 있어야 한다고 보면서(죄형균형론), 형벌의 목적을 달성하기 위해서는 형벌의 고통이 범죄의 이익을 약간 넘어서는 정도가 되어야 한다고 주장한다.

14 ✕ 베카리아는 사형제도의 폐지를 주장하였으나, 사면제도는 범죄자의 요행심을 불러일으킴으로써 법에 대한 존중심을 훼손하는 결과를 가져온다는 점에서 기본적으로 반대하는 입장이다.

15 ○ 고전학파의 일원인 벤담(Bentham)은 최소비용으로 최대의 감시효과를 거둘 수 있는 새로운 감옥 형태로서 '파놉티콘형 교도소'를 제안하였다.

16 공리주의적 형벌목적을 강조한 벤담(Bentham)에 의하면, 형벌은 특별예방목적에 의해 정당화될 수 있고, 사회방위는 형벌의 부수적 목적에 지나지 않는다. 22. 보호7 ( )

17 고전학파 범죄이론에서는 심리에 미치는 강제로서 형벌을 부과해야 한다고 하는 심리강제설을 주장하였다. 21. 보호7 ( )

18 포이에르바흐(Feuerbach)는 형사정책을 '입법을 지도하는 국가적 예지'로 이해하고, 형사정책은 정책적 목적을 유지하기 위한 형법의 보조수단으로서 의미가 있다고 주장하였다. 22. 보호7 ( )

19 코헨과 펠슨(L. Cohen & M. Felson)의 일상활동이론에 의하면, 일상 활동의 구조적 변화가 동기부여된 범죄자, 적절한 범행대상 및 보호의 부재라는 세 가지 요소에 대해 시간적·공간적으로 영향을 미친다. 21. 보호7 ( )

20 실증주의 학파에서는 인간은 자신의 행동을 합리적, 경제적으로 계산하여 결정하기 때문에 자의적이고 불명확한 법률은 이러한 합리적 계산을 불가능하게 하여 범죄억제에 좋지 않다고 보았다. 21. 교정9 ( )

21 실증주의 학파에서는 범죄의 연구에 있어서 체계적이고 객관적인 방법을 추구하여야 한다고 하였다. 21. 교정9 ( )

22 실증주의 학파에서는 범죄는 개인의 의지에 의해 선택한 규범침해가 아니라, 과학적으로 분석가능한 개인적·사회적 원인에 의해 발생하는 것이라 하였다. 21. 교정9 ( )

16 ✕ 벤담(Bentham)은 공리주의적 형벌관의 입장에서 형벌은 '일반예방'목적에 의해 정당화되며, 개선목적(또는 사회방위목적)은 부차적 목적에 불과하다고 주장하였다.

17 ○ 포이어바흐(Feuerbach)에 의하면, 국가는 시민의 자유보장에 그 목적이 있으므로 법률위반에 대해 물리적 강제를 가해서는 안 되고, 범죄의 쾌락보다 형벌의 고통이 크다는 점을 알게 하는 '심리강제'로 위법행위와 고통을 결부하여 범죄를 방지해야 한다고 본다(위하, 일반예방).

18 ○ 포이어바흐(P. Feuerbach)는 형사정책이라는 용어를 처음 사용하였는데, 이때에는 단지 형사입법에서 국가의 예지(叡智), 즉 형사입법정책이라는 좁은 의미로만 사용되었다(형법의 보조수단).

19 ○ 코헨과 펠슨(L. Cohen & M. Felson)은 범죄자가 아니라 범행의 조건을 특정화하여, 사회에서 발생하는 범죄는 ㉠ 범행 동기를 지닌 범죄자, ㉡ 적절한 범행대상, ㉢ 범행을 막을 수 있는 사람(감시자)의 부존재 등에 의해 결정된다고 주장한다(범죄기회이론).

20 ✕ 지문의 내용은 고전주의 학파의 주장 내용이다. 고전주의 학파에서는 인간은 합리적 존재로서 자유의지를 갖고 있어 자신의 행동을 선택한다고 보며, 죄형법정주의를 강조한다.

21 ○ 실증주의 학파는 범죄행위를 연구하는데 있어서 경험적이고 과학적인 접근을 강조하여, 과학적 분석을 통해 범죄원인을 규명하고자 하였다.

22 ○ 실증주의 학파는 범죄행위를 유발하는 영향요인과 정상적인 행위의 인과요인은 서로 다르다고 보아, 범죄는 개인의 의지에 의한 규범침해(자유의사론, 비결정론)가 아니라, 과학적으로 분석가능한 개인적·사회적 원인 등에 의하여 발생(결정론)한다고 주장하였다.

23 19세기의 과학적 증거로 현상을 논증하려는 학문 사조는 실증주의 범죄학의 등장에 영향을 끼쳤다. 24. 교정9

( )

24 실증주의는 적법절차모델(Due Process Model)에 바탕을 둔 합리적 형사사법제도 구축에 크게 기여하였다. 24. 교정9

( )

25 페리(Ferri)는 범죄자의 통제 밖에 있는 힘이 범죄성의 원인이므로 범죄자에게 그들의 행위에 대해 개인적으로나 도덕적으로 책임을 물어서는 안된다고 주장했다. 21. 교정9

( )

26 뒤르켐(E. Durkheim)은 ㉠ 범죄는 정상(normal)이라고 주장하였고, ㉡ 규범이 붕괴되어 사회 통제 또는 조절 기능이 상실된 상태를 아노미로 규정하여, ㉢ 머튼(R. Merton)이 주창한 아노미 이론의 토대를 제공하였다. 20. 교정9

( )

27 19세기 말 리스트(Liszt)는 '형법에서의 목적사상'을 주장하여 형이상학적 형법학이 아니라 현실과 연계된 새로운 형사정책 사상을 강조하였다. 22. 보호7

( )

28 고전주의는 형벌이 범죄결과의 정도에 상응하여야 한다고 주장한 반면, 실증주의는 부정기형과 사회 내 처우를 중요시하였다. 24. 교정9

( )

29 국제형사학협회는 1889년 독일의 리스트(Liszt)를 중심으로 네덜란드의 하멜(Hamel), 벨기에의 프린스(Prins)에 의해 설립되어 1937년까지 11차례 국제회의를 개최하였다. 19. 승진

( )

정답

23 ○ 19세기와 20세기 초의 실증주의 철학은 범죄연구에도 큰 영향을 미쳤다. 또한 자연과학이 발전(진화론, 인류학 등)함에 따라 인문분야에서도 과학적·객관적인 방법에 의해 실증적으로 문제를 해결해야 한다는 요구가 야기되었다. 이러한 배경에서 실증주의 범죄학이 등장하게 되었다.

24 ✕ 적법절차에 기초한 합리적 형사사법제도 구축에 기여하였다는 것은 '고전주의'에 대한 평가이다.

25 ○ 페리(E. Ferri)는 사회적 책임론과 결정론을 주장하며, 자유의사에 기한 규범의 선택가능성은 환상에 불과하다고 보고, 철저한 결정론을 취하여 도덕적 책임을 부정하고 이에 대신하는 사회적 책임을 제시하였다.

26 ○ 뒤르켐은, 범죄를 모든 사회에 불가피하게 나타나는 현상으로 병리적인 것이 아니라 정상적인 현상이라고 보았고(범죄정상설)(㉠), 사회의 도덕적 권위가 무너져 사회구성원들이 지향적인 삶의 기준을 상실한 무규범 상태로서 사회통합의 결여를 아노미(Anomie)라고 규정지었다(㉡). 머튼(R. Merton)은 뒤르켐의 아노미 개념을 도입하여, 미국사회에서 사회적으로 수용 가능한 목표와 합법적인 수단 간의 불일치를 의미하는 것으로 사용하였다(아노미이론)(㉢).

27 ○ 리스트(Liszt)는 형법의 목적사항을 주장면서 '형벌의 부과 기준은 행위가 아니고 행위자'라는 입장에서 반사회적 위험성을 기준으로 범죄자의 특성에 맞게 형벌을 개별화(특별예방)할 것을 강조하였다. 또한 그는 '형법은 형사정책의 뛰어넘을 수 없는 한계'라고 주장하였는데, 이는 형사정책이 범죄에 대한 효과적 대책수립을 목적으로 하지만, 정책적 필요성이 형법의 원칙을 넘을 수는 없다는 내용이다.

28 ○ 고전주의는 응보형, 죄형균형론, 정기형을 주장하나, 실증주의는 부정기형, 사회 내 처우를 중요시한다고 구분할 수 있다.

29 ○ 국제형사학협회는 1889년 리스트(Liszt), 하멜(Hamel), 프린스(Prins)에 의해 독일의 사회학적 범죄이론을 근간으로 하여 신파이론의 확립을 목적으로 설립되었다.

03 형사정책의 대상

1 서론

형사정책의 궁극적 목표는 범죄의 방지와 범죄자의 처우에 있다고 할 수 있다. 따라서 형사정책의 대상은 자연히 범죄와 범죄자 그리고 그에 대한 범죄방지대책으로 모아지지만, 범죄의 대상이 되는 피해자의 문제도 빼놓을 수 없으며 최근에 피해자학의 발전으로 이 문제에 대한 관심이 증대하고 있다. 16. 사시

2 범죄

1 의의

1. 개념

(1) 형사정책의 대상인 범죄란 그 폐해가 사회적으로 막대하고, 그것을 방치하면 사회질서의 유지가 불가능·곤란하게 되는 행위를 말한다.

(2) 형법상 범죄뿐만 아니라, 실정법상 범죄가 되지 않더라도 사회질서의 유지를 위해 국가·사회가 조치를 취할 필요가 있는 모든 '반사회적 행위'도 형사정책의 대상이 된다(예 심신장애인의 위법행위, 형사미성년자의 촉법행위 등).

2. 개별현상과 집단현상으로서 범죄

(1) **개별현상으로서 범죄**
  ① 특정한 개인에 의한 범죄를 총체적으로 파악하는 것을 말한다(Crime). 개별현상으로서 범죄는 개인의 비정상적인 현상으로 이해된다.
  ② 생물학적·심리학적 연구방법으로 접근할 수 있으며, 특별예방적 관점과 교정정책상 처우의 과학화 및 보안처분의 주요대상이 된다.

(2) **집단현상으로서 범죄** 16. 사시
  ① 일정시기·일정사회의 자연적 산물인 범죄의 총체를 의미한다(Criminality). 이는 개별범죄의 집합이 아니라, 전체로서 자연스러운 사회적 현상으로 이해해야 한다.
  ② 일정한 유형성·경향성을 나타내므로 사회학적 연구방법으로 접근할 수 있으며, 일반예방적 관점과 입법정책·사법정책의 주요대상이 된다.

📖 **핵심 OX**

01 집단현상으로서의 범죄는 사회 병리적 현상이므로 사회심리학의 관점에서 다루어야 하며 형사정책학의 연구대상이 되지 않는다. (O, ×)

01 ×

③ 형사정책학이 중점적 연구대상으로 삼는 것은 사회적 병리현상에 속하는 집단현상으로서 범죄이다.

3. 규범적 범죄개념

(1) 절대적 범죄개념과 상대적 범죄개념

① 절대적 범죄개념: 시간과 공간을 초월하여 타당하고 일정한 국가의 법질서와 무관한 자연적 범죄개념을 말한다(예 살인, 폭력, 절도, 강간 등). 가로팔로(R. Garofalo)는 시간과 문화를 초월하여 인정되는 범죄가 존재한다고 보고 이를 자연범이라고 하였다. 16. 보호7

② 상대적 범죄개념: 일정한 국가의 법질서와 관련해서만 규정할 수 있는 범죄개념이다(예 대마초의 합법화, 성매매의 합법화, 동성결혼의 합법화, 낙태의 비범죄화 등).

③ 평가: 오늘날에는 절대적 범죄개념은 타당하지 않으며, 상대적 범죄개념이 타당하다고 보는 것이 일반적이다.

(2) 형식적 범죄개념과 실질적 범죄개념

① 형식적 범죄개념: 범죄를 구성요건에 해당되는 위법·유책한 행위로 규정한다(형법상 범죄개념). 범죄개념의 명확성을 기할 수 있다는 장점이 있으나, 입법적 지체현상으로 인해 법적 허점이 야기되는 문제가 있다. 16. 보호7☆

② 실질적 범죄개념: 사회유해성과 법익침해성을 기준으로 하는 반사회적 행위로서, 실정형법을 초월하여 타당할 수 있는 신범죄화와 비범죄화의 실질적 기준을 제시하기 위한 개념이다(범죄학의 범죄개념). 16. 보호7☆

③ 평가: 형사정책의 대상으로 실질적 범죄개념을 포함하여야 하는 이유는 범죄개념에는 시간적·공간적 상대성과 가변성이 있기 때문이다. 이를 기준으로 현행법상 처벌되지 않은 반사회적 행위를 신범죄화하거나, 사회 변화에 따라 처벌할 필요가 없는 행위를 비범죄화하게 되는 것이다. 결국 형식적 범죄개념과 실질적 범죄개념 모두 형사정책의 대상이 된다. 20. 보호7

4. 일탈행위

(1) 의의

① 일탈행위란 흔히 공동체나 사회에서 보편적으로 인정되는 규범에 의해 승인되지 않는 행위를 의미한다(사회학적 범죄개념).

② 형사정책에서 범죄는 사회학적 범죄개념인 일탈행위를 포함하는 넓은 개념이라고 본다.

(2) 범위

형법상의 범죄개념보다 넓어서 공동체에서 통용되는 모든 규범에 대한 침해가 포함된다. 16. 보호7☆

(3) 예시

매춘, 알코올 중독, 마약 사용, 자살, 정신·신체의 질병, 부부 사이의 불화, 가난, 언어규칙 위반, 불손한 행위, 규범에 대한 지나친 순응 등이 있다.

2 비범죄화

1. 의의

형사정책은 모든 실정법을 포괄하는 형식적 범죄개념뿐만 아니라 실질적 범죄개념도 연구대상에 포함한다. 비범죄화와 범죄화는 실질적 범죄개념에 의하여 그 기준이 결정된다.

2. 비범죄화

(1) 의의

① 비범죄화(Decriminalization)란 형법의 보충성과 공식적 사회통제 기능의 부담가중을 고려하여 일정한 범죄 유형을 형벌에 의한 통제로부터 제외시키는 경향을 말한다. 23. 교정9☆

② 비범죄화는 범죄화의 과잉경향에 대하여 국가형벌권의 억제를 요구하며(겸억주의), 가장 급진적인 불개입주의의 산물이다.

③ 비범죄화는 형사처벌의 폐지가 아니라 형사처벌의 완화를 목표로 한다. 17. 교정7

(2) 근거

① 형사사법기관의 과중한 업무부담의 해소, 과잉범죄화에 대한 반성 및 형사사법경제를 이유로 비범죄화가 요구된다. 23. 교정9

② 비범죄화의 필요성은 소극적 일반예방(위하)이 아니라 적극적 일반예방(규범의식 강화)으로부터 도출된다.

③ 사회의 다원화와 가치의 다양화에 의해 형법의 탈윤리화(최후수단성·보충성)가 요청된다. 23. 보호7☆

④ 경미범죄의 처벌로 인한 낙인효과의 심각성에 대한 반성으로 비범죄화가 대두된다. 23. 보호7☆

⑤ 사회통제기관의 자의적인 법 집행이나 타락을 방지한다는 점에서도 근거를 찾을 수 있다.

(3) 비범죄화가 가능한 영역

① 개인적 법익 또는 국가적 법익이 아니라 주로 사회적 법익을 침해하는 범죄, 피해자 없는 범죄에 대해서 주장된다. 23. 보호7☆

　예 비영리적 공연음란죄, 음화판매죄, 간통죄, 혼인빙자간음죄, 성매매, 낙태죄, 단순도박죄, 동성애, 경미한 마약 사용 등 23. 교정9☆

② 행정형법상의 처벌을 형벌이 아닌 과태료로 전환하는 것도 비범죄화의 일종으로 보기도 한다.

간통죄, 혼인빙자간음죄의 비범죄화

1. 간통죄(구 형법 제241조)는 2015.2.6. 헌법재판소에서 위헌 결정되었고, 이에 따라 2016.1.6. 형법에서 삭제되었다.
2. 혼인빙자간음죄(구 형법 제304조)는 2009.11.26. 헌법재판소에서 위헌 결정되었고, 이후 2012.12.18. 형법에서 삭제되었다.
3. 간통죄와 혼인빙자간음죄는 법률상의 비범죄화에 해당한다. 23. 보호7

나우케(W. Naucke)의 비범죄화 분류

선언적 비범죄화	순수한 형태의 비범죄화로서 어떤 형벌법규가 아무런 대체입법 없이 무조건 삭제되는 경우
외견상 비범죄화	좁은 의미의 형벌은 배제되지만 다른 형태의 제재를 받아야 할 필요가 있어 여전히 일탈행위로 규정되어야 하는 경우 예 보안처분의 부과, 가벼운 질서 위반에 대한 범칙금 부과, 기소유예·선고유예, 민법·행정법·사회법 등에 의한 통제
현실적 비범죄화	국가가 일탈행위의 존재를 잘 알고 있으면서도 국가형벌을 철회하고 그 문제해결을 사회에 일임하는 경우

(4) 유형 23. 교정9☆

① **법률상의 비범죄화**: 입법작용이나 헌법재판소의 위헌결정과 같은 판결에 의해 형벌법규가 무효화됨으로써 이루어지는 비범죄화를 의미한다.

② **사실상의 비범죄화**: 형사사법의 공식적 통제권한에는 변함이 없으면서도 일정한 행위양태에 대해 형사사법체계의 점진적 활동 축소로 이루어지는 비범죄화를 의미한다. 11. 사시☆

수사상 비범죄화	수사기관(경찰·검찰)이 형벌법규가 존재함에도 불구하고 사실상 수사하지 아니하는 경우(예 기소유예 등) 17. 교정7
재판상 비범죄화	재판 주체(법원)가 더이상 범죄로 판단하지 않아 재판을 종결하는 경우

3. 구별개념

(1) 비형벌화

① 비형벌화(Depenalization)란 범죄행위 자체는 인정하지만, 형벌 부과의 타당성이나 처우의 효율성 등을 고려하여 비형벌적 제재를 과하는 경우를 의미한다.

협의의 비형벌화	형벌을 보안처분, 민사제재 등의 형벌 이외의 제재로 대체하는 것
광의의 비형벌화	협의의 경우 외에 자유형의 벌금형화, 형벌 완화, 집행유예·가석방의 확대, 다이버전 등이 포함

② 비형벌화는 일정한 '범죄자'를 대상으로 형벌을 완화하거나 형벌 이외의 제재를 하는 것이므로, 일정한 '행위'를 대상으로 형벌에 의한 통제에서 제외하는 비범죄화와 구별된다.

(2) 신범죄화와 과범죄화

신범죄화	산업화·도시화 등 사회구조의 변화에 따라 종래 예상치 못했던 행위에 대해 형법이 관여하게 되는 경향을 말한다. 15. 교정9 예 환경범죄, 교통범죄, 경제범죄, 컴퓨터범죄 등
과범죄화	과범죄화란 가정이나 공동체 등에 의한 비공식적 사회통제 기능이 약화됨으로 인하여 그것이 규율하던 부분을 법이 담당하게 되는 경향을 말한다. 예 경범죄, 청소년범죄, 가정폭력 등

3 암수범죄(숨은 범죄)

1. 서론

(1) 의의

① 암수범죄(숨은 범죄)란 실제로 범죄가 발생하였음에도 수사기관이(또는 누구든지) 아예 인지하지 못하였거나, 인지하였지만 해결하지 못하여 공식적인 범죄통계에는 나타나지 않는 범죄의 총체를 의미한다. 18. 보호7☆

② 암수범죄이론에 의해 가장 신랄한 비판을 받는 것은 절대적 형벌론이다. 모든 범죄행위가 남김없이 처벌된다는 전제에서 의미가 있는 절대적 형벌론의 주장은 형벌이 미치지 않는 암수범죄의 영역이 존재한다는 사실 자체로 퇴색되지 않을 수 없다.

(2) 연혁

① 암수범죄의 문제는 범죄통계학이 도입된 시기부터 지적되었으나, 단지 공적인 기관에 알려진 범죄와 그렇지 않은 범죄의 관계가 항상적인 것이라고 보아 처음에는 그 중요성을 인정받지 못하였다[정비례의 법칙: 케틀레(Quetelet)]. 24. 교정9☆

② 20세기에 들어서 암수범죄는 범죄통계의 커다란 맹점으로 인식되었고, "범죄와 비행에 대한 통계는 모든 사회통계 중 가장 신빙성이 없고 난해한 것이다."라고 지적되기도 하였다[서덜랜드(Sutherland)].

③ 암수범죄에 대한 정확한 이해는 범죄통계의 커다란 급소로서 범죄의 실태를 올바르게 파악하기 위한 불가결한 전제조건이라 할 수 있다(전체 범죄 ≒ 공식범죄통계 + 암수범죄). 20. 보호7

(3) 형사정책적 중요성

① 암수범죄의 존재는 범죄통계의 정확성에 이의를 제기하기 때문에 일정한 정책에 의해 범죄통계가 달라진 경우에도 그것이 정책의 실질적인 영향으로 볼 수 없는 경우가 많다.

② 범죄원인론에서 중요하게 취급되는 범죄의 여러 원인은 부정확한 범죄통계에 의한 것이기 때문에 범죄학은 그 경험적인 우위를 지킬 수 없다.

③ 대부분의 사람은 암수범죄자가 될 수 있고, 여기에서 정책의 공평성에 대한 문제와 선별적 형사소추의 문제가 제기된다.

④ 암수범죄를 법경제학적으로 해석하면, 유죄판결을 받을 확률을 계산해서 형량을 결정해야 일반예방 효과가 있다는 의미가 된다.

⑤ 암수범죄의 존재 사실은 서로 다른 정책방향을 유도하기도 한다. 낙태행위가 암수범죄로 많이 행해진다는 사실은 비범죄화 요구와 직결되어 이용되기도 한다. 반면 경제범죄가 암수범죄로 많이 이루어진다는 것은 더욱 엄격하게 대처해야 한다는 요구로 이어지기도 한다.

🔖 핵심 OX

05 암수범죄(숨은 범죄)는 실제로 범죄가 발생하였으나 범죄통계에 나타나지 않는 범죄를 의미한다.　　　　(O, ×)

05 O

(4) 분류 24. 교정9

절대적 암수범죄	실제로 범하였지만 누구도(또는 수사기관이) 인지하지 못하는 범죄
상대적 암수범죄	수사기관이 인지하였으나 해결되지 못한 범죄
범죄경력의 암수	범죄자가 형사소추기관에 의해 입증(유죄판결)된 것보다 훨씬 더 많은 범죄를 저지른 경우

2. 발생원인

(1) 일반적 원인

① 발생한 모든 범죄가 인지되는 것은 아니다. 이는 범죄의 특수성으로 인해 범죄자가 자신의 범죄사실을 인식하지 못하는 경우뿐만 아니라, 피해자가 특정되어 있지 않거나 간접적 피해자만 존재하는 경우도 포함된다(예) 탈세범죄, 환경범죄, 낙태범죄, 마약소지 등).

② 인지된 모든 범죄가 수사기관에 알려지는 것도 아니다. 이것은 피해자의 개인적 사정이나 신고에 따른 불편·불이익, 피해자나 제3자의 제한된 고소·고발행위에 그 원인이 있다(예) 종래 성범죄의 친고죄 규정 등). 24. 보호9☆

③ 수사기관에 알려진 모든 범죄를 수사기관이 해결하는 것은 아니다. 이는 수사기관의 검거율과 밀접한 관련이 있다. 18. 보호7

④ 수사기관에서 해결한 모든 범죄행위에 대해 공소가 제기되는 것은 아니다. 이는 기소편의주의의 결과이다. 24. 보호9☆

⑤ 기소된 모든 범죄행위가 법원의 소송절차에서 유죄판결을 받는 것은 아니다.

⑥ 그밖에 당국의 통계조사의 흠결로 인하여 암수범죄로 남는 경우도 있다. 12. 사시

> ①, ②의 경우는 <u>절대적 암수범죄의 원인</u>으로 볼 수 있고, ③, ④, ⑤의 경우는 <u>상대적 암수범죄의 원인</u>으로 볼 수 있다. 특히 상대적 암수범죄의 원인으로 제시된 법 집행기관의 자의 또는 재량의 문제(④, ⑤)와 관련하여, 폴락(Pollak)은 "현존하는 남녀 범죄 간에 보이는 불평등을 야기하는 현저한 원인의 하나는 기사도 정신에 의한 것이고, 그것은 남성의 여성에 대한 일반적인 태도이다. 경찰은 여성을 체포하기를 꺼려하고, 검찰은 기소하기를 꺼려하며, 재판관이나 배심원은 유죄로 하기를 꺼려한다."고 지적하였다(기사도가설). 14. 사시

(2) 비판범죄학에서 제기되는 원인

① 비판범죄학에서는 선별적 형사소추의 문제를 암수범죄의 가장 큰 원인으로 제시하고 있다. 이는 통제기관(형사사법기관)이 일정한 의도를 가지고 특정 집단의 사람들만을 범죄인으로 만든다는 이론을 토대로 한다. 12. 사시

② 이 견해는 낙인이론과 결합하여 법 집행 과정에서 집행 주체인 경찰·검찰·법원 등의 편견이나 가치관에 따라 범죄자를 차별적으로 취급함으로써 <u>암수범죄가 발생</u>한다고 본다. 이에 대해 셀린(Sellin)은 선별 과정에서 암수를 줄이기 위해서 경찰통계를 활용할 것을 주장하기도 하였다. 16. 사시☆

📖 **핵심 OX**

06 피해자 없는 범죄의 경우 암수범죄가 발생할 가능성이 상대적으로 높다.
(O, ×)

07 수사기관이 범죄의 혐의가 명백히 존재함에도 개인적 편견에 따라 차별적 취급을 한 경우 암수범죄로 볼 수 없다.
(O, ×)

06 ○
07 ×

3. 조사방법

(1) 의의

① 암수범죄의 조사는 공식통계보다 범죄학적 연구의 관점이 많이 고려된다.
② 암수범죄의 조사를 통해 공식통계보다 경미범죄와 일탈행위를 잘 파악할 수 있다.
③ 암수범죄의 조사방법에는 직접적 관찰과 간접적 관찰이 있으며, 이 중에서 간접적 관찰(설문조사)이 주로 실시되고 있다.

(2) 직접적 관찰 20. 보호7☆

자연적 관찰	실제로 일어나는 암수범죄를 직접 관찰하는 방법	
	참여적 관찰	관찰하고자 하는 범죄행위에 직접 가담하는 방법
	비참여적 관찰	유리벽을 통한 관찰 또는 몰래 카메라로 촬영하는 방법
인위적 관찰	'실험'을 통하여 암수범죄를 직접 실증하는 방법 예 블랑켄부르크(Blankenburg)의 연구	

(3) 간접적 관찰(설문조사) 24. 교정9☆

① **자기보고조사(행위자 조사)** 20. 보호7☆

   ㉠ 의의: 일정한 집단을 대상으로 개개인의 범죄·비행을 스스로 보고하게 함으로써 암수범죄를 측정하는 방법이다.

   ㉡ 장·단점

장점	ⓐ 객관적인 범죄의 실태와 실제 발생한 범죄량 및 빈도의 파악이 용이하다. ⓑ 사회의 범죄 분포에 관한 포괄적인 이해가 가능하다. ⓒ 범죄관련사항 외에 대상자의 인격특성·가치관·태도·환경 등도 같이 조사하므로 범죄이론의 검증 및 범죄원인의 파악이 가능하다.
단점	ⓐ 조사 대상자의 정직성에 따라 그 결과의 타당성 여부가 달라질 수 있다. 18. 보호7☆ ⓑ 중범죄나 사회적으로 금기시하는 범죄(예 살인, 강간 등) 또는 직업적으로 행하는 범죄(예 화이트칼라 범죄) 등을 조사하는 데는 부적합하다. 24. 보호9☆ ⓒ 주로 청소년의 비행(또는 경미한 성인범죄)을 조사하는 데 이용되고, 학교 등에서 집단적으로 조사가 실시되어 조사대상자의 대표성에 의문이 제기된다.

② **피해자 조사** 24. 보호9☆

   ㉠ 피해자에게 자신이 당한 범죄를 진술하게 함으로써 암수범죄를 조사하는 방법을 말한다.

   ㉡ 피해자 조사는 현재 암수범죄의 조사방법으로 가장 많이 활용되는 것으로, 가장 오래된 방법이자 가장 신뢰할 수 있는 방법이다. 23. 교정7☆

암수범죄 연구와 공식범죄 통계의 관계

1. 범죄 연구방법

   암수범죄의 연구는 공식범죄 통계에 의한 범죄 연구와 더불어 범죄에 접근할 수 있는 또 다른 방법이다. 공식범죄 통계에 있어서는 형사사법의 실무적 관점이 더 많이 작용하고, 중대한 범죄를 더 잘 파악하여 사회통제기관의 관점에서 고찰한다. 반면, 암수범죄의 조사는 범죄학적 연구의 관점이 많이 고려되어 경미범죄를 잘 파악할 수 있고, 범죄학적 인식에 새로운 차원을 열어준다.

2. 평가

   양자의 범죄 연구방법은 각각 독자적인 범죄실태를 확인시켜주는 것으로서, 상호보완적일 수는 있어도 상대방의 흠결에 대한 보충이 되기는 어렵다.

우리나라의 범죄피해자 조사

우리나라는 1994년부터 한국형사정책연구원에서 전국단위의 범죄피해조사를 실시하여 왔고, 2009년에 전국범죄피해조사, 2013년에 국민생활안전실태조사로 변경되었다. 2009년 이후 전국적으로 6,000~7,000가구를 대상으로 설문조사방식과 면접조사방식을 병행하여 2년마다 실시되고 있다(횡단 조사).

🏛 **핵심 O×**

08 자기보고조사는 보고자가 자신의 추가범죄사실에 대한 발각이 두려워 사실을 은폐하는 등 진실성에 문제가 있을 수 있다. (O, ×)

09 암수범죄를 파악하기 위해 범죄피해자로 하여금 범죄피해를 보고하게 하는 피해자 조사가 행해지기도 한다. (O, ×)

10 자기보고, 피해자 조사 등은 암수범죄의 직접적 관찰방법이다. (O, ×)

08 O
09 O
10 ×

ⓒ 지금까지 형사소송·피해보상 등에서 충분히 고려되지 못했던 피해자의 이익에 대한 관점이 강화되는 것을 의미한다.

ⓔ 장·단점

장점	ⓐ 피해자를 직접 조사함으로써 정확한 범죄현상의 파악이 가능하다. ⓑ 전국적인 조사가 가능하므로 대표성 있는 자료를 수집할 수 있다. ⓒ 범죄발생 과정에서 피해자의 역할 등을 파악할 수 있다. ⓓ 범죄예방(피해의 축소, 범행기회의 제거)에 유용한 자료를 제공한다.
단점 23. 보호7	ⓐ 피해자 조사는 일정한 유형의 범죄에 대해서는 사용될 수 없는 한계가 있다(예 피해자 없는 범죄, 법인·재단 등 피해자가 개인이 아닌 범죄, 피해자가 범죄로 인식하지 않는 범죄, 경미범죄 또는 중범죄(특히 살인범죄), 피해자를 특정하기 어려운 환경범죄나 경제범죄, 국가적·사회적 법익에 관한 범죄 등). 15. 사시☆ ⓑ 피해자가 증오심에 사로잡혀 있는 경우에는 과장된 보고를 함으로써 오히려 진실이 은폐될 수 있는 가능성도 있다. ⓒ 조사방법에 따른 한계도 있다. 피해자 조사는 많은 사람을 대상으로 하므로, 직접면담은 거의 불가능하고 대부분 전화·서면질의로 행해진다. 또한 조사자·피조사자의 태도에 의해 조사결과가 왜곡될 수 있다. ⓓ 조사결과의 신뢰성에 대한 문제도 있다. 보고된 범죄가 실제로 발생했는가는 검증할 방법이 없으며, 서로 다른 사회적·경제적·교육적 배경을 가진 대상자들의 범죄에 대한 평가가 얼마나 정확한지도 문제이다. ⓔ 전통적인 범죄(예 살인, 강도, 강간, 절도 등)만이 조사대상이 되므로, 상당수의 범죄는 조사되지 않는다.

③ 정보제공자 조사: 정보제공자 조사는 피해자 조사에 대한 보조수단으로서, 법 집행기관에 알려지지 않은 범죄나 비행을 인지하고 있는 제3자에게 범죄내용을 보고하게 하는 방법이다. 13. 사시☆

3 범죄자

1 형사정책적 의미

(1) 형사정책적 의미에서 범죄자는 형법규범을 위반한 자뿐만 아니라 공동사회에서 일탈행위가 구성원들이 용납할 수 없을 정도에 이른 자, 잠재적인 일탈자 등을 포괄하는 개념이며, 암수범죄자도 형사정책적 의미의 범죄자에 포함된다.

(2) 범죄원인의 분석과 관련하여 성악설(고전학파, 통제이론, Durkheim, Gluek, Freud 등), 성선설(Merton), 백지설(Sutherland) 등이 주장되었고, 자유의지와 관련하여 비결정주의 · 결정주의 · 절충주의 등이 제기되었다.

2 범죄자의 분류

1. 서론

(1) 의의

① 고전주의 범죄학은 행위자를 중시하지 않고 범죄원인론보다는 범죄통제론에 중점을 두므로, 범죄자 분류가 적극적으로 시도되지 않았다.

② 실증주의 범죄학은 연구의 대상으로 범죄자를 우선시한다. 범죄자 연구에 과학적 방법을 적용하여, 범죄자는 비범죄자와 본질적으로 다르다고 보고 그들의 특성에 적합한 개별적 처우를 실시하여야 한다고 주장한다(범죄자 분류는 주관주의 형법이론의 산물).

③ 범죄자를 과학적으로 분류하는 것은 범죄원인을 규명하는 데 유용한 정보가 될 뿐만 아니라 범죄자 개인에 맞는 효과적 재사회화 프로그램을 마련하는 데에도 도움이 된다.

> 범죄자 분류 → 범죄원인 규명 → 범죄자처우대책 수립 → 범죄 방지대책 수립

④ 초기 연구들은 대부분 일원적 분류방법을 사용하였다. 그러나 실제 범죄자들은 소질 면에서 각양각색의 특성을 보이고 범행 계기도 다양하여 단일한 기준으로 유형화함에는 한계가 있다. 따라서 후기 연구들은 범죄자의 성격, 생물학적 특징, 심리적 특징, 사회학적 특징, 형사정책적 측면 등 다양한 분류 기준을 사용한 다원적 분류방법을 활용하였다.

(2) 문제점

① 범죄자의 분류에서 개별적 처우의 적합성을 위해서는 예방필요성과 제재가능성에 대한 정확한 인식이 필요하다. 무엇보다도 분류 기준의 과학적 정확성이 중요하다.

② 양형, 분류처우, 가석방 심사 등에서 범죄자에 대한 잘못된 판단은 과거의 범죄에 대한 비난이나 미래의 범죄예방의 측면에서 부당한 불이익을 행위자에게 부여할 위험성이 있다(잘못된 긍정의 문제).

2. 범죄의 원인 · 동기를 기준으로 한 분류

(1) 롬브로조(C. Lombroso)의 분류

<table>
<tr><td colspan="2">생래적 범죄인</td><td>선천적으로 범죄인이 될 수밖에 없는 생물학적 구조를 타고난 범죄인으로, 개선이 불가능하여 사형에 처하거나 영구 격리한다.</td></tr>
<tr><td colspan="2">정신병 범죄인</td><td>정신병이 원인이 되어 범행하는 자로서, 생래적 범죄인과 함께 개선의 여지가 없는 범죄인에 속한다고 본다(전형적 범죄인).</td></tr>
<tr><td colspan="2">격정 범죄인</td><td>범죄소질을 가진 것은 아니지만, 우발적으로 범행하는 자이다.</td></tr>
<tr><td rowspan="3">기회범죄인</td><td>사이비 범죄인</td><td>범죄의 일반적 위험성은 없지만, 경우에 따라 자신의 명예나 생존을 위해 범행할 수 있는 자이다.</td></tr>
<tr><td>준범죄인</td><td>생래적 범죄인은 아니나, 다소간 선천적 원인(예 간질 · 격세유전 등)이 있는 자를 말한다.</td></tr>
<tr><td>관습 범죄인</td><td>나쁜 환경으로 인하여 상습적으로 범행하는 자이다.</td></tr>
<tr><td colspan="2">잠재적 범죄인</td><td>평소에는 범죄 소질이 드러나지 않다가, 음주 등으로 격한 감정이 생기는 경우에 범죄 특성이 나타날 수 있는 자이다.</td></tr>
</table>

(2) 페리(E. Ferri)의 분류

롬브로조(C. Lombroso)의 분류를 기초로 하나, 생물학적 요인을 강조한 것을 비판하면서 사회적 요인의 중요성을 강조하였다. 따라서 기회 범죄인이 가장 큰 비중을 차지한다.

생래적 범죄인	선천적으로 개선이 불가능한 범죄인이나, 무기격리 또는 유형에 처하는 것이 바람직하다(사형 부정).
정신병 범죄인	정신병에 의해 범행하는 자로서 개선이 불가능하므로 정신병원에 수용하여야 한다.
격정 범죄인	돌발적 격정으로 인해 범행하는 자로서 손해배상이나 강제이주가 바람직하다.
기회 범죄인	중한 자는 훈련과 치료를 하고 경한 자는 격정범에 준하여 대처(손해배상 · 강제이주)해야 한다.
관습 범죄인	상습적으로 범죄를 저지르는 자로서 개선 가능한 자는 훈련적 조치로 개선하도록 하고, 개선 불가능한 자는 무기격리에 처한다.

(3) 가로팔로(R. Garofalo)의 분류

생물학적 요인에 사회심리학적 요인을 결합하여 범죄인을 자연범과 법정범으로 크게 구별하고, 각 특징에 따라 다른 조치를 취해야 한다고 강조하였다. 11. 사시

자연범	인류의 근본인 '연민과 성실의 정'이 침해 · 결여됨으로써 범행하는 자이다. 어떠한 사회정책 · 제도도 이들에게는 효과가 없다. 이는 법규범을 초월하여 타당한 범죄개념을 밝히기 위해 주장한 절대적 범죄개념이다. 15. 사시
법정범	실정법에 범죄로 규정되어 범죄자가 되는 경우로서, 정기구금에 처한다.
과실범	처벌하지 않는다.

선생님 TIP

범죄자 분류(롬브로조, C. Lombroso)
생/정/격/기/잠

선생님 TIP

범죄자 분류(페리, E. Ferri)
생/정/격/기/관

자연범의 유형

모살 범죄인	연민의 정과 성실의 정이 모두 결여된 자로서, 개선이 불가능한 자는 사형에 처한다.
폭력 범죄인	연민의 정이 결여된 자로서, 본능적 살상범은 무기자유형에, 기타 폭력범은 부정기자유형에 처한다.
재산 범죄인	성실의 정이 결여된 자로서, 본능적 · 상습적 재산범은 무기자유형에 처하고, 그렇지 않은 자들 중 소년은 수용훈련, 성인은 강제노동에 처한다.
풍속 범죄인	주로 성범죄를 저지르는 자를 의미하는데, 성적 편향이 고쳐질 때까지 부정기자유형에 처한다.

(4) 아샤펜부르크(G. Aschaffenburg)의 분류

범죄인의 개인적 요인과 환경적 요인을 결합하여 범죄인으로부터 생겨나는 법적 위험성을 기준으로 범죄인을 분류하였다. 11. 사시

선생님 TIP

범죄자 분류(아샤펜부르크, G. Aschaffenburg)

우/격/기/예/누/관/직

우발 범죄인	과실범에 속하는 부주의한 범죄자를 말한다.
격정 범죄인	순간적 격정으로 범행하는 자로서 상습적인 경우는 제외된다.
기회 범죄인	우연한 기회에 범행하는 자로서 사려가 부족하다.
예모 범죄인	범행기회를 노리는 자로서 공중에 대한 중대한 위험요소가 된다.
누범 범죄인	심리학적 개념이므로, 법률상 누범·상습범의 의미는 아니다. 전과 유무를 불문하고 범죄를 반복하는 자이며, 동종 범죄의 반복(상습범)도 포함한다.
관습 범죄인	범죄가 몸에 밴 자로서 성격과 환경적 요인 등으로 인해 형벌에 무감각·무기력하며, 그 중요한 원인은 심리적 변질이다.
직업 범죄인	고등사기, 조직적 인신매매, 대규모 절도 등의 적극적 범죄 욕구를 가지고 있는 자이다. 빗나간 지적 능력이 높은 경우가 많고, 관습 범죄인과 함께 특히 개선이 불가능한 경우에 속한다. 이들은 대부분 환경보다는 이상성격이 원인이 된다.

3. 형사제재·처우의 방향을 기준으로 한 분류

(1) 리스트(F. V. Liszt)의 분류

목적형 사상의 입장에서 처벌되어야 할 것은 행위가 아니라 행위자라고 하면서, 형벌의 목적과 관련하여 반사회적 위험성에 따라 범죄자를 8가지로 분류하고, 이를 다시 처우의 개별화를 고려하여 세 집단으로 분류하였다.

구분	형벌의 목적	내용
개선이 필요한 상태범	개선	범죄성향이 있으나 개선이 불가능한 상태에 이르지 않은 자에게는 개선을 위한 형벌이 부과되어야 한다. 단기자유형은 불합리한 결과를 초래할 수 있으므로 피해야 한다. 14. 보호7 예 타인에 대한 동정으로 인한 범죄자, 긴급 범죄자, 성욕 범죄자, 격정 범죄자
개선이 불필요한 기회범	위하	일시적인 행위로 범죄를 저지른 자에 대한 형벌은 위하의 목적으로 부과된다. 벌금형 정도가 적합하고 단기자유형은 역효과의 우려가 있으므로 피해야 한다. 예 명예심·지배욕에 의한 범죄인, 특정한 이념으로 인한 사상범죄인, 이욕·쾌락욕 등에 의한 범죄자
개선 불가능자	무해화	사회는 개선이 불가능한 자로부터 스스로를 방위해야 하므로 이러한 자는 범행불능 처분(종신형)을 부과하는 것이 바람직하다. 예 법익침해 의식이 결여되거나 희박한 범죄자

범죄인의 특성을 기준으로 한 분류

1. 젤리히(E. Seelig)의 분류

인격적 측면과 행동양식을 종합하여 범죄자를 8가지 유형으로 분류하였다.

11. 사시

일하기 싫어하는 직업 범죄인	노동을 통해 생활하는 것을 게을리 하고 소매치기나 절도, 부랑생활 등을 하는 자
저항력이 약한 재산 범죄인	환경변화에 대한 적응력이 부족하여 종종 재산범죄와 같은 유형의 범죄를 저지르는 자
공격성이 있는 폭력 범죄인	흥분이나 긴장 상태로 인하여 사소한 자극에도 돌발적인 공격행위를 하는 자
성적 억제력이 없는 범죄인	성도착증 등의 병적 증세로 인하여 억제력을 잃고 쉽게 성범죄를 저지르는 자
위기 범죄인	소질이나 환경에 원인이 있는 갈등상황(예 갱년기·파산 등)을 극복하기 위해 범행하는 자
원시 반응의 범죄인	자신에 대한 통제가 어려운 상황에서 쉽게 범행하는 자
확신 범죄인	자신의 확신이나 양심에 따른 행위로 범행하는 자
사회적 훈련이 부족한 범죄인	행위 규범에 대한 적응능력이 부족하거나 주의의무를 다하지 못하여 범행하는 자(예 교통사범·경제사범 등)

2. 슈툼플(F. Stumpfl)의 분류

범죄성격	경범죄인 (갈등 범죄인)	외적 사정·내적 갈등 등으로 인해 경미한 죄를 범한 자
	중범죄인	외적 사정·내적 갈등 없이 소질에 의해 범죄를 범한 자
범죄시기	조발성 범죄인	25세 이전에 처음 범죄를 저지른 자
	지발성 범죄인	25세 이후에 처음 범죄를 저지른 자

(2) 기타의 분류

① 마이호퍼(W. Maihofer)의 분류 11. 사시

속죄 용의 있는 기회범	속죄 기회를 부여
속죄 용의 없는 기회범	위하
개선 가능한 상태범	교육형을 부과
개선 불가능한 상태범	보안형을 부과(사회보호)

② 국제형사학협회(I.K.V)의 분류: 리스트(F. V. Liszt)의 영향을 받아 행위자의 사회적 위험성의 관점에서 범죄자를 분류하였다.

개선 가능	기회 범죄자
개선 곤란	사회생활능력이 약화된 범죄자
개선 불능	합법적 사회생활을 기대할 수 없는 범죄자

4. 종래 우리나라의 형사사법에서 범죄자의 분류

(1) 우발범(기회범)

① 우발범의 특징은 외부 사정에 의해 범죄동기가 우발적으로 발생하여, 계획적으로 범죄를 감행하지 않고 그 행위에 습관성이 없다는 데 있다.

② 우발범은 범죄 소질이 약하고 재범 위험성이 비교적 낮은 자이므로 이에 대한 합당한 처벌을 해야 한다. 범행 당시의 정황 등을 고려하여 위험성이 없는 경우에는 기소유예·선고유예·집행유예 등을 활용할 필요가 있으며, 행형단계에서도 초범자로서의 특수한 분류와 처우가 요청된다.

(2) 상습범

① 상습범이란 일반적으로 성격상의 소질로 인해 얻어진 내적 성벽의 결과로 반복해서 법을 위반하는 경향이 있는 인격을 가진 자를 말한다. 형사정책적 의미의 상습범은 반드시 실정법에 규정된 누범·상습범을 의미하는 것은 아니다.

② 현행 상습범에 대한 형의 가중은 행위 자체의 불법보다 위험성을 기준으로 한 것으로서 책임주의에 반한다는 비판이 있다. 그리고 형사정책상 그 범죄자의 개선 가능·불가능을 결정해야 한다는 것과 범죄대책의 문제로서 부정기형주의에 의할 것인가, 보안처분에 의할 것인가 등의 문제가 있다. 또한 책임원칙에 근거하지 않은 누범가중 양형 프로그램은 헌법상 보장되어 있는 평등권에 위배되고 일사부재리의 원칙에도 어긋난다는 비판이 있다.

(3) 심신장애범

① 심신장애범은 행위자의 심신장애로 인하여 죄를 범하는 자인데, 「형법」은 심신장애의 정도에 따라 책임무능력자·한정책임능력자로 구별하여 형을 면제·감경하고 있다(제10조).

```
형법
제10조 【심신장애인】 ① 심신장애로 인하여 사물을 변별할 능력이 없거나 의
  사를 결정할 능력이 없는 자(→ 심신상실)의 행위는 벌하지 아니한다.
  ② 심신장애로 인하여 전항의 능력이 미약한 자(→ 심신미약)의 행위는 형
  을 감경할 수 있다(임의적 감경).
```

② 현행 「치료감호 등에 관한 법률」에서는 심신장애자로 형이 면제·감경되는
자가 금고 이상의 형에 해당하는 범죄를 범한 때에는 치료감호를 선고하여
치료감호 시설에서 치료받도록 하고 있다(제2조 제1항 제1호, 제16조 제1항).

(4) 사상범(양심범)

① 사상범 또는 양심범이란 현행 법률·정치·경제제도에 대해 불만을 품고
이를 개혁하는 것이 옳다고 믿고 이에 기하여 불법행위로 나아가는 경우와
같이, 범죄의 동기나 원인이 사상적·종교적 또는 정치적 신념에 기하는
범죄자를 모두 포함한다.

② 「국가보안법」은 사상범의 특징을 고려하여 공소보류제도를 인정하고 있고
(제20조), 「보안관찰법」은 사상범에 대해 보안관찰처분심의위원회의 결정
으로 형 집행 후 보안관찰처분을 부과할 수 있도록 하고 있다.

(5) 소년범

① 소년범은 성인보다 불법의식이 낮고 개선 가능성이 높으며 높은 우발성
과 전염성을 가지고 있기 때문에 형사정책적으로 신중하게 처리할 필요가
있다.

② 「소년법」은 소년보호의 관점에서 범죄소년·촉법소년·우범소년을 보호
처분의 대상으로 하고 있다. 비행소년에 대하여는 소년보호와 교육의 차원
에서 보호처분을 인정함과 동시에 형사절차에서도 특별한 조치를 취하고
있고, 행형에서도 특수성을 인정하고 있다.

5. 검토

(1) 각양각색의 범죄자들을 일정 기준에 의해 분류하는 것은 범죄예방, 수사, 재판,
교정 등의 분야에서 유형별로 적정한 처우와 대책을 수립하는 데 있어서 긴요
한 사항이 될 수 있다. 그러나 범죄자 분류는 그 필요성에 비하여 실제 형사사법
분야에 적용할 수 있을 정도로 체계적이지 못하다는 비판이 제기된다.

(2) 결국, 범죄자 분류에 대해 지금까지 제시된 기준들은 범죄자 개인에 대한 경
험과학적 정보제공 내지 범죄자의 재사회화에 적당하지 않다는 것을 알 수 있
다. 따라서 최근에는 특정한 범죄 유형에서의 행위자 특성에 대한 연구나 특
정 범죄자의 범죄경력에 대한 연구 등으로 범죄자 연구의 중점이 옮겨지고 있다.

다원적 분류방법

1. 엑스너(F. Exner)의 분류

① **성격적 범죄인 분류**: 상태 범죄인
(성격적 경향에 범죄원인)과 기회
범죄인(외적 사정에 범죄원인)으로
분류한다.

② **유전생물학적 범죄인 분류**: 내인
성 범죄인(소질에 기한 범행)과 외
인성 범죄인(환경에 기한 범행)으
로 분류한다.

③ **범죄심리학적 범죄인 분류**: 이욕,
성욕, 원한, 복수, 정치적 확신 등
의 범행동기에 의한 분류방법이다.

④ **체질적 분류**: 외부적으로 드러난
체형만을 통해 기질을 파악하고 범
죄형과의 관련성을 단정한다.

⑤ **범죄사회학적 분류**: 범죄인의 성
격적 특징보다 범죄인 경력의 외적
특징을 기준으로 하는 분류방법이다.

⑥ **형사정책적 분류**: 현존하는 범죄
대책을 기준으로 하여 이에 적합하
도록 범죄인을 유형화하는 것이다.

병리학적 분류	내인적 상태 범죄인	범죄 성향이 소질적으로 설정된 자
	외인적 상태 범죄인	범죄 성향이 환경적으로 설정된 자
	발달 범죄인	인격의 발달에서 범죄성이 유래하는 자
	일탈인격 범죄인 (기회 범죄인)	기회가 주어지면 범죄를 저지르게 되는 자
예단적 분류	개선 가능 범죄인	개선형
	개선 불가능 범죄인	범행불능처분
연령 분류	소년범죄자, 청년범죄자, 성인범죄자, 노인범죄자	

2. 생활이력에 의한 분류

생활이력(Career)에 의한 분류는 행위
특성과 행위자 특성을 통합하려는 미
국 사회학자들의 입장이다. 생활이력
의 중요한 요소로서 ① 비행행위가 생
활의 일부를 형성하는 정도, ② 자기
관념의 구조, ③ 범죄에 대한 동일화,
④ 범죄의 발전과 비행행위를 생활조
직에 편입시키는 정도, ⑤ 비행행위에
대한 집단지지, ⑥ 사회적 반작용 등
을 들고 있다.

4 피해자

1 서론

1. 의의

(1) 형사정책적 의미

① 전통적인 형사정책에서는 범죄에 대한 효과적 대책수립을 위한 범죄자 연구에 중점을 두었고 범죄피해자에 대해서는 무관심했다. 부분적인 관심을 가진 경우에도 범죄 및 범죄자 연구를 위한 보조적인 의미로 이해되었다.

② 제2차 세계대전 이후에는 피해자에 대한 연구가 활발하게 진행되었고, 나아가 피해자에 대한 연구를 범죄학에 대응하는 독자적인 학문분야로 인정하는 경향까지 나타났다.

③ 형사정책에서 피해자에 대한 논의는 크게 두 영역과 관련을 맺고 있다. 하나는 범죄원인론에서 피해자가 범죄발생에 미친 영향과 관련되는 문제이고, 다른 하나는 피해자에 대한 적절한 보호대책과 관련되는 문제이다.

(2) 개념

최협의설	형식적 범죄개념에 입각하여, 범죄행위에 의해 피해를 입은 사람만을 피해자로 본다.
협의설	실질적 범죄개념에 입각하여, 실정법상 처벌할 수 없는 행위에 의해 법익을 침해당한 사람까지도 피해자에 포함된다.
광의설	피해자를 범죄와 분리하여 독자성을 강조하며, 직접 피해자 외에 피해자의 가족 등의 간접 피해자까지 범위를 확장한다.
최광의설	피해를 범죄와 분리하여, 피해의 원인이 범죄가 아닌 경우까지 포함하여 모든 유해한 결과가 발생된 경우로 확장한다.
검토	범죄발생의 원인을 밝히고 피해자에 대한 적절한 대책을 세우는 데에 피해자의 형사정책적 의미가 있다고 보면, 피해자 개념을 지나치게 넓게 해석하는 것은 적합하지 않다. 형사정책적 의미의 피해자는 실질적 의미의 범죄로 인해 그 법익을 침해당한 사람으로 국한해야 한다.

(3) 피해자 중립화

형법이 존재하기 전에는 타인이 자신이나 친족의 권리를 침해한 것에 대한 유일한 해결방법은 보복이었다. 그러나 형법에 의한 공형벌이 등장하면서 피해자는 중립적 지위를 가지게 되었고, 보복의 악순환도 차단되었다(피해자의 중립성 강조). 최근에 피해자학이 주목을 받는다고 하여 피해자를 중립화한 형법의 근본취지가 왜곡되어서는 안 된다.

피해자 비난론과 옹호론

1. 피해자 비난론
피해자가 범죄에 미치는 영향을 연구한 결과, 범죄자보다 더 큰 잘못이 있는 피해자가 적지 않다는 사실이 밝혀졌다. 피해자도 범죄에 대한 책임을 부담해야 한다는 주장이 있다.

2. 피해자 옹호론
국가가 범죄피해를 방지해야 할 의무를 다하지 못해 범죄의 피해를 입게 된 피해자는 반드시 보호되어야 하고, 범죄에 영향을 미쳤다고 하여 피해자를 비난하는 것은 범죄의 피해와 함께 이중의 피해자가 되는 결과를 가져온다는 주장도 있다.

3. 평가
범죄에 영향을 미친 피해자는 범죄발생을 줄이는 방편으로 연구하고, 범죄피해자를 동정하는 입장은 피해자에 대한 정당한 법적 보상제도를 마련하는 것으로 충분하다고 본다.

2. 피해자학

(1) 의의

① 피해자학(Viktimologie)이란 범죄의 피해를 받거나 받을 위험이 있는 자에 관하여 생물학적 · 사회학적 특성을 과학적으로 연구하고, 이를 기초로 범죄에 있어서 피해자의 역할이나 형사사법에서 피해자 보호 등을 연구대상으로 하는 학문분야를 말한다.

② 피해자학의 의미는 범죄피해자를 배제하고는 온전한 범죄대책이 수립될 수 없다는 인식에서 비롯된다. 범죄피해자에 대한 보상은 범죄자에 대한 처벌 이후 대책의 핵심으로 자리 잡게 되었고, 범죄자의 법치국가적 권리 못지않게 피해자의 보호필요성 또한 중요한 의미를 갖는다.

③ 피해자학이라는 용어는 1956년 피해자학의 아버지라 불리는 멘델존(B. Mendelsohn)에 의하여 처음 사용되었다.

(2) 역사

① 제2차 세계대전 이전

　㉠ 피해자에 대한 연구는 18세기 말 재판 사례에 관한 연구가 이루어지면서, 삐타발(Pitaval)과 포이어바흐(P. Feuerbach) 등이 범죄에서 피해자의 구체적 태도를 연구한 것에서 시작되었다.

　㉡ 20세기 전반에는 범죄피해자가 가해자의 공격을 유발하는 측면이 있다는 것에 주목하였고, 범죄학에서 범죄원인에 대한 분석과 관련하여 피해자의 종류나 피해상황을 지적하였다.

② 제2차 세계대전 이후: 비로소 멘델존(B. Mendelsohn), 헨티히(H. V. Hentig), 엘렌베르거(H. Ellenberger) 등에 의해 피해자에 대한 체계적 연구가 시작되었다.

③ 멘델존(B. Mendelsohn)

　㉠ 강간범죄의 피해자를 연구하였으며, 피해자학이 범죄학과 인접해 있는 독자적인 학문분야라는 점을 강조하였다(독립과학성 인정).

　㉡ 피해자를 범죄피해자에 한정하지 않고 널리 사고나 자연피해의 피해자도 포함시키면서(최광의의 피해자 개념), 범죄자와 범죄피해자를 형사상의 대립자로 파악한다.

　㉢ 피해자가 피해 상태에 무의식적으로 순응하는 개인적 능력인 피해수용성이란 개념(피해자가 되기 쉬운 특성을 의미)을 도구로 하여, 범죄피해자가 범죄에 대해 책임이 있는 정도를 분류하였다. 18. 보호7☆

④ 헨티히(H. V. Hentig) 13. 사시

　㉠ 피해자에 대한 연구를 범죄학에 대한 보조과학으로서의 성격을 가진다고 보고(독립과학성 부정), 피해자를 범죄의 발생원인 내지 환경요소로 파악하였다.

피해자 개념(멘델존, B. Mendelsohn)
에너지에 의한 피해자, 산업재해에 의한 피해자, 자연적 현상으로 인한 피해자까지 모두 피해자에 포함시킨다. 그리하여 피해가 누구에 의하여 발생했는가는 중요하지 않으며, 심지어 스스로 자초한 피해까지도 포함된다고 한다.

   ⓛ 범죄피해자가 되기 쉬운 성격을 연구하였고, 죄를 범한 자와 그로 인해 고통을 받는 자라는 도식을 통하여 "피해자의 존재가 오히려 범죄자를 만들어낸다."고 지적하였다. 10. 사시

   ⓒ 피해자를 일반적 유형과 심리적 유형으로 나누어 설명하였고, "객관적으로는 보호법익을 침해받고, 주관적으로는 침해에 대해 불쾌와 고통을 느끼는 자가 피해자이다."라고 하여 협의의 피해자 개념을 주장하였다.

 ⑤ 기타 발전 과정

   ㉠ 엘렌베르거(H. Ellenberger):『범죄자와 그 피해자의 심리적 관계』라는 논문에서 '피해원인'의 개념을 제시하고, 피해자를 심리학적 기준에서 일반적 피해자와 잠재적 피해자로 분류하여, 범죄예방을 위해서는 피해원인이 범죄원인 못지않게 중요하다고 보았다. 18. 보호7

   ⓛ 프라이 여사(M. Fry):『피해자를 위한 정의』라는 논문을 통하여 피해자의 공적 구제에 대한 관심을 촉구하였다.

   ⓒ 범죄피해자에 관한 입법: 1963년 뉴질랜드가 범죄피해자보상법을 처음 제정·실시한 후, 영연방국가들과 미국 그리고 다른 유럽 국가의 순서로 범죄피해자에 대한 공적 구제를 위한 입법이 이루어졌다.

   ⓔ 범죄피해자에 대한 국제적 논의: 1973년 이스라엘에서 제1회 국제피해자학 심포지엄이 개최된 이래 3년마다 개최되었다. 1979년 제3회 심포지엄에서는 슈나이더(H. Schneider)의 주도로 피해자학 연구와 국제적인 학문정보 교환을 위해 세계피해자학회가 설립되었다.

 ⑥ 우리나라의 경우

   ㉠ 우리나라에서는 1987년 「범죄피해자구조법」, 1990년 「특정강력범죄의 처벌에 관한 특례법」, 1993년 「성폭력범죄의 처벌 및 피해자 보호 등에 관한 법률」이 제정되어 피해자 보호에 관한 규정이 마련되었고, 1992년부터 피해자학회가 설립되어 『피해자학 연구』를 간행하고 있다.

   ⓛ 「범죄피해자구조법」은 2010년에 「범죄피해자 보호법」으로 통합되었다. 또한 「성폭력범죄의 처벌 및 피해자 보호 등에 관한 법률」은 2010년에 「성폭력범죄의 처벌 등에 관한 특례법」, 「성폭력방지 및 피해자보호 등에 관한 법률」의 제정으로 연결된다.

(3) 피해자학과 형사정책의 관계

 ① 독립과학 긍정설: 가해자와 피해자는 행위의 동반자이므로 피해자학을 범죄학과 대응하는 하나의 독립된 학문으로 보는 견해이다(Mendelsohn, Schneider 등).

 ② 독립과학 부정설: 피해자학을 범죄학의 한 분과로 보는 견해이다. 문제는 피해자 문제에 대한 과학적·규범적 접근을 보다 활성화시키면서 인접 학문분야와의 밀접한 관련을 유지하여 나가는 것이라고 한다(Hentig, Nagel 등).

피해자학의 연구방법

1. 피해자 유형의 연구는 범죄학의 경우와 마찬가지로 그것이 가지는 간(間)학문적 성격을 고려하여 인접 과학의 연구 성과를 활용하는 데 관심을 기울여야 한다.
2. 피해현상에 대한 올바른 파악을 위해서는 공식통계에 머무르지 않고 피해자 조사 등이 활발히 이루어져야 한다.
3. 피해자의 보호나 공적 구제를 위한 제도와 관련해서는 실태의 올바른 파악을 토대로 규범 내용에 대한 정확한 분석 및 형법이론과의 조화 등의 규범적 접근이 중요하다.

(4) 과제

① 범죄원인과 피해원인의 규명: 피해자가 되기 쉬운 사람들을 연구하여 유형화하고, 피해자로 되기 쉬운 심리상태를 조사하며, 피해자를 만들어 내는 사회구조 및 사회현상을 연구해야 한다.

② 형사절차의 피해자 보호: 현행 형사절차는 실체적 진실발견과 피고인 보호를 위한 적정절차라는 두 개의 축을 가지고 운영되고 있으나, 피해자의 권리보호라는 제3의 측면이 함께 고려되어야 한다(예 피해자의 진술권 보장, 배상명령제도, 변호인의 조력을 받을 권리, 증인의 보호, 원상회복 등). 10. 사시

③ 피해자에 대한 공적 구조: 범죄자에 의한 피해보상은 현실적으로 한계가 있으므로, 국가가 위험분담의 차원에서 공적 구제를 하는 수단을 보다 합리화·현실화시킬 필요가 있다. 우리나라에서는 1987년 「범죄피해자구조법」이 제정되었고, 2010년 「범죄피해자 보호법」으로 통합되었다. 10. 사시

2 피해자의 분류

1. 멘델존(B. Mendelsohn)의 분류

범죄발생에 있어서 피해자의 유책성 정도를 기준으로 분류하였다. 10. 보호7

책임이 없는 피해자	무자각의 피해자, 이상적 피해자 예 미성년자약취유인죄의 미성년자, 영아살해죄의 영아 등	엄중 처벌 요구
책임이 조금 있는 피해자	무지에 의한 피해자 예 낙태로 사망한 임산부 등	형벌 경감 가능
가해자와 동등한 책임의 피해자	자발적 피해자 예 동반자살, 살인을 촉탁·승낙한 자 등	
가해자보다 더 유책한 피해자	유발적 피해자, 부주의에 의한 피해자 예 공격당한 패륜아 등	
가장 유책한 피해자	공격적 피해자, 기망적 피해자, 환상적 피해자 예 정당방위의 상대방, 무고죄의 범인, 피해망상증 호소자 등	형벌 면제 가능

2. 헨티히(H. V. Hentig)의 분류

피해자의 특성을 기준으로 일반적 유형과 심리적 유형으로 분류하였다. 11. 사시☆

일반적 피해자	피해자의 <u>외적 특성</u>을 기준으로 한 구별 예 여성·어린이·노인·심신장애인·이민·소수민족 등
심리학적 피해자	피해자의 <u>심리적 공통점</u>을 기준으로 한 구별 예 의기소침자·무관심자·탐욕자·호색가·비탄자·학대자·파멸된 자 등

🏛 **핵심 OX**

13 멘델존(Mendelsohn)은 피해자학의 아버지로 불리며 범죄피해자의 유책성 정도에 따라 피해자를 유형화하였다.

(○, ×)

13 ○

3. 기타

(1) 엘렌베르거(H. Ellenburger)의 분류 10. 보호7

피해자를 심리학적 기준에 따라 잠재적 피해자와 일반적 피해자로 분류하였다.

잠재적 피해자	피학대자, 자기도취자, 강박증 환자, 죄책감에 빠진 사람 등
일반적 피해자	위와 같은 특수한 원인을 갖고 있지 않은 그 외의 사람

(2) 레클리스(W. C. Reckless)의 분류 22. 교정7☆

피해자의 도발 여부를 기준으로 순수한 피해자와 도발한 피해자로 분류하였다.

순수한 피해자	가해자 – 피해자 모델
도발한 피해자	피해자 – 가해자 – 피해자 모델

(3) 카멘(A. Karmen)의 분류

현대사회의 규범과 피해자의 책임을 연계하여 피해자를 분류하였다.

비행적 피해자	반사회적 행위로 인하여 범행표적이 된 경우
유인 피해자	피해자가 유인·유혹하여 가해자가 범행한 경우 예 일부 강간피해자 등
조심성 없는 피해자	피해자의 부주의로 인해 범죄자를 유인하게 되어 피해를 입은 경우
보호가치가 없는 피해자	부의 축적 과정·방법이 비도덕적인 졸부가 약탈범죄의 대상이 된 경우(비판범죄학에서 제기)

(4) 쉐이퍼(Schafer)의 분류

기능적 책임성(functional responsibility)을 기준으로 범죄피해자의 유형을 ① 무관한 피해자(unrelated victim), ② 유발적 피해자(provocative victim), ③ 촉진적 피해자(precipitative victim), ④ 생물학적으로 연약한 피해자(biologically weak victim), ⑤ 사회적으로 연약한 피해자(socially weak victim), ⑥ 자기피해자화(self-victimizing), ⑦ 정치적 피해자(political victim)로 분류하였다.

3 범죄피해의 발생원인

1. 주요개념

(1) 거시적 요소

범죄 근접성	① 범죄와 물리적으로 근접한 경우에는 피해자가 되기 쉽다. ② 범죄가 다발하는 장소의 문제뿐만 아니라, 범죄 가능성이 높은 경제적·대인적 환경을 포함한다.
범죄 노출성	① 범죄를 당할 위험성이 높은 상태에 노출되어 있는 경우는 범죄피해자가 될 확률이 높다. ② 범죄 노출은 주로 개인의 일상활동과 생활양식에 기인한다.

쉐이퍼의 기능적 책임성

1. 개인적 특성에 기초한 헨티히의 피해자 유형과 행동에 기초한 멘델존의 피해자 유형을 전제로 하여, 쉐이퍼는 피해자의 사회적 특성과 행동을 모두 사용하여 피해자가 자신의 피해에 대하여 얼마나 책임이 있는지 분류하였다.
2. 이에 의하면, 유발적 피해자는 책임 공유, 촉진적 피해자는 어느 정도 책임 있음, 자기피해자화는 전적인 책임, 그 외 유형은 책임 없음으로 분류된다.

(2) 미시적 요소

표적의 매력성	범죄피해자(표적)는 가해자에게 상징적·경제적 가치가 있기 때문에 선택된다. 매력의 기준은 적극적 가치뿐만 아니라 소극적 가치(예 표적의 크기, 물리적 저항 정도 등)도 될 수 있다.
보호 능력	피해자가 범죄를 방지할 수 있는 능력을 의미하며, 보호능력이 적을수록 범죄의 피해자가 될 확률은 높아진다.

2. 최근의 범죄피해 원인론

(1) 의의

① 현대 피해자학은 인간이 합리적 존재라는 점을 전제하고, 범죄는 정상인과 구별되는 범죄성을 가진 범죄자에 의해 발생하는 것이 아니라 누구나 우연히 저지를 수 있다는 점에서 범죄통제 여부가 범죄원인의 규명보다 중요하다고 본다.

② 현대 피해자학은 고전주의·억제이론·합리적 선택이론 등에 기초하여 범죄인의 교정·교화보다 범죄기회를 사전에 차단하는 것이 중요하다고 본다.

(2) 생활양식노출이론

① 하인드랑과 고트프레드슨(M. Hindelang & M. Gottfredson)은 개인의 노출과 방어능력이 범죄피해자화에 미치는 영향을 연구하여, 개인의 직업적 활동, 여가활동 등 일상적 활동의 생활양식이 그 사람의 범죄피해 위험성을 높이는 중요한 요인이 된다고 하였다. 즉, 범죄와 접촉할 가능성이 높은 생활양식을 취하고 있는 사람은 범죄의 피해자가 되기 쉽다는 것이다.

② 인구학적·사회학적 계층·지역에 따른 범죄율의 차이는 피해자의 개인적 생활양식의 차이를 반영한다는 것으로, 피해자가 제공하는 범죄기회구조를 중시하는 입장이다. 23. 보호7

③ 젊은이·남자·미혼자·저소득층·저학력층이 다른 계층보다 폭력범죄의 피해자가 될 확률이 상대적으로 높은 것으로 나타난다.

④ 또한 피해자화의 위험도는 ㉠ 피해자의 사회적 역할, ㉡ 피해자의 사회적 지위, ㉢ 피해자의 선택과 결정으로부터 영향을 받는다고 본다.

(3) 일상활동이론(일상생활이론)

① 일상활동이론은 범죄자와 피해자의 일상활동이 특정 시간과 공간에 중첩되는 양식을 고려하여 범죄피해를 설명하는 입장이다.

② 코헨과 펠슨(L. Cohen & M. Felson)에 따르면, 일상생활의 일정한 유형이 범죄를 유발하는 데 적합한 사람이 그렇지 않은 사람보다 범죄피해자가 되기 쉽다. 24. 교정9

③ 일상활동의 구조적 변화가 ㉠ 동기를 지닌 범죄자, ㉡ 합당한 표적, ㉢ 보호능력의 부재라는 세 가지 요소에 시간적·공간적인 영향을 미쳐서 범죄가 발생한다. 23. 보호7

④ 시대 · 사회를 막론하고 잠재적 범죄자의 수는 거의 변화가 없으나, 과다한 가정 외적 활동 등으로 잠재적 범죄자에 대한 가시성과 접근성이 용이하고 범죄표적의 매력성이 있으며, 보호능력의 부재(무방비) 상태일수록 범죄피해의 위험성은 그만큼 높아지게 된다.

⑤ 전통적 범죄이론은 ㉠의 요소를 중시하나, 일상활동이론은 ㉡과 ㉢의 요소를 중시한다. 11. 사시

⑥ 감시의 부재에서 감시자(또는 보호인)는 경찰이나 경비원 등의 공식적 감시자가 아니라 그 존재나 근접성 자체로 범죄를 방지할 수 있는 사람들을 의미한다(예 친지, 친구, 모르는 타인에 의한 보호). 즉, 일상활동이론에서는 비공식적 통제체계에서 자연스러운 범죄예방과 억제를 중요시한다.

⑦ 또한 일상활동이론은 거시적 차원에서 국가사회와 지역사회의 특징이 위세 가지 요소의 결합에 의한 범죄발생을 더 용이하게 한다고 본다(예 제2차 대전 이후 미국에서 주거침입절도와 차량절도가 급증한 현상).

★ 핵심 POINT | 생활양식노출이론과 일상활동이론(일상생활이론)의 비교

구분	생활양식노출이론	일상활동이론(일상생활이론)
차이점	• 사회적 계층에 따른 범죄피해 위험성의 차이를 설명한다. 11. 사시 • 범죄기회 구조의 내용으로 '범죄자와의 근접성'과 '범죄위험에의 노출'이라는 거시적 요소를 중시한다. 10. 사시	• 시간의 흐름에 따른 범죄율의 변화를 설명한다. 11. 사시 • 미시적 · 상황적 요소인 '대상의 매력성'과 '감시의 부재'를 강조한다. 10. 사시
공통점	두 이론은 사회생활 중 일상활동이나 생활양식의 유형이 범죄를 위한 기회구조 형성에 어떻게 기여하는가를 분석하는 기회이론이라는 점에서 공통점이 있다.	
평가	피해자의 측면에서 범죄현상을 파악하려 하였기 때문에, 범죄자가 구체적으로 범죄상황을 어떻게 해석하고 그 대상과 위험성을 어떻게 판단하는지에 대해서는 적절하지 않다는 비판이 있다.	

(4) 구조적 선택모형이론

① 미테와 메이어(T. Miethe & R. Meier)는 생활양식노출이론과 일상활동이론을 통합하여 범죄발생의 네 가지 요인을 범행기회와 대상선택이라는 두 가지 관점으로 압축하여 동태적으로 설명하였다.

② 범행기회는 '범죄자와의 근접성'과 '범죄위험에의 노출'로 이루어지는데 이를 범죄기회의 구조적 특성으로 두고, 여기에 대상선택의 관점인 '대상의 매력성'과 '감시의 부재(보호가능성)'를 가변변수로 두는 방법으로 범죄발생을 설명하였다.

③ 구조적 선택모형이론은 일상활동이론의 범죄기회 구조에 관한 거시적인 영향과 생활양식노출이론의 특정 범죄에 대한 선택이라는 미시적 관점을 모두 고려하는 절충적 입장이다.

(5) 표적선택과정이론

① 표적선택과정이론은 사고하는 범죄자의 범죄선택이라는 측면에 초점을 두고, 범죄자가 범행을 결정하고 실제 범행을 저지르는 범행동기에 관심을 둔다.

② 범죄자도 범죄를 통해 최소한의 위험과 비용으로 최대의 효과를 얻을 수 있는 피해자를 선택한다고 보아 미시적 범죄발생 요소를 중시한다. 범행대상의 선택 과정에 고려되는 요인으로는 피해자의 특성·환경·체포위험, 범행의 용이성, 보상 정도 등이 있다.

(6) 기타 이론

① 일탈장소이론(deviant place theory)

㉠ 일탈장소이론은 <u>특정 지역 또는 장소가 범죄위험에 더 많이 노출되어 있으므로 그러한 지역 또는 장소에 있는 개인은 범죄발생에 아무런 원인제공이 없음에도 다른 지역 또는 장소에 있는 경우보다 범죄피해를 당할 가능성이 더 높다는 입장이다(탈선장소이론).

㉡ 이는 생활양식이론이나 일상활동이론에 비하여 거시적·지리적 관점의 연구로서, <u>범죄피해에 대한 물리적 환경의 중요성을 강조하는 입장이다.</u>

㉢ 피해자가 거주하는 지역이 사회해체가 진행된 지역으로서 범죄발생률이 높은 지역이라면 잠재적 범죄자와 접촉할 가능성이 높아 범죄피해의 위험성이 높다고 본다.

② 피해자유발이론(victim precipitation theory)

㉠ <u>울프강(M. Wolfgang)은 피해자가 범죄자의 범행동기를 유발하고 범죄실행에 영향을 미친다고 주장하였다(피해자촉발이론).</u>

능동적 유발	피해자가 가해자를 위협하거나 먼저 공격하여 자극하는 경우
수동적 유발	피해자가 성격적 특질로 인하여 가해자를 무의식적으로 자극하는 경우

㉡ 이에 대해서는 범죄피해의 원인을 피해자에게 전가하고, 피해자의 책임을 이유로 가해자의 형사책임을 덜어줄 수 있다는 비판이 제기된다.

③ 통합이론(integrated theory)

㉠ 통합이론은 다양한 요소들이 결합하여 범죄피해를 야기한다는 입장이다.

㉡ 범죄피해에 영향을 주는 요소에는 기회, 위험요인, 동기화된 범죄자, 노출, 교제, 위험한 시간과 장소, 위험한 행동, 고위험 활동, 방어적·회피적 행동, 구조적·문화적 경향 등이 있다.

나이·성별·사회적 계급 등의 인구학적 특성이 직업·소득·거주지역 등 사람의 생활양식의 구조적 특징을 결정하고 나아가서 이것이 그 사람의 일상생활에도 영향을 미친다. 그리하여 동기가 부여된 범죄자에게 쉽게 노출되고(근접성), 범행대상으로서 잠재적 수확가능성이 높으며(보상), 접근 또한 용이하여 범행대상으로 매력이 있을 뿐만 아니라 충분한 방어수단이 갖추어져 있지 않으면(보호성 부재) 범행대상으로 선정될 위험성이 높다고 본다.

4 피해자에 대한 정책적 고려

1. 양형인자로서 피해자

(1) 불법에 대한 피해자의 의미

결과 불법의 측면	① 법익침해 정도를 밝히는 과정에서 피해자와 관련된 상황(나이·성별·직업 등)이 고려될 수 있다. ② 피해자의 행태가 법익침해의 양적·질적 정도에 영향을 미치기도 한다.
행위 불법의 측면	① 행위자가 법익침해로부터 피해자를 보호할 의무를 지고 있는 경우에는 의무 지위가 높아지게 된다. ② 피해자의 행태에 따라 행위자에게 객관적 예견가능성이나 객관적 주의의무의 이행가능성이 달라질 수도 있다.

(2) 책임에 대한 피해자의 의미

피해자 관련 사유는 행위자의 불법과 책임의 평가에 대하여 동시에 영향을 미칠 수 있다. 예컨대 피해자에게 중대한 신체적 장애가 있는 경우, 이는 한편으로 법익침해 정도를 좌우하는 요인으로 작용할 수 있고, 다른 한편으로는 행위자의 자제력 결함의 요인으로 작용할 수 있기 때문이다.

2. 형사사법 패러다임과 피해자 권리 보장

어느 사회가 형사사법제도에서 범죄피해자에게 자신의 권리보호를 위한 형사절차에 참여할 수 있고 그에 따른 법적 지위를 인정하는지에 따라 형사사법체계를 ① 증인 패러다임, ② 손해 패러다임, ③ 손상 패러다임, ④ 권리 패러다임으로 나눌 수 있다.

증인 패러다임	㉠ 형사사법제도를 국가와 범죄자의 관계로 설정하는 전통적 입장으로, 범죄피해자를 형사절차에서 단순한 정보제공자로 본다. ㉡ 형사사법에 대한 국가중심적 사고로서, 이에 의할 때 범죄피해자의 권리보장의 가능성은 매우 낮다고 한다.
손해 패러다임	전통적 형사사법제도의 입장과 피해자의 물질적 이익 추구를 조화하고자, 피해자의 물질적 손해의 배상을 위해 피해자에게 부가적으로 민사소송의 당사자의 지위를 인정하여 형사절차에 참여시키는 것을 인정한다.
손상 패러다임	㉠ 범죄피해자를 범죄로 인한 고통 때문에 물질적·심리적 지원의 도움을 받아야 할 약자로 파악하는 입장이다. ㉡ 피해자를 약자로서 물질적·심리적 지원의 대상으로 보기에 피해자의 권리를 소홀히 하게 된다.
권리 패러다임	㉠ 국가는 범죄피해자의 권리를 실질적으로 보장하기 위하여 노력해야 하고, 범죄피해자를 위하여 범죄사실을 확인하고 유죄를 입증하여 범죄자를 처벌하여야 한다는 입장이다. ㉡ 범죄피해자는 당사자로서 적극적으로 형사절차에 참여할 수 있게 되므로, 실질적으로 피해자의 권리를 보장할 수 있게 된다.
검토	범죄피해자의 권리를 보호하기 위해서는 형사사법체계가 권리 패러다임으로 발전되어야 한다.

3. 피해자의 보호 및 형사절차 참여

(1) 의의

최근의 형사정책은 피해자를 보호하고, 피해자가 형사절차에 정당하게 참여하여 정보를 얻고 방어방법을 찾으며, 피해배상과 원상회복을 위한 활동을 할 수 있도록 요구한다.

(2) 현행법상의 제도

> **형법**
>
> **제58조【판결의 공시】** ① 피해자의 이익을 위하여 필요하다고 인정할 때에는 피해자의 청구가 있는 경우에 한하여 피고인의 부담으로 판결공시의 취지를 선고할 수 있다. 11. 사시
>
> **형사소송법**
>
> **제35조【서류·증거물의 열람·복사】** ① 피고인과 변호인은 소송계속 중의 관계 서류 또는 증거물을 열람하거나 복사할 수 있다.
>
> ③ 재판장은 피해자, 증인 등 사건관계인의 생명 또는 신체의 안전을 현저히 해칠 우려가 있는 경우에는 제1항 및 제2항에 따른 열람·복사에 앞서 사건관계인의 성명 등 개인정보가 공개되지 아니하도록 보호조치를 할 수 있다.
>
> **제95조【필요적 보석】** 보석의 청구가 있는 때에는 다음(→ 필요적 보석의 제외 사유) 이외의 경우에는 보석을 허가하여야 한다. 16. 사시☆
>
> 6. 피고인이 피해자, 당해 사건의 재판에 필요한 사실을 알고 있다고 인정되는 자 또는 그 친족의 생명·신체나 재산에 해를 가하거나 가할 염려가 있다고 믿을 만한 충분한 이유가 있는 때
>
> **제102조【보석조건의 변경과 취소 등】** ② 법원은 피고인이 다음 각 호의 어느 하나에 해당하는 경우에는 직권 또는 검사의 청구에 따라 결정으로 보석 또는 구속의 집행정지를 취소할 수 있다. 다만, 제101조 제4항에 따른 구속영장의 집행정지는 그 회기 중 취소하지 못한다.
>
> 4. 피해자, 당해 사건의 재판에 필요한 사실을 알고 있다고 인정되는 자 또는 그 친족의 생명·신체·재산에 해를 가하거나 가할 염려가 있다고 믿을 만한 충분한 이유가 있는 때
>
> **제146조【증인의 자격】** 법원은 법률에 다른 규정이 없으면 누구든지 증인으로 신문할 수 있다.
>
> **제163조의2【신뢰관계에 있는 자의 동석】** ① 법원은 범죄로 인한 피해자를 증인으로 신문하는 경우 증인의 연령, 심신의 상태, 그 밖의 사정을 고려하여 증인이 현저하게 불안 또는 긴장을 느낄 우려가 있다고 인정하는 때에는 직권 또는 피해자·법정대리인·검사의 신청에 따라 피해자와 신뢰관계에 있는 자를 동석하게 할 수 있다. 18. 보호7
>
> ② 법원은 범죄로 인한 피해자가 13세 미만이거나 신체적 또는 정신적 장애로 사물을 변별하거나 의사를 결정할 능력이 미약한 경우에 재판에 지장을 초래할 우려가 있는 등 부득이한 경우가 아닌 한 피해자와 신뢰관계에 있는 자를 동석하게 하여야 한다.

제165조의2【비디오 등 중계장치 등에 의한 증인신문】 법원은 다음 각 호의 어느 하나에 해당하는 사람을 증인으로 신문하는 경우 상당하다고 인정할 때에는 검사와 피고인 또는 변호인의 의견을 들어 비디오 등 중계장치에 의한 중계시설을 통하여 신문하거나 가림 시설 등을 설치하고 신문할 수 있다.

1. 「아동복지법」 제71조 제1항 제1호 · 제1호의2 · 제2호 · 제3호에 해당하는 죄의 피해자
2. 「아동 · 청소년의 성보호에 관한 법률」 제7조, 제8조, 제11조부터 제15조까지 및 제17조 제1항의 규정에 해당하는 죄의 대상이 되는 아동 · 청소년 또는 피해자
3. 범죄의 성질, 증인의 나이, 심신의 상태, 피고인과의 관계, 그 밖의 사정으로 인하여 피고인 등과 대면하여 진술할 경우 심리적인 부담으로 정신의 평온을 현저하게 잃을 우려가 있다고 인정되는 사람

제214조의2【체포와 구속의 적부심사】 ⑤ 법원은 구속된 피의자(심사청구 후 공소제기된 사람을 포함한다)에 대하여 피의자의 출석을 보증할 만한 보증금의 납입을 조건으로 하여 결정으로 제4항의 석방을 명할 수 있다. 다만, 다음 각 호에 해당하는 경우에는 그러하지 아니하다. 16. 사시☆
1. 죄증을 인멸할 염려가 있다고 믿을 만한 충분한 이유가 있는 때
2. 피해자, 당해 사건의 재판에 필요한 사실을 알고 있다고 인정되는 사람 또는 그 친족의 생명 · 신체나 재산에 해를 가하거나 가할 염려가 있다고 믿을 만한 충분한 이유가 있는 때

제223조【고소권자】 범죄로 인한 피해자는 고소할 수 있다. 14. 보호7

제232조【고소의 취소】 ① 고소는 제1심 판결선고 전까지 취소할 수 있다. 14. 보호7
② 고소를 취소한 자는 다시 고소할 수 없다.

제258조【고소인 등에의 처분고지】 ① 검사는 고소 또는 고발 있는 사건에 관하여 공소를 제기하거나 제기하지 아니하는 처분, 공소의 취소 또는 제256조의 송치(→ 타관송치)를 한 때에는 그 처분한 날로부터 7일 이내에 서면으로 고소인 또는 고발인에게 그 취지를 통지하여야 한다.

제259조【고소인 등에의 공소 불제기 이유 고지】 검사는 고소 또는 고발 있는 사건에 관하여 공소를 제기하지 아니하는 처분을 한 경우에 고소인 또는 고발인의 청구가 있는 때에는 7일 이내에 고소인 또는 고발인에게 그 이유를 서면으로 설명하여야 한다. 18. 사시

제259조의2【피해자 등에 대한 통지】 검사는 범죄로 인한 피해자 또는 그 법정대리인(피해자가 사망한 경우에는 배우자 · 직계친족 · 형제자매를 포함)의 신청이 있는 때에는 당해 사건의 공소제기 여부, 공판의 일시 · 장소, 재판결과, 피의자 · 피고인의 구속 · 석방 등 구금에 관한 사실 등을 신속하게 통지하여야 한다.

제260조【재정신청】 ① 고소권자로서 고소를 한 자(「형법」 제123조부터 제126조까지의 죄(→ 직권남용죄, 불법체포 · 불법감금죄, 폭행 · 가혹행위죄, 피의사실공표죄)에 대하여는 고발을 한 자를 포함한다)는 검사로부터 공소를 제기하지 아니한다는 통지를 받은 때에는 그 검사 소속의 지방검찰청 소재지를 관할하는 고등법원(이하 '관할 고등법원'이라 한다)에 그 당부에 관한 재정을 신청할 수 있다. 다만, 「형법」 제126조의 죄(→ 피의사실공표죄)에 대하여는 피공표자의 명시한 의사에 반하여 재정을 신청할 수 없다. 14. 사시

② 제1항에 따른 재정신청을 하려면 「검찰청법」 제10조에 따른 항고를 거쳐야 한다(→ 항고전치주의). 다만, 다음 각 호의 어느 하나에 해당하는 경우에는 그 러하지 아니하다.

1. 항고 이후 재기수사가 이루어진 다음에 다시 공소를 제기하지 아니한다는 통지를 받은 경우
2. 항고 신청 후 항고에 대한 처분이 행하여지지 아니하고 3개월이 경과한 경우
3. 검사가 공소시효 만료일 30일 전까지 공소를 제기하지 아니하는 경우

제294조의2【피해자 등의 진술권】 ① 법원은 범죄로 인한 피해자 또는 그 법정대리인(피해자가 사망한 경우 배우자·직계친족·형제자매를 포함한다. 이하 이 조에서 '피해자 등')의 신청이 있는 때에는 그 피해자 등을 증인으로 신문하여야 한다. 다만, 다음 각 호의 어느 하나에 해당하는 경우에는 그러하지 아니하다. 16. 사시☆

1. 삭제
2. 피해자 등 이미 당해 사건에 관하여 공판절차에서 충분히 진술하여 다시 진술할 필요가 없다고 인정되는 경우
3. 피해자 등의 진술로 인하여 공판절차가 현저하게 지연될 우려가 있는 경우
② 법원은 제1항에 따라 피해자 등을 신문하는 경우 피해의 정도 및 결과, 피고인의 처벌에 관한 의견, 그 밖에 당해 사건에 관한 의견을 진술할 기회를 주어야 한다.

제294조의3【피해자 진술의 비공개】 ① 법원은 범죄로 인한 피해자를 증인으로 신문하는 경우 당해 피해자·법정대리인 또는 검사의 신청에 따라 피해자의 사생활의 비밀이나 신변보호를 위하여 필요하다고 인정하는 때에는 결정으로 심리를 공개하지 아니할 수 있다.

제294조의4【피해자 등의 공판기록 열람·등사】 ① 소송계속 중인 사건의 피해자(피해자가 사망하거나 그 심신에 중대한 장애가 있는 경우에는 그 배우자·직계친족 및 형제자매를 포함한다), 피해자 본인의 법정대리인 또는 이들로부터 위임을 받은 피해자 본인의 배우자·직계친족·형제자매·변호사는 소송기록의 열람 또는 등사를 재판장에게 신청할 수 있다.

검찰청법

제10조【항고 및 재항고】 ① 검사의 불기소 처분에 불복하는 고소인이나 고발인은 그 검사가 속한 지방검찰청 또는 지청을 거쳐 서면으로 관할 고등검찰청 검사장에게 항고할 수 있다. 이 경우 해당 지방검찰청 또는 지청의 검사는 항고가 이유 있다고 인정하면 그 처분을 경정하여야 한다.
③ 제1항에 따라 항고를 한 자(「형사소송법」 제260조에 따라 재정신청을 할 수 있는 자는 제외한다. 이하 이 조에서 같다)는 그 항고를 기각하는 처분에 불복하거나 항고를 한 날부터 항고에 대한 처분이 이루어지지 아니하고 3개월이 지났을 때에는 그 검사가 속한 고등검찰청을 거쳐 서면으로 검찰총장에게 재항고할 수 있다. 이 경우 해당 고등검찰청의 검사는 재항고가 이유 있다고 인정하면 그 처분을 경정하여야 한다.

소송촉진 등에 관한 특례법

제25조【배상명령】 ① 제1심 또는 제2심의 형사공판 절차에서 다음 각 호(생략)의 죄 중 어느 하나에 관하여 유죄판결을 선고할 경우, 법원은 직권에 의하여 또는

📖 핵심 OX

15 법원은 범죄피해자의 신청이 있는 때에는 당해 사건에 관하여 공판절차에서 충분히 진술하여 다시 진술할 필요가 없거나 공판절차가 현저하게 지연될 우려가 있는 경우를 제외하고는 피해자를 증인으로 신문하여야 한다. (○, ×)

15 ○

피해자나 그 상속인(이하 '피해자'라 한다)의 신청에 의하여 피고사건의 범죄행위로 인하여 발생한 직접적인 물적 피해, 치료비 손해 및 위자료의 배상을 명할 수 있다. 22. 교정7☆

② 법원은 제1항에 규정된 죄 및 그 외의 죄에 대한 피고사건에서 피고인과 피해자 사이에 합의된 손해배상액에 관하여도 제1항에 따라 배상을 명할 수 있다.

성폭력범죄의 처벌 등에 관한 특례법

제26조 【성폭력범죄의 피해자에 대한 전담조사제】 ① 검찰총장은 각 지방검찰청 검사장으로 하여금 성폭력범죄 전담 검사를 지정하도록 하여 특별한 사정이 없으면 이들로 하여금 피해자를 조사하게 하여야 한다.

② 경찰청장은 각 경찰서장으로 하여금 성폭력범죄 전담 사법경찰관을 지정하도록 하여 특별한 사정이 없으면 이들로 하여금 피해자를 조사하게 하여야 한다.

④ 성폭력범죄를 전담하여 조사하는 제1항의 검사 및 제2항의 사법경찰관은 19세 미만인 피해자나 신체적인 또는 정신적인 장애로 사물을 변별하거나 의사를 결정할 능력이 미약한 피해자(이하 "19세미만피해자등"이라 한다)를 조사할 때에는 피해자의 나이, 인지적 발달 단계, 심리 상태, 장애 정도 등을 종합적으로 고려하여야 한다.

제27조 【성폭력범죄 피해자에 대한 변호사 선임의 특례】 ① 성폭력범죄의 피해자 및 그 법정대리인(이하 '피해자 등'이라 한다)은 형사절차상 입을 수 있는 피해를 방어하고 법률적 조력을 보장하기 위하여 변호사를 선임할 수 있다.

② 제1항에 따른 변호사는 검사 또는 사법경찰관의 피해자 등에 대한 조사에 참여하여 의견을 진술할 수 있다. 다만, 조사 도중에는 검사 또는 사법경찰관의 승인을 받아 의견을 진술할 수 있다.

③ 제1항에 따른 변호사는 피의자에 대한 구속 전 피의자심문, 증거보전절차, 공판준비기일 및 공판절차에 출석하여 의견을 진술할 수 있다. 이 경우 필요한 절차에 관한 구체적 사항은 대법원규칙으로 정한다.

④ 제1항에 따른 변호사는 증거보전 후 관계 서류나 증거물, 소송계속 중의 관계 서류나 증거물을 열람하거나 등사할 수 있다.

⑤ 제1항에 따른 변호사는 형사절차에서 피해자 등의 대리가 허용될 수 있는 모든 소송행위에 대한 포괄적인 대리권을 가진다.

⑥ 검사는 피해자에게 변호사가 없는 경우 국선변호사를 선정하여 형사절차에서 피해자의 권익을 보호할 수 있다. 다만, 19세미만피해자등에게 변호사가 없는 경우에는 국선변호사를 선정하여야 한다. 20. 보호7

제31조 【심리의 비공개】 ① 성폭력범죄에 대한 심리는 그 피해자의 사생활을 보호하기 위하여 결정으로써 공개하지 아니할 수 있다.

② 증인으로 소환받은 성폭력범죄의 피해자와 그 가족은 사생활보호 등의 사유로 증인신문의 비공개를 신청할 수 있다.

제34조 【신뢰관계에 있는 사람의 동석】 ① 법원은 다음 각 호의 어느 하나에 해당하는 피해자를 증인으로 신문하는 경우에 검사, 피해자 또는 법정대리인이 신청할 때에는 재판에 지장을 줄 우려가 있는 등 부득이한 경우가 아니면 피해자와 신뢰관계에 있는 사람을 동석하게 하여야 한다. 〈개정 2023.7.11.〉

1. 제3조부터 제8조까지, 제10조, 제14조, 제14조의2, 제14조의3, 제15조(제9조의 미수범은 제외한다) 및 제15조의2에 따른 범죄의 피해자

2. 19세미만피해자등

② 제1항은 수사기관이 같은 항 각 호의 피해자를 조사하는 경우에 관하여 준용한다. 〈개정 2023.7.11.〉 11. 사시

특정범죄신고자 등 보호법

제6조 【범죄신고자 등 보좌인】 ① 사법경찰관, 검사 또는 법원은 범죄신고자 등이나 그 친족 등이 보복을 당할 우려가 있는 경우에는 직권으로 또는 범죄신고자 등, 그 법정대리인이나 친족 등의 신청에 의하여 범죄신고자 등 보좌인(이하 '보좌인'이라 한다)을 지정할 수 있다. 16. 사시

② 보좌인은 범죄신고자 등의 법정대리인, 친족 또는 대통령령으로 정하는 자 중에서 지정한다. 다만, 수사기관 종사자는 보좌인이 될 수 없다.

범죄피해자보호기금법

제3조 【기금의 설치】 정부는 범죄피해자 보호·지원에 필요한 자금을 확보·공급하기 위하여 범죄피해자보호기금(이하 "기금"이라 한다)을 설치한다.

제4조 【기금의 조성】 ① 기금은 다음의 재원으로 조성한다.

1. 제2항에 따른 벌금 수납액

2. 「범죄피해자 보호법」 제21조 제2항에 따라 대위하여 취득한 구상금

3. 정부 외의 자가 출연 또는 기부하는 현금, 물품, 그 밖의 재산

4. 기금의 운용으로 인하여 생기는 수익금

② 정부는 「형사소송법」 제477조 제1항에 따라 집행된 벌금에 100분의 6 이상의 범위에서 대통령령으로 정한 비율(→ 100분의 8)을 곱한 금액을 기금에 납입하여야 한다. 22. 교정7

제5조 【기금의 관리·운용】 ① 기금은 법무부장관이 관리·운용한다.

제6조 【기금의 용도】 기금은 다음 각 호의 어느 하나에 해당하는 용도에 사용한다.

1. 「범죄피해자 보호법」 제16조 제1항에 따른 범죄피해 구조금 지급

2. 「범죄피해자 보호법」 제34조 제1항에 따른 보조금의 교부

3. ~ 5. 생략

「형법」 제123조 내지 제126조의 죄
공무원의 직무상 범죄로서 직권남용죄, 불법체포 · 감금죄, 폭행 · 가혹행위죄, 피의사실공표죄를 말한다.

(3) 피해자 참여의 확대방안

① 사인소추

㉠ 의의: 사인소추란 피해자가 공소를 제기하는 제도를 말한다.

㉡ 한계: 도입 논의가 있으나 ⓐ 사인소추는 경미한 범죄에만 적용되는 한계가 있고, ⓑ 참가인은 민사소송에 필요한 증거수집에 치중할 수 있으며, ⓒ 소송 참가로 인해 피고인의 방어권이 줄어든다는 비판이 있다.

② 재정신청사건의 대상 확대

㉠ 개정된 「형사소송법」은 재정신청의 대상을 모든 범죄로 확대하되, 고소사건으로 제한하고, 고발사건은 재정신청의 대상에서 제외하였다. 단, 종전 법률에 의하여 고발인도 재정신청이 가능하였던 「형법」 제123조 내지 제126조의 죄의 경우에는 고발사건도 재정신청의 대상에 포함된다.

㉡ 고발사건이 재정신청의 대상에서 제외됨에 따라, 고발사건에 대한 불기소 처분에 대하여서는 현재와 같이 대검찰청에 재항고를 함으로써 불복할 수 있게 하였다.

③ 피해자의 인격권 보호: 피해자가 절차에 적극 참여해야 한다는 논의와는 별개로, 피해자의 사생활이 침해되지 않도록 하여야 한다. 이는 특히 국민의 알 권리와 대립하게 되는 경우가 많다.

④ 피해자의 정보권: 피해자의 절차에 대한 정보권을 보장해야 한다. 공판기일을 피해자에게 통지하고, 피해자의 기록열람권을 보장하며, 피해자가 증인신문을 받는 경우에 변호인 선임권을 보장해야 한다.

⑤ 원상회복 절차의 보완: 현행 범죄피해자 보상제도는 제대로 활용되지 못하는 측면이 있으므로, 영미법과 같은 원상회복제도를 도입해야 한다는 의견이 있다.

4. 피해자에 대한 보상 – 범죄피해자 보상제도

(1) 의의

① 개념

범죄피해자 보상제도의 형사정책적 의미

1. 범죄예방에 대한 국가의 책임을 묻는 의미가 있다.
2. 범죄자의 처우를 위해서만 많은 예산을 사용하는 것은 재사회화 가능성을 볼 때 한계가 있는 범죄대책이므로, 피해자를 위한 금전적 보상이 필요하다.
3. 범죄자가 구속됨으로써 범죄자에게 직접 손해배상청구를 하는 것이 어렵기 때문에 피해자의 최소한 생계보장을 위해서도 필요하다.

㉠ 범죄피해자 보상이란 범죄피해를 받은 사람에게 피해의 전부 또는 일부를 국가가 금전으로 보상하여 구제하는 제도이다.

㉡ 범죄피해자는 가해자를 상대로 「민법」상 불법행위로 인한 손해배상(제750조)을 청구하거나, 「소송촉진 등에 관한 특례법」의 배상명령제도(제25조)를 통하여 피해를 배상받을 수 있다. 그러나 가해자가 체포되지 않아서 불명하거나 체포되더라도 무자력인 경우 등에는 이러한 수단은 아무런 실효성이 없다. 따라서 이러한 경우에 범죄피해자에 대해서 국가가 그 피해를 보상해주는 제도가 강구되어야 한다는 것이다.

② 배경

    ⊙ 고대 함무라비 법전에서는 국가가 범죄인을 잡지 못한 경우 피해자의 손해를 배상하도록 규정하였다.

    ⓛ 18세기 말부터 피해자 보상의 필요성이 이론적으로 주장되었다. 벤담 (J. Bentham)은 행위자를 추가적으로 제재하기 위해 피해자를 위한 원상회복의 의무를 범죄자에게 부과하여야 한다고 주장하였고, 가로팔로 (R. Garofalo)는 범죄자에 대한 사회방위와 범죄자의 재사회화를 위한 강력한 수단으로서 원상회복을 고려하였다.

    ⓒ 1950년대에 들어서 프라이 여사(M. Fry)는 『피해자를 위한 정의』라는 논문을 통해 범죄피해자에 대한 공적 구제에 대한 관심을 촉구하였고, 그 영향으로 1963년 뉴질랜드에서 범죄피해자 보상법이 제정되었다. 우리나라는 1987년 제9차 헌법 개정을 통해 처음으로 이 제도를 도입하였다. 11. 사시

(2) 범죄피해자 보상의 법적 성격

국가책임설	국가는 국민을 범죄로부터 보호할 의무가 있는데 국가가 범죄예방을 다하지 못했기 때문에 책임을 져야 한다는 입장(손해배상형 입법)
사회복지설	국가가 범죄피해자를 정신적·물질적으로 도와주어 범죄피해로 인한 고통에서 해소시켜주어야 한다는 견해(생활보호형 입법)
사회보험설	국가가 범죄로부터 국민을 완벽하게 보호할 수는 없으므로 국민의 세금에 의한 위험분산으로 해결해야 한다는 견해(재해보상형 입법)

(3) 우리나라의 범죄피해자 보상제도

① 연혁: 헌법 제30조는 범죄피해자 보상에 관한 규정을 두고 있으며, 1988년 「범죄피해자구조법」과 2006년 「범죄피해자 보호법」이 시행되다가, 2010년에 통합하여 「범죄피해자 보호법」으로 전부개정되었다.

② 「범죄피해자 보호법」의 주요 내용

> **제1조【목적】** 이 법은 범죄피해자 보호·지원의 기본 정책 등을 정하고 타인의 범죄행위로 인하여 생명·신체에 피해를 받은 사람을 구조함으로써 범죄피해자의 복지 증진에 기여함을 목적으로 한다.
>
> **제3조【정의】** ① 이 법에서 사용하는 용어의 뜻은 다음과 같다.
> 1. '범죄피해자'란 타인의 범죄행위로 피해를 당한 사람과 그 배우자(사실상의 혼인관계를 포함한다), 직계친족 및 형제자매를 말한다. 20. 보호7☆
> 4. '구조대상 범죄피해'란 대한민국의 영역 안에서 또는 대한민국의 영역 밖에 있는 대한민국의 선박이나 항공기 안에서 행하여진 사람의 생명 또는 신체를 해치는 죄(→ 대인범죄)에 해당하는 행위「형법」제9조(→ 형사미성년자), 제10조 제1항(→ 심신상실자), 제12조(→ 강요된 행위), 제22조 제1항(→ 긴급피난)에 따라 처벌되지 아니하는 행위를 포함하며, 같은 법 제20조(→ 정당행위) 또는 제21조 제1항(→ 정당방위)에 따라 처벌

헌법 제30조

타인의 범죄행위로 인하여 생명·신체에 대한 피해를 받은 국민은 법률이 정하는 바에 의하여 국가로부터 구조를 받을 수 있다.

구조대상 범죄피해

형사미성년자·심신상실자·강요된 행위·긴급피난의 경우는 포함되나, 정당행위·정당방위·과실에 의한 행위는 제외된다.

🏛 **핵심 OX**

17 정당방위(「형법」제21조 제1항)에 해당하여 처벌되지 않는 행위 및 과실에 의한 행위로 인한 피해는 범죄피해 구조 대상에서 제외된다.   (○, ×)

17 ○

종래의 '중장해'를 '장해 또는 중상해'로 개정하여, 구조대상인 범죄피해의 범위를 확대하였다.

되지 아니하는 행위 및 과실에 의한 행위는 제외한다)로 인하여 사망하거나 장해 또는 중상해를 입은 것을 말한다. 19. 승진☆

5. '장해'란 범죄행위로 입은 부상이나 질병이 치료(그 증상이 고정된 때를 포함)된 후에 남은 신체의 장해로서 대통령령으로 정하는 경우를 말한다.

6. '중상해'란 범죄행위로 인하여 신체나 그 생리적 기능에 손상을 입은 것으로서 대통령령으로 정하는 경우를 말한다.

② 제1항 제1호에 해당하는 사람 외에 범죄피해 방지 및 범죄피해자 구조 활동으로 피해를 당한 사람도 범죄피해자로 본다. 13. 사시

제8조【형사절차 참여 보장 등】 ① 국가는 범죄피해자가 해당 사건과 관련하여 수사담당자와 상담하거나 재판절차에 참여하여 진술하는 등 형사절차상의 권리를 행사할 수 있도록 보장하여야 한다. 13. 사시

② 국가는 범죄피해자가 요청하면 가해자에 대한 수사 결과, 공판기일, 재판 결과, 형 집행 및 보호관찰 집행 상황 등 형사절차 관련 정보를 대통령령으로 정하는 바에 따라 제공할 수 있다.

제8조의2【범죄피해자에 대한 정보 제공 등】 ① 국가는 수사 및 재판 과정에서 다음 각 호의 정보를 범죄피해자에게 제공하여야 한다.

1. 범죄피해자의 해당 재판절차 참여진술권 등 형사절차상 범죄피해자의 권리에 관한 정보

2. 범죄피해 구조금 지급 및 범죄피해자 보호·지원 단체 현황 등 범죄피해자의 지원에 관한 정보

3. 그 밖에 범죄피해자의 권리보호 및 복지증진을 위하여 필요하다고 인정되는 정보

제12조【기본계획 수립】 ① 법무부장관은 제15조에 따른 범죄피해자 보호위원회의 심의를 거쳐 범죄피해자 보호·지원에 관한 기본계획(이하 '기본계획'이라 한다)을 5년마다 수립하여야 한다.

시행령 제13조【범죄피해자보호위원회의 구성】 ① 법 제15조에 따른 범죄피해자보호위원회(이하 '보호위원회'라 한다)의 위원장은 법무부장관이 된다. 14. 교정9

③ 제2항 제2호에 따라 위촉된 위원의 임기는 2년으로 하고, 두 차례만 연임할 수 있으며, 보궐위원의 임기는 전임자의 임기의 남은 기간으로 한다. 14. 교정9

시행령 제14조【보호위원회 위원장의 직무 등】 ② 보호위원회 위원장이 부득이한 사유로 직무를 수행할 수 없을 때에는 위원장이 미리 지정한 위원이 그 직무를 대행한다. 14. 교정9

③ 보호위원회의 회의는 재적위원 과반수의 출석으로 개의(開議)하고, 출석위원 과반수의 찬성으로 의결한다. 14. 교정9

구조금 지급요건으로 가해자의 불명 또는 무자력이나 피해자의 생계 곤란을 요하지 아니한다(제16조).

제15조【범죄피해자보호위원회】 ① 범죄피해자 보호·지원에 관한 기본계획 및 주요 사항 등을 심의하기 위하여 법무부장관 소속으로 범죄피해자보호위원회(이하 '보호위원회'라 한다)를 둔다. 13. 사시

③ 보호위원회는 위원장을 포함하여 20명 이내의 위원으로 구성한다.

제16조【구조금의 지급요건】 국가는 구조대상 범죄피해를 받은 사람(이하 '구조피해자'라 한다)이 다음 각 호의 어느 하나에 해당하면 구조피해자 또는 그 유족에게 범죄피해 구조금(이하 '구조금'이라 한다)을 지급한다. 14. 보호7☆

1. 구조피해자가 피해의 전부 또는 일부를 배상받지 못하는 경우

2. 자기 또는 타인의 형사사건의 수사 또는 재판에서 고소·고발 등 수사단서를 제공하거나 진술, 증언 또는 자료제출을 하다가 구조피해자가 된 경우 16. 사시☆

제17조【구조금의 종류 등】 ① 구조금은 유족구조금·장해구조금 및 중상해구조금으로 구분하며, 일시금으로 지급한다. 19. 승진☆

② 유족구조금은 구조피해자가 사망하였을 때 제18조에 따라 맨 앞의 순위인 유족에게 지급한다. 다만, 순위가 같은 유족이 2명 이상이면 똑같이 나누어 지급한다.

③ 장해구조금 및 중상해구조금은 해당 구조피해자에게 지급한다.

제18조 【유족의 범위 및 순위】 ① 유족구조금을 지급받을 수 있는 유족은 다음 각 호의 어느 하나에 해당하는 사람으로 한다.

1. 배우자(사실상 혼인관계를 포함한다) 및 구조피해자의 사망 당시 구조피해자의 수입으로 생계를 유지하고 있는 구조피해자의 자녀
2. 구조피해자의 사망 당시 구조피해자의 수입으로 생계를 유지하고 있는 구조피해자의 부모, 손자·손녀, 조부모 및 형제자매
3. 제1호 및 제2호에 해당하지 아니하는 구조피해자의 자녀, 부모, 손자·손녀, 조부모 및 형제자매 17. 교정9

② 제1항에 따른 유족의 범위에서 태아는 구조피해자가 사망할 때 이미 출생한 것으로 본다. 14. 사시

③ 유족구조금을 받을 유족의 순위는 제1항 각 호에 열거한 순서로 하고, 같은 항 제2호 및 제3호에 열거한 사람 사이에서는 해당 각 호에 열거한 순서로 하며, 부모의 경우에는 양부모를 선순위로 하고 친부모를 후순위로 한다. 16. 사시

④ 유족이 다음 각 호의 어느 하나에 해당하면 유족구조금을 받을 수 있는 유족으로 보지 아니한다.

1. 구조피해자를 고의로 사망하게 한 경우
2. 구조피해자가 사망하기 전에 그가 사망하면 유족구조금을 받을 수 있는 선순위 또는 같은 순위의 유족이 될 사람을 고의로 사망하게 한 경우
3. 구조피해자가 사망한 후 유족구조금을 받을 수 있는 선순위 또는 같은 순위의 유족을 고의로 사망하게 한 경우

제19조 【구조금을 지급하지 아니할 수 있는 경우】 ① 범죄행위 당시 구조피해자와 가해자 사이에 다음 각 호의 어느 하나에 해당하는 친족관계가 있는 경우에는 구조금을 지급하지 아니한다. 17. 교정9☆

1. 부부(사실상의 혼인관계를 포함한다)   2. 직계혈족
3. 4촌 이내의 친족   4. 동거친족

② 범죄행위 당시 구조피해자와 가해자 사이에 제1항 각 호의 어느 하나에 해당하지 아니하는 친족관계가 있는 경우에는 구조금의 일부를 지급하지 아니한다.

③ 구조피해자가 다음 각 호의 어느 하나에 해당하는 행위를 한 때에는 구조금을 지급하지 아니한다.

1. 해당 범죄행위를 교사 또는 방조하는 행위
2. 과도한 폭행·협박 또는 중대한 모욕 등 해당 범죄행위를 유발하는 행위
3. 해당 범죄행위와 관련하여 현저하게 부정한 행위
4. 해당 범죄행위를 용인하는 행위
5. 집단적 또는 상습적으로 불법행위를 행할 우려가 있는 조직에 속하는 행위 (다만, 그 조직에 속하고 있는 것이 해당 범죄피해를 당한 것과 관련이 없다고 인정되는 경우는 제외한다)
6. 범죄행위에 대한 보복으로 가해자 또는 그 친족이나 그 밖에 가해자와 밀접한 관계가 있는 사람의 생명을 해치거나 신체를 중대하게 침해하는 행위

🏛 **핵심 OX**

18 자기 또는 타인의 형사사건의 수사 또는 재판에서 고소·고발 등 수사단서를 제공하거나 진술, 증언 또는 자료제출을 하다가 구조피해자가 된 경우에도 구조금을 지급받을 수 있다. (O, X)

19 유족구조금을 받을 유족 중 부모의 경우 양부모를 선순위로 하고 친부모를 후순위로 한다. (O, X)

18 O
19 O

④ 구조피해자가 다음 각 호의 어느 하나에 해당하는 <u>행위</u>를 한 때에는 <u>구조금의 일부를 지급하지 아니한다.</u>

1. <u>폭행·협박 또는 모욕</u> 등 해당 범죄행위를 유발하는 행위
2. 해당 범죄피해의 발생 또는 증대에 가공한 <u>부주의한 행위 또는 부적절한</u> 행위 23. 보호7

⑥ 구조피해자 또는 그 유족과 가해자 사이의 관계, 그 밖의 사정을 고려하여 <u>구조금의 전부 또는 일부를 지급하는 것이 사회통념에 위배된다고 인정될 때에는 구조금의 전부 또는 일부를 지급하지 아니할 수 있다.</u>

⑦ 제1항부터 제6항까지의 규정에도 불구하고 구조금의 실질적인 수혜자가 가해자로 귀착될 우려가 없는 경우 등 <u>구조금을 지급하지 아니하는 것이 사회통념에 위배된다고 인정할 만한 특별한 사정이 있는 경우에는 구조금의 전부 또는 일부를 지급할 수 있다.</u> 17. 교정9☆

제20조【다른 법령에 따른 급여 등과의 관계】 구조피해자나 유족이 해당 <u>구조대상 범죄피해를 원인으로 하여 「국가배상법」이나 그 밖의 법령에 따른 급여 등을 받을 수 있는 경우에는 대통령령으로 정하는 바에 따라 구조금을 지급하지 아니한다(→ 보충성).</u>

제21조【손해배상과의 관계】 ① 국가는 구조피해자나 유족이 해당 <u>구조대상 범죄피해를 원인으로 하여 손해배상을 받았으면 그 범위에서 구조금을 지급하지 아니한다.</u> 17. 교정9☆

② 국가는 지급한 구조금의 범위에서 해당 구조금을 받은 사람이 구조대상 범죄피해를 원인으로 하여 가지고 있는 <u>손해배상청구권을 대위한다.</u> 15. 사시

③ 국가는 제2항에 따라 손해배상청구권을 대위할 때 대통령령으로 정하는 바에 따라 <u>가해자인 수형자나 보호감호 대상자의 작업장려금 또는 근로보상금에서 손해배상금을 받을 수 있다.</u>

제22조【구조금액】 ① <u>유족구조금</u>은 구조피해자의 사망 당시(신체에 손상을 입고 그로 인하여 사망한 경우에는 신체에 손상을 입은 당시를 말한다)의 월급액이나 월실수입액 또는 평균임금에 <u>24개월 이상 48개월 이하</u>*의 범위에서 유족의 수와 연령 및 생계유지 상황 등을 고려하여 대통령령으로 정하는 개월 수를 곱한 금액으로 한다.

② 장해구조금과 중상해구조금은 구조피해자가 신체에 손상을 입은 당시의 월급액이나 월실수입액 또는 평균임금에 <u>2개월 이상 48개월 이하</u>*의 범위에서 피해자의 장해 또는 중상해의 정도와 부양가족의 수 및 생계유지 상황 등을 고려하여 대통령령으로 정한 개월 수를 곱한 금액으로 한다.

제23조【외국인에 대한 구조】 이 법은 <u>외국인이 구조피해자이거나 유족인 경우에는 해당 국가의 상호보증이 있는 경우에만 적용한다.</u> 19. 승진☆

제24조【범죄피해구조심의회 등】 ① 구조금 지급에 관한 사항을 심의·결정하기 위하여 각 <u>지방검찰청에 범죄피해구조심의회(이하 '지구심의회'라 한다)</u>를 두고 법무부에 <u>범죄피해구조본부심의회(이하 '본부심의회'라 한다)를 둔다.</u>
16. 보호7

---

* 개정 전에는 '18개월 이상 36개월 이하'로 규정되어 있었다.

* 개정 전에는 '2개월 이상 36개월 이하'로 규정되어 있었다.

📖 **핵심 OX**

20 「범죄피해자 보호법」상 국가는 지급한 구조금의 범위에서 해당 구조금을 받은 사람이 구조대상 범죄피해를 원인으로 하여 가지고 있는 손해배상청구권을 대위한다. (○, ×)

21 「범죄피해자 보호법」상 유족구조금을 지급받을 수 있는 유족의 범위에서 태아는 구조피해자가 사망할 때 이미 출생한 것으로 본다. (○, ×)

20 ○
21 ○

제25조【구조금의 지급신청】① 구조금을 받으려는 사람은 법무부령으로 정하는 바에 따라 그 주소지, 거주지 또는 범죄 발생지를 관할하는 <u>지구심의회</u>에 신청하여야 한다. 11. 교정7

② 제1항에 따른 신청은 해당 구조대상 범죄피해의 발생을 안 날부터 3년이 지나거나 해당 구조대상 <u>범죄피해가 발생한 날부터 10년*</u>이 지나면 할 수 없다. 15. 사시☆

제27조【재심신청】① <u>지구심의회에서 구조금 지급신청을 기각(일부기각된 경우를 포함한다) 또는 각하하면 신청인은 결정의 정본이 송달된 날부터 2주일 이내에 그 지구심의회를 거쳐 본부심의회에 재심을 신청할 수 있다.</u> 23. 보호7

제28조【긴급구조금의 지급 등】① 지구심의회는 제25조 제1항에 따른 신청을 받았을 때 구조피해자의 장해 또는 중상해 정도가 명확하지 아니하거나 그 밖의 사유로 인하여 신속하게 결정을 할 수 없는 사정이 있으면 신청 또는 직권으로 대통령령으로 정하는 금액의 범위에서 긴급구조금을 지급하는 결정을 할 수 있다.

제30조【구조금의 환수】① 국가는 이 법에 따라 구조금을 받은 사람이 다음 각 호의 어느 하나에 해당하면 지구심의회 또는 본부심의회의 결정을 거쳐 그가 받은 구조금의 <u>전부 또는 일부를 환수할 수 있다.</u>

1. <u>거짓이나 그 밖의 부정한 방법으로 구조금을 받은 경우</u> 23. 보호7
2. 구조금을 받은 후 제19조(→ 구조금을 지급하지 아니할 수 있는 경우)에 규정된 사유가 발견된 경우
3. 구조금이 잘못 지급된 경우

제31조【소멸시효】<u>구조금을 받을 권리는 그 구조결정이 해당 신청인에게 송달된 날부터 2년간 행사하지 아니하면 시효로 인하여 소멸된다.</u> 23. 보호7☆

제32조【구조금 수급권의 보호】<u>구조금을 받을 권리는 양도하거나 담보로 제공하거나 압류할 수 없다.</u> 19. 승진☆

제33조【범죄피해자 지원법인의 등록 등】① 범죄피해자 지원법인이 이 법에 따른 지원을 받으려면 자산 및 인적 구성 등 대통령령으로 정하는 요건을 갖추고 대통령령으로 정하는 절차에 따라 <u>법무부장관에게 등록하여야 한다.</u>

제34조【보조금】① 국가 또는 지방자치단체는 제33조에 따라 등록한 범죄피해자 지원법인(이하 '등록법인'이라 한다)의 건전한 육성과 발전을 위하여 필요한 경우에는 예산의 범위에서 등록법인에 운영 또는 사업에 필요한 경비를 보조할 수 있다. 16. 보호7

제38조【재판 등에 대한 영향력 행사 금지】범죄피해자 보호·지원 업무에 종사하는 자는 형사절차에서 가해자에 대한 처벌을 요구하거나 <u>소송관계인에게 위력을 가하는 등 수사, 변호 또는 재판에 부당한 영향을 미치기 위한 행위를 하여서는 아니 된다.</u> 11. 사시

* 종래 '2년'·'5년'에서 '3년'·'10년'으로 연장되었다(제25조 제2항).

🏛 **핵심 OX**

22 「범죄피해자 보호법」상 구조금을 받을 권리는 그 구조결정이 해당 신청인에게 송달된 날로부터 2년간 행사하지 아니하면 시효로 인하여 소멸된다. (○, ×)

23 「범죄피해자 보호법」상 구조금을 받을 권리는 양도하거나 담보로 제공하거나 압류할 수 없다. (○, ×)

24 「범죄피해자 보호법」상 국가 또는 지방자치단체는 법무부장관에게 등록한 범죄피해자 지원법인의 건전한 육성과 발전을 위하여 등록법인에 운영·사업에 필요한 경비를 보조할 수 있다. (○, ×)

22 ○
23 ○
24 ○

구 「범죄피해자구조법」 제2조 제1호에서 범죄피해자 구조청구권의 대상이 되는 범죄피해의 범위에 관하여 해외에서 발생한 범죄피해는 포함하고 있지 아니한 것이 평등원칙에 위배되는지 여부(소극) – 범죄피해자 구조청구권을 인정하는 이유는 크게 국가의 범죄방지책임 또는 범죄로부터 국민을 보호할 국가의 보호의무를 다하지 못하였다는 것과 그 범죄피해자들에 대한 최소한의 구제가 필요하다는 데 있다. (중략) 범죄피해자 구조청구권의 대상이 되는 범죄피해에 해외에서 발생한 범죄피해의 경우를 포함하고 있지 아니한 것이 현저하게 불합리한 자의적인 차별이라고 볼 수 없어 평등원칙에 위배되지 아니한다. [헌재 2011.12.29, 2009헌마354]

5. 「스토킹범죄의 처벌 등에 관한 법률」

(1) 의의

① 최근 스토킹으로 인하여 정상적인 일상생활이 어려울 만큼 정신적 · 신체적 피해를 입는 사례가 증가하고, 범행 초기에 가해자 처벌 및 피해자에 대한 보호조치가 이루어지지 아니하여 스토킹이 폭행, 살인 등 신체 또는 생명을 위협하는 강력범죄로 이어져 사회 문제가 되고 있다.

② 이에 따라 스토킹이 범죄임을 명확히 규정하고 가해자 처벌 및 그 절차에 관한 특례와 스토킹범죄 피해자에 대한 각종 보호절차를 마련하여 범죄 발생 초기 단계에서부터 피해자를 보호하고, 스토킹이 더욱 심각한 범죄로 이어지는 것을 방지하여 건강한 사회질서의 확립에 이바지하기 위하여 「스토킹범죄의 처벌 등에 관한 법률」이 제정 · 시행되었다.

(2) 주요 내용

제1조【목적】 이 법은 스토킹범죄의 처벌 및 그 절차에 관한 특례와 스토킹범죄 피해자에 대한 보호절차를 규정함으로써 피해자를 보호하고 건강한 사회질서의 확립에 이바지함을 목적으로 한다.

제2조【정의】 이 법에서 사용하는 용어의 뜻은 다음과 같다. 〈개정 2023.7.11.〉

1. "스토킹행위"란 상대방의 의사에 반(反)하여 정당한 이유 없이 다음 각 목의 어느 하나에 해당하는 행위를 하여 상대방에게 불안감 또는 공포심을 일으키는 것을 말한다. 23. 보호7

    가. 상대방 또는 그의 동거인, 가족(이하 "상대방등"이라 한다)에게 접근하거나 따라다니거나 진로를 막아서는 행위

    나. 상대방등의 주거, 직장, 학교, 그 밖에 일상적으로 생활하는 장소(이하 "주거등"이라 한다) 또는 그 부근에서 기다리거나 지켜보는 행위

    다. 상대방등에게 우편 · 전화 · 팩스 또는 「정보통신망 이용촉진 및 정보보호 등에 관한 법률」 제2조 제1항 제1호의 정보통신망(이하 "정보통신망"이라 한다)을 이용하여 물건이나 글 · 말 · 부호 · 음향 · 그림 · 영상 · 화상(이하 "물건등"이라 한다)을 도달하게 하거나 정보통신망을 이용하는 프로그램

또는 전화의 기능에 의하여 글·말·부호·음향·그림·영상·화상이 상대 방등에게 나타나게 하는 행위

라. 상대방등에게 직접 또는 제3자를 통하여 물건등을 도달하게 하거나 주거등 또는 그 부근에 물건등을 두는 행위

마. 상대방등의 주거등 또는 그 부근에 놓여져 있는 물건등을 훼손하는 행위

바. 다음의 어느 하나에 해당하는 <u>상대방등의 정보를 정보통신망을 이용하여</u> <u>제3자에게 제공하거나 배포 또는 게시하는 행위</u>

　　1)「개인정보 보호법」제2조 제1호의 개인정보

　　2)「위치정보의 보호 및 이용 등에 관한 법률」제2조 제2호의 개인위치정보

　　3) 1) 또는 2)의 정보를 편집·합성 또는 가공한 정보(해당 정보주체를 식별 할 수 있는 경우로 한정한다)

사. <u>정보통신망을 통하여 상대방등의 이름, 명칭, 사진, 영상 또는 신분에 관한</u> <u>정보를 이용하여 자신이 상대방등인 것처럼 가장하는 행위</u>

2. "<u>스토킹범죄</u>"란 지속적 또는 반복적으로 스토킹행위를 하는 것을 말한다. 23. 보호7

3. "피해자"란 스토킹범죄로 <u>직접적인 피해</u>를 입은 사람을 말한다.

4. "<u>피해자등</u>"이란 피해자 및 스토킹행위의 상대방을 말한다.

제3조【스토킹행위 신고 등에 대한 응급조치】 사법경찰관리는 진행 중인 스토킹행위에 대하여 신고를 받은 경우 즉시 현장에 나가 다음 각 호의 조치를 하여야 한다. 24. 보호9

1. <u>스토킹행위의 제지, 향후 스토킹행위의 중단 통보 및 스토킹행위를 지속적 또는 반복적으로 할 경우 처벌 서면경고</u>

2. <u>스토킹행위자와 피해자등의 분리 및 범죄수사</u>

3. 피해자등에 대한 <u>긴급응급조치 및 잠정조치 요청의 절차 등 안내</u>

4. 스토킹 피해 관련 <u>상담소 또는 보호시설로의 피해자등 인도</u>(피해자등이 동의한 경우만 해당한다)

제4조【긴급응급조치】 ① 사법경찰관은 스토킹행위 신고와 관련하여 <u>스토킹행위가 지</u> <u>속적 또는 반복적으로 행하여질 우려가 있고 스토킹범죄의 예방을 위하여 긴급을</u> <u>요하는 경우</u> 스토킹행위자에게 직권으로 또는 스토킹행위의 상대방이나 그 법정대 리인 또는 스토킹행위를 신고한 사람의 요청에 의하여 다음 각 호에 따른 조치를 할 수 있다. 24. 보호9

1. 스토킹행위의 상대방등이나 그 주거등으로부터 <u>100미터 이내의 접근 금지</u>

2. 스토킹행위의 상대방등에 대한「전기통신기본법」제2조제1호의 <u>전기통신을 이</u> <u>용한 접근 금지</u>

제5조【긴급응급조치의 승인 신청】 ① 사법경찰관은 긴급응급조치를 하였을 때에는 지 체 없이 검사에게 해당 긴급응급조치에 대한 사후승인을 지방법원 판사에게 청구하 여 줄 것을 신청하여야 한다.

② 제1항의 신청을 받은 검사는 <u>긴급응급조치가 있었던 때부터 48시간 이내</u>에 지방 법원 판사에게 해당 긴급응급조치에 대한 사후승인을 청구한다. 이 경우 제4조 제2 항에 따라 작성된 긴급응급조치결정서를 첨부하여야 한다.

⑤ 긴급응급조치기간은 <u>1개월</u>을 초과할 수 없다.

제8조 【잠정조치의 청구】 ① 검사는 스토킹범죄가 재발될 우려가 있다고 인정하면 직권 또는 사법경찰관의 신청에 따라 법원에 제9조 제1항 각 호의 조치를 청구할 수 있다.

제9조 【스토킹행위자에 대한 잠정조치】 ① 법원은 스토킹범죄의 원활한 조사ㆍ심리 또는 피해자 보호를 위하여 필요하다고 인정하는 경우에는 결정으로 스토킹행위자에게 다음 각 호의 어느 하나에 해당하는 조치(이하 "잠정조치"라 한다)를 할 수 있다.
24. 보호9
1. 피해자에 대한 스토킹범죄 중단에 관한 서면 경고
2. 피해자 또는 그의 동거인, 가족이나 그 주거등으로부터 100미터 이내의 접근 금지
3. 피해자 또는 그의 동거인, 가족에 대한 「전기통신기본법」 제2조 제1호의 전기통신을 이용한 접근 금지
3의2. 「전자장치 부착 등에 관한 법률」 제2조 제4호의 위치추적 전자장치(이하 "전자장치"라 한다)의 부착
4. 국가경찰관서의 유치장 또는 구치소에의 유치
② 제1항 각 호의 잠정조치는 병과(倂科)할 수 있다.
⑦ 제1항 제2호ㆍ제3호 및 제3호의2에 따른 잠정조치기간은 3개월(← 2개월), 같은 항 제4호에 따른 잠정조치기간은 1개월을 초과할 수 없다. 다만, 법원은 피해자의 보호를 위하여 그 기간을 연장할 필요가 있다고 인정하는 경우에는 결정으로 제1항 제2호ㆍ제3호 및 제3호의2에 따른 잠정조치에 대하여 두 차례에 한정하여 각 3개월(← 2개월)의 범위에서 연장할 수 있다.

제10조 【잠정조치의 집행 등】 ① 법원은 잠정조치 결정을 한 경우에는 법원공무원, 사법경찰관리, 구치소 소속 교정직공무원 또는 보호관찰관으로 하여금 집행하게 할 수 있다.

제17조 【스토킹범죄의 피해자에 대한 전담조사제】 ① 검찰총장은 각 지방검찰청 검사장에게 스토킹범죄 전담 검사를 지정하도록 하여 특별한 사정이 없으면 스토킹범죄 전담 검사가 피해자를 조사하게 하여야 한다.
② 경찰관서의 장(국가수사본부장, 시ㆍ도경찰청장 및 경찰서장을 의미한다. 이하 같다)은 스토킹범죄 전담 사법경찰관을 지정하여 특별한 사정이 없으면 스토킹범죄 전담 사법경찰관이 피해자를 조사하게 하여야 한다.

제17조의2 【피해자 등에 대한 신변안전조치】 법원 또는 수사기관이 피해자등 또는 스토킹범죄를 신고(고소ㆍ고발을 포함한다. 이하 이 조에서 같다)한 사람을 증인으로 신문하거나 조사하는 경우의 신변안전조치에 관하여는 「특정범죄신고자 등 보호법」 제13조 및 제13조의2를 준용한다. 이 경우 "범죄신고자등"은 "피해자등 또는 스토킹범죄를 신고한 사람"으로 본다.
[본조신설 2023.7.11.]

제17조의4 【피해자에 대한 변호사 선임의 특례】 ① 피해자 및 그 법정대리인은 형사절차상 입을 수 있는 피해를 방어하고 법률적 조력을 보장받기 위하여 변호사를 선임할 수 있다.
② 제1항에 따라 선임된 변호사(이하 이 조에서 "변호사"라 한다)는 검사 또는 사법경찰관의 피해자 및 그 법정대리인에 대한 조사에 참여하여 의견을 진술할 수 있다. 다만, 조사 도중에는 검사 또는 사법경찰관의 승인을 받아 의견을 진술할 수 있다.

③ 변호사는 피의자에 대한 구속 전 피의자심문, 증거보전절차, 공판준비기일 및 공판절차에 출석하여 의견을 진술할 수 있다. 이 경우 필요한 절차에 관한 구체적 사항은 대법원규칙으로 정한다.

④ 변호사는 증거보전 후 관계 서류나 증거물, 소송계속 중의 관계 서류나 증거물을 열람하거나 복사할 수 있다.

⑤ 변호사는 형사절차에서 피해자 및 법정대리인의 대리가 허용될 수 있는 모든 소송행위에 대한 포괄적인 대리권을 가진다.

⑥ 검사는 피해자에게 변호사가 없는 경우 국선변호사를 선정하여 형사절차에서 피해자의 권익을 보호할 수 있다.

[본조신설 2023.7.11.]

제18조 【스토킹범죄】 ① 스토킹범죄를 저지른 사람은 3년 이하의 징역 또는 3천만원 이하의 벌금에 처한다.

② 흉기 또는 그 밖의 위험한 물건을 휴대하거나 이용하여 스토킹범죄를 저지른 사람은 5년 이하의 징역 또는 5천만원 이하의 벌금에 처한다.

③ 삭제(← 제1항의 죄는 피해자가 구체적으로 밝힌 의사에 반하여 공소를 제기할 수 없다.) 〈2023.7.11.〉

제19조 【형벌과 수강명령 등의 병과】 ① 법원은 스토킹범죄를 저지른 사람에 대하여 유죄판결(선고유예는 제외한다)을 선고하거나 약식명령을 고지하는 경우에는 200시간의 범위에서 다음 각 호의 구분에 따라 재범 예방에 필요한 수강명령(「보호관찰 등에 관한 법률」에 따른 수강명령을 말한다. 이하 같다) 또는 스토킹 치료프로그램의 이수명령(이하 "이수명령"이라 한다)을 병과할 수 있다. 23. 보호7
1. 수강명령: 형의 집행을 유예할 경우에 그 집행유예기간 내에서 병과
2. 이수명령: 벌금형 또는 징역형의 실형을 선고하거나 약식명령을 고지할 경우에 병과

② 법원은 스토킹범죄를 저지른 사람에 대하여 형의 집행을 유예하는 경우에는 제1항에 따른 수강명령 외에 그 집행유예기간 내에서 보호관찰 또는 사회봉사 중 하나 이상의 처분을 병과할 수 있다.

④ 제1항에 따른 수강명령 또는 이수명령은 다음 각 호의 구분에 따라 각각 집행한다. 23. 보호7
1. 형의 집행을 유예할 경우: 그 집행유예기간 내
2. 벌금형을 선고하거나 약식명령을 고지할 경우: 형 확정일부터 6개월 이내
3. 징역형의 실형을 선고할 경우: 형기 내

6. 피해자 없는 범죄

(1) 개념

① 피해자 없는 범죄(Victimless Crime)란 법익침해 내지 그 위험성을 수반하지 않는 범죄, 즉 보호법익이 명백하지 않은 범죄를 의미한다.

② 피해자 없는 범죄는 주로 공공법익에 관한 범죄로서 개인적 법익을 침해하지 않는다는 점에서 슈어(E. Schur)가 피해자 없는 범죄라고 하였다.

(2) **특징**

① 피해자 없는 범죄는 법에 의하여 금지되어 있지만, 동의에 의한 범죄이거나, 가해자와 피해자의 대립구도가 명확하지 않고, 개인적 법익을 침해하지 않는다는 특징이 있다.

    예 동의낙태죄, 성매매, 도박죄, 간통죄, 동성애, 경미한 마약 사용, 공연음란죄 등 14. 교정7

② 이로 인해 특별히 피해를 입은 자가 없고 잘 적발되지도 않아 대부분 암수범죄가 된다. 특히 피해자 없는 범죄는 <u>절대적 암수범죄와 관련이 깊다</u>고 한다. 24. 보호9☆

(3) **비범죄화의 주장**

① 피해자 없는 범죄는 피해자가 없음에도 불구하고 형벌로써 처벌할 필요성이 있는가의 문제(비범죄화)가 거론된다.

② 보호법익이 사회나 공공의 이익과 같은 보편적 법익의 경우(예 경제범죄 · 환경범죄 등)에 대하여 피해자 없는 범죄로 보아 비범죄화하는 것은 옳다고 할 수 없다는 비판이 있다.

③ 피해자 없는 범죄란 원칙적으로 있을 수 없으며, 단지 그 피해자가 <u>전통적 범죄의 피해자와는 다른 성격을 가진다</u>고 본다(예 가해자가 동시에 피해자인 경우, 피해자가 불특정 다수인 경우 등).

(4) **피해자 없는 범죄의 유형**

① 피해자와 가해자가 동일인인 범죄: 매춘, 약물남용 등

② 피해자가 불특정 다수인인 범죄: 기업범죄(예 독과점과 같은 공정거래위반 관련범죄, 허위광고, 위험물질의 생산과 판매, 환경범죄, 안전위해범죄 등)

5 회복적 사법

1. 의의

(1) 회복적 사법(Restortive Justice)이란 범죄로 인한 피해자와 가해자, 그 밖의 관련자 및 지역사회가 함께 범죄로 인한 피해를 치유하고 해결하는 데에 적극적으로 참여하여 사회재통합을 추구하는 절차를 의미한다(회복주의 정의 개념). 23. 교정9☆

(2) 회복적 사법과 유사한 개념으로 지역사회사법, 긍정적 사법, 재통합적 사법, 공동사법, 배상적 사법, 관계적 사법, 전환적 사법 등의 다양한 용어가 사용되고 있다. 12. 경채

(3) 연혁적으로 피해자 권리운동의 발전과 관련하여 1970년대 이후 미국과 유럽에서 시행되고 있는 다양한 형태의 배상명령제도 및 가해자－피해자 화해(중재와 화합) 프로그램 등이 기원이라고 하며, 미국에서 시행된 가장 대규모의 회복적 사법제도는 버몬트 주의 배상적 보호관찰 프로그램이라고 한다. 12. 교정9

피해자 - 가해자 중재(화해) 모델	최초의 공식적인 회복적 사법 프로그램의 모델로서 1970년대 캐나다 온타리오에서 시작되었다.
양형 써클 모델	아메리칸 인디언과 캐나다 원주민들에 의해 사용되던 것으로 범죄상황을 정리하여 피해자와 가해자를 공동체 내로 재통합하려는 시도에서 유래하여, 가해자 처벌과 관련하여 형사사법기관에 적절한 양형을 권고하는 데 중점을 둔 제도이다.
가족집단 회합모델	뉴질랜드 마오리족의 전통에서 유래하는 모델로서, 중재자와 당사자 외에 그 가족 및 친구 등이 모두 참여할 수 있어 참여자의 범위가 매우 넓다는 특징이 있다.

(4) 국제연합(UN)은 회복적 사법의 개념을 다음의 세 가지로 분류하였다. 16. 사시☆

대면 개념 (Encounter Conception)	범죄의 피해자와 가해자가 함께 만나 범죄에 대하여 이야기를 하고 이를 시정하기 위하여 어떠한 일을 하여야 하는가에 대해서 토론하는 것
회복(배상) 개념 (Restorative Conception)	범죄로부터 받은 피해를 회복하는 데에 중점을 두는 것 예 피해자의 공판절차 참여, 법원의 피해회복적 조치 등
변환 개념 (Transformative Conception)	가장 넓은 의미의 회복적 사법으로서 범죄원인의 구조적 · 개인적 불의를 시정하여 변화를 가져오는 것 예 빈곤문제나 차별적 교육제도의 개선 등

(5) 브레이스웨이트(Braithwaite)의 재통합적 수치이론은 회복적 사법의 이론적 근거가 되었는데, 처벌을 통해 범죄자가 반성을 하면서 지역사회의 구성원으로 재통합하려는 노력을 병행하여 장래의 범죄 가능성을 줄이도록 하겠다는 입장이다. 22. 교정7

2. 목표

(1) 가해자의 처벌만이 능사가 아니라, 피해자의 피해회복을 통하여 사회적 화합을 성취하는 것이 중요하다(범죄예방 및 통제에서 비처벌적 방식을 주장하는 인본주의적 전략). 23. 교정9☆

(2) 가해자에게 사회복귀의 기회와 가능성을 열어주고 재범을 방지하며, 낙인의 부정적 효과를 감소시킨다는 점에서 구금 위주의 형벌정책의 대안으로 제시된다. 23. 교정9☆

(3) 가해자와 피해자의 재활을 지원하여 범죄를 방지할 수 있는 지역사회를 건설한다. 12. 교정9

(4) 형사사법체계의 운용 및 절차 지연으로 인한 사회적 · 경제적 비용을 절감한다.

(5) 회복적 사법은 과거의 응징적 · 강제적 · 사후대응적 사법제도에 대한 반성에서 출발하여 범죄를 인간관계의 침해로 보아(범죄를 개인 간의 갈등으로 인식) 범죄자가 생산적이고 책임감 있는 시민이 되도록 능력개발이 이루어져야 한다는 목표를 지향한다. 23. 교정9☆

🏛 핵심 OX

27 회복적 사법은 피해자와 가해자 및 지역사회의 역할을 강조하고, 이를 통해 피해자와 지역사회의 손실을 복구하고 재통합을 추구하는 형사사법이론이다.
(○, ✕)

28 회복적 사법은 공식적인 형사사법이 가해자에게 부여하는 오명효과를 줄이는 대안이 될 수 있다. (○, ✕)

29 회복적 사법의 시각에서 보면 범죄행동은 법을 위반한 것일 뿐만 아니라 피해자와 지역사회에 해를 끼친 것이다.
(○, ✕)

30 회복적 사법의 핵심가치는 피해자와 가해자 및 지역사회의 요구까지도 반영하는 것이다. (○, ✕)

31 UN은 회복적 사법의 개념을 내용에 따라 대면개념(Encounter Conception), 배상개념(Reparative Conception), 변환개념(Transformative Conception)으로 분류하고 있다. (○, ✕)

27 ○
28 ○
29 ○
30 ○
31 ○

(6) 응징적 패러다임과 회복주의 패러다임의 비교

구분	응징적 패러다임(응보적 사법)	회복주의 패러다임(회복적 사법)
초점	법의 위반 (국가에 대한 침해행위)	인간관계의 위반 (특정인 또는 지역사회에 대한 침해행위)
내용	응징적(응보, 억제, 무능력화를 위한 유죄확정과 처벌)	복구적(피해자 회복, 가해자 교화개선, 조화의 회복)
방식	강제적	협조적
주체	정부, 범죄자	(정부), 지역사회, 가해자, 피해자, 가족 12. 교정9
장소	시설 내	사회 내
시기	사후 대응적	사전 예방적
관심	적법절차의 준수	참여자의 만족을 극대화
역점	공식적 절차를 통한 개인의 권리를 보호	비공식적 절차를 통한 범죄자의 책임감 강조와 집단적 갈등의 해결
가해자 역할	비난 수용, 결과 감내	책임 수용, 배상, 교화
피해자 역할	고소인 및 증인에 한정, 형사사법절차의 주변인	형사사법절차의 직접 참여자, 범죄해결과정의 중심인물

3. 유형 15. 교정7

내부 프로그램	형사사법제도 안에서 행해지는 경우(명문규정 有) 예 피해자와 가해자의 조정제도 등
외부 프로그램	형사사법제도 밖에서 행해지는 경우(명문규정 無) 예 지역공동체와 가족그룹 간의 협의, 원탁양형, 평화조성 서클, 회 복적 보호관찰, 지역사회위원회 등

4. 현행법상 회복적 사법 관련 제도

(1) 형사조정제도

① 형사조정제도는 형사사건에 대해 형사절차를 거치지 않고 분쟁을 해결한다는
점에서 대안적 분쟁해결 프로그램이며 광의의 회복적 사법으로 볼 수 있다.

② 현행 「범죄피해자 보호법」에 형사조정에 관한 조문이 신설되었다(동법 제
41조 이하).

범죄피해자 보호법

제41조 【형사조정 회부】 ① 검사는 피의자와 범죄피해자(이하 '당사자'라 한다) 사이에 형사분쟁을 공정하고 원만하게 해결하여 범죄피해자가 입은 피해를 실질적으로 회복하는 데 필요하다고 인정하면 당사자의 신청 또는 직권으로 수사 중인 형사사건을 형사조정에 회부할 수 있다. 23. 보호7☆

② 형사조정에 회부할 수 있는 형사사건의 구체적인 범위는 대통령령으로 정한다. 다만, 다음 각 호의 어느 하나에 해당하는 경우에는 형사조정에 회부하여서는 아니 된다. 20. 보호7☆

1. 피의자가 도**주**하거나 증거를 **인**멸할 염려가 있는 경우
2. **공**소시효의 완성이 임박한 경우
3. **불**기소처분의 사유에 해당함이 명백한 경우(다만, 기소유예처분의 사유에 해당하는 경우는 제외한다) 23. 보호7☆

제42조 【형사조정위원회】 ① 제41조에 따른 형사조정을 담당하기 위하여 각급 지방검찰청 및 지청에 형사조정위원회를 둔다. 20. 승진

② 형사조정위원회는 2명 이상의 형사조정위원으로 구성한다. 20. 승진

③ 형사조정위원은 형사조정에 필요한 법적 지식 등 전문성과 덕망을 갖춘 사람 중에서 관할 지방검찰청 또는 지청의 장이 미리 위촉한다. 20. 승진

⑤ 형사조정위원의 임기는 2년으로 하며, 연임할 수 있다. 20. 승진

⑥ 형사조정위원회의 위원장은 관할 지방검찰청 또는 지청의 장이 형사조정위원 중에서 위촉한다. 20. 승진

제43조 【형사조정의 절차】 ① 형사조정위원회는 당사자 사이의 공정하고 원만한 화해와 범죄피해자가 입은 피해의 실질적인 회복을 위하여 노력하여야 한다.

③ 형사조정위원회는 필요하다고 인정하면 형사조정의 결과에 이해관계가 있는 사람의 신청 또는 직권으로 이해관계인을 형사조정에 참여하게 할 수 있다. 23. 보호7☆

제45조 【형사조정절차의 종료】 ④ 검사는 형사사건을 수사하고 처리할 때 형사조정 결과를 고려할 수 있다. 다만, 형사조정이 성립되지 아니하였다는 사정을 피의자에게 불리하게 고려하여서는 아니 된다. 23. 보호7☆

> **참고**

「범죄피해자 보호법 시행령」의 형사조정 관련규정

시행령 제46조 【형사조정 대상 사건】 법 제41조 제2항에 따라 형사조정에 회부할 수 있는 형사사건은 다음 각 호와 같다.

1. 차용금, 공사대금, 투자금 등 개인 간 금전거래로 인하여 발생한 분쟁으로서 사기, 횡령, 배임 등으로 고소된 재산범죄 사건
2. 개인 간의 명예훼손·모욕, 경계 침범, 지식재산권 침해, 임금체불 등 사적 분쟁에 대한 고소사건
3. 제1호 및 제2호에서 규정한 사항 외에 형사조정에 회부하는 것이 분쟁 해결에 적합하다고 판단되는 고소사건
4. 고소사건 외에 일반 형사사건 중 제1호부터 제3호까지에 준하는 사건

회복적 사법과 관련된 입법론

1. 행위자에 의한 자발적 원상회복의 급부가 있는 것을 조건으로 그에게 형 감면의 효과를 부여하는 제도의 도입이 고려되어야 한다(자율적 형벌대체수단으로서 원상회복제도가 독일 형법에서 규정되어 있음).
2. 원상회복을 선고유예나 집행유예에 부수적으로 부과하는 소위 비독자적 제재수단으로 규정하는 내용도 고려될 수 있다(독일 형법은 집행유예의 경우에 부과되는 사항으로 이를 규정하고 있음). 현재 우리나라에서는 피해자 아닌 제3자 내지 국가사회를 위해 일정한 역무를 명하는 사회봉사명령제도가 집행유예의 부가처분으로서 시행되고 있는데(독일의 상징적 원상회복제도와 유사), 앞으로는 집행유예의 경우에 피해자에게 일정한 급부를 명하는 부가처분의 신설도 고려할 수 있을 것이다.

(2) 화해권고제도

① 화해권고제도는 소년보호사건에서 활성화되어 있는 제도로, 법관이 전문적인 지식과 경험이 있는 사람을 화해권고위원으로 위촉하여 가해자에게 피해자의 피해를 배상하고 화해하도록 권고하는 대신 보호처벌을 완화할 수 있도록 하고 있다.

② 현행 「소년법」에서 화해권고제도를 규정하고 있다(동법 제25조의3).

(3) 회복적 경찰활동

① 경찰은 회복적 사법에 대한 이해를 바탕으로 2019년부터 범죄피해회복과 공동체의 평온을 위한 '회복적 경찰활동'을 시범 운영하였는데, 회복적 경찰활동이 학교폭력, 가정폭력, 층간소음으로 인한 범죄 등의 문제해결에 효과적이었고 당사자 및 경찰관 모두 그 제도에 긍정적 반응을 보여, 2021년부터 전국적으로 시행하고 있다.

② 이는 지역사회에서 범죄·분쟁이 발생하였을 때 경찰이 범인을 검거·처벌함에 그치지 않고, 당사자의 동의를 전제로 가해자와 피해자간 회복적 대화모임을 제공하여 상호 대화를 통해 근본적 문제해결 방안을 모색할 수 있도록 지원하는 활동이다.

경찰수사규칙

제82조 【회복적 대화】 ① 사법경찰관리는 피해자가 입은 피해의 실질적인 회복 등을 위하여 필요하다고 인정하면 <u>피해자 또는 가해자의 신청과 그 상대방의 동의</u>에 따라 서로 대화할 수 있는 기회를 제공할 수 있다.

② 제1항에 따라 대화 기회를 제공하는 경우 사법경찰관리는 피해자와 가해자 간 대화가 원활하게 진행될 수 있도록 전문가에게 회복적 대화 진행을 의뢰할 수 있다.

(4) 배상명령제도와 형사소송 절차에서의 화해제도

① 회복적 사법과 관련한 현행법상 제도 중 공판 절차와 관련된 제도는 「소송촉진 등에 관한 특례법」('소송촉진법')상의 배상명령신청제도(동법 제25조 제2항)와 형사소송에서의 화해제도(동법 제36조)가 있다.

② 소송촉진법상 배상명령신청제도와 형사소송에서의 화해제도는 <u>형사사건에서 피고인과 피해자가 합의를 한 경우 합의 사실을 판결문 내지 조서에 기재하여 그 권리를 공적으로 인정해 주는 방식</u>을 취하고 있다. 이는 피해자가 별도의 민사소송을 하지 않더라도 형사사건에서 배상명령을 통해 보다 빠르고 손쉽게 손해배상을 받을 수 있도록 한다거나 피고인과 피해자가 합의한 내용을 조서에 기재하고 그 조서에 확정판결과 같은 효력을 부여하여 피해자의 권리를 보다 확실하게 보장한다는 점에서 피해자를 조금 더 보호하는 측면이 있다.

소송촉진 등에 관한 특례법

제25조 【배상명령】 ① 제1심 또는 제2심의 형사공판 절차에서 다음 각 호(생략)의 죄 중 어느 하나에 관하여 유죄판결을 선고할 경우, 법원은 직권에 의하여 또는 피해자나 그 상속인(이하 "피해자"라 한다)의 신청에 의하여 피고사건의 범죄행위로 인하여 발생한 직접적인 물적(物的) 피해, 치료비 손해 및 위자료의 배상을 명할 수 있다.

② 법원은 제1항에 규정된 죄 및 그 외의 죄에 대한 피고사건에서 <u>피고인과 피해자 사이에 합의된 손해배상액</u>에 관하여도 제1항에 따라 <u>배상을 명할 수 있다</u>.

제36조 【민사상 다툼에 관한 형사소송 절차에서의 화해】 ① 형사피고사건의 <u>피고인과 피해자 사이에 민사상 다툼(해당 피고사건과 관련된 피해에 관한 다툼을 포함하는 경우로 한정한다)에 관하여 합의한 경우</u>, 피고인과 피해자는 그 피고사건이 계속 중인 제1심 또는 제2심 법원에 합의 사실을 공판조서에 기재하여 줄 것을 공동으로 신청할 수 있다.

⑤ 합의가 기재된 공판조서의 효력 및 화해비용에 관하여는 「민사소송법」 제220조(→ 확정판결과 같은 효력) 및 제389조를 준용한다.

1. 의의

(1) 형사정책학은 범죄와 범죄인을 연구함으로써 궁극적으로는 범죄방지대책을 수립하는 데 그 목적이 있다.

(2) 범죄방지대책은 형벌의 현실적 운용과 범죄자 처우에 관한 교정학 및 범죄예방을 위한 각종 대책들을 광범위하게 포괄해야 하는 것이지만, 결국은 범죄를 어떻게 예방하고 범죄자의 처우를 어떻게 할 것인가에 귀착된다고 할 수 있다(처우의 기준과 예방의 원리).

2. 목표

(1) 집단현상으로서의 범죄와 관련하여 범죄방지대책은 일반 사회인 내지 사회 자체에 대한 예방적 기능을 가져야 하는데(일반예방), 특히 입법정책과 사법정책이 일반예방과 관련된다.

(2) 개별현상으로서의 범죄와 관련하여 범죄방지대책은 범죄자의 범죄성 원인을 발견·제거하여 개선·교화시킴으로써 사회에 복귀시키는 기능을 가져야 하는데(특별예방), 특히 교정정책과 보안처분 등이 특별예방과 관련된다.

01 범죄학이나 사회학에서 말하는 일탈행위의 개념은 형법에서 말하는 범죄개념보다 더 넓다. 22. 보호7 ( )

02 사회에 새롭게 등장한 법익침해행위를 형법전에 편입해야 할 필요성을 인정함에 사용되는 범죄개념은 형식적 범죄개념이다. 22. 보호7 ( )

03 비범죄화는 형사처벌에 의한 낙인의 부정적 효과를 감소시킨다. 23. 보호7 ( )

04 비범죄화의 예시로 혼인빙자간음죄가 있다. 23. 교정9 ( )

05 암수범죄는 피해자와 가해자의 구별이 어려운 범죄에 비교적 많이 존재한다. 24. 보호9 ( )

06 비범죄화(decriminalization)란 형사사법 절차에서 형사처벌의 범위를 축소하는 것을 의미한다. 23. 교정9 ( )

07 형사사법기관의 자원을 보다 효율적으로 활용하자는 차원에서 경미범죄에 대한 비범죄화의 필요성이 주장된다. 23. 교정9 ( )

정답

01 ○ 일탈행위란 흔히 공동체나 사회에서 보편적으로 인정되는 규범에 의해 승인되지 않는 행위를 의미한다. 이는 형법상의 범죄개념보다 넓어서 공동체에서 통용되는 모든 규범에 대한 침해가 포함된다.

02 X '실질적 범죄개념'이란 사회유해성과 법익침해성을 기준으로 하는 반사회적 행위로서, 실정형법을 초월하여 타당할 수 있는 신범죄화와 비범죄화의 실질적 기준을 제시하기 위한 개념이다. 이를 기준으로 현행법상 처벌되지 않은 반사회적 행위를 '신범죄화'하거나(사회에 새롭게 등장한 법익침해행위를 형법전에 편입), 사회 변화에 따라 처벌할 필요가 없는 행위를 비범죄화하게(헌법재판소의 위헌결정으로 폐지된 간통죄와 같이 기존 형법전의 범죄를 삭제) 되는 것이다.

03 ○ 경미범죄의 처벌로 인한 낙인효과의 심각성에 대한 반성으로 비범죄화가 대두된다.

04 ○ 비범죄화의 예로서 비영리적 공연음란죄, 음화판매죄, 간통죄, 혼인빙자간음죄, 성매매, 낙태죄, 단순도박죄, 동성애, 경미한 마약 사용 등을 들 수 있다.

05 ○ 피해자와 가해자의 구별이 어려운 범죄를 피해자 없는 범죄라고 하는데, 이로 인해 특별히 피해를 입은 자가 없고 잘 적발되지도 않아 대부분 암수범죄가 된다고 하며, 특히 절대적 암수범죄와 관련이 깊다고 한다.

06 ○ 비범죄화란 형법의 보충성과 공식적 사회통제 기능의 부담가중을 고려하여 일정한 범죄 유형을 형벌에 의한 통제로부터 제외시키는 경향을 말한다.

07 ○ 형사사법기관의 과중한 업무부담의 해소, 과잉범죄화에 대한 반성 및 형사사법경제를 이유로 비범죄화가 요구된다.

08 절대적 암수범죄란 수사기관에 의해서 인지는 되었으나 해결되지 않은 범죄를 의미하는 것으로, 완전범죄가 대표적이다. 24. 교정9 ( )

09 비범죄화의 유형 중에서 사실상 비범죄화는 범죄였던 행위를 법률의 폐지 또는 변경으로 더 이상 범죄로 보지 않는 경우를 말한다. 23. 교정9 ( )

10 케틀레(Quetelet) 정비례 법칙에 의하면, 공식적 범죄통계상의 범죄현상이 실제 범죄현상을 징표한다고 보기는 어렵다. 21. 보호7 ( )

11 상대적 암수범죄는 마약범죄와 같이 피해자와 가해자의 구별이 어려운 범죄에서 많이 발생한다. 24. 교정9 ( )

12 피해자가 특정되지 않거나 간접적 피해자만 존재하는 경우, 암수범죄가 발생하기 쉽다. 21. 보호7 ( )

13 낙인이론이나 비판범죄학에 의하면 범죄화의 차별적 선별성을 암수범죄의 원인으로 설명한다. 21. 보호7 ( )

14 암수조사의 방법 중 '자기 보고식 조사'는 중범죄보다는 경미한 범죄의 현상을 파악하는 데에 유용하다. 24. 보호9 ( )

15 피해 조사(victimization survey)는 개인적 보고에 기반하는 점에서 조사의 객관성과 정확성을 확보할 수 있다. 23. 보호7 ( )

정답

08 X 절대적 암수범죄는 '인지되지 못한 범죄'를 의미한다. 인지는 되었으나 해결되지 않은 범죄란 상대적 암수범죄를 의미한다.

09 X 사실상의 비범죄화는 형사사법의 공식적 통제권한에는 변함이 없으면서도 일정한 행위양태에 대해 형사사법체계의 점진적 활동 축소로 이루어지는 비범죄화를 의미한다. 지문의 내용은 '법률상 비범죄화'에 대한 설명이다.

10 X 케틀레(Quetelet)는 암수범죄의 문제와 관련하여 '공식적으로 인지된 범죄(공식범죄통계)와 암수범죄 사이에는 변함없는 고정관계가 존재한다'라고 보아 공식통계에 나타난 범죄현상이 실제의 범죄현상을 징표할 수 있다고 하였다(정비례의 법칙).

11 X 피해자와 가해자의 구별이 어려운 범죄인 이른바 피해자 없는 범죄는 '절대적 암수범죄'와 관련이 깊다.

12 ○ 범죄의 피해자가 특정되지 않거나 간접적 피해자만 존재하는 경우를 피해자 없는 범죄라고 하는데, 피해자 없는 범죄는 대부분 암수범죄가 된다고 한다.

13 ○ 낙인이론과 비판범죄학에서는 '선별적 형사소추'의 문제를 암수범죄의 가장 큰 원인으로 제시하고 있다. 이는 통제기관(형사사법기관)이 일정한 의도를 가지고 특정 집단의 사람들만을 범죄인으로 만든다는 이론을 토대로 한다. 즉, 법 집행 과정에서 집행 주체인 경찰·검찰·법원 등의 편견이나 가치관에 따라 범죄자를 차별적으로 취급함으로써 암수범죄가 발생한다는 것이다.

14 ○ 자기보고조사(행위자 조사)는 주로 경미한 범죄의 현상을 파악하는 데 이용되는데, 중범죄나 사회적으로 금기시하는 범죄(살인, 강간 등) 또는 직업적으로 행하는 범죄(화이트칼라 범죄 등) 등을 조사하는 데는 부적합하다는 단점이 지적된다.

15 X 피해자 조사는 피해자에게 자신이 당한 범죄를 진술하게 함으로써 암수범죄를 조사하는 방법을 말하는데, 피해자가 '과장된 보고'를 할 수 있고, 조사자·피조사자의 태도에 의해 '조사결과가 왜곡'될 수 있으며, '조사결과의 신뢰성에 대한 문제' 등으로 인하여 조사결과의 객관성과 정확성을 확보하기 어렵다는 비판이 제기된다.

16 레크리스(Reckless)는 피해자의 도발을 기준으로 '가해자 – 피해자 모델'과 '피해자 – 가해자 – 피해자 모델'로 구분하고 있다. 22. 교정7 ( )

17 일상활동이론은 범죄예방의 중점을 환경이나 상황적 요인보다는 범죄자의 성향이나 동기의 감소에 둔다. 24. 교정9 ( )

18 법원은 범죄로 인한 피해자를 증인으로 신문하는 경우 당해 피해자 · 법정대리인 또는 검사의 신청에 따라 피해자의 사생활의 비밀이나 신변보호를 위하여 필요하다고 인정하는 때에는 결정으로 심리를 공개하지 아니할 수 있다. 21. 보호7 ( )

19 피해자는 제2심 공판절차에서는 사건이 계속된 법원에 「소송촉진 등에 관한 특례법」에 따른 피해배상을 신청할 수 없다. 22. 교정7 ( )

20 「범죄피해자보호기금법」에 의하면 「형사소송법」에 따라 집행된 벌금의 일부도 범죄피해자보호기금에 납입된다. 22. 교정7 ( )

21 「범죄피해자 보호법」상 범죄피해자 구조청구권의 대상이 되는 범죄피해에 해외에서 발생한 범죄피해의 경우를 포함하고 있지 아니한 것은 평등원칙에 위배되지 아니한다. 21. 보호7 ( )

22 「범죄피해자 보호법」상 사실혼 관계에 있는 배우자는 구조금을 받을 수 있는 유족에 포함되지 않는다. 21. 보호7 ( )

23 구조대상 범죄피해를 받은 사람이 해당 범죄피해의 발생 또는 증대에 가공한 부적절한 행위를 한 때에는 범죄피해 구조금의 일부를 지급하지 아니한다. 23. 보호7 ( )

정답

16 ○ 레크리스는 피해자의 도발 여부를 기준으로 순수한 피해자(가해자 – 피해자 모델)과 도발한 피해자(피해자–가해자–피해자 모델)로 구분한다.

17 ✕ 일상활동이론은 '범죄예방에 있어 범죄기회(환경이나 상황)의 감소에 중점을 두는 범죄기회이론'에 속한다.

18 ○ 「형사소송법」 제294조의3 제1항

19 ✕ 피해자는 '제1심 또는 제2심의 형사공판 절차'에서 피해배상을 신청할 수 있다(「소송촉진 등에 관한 특례법」 제25조 제1항 참조).

20 ○ 「범죄피해자보호기금법」 제4조 제2항

21 ○ 헌재 2011.12.29. 2009헌마354

22 ✕ 사실혼 관계인 배우자도 구조금을 지급받을 수 있는 유족에 포함된다(「범죄피해자 보호법」 제18조 제1항 제1호 참조).

23 ○ 범죄피해자 보호법 제19조 제4항 제2호

24 「범죄피해자 보호법」상 국가 간 상호보증과 무관하게 구조피해자나 유족이 외국인이라도 구조금 지급대상이 된다.
21. 보호7 ( )

25 범죄피해 구조금을 받은 사람이 거짓이나 그 밖의 부정한 방법으로 범죄피해 구조금을 받은 경우, 국가는 범죄피해구조심의회 또는 범죄피해구조본부심의회의 결정을 거쳐 그가 받은 범죄피해 구조금의 전부를 환수해야 한다. 23. 보호7
( )

26 범죄피해 구조금을 받을 권리는 그 구조결정이 해당 신청인에게 송달된 날부터 2년간 행사하지 아니하면 시효로 인하여 소멸된다. 23. 보호7 ( )

27 스토킹행위가 지속적 또는 반복적으로 이루어진 경우가 아니라면 스토킹범죄에 해당하지 않는다. 23. 보호7 ( )

28 사법경찰관리는 진행 중인 스토킹행위에 대하여 신고를 받은 경우, 즉시 현장에 나가 '스토킹행위자와 스토킹행위의 상대방의 분리 및 범죄수사' 조치를 하여야 한다. 24. 보호9 ( )

29 사법경찰관은 스토킹범죄의 원활한 조사·심리를 위하여 필요하다고 인정하는 경우, 직권으로 스토킹행위자에게 '국가경찰관서의 유치장 또는 구치소에의 유치' 조치를 할 수 있다. 24. 보호9 ( )

30 법원은 스토킹범죄를 저지른 사람에 대하여 형의 선고를 유예하는 경우에는 200시간의 범위에서 재범 예방에 필요한 수강명령을 병과할 수 있다. 23. 보호7 ( )

31 회복적 사법은 처벌적이지 않고 인본주의적인 전략이다. 23. 교정9 ( )

32 회복적 사법은 구금 위주 형벌정책의 대안으로 제시되고 있다. 23. 교정9 　　　　　　　　　　　　　(　)

33 회복적 사법은 지역사회 내에서 범죄자와 그 피해자의 재통합을 추구한다. 23. 보호7 　　　　　(　)

34 회복적 사법에서 가해자는 배상과 교화의 대상으로서 책임을 수용하기보다는 비난을 수용하여야 한다. 23. 보호7

　　(　)

35 회복적 사법은 사적 잘못(private wrong)보다는 공익에 초점을 맞춘다는 비판을 받는다. 23. 교정9 　　(　)

36 회복적 사법은 범죄를 개인과 국가 간의 갈등으로 보기보다 개인 간의 갈등으로 인식한다. 23. 교정9 　　(　)

37 피의자가 도주하거나 증거를 인멸할 염려가 있는 경우에는 형사조정에 회부하여서는 아니 된다. 21. 보호7 (　)

38 범죄피해자 보호법령상 형사조정 대상 사건으로서 형사조정에 회부할 수 있는 경우로 ㉠ 피의자가 도주할 염려가 있는 경우, ㉡ 기소유예처분의 사유에 해당하는 경우, ㉢ 공소시효의 완성이 임박한 경우, ㉣ 피의자가 증거를 인멸할 염려가 있는 경우를 규정하고 있다. 21. 교정9 　　　　　　　　　　　　　　　　　　　　　　　　　　　　　(　)

39 검사는 형사사건을 수사하고 처리할 때 형사조정이 성립되지 아니하였다는 사정을 피의자에게 불리하게 고려하여서는 아니 된다. 23. 교정7 　　　　　　　　　　　　　　　　　　　　　　　　　　　　　　　　　　　　(　)

정답

32 ○ 회복적 사법은 가해자의 처벌만이 능사가 아니라, 피해자의 피해회복을 통하여 사회적 화합을 성취하는 것이 중요하며(범죄예방 및 통제에서 비처벌적 방식을 주장), 가해자에게 사회복귀의 기회와 가능성을 열어주고 재범을 방지하며, 낙인의 부정적 효과를 감소시킬 수 있다는 점에서 구금 위주 형벌정책의 대안으로 제시될 수 있다.

33 ○ 회복적 사법은 범죄로 인한 피해자와 가해자, 그 밖의 관련자 및 지역사회가 함께 범죄로 인한 피해를 치유하고 해결하는 데에 적극적으로 참여하여 사회재통합을 추구하는 절차를 의미한다.

34 ✕ 응보적 사법에서는 가해자를 처벌의 대상으로만 보아 가해자는 그에 대한 비난을 수용하여야 한다고 보지만, 회복적 사법에서는 가해자를 '배상과 교화의 대상'으로서 보아 가해자는 그에 대한 '책임(피해배상의 책임, 사회복귀의 노력)을 수용'하여야 한다고 본다.

35 ✕ 범죄란 공익을 침해하는 행위라고 보는 입장에서는 범죄를 인간관계의 침해라고 보는 회복적 사법에 대하여 '공익보다 사적 잘못에 초점을 맞춘다'는 비판이 제기된다.

36 ○ 회복적 사법은 범죄를 개인과 국가 간의 갈등(공익을 침해)으로 보기보다 개인 간의 갈등(인간관계의 침해)으로 인식한다.

37 ○ 「범죄피해자 보호법」제41조 제2항 제1호

38 ✕ 피의자가 도주할 염려가 있는 경우(㉠), 공소시효의 완성이 임박한 경우(㉢), 피의자가 증거를 인멸할 염려가 있는 경우(㉣)에는 형사조정에 회부하여서는 아니 되나, 기소유예처분의 사유에 해당하는 경우(㉡)는 형사조정에 회부할 수 있다(「범죄피해자 보호법」제41조 제2항 참조).

39 ○ 범죄피해자 보호법 제45조 제4항

04 형사정책의 연구방법

1 서론

형사정책학은 범죄현상에 대한 파악과 원인 해명이라는 사실학의 측면(범죄학)과 그를 기초로 한 범죄방지대책의 수립이라는 정책학·규범학의 측면(협의의 형사정책학)을 함께 가지고 있다. 따라서 그 두 가지 분야에 대해 각기 다른 각도의 연구방법을 취해야 한다.

2 범죄학의 연구방법

1. 범죄학 연구의 목적

(1) 범죄학은 사회에서 발생하는 범죄의 실태를 파악하여 어떤 범죄가 어떤 대상에 대하여 누구에 의하여 어떤 방법으로 어떤 이유와 동기 및 원인으로 인해 행해지는가를 이해하고, 이러한 범죄에 대하여 어떻게 예방하고 조치할 것인가를 강구하는 것을 연구의 목적으로 한다고 볼 수 있다.

(2) 따라서 범죄학 연구의 목적은 ① 범죄의 현상과 실태를 파악하여, ② 범죄의 원인을 규명하고, ③ 범죄예방대책을 강구하는 것이다.

2. 설문조사(조사연구)

(1) **의의**

설문조사(survey research)란 특정 집단을 대상으로 면접이나 설문을 통해 자료를 수집하는 연구방법이다.

(2) **장·단점**

① 장점

    ㉠ 직접 관찰이 어려운 사회현상에 대한 자료수집이 가능하고, 큰 규모의 표본을 이용한 조사가 가능하며, 자료수집이 상대적으로 용이하고, 통계분석이 가능하여 연구결과를 일반화하기 용이하다.

    ㉡ 공식범죄통계 연구가 어려운 주제의 연구에 적합하며, 공식범죄통계와 달리 두 변수(독립변수와 종속변수, 원인과 결과) 사이의 관계를 넘어서는 다변량 관계를 연구할 수 있다.

② 단점

    ㉠ 설문 개발에 시간과 노력이 많이 소요되며, 사회현상에 대한 깊이 있는 연구가 곤란하다.

ⓛ 대상자들이 불성실 또는 부정직한 응답을 할 경우 조사결과의 신뢰성이 문제되므로 이에 대한 고려가 필요하다.

3. 개별조사(직접관찰 · 사례연구)

(1) 의의

① 개별조사란 범죄자 개인(특정한 범죄자)에 대하여 출생, 성장과정, 교우관계, 학교생활, 직장생활, 가족관계, 범죄경력 등 다양한 인격 · 환경 등의 측면을 종합적으로 분석하고 각 요소 간의 상호관련을 밝힘으로써 범죄의 원인을 해명하고 이를 기초로 해당 범죄자의 치료 · 처우를 행하는 방법이다(임상범죄학). 20. 보호7☆

② 대상이 범죄자 개인, 즉 개별현상으로서 범죄이므로 통상 개별 행위자의 범죄원인을 규명하거나 그 처우방법을 모색하기 위하여 사용하는 경우가 많다(미시적 연구방법).

③ 조사 대상자에 대한 개별적 사례조사나 과거사를 조사하는 것도 이에 포함된다[예 서덜랜드(E. H. Sutherland)의 직업절도범 연구]. 23. 교정7☆

(2) 장 · 단점

① 장점: 개별조사방법은 참여적 관찰과 마찬가지로 조사 대상자에 대해 가장 깊이 있는 이해를 할 수 있으며, 이를 기초로 장래 대책(치료 · 처우)을 수립하는 것이 용이하다. 23. 교정7

② 단점: 조사자의 개인적 견해나 편견에 의해 결과가 왜곡될 우려가 있고, 연구결과를 일반화하기 곤란하며, 일정한 조건들이 범죄에 미치는 영향의 경중을 정확히 파악하기 어렵다.

4. 표본집단조사

(1) 의의

① 표본집단조사란 범죄의 종류 · 수법, 범인의 연령 · 범죄경력 또는 특정한 환경 등에 공통점을 가진 구체적 집단을 대상으로 하여 공통된 범인성을 규명하고, 어떤 특징과 관련되는가를 연구하여 범죄방지대책도 수립하는 방법을 말한다.

② 국가 · 사회 전체를 대상으로 범죄자 집단을 조사하는 것이 사실상 불가능하므로, 대개 표본집단조사에 의하고 있다. 이에 있어서는 일반적으로 범죄인군에 해당하는 실험집단과 이와 대비되는 정상인군에 해당하는 통제집단(대조집단)을 선정하여 비교(수평적 비교방법)하는 방법을 사용한다. 이를 통해 나온 결과를 전체 범죄자에게 유추적용함으로써 그 전체 상황을 파악하게 된다(예 쌍생아 연구 등). 14. 교정7☆

③ 집단의 등가성 확보(무작위 할당방법을 주로 활용), 사전과 사후조사, 대상 집단과 통제집단이라는 세 가지 전제조건을 특징으로 하고, <u>연구의 내적 타당성에 영향을 미치는 요인들을 통제하는 데 유리한 연구방법</u>으로 평가된다(연구자가 자극 · 환경 · 처우시간 등을 통제하여 관리 가능). 20. 교정7☆

(2) 장 · 단점

① **장점**: 표본집단조사에 의하면 비교적 체계적이고 객관적인 방법으로 많은 자료를 수집할 수 있고, 이를 통해 범죄문제의 일반적인 경향파악이 가능하다.

② **단점**

　㉠ 표본집단(실험집단)이 전체 집단을 어느 정도 대표할 수 있는지가 문제된다(표본의 대표성 문제).

　㉡ 표본집단조사는 통계조사의 문제점을 그대로 갖고 있다. 수치로 제시되는 결과에 대한 맹신 및 기초사실(조사결과와 실제 상황) 간의 상호연결 관계가 명확하지 않다.

5. 범죄통계(대량관찰)

(1) 의의

① 범죄통계란 범죄와 범죄자에 대한 다각적인 분석 결과를 집계한 것으로서 범죄현상에 대한 대량적 관찰을 가능하게 하는 연구방법이다. 19. 교정7☆

② 최근까지 범죄통계는 경찰 · 검찰 등 수사기관의 공식적 범죄통계를 토대로 하여 범죄정보를 획득하였다.

③ 우리나라의 범죄관련 통계로는 경찰청의 '경찰백서' · '경찰범죄통계' · '경찰통계연보', 대검찰청의 '범죄분석' · '검찰연감', 법무부의 '법무연감', 법무연수원의 '범죄백서', 법원행정처의 '사법연감', 여성가족부의 '청소년백서', 교정본부의 '교정통계연보' 등이 있다.

④ 경찰청의 '범죄통계'는 대검찰청의 '범죄분석'에 포함되는 검찰 인지 사건이 누락되어 있다는 단점이 있으나('범죄통계'의 범죄 건수 ≠ '범죄분석'의 범죄 건수), '범죄분석'에 비하여 단계를 거치면서 발생하는 범죄현상의 왜곡이 덜하다는 장점이 있다.

(2) 관련개념

① 범죄율

　㉠ 범죄통계와 관련하여 <u>인구 10만명당 범죄발생 건수를 계산한 것</u>을 '범죄율'이라고 한다(범죄수/인구×100,000). 20. 보호7☆

　㉡ 범죄율은 인구변동에 관계없이 인구대비 범죄발생 건수를 비교할 수 있다는 점에서 유용한 자료이지만, <u>중대범죄와 상대적으로 가벼운 범죄가 동등한 범죄로 취급되어 통계화</u>되며, 암수범죄를 포함하지 못한다는 비판이 있다. 23. 보호7

② 범죄시계

ⓐ 범죄시계란 매 시간마다 범죄발생 현황을 표시한 것을 말한다. 이는 범죄의 종류별 발생빈도를 시간단위로 분석하며, 종류별 사건의 수를 시간으로 나눈 수치로 표시된다. 18. 보호7

ⓑ 범죄시계는 일반인들에게 범죄경보 기능을 한다는 장점이 있으나, <u>인구성장률을 반영하지 않고 있으며 시간을 고정적인 비교단위로 사용하는</u> 문제점이 있어서 통계적 가치는 없다고 할 수 있다.

③ 검거율

ⓐ 검거율이란 인지된 범죄사건에 대한 검거된 사건의 비율을 말한다. 보통 경찰이 <u>1년 동안 범인을 검거한 사건수를 1년 동안 발생한 사건수로 나눈 비율로 계산한다(1년 동안 범인을 검거한 사건수 / 1년 동안 발생한 사건수 × 100).

ⓑ 실제로 범인이 시간이 한참 지난 후에 검거되는 경우도 많으므로, 범죄율은 1년 동안 발생한 사건 중에서 범인이 검거된 비율을 나타내는 것은 아니며, 결과적으로 <u>검거율이 100%가 넘는 경우도 있다.</u>

(3) 장·단점

① 장점

ⓐ 범죄통계는 사회의 대량현상으로서의 범죄에 대한 양적 연구를 통해 범죄에 대한 일정한 경향을 파악할 수 있다(양적 연구방법). 18. 보호7☆

ⓑ 범죄관련자료를 매년 정기적으로 취합하므로 시간적 비교연구가 가능하다.

② 단점

ⓐ 범죄통계는 형사사법기관의 독자적 목적을 우선시하여 작성된 것이기 때문에 범죄학적 연구를 위한 통계로는 한계가 있다. 즉, 범죄와 범죄자에 관한 일반적 경향만을 나타낼 뿐이므로, 범죄현상의 인과적 상관관계나 범죄원인을 분석하기 위한 조사는 포함되어 있지 않다. 따라서 범죄피해의 구체적 상황이나 범죄자의 개인적 특성 등의 파악에는 한계가 있다. 19. 승진

ⓑ 현실적으로 발생한 범죄량과 통계상 나타난 범죄량과의 사이에는 상당한 차이가 있어 객관적인 범죄상황을 정확히 나타내 주지 못한다는 비판(암수범죄의 문제)을 받는다. 19. 교정7☆

ⓒ 공식범죄통계는 공식적으로 낙인찍힌 범죄자들의 범죄행위만 기록되고, 낙인의 가능성이 사람에 따라 다르다는 점에서 실제 범죄자와 범죄행위를 대표한다고 볼 수 없다.

ⓓ 통계를 집계·관리하는 공공기관의 전문성 부족이나 책임회피로 인해 통계의 정확성이 낮아질 우려가 있다.

ⓜ 다양한 범죄를 계량적으로만 관리 · 평가하기 때문에 그 질적 수준을 알기 어렵다.

6. 실험적 방법(실험 연구)

(1) 의의

① 실험적 방법이란 설정된 가정(가설)을 검증하기 위하여 제한된 조건하에서 반복적으로 이루어지는 관찰을 의미한다. 20. 교정7☆

② 실험적 방법은 보통 새로운 형사제도의 효율성을 미리 점검하는 데 많이 이용되며(예 가택구금제도를 새로이 설정해놓고 그 안에서 일어나는 피구금자의 행동과 반응의 차이를 교도소 내에서의 경우와 비교), 암수범죄의 조사방법으로도 활용될 수 있다(예 블랑켄부르크(Blankenburg)의 연구]. 16. 사시☆

(2) 장 · 단점

① 장점: 실험적 방법에 의하면 상대적으로 적은 비용으로 신속하게 연구결과를 얻을 수 있고(반복된 실험 가능), 연구자가 필요한 조건을 통제하여 내적 타당성을 확보하는 것이 용이하다. 23. 교정7

② 단점: 실험적 방법은 중대한 범죄는 제외되고 사소한 범죄만이 대상이 될 수 있고, 실험조건 및 대상의 확보가 쉽지 않으며(윤리적 문제점), 대상자가 소규모이므로 결과를 일반화하기 어렵다. 19. 교정7☆

7. 참여적 관찰 12. 보호7

(1) 의의

① 참여적 관찰이란 연구자가 직접 범죄자 집단에 들어가 함께 생활하면서 그들의 생활을 관찰하는 조사방법을 말한다(현장조사). 23. 교정7

② 원래 인류학자들이 원시사회를 연구하는 방법으로 고안해낸 것으로, 낙인이론의 연구자들이 범죄자 · 중독자 · 부랑자 · 갱단 등을 연구하기 위해 이용하였다.

③ 참여적 관찰의 대표적 예로는 오스번(T. M. Osborne)이 자원수형자 생활을 하면서 교도소 상태를 관찰한 것을 들 수 있다. 그는 후에 오번교도소의 소장으로 취임하여 자원수형자 생활에서 경험한 것을 토대로 '수형자자치제'를 고안하였다. 12. 사시

(2) 장 · 단점

① 장점: 서덜랜드(E. H. Sutherland)가 '자유로운 상태에 있는 범죄자의 연구'라고 표현한 것처럼, 참여적 관찰은 체포되지 않은 범죄자들의 일상을 관찰할 수 있다.

폴스키(N. Polsky)가 제시하는 참여적 관찰의 주의사항

1. 장치나 도구 사용(녹음기 · 질문지 등)을 피하고 조사 후에 당시 상황을 기록할 것
2. 눈과 귀는 열고 입은 다물 것
3. 그들만의 은어를 습득하되 과도한 사용은 피할 것
4. 그들의 일원인 체 하지 말고 실행할 수 있으면 곧 자신의 목적을 밝힐 것
5. 연구자와 범죄자 사이에는 분명한 경계선이 있을 것
6. 정보원의 신원을 보호하기 위하여 가명을 사용할 것
7. 원칙보다는 융통성이 있을 것

② **단점**: 참여적 관찰에 대해서는 연구대상이 되는 범죄유형이 극히 제한적인 점, 조사가 <u>소규모로 진행되기 때문에 연구결과를 일반화할 수 없다는 점</u>, <u>조사방법의 성격상 많은 시간과 비용이 소요된다는 점</u>, 객관성을 유지하지 <u>못한 채 조사 대상자들에게 동화되거나 반대로 이들을 혐오하는 감정을 가질 수 있다</u>(주관적 편견의 개입)는 점, 연구 중 대상자가 실제로 범죄를 저지른 경우에 윤리적·법적 책임문제가 발생할 수 있다는 점 등이 문제점으로 지적된다. 23. 보호7☆

8. 추행조사 12. 보호7

(1) 의의

① 추행조사(추적조사, Follow-up Study)란 일정 수의 범죄자(또는 비범죄자)들을 일정기간 동안 직접 접촉하면서 그들의 인격이나 사회적 조건의 변화를 기록·분석하거나, 기록 등을 통하여 범죄경과를 추급하는 연구방법이다(수직적 비교방법). 16. 사시

② 추행조사는 중범죄자를 대상으로 초범 시부터 재범 시까지 범죄자의 범죄행태의 변화를 연구하기에 가장 적합한 방법으로 평가되고 있다.

(2) 장·단점

① **장점**: 추행조사는 일정한 시간적 연속성 속에서 연령·환경 등의 변동에 따라 조사 대상자의 변화를 관찰할 수 있다. 10. 보호7

② **단점**: 조사방법상 사생활 침해의 우려가 있으며, 범죄자 자신이 조사대상임을 알게 된 경우에는 조사하기 어렵다.

9. 기타 연구

(1) 코호트 연구

① 코호트 연구(cohort research)는 <u>특정 지역에 거주하며 공통의 특성을 갖는 집단을 대상으로 상당한 기간 동안 관찰하며 연구를 수행하는 것</u>을 말한다[예 울프강(M. Wolfgang) 등의 필라델피아 코호트 연구].

② 다른 범죄학 연구방법의 대부분이 시계열적 분석이 미흡하고, 범죄경력의 진전이나 범죄율의 증감에 대한 분석이 간과되기 쉽다는 단점이 있어서 이를 보완하기 위해 고안된 연구방법이다.

③ 주로 대상 범죄자나 그의 가족과의 면담을 통해 자료를 수집하고, 각종 기록(학교, 병원, 복지시설, 경찰, 법원, 교도소 등)을 통해 이를 검증하는 작업을 진행한다.

④ 코호트 연구에 대해서는 대상자를 시간의 흐름에 따라 추적하는 것이 쉽지 않은 경우에는 조사수행의 곤란도가 높고, 자료수집에 비용이 많이 들며 시간이 많이 소요된다는 단점이 지적된다.

형사정책의 연구방법

1. 규범학·정책학으로서의 형사정책학은 범죄방지대책의 개선방향이나 보완대책을 연구하므로, 사실학과는 다른 연구방법을 사용해야 한다.

2. 형사정책학의 연구방법에서는 다음과 같은 원리를 고려해야 한다.

① **유용성**: 형사정책은 궁극적으로 범죄의 방지를 목적으로 하므로 일정한 방안이 그러한 목적에 적합한 것인가를 검토해야 한다.

② **실천가능성**: 범죄방지를 위해 선택된 방안은 경제적인 측면에서 국가의 다른 정책에 수반되는 비용이나 기존 범죄방지대책에 소요되는 비용과의 비용평가가 이루어져야 하며, 정신적인 측면에서도 당해 사회의 일반 국민의 법적 확신 내지 가치관과 유리된 것이 아니어야 한다.

③ **인도성**: 아무리 유용하고 실현 가능한 방안이라 하더라도 그것이 인간성에 부합되지 아니하고 인도주의적 견지에 반하는 것이라면 이미 형사정책학의 진정한 방안이 될 수 없다.

🏛 **핵심 OX**

02 추행조사방법은 일정한 범죄자 또는 비범죄자들에 대해 시간적 간격을 두고 추적·조사하여 그들의 특성과 사회적 조건의 변화를 관찰함으로써 범죄와의 상호 연결관계를 파악할 수 있다. (○, ×)

02 ○

(2) 자료발굴 연구

① 자료발굴(data mining) 연구란 인공지능과 컴퓨터공학을 활용하여 여러 정보원천을 대상으로 대량으로 자료를 분석하는 방법이다.

② 이는 전통적 연구방법에 의하여 파악이 어려운 범죄의 유형과 경향을 파악하기 위한 것이다.

③ 범죄신고기록, 경찰에 대한 출동요청자료, 목격자진술, 피의자조사기록 등을 분석하여 장래의 사건이나 범죄발생을 예측할 수 있게 되어 범죄유형에 따라 경찰력을 효과적으로 배치·운용할 수 있게 된다.

> **참고**
>
> **양적 연구방법과 질적 연구방법의 비교**
>
> | 구분 | 양적 연구방법 | 질적 연구방법 |
> |---|---|---|
> | 개념 | 경험적 자료를 수집하고 계량화하여 사회현상을 통계적으로 분석 | 연구자의 직관적 통찰로 사회현상의 의미를 해석하고 이해 |
> | 목적 | 사회현상의 일반적 법칙을 발견·설명 | 사회현상에 대한 심층적 이해 |
> | 특징 | • 경험적, 통계적 연구
• 가설 검증 및 법칙 발견에 유리
• 객관적이고 정밀한 연구 가능 | • 대화록, 관찰일지, 비공식문서 등 자료 활용
• 대상자의 주관적 의식 및 행동에 대한 심층적 이해
• 인간 행위의 동기와 의미 중시
• 연구결과의 내적 타당성의 확보 유리 |
> | 한계 | • 계량화하기 어려운 영역의 연구에 부적합
• 인간의 의식과 행위에 대한 깊이 있는 접근이 어려움 | • 연구자의 주관적 가치 개입 우려
• 객관적인 법칙을 발견하여 일반화하기 어려움(외적 타당성의 확보가 어려움) |

01 사례조사방법은 범죄자의 일기, 편지 등 개인의 정보 획득을 바탕으로 대상자의 인격 및 환경의 여러 측면을 분석하고, 그 각각의 상호 연계관계를 밝힐 수 있다. 19. 교정7 ( )

02 사례연구는 연구대상자에 대한 깊이 있는 정밀조사를 목표로 하며, 서덜랜드(Sutherland)의 전문절도범(the professional thief) 연구가 대표적이다. 23. 교정7 ( )

03 범죄통계는 범죄의 일반적인 경향과 특징을 파악할 수 있게 한다. 18. 보호7 ( )

04 일반적으로 범죄율이라 함은 범죄통계와 관련하여 인구 100,000명당 범죄발생건수의 비율을 말한다. 20. 보호7 ( )

05 인구대비 범죄발생건수를 의미하는 범죄율(crime rate)은 각 범죄의 가치를 서로 다르게 평가한다. 23. 보호7 ( )

06 공식적 범죄통계를 이용하는 연구방법은 두 변수 사이의 2차원 관계 수준의 연구를 넘어서기 어렵다는 비판이 가능하다. 22. 보호7 ( )

정답

01 ○ 사례조사(개별조사)는 범죄자 개인에 대하여 그 인격·환경 등의 측면을 종합적으로 분석하고 각 요소 간의 상호관련을 밝힘으로써 범죄의 원인을 해명하고 이를 기초로 당해 범죄자의 치료·처우를 행하는 방법이다.

02 ○ 사례연구(개별조사)는 조사 대상자에 대한 개별적 사례조사나 과거사를 조사하는 것도 포함되며[서덜랜드(Sutherland)의 직업절도범 연구], 조사 대상자에 대해 가장 깊이 있는 이해를 할 수 있고, 이를 기초로 장래 대책(치료·처우)을 수립하는 것이 용이하다는 장점이 있다.

03 ○ 범죄통계는 사회의 대량현상으로서의 범죄에 대한 수량적 연구를 통해 범죄에 대한 일정한 경향을 파악할 수 있다(양적 연구방법).

04 ○ 범죄수를 인구수로 나누고 100,000을 곱한 결과를 범죄율이라고 한다. 범죄율은 인구변동에 관계 없이 인구대비 범죄발생 건수를 비교할 수 있다는 장점이 있다.

05 ✕ 범죄율에 대해서는 '중대범죄와 상대적으로 가벼운 범죄가 동등한 범죄로 취급되어 통계화된다'는 점에 대한 비판이 제기된다.

06 ○ 공식범죄통계 연구에 대해서는 두 변수 사이의 2차원 관계를 넘어서는 다변량 관계를 연구할 수 없다는 한계가 있다는 비판이 제기된다.

07 실험연구는 인과관계 검증과정을 통제하여 가설을 검증하는 데 유용한 방법이다. 20. 교정7 ( )

08 (표본집단조사와 결합하여 행하는) 실험연구는 실험집단과 통제집단에 대한 사전검사와 사후검사를 통해 종속변수에 미치는 처치의 효과를 검증한다. 20. 교정7 ( )

09 (표본집단조사와 결합하여 행하는) 실험연구에서는 집단의 유사성을 확보하기 위해 무작위 할당방법이 주로 활용된다. 20. 교정7 ( )

10 (표본집단조사와 결합하여 행하는) 실험연구는 외적 타당도에 영향을 미치는 요인들을 통제하는 데 가장 유리한 연구방법이다. 20. 교정7 ( )

11 실험적 연구방법은 어떤 가설의 타당성을 검증하거나 새로운 사실을 관찰하는 데 유용하며, 인간을 대상으로 하는 연구를 쉽게 할 수 있다. 19. 교정7 ( )

정답

07 ○ 실험연구는 설정된 가정을 검증하기 위하여 제한된 조건 하에서 반복적으로 이루어지는 관찰을 의미한다.

08 ○ 표본집단조사와 결합하여 행하는 실험연구는 범죄인군에 해당하는 실험집단과 이와 대비되는 정상인군에 해당하는 통제집단(대조집단)을 선정하여 비교(사전 · 사후조사)하는 방법을 사용한다.

09 ○ 무작위 할당은 표본집단조사와 결합하여 행하는 실험연구에서 집단의 유사성(동질성)을 확보하고 인과관계를 명확하게 밝히기 위해서 사용된다. 일정한 조건에 해당하는 대상자들이 실험집단과 통제집단에 고르게 분포하도록 하여 결과에 영향을 미칠 수 있는 다른 요인들을 통제하는 것이다(우연한 사건의 영향을 예방).

10 ✕ 표본집단조사와 결합하여 행하는 실험연구는 연구의 '내적 타당성'에 영향을 미치는 요인들을 통제하는 데 유리한 연구방법으로 평가된다.

11 ✕ 실험적 방법은 설정된 가설을 검증하기 위하여 제한된 조건에서 반복적으로 이루어지는 관찰을 의미한다. 이에 대해서는 인간을 대상으로 하므로 실험조건 및 대상의 확보가 쉽지 않다는 단점이 지적된다.

12 개별적 사례조사방법이란 연구자가 직접 범죄자 집단에 들어가 함께 생활하면서 그들의 생활을 관찰하는 조사방법을 말한다. 20. 보호7 ( )

13 참여관찰법은 연구자가 스스로 범죄집단에 참여함으로써 연구대상을 관찰하여 자료를 수집하는 연구방법이다. 23. 교정7 ( )

14 참여적 관찰법은 체포되지 않은 범죄자들의 일상을 관찰할 수 있게 한다. 18. 보호7 ( )

15 참여관찰방법은 조사대상에 대한 생생한 실증자료를 얻을 수 있고, 연구결과를 객관화할 수 있다. 19. 교정7 ( )

16 참여관찰 연구는 조사자의 주관적 편견이 개입할 수 있고, 시간과 비용이 많이 들며 연구결과의 일반화가 어렵다. 23. 보호7 ( )

정답

12 ✕ 개별적 사례조사(개별조사, 직접관찰, 사례연구)는 범죄자 개인에 대하여 그 인격·환경 등의 측면을 종합적으로 분석하고 각 요소 간의 상호관련을 밝힘으로써 범죄의 원인을 해명하고 이를 기초로 당해 범죄자의 치료·처우를 행하는 방법이다. 연구자가 직접 범죄자 집단에 들어가 함께 생활하면서 그들의 생활을 관찰하는 조사방법은 '참여적 관찰'이다.

13 ○ 참여적 관찰이란 연구자가 직접 범죄자 집단에 들어가 함께 생활하면서 그들의 생활을 관찰하는 조사방법을 말한다.

14 ○ 서덜랜드가 '자유로운 상태에 있는 범죄자의 연구'라고 표현한 것처럼, 참여적 관찰법은 체포되지 않은 범죄자들의 일상을 관찰할 수 있다는 장점이 있다.

15 ✕ 참여적 관찰이란 연구자가 직접 범죄자 집단에 들어가 함께 생활하면서 그들의 생활을 관찰하는 연구방법이다. 이에 대해서는 조사가 소규모로 진행되기 때문에 연구결과를 일반화(객관화)하기 어렵다는 단점이 지적된다.

16 ○ 참여적 관찰에 대해서는 조사가 소규모로 진행되기 때문에 연구결과를 일반화할 수 없다는 점, 조사방법의 성격상 많은 시간과 비용이 소요된다는 점, 객관성을 유지하지 못한 채 조사 대상자들에게 동화되거나 반대로 이들을 혐오하는 감정을 가질 수 있다는 점 등이 문제점으로 지적된다.

단원별 출제비중 *최근 4개년 교정직 · 보호직 기출 분석

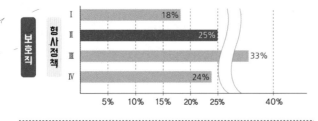

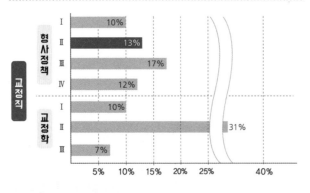

범죄원인론은 고전주의와 실증주의 이후 등장한 범죄이론을 다루는 단원으로, 이 단원에서 등장하는 개념들이 다소 까다롭기 때문에 단순 암기하기 보다는 개념을 정확히 숙지하며 이해하는 방향으로 공부하는 것이 좋습니다. 미시적 범죄이론은 최근에 자주 출제되지 않고 있지만 상황에 따라 출제경향이 달라질 것을 고려하여 꼼꼼하게 학습하시기 바랍니다. 미시적 범죄이론 중 생물학적 범죄원인론 부분이 주로 출제되는 키워드이므로, 이를 중심으로 학습하여야 합니다. 거시적 범죄이론 중 범죄사회학이론(학습이론 · 통제이론)과 사회구조이론(아노미이론 · 하위문화이론) 및 낙인이론 등은 자주 출제되는 영역이므로 주장자, 주요 내용, 평가(비판) 등 위주로 반복하여 학습하시기 바랍니다.

구분	2021 교정9	2021 교정7	2021 보호7	2022 교정9	2022 교정7	2022 보호7	2023 교정9	2023 교정7	2023 보호7	2024 교정9	2024 보호9
미시적 범죄이론	1	1			1	1			4		1
거시적 범죄이론		2	4	3	3	6	2	4	4		3

II

범죄원인론

01 미시적 범죄이론

1 생물학적 범죄원인론(범죄인류학이론)

1 생물학적 범죄원인론(범죄인류학이론)

1. 골상학과 범죄인류학

(1) 골상학

18세기 말의 라바터(C. Lavater)가 발전시키고, 그 후 갈(J. Gall)이 확립한 골상학에 따르면, 대뇌의 발달은 뇌 기능과 밀접한 관련이 있고 두개골의 모습을 변화시킨다고 한다. 두개골의 외형을 분석하여 뇌의 발달상태를 알 수 있고, 두개골과 안면부의 모양은 개인의 성격·지능상태·범죄성 등과 상관관계를 갖는다고 본다.

(2) 범죄인류학 – 롬브로조(C. Lombroso)

① 범죄원인의 해명에 있어서 생물학적 요소에 중점을 둔다.

② 범죄자는 진화론적으로 퇴행한 것으로서 격세유전을 통해 원시인류의 야만적 속성이 유전된 돌연변이적 존재라고 본다(생래적 범죄인설). 23. 보호7

(3) 고링(C. Goring)

① 롬브로조(C. Lombroso)와 같은 범죄자 분류는 현실적으로 불가능하다고 지적한다.

② 롬브로조(C. Lombroso)의 연구를 방법론에 있어 비과학적인 것으로 간주하였으며, 범죄행위란 신체적 변이형태와 관계된 것이 아니라, 유전학적 열등성에 의한 것이라고 주장하였다. 14. 사시

③ 통계를 통하여 유전적 소질과 환경의 영향을 동시에 고려하고 객관적으로 상호비교하였다. 연구 결과, 부모와 자녀의 범죄성은 상관성이 매우 큰 것으로 나타났고, 범죄성은 유전에 의해 전수되는 것이라고 주장하였다.

(4) 후튼(A. Hooton)

고링(C. Goring)의 주장은 후튼(A. Hooton)에 의해 다시 반박된다. 약 17,000명을 대상으로 107개의 신체부위의 특징을 조사한 결과, 범죄의 원인은 생물학적(신체적) 열등성에 있고, 열등성의 근본적인 원인은 유전이라고 봄으로써 범죄인 가계를 인정하였다.

이론의 배경

1. 19세기에 과학의 급격한 발전은 범죄를 생물학적으로 설명하려는 시도를 가능하게 하였다.
2. 다윈(C. Darwin)의 진화이론이 범죄의 기원에 대한 이론적 해석의 영역을 제공하였고, 콩트(A. Comtes)의 실증주의 철학은 기존의 사변적인 고전주의 학파의 논의와 달리 범죄의 설명에 대한 경험적이고 구체적인 새로운 방법론을 제시하였다(실증주의).

2. 체형이론

(1) 의의

체형이론은 일정한 체격형은 그와 병행하는 성격과 기질을 나타내며, 다시 거기에 상응하는 정신병질 및 정신병이 존재한다고 하여 범죄와 관련을 가진다고 하는 입장이다.

(2) 크레취머(E. Kretshmer)

① 『신체구조와 성격』에서 범죄통계 분석에 기초하여 인간의 체형을 나누고 각 체형의 특징을 세 가지로 구분하였다. 14. 사시☆

체형	특징 및 성격	기질 및 정신병질	정신병
비만형 16. 보호7	㉠ 키가 작고 뚱뚱한 체형, 상쾌와 비애 사이에 동요, 자극에 동요가 많으며 사교적이고 정이 많음 ㉡ 범죄의 확률이 적음, 범죄를 저지른다면 주로 사기범이 많고 폭력범도 종종 있음	순환성 순환병질	조울증
운동형 (투사형)	㉠ 근육이 잘 발달된 체형으로 둔중하고 무미건조한 성격, 귀찮고 끈덕지며 때로는 촉발적으로 불만 발산 ㉡ 범죄의 가능성이 높음, 주로 폭력범죄를 행하며 조발상습범 중에서 가장 많은 유형임	점착성 간질병질	간질
세장형 (쇠약형)	㉠ 키가 크고 마른 체형으로 비사교적인 성격, 민감과 둔감 사이를 동요, 자극에의 반응 약함, 비사교적이고 변덕스러움 ㉡ 사기범·절도범이 많고 누범율이 높음	분열성 분열병질	정신 분열증

② 혼합형(발육부전형)의 체형을 가진 사람들은 주로 풍속범이나 질서위반범죄를 저지르고 때때로 폭력범죄를 저지른다고 한다.

(3) 셀던(W. Sheldon)

① 비행소년과 체형의 관계를 연구하였다.

② 인간은 내배엽(Endoderm), 중배엽(Mesoderm), 외배엽(Ectoderm)으로 이루어진 튜브 상태의 태아로서 삶을 시작하며, 이후 어느 부분이 더 발달하느냐에 따라 각자의 체격과 기질이 형성된다.

③ 체형 분류에 따라 비행소년들의 신체적 특징을 조사하였는데, 비행소년의 평균체형은 중배엽형이 많은 반면, 일반소년의 경우에는 외배엽형이 상대적으로 많이 나타났다. 23. 보호7

🏛 **핵심 OX**

01 크레취머(Kretschmer)는 사람의 체형을 세장형, 운동형, 비만형으로 나누고 각 체형과 범죄유형의 상관관계를 연구하였다. (O, ×)

01 ○

배엽형에 따른 신체유형 발달
내배엽은 이후 성장하여 소화기관이 되고, 중배엽은 뼈·근육이 되며, 외배엽은 신경체계의 연결세포나 피부 등으로 분화·발전되므로, 태아 형성 시에 배엽 구성의 형태에 따라 각자의 신체유형을 알 수 있다고 보았다.

체형	특징	성격	긴장부분
내배엽형	소화기관이 발달, 살이 찐 편, 전신이 부드럽고 둥근 편, 짧은 사지와 골격	편안한 사람, 가벼운 사치품을 좋아함, 온순하지만 본질적으로 외향적	내장 긴장형
중배엽형	근육·골격이 발달, 큰 몸통, 손목과 손이 큼, 각진 체형 또는 우람한 체형	활동적이고 역동적, 단호한 제스처, 공격적으로 행동	신체 긴장형
외배엽형	피부와 신경계통이 발달, 여위고 섬세한 체형, 작은 얼굴과 높은 코, 몸집은 작지만 상대적으로 큰 체표면	내향적, 항상 신체불편을 호소(알레르기·피부병·만성피로·불면증 등), 소음·외부자극에 민감, 비사교성	두뇌 긴장형

(4) 기타 연구

① 글룩 부부(S. Glueck & E. Glueck): 범죄소년 500명과 일반소년 500명을 비교하여 신체 특징이 중배엽형(운동형, 신체긴장형)일수록 범죄성향이 높다고 하였다. 14. 사시

② 꼬르떼(J. Cortes): 비행소년과 잠재적 범죄인은 신체적으로 중배엽형이 더 많다고 한다. 15. 시시

(5) 평가

① 일반적으로 운동형(투사형)이 조발상습범 등의 범죄자에서 큰 비율을 차지하는 것은 신체적 특징으로 인하여 체력을 요하는 범죄에 적합하다는 점이 작용한 결과라고 평가된다.

② 성격의 결정요인을 체형이라는 부분에 한정하여 이를 기초로 범죄의 원인을 추구한 것으로서 지나치게 단편적이라는 비판을 받는다.

★ 핵심 POINT | 크레취머(E. Kretschmer)와 셀던(W. Sheldon)의 체형 비교

크레취머	셀던	기질	긴장	정신병질	정신병	범죄형태
비만형	내배엽형	순환성	내장 긴장	순환병질	조울증	범죄 적음
운동형	중배엽형	점착성	신체 긴장	간질병질	간질	범죄 많음(폭력)
세장형	외배엽형	분열성	두뇌 긴장	분열병질	정신분열증	사기, 절도, 누범
혼합형	-	-	-	-	-	비폭력 풍속범

2 생물사회학적 범죄이론

1. 의의

(1) 생물사회학적 범죄이론은 종래의 생물학적 범죄원인론과 달리, 범죄란 소질과 환경의 공동작용이라고 본다.

(2) 소질이 직접적으로 범죄적 행위를 낳는 것이 아니라 특이행동에의 일정한 경향을 형성하고, 그것이 일정한 환경의 영향 아래에 있을 때 범죄로 변화할 수 있다는 것이다.

2. 범죄인 가계 연구

(1) 의의

① 범죄인 가계란 범죄인의 계보를 연구한 결과 특정한 가계 내에 범죄인·정신병자·정신병질자 등의 이상성격자·부랑자 등이 많이 배출된 가계를 말한다.

② 특정 개인의 자손 가운데 범죄인·정신이상자 등을 조사하거나 교도소·정신병원에 수용되어 있는 범죄자의 가계를 소급하여 연구함으로써, 범죄성의 유전 여부를 분석하였다.

(2) 주요 연구내용

① 덕데일(R. Dugdale)의 쥬크家 연구, 고다드(H. Goddard)의 칼리카크家 연구, 고링(C. Goring)의 통계적 연구 등에서는 부모와 자식의 범죄성은 상관관계가 매우 높다고 주장하였다(범죄성의 유전을 긍정). 21. 교정9

② 서덜랜드(E. H. Sutherland)의 에드워드家 연구에서는 선조의 살인성향이 후대에 이어지지 않았다는 점을 들어 범죄성의 유전을 부정하였다.

(3) 평가

① 범죄인 가계 연구는 통계방법상의 잘못이 지적된다. 표본이 부족한 조사였고, 범죄생물학적·정신병리적 연구가 병행되지 않았으며, 환경의 영향을 해명하지 못하였다. 23. 보호7

② 이러한 문제점으로 인하여 유전과 범죄의 관계를 연구하기 위한 다른 방법으로, 쌍생아 연구와 입양아 연구가 시도되었다.

3. 쌍생아 연구(쌍둥이 연구)

(1) 의의

① 쌍둥이 연구의 단서를 연 사람은 갤튼(F. Galton)이며, 쌍생아 연구란 일란성 쌍생아와 이란성 쌍생아의 범죄일치율을 비교함으로써 유전이 범죄소질에 미치는 영향을 알 수 있다는 연구이다(표본조사방법에 기한 대표적 연구). 13. 사시

② 유전인자를 공통으로 가지고 있는 일란성 쌍생아가 그렇지 않은 이란성 쌍생아보다 범죄일치율이 높게 나타나면 범죄성향이 유전된다는 가설이 입증된다는 것이다.

쥬크家와 칼리카크家의 연구

1. 쥬크家 연구

미국의 한 교도소에서 동일 가족 6명의 수형자를 대상으로 한 연구에서 쥬크(A. Juke)의 후손 1,000명 이상을 조사한 결과 280명의 극빈자, 60명의 절도범, 7명의 살인범, 140명의 범죄자, 40명의 성병사망자, 50명의 매춘부 및 기타 일탈행위자가 확인되었다.

2. 칼리카크家 연구

남북전쟁 시에 민병대원이었던 칼리카크(M. Kallikak)는 전쟁 중 정신박약자와의 사이에 사생아인 아들을 두었는데, 전쟁 후 귀향하여 정식결혼을 하고 자녀를 두었다. 그런데 사생아의 자손 488명 중에 정신박약자, 사생아, 알코올 중독자, 간질병자, 포주, 범죄자 등이 나타난 반면, 후자의 자손들 중에 일부를 제외하고는 모두 교육자나 의사, 변호사 등 훌륭한 시민으로 성장하였다는 사실이 밝혀졌다.

(2) 주요 연구내용

① 랑에(J. Lange)

　㉠ 범죄란 개인이 타고난 유전적 소질에 의해 저질러지는 것이라고 주장하면서, 30쌍의 쌍둥이를 대상으로 연구를 하였다. 그 연구결과에 따르면 일란성의 경우 13쌍 중에서 10쌍이 범죄를 저질렀으며, 이란성의 경우는 17쌍 중에 2쌍만이 범죄를 저지른 것으로 나타났다고 한다(일란성 쌍생아들이 이란성 쌍생아들보다 범죄일치율이 현저히 높다). 21. 교정9☆

　㉡ 기회범죄(예 교통범죄 등)와 소질범죄(예 성범죄 등)를 같은 일치율의 개념으로 포섭하였다는 점에서 비판을 받는다.

② 슈툼플(F. Stumpfl)

　㉠ 일란성 쌍생아가 유전적 동일성에도 불구하고 왜 범죄율이 완전히 일치하지 않는가에 대해 연구를 하였다. 종래의 연구들은 소질적인 요소가 많은 개선 불가능한 누범이나 단순한 기회적인 교통사범을 모두 일치로 취급한 점을 비판하면서 일치개념을 구체화하였다.

　㉡ 일치의 태양을 5단계(ⓐ 쌍생아가 모두 처벌되는 경우 ⇨ ⓑ 범죄의 비중이 일치하는 경우 ⇨ ⓒ 범죄의 실행방법이 일치하는 경우 ⇨ ⓓ 일상의 사회적 태도가 일치하는 경우 ⇨ ⓔ 성격구조까지 일치하는 경우)로 나누어, 일란성 쌍생아의 경우는 조발성의 누범인 경우에 거의 일치한다고 보았다.

③ 크리스챤센(K. O. Christiansen) 14. 사시

　㉠ 가장 광범위한 표본을 대상으로 연구를 시행하고, 연구성과의 정확성을 기하기 위하여 쌍생아 계수를 사용하였다.

　㉡ 쌍생아의 범죄일치율은 범죄의 종류·출생지역·사회계층·범죄에 대한 집단저항의 강도에 따라 차이가 난다. 따라서 유전소질이 범죄에 미치는 영향은 여러 환경요인들에 의해 제약되어 범죄일치율이 종래 연구들보다 낮아진다. 결국 범죄원인은 유전적 요인이 중요하지만 사회적 변수에 따라 많은 영향을 받는다고 보았다. 13. 사시

④ 달가드와 크링글렌(Dalgard & Kringlen) 15. 사시

　㉠ 쌍생아 연구에서 유전적 요인 이외에 환경적 요인을 함께 고려하여 연구하였다.

　㉡ 일란성 쌍생아들이 다소 높은 범죄일치율을 보인 것을 유전적 요인이 아닌 양육 과정상의 유사성에 기인한다. 실제 양육과정별로 분석을 하였을 때에는 일란성 쌍생아의 일치율은 이란성 쌍생아의 일치율과 큰 차이가 없었다.

　㉢ 결국 범죄발생에서 유전적 요소의 중요성이란 존재하지 않는다고 주장하였다. 21. 교정9

(3) 평가

① 쌍생아 연구는 범죄에서 유전소질의 영향이 적지 않음을 보여준 대표적 연구이다. 그러나 일란성과 이란성의 분류방법, 표본의 대표성, 공식 범죄기록에 의한 일치율의 조사, 환경의 영향 무시, 불일치 현상의 문제 등의 비판을 받는다. 13. 사시

② 결국 범죄발생이 유전에 의하여 결정적 영향을 받는다고 보기는 어렵다고 한다.

4. 입양아 연구(양자 연구)

(1) 의의

① 입양아 연구는 범죄자 중에 입양아를 조사하여 그 생부의 범죄성을 대비해보는 연구이다. 생부가 범죄성이 있었던 경우에 양자가 범죄자가 되는 확률이 양부가 범죄자였던 경우보다 높게 나타나면 범죄에 유전성이 있는 것을 입증하는 증거가 된다는 것이다.

② 최초로 입양아 연구를 시도한 슐징어(F. Schulsinger)는 정신질환과 관련된 양자들을 연구하여 정신적 결함이 혈연관계를 통해 전수된다고 주장하였다.

③ 크로우(R. Crowe)는 어머니가 범죄자였던 입양아와 정상적인 입양아를 비교하여 조사하였다.

(2) 허칭스와 메드닉(B. Hutchings & S. Mednick)의 주장

① 생부와 양부 그리고 입양아 본인의 범죄기록을 모두 조사한 결과 생부와 양부 둘 중 한 쪽만 범죄를 저질렀을 때에는 양쪽 모두 범죄자인 경우보다 입양아에 대한 영향력이 약하며, 양부의 범죄성은 생부의 범죄성보다 영향력이 약하다고 보았다. 21. 교정9☆

② 범죄유발에 유전적 요인뿐만 아니라 환경적 요인 역시 중요한 역할을 한다고 보았다. 가정적 결함이라는 환경적 요인이 범죄에 상당한 영향을 미친다는 점을 보여준다는 것이다.

(3) 평가

① 입양아 연구는 유전이 어느 정도 중요한 범죄원인이 되고 성장환경 또한 무시할 수 없는 원인이 된다는 점을 증명하였다.

② 반면, 입양아 연구에 대해서는 입양기관이 연결하는 입양가정은 대개 중산층 이상인 경우가 많기 때문에 연구의 표본이 모집단에 실재하는 다양한 환경을 대표하지 못하는 경우가 있어 환경의 영향을 일반화하기 어렵다고 평가된다. 23. 보호7

허칭스와 메드닉(B. Hutchings & S. Mednick)의 연구결과

입양아가 범죄자인 경우에, 생부·양부 모두 범죄자 > 생부만 범죄자 > 양부만 범죄자 > 생부·양부 모두 비범죄자의 순서로 나타났다.

3 유전학적 이론

1. 의의

롬브로조(C. Lombroso) 등은 범죄성이 유전된다고 보았으나, 이후 많은 실증적 연구를 통해 필연적으로 범죄인으로 될 수밖에 없는 유전소질이 존재한다는 주장은 부정되었다. 다만, 유전소질이 범죄에 어떠한 영향을 미치는가 하는 점에 대해 많은 연구가 행해졌다.

2. 유전적 비정상(유전적 결함)과 범죄

(1) 의의

유전학적 이론은 유전적 결함을 물려받은 자와 범죄성의 상관관계를 연구하는 입장이다. 유전적 결함이란 혈연관계 가운데 내인성 정신병(예 정신분열증·조울증·간질 등), 정신병질, 정신박약, 음주벽, 범죄성 등이 존재하는 경우를 말한다(유전부인).

(2) 연구내용

① **슈툼플(Stumpfl)**: 부모에게 내인성 정신병이 있는 경우의 범죄자는 누범·조발범·중내한 풍속범 등이 될 확률이 그렇지 않은 범죄자보다 높게 나타난다고 한다.

② **리들(Riedl)**: 어머니보다 아버지의 유전적 결함이 그러한 범죄에 영향을 크게 미친다고 한다.

(3) 평가

범죄와 유전적 비정상이 직접적으로 관계가 있다고 단언하기는 어렵다. 유전적 결함 자체가 곧 범죄성향이 되는 것이 아니라 정신병질 등이 있는 부모를 둔 가정환경이 자녀를 범죄성향을 가진 자로 만든다고 볼 수 있기 때문이다.

3. 성염색체 연구

(1) 의의

① 성염색체 연구란 성염색체의 이상과 범죄성과의 상관관계를 연구하는 것이다.

② 성염색체 연구도 범죄발생에 있어서 유전적 특성의 역할을 강조하나, 유전적 특성이 가계로 전승되는 것이 아니라 수태 전후의 변이에 의해 형성된다고 봄으로써 유전적 결함에 관한 연구와 차이가 있다.

③ 1959년 제이콥스와 스트롱(P. Jacobs & J. A. Strong)은 성염색체의 형태·구성·개수 등의 이상이 성격적 결함을 초래하고 나아가 범죄성향과 연관된다는 연구를 하였다.

유전적 결함의 종류

유전적 결함이 부모에게 있는 경우를 직접결함(직접부인), 조부모에게 있는 경우를 간접결함(간접부인), 부모의 형제에게 있는 경우를 방계결함(방계부인)이라고 한다.

(2) 연구내용

X염색체의 증가 (XXX형·XXY형), 클라인펠터 증후군	① 특히 문제가 되는 <u>여성형 남성(XXY형)</u>의 경우는 대개 고환이 작고, 무정자증이 있으며, 여성형의 유방을 갖거나, 장신이 되는 등의 신체적 특징을 보인다. 또한 지능이 낮고, 반사회적이며, 미숙하고, 자신감이 결여되어 있다. ② <u>범죄학적으로 크게 위험이 있지는 않다고 하나</u>, 경우에 따라 동성애의 경향을 보이며 성범죄·조포범·절도 등을 저지를 가능성이 높다.
Y염색체의 증가 (XYY형), 초남성형 16. 보호7☆	① 클라인펠터 증후군보다 더욱 범죄성향을 띠기 쉬운 염색체 이상이다. 신장이 크고, 지능이 낮으며, 성적으로 조숙하여 <u>조발성 범죄자</u>(평균 초범연령이 13~14세)가 많다. <u>공격성이 강해서 성범죄, 방화죄, 살인 등의 강력범죄를 저지를 확률이 높다</u>고 한다. 다만, 유전보다는 돌연변이에 의한 것으로 보아 <u>비유전성</u>이 특징이다. 15. 사시 ② 정신병자들 중 XYY형으로 파악된 사람의 비율이 일반인의 경우에 비해 매우 높았다. 또한 XYY형은 일반인에 비해 <u>수용시설에 구금되는 정도가 높다</u>는 특징이 있다.

(3) 평가

① 연구방법론상 문제점 등이 아직 해소되지 않았고 XYY형이라고 하여 반드시 범죄자가 되는 것도 아니므로, XYY형 범죄자가 존재한다는 점이 범죄가 소질에 기인하는 것이라는 주장의 논거로 되기는 어렵다.

② 비판범죄학의 테일러(I. Taylor) 등은 XYY형을 가진 사람은 신체적 특징 때문에 범죄인지율이 높고, 범죄혐의를 받은 후에 체포나 유죄판결을 피할 확률이 거의 없다는 점을 들어 이러한 연구결과를 비판한다.

4 생화학적 이론

1. 생화학적 기능 장애

(1) 의의

인간의 몸 안에서 일어나는 화학적 변화와 에너지 변화로 인하여 생화학적 기능에 장애가 있는 경우, 이것이 반사회적 행동을 유발하는 원인이 될 수 있다.

(2) 연구내용

① 폴링(Pauling): 영양결핍으로 인한 지각장애, 영양부족·저혈당증에 수반되는 과활동반응의 두 가지로 범죄원인을 나누었다. 15. 사시

② 스미스(Smith): 범죄는 호르몬의 불균형에 의해 야기되는 감정의 혼란 때문에 발생한다고 주장한다.

③ 버만(Burman): 범죄자들이 정상인들에 비해 2~3배 정도 높게 내분비선의 기능 장애나 생화학물의 불균형 문제가 있다고 주장한다.

④ 몰리취와 폴리아코프(Molitch & Poliakoff): 정상적 내분비선을 가진 소년들과 내분비선의 장애를 가진 소년들의 비행행위는 별다른 차이가 없다고 한다.

⑤ 여성의 경우에 월경 전후의 호르몬 수치의 변화로 인한 생화학적 불균형이 범죄와 어느 정도 관련이 있는 것으로 연구되었다. 그러나 호르몬 수치의 변화 자체가 범죄유발원인이라고 보지는 않으며, 단지 이러한 상태가 다른 요인들과 결합하여 범죄가능성을 증진시키는 요인의 하나로 설명된다.

⑥ 남성호르몬인 테스토스테론(Testosterone)이 반사회적 · 공격적 행동과 공격성과도 관련이 있는 것으로 논의되고 있다. 실제로 여러 연구에서 테스토스테론의 수치가 높은 사람일수록 폭력적이라는 사실이 밝혀졌다.

⑦ 세로토닌(serotonin)은 뇌 속의 호르몬으로 충동이나 욕구를 조절 · 억제하는 역할을 담당하는데, 세로토닌의 양이 적은 사람이 공격적 행동을 하는 것으로 알려져 있다.

⑧ 도파민(dopamine)은 신경전달물질의 하나로서 뇌에서 동기, 보상, 쾌락 등을 위한 시스템에 관여하여 쾌감 · 즐거움 등에 관련한 신호를 전달해 인간에게 행복감을 느끼게 한다.

⑨ 모노아민 산화요소는 도파민, 세로토닌 등의 분해를 담당하는 효소로 이 효소의 합성과 활동이 비정상적인 경우에는 신경전달물질이 적절히 제거되지 않으므로 여러 반사회적 행동 및 정신병리 증상으로 이어지게 된다.

(3) 평가

생화학적 연구는 모든 범죄에 일반화되기는 어려우나, 소년비행에 대하여는 현실적 의미가 있는 것으로 나타난다.

2. 자율신경조직의 기능 장애

(1) 의의

자율신경조직은 의식적으로 자각되지는 않지만 신체 기능을 관장하는 별도의 신경조직으로, 갈등 · 공포상태에서 특히 활발하게 작동된다. 이러한 자율신경조직의 작용을 이용한 대표적인 예가 바로 거짓말탐지기이다.

(2) 성격이론(인성이론, Personality Theory) 15. 사시

아이젠크(H. Eysenck)는 자율신경계의 특징에 따라 내성적인 사람과 외향적인 사람을 분류한다.

① 내성적인 사람: 자율신경계에서 불안 반응의 유발 기능은 발달되었고 해제하는 기능은 낮은 수준이며, 처벌로 인한 불안감을 크게 느끼고 회피하는 성향이 강하기 때문에 규범에 어긋난 행동을 하는 정도가 약하다.

② 외향적인 사람: 자율신경계에서 불안 반응의 유발 기능이 저조하고 해제 능력은 발달되어 처벌에 대한 불안감을 대체로 덜 느끼고(낙관적) 또한 기본적으로 새로운 자극을 항상 추구하기 때문에(충동적) 그만큼 반사회적 행위를 저지를 가능성이 크다.

기타 기능 장애

1. 중추신경조직의 기능 장애
① 범죄자와 비정상적인 뇌파 유형이 어떤 관계에 있는지에 대한 연구가 시도되었는데, 일반적으로 범죄자들의 비정상적 뇌파 유형의 비율이 일반인의 그것에 비해 높다고 한다.
② 메드닉(S. Mednick)에 의하면 뇌파의 활동성이 낮았던 사람들 중에서 범죄를 저지른 비율이 높았으며, 뇌파의 활동성이 높거나 정상 범위인 사람들 중에서는 비교적 낮은 것으로 나타났다고 한다.

2. 학습무능력증
① 학습무능력증은 대뇌의 기능 장애 중에서 일상적인 교육환경에서 학습능력이 없는 경우를 의미한다.
② 비행소년의 대부분이 학교에서 심각한 학습문제가 있기 때문에 학습무능력증이 소년비행의 중요한 원인이라는 주장이 있으나, 경험적 증거를 찾기 어렵다는 비판이 있다.

3. 뇌의 기능 장애

① 선천적 유전 조건에 의해 뇌세포에 손상을 입거나, 후천적 충격·외상에 의해 기능이 저하된 경우에는 성격장애 또는 이상행동을 일으키기 쉽다고 한다.

② 뇌기능 장애는 필연적으로 사회에 적응할 수 있는 능력을 저하시키는 요인이 되고 그로 인한 성격 이상이 범죄의 원인으로 될 수 있다고 할 것이나, 아직 명확히 해명된 상태가 아니기 때문에 뇌기능 장애와 범죄의 상관관계를 단정하기는 어렵다.

③ 뇌의 전두엽은 욕구, 충동, 감정 관련 신경정보를 억제하거나 사회적 맥락에 맞게 조절, 제어, 표출하게 하는 집행기능을 수행하는데, 전두엽이 손상될 경우 유년기에는 부도덕적 일탈적 행동을 반복하게 되며, 성인기에는 폭력과 공격적 행동을 보이게 된다고 한다.

④ 뇌의 변연계는 주로 본능적 욕구, 충동, 감정과 관련이 있고, 그중 편도체는 공포, 분노, 사회적 상호작용과 관련되어 있는데, 편도체에 이상이 있는 경우에는 범죄와 관련성이 높다는 연구도 있다.

⑤ 대부분의 폭력범죄자들의 뇌는 비정상적 충동과 욕구를 생성하는 과활성화된 변연계와 그러한 충동과 욕구에 대한 조절기능이 저활성화된 전두엽으로 구성된다고 한다.

5 기타 이론

1. 여성범죄(성별과 범죄)

(1) 의의

남성과 여성은 신체적으로 다른 특징을 가지고 있고 정신적으로도 차이를 보이며, 사회생활에서의 역할·지위도 차이가 있다. 이로 인하여 남성과 여성은 범죄에 있어서도 상당한 차별성을 보여주고 있다.

(2) 양적 특성

① 의의

㉠ 전체 범죄 중 여성의 범죄가 차지하는 비율은 남성에 비하여 현저하게 낮은 것이 세계 각국의 공통된 특징이다. 일반적으로 여성범죄율은 남성의 10~20% 정도로 본다.

㉡ 여성범죄율은 여성의 사회적 지위, 지역의 규모, 시대적 상황, 가정의 결합도, 죄종, 법률·재판제도의 차이로 인하여 국가마다 상이하다.

② 양적 특성의 부정

　　㉠ **롬브로조(Lombroso)**: 여성범죄는 선천적·잠재적 소질이 기초로 되며 여성범죄가 적은 것은 단지 표면적일 것이고, 실제로 여성의 매춘을 고려한다면[범죄대상(犯罪代償)] 남성범죄를 훨씬 능가한다고 한다.

　　㉡ **폴락(Pollak)**: 여성범죄는 은폐성을 특징으로 하므로, 여성범죄가 남성보다 비율이 낮은 것은 은폐성으로 인하여 통계상에 잘 나타나지 않을 뿐이고 범죄적 성향은 남성에 못지않다고 한다(암수범죄의 문제). 또한 형사사법이 여성에게 기사도적이고 관대한 처분을 내리는 측면도 있다고 본다(기사도가설). 16. 보호7

　　㉢ **아들러(Adler)**: 여성의 사회적 역할이 변하고 생활 형태가 남성의 생활상과 유사해지면서 여성의 범죄 활동도 남성과 동일화되어 간다고 주장한다(신여성범죄론). 16. 보호7

　　㉣ **체스니-린드(Chesney-Lind)**: 소년사법체계에서 소녀가 소년보다 더 가혹하게 취급되며, 이는 사법체계가 소녀가 전통적 성역할 기대를 저버린 것으로 보아 그 처리절차에서 성차별을 하기 때문이라고 주장한다. 22. 보호7

③ **평가**: 여성범죄는 여성의 선천적 특징인 임신과 출산이라는 생물학적 원인을 배경으로 하면서 여성의 사회적 지위 및 역할의 특수성이라는 점에서 양적 특성을 설명하는 것이 타당하다. 다만, 근래에 여성의 사회적 진출이 많아지고 역할이 증가함에 따라 여성범죄가 양적으로도 상당히 증가하고 그 증가율도 높아지고 있는 것이 각국의 추세이다.

(3) 질적 특성

① 여성범죄는 질적인 면에서 남성의 경우와는 큰 차이를 나타내고 있고, 특정한 종류의 범죄에 있어서는 오히려 남성의 범죄율을 상회하기도 한다.

② 일반적으로 여성범죄의 질적 특성은 수동성에 있다(피해자적 특성). 이는 여성의 성역할과 본성이 범인성을 적게 하고 범행기회를 제한하기 때문이라고 보는 입장이다.

③ 여성범죄의 배후에는 많은 경우에 남성이 있고, 그 남성이 진정한 원인 제공자이고 여성은 어쩔 수 없이 범죄에 내몰린 경우가 적지 않으며, 죄질에 있어서도 공격적인 범죄가 적은 편이다. 16. 보호7

④ 여성범죄는 대개 잘 아는 사람을 대상으로 하는 경우가 많고, 범행수법도 비신체적인 경우가 많으며, 경미한 범행을 반복하는 경우가 많다.

⑤ 다만, 근래에 여성에 의한 폭행·공갈 등이 증가하는 현상은 수동성만으로는 해명되기 어렵다고 한다.

(4) 여성의 심리적 특성과 범죄

① 프로이드(S. Freud)는 여성이 심리적 형성 과정에 있어서 남성에 대한 열등 감·시기심 등의 경향을 가지게 되며, 이러한 경향이 심화되면 극단적인 경우 에는 매우 공격적인 성향을 띠게 되어 범죄로 나아가게 된다고 주장하였다.

② 이는 여성범죄인을 병약자처럼 취급하는 것으로, 대부분의 여성범죄인 교 정의 기초가 되고 있다고 한다.

(5) 여성의 생리적 현상과 범죄

① 여성 특유의 생리적 현상으로서 월경·임신·출산·산욕·수유·폐경 등 이 있으며, 이 시기에는 내분비선의 평형 장애 및 정동 부조화로 인해 범죄 의 위험이 비교적 크다고 한다.

② 월경은 비행·범죄의 원인으로서 단일한 근본문제는 아니지만, 그것이 병 적 정신상태와 결합하는 경우에는 범죄를 결정짓는 하나의 요인이 될 수 있다고 본다.

③ 분만 시의 흥분상태나 병적 정신상태 등의 특수한 생리적·심리적 현상으 로 영아살해죄 등을 저지르는 경우가 많다는 주장도 있다.

④ 폐경기에는 정서불안·불면증·불안감 등이 나타난다고 한다. 우리나라의 경우 여성범죄자 중 41~50세의 연령층이 가장 많은 것은 폐경기의 심리상 태가 직·간접적으로 작용한 결과라고 하는 주장도 있다.

2. 연령과 범죄

(1) 연령단계와 범죄

① 연령단계를 청소년기(사춘기)·성년기·장년기·갱년기·노년기로 구분하 는 것이 일반적이다. 서덜랜드와 크래시(Sutherland & Cressey)는 청소년 기를 '범죄성 최고의 시기'라고 하였다.

② 그린버그(Greenberg): 연령과 범죄발생의 관계를 규명하면서, 정점은 10대 후반이며 시대적으로 점차 저연령화되며 범죄유형별로 다르게 나타난다고 보았다. 10대 후반의 범죄 증가는 긴장이론으로, 20대 이후의 범죄 감소는 통제이론으로 설명하였다.

③ 허쉬(Hirschi): 범죄는 범행을 할 수 있는 생물학적 능력이 있는 특정 연령 대에 집중되고, 이후에는 범죄능력이 감소하게 되므로 대부분의 사회에서 연령이 높아지면 이와 반비례하여 범죄율은 낮아진다고 하였다.

(2) 연령별 특징

① 범죄가 가장 많이 나타나는 연령층은 청장년기이다. 외국의 통계에 의하면 대체로 20세~25세의 연령층이 가장 높은 범죄율을 보이고 있다.

② 연령층별로 특징을 보면, 청장년기에는 폭력적인 유형의 범죄가 많고, 갱년기· 노년기에는 지능적인 범죄(예 사기죄·횡령죄·배임죄·위조죄 등)가 많다.

연령단계와 범죄

청소년기	14세부터 23세까지의 연령대 로서 심리상태가 불안정하고 동요가 심하다. 자극·모험을 추구하고 부모·권위에 대하 여 반항적이다. 성적 유희 스피 드에의 도전, 약물남용 등에 빠 지기 쉽다.
갱년기	40대 중반부터 50대까지의 연 령대로서 특히 생리적 변화(예 폐경 등)를 수반하는 여성의 경우에 문제가 되며, 정신병질 에 가까운 심리적·생리적 변 화(예 쇠약감·불안·자신감 상실·우울증·성욕 감퇴 등) 가 일어난다.
노년기	60세 이상의 연령대로서 정 신적·신체적 능력의 현저한 감퇴가 발생하며, 외부적 환 경에 의한 영향이 적고, 대부 분 내적 사정에 의해 범죄를 하는 사례가 많다.

범죄생활곡선이란 사람들이 범죄성을 발현하기 시작한 때로부터 그것이 소멸되기까지의 일련의 과정을 연령에 따라 추급하였을 때 나타나는 곡선을 말한다.

일반적 범죄 생활곡선	범죄자 일반 또는 범죄자 집단의 범죄성에 대한 연구로서, 슈밥(G. Schwab)이 다수 누범자의 범죄초발 연령과 체격형의 관계를 연구하였다.
개인적 범죄 생활곡선	범죄자 개인의 범죄성에 대한 연구로서, 요시마쓰(吉益)가 누범자에 대하여 추행조사한 것이 대표적이다.

(3) 연령과 범죄에 관한 이론

성숙이론	25~30세까지는 범죄를 반복하나, 30세 이후에는 범죄를 중단하게 된다(글룩 부부, S. Glueck & E. Glueck).
성장효과이론	직장과 가족에 대한 책임감 및 기대 충족의 동기로 인해 범죄가 감소한다(맛차, Matza).
노쇠화이론	수형기간 중에는 범행의 기회가 차단되며, 석방 후에도 연령 증가에 따라 범죄가 감소된다(지겔, Siegel).
정착 과정이론	교정에 의해 재사회화된 결과로 고연령층의 범죄율이 낮다(레클리스, Reckless).

(4) 청소년비행

① 청소년비행이란 소년이 행하는 일탈적 행위로 지위비행(status delinquency)이라고 할 수 있다.

예 흡연, 가출, 성인영화관람 등

② 청소년비행의 원인으로 다음과 같은 요인을 들 수 있다.

가정적 요인	가정에 결함 내지 장애가 있는 경우 또는 가정 그 자체가 없는 경우에는 가정이 갖는 긍정적 기능을 기대할 수 없을 뿐만 아니라 청소년의 인격형성에 불리한 영향을 미치고, 나아가 범죄행위로 나아갈 위험성이 크게 된다. 예 결손가정, 빈곤가정, 부도덕가정, 갈등가정, 시설가정 등
학교기능의 저하	학교는 교육을 통하여 사회의 관습적인 태도와 행위를 내면화시키고 있으나, 청소년이 학교생활에서 경험하는 좌절감이나 학교에 대하여 갖는 반항심은 청소년을 비행으로 유도하는 요인이 되기도 한다. 예 코헨의 비행하위문화이론
사회환경의 변화	전통적 윤리관이 무너지고 물질적 성공을 중시하는 가치관의 변화와 아노미한 사회상황은 청소년에게도 큰 영향을 미치고 청소년비행의 중요한 요인이 되고 있다.

3. 각종 중독과 범죄

(1) 알코올과 범죄

① 알코올의 범죄원인성: 음주는 일반적으로 주의력의 산만, 천박한 사고, 자제력의 상실, 흥분, 지나친 행동력 등을 가져오므로 격정범죄 및 충동범죄의 원인이 된다. 또한 알코올에 의존성을 가지고 중독현상으로 이르는 경우에는 범죄발생의 중요한 인자가 된다.

㉠ 알코올의 직접적 범죄촉진작용(명정범죄)

ⓐ 행위자가 과음을 하여 지적·의지적인 측면에서 이상상태에 빠져서 범죄를 하는 경우이다. 죄종별로 보면 명정범죄 가운데 가장 많은 것은 상해·폭행이며, 그 다음으로는 강간·강도·방화·협박 등이 있다.

ⓑ 엑스너(F. Exner)는 유럽의 여러 도시의 폭력범죄는 일주일 중 토·일·월요일에 압도적으로 많다고 하면서, 음주가 폭력범죄의 중요한 원인이라고 하였다(범죄의 토·일·월요일 곡선).

ⓛ 알코올의 간접적 범죄촉진작용

ⓐ 알코올의 간접적 범죄촉진작용과 관련하여 특히 문제되는 것은 음주자와 그 가족의 사회적 곤궁이며, 특히 습관적 음주자(만성 알코올중독자)의 경우가 문제이다. 가장의 알코올중독은 불화를 일으켜 가정을 파괴하고, 가족들을 범죄·비행에 빠지게 하는 결과를 가져오기도 한다.

ⓑ 비행소년의 경우 부친이 알코올중독인 경우가 상당히 많고, 성인에 대한 저항, 남성다움의 과시, 호기심 등으로 인해 음주를 하는 경우가 있으므로, 알코올은 소년범죄에 대한 대책이라는 면에서도 중요한 문제이다.

ⓒ 알코올의 생리적 훼손작용

ⓐ 알코올의 습관적 음용이 자손에게 미치는 생리학적 작용의 문제로서 양친의 음주벽이 자손에게 음주벽, 정신적 열등성, 정신병 등의 영향을 미친다는 주장이 있다.

ⓑ 하르트만(Hartmann)은 명정 중의 성행위가 자손의 배종 손상의 원인이 된다고 하였다(명정의 자 이론). 그러나 알코올중독자의 자손이 범죄자가 되는 경우에도 생물학적 원인에 기한 것인지, 가정환경으로 인한 것인지 판별하기 곤란하다는 비판을 받는다.

ⓓ 결국 알코올의 음용은 그 자체의 생리적 훼손작용보다는 간접적 범죄촉진작용이 더욱 중요한 의미를 갖는다.

② 대책

㉠ 규범적 대책으로는 명정상태에서의 범죄에 대한 엄중한 처벌과 알코올중독자에 대한 치료감호 처분을 내용으로 하는 형사입법을 들 수 있다.

예 「형법」상 원인에 있어서 자유로운 행위에 대한 규정, 「도로교통법」상의 주취 중 운전 금지와 벌칙규정, 「교통사고처리 특례법」상의 주취운전으로 인한 과실범죄자에 대한 공소특례의 불인정, 「치료감호 등에 관한 법률」상의 치료감호 처분, 기타 「경범죄 처벌법」상의 규정 등

㉡ 최근 각국의 입법경향을 보면, 알코올중독 자체를 범죄시하여 형벌을 과하기보다는 오히려 치료 처분을 부과함으로써 일종의 비형벌화(Depenalization)하는 추세에 있다.

예 미국의 중독제거원(Detoxication Center) 등

(2) 약물중독(약물남용)과 범죄

① **약물중독의 범죄원인성**: 약물중독(약물남용)은 중독에 따른 증상이 알코올 중독보다 훨씬 위험하며, 약물이 조제 · 유통 · 거래되는 과정에서 야기되는 문제들 때문에 알코올보다 더 중요한 사회문제로 제기된다.

② **대책**

ㄱ 일반적 대책으로서 약물의 유통 과정을 철저히 감시 · 차단하는 것이 중요하다.

ㄴ 청소년의 경우에 약물 · 환각성 물질의 복용이 늘어나고 있는 현상(저연령화)에 대해서는 처벌강화라는 단기적인 대응보다 건전한 놀이문화를 개발하고 건전한 생활관 · 인생관을 가질 수 있도록 교육을 실시하는 것이 중요하다.

ㄷ 약물중독자 및 그로 인해 범죄를 저지른 자에 대하여는 형벌보다 치료가 우선되어야 한다.

例 마산 마약중독자치료센터, 치료감호 처분, 미국의 Synanon House 등

③ **현행법상의 제도**

ㄱ 현재 마약류를 규율하는 법률로는 「형법」, 「마약류 관리에 관한 법률」이 있고, 본드 · 부탄가스 등의 유해화학물질의 남용을 규율하기 위해 「화학물질 관리법」이 있다.

마약류 관리에 관한 법률

제40조【마약류 중독자의 치료보호】 ② 보건복지부장관 또는 시 · 도지사는 마약류 사용자에 대하여 제1항에 따른 <u>치료보호기관에서 마약류 중독 여부의 판별검사를 받게 하거나</u> 마약류 중독자로 판명된 사람에 대하여 <u>치료보호를 받게 할 수 있다.</u> 이 경우 판별검사 기간은 1개월 이내로 하고, 치료보호 기간은 12개월 이내로 한다.

③ 보건복지부장관 또는 시 · 도지사는 제2항에 따른 판별검사 또는 치료보호를 하려면 치료보호심사위원회의 심의를 거쳐야 한다.

ㄴ 마약을 매개로 한 조직범죄의 경제적 기반을 와해시키기 위해 돈세탁의 범죄화와 <u>마약범죄와 직접 관련된 수익은 물론 간접적으로 취득한 부정 수익까지 몰수</u>할 수 있는 제도가 「마약류 불법거래 방지에 관한 특례법」의 제정에 의해 마련되어 있다(동법 제13조 내지 제17조).

2 심리학적 범죄원인론

1 서론

(1) 심리학적 범죄원인론(범죄심리학이론)이란 범죄의 원인을 범죄자의 이상심리에서 구하려는 입장, 즉 개인의 정신작용 특이성 때문에 범죄가 발생하는 것으로 보는 견해이다.

(2) 이 연구가 활발한 이유는 범죄의 심리학적 분석이 범죄자 개인을 대상으로 하므로 치료·교정의 개별처우 이념에 부합하기 때문이다. 최근 범죄대책이 범죄자에 대한 처벌 위주에서 치료로 전환되고 있는 경향이 상당부분은 심리학적 범죄원인론의 영향을 받았다고 볼 수 있다.

2 정신분석학적 범죄이론

1. 프로이드(S. Freud)의 정신분석학

(1) **의의**

정신분석학적 범죄이론에서는 콤플렉스에 기한 잠재적인 죄악감과 망상을 극복할 수 없는 경우에 범죄로 나아간다고 설명하였다. 15. 사시

(2) **성격구조의 기본적 토대**

① 성격구조의 기본 토대에서 <u>의식의 개념은 에고(Ego)로, 무의식의 개념은 이드(Id)와 슈퍼에고(Superego)로 나누어 설명하였다.</u> 24. 보호9☆

② 이드는 쾌락을 요구하고(쾌락원칙), 슈퍼에고는 욕구에 대한 죄의식을 느끼게 하며(도덕원칙), 에고는 협상을 시도하여 욕구 충족을 위한 활동에 참여할 수 있게 한다(현실원칙). 24. 보호9

이드 (Id)	생물학적·심리학적 충동의 커다란 축적체로서, 모든 행동의 밑바탕에 놓여 있는 <u>충동</u>을 의미한다. 이는 무의식의 세계에 자리 잡고 있으면서, 쾌락추구의 원칙에 따라 행동한다. 24. 보호9
슈퍼에고 (Super ego)	자아비판과 <u>양심</u>의 힘으로서, 개인의 특수한 문화적 환경에서의 사회적 경험으로부터 유래하는 요구를 반영한다. 이는 유년기에 부모에게 받는 애정으로부터 생겨난다.
에고 (Ego)	의식할 수 있는 성격 내지 인격으로서, 현실원리에 따라 생활하며 본능적 충동에 따른 이드(Id)의 요구와 사회적 의무감을 반영하는 슈퍼에고(Super ego)의 방해 사이에서 <u>중재</u>를 시도하며 살아가는 현실세계를 지향한다.

🪑 **핵심 OX**

08 프로이드(Freud)는 의식을 에고(Ego)라고 하고, 무의식을 이드(Id)와 슈퍼에고(Super ego)로 나누었다.

(O, ×)

08 O

(3) 성심리(性心理)의 발달단계

① 프로이드는 성심리의 단계적 발달이 인성형성에 중요한 역할을 한다고 보면서, 각 단계별로 필요한 욕구가 충족되지 못하면 긴장이 야기되고 이러한 긴장이 사회적으로 수용되지 못할 때 범죄적 적응이 유발될 수 있다고 주장하였다.

② 인간의 성심리의 발달단계를 성적 쾌감을 느끼는 신체부위의 변화에 따라 구순기, 항문기, 남근기, 잠복기, 생식기 순으로 제시하였다. 24. 보호9☆

구순기 (oral stage)	0세~1세 정도의 시기로서 입과 입술을 통한 빨기나 물기를 통해 쾌감을 경험하는 시기이다.
항문기 (anal stage)	2세~3세 정도의 시기로서 배변의 억제 또는 배설을 하며 쾌감을 느끼는 시기이다.
남근기 (phallic stage)	3세~6세 정도의 시기로서 자신의 성기에 관심을 갖고 남녀의 구별과 이성 부모에 대한 성적 감정 및 동성 부모에 대한 적대감을 느끼는 시기이대[오이디푸스 콤플렉스(남자아이), 엘렉트라 콤플렉스(여자아이)]. 23. 간부(73)
잠복기 (latency stage)	7세~12세 정도의 시기로서 성적 충동이 억제되는 시기이다.
생식기 (genital stage)	12세 이후의 시기로서 이성에 대한 성적 만족을 추구하는 시기이다.

(4) 콤플렉스와 범죄

유아기의 어린아이들이 부모와의 관계를 성공적으로 형성하지 못하면, 특히 슈퍼에고(Superego)가 강한 경우에 콤플렉스를 갖게 되며(예 오이디푸스 콤플렉스, 엘렉트라 콤플렉스), 이로 인해 무의식적인 죄의식을 갖게 된다. 이러한 죄의식을 에고(Ego)가 적절히 조절하지 못하면 각자의 성격에 중요한 영향을 미쳐 향후 행동에 심각한 영향을 미친다. 24. 보호9

2. 범죄에 대한 설명

(1) 프로이드(S. Freud)

어떤 사람들은 과도하게 발달한 슈퍼에고로 인하여 항상 죄책감과 불안을 느끼기 때문에 범죄에 따른 처벌을 통하여 죄의식을 해소하고 심리적인 균형감을 얻고자 하는 시도로 범죄를 저지를 수 있다고 본다.

(2) 아이히호른(A. Aichhorn)

슈퍼에고의 미발달을 범죄의 원인이라고 하여, 비행소년을 슈퍼에고(Superego)가 제대로 형성되지 않아 이드(Id)가 제대로 통제되지 못한 경우로 이해한다. 15. 사시

범죄에 대한 기타 설명

1. **바울비(Bowlby)의 애착이론**
   어렸을 때 어머니가 없는 경우에는 자녀가 기초적인 애정관계를 형성하지 못하여 불균형적인 인성구조를 형성하고 이후 범죄와 같은 반사회적 행위에 빠져든다고 보았다(모성의 영향을 중시).

2. **레들과 와인맨(Redl & Wineman)**
   비행소년들이 적절한 슈퍼에고(Superego)를 형성하지 못하고 에고(Ego) 또한 이드(Id)의 충동을 무조건 옹호하는 방향으로 구성되었다고 본다. 이처럼 에고(Ego)가 슈퍼에고(Super ego)의 규제 없이 이드(Id)의 욕구대로 형성된 경우를 '비행적 자아'라고 한다.

(3) 아들러(A. Adler)

인간의 무의식에는 열등감 콤플렉스가 내재해 있고, 이를 극복하여 우월감을 획득하고자 하는 무의식의 동기(우월의 욕구)가 있다고 한다. 비행은 열등감을 갖는 자가 이를 과도하게 보상하기 위해 타인의 주의를 끌고자 하는 행동이라고 본다.

3. 평가

정신분석학이론에 대해서는 주요 개념을 측정하거나 기본가설을 검증하는 것이 어렵다는 것과 초기 아동기의 경험과 성적 욕구를 지나치게 강조한다는 것에 대한 비판이 제기된다. 15. 사시

3 성격과 범죄

1. 인격심리학적 이론(인성이론)

(1) 인격심리학적 이론에서는 범죄인이 정상인과 달리 도덕적 인성을 형성하지 못해 제재의 위험성이 있는데도 순간적인 자기통제력이 결핍되어 범죄를 저지른다고 보았다.

(2) 아이젠크(H. Eysenck)는 범죄행동과 성격특성 간의 관련성을 정신병적 경향성(Psychoticism), 외향성(Extraversion), 신경증(Neuroticism) 등의 세 가지 차원에서 설명한다.

(3) 범죄인의 대부분이 외향적이고 동시에 신경증적 성격을 가지며 이들은 자기통찰력이 부족하고 충동적이며 정서적으로 불안정하여 이성적 판단이 어렵다고 주장한다. 즉, <u>외향적 사람은 내성적 사람에 비해 규범합치적 행동성향이 불안정하므로, 잘못된 방향으로 행동한다는 것이다.</u> 23. 보호7

(4) 이에 대해서는 외향적 사람이 내성적 사람보다 범죄율이 더 높다는 사실이 경험적으로 입증되지 않고 있다는 점과 극단적 범행의 원인을 파악함에 유용하나, 그렇지 않은 범행의 원인을 파악하는 것은 어렵다는 점에 대한 비판이 제기된다.

2. 인지발달이론

(1) 인지발달이론은 인간의 인지발달에 따라 도덕적 판단능력이 내재화되는 과정을 통해 범죄원인을 연구하는 입장이다.

(2) 처벌을 피하기 위해 또는 자기이익을 위해 법을 지키는 사람은 법이 다른 사람의 이익을 위해 존재하는 것으로 보는 사람에 비해 범죄인이 될 가능성이 높다고 하면서 성장 과정의 도덕심 배양을 중요시한다.

🏛 핵심 OX

09 정신분석학은 초기 아동기의 경험과 성적 욕구를 지나치게 강조한다는 비판을 받는다. (O, ×)

09 O

(3) 콜버그(Kohlberg)는 도덕성의 발달단계를 ① 관습적 수준 이전 단계(1단계: 타율적 도덕성 준수, 2단계: 이익형평성 고려), ② 관습적 수준 단계(3단계: 타인의 기대 부응, 4단계: 사회 시스템 고려), ③ 관습적 수준 이상 단계(5단계: 개인의 권리 및 사회계약 인식, 6단계: 보편적 윤리원칙 고려)로 구분하였다. 그는 대부분의 성인들은 3·4단계 정도의 도덕적 수준이 발달하기 때문에 사회의 규범을 준수하고 범죄를 하지 않지만, 1·2단계의 도덕적 수준을 가진 사람들은 일탈과 범죄를 행한다고 주장한다(도덕발달이론). 23. 보호7

(4) 위와 같은 콜버그(Kohlberg)의 이론에 대해서는 ① 연구방법의 문제(도덕성 발달 단계의 구분이 주관적), ② 문화적 보편성의 문제(미국 중산층의 도덕적 판단을 기준으로 하여 다른 계층, 인종, 지역의 사람들에게 일반화하기 곤란), ③ 도덕성 발달 단계의 불변성에 대한 비판(정해진 순서대로 발달하지 않기도 하며 오히려 후퇴하는 경우도 있음), ④ 여성들의 도덕 판단 수준에 대한 과소평가, ⑤ 도덕적 판단과 도덕적 행위가 일치하는가의 문제(도덕 판단 수준의 상승 이동이 그대로 도덕적 행위로 반영되지는 않는다는 한계) 등이 한계로 지적된다.

행동·학습이론의 관련 실험연구

1. **파블로프(Pavolv)의 고전적 조건형성 실험**
   조건자극(종소리)이 무조건 자극(먹이) 없이도 개의 행동반응(침 흘림)을 유발할 수 있음을 증명하여 자극과 반응을 통한 학습의 원리를 처음으로 제시하였다.
2. **스키너(Skinner)의 조작적 조건형성 실험**
   피실험체(생쥐)가 우연한 기회(지렛대 누르기)에 긍정적인 보상(먹이)이 주어지는 것을 경험하고 지렛대 누르기를 반복하게 되는 것을 통해 행동의 강화를 증명하였다.
3. **반두라(Bandura)의 보보인형 실험**
   성인 모델이 인형을 대상으로 하는 폭력적·비폭력적 행동을 아동이 화면으로 시청한 후에 성인 모델의 행동방식을 그대로 모방하는 경향을 관찰하였다.

3. 행동·학습이론

(1) 의의

① 행동·학습이론이란 인간의 행위를 경험을 통하여 학습된 내용의 표현으로 이해하는 입장이다.

② 인간은 자기의 행동에 대한 다른 사람의 반응을 본 후 그 반응에 따라 자신의 행동을 변경한다.

③ 사람들이 학습한 내용을 전부 행동으로 옮기는 것은 아니고, 실행에 대한 자극이나 동기가 별도로 필요하다.

④ 행동의 동기요인은 주로 재강화와 보상으로 설명된다.

⑤ 행동·학습이론은 범죄자의 행동수정요법에 원용되고 있다.

(2) **스키너(B. F. Skinner)의 연구**

① 스키너는 아동이 성장기에 한 행동에 대하여 칭찬·보상이 주어지면 그 행동이 강화되지만, 처벌·제재를 받으면 그러한 행동을 억제하게 된다고 주장한다(조작적 조건화 이론).

② 위와 같은 스키너의 이론은 '인간의 행동이 내적 요인보다 외적 자극(칭찬·보상과 처벌·제재 등)에 의하여 영향을 받는다'는 점을 전제로 한다.

(3) **반두라(A. Bandura)의 연구**

① 반두라는 "사람들은 폭력행위를 할 수 있는 능력을 가지고 태어나는 것이 아니라 그들의 삶의 경험을 통해서 공격적 행동을 하는 것을 배우게 되는 것이다."라고 하여 학습행동이 범죄와 깊은 관련이 있음을 주장한다(사회학습이론).

② 또한 반두라는 아무런 보상과 처벌이 없어도, 아무런 자극이나 반응이 없어도 다른 사람의 행동을 단순하게 관찰하는 것만으로도 중요한 학습은 발생한다고 본다(보보인형 실험).

4. 기타 이론

(1) 본능이론

로렌츠(K. Lorenz)는 인간의 공격적 행동특징은 학습되는 것이 아니라 본능에 의존하는 것이라고 설명하였다.

(2) 좌절 · 공격이론

공격성이 외부 조건에 의해 유발된 동기로 생긴다는 입장으로, 욕구의 좌절이 크면 그에 따라 타인에 대한 공격성(범죄성)도 커진다는 입장이다.

4 정신적 결함과 범죄

1. 개요

정신적 결함이라 함은 정신심리상태에 이상이 있는 것을 말한다. 정신적 결함 가운데 어떤 유형이 가장 범죄와 상관관계가 높은가에 대해서도 아직 확립된 견해는 없지만, 일반적으로 정신병 중 정신분열증과 정신병질이 범죄와 관계가 높은 것으로 알려져 있다.

2. 정신병과 범죄

(1) 의의와 유형

① 의의: 정신병(Psychosis)이란 정신 기능의 이상으로 정상적 사회생활이 어려운 경우를 말한다.

② 유형: 정신신경증(노이로제), 정서정신병(퇴행기 우울증, 조울정신병), 정신분열증(조현병), 편집증, 산후정신병 등이 있다.

(2) 검토

① 정신분열증이 있는 사람의 경우 피해망상, 환각 등의 증세로 인해 살인, 방화 등을 저지르는 사례가 있으며, 조울증이나 뇌전증(간질)환자의 경우에는 두려움이 없어짐으로써 몽환적 상태에서 범죄를 저지르는 경우가 있다고 한다.

② 통계를 고려하면 정신병 환자의 위험성이 일반인보다 월등하게 높다고 보기는 어렵다. 정신병 환자에 대한 사회적 편견이 더욱 큰 영향이 있는 것으로 판단할 수도 있다. 따라서 정신병을 범죄의 단일한 원인이라고 보기는 어렵고, 오히려 정신병으로 인해 범죄를 저지르거나 저지를 위험성이 큰 자에 대한 대책이 중요한 문제가 된다.

뇌전증(간질)과 범죄

1. 의의

뇌전증(간질, Epilepsy)이란 뇌의 기질적 장애로 인해 지속적 · 반복적으로 발작 현상을 일으키는 것을 말한다.

2. 평가

군(Gunn)의 연구에 의하면, 교도소 수용자의 간질비율(1,000명당 7~8명)이 일반인의 비율(1,000명당 4~5명)보다 다소 높다고 하나, 간질로 인한 자동증상태와 범죄의 상관관계에 대해서는 확실한 증거가 없다고 결론지었다.

③ 범죄위험성이 있는 정신질환자를 분류하여 위험성이 없다고 인정되는 경우에는 재활의 기회를 주고, 위험성이 있는 경우에는 치료감호 처분 등의 보안처분제도를 활용하는 대책이 제시된다.

3. 정신병질과 범죄

(1) 의의

① 정신병질(Psychopathy)은 계속적인 성격이상이나 병적 성격으로 외부 자극에 부자연스러운 반응을 보이고 신체 기능이 협동적으로 이루어지지 않음으로써 사회적으로 적응하기 힘든 상태를 말한다.

② 정신병질은 성격이상이므로 질적으로는 일반인과 큰 차이가 나타나지 않는다고 하며, 정신병질이 가장 나타나기 쉬운 시기는 20대라고 한다.

(2) 관련 연구

① 글룩 부부는 비행소년 및 일반소년 각 500명을 대상으로 로르샤흐 검사(Rorschach test)를 실시하여, 비행소년은 외향적·충동적이고 자제력이 약하며 화를 잘 내고 도전적이며 의심이 많고 폭력성을 보이는 특징이 있다고 주장하였다.

② 왈도와 디니츠(Waldo & Dinitz)는 다면적 인성검사(MMPI)를 통해 범죄자의 성격 프로파일을 연구하여, 10가지 척도 중 범죄자들은 정신병리적 일탈(제4척도, 반사회성) 경향이 강한 특징이 있다고 주장하였다.

(3) 유형 - 슈나이더(H. Schneider)의 10분법

① 정신병질의 가장 보편적 분류는 슈나이더(H. Schneider)의 10분법이다. 11. 사시

② 이러한 유형 모두가 범죄와 관계있는 것은 아니고, 각 유형들은 순수한 형태로 나타나는 것이 아니라 여러 가지 유형이 결합하여 그 비중을 달리하면서 나타나는 것이 일반적이다.

③ 일반 범죄자에 비해 정신병질자는 상습범·누범·중범자의 경우에 비율이 상당히 높다고 하는 연구가 있으나, 반대로 정신병질이 범죄성향과 무관하다는 연구도 있다.

정신병질 분류 - 크래펠린(E. Kraepelin)
정신병질자를 흥분인, 의지부정인, 욕동인, 기교인, 허언기만인, 반사회인, 호쟁인 등으로 분류하였다.

구분	성격의 특징	관련되는 범죄유형
발양성	낙천적 태도, 경솔 및 불안정, 비판·감정제어 능력의 결여	상습범·누범 중에 많음, 무전취식 등의 가벼운 절도·모욕·사기죄와 관련
우울성	염세적·회의적·비관적 인생관, 자책성, 불평이 심함	범죄와 관련 적음, 자살 유혹이 강함, 강박관념에 의한 살상·성범죄 가능
의지박약성	저항력(인내심) 상실, 저지능	청소년 비행과 관련됨, 누범의 60%, 각종 중독자, 무계획적 소규모 절도·사기

무정성 (배덕광)	인간의 고등감정 결여, 이기적·잔인한 행위	흉악범(살인·강도·강간 등), 범죄단체조직, 누범
폭발성	자극에 민감, 병적 흥분, 음주 시 무정성·의지박약성과 결합되면 매우 위험	살상·폭행·모욕·손괴 등 충동범죄의 대부분과 관련됨, 충동적인 자살
기분이변성	기분 동요가 많아 예측 곤란, 정신병질자의 50%로 가장 많음, 폭발성과 유사하나 정도가 낮음, 크래펠린의 욕동인에 해당	방화, 도벽, 음주광, 격정범으로 상해·모욕·규율 위반 가능
과장성 (자기현시성) 15. 사시	자기중심적, 자신에의 주목·관심 유발, 기망적 허언 남발, 욕구좌절 시 히스테리 반응	기망적 성격에 따른 고등사기, 금고 수형자 중 꾀병을 앓는 자가 많음
자신결핍성	내적 열등감, 불확실성, 강박관념, 주변에 대한 인식으로 도덕성 강함	범죄와 관련 적음, 강박관념으로 인한 범죄 가능
광신성 (열광성)	개인적·이념적 사상에 열중, 타인에 대한 불신	양심범·확신범, 소송을 좋아함, 개선이 어려워 재범을 저지르는 경우가 많음
무력성	심신부조화 상태, 타인의 관심 호소, 신경증	범죄와 관련 적음

(4) 사이코패스

① 사이코패스(psychopath)란 일반적으로 반사회적 인격장애를 지닌 사람이다.

② 사이코패스는 ㉠ 현실파악의 의지와 능력이 결여되어 있고, ㉡ 폭발적이며 특정사안에 광적으로 집착하나 일상적으로는 무기력하며, ㉢ 타인의 고통에 대한 공감능력이 결여되어 있고, ㉣ 죄책감이 결여되어 있으며, ㉤ 교활하며 상습적 거짓말로 자신을 합리화하는 특징이 있다고 한다. 23. 보호7

③ 헤어(R. Hare)는 사이코패스의 진단방법으로 PCL-R을 개발하였다.

④ 사이코패스의 특성은 생물학적 요인과 사회적 요인의 상호작용을 통해 형성되는데, 생물학적 요인이 더 강하다고 한다.

(5) 검토

① 정신병질이 범죄의 주된 원인인가의 문제보다는 오히려 정신병질에 기한 범죄로 드러난 경우에 그에 대한 대책이 중요한 문제가 된다.

② 정신병질자는 정신병 환자와 근본적으로 다르므로, 정신치료보다는 성격교정에 중심을 두어야 한다. 이 점에서 치료감호의 교정 프로그램을 다양하게 구성할 필요가 있다.

★ 핵심 POINT	정신병질과 범죄의 관련성
관련성 높음	기분이변성 > 무정성 > 발양성 > 폭발성 > 과장성
관련성 낮음	무력성, 우울성, 자신결핍성

4. 정신박약과 범죄

(1) 의의

정신박약은 지능발달에 결함이 있거나 지능발달이 일반인에 비해 현저하게 늦은 것을 의미한다(정신지체, 지적 장애).

(2) 연구내용

① 고다드(H. Goddard)는 범죄·비행의 원인 가운데 가장 중요(약 50% 정도)한 것이 정신박약이라고 하면서, 정신박약자는 특별한 억제조건이 주어지지 않는 한 범죄자가 된다고 보았다. 또한 정신박약자의 범죄를 예방하기 위해서는 단종·격리 등의 방법이 필요하다고 주장하였다. 23. 보호7

② 정신박약이 정신병질과 결합하여 나타나는 경우에는 사회적 위험성이 커지고 범죄학상 중요한 의미를 갖게 되는데, 특히 정신박약자들은 판단력·통찰력이 약하여 충동적으로 행동하고 범죄성이 커져 일반적으로 성범죄·방화죄 등에서 높은 비율을 보인다고 한다.

(3) 검토

최근에는 지능과 범죄는 큰 상관관계가 없다는 것이 일반적이다. 정신박약자에 대해서는 일반적인 치료가 큰 효과를 거두지 못하는 것으로 알려져 있다. 따라서 필요한 보호와 함께 그 능력에 따른 직업훈련을 행하여 자립을 촉진시킬 필요가 있다.

3 범죄의 미시환경적 원인

1 가정환경과 범죄

1. 가정환경 문제

(1) 결손가정

① 유형

형태적 결손가정	㉠ 양친 모두 또는 어느 한 사람이 없는 가정(일반적 의미)
	㉡ 사별·이혼·별거·유기·실종·수형·장기부재 등이 원인
기능적 결손가정	㉠ 양친이 모두 있더라도 가정의 본질적인 기능인 생활의 상호보장과 자녀에 대한 심리적·신체적 양육이 결여되어 있는 가정
	㉡ 양친의 불화·갈등·방임 및 가족의 부도덕 등이 원인

② 결손가정이 아동의 인격 형성에 미치는 영향에 대해 학령기 전에는 모친결손이 심리적으로 큰 영향을 미치고, 취학 후에는 부친결손이 더 큰 영향을 미친다는 것이 일반적이다.

결혼과 범죄

1. 혼인과 범죄와의 관계는 대개 남자는 결혼이 범죄억제요소로 작용하고, 여자는 범죄유발요인이 될 수 있다는 견해가 있다.
2. 기혼남성의 범죄율이 저하되는 것은 가족에 대한 부양책임과 아울러 유흥을 삼가하기 때문이라고 하며, 기혼여성의 범죄율이 높은 것은 결혼으로 인해 사회와의 접촉이 넓어지고 감정대립의 가능성이 커지게 되는 데 기인하는 것이라고 한다.

③ 미국의 연구에 의하면 결손가정은 소년범죄의 중요한 원인이 된다는 것이 일반적이다[서덜랜드(Sutherland), 힐리(Healy) 등].

④ 우리나라에서는 결손가정과 비행의 직접적 연관성이 통계적으로는 입증되지 않고 있다. 다만, 우리나라에서는 부모의 유무에 따른 형태적 결손가정보다 부모가 있음에도 부모 또는 가정이 그 필요한 역할을 다하지 못하는 기능적 결손가정이 더 심각한 문제로 보인다.

(2) 빈곤가정

① 의의: 빈곤가정이란 사회의 평균치에 밑도는 낮은 소득수준으로 인하여 경제적으로 어려운 가정을 말한다. 경제적 사정은 인격형성에 중대한 영향을 미치므로, 가정의 빈곤은 여러 의미에서 비행과 범죄를 유발하는 동기가 된다.

② 비행소년과 가정환경의 상관성에 대해서는 ㉠ 가정의 빈곤이 범죄에 큰 영향을 미친다는 글룩 부부(S. Glueck & E. Glueck)의 견해와, ㉡ 경제상태는 범죄에 매우 적은 영향을 미친다는 힐리(Healy)의 견해가 대립한다.

③ 빈곤가정 자체가 범죄에 직접 영향을 미친다기보다는 가정의 빈곤이 가져오는 간접적 작용(⑩ 주택난, 열악한 근친관계, 부모가 절도·걸식 등을 교사, 부의 무능·무자력·알코올중독·무절제, 규율유지 불능 등)에 관심을 두어야 할 것이다.

④ 우리나라의 소년범죄에서 빈곤가정 청소년의 비율은 점차 감소하고 있기는 하지만 여전히 높게 나타나고 있다. 이는 아직도 소년의 비행·범죄에 가정의 빈곤이 매우 중요한 범죄원인이 되고 있음을 의미한다. 다만, 최근에는 중류층 가정의 소년범죄가 증가하고 있는 추세이다.

2. 가정폭력 문제

(1) 가정폭력의 개념 및 유형

① 개념: 일반적으로 가정폭력은 가정구성원 사이의 신체적·정신적·재산상의 피해를 수반하는 행위라고 본다.

② 가정폭력의 유형

신체적 폭력	가해자가 피해자의 신체에 대하여 직접 폭행을 하거나 도구로 물리적 공격을 하여 상해 등을 입히는 행위
정신적 폭력	가해자가 피해자에게 심리적 압박감 또는 공포심리를 조장하여 정신적으로 피해를 가하는 행위
성적 폭력	가해자가 피해자에게 성적으로 고통을 주는 행위
방임	경제적 자립능력이 부족하고 일상생활에 도움이 필요한 아동이나 노인 등을 책임지지 않거나 유기하는 행위

기타 문제되는 가정환경

1. 부도덕가정
   반드시 범죄자가 아니더라도 어떠한 의미에서든 사회적 부적응자가 가족의 구성원으로 되어 있는 가정이다(의제 결손가정, 비행가정). 부도덕가정의 소년은 정서적 불안정, 가정상황의 불안정으로 인해 범죄·비행적 하층문화에 익숙하게 될 가능성이 크다.

2. 갈등가정
   가족 간에 감정·가치관·종교관·교육관 등에 대한 심한 갈등이 존재하여 융화되지 못하는 가정이다. 이러한 갈등은 직·간접으로 소년비행에 영향을 미치게 된다.

3. 시설가정
   고아원·보육원과 같은 양육시설이 가정의 역할을 대신하는 경우이다. 시설가정의 아동은 시설직원(감독자)과의 사이에 애정·친밀성을 느낄 기회가 없기 때문에 반항적·거부적 태도를 나타내기 쉽고, 반사회적 행위에 빠지기 쉽다고 한다. 그러나 우리나라에서는 시설가정과 소년비행 사이에 직접적 인과관계가 있다고 보기는 어렵다고 한다.

4. 애정결핍가정
   표면적으로 정상가정의 모습을 가지고 있지만, 실제로는 가족구성원 간에 애정이 결핍되어 있으므로 청소년의 성격형성에 악영향을 미칠 수 있는 가정을 말한다.

5. 훈육결함가정
   자녀에게 필요한 올바른 가정교육과 감독이 이루어지지 않고 있는 가정을 말한다.

청소년의 가출 문제

1. 가출의 정의
   가출이란 정신적 갈등의 해결, 생활목표의 달성 등을 위해 가족을 떠나 안주의 장소를 구하려는 일종의 도피행위라고 할 수 있다.

2. 가출의 동기
   가출의 동기는 크게 개인적 요인(심리적 불안, 가치관의 혼동)과 사회적 요인(가정불화, 학교 부적응, 불량한 교우관계)으로 구분할 수 있고, 근래에는 사회적 요인을 강조하는 추세이다.

3. 평가
   청소년이 집을 뛰쳐나와 거리를 방황한다는 사실 자체가 이미 직접적으로 각종 비행과 관련을 맺을 수밖에 없다는 점에서 매우 중요한 사회문제이다.

(2) 형사정책적 중요성

① 형법은 사회통제체계 안에서 보충성을 가지므로 가정문제에 대한 개입을 자제한다.

② 가정폭력 자체의 심각성도 문제가 되지만, 폭력의 세습화도 무시할 수 없는 악영향 중 하나이다(소년범죄의 원인).

③ 문제가 되는 가정폭력은 대부분 상습적으로 은밀하게 자행된다(암수범죄).

(3) 원인

① 가정폭력의 주된 원인으로는 가족구성원 간의 인격적 존중의 결여, 사회 전반에 만연된 폭력문화의 영향 등을 들 수 있다.

② 상습적으로 발생하는 가정폭력은 대부분 병적 원인에 기인하는 것으로 보아야 한다. 그렇지 않고서 가해자나 피해자 모두 일상생활에서 흔히 있을 수 있는 가벼운 일로 치부하는 것은 문제를 은폐시킴으로써 해결을 어렵게 만든다.

(4) 「가정폭력범죄의 처벌 등에 관한 특례법」의 주요 내용

> **제1조【목적】** 이 법은 <u>가정폭력범죄의 형사처벌 절차에 관한 특례를 정하고 가정폭력범죄를 범한 사람에 대하여 환경의 조정과 성행의 교정을 위한 보호처분을</u> 함으로써 가정폭력범죄로 파괴된 가정의 평화와 안정을 회복하고 건강한 가정을 가꾸며 피해자와 가족구성원의 인권을 보호함을 목적으로 한다.
>
> **제2조【정의】** 이 법에서 사용하는 용어의 뜻은 다음과 같다.
> 1. '가정폭력'이란 가정구성원 사이의 <u>신체적·정신적 또는 재산상 피해를 수반</u>하는 행위를 말한다.
> 2. '가정구성원'이란 다음 각 목의 어느 하나에 해당하는 사람을 말한다.
>   가. 배우자(<u>사실상 혼인관계에 있는 사람을 포함한다. 이하 같다</u>) 또는 배우자였던 사람
>   나. 자기 또는 배우자와 직계존비속 관계(사실상의 양친자 관계를 포함한다. 이하 같다)에 있거나 있었던 사람
>   다. 계부모와 자녀의 관계 또는 적모(嫡母)와 서자(庶子)의 관계에 있거나 있었던 사람
>   라. 동거하는 친족
> 3. '가정폭력범죄'란 가정폭력으로서 다음 각 목(생략)의 어느 하나에 해당하는 죄를 말한다.
> 5. '피해자'란 가정폭력범죄로 인하여 <u>직접적으로 피해를 입은 사람</u>을 말한다.
>
> **제3조【다른 법률과의 관계】** 가정폭력범죄에 대하여는 이 법을 우선 적용한다. 다만, <u>아동학대범죄</u>(→ 보호자에 의한 아동학대)에 대하여는 「아동학대범죄의 처벌 등에 관한 특례법」을 우선 적용한다.
>
> **제3조의2【형벌과 수강명령 등의 병과】** ① 법원은 가정폭력행위자에 대하여 <u>유죄판결</u>(선고유예는 제외한다)을 선고하거나 약식명령을 고지하는 경우에는 <u>200시간의 범위에서 재범예방에 필요한 수강명령</u>(「보호관찰 등에 관한 법률」에 따른

가정폭력범죄의 종류

가정폭력범죄에는 상해·폭행·유기·학대(아동혹사 포함)·체포·감금·협박·명예훼손(모욕 포함)·강요·공갈·손괴 등의 죄(미수범 포함) 및 성폭력범죄, 주거침입(퇴거불응 포함), 카메라 등을 이용한 촬영범죄 등이 포함된다(제2조 제3호 각 목).

형벌과 수강명령 등의 병과

가정폭력행위자에 대하여 유죄판결(선고유예 제외)을 선고하거나 약식명령을 고지하는 경우에는 수강명령 또는 가정폭력 치료프로그램의 이수명령을 병과할 수 있도록 하였다(제3조의2 신설).

수강명령을 말한다. 이하 같다) 또는 가정폭력 치료프로그램의 이수명령(이하 '이수명령'이라 한다)을 병과할 수 있다.

제5조【가정폭력범죄에 대한 응급조치】 진행 중인 가정폭력범죄에 대하여 신고를 받은 사법경찰관리는 즉시 현장에 나가서 다음 각 호의 조치를 하여야 한다.
1. 폭력행위의 제지, 가정폭력행위자ㆍ피해자의 분리
1의2. 「형사소송법」 제212조에 따른 현행범인의 체포 등 범죄수사
2. 피해자를 가정폭력 관련 상담소 또는 보호시설로 인도(피해자가 동의한 경우만 해당한다)
3. 긴급치료가 필요한 피해자를 의료기관으로 인도
4. 폭력행위 재발 시 제8조에 따라 임시조치를 신청할 수 있음을 통보
5. 제55조의2에 따른 피해자보호명령 또는 신변안전조치를 청구할 수 있음을 고지

제6조【고소에 관한 특례】 ② 피해자는 「형사소송법」 제224조*에도 불구하고 가정폭력행위자가 자기 또는 배우자의 직계존속인 경우에도 고소할 수 있다. 법정대리인이 고소하는 경우에도 또한 같다.
③ 피해자에게 고소할 법정대리인이나 친족이 없는 경우에 이해관계인이 신청하면 검사는 10일 이내에 고소할 수 있는 사람을 지정하여야 한다.

제9조【가정보호사건의 처리】 ① 검사는 가정폭력범죄로서 사건의 성질ㆍ동기 및 결과, 가정폭력행위자의 성행 등을 고려하여 이 법에 따른 보호처분을 하는 것이 적절하다고 인정하는 경우에는 가정보호사건으로 처리할 수 있다. 이 경우 검사는 피해자의 의사를 존중하여야 한다.

제9조의2【상담조건부 기소유예】 검사는 가정폭력사건을 수사한 결과 가정폭력행위자의 성행 교정을 위하여 필요하다고 인정하는 경우에는 상담조건부 기소유예를 할 수 있다.

제29조【임시조치】 ① 판사는 가정보호사건의 원활한 조사ㆍ심리 또는 피해자 보호를 위하여 필요하다고 인정하는 경우에는 결정으로 가정폭력행위자에게 다음 각 호의 어느 하나에 해당하는 임시조치를 할 수 있다.
1. 피해자 또는 가정구성원의 주거 또는 점유하는 방실(房室)로부터의 퇴거 등 격리
2. 피해자 또는 가정구성원이나 그 주거ㆍ직장 등에서 100미터 이내의 접근 금지
3. 피해자 또는 가정구성원에 대한 「전기통신기본법」 제2조 제1호의 전기통신을 이용한 접근 금지
4. 의료기관이나 그 밖의 요양소에의 위탁
5. 국가경찰관서의 유치장 또는 구치소에의 유치
6. 상담소 등에의 상담위탁

제40조【보호처분의 결정 등】 ① 판사는 심리의 결과 보호처분이 필요하다고 인정하는 경우에는 결정으로 다음 각 호의 어느 하나에 해당하는 처분을 할 수 있다. 16. 보호7
1. 가정폭력행위자가 피해자 또는 가정구성원에게 접근하는 행위의 제한

사법경찰관리의 응급조치

진행 중인 가정폭력범죄에 대하여 신고를 받은 사법경찰관리의 응급조치 사항에 현행범인의 체포를 명시하고, 피해자에게 피해자보호명령 또는 신변안전조치를 청구할 수 있음을 고지하도록 하였다(제5조).

* 「형사소송법」 제224조【고소의 제한】
자기 또는 배우자의 직계존속을 고소하지 못한다.

임시조치 관련 개정

판사가 가정보호사건의 원활한 조사ㆍ심리 또는 피해자 보호를 위하여 결정으로 할 수 있는 임시조치 중 접근 금지조치를 특정 장소가 아닌 '피해자 또는 가정구성원으로부터 100미터 이내'에 대해서도 가능하도록 하고, 임시조치에 상담소 등에의 상담위탁을 추가하였다(제29조).

2. 가정폭력행위자가 피해자 또는 가정구성원에게 「전기통신기본법」 제2조제1호의 전기통신을 이용하여 접근하는 행위의 제한

3. 가정폭력행위자가 친권자인 경우 피해자에 대한 친권 행사의 제한

4. 「보호관찰 등에 관한 법률」에 따른 사회봉사·수강명령

5. 「보호관찰 등에 관한 법률」에 따른 보호관찰

6. 법무부장관 소속으로 설치한 감호위탁시설 또는 법무부장관이 정하는 보호시설에의 감호위탁

7. 의료기관에의 치료위탁

8. 상담소 등에의 상담위탁

② 제1항 각 호의 처분은 병과할 수 있다.

제41조【보호처분의 기간】 제40조 제1항 제1호부터 제3호까지 및 제5호부터 제8호까지의 보호처분의 기간은 6개월을 초과할 수 없으며, 같은 항 제4호의 사회봉사·수강명령의 시간은 200시간을 각각 초과할 수 없다. 21. 교정7

제55조의2【피해자보호명령 등】 ① 판사는 피해자의 보호를 위하여 필요하다고 인정하는 때에는 피해자, 그 법정대리인 또는 검사의 청구에 따라 결정으로 가정폭력행위자에게 다음 각 호의 어느 하나에 해당하는 피해자보호명령을 할 수 있다.

1. 피해자 또는 가정구성원의 주거 또는 점유하는 방실로부터의 퇴거 등 격리

2. 피해자 또는 가정구성원이나 그 주거, 직장 등에서 100미터 이내의 접근 금지

3. 피해자 또는 가정구성원에 대한 「전기통신사업법」 제2조 제1호의 전기통신을 이용한 접근 금지

4. 친권자인 가정폭력행위자의 피해자에 대한 친권행사의 제한

5. 가정폭력행위자의 피해자에 대한 면접교섭권행사의 제한

② 제1항 각 호의 피해자보호명령은 이를 병과할 수 있다.

제57조【배상명령】 ① 법원은 제1심의 가정보호사건 심리절차에서 보호처분을 선고할 경우 직권으로 또는 피해자의 신청에 의하여 다음 각 호의 금전 지급이나 배상(이하 '배상'이라 한다)을 명할 수 있다.

1. 피해자 또는 가정구성원의 부양에 필요한 금전의 지급

2. 가정보호사건으로 인하여 발생한 직접적인 물적 피해 및 치료비 손해의 배상

② 법원은 가정보호사건에서 가정폭력행위자와 피해자 사이에 합의된 배상액에 관하여도 제1항에 따라 배상을 명할 수 있다.

피해자보호명령제도의 도입

피해자가 스스로 안전과 보호를 위한 방책을 마련하여 이를 직접 법원에 청구할 수 있도록 하는 피해자보호명령제도를 도입하여, 피해자 보호를 강화하였다(제55조의2).

피해자보호명령 관련 개정

검사도 피해자보호명령의 청구 등을 할 수 있도록 하고, 피해자보호명령 중 접근금지를 특정 장소가 아닌 '피해자 또는 가정구성원으로부터 100미터 이내'에 대해서도 가능하도록 하며, 피해자보호명령에 면접교섭권행사의 제한을 추가하는 한편, 피해자보호명령의 기간 및 합산 처분기간을 연장하였다(제55조의2, 제55조의3).

★ **핵심 POINT | 배상명령제도의 비교**

구분	「소송촉진 등에 관한 특례법」	「가정폭력범죄의 처벌 등에 관한 특례법」
대상	• 제1심·제2심의 형사공판 절차에서 유죄판결을 선고할 경우 • 법원의 직권 또는 피해자의 신청	• 제1심의 가정보호사건 심리 절차에서 보호처분을 선고할 경우 • 법원의 직권 또는 피해자의 신청
범위	직접적인 물적 피해, 치료비 손해, 위자료	부양에 필요한 금전의 지급, 직접적인 물적 피해, 치료비 손해

3. 아동학대 문제

(1) 아동학대의 개념 및 유형

① 아동학대(child abuse)란 보호자를 포함한 성인이 아동의 건강·복지를 해치거나 정상적 발달을 저해할 수 있는 신체적·정신적·성적 폭력이나 가혹행위를 하는 것과 아동의 보호자가 아동을 유기하거나 방임하는 것을 말한다(「아동복지법」 제3조 제7호). 아동은 18세 미만인 사람을 말한다(동법 제3조 제1호).

② 아동학대의 유형으로는 신체적 학대, 정서적 학대, 성적 학대, 방임 등이 있고, 피해유형이 중복되는 경우(중복 학대)가 많다.

③ 피해아동의 연령은 만 13~15세, 만 10~12세 순으로 많고, 학대행위자가 부모인 경우가 가장 많다.

(2) 「아동학대범죄의 처벌 등에 관한 특례법」의 주요 내용

「아동학대범죄의 처벌 등에 관한 특례법」은 아동학대범죄의 처벌 및 그 절차에 관한 특례와 피해아동에 대한 보호절차 및 아동학대행위자에 대한 보호처분을 규정함으로써 아동을 보호하여 아동이 건강한 사회구성원으로 성장하도록 함을 목적으로 한다(제1조). 동법의 주요 내용은 아래와 같다.

제2조【정의】 이 법에서 사용하는 용어의 뜻은 다음과 같다.

4. "아동학대범죄"란 보호자에 의한 아동학대로서 다음 각 목(생략)의 어느 하나에 해당하는 죄(→ 상해, 폭행, 유기, 학대, 체포, 감금, 협박, 약취, 유인, 인신매매, 강간, 추행, 명예훼손, 주거·신체 수색, 강요, 공갈, 손괴, 아동학대살인·치사·중상해 등)를 말한다.

제3조【다른 법률과의 관계】 아동학대범죄에 대하여는 이 법을 우선 적용한다. 다만, 「성폭력범죄의 처벌 등에 관한 특례법」, 「아동·청소년의 성보호에 관한 법률」에서 가중처벌되는 경우에는 그 법에서 정한 바에 따른다.

제7조【아동복지시설의 종사자 등에 대한 가중처벌】 제10조 제2항 각 호에 따른 아동학대 신고의무자가 보호하는 아동에 대하여 아동학대범죄를 범한 때에는 그 죄에 정한 형의 2분의 1까지 가중한다.

제8조【형벌과 수강명령 등의 병과】 ① 법원은 아동학대행위자에 대하여 <u>유죄판결(선고유예는 제외한다)</u>을 선고하면서 <u>200시간의 범위에서</u> 재범예방에 필요한 <u>수강명령</u>(「보호관찰 등에 관한 법률」에 따른 수강명령을 말한다. 이하 같다) 또는 아동학대 치료프로그램의 이수명령(이하 "이수명령"이라 한다)을 병과할 수 있다.

제9조【친권상실청구 등】 ① 아동학대행위자가 제5조 또는 제6조의 범죄를 저지른 때에는 <u>검사는</u> 그 사건의 아동학대행위자가 피해아동의 친권자나 후견인인 경우에 법원에 「민법」 제924조의 친권상실의 선고 또는 같은 법 제940조의 후견인의 변경 심판을 청구하여야 한다. 다만, 친권상실의 선고 또는 후견인의 변경 심판을 하여서는 아니 될 특별한 사정이 있는 경우에는 그러하지 아니하다.

「가정폭력범죄의 처벌 등에 관한 특례법」상의 조치 비교

1. 응급조치(사법경찰관리)
① 폭력행위의 제지, 가정폭력행위자·피해자의 분리
② 현행범인의 체포 등 범죄수사
③ 피해자를 가정폭력 관련 상담소 또는 보호시설로 인도(피해자가 동의한 경우)
④ 긴급치료가 필요한 피해자를 의료기관으로 인도
⑤ 폭력행위 재발 시 임시조치를 신청할 수 있음을 통보
⑥ 피해자보호명령 또는 신변안전조치를 청구할 수 있음을 고지

2. 임시조치(판사)
① 피해자 또는 가정구성원의 주거 또는 점유하는 방실로부터의 퇴거 등 격리
② 피해자 또는 가정구성원이나 그 주거, 직장 등에서 100미터 이내의 접근 금지
③ 피해자 또는 가정구성원에 대한 전기통신을 이용한 접근 금지
④ 의료기관이나 그 밖의 요양소에의 위탁
⑤ 국가경찰관서의 유치장 또는 구치소에의 유치
⑥ 상담소 등에의 상담위탁

3. 보호처분(판사)
① 가정폭력행위자가 피해자 또는 가정구성원에게 접근하는 행위의 제한
② 가정폭력행위자가 피해자 또는 가정구성원에게 전기통신을 이용하여 접근하는 행위의 제한
③ 가정폭력행위자가 친권자인 경우 피해자에 대한 친권행사의 제한
④ 사회봉사·수강명령
⑤ 보호관찰
⑥ 보호시설에의 감호위탁
⑦ 의료기관에의 치료위탁
⑧ 상담소 등에의 상담위탁

4. 피해자보호명령(판사)
① 피해자 또는 가정구성원의 주거 또는 점유하는 방실로부터의 퇴거 등 격리
② 피해자 또는 가정구성원이나 그 주거, 직장 등에서 100미터 이내의 접근 금지
③ 피해자 또는 가정구성원에 대한 전기통신을 이용한 접근 금지
④ 친권자인 가정폭력행위자의 피해자에 대한 친권행사의 제한
⑤ 가정폭력행위자의 피해자에 대한 면접교섭권행사의 제한

제10조의4 【고소에 대한 특례】 ② 피해아동은 「형사소송법」 제224조에도 불구하고 아동학대행위자가 자기 또는 배우자의 직계존속인 경우에도 고소할 수 있다. 법정대리인이 고소하는 경우에도 또한 같다.

③ 피해아동에게 <u>고소할 법정대리인이나 친족이 없는 경우</u>에 이해관계인이 신청하면 <u>검사는 10일 이내에 고소할 수 있는 사람을 지정하여야 한다.</u>

제11조 【현장출동】 ① 아동학대범죄 신고를 접수한 사법경찰관리나 「아동복지법」 제22조 제4항에 따른 아동학대전담공무원(이하 "아동학대전담공무원"이라 한다)은 지체 없이 아동학대범죄의 현장에 출동하여야 한다. 이 경우 수사기관의 장이나 시·도지사 또는 시장·군수·구청장은 서로 동행하여 줄 것을 요청할 수 있으며, 그 요청을 받은 수사기관의 장이나 시·도지사 또는 시장·군수·구청장은 정당한 사유가 없으면 사법경찰관리나 아동학대전담공무원이 아동학대범죄 현장에 동행하도록 조치하여야 한다.

② 아동학대범죄 신고를 접수한 사법경찰관리나 아동학대전담공무원은 아동학대범죄가 행하여지고 있는 것으로 신고된 현장 또는 피해아동을 보호하기 위하여 필요한 장소에 출입하여 아동 또는 아동학대행위자 등 관계인에 대하여 조사를 하거나 질문을 할 수 있다. 다만, 아동학대전담공무원은 다음 각 호를 위한 범위에서만 아동학대행위자 등 관계인에 대하여 조사 또는 질문을 할 수 있다.

1. 피해아동<u>의 보호</u>
2. 「아동복지법」 제22조의4의 사례관리계획에 따른 <u>사례관리</u>(이하 "사례관리"라 한다)

제12조 【피해아동 등에 대한 응급조치】 ① 제11조 제1항에 따라 현장에 출동하거나 아동학대범죄 현장을 발견한 경우 또는 학대현장 이외의 장소에서 학대피해가 확인되고 재학대의 위험이 급박·현저한 경우, <u>사법경찰관리 또는 아동학대전담공무원</u>은 피해아동, 피해아동의 형제자매인 아동 및 피해아동과 동거하는 아동(이하 "피해아동등"이라 한다)의 보호를 위하여 즉시 다음 각 호의 조치(이하 "응급조치"라 한다)를 하여야 한다. 이 경우 제3호의 조치를 하는 때에는 피해아동등의 이익을 최우선으로 고려하여야 하며, 피해아동등을 보호하여야 할 필요가 있는 등 특별한 사정이 있는 경우를 제외하고는 피해아동등의 의사를 존중하여야 한다.

1. 아동학대범죄 행위의 제지
2. 아동학대행위자를 피해아동등으로부터 격리
3. 피해아동등을 아동학대 관련 보호시설로 인도
4. 긴급치료가 필요한 피해아동을 의료기관으로 인도

제13조 【아동학대행위자에 대한 긴급임시조치】 ① <u>사법경찰관</u>은 제12조 제1항에 따른 응급조치에도 불구하고 아동학대범죄가 재발될 우려가 있고, <u>긴급을 요하여</u> 제19조 제1항에 따른 <u>법원의 임시조치 결정을 받을 수 없을 때</u>에는 직권이나 피해아동등, 그 법정대리인(아동학대행위자를 제외한다. 이하 같다), 변호사(제16조에 따른 변호사를 말한다. 제48조 및 제49조를 제외하고는 이하 같다), 시·도지사, 시장·군수·구청장 또는 아동보호전문기관의 장의 신청에 따라 제19조 제1항 제1호부터 제3호까지(→ 임시조치 중 피해아동등 또는 가정구성원의 <u>주거로부터 퇴거 등 격리</u>, 피해아동등 또는 가정구성원의 <u>주거, 학교 또는 보호</u>

시설 등에서 100미터 이내의 접근 금지, 피해아동등 또는 가정구성원에 대한 전기통신을 이용한 접근 금지)의 어느 하나에 해당하는 조치를 할 수 있다.

② 사법경찰관은 제1항에 따른 조치(이하 "긴급임시조치"라 한다)를 한 경우에는 즉시 긴급임시조치결정서를 작성하여야 하고, 그 내용을 시·도지사 또는 시장·군수·구청장에게 지체 없이 통지하여야 한다.

제16조【피해아동에 대한 변호사 선임의 특례】 ① 아동학대범죄의 피해아동 및 그 법정대리인은 형사 및 아동보호 절차상 입을 수 있는 피해를 방지하고 법률적 조력을 보장하기 위하여 변호사를 선임할 수 있다.

제19조【아동학대행위자에 대한 임시조치】 ① 판사는 아동학대범죄의 원활한 조사·심리 또는 피해아동등의 보호를 위하여 필요하다고 인정하는 경우에는 결정으로 아동학대행위자에게 다음 각 호의 어느 하나에 해당하는 조치(이하 "임시조치"라 한다)를 할 수 있다.

1. 피해아동등 또는 가정구성원(「가정폭력범죄의 처벌 등에 관한 특례법」 제2조 제2호에 따른 가정구성원을 말한다. 이하 같다)의 주거로부터 퇴거 등 격리
2. 피해아동등 또는 가정구성원의 주거, 학교 또는 보호시설 등에서 100미터 이내의 접근 금지
3. 피해아동등 또는 가정구성원에 대한 「전기통신기본법」 제2조 제1호의 전기 통신을 이용한 접근 금지
4. 친권 또는 후견인 권한 행사의 제한 또는 정지
5. 아동보호전문기관 등에의 상담 및 교육 위탁
6. 의료기관이나 그 밖의 요양시설에의 위탁
7. 경찰관서의 유치장 또는 구치소에의 유치

제36조【보호처분의 결정 등】 ① 판사는 심리의 결과 보호처분이 필요하다고 인정하는 경우에는 결정으로 다음 각 호의 어느 하나에 해당하는 보호처분을 할 수 있다.

1. 아동학대행위자가 피해아동 또는 가정구성원에게 접근하는 행위의 제한
2. 아동학대행위자가 피해아동 또는 가정구성원에게 「전기통신기본법」 제2조 제1호의 전기통신을 이용하여 접근하는 행위의 제한
3. 피해아동에 대한 친권 또는 후견인 권한 행사의 제한 또는 정지
4. 「보호관찰 등에 관한 법률」에 따른 사회봉사·수강명령
5. 「보호관찰 등에 관한 법률」에 따른 보호관찰
6. 법무부장관 소속으로 설치한 감호위탁시설 또는 법무부장관이 정하는 보호 시설에의 감호위탁
7. 의료기관에의 치료위탁
8. 아동보호전문기관, 상담소 등에의 상담위탁

제47조【가정법원의 피해아동에 대한 보호명령】 ① 판사는 직권 또는 피해아동, 그 법정대리인, 변호사, 시·도지사 또는 시장·군수·구청장의 청구에 따라 결정으로 피해아동의 보호를 위하여 다음 각 호의 피해아동보호명령을 할 수 있다.

1. 아동학대행위자를 피해아동의 주거지 또는 점유하는 방실(房室)로부터의 퇴거 등 격리

2. 아동학대행위자가 피해아동 또는 가정구성원에게 접근하는 행위의 제한
3. 아동학대행위자가 피해아동 또는 가정구성원에게 「전기통신기본법」 제2조 제1호의 전기통신을 이용하여 접근하는 행위의 제한
4. 피해아동을 아동복지시설 또는 장애인복지시설로의 보호위탁
5. 피해아동을 의료기관으로의 치료위탁
5의2. 피해아동을 아동보호전문기관, 상담소 등으로의 상담·치료위탁
6. 피해아동을 연고자 등에게 가정위탁
7. 친권자인 아동학대행위자의 피해아동에 대한 친권 행사의 제한 또는 정지
8. 후견인인 아동학대행위자의 피해아동에 대한 후견인 권한의 제한 또는 정지
9. 친권자 또는 후견인의 의사표시를 갈음하는 결정

제49조【국선보조인】 ① 다음 각 호의 어느 하나에 해당하는 경우 법원은 직권에 의하거나 피해아동 또는 피해아동의 법정대리인·직계친족·형제자매, 아동학대전담공무원, 아동보호전문기관의 상담원과 그 기관장의 신청에 따라 변호사를 피해아동의 보조인으로 선정하여야 한다.
1. 피해아동에게 신체적·정신적 장애가 의심되는 경우
2. 빈곤이나 그 밖의 사유로 보조인을 선임할 수 없는 경우
3. 그 밖에 판사가 보조인이 필요하다고 인정하는 경우

2 학교교육과 범죄

1. 학교교육제도와 범죄

(1) 범죄억제설

학교교육은 개인에게 사회구성원으로서 정상적인 행위를 할 수 있도록 가르치며 반사회적 행동을 억제한다는 입장이다.

(2) 범죄조장설

학교교육이 입시교육에만 치우친 나머지 사회교육·인성교육이 제대로 이루어지지 않기 때문에 학교의 범죄억제 기능을 부정하는 입장이다.

(3) 검토

① 일반국민에 비하여 범죄자의 학력이 낮은 것은 세계 각국의 공통된 현상이라고 할 수 있으나, 저학력자의 범죄율이 높은 것은 사회가 저학력자의 적응에 적합하지 않은 환경을 만들기 때문이라고 보는 것이 옳다.
② 범죄 종류에 따라서는 학업에 대한 관련성도 차이가 난다고 한다. 예컨대 화이트칼라 범죄는 교육 정도에 비례한다.

2. 개인환경으로서의 학교교육

학교에의 적응 여부는 비행과 관계되는 것이고, 성적불량과 학업태만은 범죄·비행의 원인이 된다는 주장이 있다. 이와 관련하여 힐리와 브론너(Healy & Bronner)는 "학업태만은 범죄의 유치원이다."라고 하였다.

3. 학생범죄

(1) 우리나라의 학생범죄는 계속 증가하는 추세에 있다. 이를 죄종별로 보면 학생 범죄 가운데 <u>폭행·상해·협박 등의 폭력범이 가장 많은 비율</u>을 보이고 있다.

(2) 이와 같이 학생범죄가 양적으로 증가하고 질적으로도 지성적인 특징을 보이지 않고, 조포화(粗暴化)하는 경향을 보이는 것은 세계 각국의 공통된 경향이라고 할 수 있다.

조포화(粗暴化)
행동이 몹시 거칠고 사나운 모양, 난폭함을 의미한다.

4. 학교폭력 문제

(1) 학교폭력이란 학교 내외에서 학생을 대상으로 발생한 상해, 폭행, 감금, 협박, 약취·유인, 명예훼손·모욕, 공갈, 강요·강제적인 심부름 및 성폭력, 따돌림, 사이버 따돌림, 정보통신망을 이용한 음란·폭력 정보 등에 의하여 신체·정신 또는 재산상의 피해를 수반하는 행위를 말한다(「학교폭력예방 및 대책에 관한 법률」 제2조 제1호).

(2) 학교폭력은 ① 장기간에 걸친 집단따돌림 현상, ② 여학생에 의한 학교폭력 비율 증가, ③ 가해자 및 피해자의 저연령화, ④ 가해자의 죄책감 결여, ⑤ 가해자와 피해자의 구별이 불분명(피해자가 가해자로 전환), ⑥ 정서적 폭력(언어폭력)의 증가, ⑦ 집단화 현상 등을 특징으로 한다.

(3) 「학교폭력예방 및 대책에 관한 법률」은 학교폭력의 예방과 대책에 필요한 사항을 규정함으로써 피해학생의 보호, 가해학생의 선도·교육 및 피해학생과 가해학생간의 분쟁조정을 통하여 학생의 인권을 보호하고 학생을 건전한 사회구성원으로 육성함을 목적으로 한다.

> **제17조【가해학생에 대한 조치】** ① 심의위원회(→ 학교폭력대책심의위원회)는 피해학생의 보호와 가해학생의 선도·교육을 위하여 가해학생에 대하여 다음 각 호의 어느 하나에 해당하는 조치(수 개의 조치를 동시에 부과하는 경우를 포함한다)를 할 것을 교육장에게 요청하여야 하며, 각 조치별 적용 기준은 대통령령으로 정한다. 다만, 퇴학처분은 의무교육과정에 있는 가해학생에 대하여는 적용하지 아니한다.
> 1. 피해학생에 대한 서면사과
> 2. 피해학생 및 신고·고발 학생에 대한 접촉, 협박 및 보복행위의 금지
> 3. 학교에서의 봉사
> 4. 사회봉사
> 5. 학내외 전문가, 교육감이 정한 기관에 의한 특별 교육이수 또는 심리치료
> 6. 출석정지
> 7. 학급교체
> 8. 전학
> 9. 퇴학처분

3 직업과 범죄

1. 의의

(1) 영향

직업의 유무는 범죄에 큰 영향을 미친다. 무직자는 경제적 이유로 재산범죄를 저지르는 경우가 많고, 장기 실업자는 정신적 이유로 범죄유혹에 빠지기 쉽기 때문이다.

(2) 직업별 범죄율

전통적으로 공무원·전문자유업자·농림업자·가사사용인의 범죄율이 낮은 편이고, 일정한 직업이 없는 자유노동자·상공업자·교통업 종사자 등의 범죄율이 비교적 높은 편이라고 한다.

(3) 실업의 영향

계절적·경기적 실업은 단기적인 것으로서 자연적·경제적 조건 및 자본주의 경제의 조절 기능에 의하여 어느 정도 해소될 수 있으므로 큰 문제가 없다고 본다. 반면에 만성적 실업은 장기적으로 생활곤란을 초래하고, 장기화되는 경우에는 인격형성에 큰 영향을 미치게 된다. 이는 가정환경이 어려워짐에 따라 소년비행이 증가하는 결과를 가져오게 된다.

2. 화이트칼라 범죄

(1) 의의

① 화이트칼라 범죄(White-collar Crime)는 '사회·경제적 지위가 높은 사람들이 그 직업상 저지르는 범죄'를 말한다(Sutherland). 18. 보호7☆

② 서덜랜드((Sutherland)의 주장에 의하면, 다른 범죄는 사회제도·조직에 그다지 큰 영향을 미치지 아니하나, 화이트칼라 범죄는 신뢰를 파괴하고 불신을 초래하며 대규모의 사회 해체를 유발하며 사회적 도덕을 저하시킨다고 한다. 22. 교정7

③ 근래에 들어 화이트칼라 범죄의 개념은 더욱 확대되고 있다. 그리하여 '하류계층보다 사회적 지위가 높고 비교적 존경받는 사람들이 자신의 직업수행 과정에서 행하는 직업적 범죄'라고 정의하는 것이 보통이다. 22. 교정7

④ 개인에 의한 경우뿐만 아니라 집단에 의한 경우도 포함한다(예 기업범죄 등). 10. 사시

(2) 원인에 대한 설명

① 심리적 소질론: 화이트칼라 범죄자는 비범죄자와 다른 심리학적 기질(예 기회만 주어진다면 남을 속이려는 타고난 소질, 법을 위반할 의향, 유혹에 대한 저항이 낮은 인성 등)을 가지고 있다.

② **차별적 접촉이론**: 화이트칼라 범죄자는 화이트칼라 범죄를 부정적으로 규정하는 정직한 기업인들보다 그것을 긍정적으로 규정하는 다른 화이트칼라 범죄자와 더 많은 접촉을 했기 때문에 그 범죄행위를 학습하게 된다.

③ **중화기술이론**: 일상적 사회생활에서 사람들이 자신의 행동을 합리화하는 것처럼, 화이트칼라 범죄자들도 자신의 범행에 대해 책임의 부정, 가해의 부정, 피해자의 부정 등을 통해 합리화한다.

(3) 유형

① **조직체적 범죄**: 조직(민간부문, 정부부문)의 목적을 달성하기 위한 의도로 조직의 공식적 지원하에 이루어지는 경우이다.

사기기만형 범죄	허위광고, 사기, 탈세 등의 범죄
시장지배적 범죄	시장지배적 지위의 남용, 전문가 집단의 공모 등에 의한 불공정거래행위 또는 가격담합행위, 내부자거래 등의 범죄
뇌물매수형 범죄	행정조치나 묵인의 대가로 재산상 이익 또는 향응을 제공, 불법 정치자금의 제공 등의 범죄
기본권침해형 범죄	인권유린, 부정선거 등 권력을 이용하여 인간의 기본권을 침해하는 범죄

② **직업적 범죄**

기업부문의 범죄	⊙ 소비자 상대 범죄(기준 이하 상품의 제조판매, 부당한 가격담합 등)
	ⓛ 근로자 상대 범죄(산업재해 예방조치 미준수, 불량한 작업환경, 임금이나 세금의 포탈 등)
	ⓒ 지역사회 상대 범죄(환경파괴, 환경오염 등)
정부부문의 범죄	공무원의 뇌물수수·횡령 등
전문가부문의 범죄	전문가의 직무상 전문성을 이용한 사기, 금품수수 등

(4) 특징

① 화이트칼라 범죄는 직업적 전문지식을 활용하여 계획적이고 매우 은밀한 방법으로 이루어지는 특징을 가지고 있다. 따라서 전통적인 범죄에 비하여 범죄피해가 크고 그 결과로서 범죄로 인한 이익도 크기 때문에 그만큼 행위자의 입장에서 범죄유혹을 받기 쉽다.

② 업무활동에 섞여서 일어나기 때문에 적발이 용이하지 않을 뿐만 아니라 피해자의 피해의식도 약하며 증거수집도 어려운 점이 있다. 그러므로 암수범죄의 비율이 높고 선별적 형사소추가 가장 문제되는 범죄 유형이기도 하다. 22. 교정7☆

③ 인·허가 내지 세금징수와 관련한 공무원범죄, 정경유착관계에서 드러나는 매우 지능적인 뇌물수수와 돈세탁행위, 금융사고에서 나타나는 교묘한 사기·위조·횡령범죄, 기업범죄 등이 전형적인 화이트칼라 범죄에 속한다.

④ 형벌과 관련하여 보면 화이트칼라 범죄는 규범의식이 없는 경우가 많기 때문에(예 자기가 처벌받는 것은 운이 없기 때문이라고 보는 경향 등) 위법한 계를 명확히 하여 금지착오에 의한 범죄를 예방하는 것도 중요한 과제의 하나이다.

(5) 블루칼라 범죄와 화이트칼라 범죄의 비교 - 마에다(前田)

블루 칼라 범죄	프롤레타리아적	서민적	무력적	폭력적	약탈적	직접적	절망적	곤궁적
	상습적	단독적	충동적	발각적	저격적	원시적	유죄적	가중적
화이트 칼라 범죄	브르조아적	관료적	권력적	지능적	착취적	간접적	욕망적	이욕적
	직업적	조직적	계획적	은폐적	신분적	근대적	무죄적	감정적

(6) 대책

① 먼저 사회적 인식과 문화적 풍토의 개선을 통해 화이트칼라 범죄가 가지는 폐해의 심각성을 인식할 수 있도록 해야 한다.

② 대표적 화이트칼라 범죄인 기업범죄 등에 대해 처벌을 강화해야 한다. 현행 행정형법상 양벌규정의 미비를 보완하여 최고위층까지 처벌할 수 있도록 해야 하며, 보호관찰제도나 악덕기업공표제도 등도 고려해 볼 수 있을 것이다.

③ 화이트칼라 범죄는 청소년이나 하위계층의 모방이라는 부정적 영향을 미치므로 양형의 강화를 통해 일반인의 법 감정을 충족시키고 일반예방 효과를 도모시켜야 한다. 22. 교정7

01 롬브로조(Lombroso)는 격세유전이라는 생물학적 퇴행성에 근거하여 생래성 범죄인을 설명하였다. 23. 보호7 ( )

02 셀던(Sheldon)은 크고 근육질의 체형을 가진 자를 외배엽형(ectomorph)으로 분류하고 비행행위에 더 많이 관여하는 경향이 있다고 주장하였다. 23. 보호7 ( )

03 덕데일(Dugdale)은 범죄는 유전의 결과라는 견해를 밝힌 대표적인 학자이다. 21. 교정9 ( )

04 가계연구는 범죄에 대한 유전과 환경의 영향을 분리할 수 없는 단점을 갖는다. 23. 보호7 ( )

05 랑게(Lange)는 일란성쌍생아가 이란성쌍생아보다 유사한 행동경향을 보인다고 하였다. 21. 교정9 ( )

06 달가드(Dalgard)와 크링그렌(Kringlen)은 쌍생아 연구에서 환경적 요인이 고려될 때도 유전적 요인의 중요성은 변함 없다고 하였다. 21. 교정9 ( )

정답

01 ○ 롬브로조의 생래적 범죄인설에 대한 내용이다.

02 ✕ 셀던은 비행소년과 체형의 관계를 연구하여, 체형 분류에 따라 비행소년들의 신체적 특징을 조사하였는데, 비행소년의 평균체형은 '중배엽형'이 많이 나타났다고 한다.

03 ○ 덕데일(R. Dugdale)은 쥬크家 연구를 통해 부모와 자식의 범죄성은 상관관계가 매우 높다고 주장하였다(범죄성의 유전을 긍정).

04 ○ 범죄인 가계 연구는 범죄성의 유전 여부에 대한 연구를 하였으나, 환경의 영향을 해명하지 못하였다는 비판을 받는다.

05 ○ 랑에(J. Lange)는 범죄란 개인이 타고난 유전적 소질에 의해 저질러지는 것이라고 주장하면서, 일란성 쌍생아들이 이란성 쌍생아들보다 범죄일치율이 현저히 높다고 주장하였다.

06 ✕ 달가드와 크링글렌(Dalgard & Kringlen)은 쌍생아 연구에서 유전적 요인 이외에 환경적 요인을 함께 고려하여 연구하였는데, 일란성 쌍생아들이 다소 높은 범죄일치율을 보인 것을 유전적 요인이 아닌 양육과정상의 유사성에 기인하며, 실제 양육과정별로 분석을 하였을 때에는 일란성 쌍생아의 일치율은 이란성 쌍생아의 일치율과 큰 차이가 없었다고 하면서, 결국 범죄발생에서 유전적 요소의 중요성이란 존재하지 않는다고 주장하였다.

07 허칭스(Hutchings)와 메드닉(Mednick)은 입양아 연구에서 양부모보다 생부모의 범죄성이 아이의 범죄성에 더 큰 영향을 준다고 하였다. 21. 교정9 　　　　　　(　)

08 입양아 연구는 쌍생아 연구를 보충하여 범죄에 대한 유전의 영향을 조사할 수 있지만, 입양 환경의 유사성을 보장할 수 없기 때문에 연구결과를 일반화하기 어렵다. 23. 보호7 　　　　(　)

09 체스니 – 린드(Chesney–Lind)는 여성범죄자가 남성범죄자보다 더 엄격하게 처벌받으며, 특히 성(性)과 관련된 범죄에서는 더욱 그렇다고 주장하였다. 22. 보호7 　　　　　　(　)

10 프로이드(Freud)에 의하면, 인간의 무의식은 에고(ego)와 슈퍼에고(superego)로 구분된다. 24. 보호9 　(　)

11 프로이드(Freud)에 의하면, 슈퍼에고는 도덕적 원칙을 따르고 이드의 충동을 억제한다. 24. 보호9 　(　)

12 프로이트(Freud) 이론에 의하면, 성 심리의 단계적 발전 중에 필요한 욕구가 충족되지 못함으로써 야기된 긴장이 사회적으로 수용되지 못할 때 범죄행위를 유발하는 것으로 설명할 수 있다. 23. 보호7 　　　(　)

13 행태이론(behavior theory)에 의하면, 범죄행위는 어떤 행위에 대한 보상 혹은 처벌의 경험에 따라 학습된 것이다.
23. 보호7 　　　　　　　　　　　　　(　)

정답

07 ○ 허칭스와 메드닉(B. Hutchings & S. Mednick)은 생부와 양부 그리고 입양아 본인의 범죄기록을 모두 조사한 결과 생부와 양부 둘 중 한쪽만 범죄를 저질렀을 때에는 양쪽 모두 범죄자인 경우보다 입양아에 대한 영향력이 약하며, 양부의 범죄성은 생부의 범죄성보다 영향력이 약하다고 본다.

08 ○ 입양아 연구에 대해서는 입양기관이 연결하는 입양가정은 대개 중산층 이상인 경우가 많기 때문에 연구의 표본이 모집단에 실재하는 다양한 환경을 대표하지 못하는 경우가 있어 환경의 영향을 일반화하기 어렵다고 평가된다.

09 ○ 체스니-린드(Chesney–Lind)는 소년사법체계에서 소녀가 소년보다 더 가혹하게 취급되며, 이는 사법체계가 소녀가 전통적 성역할 기대를 저버린 것으로 보아 그 처리절차에서 성차별을 하기 때문이라고 주장한다.

10 ✕ 프로이드는 성격구조의 기본 토대에서 '의식의 개념은 에고(Ego)'로, '무의식의 개념은 이드(Id)와 슈퍼에고(Superego)'로 나누어 설명하였다.

11 ○ 슈퍼에고(superego)는 자아비판과 양심의 힘으로서, 욕구(이드)에 대한 죄의식을 느끼게 하며 도덕원칙에 따른다.

12 ○ 프로이드(Freud)는 성심리의 단계적 발달이 인성형성에 중요한 역할을 한다고 보면서, 각 단계별로 필요한 욕구가 충족되지 못하면 긴장이 야기되고 이러한 긴장이 사회적으로 수용되지 못할 때 범죄적 적응이 유발될 수 있다고 주장하였다.

13 ○ 행태이론의 주장자 중 하나인 스키너(Skinner)는 아동이 성장기에 한 행동에 대하여 칭찬 · 보상이 주어지면 그 행동이 강화되지만, 처벌 · 제재를 받으면 그러한 행동을 억제하게 된다고 주장한다.

14 행태이론은 범죄의 원인을 설명하면서 개인의 인지능력을 과소평가한다. 23. 보호7 　　　　　（　　）

15 반두라(Bandura)는 직접적인 자극이나 상호작용이 없어도 미디어 등을 통해 간접적으로 범죄학습이 이루어질 수 있다는 이론적 근거를 제시하였다. 23. 보호7 　　　　　（　　）

16 콜버그(Kohlberg)의 도덕발달이론에 의하면, 인간의 도덕발달과정은 전관습적(pre-conventional), 관습적(conventional), 후관습적(post-conventional)이라는 3개의 수준으로 구분되고, 각 수준은 2개의 단계로 나뉜다. 23. 보호7 　（　　）

17 사이코패스는 감정, 정서적 측면에서 타인에 대한 공감능력이 부족하며 죄의식이나 후회의 감정이 결여되어 있다. 23. 보호7 　　　　　（　　）

18 헤어(Hare)의 사이코패스 체크리스트 수정본(PCL-R)은 0 ~ 2점의 3점 척도로 평가되는 총 25개 문항으로 구성된다. 23. 보호7 　　　　　（　　）

19 모든 사이코패스가 형사사법제도 안에서 범죄행위가 드러나는 형태로 걸러지는 것은 아니다. 23. 보호7 　（　　）

정답

14 ○ 스키너의 이론은 '인간의 행동이 내적 요인(인지능력)보다 외적 자극(칭찬·보상과 처벌·제재 등)에 의하여 영향을 받는다'는 점을 전제로 한다.

15 ○ 반두라(Bandura)가 보보인형 실험을 통해 주장한 것이다.

16 ○ 콜버그(Kohlberg)는 도덕성의 발달단계를 ㉠ 관습적 수준 이전 단계(1단계: 타율적 도덕성 준수, 2단계: 이익형평성 고려), ㉡ 관습적 수준 단계(3단계: 타인의 기대 부응, 4단계: 사회 시스템 고려), ㉢ 관습적 수준 이상 단계(5단계: 개인의 권리 및 사회계약 인식, 6단계: 보편적 윤리원칙 고려)로 구분하였다. 그는 대부분의 성인들은 3·4단계 정도의 도덕적 수준이 발달하기 때문에 사회의 규범을 준수하고 범죄를 하지 않지만, 1·2단계의 도덕적 수준을 가진 사람들은 일탈과 범죄를 행한다고 주장한다(도덕발달이론).

17 ○ 사이코패스는 ㉠ 현실파악의 의지와 능력이 결여되어 있고, ㉡ 폭발적이며 특정사안에 광적으로 집착하나 일상적으로는 무기력하며, ㉢ 타인의 고통에 대한 공감능력이 결여되어 있고, ㉣ 죄책감이 결여되어 있으며, ㉤ 교활하며 상습적 거짓말로 자신을 합리화하는 특징이 있다고 한다.

18 ✕ PCL-R은 '총 20개 문항'으로 구성되어 있으며, 0~2점의 3점 척도로 평가한다.

19 ○ 사이코패스는 계산적인 행동과 표정과 말투로 사회에서 능숙히 섞여 지내고 환경에 따라 발현되는 정도가 달라서 범죄를 저질렀을 때만 일반인과 구분할 수 있다는 특징을 가진다. 따라서 범죄행위를 저지르지 않은 채 살아가는 사이코패스도 존재한다.

20 사이코패스는 공감, 양심, 대인관계의 능력 등에 대한 전통적 치료프로그램의 효과를 거의 기대하기 어렵다. 23. 보호7

( )

21 서덜랜드(Sutherland)는 화이트칼라 범죄를 직업활동과 관련하여 존경과 높은 지위를 가지고 있는 사람이 저지르는 범죄라고 정의했다. 22. 보호7

( )

22 화이트칼라범죄는 경제적·사회적 제도에 대한 불신감을 조장하여 공중의 도덕심을 감소시키고 나아가 기업과 정부에 대한 신뢰를 훼손시킨다. 22. 교정7

( )

23 오늘날 화이트칼라범죄의 존재와 현실을 부정하는 사람은 없으나, 대체로 초기 서덜랜드(Sutherland)의 정의보다는 그 의미를 좁게 해석하여 개념과 적용범위를 엄격하게 적용하려는 경향이 있다. 22. 교정7

( )

24 화이트칼라범죄는 피해규모가 큰 반면 법률의 허점을 교묘히 이용하거나 권력과 결탁하여 조직적으로 은밀히 이뤄지기 때문에 암수범죄가 많다. 22. 교정7

( )

25 화이트칼라범죄의 폐해가 심각한 것은 청소년비행과 기타 하류계층 범인성의 표본이나 본보기가 된다는 사실이다. 22. 교정7

( )

정답

20 ○ 사이코패스는 자신이 잘못된 행동을 하고 있음을 자각하지 못하고, 스스로 인정하지도 않는 경우가 많아서, 공감, 양심, 대인관계 등을 전제로 하는 기존의 치료프로그램으로는 효과를 보기 어렵다고 한다.

21 ○ 서덜랜드는 화이트칼라 범죄(White-collar Crime)를 '사회·경제적 지위가 높은 사람들이 그 직업상 저지르는 범죄'라고 정의하였다.

22 ○ 서덜랜드는, 다른 범죄가 사회제도·조직에 그다지 큰 영향을 미치지 아니하는 것과 달리, 화이트칼라 범죄는 신뢰를 파괴하고 불신을 초래하며 대규모의 사회 해체를 유발하며 사회적 도덕을 저하시킨다고 주장한다.

23 ✕ 서덜랜드가 최초로 정의한 화이트칼라 범죄(White-collar Crime)는 '사회·경제적 지위가 높은 사람들이 그 직업상 저지르는 범죄'를 의미하였는데, 근래에 들어 화이트칼라 범죄의 개념은 더욱 확대되어 '하류계층보다 사회적 지위가 높고 비교적 존경받는 사람들이 자신의 직업 수행 과정에서 행하는 직업적 범죄'라고 정의하는 것이 일반적이다.

24 ○ 화이트칼라범죄는 암수범죄의 비율이 높고 선별적 형사소추가 가장 문제되는 범죄 유형이라고 한다.

25 ○ 화이트칼라범죄는 모범을 보여야 할 사회지도층이 저지르는 범죄로서 청소년이나 하위계층의 모방이라는 부정적 영향을 미치게 된다고 한다.

02 거시적 범죄이론

1 범죄의 거시환경적 원인

1 자연환경과 범죄

1. 시간과 범죄

(1) 우리나라의 경우에 가장 높은 범죄발생율을 보인 시간은 **야간**(20:00~03:59)이며, 그 다음은 오후(12:00~17:59), 오전(09:00~11:59) 순으로 나타난다.

(2) 죄종별로 시간별 범죄발생량에 차이는 있으나 상당량의 범죄가 오후부터 새벽에 걸쳐 발생한다고 할 수 있고, 이는 해당 시간에 사람들의 활동량이 가장 많다는 것과 밤의 은폐성에 기인하는 것이라고 볼 수 있다.

2. 계절과 범죄

(1) 일반적으로 재산범은 여름에 가장 적고 겨울에 가장 많으나, 반대로 생명·신체에 대한 폭력범은 겨울에 적고 여름에 많다.

(2) 성범죄는 저온에서 고온으로 이행하는 시기인 봄부터 증가하여 여름에 가장 많고, 겨울에 들어서면서 다시 낮아진다. 16. 보호7

3. 기후와 범죄

(1) 재산범은 추운 지방에서, 폭력범은 더운 지방에서 많이 발생한다는 주장이 있다 [범죄의 기온법칙, 케틀레(Quetelet)].

(2) 각 지역의 풍속이 범죄에 미치는 영향이 크기 때문에 기후가 범죄 종류와 직접적 관계가 있다고 보기는 어렵다는 견해도 있다.

4. 요일과 범죄

(1) 유흥이 많은 주말에는 폭력범죄·풍속범죄·교통범죄가 많고, 휴일이 지난 월·화요일에는 주의력의 결여로 과실범죄가 상대적으로 많은 것으로 알려져 있다.

(2) 요일과 범죄의 관계는 상관성이 인정된다고 하더라도, 요일 자체의 특징이 아니라 해당 요일의 경제·사회·문화적 환경의 영향력에 기인하는 것이라고 보아야 한다.

🏛 **핵심 OX**

01 계절과 범죄의 관계에 대한 연구에 의하면 성범죄와 폭력범죄는 추울 때보다 더울 때에 더 많이 발생한다고 알려져 있다.

(O, X)

01 ○

2 경제환경과 범죄

1. 의의

경제환경과 범죄의 관계를 연구한 대표적 학자로는 프랑스학파의 라까사뉴 (A. Lacassagne)와 유물론적 사고를 토대로 한 네덜란드의 반 칸(Van Kan), 봉거(W. Bonger) 등이 있다. 이들은 범죄를 경제적 불황의 산물이라고 하거나, 자본주의 사회를 범죄의 온상이라고 주장하였다.

2. 소득 · 물가와 범죄

(1) 물가변동과 범죄

① 마이어(G. V. Mayer)는 최초로 곡물 가격과 절도의 상관관계(정비례관계)를 증명하였다. 16. 보호7

② 곡물가격곡선과 절도곡선의 상관관계는 일정한 경제발전단계를 지나면 깨어진다고 한다(F. Exner). 즉, 자본주의 경제가 확립되고 소득상태가 개선 · 향상되면서 곡물가격의 변동이 필연적으로 빈곤과 절도를 수반하지는 않는다는 것이다.

(2) 소득변동과 범죄

① 종래의 연구에서는 임금(소득)과 재산범죄는 반비례관계라고 보았다.

② 실질임금에 대한 범죄의 의존성을 처음으로 지적한 학자는 렝거(E. Renger)이며, 실질임금이 일정수준을 넘어서면 범죄율은 다소의 임금변동에는 큰 영향을 받지 않는다고 주장하였다. 11. 사시

3. 경기변동과 범죄

(1) 경기변동이 범죄생성에 미치는 영향력에 대해 다음과 같은 견해의 대립이 있다.

침체론	범죄는 호경기일 때에 감소하고 침체기일 때에 증가한다.
팽창론	범죄는 팽창기일 때에 증가하고 침체기일 때에 감소한다.
침체 · 팽창론	범죄는 경제안정기에만 감소할 수 있을 뿐이고, 경기변동이 있으면 호황이든 불황이든 범죄는 증가한다.

(2) 불황기에는 실업자가 증가하면서 생활이 불안정하게 되고, 재산범(특히 절도)의 증가를 가져오게 되며, 인격적으로도 환경의 영향을 받아 도덕적 타락이 생기기 쉽다. 특히 청소년의 경우에 양친의 실직은 가정의 훈육적 기능에 장애요인이 된다고 한다. 10. 보호7

(3) 불황기에는 고액봉급자가 많아 상대적으로 실업위험성이 높은 남성이 여성보다 범죄증가율이 높고, 직접적 생계압력을 받는 기혼자가 미혼자보다 절도의 증가율이 높다고 한다.

(4) 호황기에는 종업원과 젊은 층의 사기 · 횡령 · 배임이 증가하는 데 반하여, 불황기에는 기업주 또는 고연령층의 이러한 범죄가 증가한다고 한다.

4. 화폐가치 변동과 범죄

(1) 화폐가치의 급격한 변동기에는 재산범죄, 특히 장물취득·절도 등이 현저하게 증가하고, 풍속범죄·대인범죄 등은 저하한다고 한다.

(2) 일반적으로 인플레이션(Inflation)의 경우에는 물건 자체에 대한 범죄가 증가하고, 디플레이션(Deflation)의 경우에는 금전에 대한 범죄가 증가하는 경향이 있다.

5. 빈곤과 범죄

(1) 빈곤이 범죄원인임을 설명하는 관점

구조적 관점	경제적 빈곤으로 인한 교육기회의 부족과 그에 따른 기회와 수단의 부족이라는 사회의 구조적 모순이 범죄적 기회와 수단을 선택하게 한다.
빈곤문화적 관점	게으름이나 장기쾌락의 추구 등 범죄적 부문화에 가까운 빈곤계층만의 독특한 빈곤문화가 그들의 범죄를 조장한다.
상대적 박탈감의 관점	절대적 빈곤 외에도 상대적 빈곤과 상대적 박탈감이 범죄의 충동을 느끼게 할 수 있다.

(2) 절대적 빈곤과 범죄(곤궁범죄)

① 버어트(Burt)·봉거(W. Bonger)·글룩 부부(S. Glueck & E. Glueck) 등은 절대적 빈곤과 범죄가 비례한다고 주장하나, 힐리와 브론너(Healy & Bronner)는 절대적 빈곤과 범죄의 상관성을 부정하였다. 11. 사시

② 빈곤이 범죄의 결정적 원인은 아니라도 범죄발생을 촉진하는 것은 부정할 수 없다. 그러나 절대적 경제생활 수준이 낮다는 의미의 빈곤은 범죄의 결정적 요인이라기보다는 빈곤에 수반되는 현상, 즉 열등감·좌절감·소외, 목표와 수단의 단절, 가정의 기능적 결함 등이 매개가 되어 범죄를 유발하는 경우가 많다는 것이 일반적인 견해이다.

(3) 상대적 빈곤과 범죄(복지범죄)

① 풍요로운 사회의 빈곤계층의 범죄발생률이 그렇지 못한 사회의 빈곤계층의 그것보다 높다는 것은 절대적 빈곤을 통해서는 제대로 설명할 수 없는 새로운 현상이다.

② 토비(J. Toby)의 상대적 빈곤 연구에 의하면 개인의 절대적 경제생활 수준이 중요한 것이 아니라 자신이 속한 사회에서 느끼고 경험하는 상대적 결핍감이 범죄원인이 된다고 한다. 따라서 범죄발생에 있어서 빈곤의 영향은 단지 하류계층에 국한된 현상이 아니라, 어떤 계층이든지 느낄 수 있는 것이므로 광범위한 사회계층에 작용하는 문제라고 지적하였다. 11. 사시

인플레이션(Inflation)

통화량의 증가로 화폐가치가 하락하고, 모든 상품의 물가가 전반적으로 꾸준히 오르는 경제 현상이다.

디플레이션(Deflation)

경제 전반적으로 상품과 서비스의 가격이 지속적으로 하락하는 현상이다.

빈민의 유형과 범죄의 관계 – 밀러(W. Miller)

안정된 빈민	가족관계와 경제면의 양 측면에서 안정된다.
긴장된 빈민	경제면에서는 다소 안정되나 가족관계에 문제가 있어 불안정적이다.
노력하는 빈민	경제면에서 다소 불안정하나 가족관계가 건전하여 문제가 없다.
불안정한 빈민	가족관계 및 경제면에 모두 불안정하여 가장 문제시된다. 소년비행이나 성인범죄의 발생가능성이 있다.

케틀레(A. Quetelet)의 주장

절대적 빈곤보다는 '상대적 빈곤'이 범죄원인으로 중요하다고 보았다.

(4) 검토

① 빈곤은 그 자체가 문제된다기보다는 사회계층 전체에 내재하는 구조적 문제의 하나로서 의미를 가지며, 범죄원인으로서 빈곤이 가지는 의미는 점차 상실되어 간다고 한다.

② 우리나라에서는 아직까지 경제적 빈곤계층과 결부되어 범죄가 많이 발생하며 중·상류계층의 상대적으로 낮은 범죄율을 고려해 볼 때, 절대적 빈곤이 범죄발생의 중요한 요인으로 작용한다.

6. 전쟁과 범죄

(1) 범죄유발 기능

전쟁으로 인해 경제생활은 불안정해지고 가족과 같은 사회의 기본단위가 흔들리게 된다. 또한 개인은 극도의 이기심을 갖게 되고 구성원 각자에 대한 사회적 통제 기능이 마비되는 경우가 많기 때문에 범죄는 증가하게 된다.

(2) 범죄억제 기능

범죄발생률이 높은 청년층이 전쟁에 참가하게 되고, 적국을 향한 공격성으로 사회 안에 있는 갈등요인이 희석된다. 한편, 애국심과 협동심 등으로 범죄적 충동이 억제되고, 경제통세가 증내됨으로써 반사회적 충돌이 줄어들게 된다.

┌─ **참고** ─

엑스너(F. Exner)의 전쟁단계 구분(전쟁과 범죄의 관련성) 16. 보호7

감격기	전쟁발발 단계에는 국민적 통합 분위기에 의해 범죄발생이 감소한다.
의무이행기	전쟁의 진행으로 물자가 곤궁하게 되나 범죄율의 특별한 변화는 없지만, 통제가 약화된 틈을 타서 소년범죄가 다소 증가한다.
피폐기 (피로이완기)	전쟁이 장기화되면 범죄는 증가세를 보이며, 특히 향락에 치우치는 청소년 범죄와 생활에 대한 불안감에 빠진 여성범죄가 증가한다.
붕괴기	정치·경제의 파탄으로 도덕심이 극도로 약화되어 범죄가 급속히 증가한다.
전후기	정치·사회적 혼란, 악성 인플레이션 등으로 패전국의 범죄가 급증한다.

3 범죄지리학

1. 서론

특정한 지역사회에는 그 지역의 공통된 의식이 형성되어 있고 그 의식은 사회 구성원의 행동양식을 규율하는 측면이 있다. 그러므로 지역적 특성이 범죄에 미치는 영향을 살펴보는 것은 범죄와 환경의 관계를 밝히는 한 방법이 될 수 있다.

2. 지역별 범죄성에 관한 연구

(1) 도시와 농촌의 범죄

① 범죄율의 비교

㉠ 도시는 거의 모든 범죄에 대해 부정적으로 작용하여 사회해체가 많이 나타나고 범죄 · 비행의 원인으로 작용하며, 도시의 범죄율도 압도적으로 높다. 반면에 농촌은 인구이동이 적고 사회적 경쟁도 적으며 대인관계도 견고하며 가족 · 이웃 등에 의한 사회통제가 강력하여 사회해체가 잘 일어나지 않는다.

㉡ 최근에는 매스컴 · 교통발달 등으로 도농 간의 지역차가 해소되고, 이에 따라 범죄성의 차이도 점차 희박해지고 있다.

② 범죄 종류의 비교

㉠ 일반적으로 재산범죄 · 풍속범죄는 도시의 범죄라고 하며, 각종 위조 · 사기 · 횡령 · 배임 등 지능적 · 기술적 범죄, 공갈 · 장물 등 직업적 범죄가 많다. 반면에 농촌에서는 본능적이고 충동적 행위가 비교적 많기 때문에 폭력범죄는 농촌의 범죄라고 보는 것이 일반적이다.

㉡ 그러나 이러한 죄종별 차이도 지역 차의 해소에 따라 그 의미가 약해지고 있다.

(2) 도시화와 범죄

① 의의

㉠ 도시화는 도시가 지역적으로 확대되어 주변지역을 그 권내로 흡수해 나가는 과정을 의미하는 '지역의 도시화'와 도시 · 농촌 어디에 거주하든 생활 자체가 도시화되는 것을 의미하는 '개인의 도시화'로 구분할 수 있다.

㉡ 도시화의 과정은 소위 범죄의 도시화라는 현상을 가져와 도시화된 지역의 범죄가 양적 · 질적 변화를 보이게 된다. 개인의 도시화는 개인의 범죄수행 양식에 있어서 도시범죄의 특성을 띠게 되는 결과를 가져온다.

② 도시화와 범죄의 관계

도시의 유리한 범죄조건	㉠ 도시화의 범죄원인은 인구과밀로 인한 <u>정적 통제의 해체</u>, 생활불안정으로 인한 <u>가치관의 혼란</u> 그리고 이에 따른 <u>규범의식의</u> 저하에 있다. 10. 보호7 ㉡ 도시 특유의 비인격성과 익명성은 범죄자를 은폐시켜 주고 피해발각을 어렵게 하기 때문에 범죄가 매우 용이한 측면이 있다.
범죄인의 도시 유입	㉠ 도시라는 지역성 그 자체가 아니라 도시의 <u>우범시설에 모이는</u> 사람들이 만들어 내는 환경이 범죄의 원인이 된다. ㉡ 범죄자는 범행 발각을 우려해 대부분 자신이 살고 있는 지역에서는 범행대상을 물색하지 않는다는 것도 도시의 높은 범죄율과 관련이 있다.

범죄의 도시화 법칙 – 마에다(前田)

도시집중의 법칙	범죄의 도시집중은 인구의 사회증가에 따르며 인구의 도시집중률보다 높고, 범죄의 증감은 산업예비군의 증감에 정비례한다.
도시방사의 법칙	범죄의 도시화는 도시에서 범죄과포화 현상에 이르고, 도시지역 밖으로 향하여 그 발생률을 증대시킨다.
지역교류의 법칙	범죄는 도시집중과 지역적 정착을 할 뿐만 아니라 경제적 · 인구적 교류에 따라 도시 · 농촌 양 지역의 피해율을 높인다.

도시화 단계에 따른 범죄의 발생경향 – 클리나드(Clinard)

부족문화 단계	거의 완벽하게 통합된 부족집단에 의하여 소속구성원들이 통제됨으로써 범죄는 낮은 수준을 유지한다.
근대화 단계	빠른 도시화가 가족의 유대를 약화시키고, 사람들이 도시로 집중하여 전통적 관습의 통제력이 약화되어 범죄가 현저하게 증가한다.
교육, 경제, 사회 서비스의 개선 단계	새로운 공동체의 가치와 규범이 형성되고 주민들은 이러한 가치규범에 동조함으로써 범죄가 감소한다.
미래 복지사회 단계	구성원들의 높은 욕구, 극단적 개인주의, 한정된 인간관계 · 의사소통 등으로 인해 사회적으로 소외된 일탈집단이 형성될 가능성이 있다.

1. 도시사회는 개인주의적 성향에 기초하는데 이로 인해 개인의 선택범위가 확대되고, 개인의 자율성이 증가하여 그만큼 범죄행위가 증가한다.
2. 도시의 문화적 이질성과 갈등은 범죄기회를 제공하고 반사회적 행위를 하려는 욕구를 자극함으로써 높은 범죄발생을 유발할 수 있다.
3. 도시의 자유로운 인간 결합은 범죄행위의 확산을 돕거나 정당한 사회규범을 집단적으로 거부할 가능성을 낳을 수 있다.
4. 인구이동과 사회변동은 도시사회의 도덕적·제도적 변화를 당연한 사실로 받아들이게 하여 도덕률의 불확실성, 사회통제의 약화를 가져와 범죄를 유발한다.
5. 도시의 풍요와 부, 향락 문화는 인간의 물질적 탐욕을 자극함으로써 범죄를 유발한다.
6. 도시의 형사사법기관은 많은 경험과 지식의 축적으로 고도의 범죄적발능력을 유지함으로써 범죄발생의 정도가 높게 나타난다.

③ 검토: 도시화는 익명성, 상대방에 대한 몰인격적 판단, 소비 중심의 생활패턴 등을 가져오고 그러한 요인들이 범죄의 억제작용을 하는 지역사회의 조직화, 즉 지역사회 자체가 가지는 범죄통제 기능을 저해하여 범죄와 비행을 증가시킨다.

3. 비행지역과 범죄

(1) 도시와 범죄의 관계를 고찰하는 데에는 범죄발생 장소도 중요하지만, 범죄자의 거주지의 생활환경·인격환경의 특수성에 주목할 필요가 있다. 이에 대한 연구로 가장 유명한 것은 쇼우와 맥케이(C. Shaw & H. D. Mckay)의 '시카고 범죄지도 연구'이다.

(2) 이들은 1920년대에 미국 시카고 지역을 대상으로 범죄다발 지역의 장소적 특징을 파악하고자 하였다. 이에 의하면 시의 중심부일수록 범죄율이 높고, 중심에서 멀어질수록 범죄율은 감소하였다. 또한 범죄다발 지역은 대체로 주위환경·생활상태가 열악한 장소들이었다.

4. 범죄지리학의 형사정책적 유용성

(1) 범죄를 장소적·시간적·인적으로 제한할 수 있다는 것은 범죄예방을 위한 통제대상을 분명하게 하는 장점이 있고, 그만큼 통제의 효율성을 높여줄 수 있다.

(2) 신도시를 건설할 때에도 범죄지리학의 연구성과를 도시계획에 포함시키는 것이 바람직하다. 우범시설로 분류되는 것은 한 곳에 집중하여 경찰통제가 쉽도록 하며, 비공식적 사회통제가 약화될 여지가 있음을 고려하여 대책을 수립해야 할 것이다(환경범죄학).

4 사회환경과 범죄

1. 문화갈등과 범죄

(1) 의의

① 문화갈등이란 한 사회의 가치관이나 규범 등이 개인에게 영향을 미치지 못하거나 또는 영향을 미치는 데 차질을 빚게 하는 사회적 조건을 말한다.
② 문화갈등은 문화발전의 특징으로서 사회의 분화 과정에서 부산물로 나타나는 경우도 있고, 한 지역에서 다른 지역으로 행위규범이 옮겨가는 과정에서 생길 수도 있다. 미국에서는 보통 소수민족 및 이민과 범죄의 문제라는 형태를 중시하였다.

(2) 문화갈등이론 – 셀린(T. Sellin)

일차적 문화갈등	일정한 문화지역에 속하는 규범이 다른 지역에 이입됨으로써 행위규범 간의 충돌이 생기는 경우이다(문화적 관습의 갈등으로서의 문화갈등). 예 국가 병합 시에 원주민·이주민의 갈등, 고유문화·외래문화의 갈등
이차적 문화갈등	단일한 동질적인 문화를 가진 사회 내에서 문화의 진전에 따른 사회분화의 과정에서 발생하는 규범의 갈등이다(사회적 분화의 부산물로서의 문화갈등). 예 신·구세대 간의 갈등, 도시인과 농촌인의 갈등

2. 인종편견과 범죄

(1) 소수민족과 범죄

① 우리나라의 외국인 범죄는 「출입국관리법」에 위반하여 불법으로 입국·체류하는 경우(출입국사범)와 국내에 체류하는 외국인이 다른 형벌법규에 위반하는 경우(좁은 의미의 외국인 범죄)로 구분할 수 있다.

② 외국인 범죄의 특징은 폭력사범의 증가, 불법취업을 위한 조직범죄, 마약사범의 증가 등이다. 이에 대한 대책으로서는 외국 수사기관과의 형사사법 공조체제의 확대, 출입국관리기구와 수사기구의 밀접한 공조체제 유지, 외국인 범죄 전담기구의 설치, 외국인 범죄에 대한 예방활동의 강화, 불법체류의 예방을 위한 출입국관리업무의 강화 등이 요청된다.

(2) 이민과 범죄

① 통계상 전체 이민자의 범죄율이 높다고 할 수는 없고, 이민 민족에 따라 차이가 있다고 한다. 이는 민족 간의 범죄성에 대한 차이 때문이 아니라, 고국에서 동화된 전통의 견고성과 지속성 정도의 차이, 고국의 이민 실시 방법 등과 관계가 있다.

② 한편 이민의 범죄율이 이민국의 국민의 범죄율에 못 미치는 경우에도 고국의 범죄율보다는 일반적으로 높다는 점과 이민 2세대의 범죄율이 이민 1세대보다 높다는 점은 이민의 범죄원인적 성격을 나타내는 것이며, 주로 문화갈등에 그 원인이 있다고 할 수 있다.

3. 매스컴(매스미디어)과 범죄

(1) 매스컴과 범죄발생의 상관성을 긍정 – 범죄유발 기능

① 자극성 가설

㉠ 캇츠(E. Katz)·버코위츠(L. Berkowitz)·윌슨(B. Wilson) 등이 주장한 것으로, 매스컴이 범죄학습 효과를 가짐으로써 직접 범죄를 유발하는 원인이 된다는 견해이다(단기효과이론·직접효과설). 12. 사시

문화갈등이론

일차적 문화갈등과 이차적 문화갈등 모두 범죄원인에 해당한다.

윤리관과 범죄

1. 범죄는 본질적으로 반윤리적 행위이므로, 국민의 윤리관·도덕심이 낮아지게 되면 범죄로 나아가는 경우가 생길 수 있음은 쉽게 예상할 수 있다.
2. 윤리관의 변화는 급격한 사회변동에 수반되는 경우가 많은데, 전통적인 윤리관에 동요가 생긴 때에는 새로운 가치관이 확립될 때까지 범죄가 격증하는 경향을 볼 수 있다.

종교와 범죄

1. 일반적으로 참다운 신앙은 범죄억제요소가 되는 것으로 알려져 있다. 그러나 종교인의 전체적인 증가에도 불구하고 사회 전반의 범죄 정도는 변화가 없고, 종교를 가진 사람의 범죄 또한 늘어나는 점은 종교의 범죄억제 기능에 대한 회의를 가져오게 한다.
2. 종교와 범죄의 문제는 예외적인 경우를 제외한다면 범죄의 원인이라는 측면보다는 범죄방지의 유효한 방안이라는 측면에서 검토할 필요가 있다. 우리나라에서는 1983년부터 종교위원제도를 운영하여 교정시설에서 종파별 종교상담·교리지도·자매결연·교화도서기증 등을 통하여 교화활동을 시행하고 있다.

매스컴과 범죄의 상관성

범죄유발 기능	• 자극성 가설, 단기효과이론, 직접효과설, 모방효과 • 습관성 가설, 장기효과이론, 간접효과설, 둔감화 작용
범죄억제 기능	카타르시스 가설, 문화계발이론, 억제 가설, 민감화 작용

ⓒ 매스컴은 폭력을 위장하여 묘사·표출함으로써 시청자의 모방충동을 야기하고 범죄의 수법·과정 등을 시사해 주며, 폭력을 우상화·영웅화하여 미화시킴으로써 직접 범죄를 상상하게 하는 요인이 된다. 또한 부유층의 생활을 보여줌으로써 소외계층의 상대적 박탈감을 자극하고, 성적 표현이 자주 등장함으로써 성범죄를 유발하기도 한다(모방효과).

② 습관성 가설

ⓐ 쉬람(Shramm)·쿤칙(Kunczik) 등이 대표적 주장자로서, 매스컴의 폭력장면에 끊임없이 노출되다 보면 자기도 모르게 폭력에 길들여질 개연성이 높다는 이론이다(장기효과이론·간접효과설). 16. 보호7☆

ⓑ 매스컴과 범죄의 관계를 태도·성향 내지 감수성의 문제로 보아 매스컴은 취미생활의 변화를 조장하고 건전한 정신발달을 저해하며 취미를 편협하게 만들어 일반적으로 폭력·범죄·오락에 탐닉하게 한다. 또한 범죄를 미화하여 범죄를 동경하도록 가치관을 변화시키거나 범죄에 대한 무비판적·무감각적 성향으로 변모시키고 심지어는 범죄의 과잉묘사로 엽기적 취향마저 유인할 수 있다고 한다(둔감화 작용). 12. 사시☆

ⓒ 한편 매스컴, 특히 TV의 누적적 효과를 강조하는 입장에서는 폭력 등 묘사에 대한 인상이 누적적으로 쌓임에 따라 이에 대한 배출구를 필요로 하게 된다고 하여 잠재적 폭력으로서 매스컴의 성격을 강조한다.

(2) 매스컴과 범죄발생의 상관성을 부정 - 범죄억제 기능

① 클래퍼(Klapper)·레윈(Lewin)·힘멜바이트(Himmelweit)·트래셔(Thrasher) 등이 주장한 것으로, 매스컴에서 등장하는 범죄 또는 그 범죄자에 대한 처벌은 일반인들에게 카타르시스의 역할을 하여 오히려 범죄를 억제하는 기능을 한다는 이론이다(카타르시스 가설). 12. 사시☆

② 매스컴은 사회환경의 일부에 불과하므로 범죄의 증가와 무관하며, 범죄는 개개인의 인격·가정·집단관계 등 복합적 요소에 의하여 좌우된다고 하고, 매스컴과 폭력의 관계도 미디어와 접촉자와의 상호선택 과정에서 이루어지는 것으로서 전체적으로는 미디어가 오히려 범죄의 감소에 커다란 기여를 하고 있다는 것이다.

③ 매스컴은 대량의 정보와 지식을 전달하는 중요한 기능을 수행하고 계층을 통합시키는 기능을 한다(문화계발이론). 매스컴을 통해 범죄에 대한 적개심을 불러일으킬 수 있고, 범죄의 충격적 장면은 잠재적 범죄충동을 억제·해소하는 기회가 될 수 있다(억제 가설). 그리고 반사회적 범죄를 자행한 자의 명단과 범죄내용을 공개함으로써 일반국민들에게 경각심을 불러일으키고 유사 범죄의 재발방지 기능을 할 수 있다(민감화 작용). 12. 사시

(3) 검토

① **매스컴의 부정적 기능**: 매스컴이 생활의 일부로 자리 잡으면서 대화가 단절되고 가정의 교육적 기능이 축소되는 상황에서는 매스컴의 범죄에 대한 부정적 기능은 무시할 수 없다. 매스컴은 그 시대의 도덕적 판단 기준을 제공함으로써 장기적으로 개인의 가치관 형성에 직접적 영향을 미친다. 자기통제력이 약하고 매우 충동적이며 감수성이 예민한 청소년의 경우에는 매스컴의 영향이 매우 크다고 할 수 있다.

② **매스컴의 적극적 활용**: 범죄예방을 위해 그 역기능은 최소화하면서 순기능을 극대화하는 방안을 강구할 필요가 있다. 대중매체는 단기적·장기적으로 범죄원인이 될 수 있는 나쁜 영향을 미칠 수도 있지만, 내용에 따라서는 같은 방식으로 사회를 통합시킬 수 있는 범죄예방적인 영향도 얼마든지 가능하다.

2 범죄사회학이론

1 미국의 범죄사회학이론 개관

(1) 미국의 범죄사회학이론은 1915년경부터 사회학의 한 분야인 일탈이론의 일부로 범죄학을 다루었고, 1950년대 이후에는 범죄의 일반이론으로 성장하였다.

(2) 종래 사변적·관념론적 연구방법이 급변하는 다원적 사회구조의 해명에 한계를 보이며, 실증연구를 통한 다원적인 미국사회에 맞는 실용주의이론을 전개한다.

(3) 범죄사회학에서는 범죄인 분류보다는 범죄유형론이 발달하고, 행형·교정절차의 연구가 활발하다.

(4) 1980년대 이후에는 고전주의에 입각하여 일반예방, 선별적 구금, 형벌에 의한 무력화 등의 복고적 경향이 등장하기도 하였다(현대적 고전주의).

> **미국 범죄학 연구의 특징**
> 엑스너(F. Exner)는 사례연구, 범죄지역의 연구, 범죄예측, 새로운 방법론의 시도 등이 미국의 범죄학 연구의 특징이라고 한다.

〈 참고

사회구조이론과 사회과정이론의 분류

사회구조이론	범죄의 유형과 정도의 다양성을 설명하기 위해 하위문화를 포함한 문화 및 사회제도의 속성을 중시하는 입장 예 사회해체이론, 갈등이론, 아노미이론(긴장이론), 하위문화이론 등
사회과정이론	집단과 개인의 상호작용의 결과와 유형에 초점을 두는 입장 예 학습이론, 통제이론, 낙인이론

2 범죄생태학과 사회해체이론

1. 서론

범죄생태학과 사회해체이론은 범죄의 발생을 전통적 사회조직의 붕괴로 인한 규범의식의 변화, 사회통제력의 약화 및 반사회적 행위의 보편화에서 기인하는 것으로 본다.

2. 범죄생태학(시카고학파)

(1) 동심원이론 – 버제스(E. W. Burgess) 24. 보호9

① 파크(R. Park)의 사회생태학을 도시라는 특수한 사회의 연구에 적용시켰다.

② 도시는 특정 활동이 특정 지대에 몰리면서 각 지대가 중심부로부터 변두리로 퍼져 나가는 동심원의 유형을 나타내며, 이러한 지대유형은 지가(地價)와 관련을 맺고 있다.

제1지대	중심지대	상업·공업 등의 중심 업무지역
제2지대	변이지대 (퇴화과도지역)	상·공업에 잠식되는 과정에 있으나, 빈민지대로 빈곤자·이주자·이민자 등의 거주지역
제3지대	노동자 주거지대	2~3세대용 주택이 내부분인 지역
제4지대	중류층 주거지대	단일가구주택으로 구성된 중류층 거주지역
제5지대	통근자 주거지대	교외지역

③ 각 지역의 범죄를 비교한 결과, 제2지대인 변이지역(퇴화과도 지역)에 범죄가 집중적으로 발생하였다. 변이지역은 전통적 사회통제를 약화시키는 생태학적 조건이 두드러진 지역으로서 사회통제가 범죄를 억제하는 데에 역부족인 공간이다.

(2) 범죄지대연구 – 쇼우와 맥케이(C. Shaw & H. D. Mckay) 24. 보호9☆

① 버제스(E. W. Burgess)의 연구결과 중 변이지역에서 범죄율이 가장 높은 현상에 주목하여 그 이유를 분석하였다.

  ㉠ 변이지대는 유럽 이민들과 흑인 이주자들이 혼재되어 문화적 이질성이 매우 높으며 그 결과 사회해체가 촉진된다.

  ㉡ 변이지대에서는 빠른 속도의 사회변화가 발생하며 이것 역시 사회해체를 초래하는 요인으로 작용한다.

  ㉢ 사회해체는 결국 개인해체를 가져오고, 나아가 범죄 및 비행으로 연결된다.

② 변이지역의 열악한 사회구조적 여건(빈곤, 주거 불안정, 인종적 이질성 등)은 심각한 사회해체의 원인이 되고, 이는 다시 높은 범죄율로 이어진다.

사회해체

쇼우와 맥케이는 공동체의 가치와 규범이 전해지는 조직이 붕괴되어 사회통합이 안 되고 청소년에 대한 감시와 통제가 소홀한 상태, 즉, 공동체의 가치를 실현하고 공동의 문제를 해결하는 능력이 부재한 상태를 사회해체라고 보았다.

📖 핵심 OX

04 쇼우와 맥케이(Shaw & Mckay)는 도심과 인접하면서 주거지역에서 상업지역으로 바뀐 이른바 전이지역(Transitional Zone)의 범죄발생률이 지속적으로 높다고 지적하였다. (O, ×)

05 버식과 웹(Bursik & Webb)은 지역사회가 주민들에게 공통된 가치체계를 실현하지 못하고 지역주민들이 공통적으로 겪는 문제를 해결할 수 없는 상태를 사회해체라고 정의하고, 그 원인을 주민의 비이동성과 동질성으로 보았다. (O, ×)

06 버식과 웹(Bursik & Webb)은 사회해체지역에서는 공식적인 행동지배규범(Movement-governing Rules)이 결핍되어 있으므로 비공식적 감시와 지역주민에 의한 직접적인 통제가 커진다고 주장하였다. (O, ×)

04 ○
05 ×
06 ×

③ 변이지역 내에서 구성원의 인종·국적이 바뀌었음에도 불구하고 계속적으로 높은 범죄율을 보인다는 사실을 통해, 지역의 특성과 범죄발생과는 중요한 연관이 있음을 주장하였다. 24. 보호9☆

④ 범죄·비행의 발생은 지역과 관련이 있는 것이며, 행위자의 개인적 특성 또는 사회 전체의 경제수준 등의 산물이 아니라고 보았다.

3. 사회해체이론

(1) 틈새지역과 사회해체

① 틈새지역: 인구이동이 많은 지역에서 흔히 볼 수 있듯이 과거의 지배적인 사회관계는 와해되었지만, 아직까지 새로운 관계가 형성되어 있지 않은 지역을 말한다.

② 사회해체: 틈새지역의 사회적 환경(사회변동, 이민증대, 계층 간의 갈등, 윤리의식의 저하 등)으로 인해 종래의 사회구조가 붕괴됨에 따라, 규범이 개인에게 미치는 영향력이 감소하여 사람들의 반사회적 태도가 증가하는 상태를 말한다(내적·외적 사회통제의 약화로 지역사회가 공동체의 문제해결을 하는 능력이 상실된 상태). 20. 보호7☆

(2) 범죄의 발생

① 범죄는 사회해체의 진행 과정에서 반사회적 행위가 일반화되어 나타난다는 것이다.

② 쇼우와 맥케이(Shaw & Mckay): 전통적 사회통제기관들이 규제력을 상실하면 반사회적 가치를 옹호하는 범죄하위문화가 형성되고 계속적으로 주민들 간에 계승됨으로써, 해당 지역에는 높은 범죄율이 유지된다고 하였다(문화전달이론). 15. 사시☆

③ 쿨리(Cooley): 사회가 분열되고 해체되면 여러 사회문제가 발생한다고 주장하였다.

④ 버식과 웹(Bursik & Webb): 일단 높은 범죄율을 보였던 지역에서는 구성원의 변화에도 불구하고 그러한 경향이 지속된다. 반면에 해당 지역이 안정된 후에는 구성원의 변화가 진행되더라도 전 단계와 별반 차이 없는 범죄율을 보인다. 즉, 개별적으로 거주자가 누구인가에 관계없이 지역적 특성과 범죄발생에 연관성이 있다고 할 것이어서 결국 사회의 해체 여부는 특별한 사정이 없는 한 계속 승계된다고 보았다(거주지 계승). 14. 보호7

⑤ 버식(Bursik): 쇼우와 맥케이(Shaw & Mckay)의 이론이 사회해체와 범죄와의 관계를 명확히 설명하지 못하는 한계를 비판하면서, 사회해체의 원인으로 주민의 이동성과 이질성에 의한 비공식적 감시 기능의 약화, 행동지배율의 결핍, 직접적인 통제의 부재 등을 주장하였다. 20. 보호7☆

(3) 집합효율성이론 23. 보호7☆

① 지역사회의 구성원들이 상호신뢰 또는 연대하여 무질서나 사회문제를 해결하기 위하여 적극적으로 개입·참여하는 것을 집합효율성이라고 한다(비공식적 사회통제의 결합).

② 샘슨(Sampson)은 지역사회의 범죄율의 차이는 지역사회의 구성원들이 범죄문제를 공공의 적으로 인식하고 이를 해결하기 위해 적극적으로 참여하는 것에 기인하며, 집합효율성이 높은 지역은 범죄가 감소하나, 비공식적 사회통제가 제대로 되지 않고 지역사회의 응집력이 약해지면 범죄는 증가한다고 주장한다.

③ 집합효율성이론은 기존의 경찰중심 범죄예방 전략의 한계를 극복할 수 있는 방안을 제시하고 있다(지역사회 범죄예방에 대한 시민참여의 필요성을 설명).

4. 평가

(1) 공헌

① 범죄생태학과 사회해체이론은 범죄대책으로서 개별 범죄자에 대한 처우보다 도시의 지역사회를 재조직화하여 사회통제력을 증가시킬 것을 주장한다. 24. 보호9☆

② 이에 따라 고안된 '시카고 지역계획(Chicago Area Project)'에 의해 시카고시에 22개의 지역센터를 설립하여 주민들의 공동체 의식을 함양시키기 위한 여러 활동을 수행하였다.

③ 사회해체이론은 사회통제이론, 아노미이론, 차별적 접촉이론 그리고 문화적 갈등이론 등에 기초를 제공하였다고 평가된다.

(2) 비판

① 보편화의 한계: 사회해체이론은 도시화·산업화가 급진전하던 시대에 타당할 수는 있었을지 모르나, 산업사회를 넘어서 정보사회로 치닫고 있는 현 시점에서의 타당성은 별개의 문제이다.

② 단순화의 오류: 비행지역 안에 있으면서 비행에 가담하지 않는 경우에 대한 설명이 어렵고, 비행지역 밖의 범죄에 대해서도 설명할 수 없다. 비행지역이 정말로 범죄자를 만들어내는 것인지, 단지 범죄성향이 있는 자들이 그곳에 모이는 것인지는 구별할 필요가 있다.

③ 암수범죄의 문제: 주로 형사사법기관의 공식통계에 의존한 연구라는 점에서 연구결과의 정확성을 신뢰할 수 있는가가 문제된다.

핵심 OX

07 사회해체지역에서는 전통적인 사회통제기관들이 규제력을 상실하면서 반가치를 옹호하는 하위문화가 형성되나, 주민이동이 많아지면서 이러한 문화는 계승되지 않고 점차 줄어들면서 범죄율이 낮아진다고 본다. (O, ×)

08 사회해체론에서는 개별적으로 누가 거주하든지 관계없이 지역의 특성과 범죄발생 간에는 중요한 연관성이 있다고 본다. (O, ×)

07 ×
08 ○

④ 생태학적 오류의 문제점: 로빈슨(Robinson)은 개인적 상관관계와 생태학적 상관관계를 구분하면서 사회해체이론에 대하여 생태학적 오류(ecological fallacy)의 문제점을 지적하였다. 그는 쇼와 멕케이 등의 학자들이 개인의 특성을 파악하고자 연구하면서 생태학적 상관관계에 근거하여 주장을 펼친다고 비판하였다. 즉, <u>지역이나 집단을 대상으로 연구를 진행하여 그 추론의 내용을 개인 단위에 적용시킬 경우에 문제가 발생한다는 것이다.</u>

⑤ 또한 초기 사회해체이론에 대해서는 사회해체의 개념이 사회해체의 결과인 범죄 및 비행의 증가와 뚜렷이 구분되지 않는다는 것과 사회해체를 범죄와 연결하는 사회통제의 부재를 실증적으로 측정하기 어렵다는 것이 문제점으로 지적되었다.

3 학습이론

1. 서론

(1) 학습이론(Learning Theory)이란 <u>범죄를 정상적인 사람들의 정상적인 학습행위의 산물로 파악</u>하는 관점이다.

(2) 이는 범죄를 비정상성의 결과로 파악하는 생물학적·심리학적 범죄이론(실증주의)을 거부하면서 준법적인 의식이나 행동들과 마찬가지로 범죄도 사회생활상 습득된 행위패턴이라고 주장한다. 18. 교정7

2. 모방이론(초기학습이론) – 따르드(G. Tarde)

(1) 의의

① 인간은 태어날 때는 모두 정상이지만, 이후 범죄가 생활방식의 하나인 분위기에서 양육되어 범죄자가 된다. 결국 범죄행위는 모방의 결과이다.

② 롬브로조(C. Lombroso)의 생물학적 범죄원인론을 부정하고 사회심리학적 방법을 기초로 개인의 특성과 사회의 접촉 과정을 중시하는 전제에서, 인간은 타인과 접촉하면서 관념을 학습하고 행위는 학습한 관념으로부터 유래하는 것이라고 주장한다. 16. 사시

(2) 내용

거리의 법칙	모방은 사람 사이의 거리에 반비례하여 이루어진다는 것으로서, 사람들 사이의 거리가 가까울수록 모방이 강하게 일어난다.
방향의 법칙	모방은 사회적 지위가 우월한 사람을 중심으로 이루어진다. 즉, 범죄는 상층계급으로부터 하층계급으로, 도시에서 농촌으로 모방이 이루어진다. 14. 보호7
삽입의 법칙	모방은 유행이 되고 유행은 관습이 된다(모방 → 유행 → 관습, 무한진행의 법칙).

3. 차별적 접촉이론 - 서덜랜드(E. H. Sutherland)

(1) 이론의 출발

① 범죄란 개인이 타인과 접촉하는 과정에서 서로 다르게 타인을 접촉하면서 상대방의 행동을 학습하는 결과로 발생하게 된다고 파악한다(차별적 교제이론, 분화적 접촉이론). 22. 교정9☆

② 범죄행위의 학습은 비범죄행위의 학습과 비교하여 '좋다 또는 나쁘다'의 평가를 할 수 있는 것이 아니라, 단지 다른 학습으로 파악된다.

③ '왜 사람의 집단에 따라 범죄율이 서로 다른가'에 대해서는 차별적 사회조직화·차별적 집단조직화의 개념으로 설명하고, '왜 대부분의 사람들은 범죄자가 되지 않는데 일부는 범죄자가 되는가'에 대해서는 개인의 차별적 접촉으로 설명한다.

④ 서덜랜드는 인종, 성별, 사회경제적 지위 등 다양한 특성에 기인한 범죄원인 연구는 일반화가 어렵고 과학적인 범죄원인 연구에 적합하지 않다고 보아, 범죄와 비행을 설명할 수 있는 일반이론으로서 차별적 접촉이론을 제시하였다.

(2) 범죄학습이 이루어지는 과정(9가지 명제)

① 범죄행동은 학습된다.

② 범죄행동은 타인과의 상호작용 속에서 의사소통 과정을 통해 학습된다. 21. 교정7☆

③ 범죄학습의 주요 부분은 친밀한 관계를 맺고 있는 개인집단 안에서 일어난다. 16. 교정9☆

④ 범죄학습 내용은 범죄기술 외에 범죄동기·충동·합리화 방법·태도 등을 포함한다. 21. 교정7☆

⑤ 범죄동기·충동의 구체적 방향은 법규범에 대한 긍정적·부정적 정의로부터 정해진다. 18. 교정7

⑥ 어떤 사람이 범죄자가 되는 것은 법률 위반에 대한 긍정적 정의가 부정적 정의를 압도하기 때문이다(차별적 접촉). 22. 보호7☆

⑦ 차별적 접촉은 빈도·기간·순위(우선성)·강도에 따라 달라진다. 22. 보호7☆

⑧ 범죄자와 접촉을 통해 범죄를 배우는 과정은 다른 모든 행위의 학습과정과 같다. 18. 교정7☆

⑨ 범죄행동은 사회의 일반적 욕구와 가치관의 표현이지만 그것만으로 범죄를 설명하는 것은 한계가 있다. 21. 교정7☆

(3) 사회정책

① 범죄의 감소를 위해서는 비범죄적인 정의에 대한 접촉을 늘려야 하므로, 범죄행위를 학습한 사람은 이를 치료할 수 있는 정신과의사·심리학자·사회사업가 등의 도움을 받아야 한다.

② 집단관계에 기한 요법(집단관계 치료요법), 즉 범죄성향을 가진 사람들을 재사회화 기관에서 집단으로 치료할 수 있도록 도와주는 방법이 유용하다 (예 수형자자치제도 등). 10. 사시

(4) 평가

공헌	① 집단현상으로서 범죄의 설명에 유용하다. ② 청소년 비행의 설명에 설득력이 있다.
비판	① 학습 측면을 지나치게 강조하고 인간 본성의 차이를 무시한다(생물학적 범죄원인의 무시). ② 같은 원인에 의해서도 어떤 사람은 범죄자가 되고 다른 사람은 그렇지 않다는 점을 간과한다(이질적 반응을 간과). 22. 보호7 ③ 범죄학습이 <u>매스미디어와 같은 비개인적 접촉 수단에 의해 영향을 받음을 간과한다.</u> 22. 보호7☆ ④ 과실범·격정범 등 학습 없이 행해지는 충동범죄, 개인의 지적 능력에 의한 화이트칼라 범죄 등을 설명할 수 없다.* ⑤ 범죄를 학습의 결과로 보게 되면 최초의 범죄(범죄의 시작)를 설명하지 못한다. ⑥ 비행 친구와 비행의 관계가 일방향이 아니라 쌍방향일 수 있다.

4. 차별적 접촉이론의 수정·보완

(1) 차별적 동일시이론

① 의의

  ⊙ 글래저(D. Glaser)의 주장에 의하면, 사람은 누구나 자신을 누군가와 동일시하려는 경향이 있으며, 자신의 범행 행동을 수용할 수 있다고 생각되는 실재의 인간이나 관념상의 인간에게 자신을 동일시하는 경우 범죄를 저지른다고 본다(분화적 동일화이론). 19. 교정7☆

  ⓛ 범죄는 행위자가 단순히 범죄적인 가치에 '접촉'됨으로써 발생되는 것이 아니라, 스스로 그것을 자기 것으로 '동일시'하는 단계로까지 나아가야 발생된다(주관적 애착에 의한 동일시를 중요시). 16. 보호7

② 내용

  ⊙ '동일시'라는 개념을 사용하여 문화 전달의 주체를 직접 접촉하는 사람뿐만 아니라 멀리 떨어져 있는 준거집단·준거인까지 확장함으로써 문화전달의 범위를 보다 탄력적이고 광범위하게 보았다(매스미디어의 중요성 강조, 간접적 접촉의 문제 해결). 18. 보호7☆

  ⓛ '동일시'라는 단계에 주목하여야 범죄적 문화에 접촉하면서도 범죄를 행하지 않는 사람들의 행동도 설명할 수 있다(차별적 반응의 문제 해결).

* 차별적 접촉이론이 화이트칼라 범죄를 설명할 수 없다는 비판에 대해, 서덜랜드(Sutherland)는 화이트칼라 범죄와 일반범죄가 다르지 않다고 보아 차별적 접촉이론으로 화이트칼라 범죄를 설명할 수 있다고 하였다. 즉, 화이트칼라 범죄자는 화이트칼라 범죄를 부정적으로 규정하는 정직한 기업인들보다 그것을 긍정적으로 규정하는 다른 화이트칼라 범죄자와 더 많은 접촉을 가졌기 때문에 그 범죄행위를 학습하게 된다고 주장하였다. 16. 사시

동일시(Identification)

일종의 모방으로서, 한 개인이 다른 사람을 믿고 좋아하고 본받아 그 사람의 특성을 받아들여서 자신의 일부분으로 만드는 과정을 말한다. 따라서 동일시는 좋아하는 사람의 행동을 무의식적으로 모방하면서 자신의 긴장을 해소해 가는 일종의 학습 과정이다.

🏛 **핵심 O X**

11 글래저(Glaser)에 의하면 범죄는 행위자가 단순히 범죄적 가치와 접촉함으로써 발생하는 것이 아니라, 행위자 스스로 그것을 자기 것으로 동일시하는 단계로까지 나아가야 발생한다고 한다. (O, ×)

11 O

③ 차별적 기대이론

    ⊙ 글래저(D. Glaser)는 차별적 접촉이론, 차별적 기회구조이론, 사회통제이론을 기초로 차별적 접촉이론이 무시한 기회구조의 문제에 대응하고 사회통제이론의 요소를 가미하려는 시도로서 차별적 동일시이론을 '차별적 기대이론'으로 재구성하였다.

    ⓒ 개인적 범죄성은 그러한 행위의 결과에 대한 기대감의 산물이다. 인간은 인식된 또는 기대되는 최선의 대안을 선택할 때 실제로 최선의 대안을 중요시하는 것이 아니라, 오히려 최선의 대안에 대한 자신의 기대감을 중요시하게 된다.

    ⓒ 결국 사람은 <u>범죄로부터 얻어지는 만족에 대한 기대감이 부정적 기대감을 상회할 경우에 범죄를 저지른다.</u>

(2) 차별적 강화이론과 사회학습이론

① 의의

    ⊙ 차별적 강화이론과 사회학습이론은 <u>차별적 접촉이론과 심리학의 학습이론을 결합한 이론</u>이다.

    ⓒ 범죄행위는 그것을 강화하고 두드러지게 하는 사회 외적 분위기 또는 사람들과의 사회적 상호작용을 통해 학습된다고 본다. 24. 보호9☆

② 차별적 강화이론

    ⊙ 버제스와 에이커스(E. W. Burgess & L. Akers)는 차별적 접촉이론을 수정·보완하면서 스키너(Skinner)의 조작적 조건 형성 개념을 결합한 차별적 강화이론을 주장하였다.

    ⓒ 조작적 조건 형성이란 어떤 행동은 그에 따른 결과에 따라 강화되거나 억제되며, 그 과정에서 행동의 학습이 이루어진다는 것이다(<u>조작적 조건화의 논리로 범죄의 과정 설명</u>). 23. 보호7☆

    ⓒ 행위에 대해 기대되는 결과가 다를 수 있다는 차별적 재강화의 개념, 즉 자기의 <u>범죄행위에 대한 보답(보상)이나 처벌에 대한 생각의 차이가 범죄학습에서 나름의 의미</u>를 지닌다.

    ⓔ 어떤 행동이 보상을 가져오면 그 행동을 지속하게 되고(긍정적 강화, positive reinforcement), 반대로 처벌을 받게 되면 그 행동을 중단하게 된다(부정적 강화, negative reinforcement).

    ⓜ 자신의 직접적인 경험이 아니라도 다른 사람들이 하는 행동을 관찰하여 모방(모델링)하는 것도 학습의 내용이 된다.

    ⓗ 사회적 상호작용과 함께 비사회적 사항(예 굶주림·성욕의 해소 등)에 의해서도 범죄행위가 학습될 수 있다.

차별적 강화(Differential Reinforcement)

어떤 행위의 결과로 나타나는 예상되거나 실제적인 보상과 처벌 간의 균형이라고 할 수 있다. 비행행위가 저질러지고 반복될 가능성은 친한 동료로부터의 인정, 돈, 음식, 즐거운 감정 등의 보상이 체포, 범죄자로 낙인·발각될 가능성 등과 같은 처벌보다 더 클 경우에 일어난다. 이때 보상이 처벌보다 더 클 경우를 긍정적 강화(Positive Reinforcement)라 하고, 반대로 처벌이 보상보다 더 클 경우를 부정적 강화(Negative Reinforcement)라고 한다.

조작적 조건화

행동주의 심리학의 이론으로, 어떤 반응에 대해 선택적 보상(강화와 처벌)을 함으로써 그 반응이 일어날 확률을 증가시키거나 감소시키는 방법을 말한다.

③ 사회학습이론

  ㉠ 이후 에이커스(Akers)는 차별적 강화이론을 개선하면서 반두라(Bandura)
     의 사회학습이론 중 모방 개념을 결합한 사회학습이론을 주장하였다.

  ㉡ 에이커스의 사회학습이론은 다음의 4가지 개념으로 구성된다.

차별접촉	ⓐ 개인이 범죄에 대해 우호적 정의 또는 비우호적 정의를 가진 사람 중 어느 성향의 사람과 많이 상호작용을 하는가의 문제이다. ⓑ 차별접촉의 내용으로 직접적 접촉뿐만 아니라, 간접적 접촉과 준거집단에 대한 동일시를 포함한다.
정의	ⓐ 특정 행위에 대하여 사람들이 부여하는 의미와 태도를 말한다. ⓑ 범죄에 대해 우호적인 사람과의 상호작용을 통하여 범죄적 가치관이 형성되고, 이에 따라 행동하게 된다(범죄에 우호적인 정의의 내면화).
차별강화	ⓐ 어떤 행위의 학습은 그 행위의 결과로 얻게 되는 보상과 처벌에 의해 영향받는다. ⓑ 차별강화의 유형을 4가지로 제시한다(긍정적 강화, 부정적 강화, 긍정적 처벌, 부정적 처벌).
모방	다른 사람의 행동을 관찰하여 따라하는 것으로, 모방은 차별강화와 무관하게 발생할 수 있다.

  ㉢ 범죄의 시작은 차별적 접촉으로 내면화한 정의 또는 단순한 모방에 의
     하여 가능하다.

  ㉣ 범죄의 지속은 범죄를 보상하는 차별적 강화가 계속 존재할 경우 가능
     하다.

  ㉤ 차별적 강화의 유형은 다음과 같다.

구분	보상	처벌	결과
긍정적 강화	○		행위 지속·증가
부정적 강화		×	행위 지속·증가
긍정적 처벌		○	행위 중단·감소
부정적 처벌	×		행위 중단·감소

  ㉥ 사회학습이론은 학습을 통한 변화의 가능성을 인정하여 광범위하게
     범죄예방 및 범죄자 처우 프로그램 개발의 이론적 근거로 사용되고
     있다.

4 통제이론

1. 서론

(1) 통제이론(Control Theory)은 기존의 범죄이론의 입장과 달리, 범죄연구의 초점을 '개인이 왜 범죄를 행하게 되는가'의 측면이 아니라 '개인이 왜 범죄로 나아가지 않게 되는가'의 측면에 맞추는 이론이다(관점의 전환). 20. 보호7☆

(2) 범죄행위의 동기는 인간본성의 일부여서 사회 속의 개인은 모두 잠재적 범죄인이기 때문에 범죄이론은 그러한 개인이 '왜 범죄행위에 실패하게 되는가'를 설명해야 한다. 18. 교정7☆

(3) 인간의 행동에 대한 통제를 수반하는 적절한 사회화가 선행되지 않으면 인간은 이미 내재되어 있는 기질의 영향으로 범죄를 저지르게 되어 있다고 본다.

(4) 통제이론에서 그 원인으로 주목하는 내용은 개인과 사회의 통제력·억제력이다. 토비(Toby)는 범죄를 통제하는 기제로서 개인적 통제와 사회적 통제를 함께 고려해야 한다고 주장하였다.

2. 개인 및 사회통제이론

(1) 라이스(A. Reiss)의 연구

범죄와 개인의 자기통제력의 관계를 처음으로 지적하여, 소년비행의 원인을 개인통제력의 미비와 사회통제력의 부족에서 파악하였다. 24. 보호9☆

① 개인통제력의 미비: 사회의 규범이나 규칙들과 마찰을 일으키지 않고 자기가 하고 싶은 일을 할 수 있는 능력을 갖추지 못함으로써 비행에 빠진다.

② 사회통제력의 부족: 학교와 같이 교육을 담당하는 사회화 기관들이 소년들을 제대로 수용·순응시키지 못함으로써 비행 성향이 분출하는 것을 통제하지 못한다.

(2) 나이(J. Nye)의 연구

라이스(A. Reiss)의 견해를 발전시켜 가정이 사회통제의 가장 중요한 근본이라고 주장하면서, 청소년의 비행을 예방하는 사회통제의 유형을 분류하였고, 사회통제의 유형 중 가장 효율적인 방법은 비공식적 간접 통제의 방법이라고 보았다. 24. 보호9☆

① 직접 통제: 잘못을 했을 때 즉시 억압적 수단을 사용하여 이후의 비행을 예방하는 것으로서, 국가기관에 의한 '공식 통제'와 가정이나 학교에서 이루어지는 '비공식 통제'의 방법이 있다.

② 간접 통제: 소년들이 주위의 기대 등을 의식해서 비행을 자제하는 것을 말한다.

③ 내부 통제: 스스로 양심이나 죄의식 때문에 비행을 하지 않도록 하는 것을 말한다.

3. 봉쇄이론(견제이론, 억제이론) - 레클리스(W. C. Reckless)

(1) 의의

① 레클리스는 이전까지의 이론을 종합하여 내부적·외부적 통제 개념에 기초한 봉쇄이론(Containment Theory)을 발표하였다.

② 모든 사람들에게는 범죄로 이끄는 범죄유발요인과 범죄를 억제하는 범죄억제요인이 부여되어 있지만, 범죄억제요인이 더 강할 경우 범죄로 나아가지 않는다고 한다. 21. 교정7☆

(2) 범죄유발요인과 범죄억제요인

① 범죄유발요인 21. 교정7☆

ⓐ 압력(Pressures): 사람들을 불만에 빠지게 하는 요소로서 가난, 가족 간의 갈등, 실업, 열등한 지위, 성공기회의 박탈 등이 있다.

ⓑ 유인(Pulls): 정상적인 생활로부터 이탈하도록 유인하는 요인으로 나쁜 친구, 비행적 대체문화, 범죄조직, 불건전한 대중매체 등이 있다.

ⓒ 배출(Pushes): 범죄를 저지르도록 하는 개인의 생물학적·심리적 요소로서 불안, 불만, 내적 긴장, 증오, 공격성, 즉흥성 등이 있다.

② 범죄억제요인

ⓐ 외부적 억제요인: 가족이나 주위 사람과 같이 외부적으로 범죄를 차단하는 요인들(사회적 연대와 끈)로서 일관된 도덕교육, 교육기관의 관심, 합리적 규범과 기대체계, 효율적인 감독과 훈육, 소속감과 일체감의 배양 등이 있다(외적 봉쇄).

ⓑ 내부적 억제요인: 건강한 개인이 사회의 규범·도덕을 내면화함으로써 내부적으로 형성한 범죄 차단에 관한 요인들로서 자기통제력, 강한 자아의식, 인내심, 책임감, 성취지향력, 대안발견능력 등이 있다(내적 봉쇄).

③ 범죄억제요인 가운데 어느 하나라도 제대로 작용하면 범죄를 예방할 수 있다고 하며, 특히 내부적 억제요인을 강조하였다. 고도로 개인화된 사회에서 범죄대책은 각 개인의 내부적 억제요인을 강화하는 것에 맞추어질 수밖에 없다는 것이다. 20. 보호7

(3) 자기관념이론(자아관념이론)

① 자기관념(자아관념, self-concept)이란 소년이 자기 자신에 대해서 갖는 인식을 말하며, 좋은 자기관념은 비행에 대한 절연체이다. 20. 교정7☆

② 소년들로 하여금 비행을 멀리하게 하는 중요한 절연체의 요소는 가족관계에 있으며 이를 바탕으로 형성된 긍정적 자기관념의 획득·유지가 범죄에서 멀어지게 하는 요인이 된다. 10. 보호7

③ 이는 차별적 접촉이론에서 이질적 반응의 문제에 대한 보완방법 중의 하나에 해당한다. 21. 교정7☆

내부적 억제요인의 형성 여부

내부적 억제요인이 적절히 형성되는지 여부는 자기관념에 달려있고, 자아관념은 가정에서 담당하는 교육의 영향을 받아 12세 이전에 대체로 형성된다.

🏛 **핵심 OX**

12 나이(Nye)는 사회통제방법을 직접 통제, 간접 통제, 내부 통제로 나누고, 소년 비행예방에 가장 효율적인 방법은 내부 통제라고 보았다. (O, ×)

12 ×

④ 다만, 긍정적 자기관념의 생성에 대한 설명이 부족하며, 자기관념의 변화 과정에 대해 설명하지 못한다는 비판을 받는다. 12. 사시

4. 표류이론 및 중화기술이론 - 맛차와 사이크스(D. Matza & G. Sykes)

(1) 표류이론

① 의의: 표류이론(Drift Theory)이란 비행소년은 항상 하위문화에 지배되어 끊임없이 반사회적 행위를 하는 것이 아니라 비행과 무비행의 생활양식 사이에 떠다니고 있는 존재라고 보는 입장이다. 11. 사시☆

② 대부분의 비행소년들은 사회통제가 느슨한 상태에서 합법과 위법의 사이를 표류하는 표류자일 뿐이다. 중요한 것은 소년들을 표류하게 하는 여건, 즉 사회통제가 느슨하게 되는 조건이 무엇인지를 밝히는 것이다. 15. 교정7

③ 맛차(D. Matza)는 기존의 범죄이론이 범죄원인에 대한 설명에서 강제와 차별화를 지나치게 강조한다고 비판한다. 즉, 비행소년은 일반소년들과 근본적인 차이가 있으며, 그 차이로 인하여 비행소년들은 어쩔 수 없이 비행에 빠져들 수밖에 없다는 점을 기본적인 접근방법으로 하고 있다는 것이다.

④ 범죄자는 비범죄적 행동양식에 차별적으로 접촉하여 범죄행위로 나아가는 것이 아니며[서덜랜드(E. H. Sutherland)의 차별적 접촉이론을 비판], 지배적인 문화와 구별되는 비행하위문화가 독자적으로 존재하는 것도 아니다 [코헨(L. Cohen)의 비행하위문화이론을 비판].

⑤ 비행소년도 대부분의 경우에는 규범에 순응하지만 특별한 경우에 한하여 위법행위에 빠져들게 되며, 성년이 되면 대부분 정상적인 생활을 하게 된다 (성장효과이론). 15. 교정7

(2) 중화기술이론

① 표류원인으로서의 중화기술

㉠ 비행소년들은 내면화되어 있는 규범의식 · 가치관이 중화(Neutralization), 즉 마비되면서 비행에 나아가게 된다.

㉡ 비행소년들도 전통적 가치 · 문화를 인정하지만, 그들이 범죄자와의 차별적 접촉에서 배우는 것은 규범을 중화(비행을 정당화)시키는 기술 · 방법이다. 중화기술을 습득한 자들은 사회 속에서 표류하여 범죄 · 일탈행위의 영역으로 들어가게 된다. 16. 보호7☆

🏛 핵심 OX

13 레클리스(Reckless)의 봉쇄이론에 의하면, 범죄로 이끄는 힘이 범죄를 차단하는 힘보다 강하면 범죄나 비행을 저지르게 된다. (○, ×)

14 레클리스(Reckless)는 올바른 자아관념이 비행에 대한 절연체라고 보았다. (○, ×)

13 ○
14 ○

② 중화기술의 유형 22. 교정7☆

비난자에 대한 비난	사회통제기관들은 부패한 자들로 자기를 심판할 자격이 없다고 하면서 그들의 위선을 비난하는 것이다. 21. 교정7☆ [예] 경찰·법관은 부패하였고, 선생은 촌지의 노예이며, 부모는 자기의 무능을 자식에게 분풀이하는 사람이라고 하여 죄책감·수치심을 억누르는 것 등
피해자의 부정	피해자는 응당 당해야 마땅할 일을 당했을 뿐이라고 자신의 비행을 정당화하는 것이다. 18. 보호7☆ [예] 선생을 구타하면서 학생들에게 불공평하기 때문에 당연하다고 하는 것, 상점에서 절도를 하면서 주인이 정직하지 못하다고 하는 것 등
보다 높은 충성심에의 호소	자신의 비행을 인정하면서도 의리·조직을 위해 어쩔 수 없었다고 하여 형법의 요구보다는 자신이 속한 집단의 연대성이 더 중요하다는 것이다(고도의 상위가치에의 호소). 19. 승진☆ [예] 차량 절도를 하면서 규범에 어긋나지만 친구 간의 의리상 어쩔 수 없다고 하는 것, 시위 현장에서 폭력의 사용은 위법하지만 자유·평등을 위한 것이라고 하는 것 등
가해의 부정	자신의 범행에 의한 손해를 사회통제기관과 달리 평가하여 매우 가볍게 여기는 것이다. 20. 보호7☆ [예] 절도는 물건을 잠시 빌리는 것이고, 마약복용은 타인에게 피해를 주지 않는다고 하며, 방화 시 보험회사가 피해보상을 해줄 것이라고 하는 것 등
책임의 부정	범죄·비행에 대한 자신의 책임을 인정하지 않고 오히려 자신을 사회상황의 피해자로 여기는 것이다. 24. 보호9☆ [예] 비행의 책임을 열악한 가정환경·빈약한 부모훈육·빈곤 등의 외부적 요인으로 전가하여 합리화하는 것 등

5. 사회통제이론(사회유대이론) - 허쉬(T. Hirschi)

(1) 비행의 원인

① "우리는 모두 동물이고 따라서 범죄성을 본질적으로 지니고 있기 때문에 비행의 원인이 무엇인지 설명하는 것은 필요 없다."고 보아, '왜 범죄를 저지르는가?'가 아니라 '왜 범죄를 저지르지 않는가?'에 관심을 두었다.

② 개인적 통제보다 사회적 통제를 강조하여 사회유대의 약화를 비행의 원인으로 본다. 가족·학교·동료 등과 같은 사회집단에 밀접하게 연대되어 있는 사람은 여간해서 비행행위를 하지 않는다는 것이다. 24. 보호9☆

선생님 TIP

중화기술의 유형
비/피/충/가/책

핵심 OX

15 맛차(Matza)의 표류이론(Drift Theory)에 의하면, 대부분의 비행청소년들은 합법적인 영역에서 오랜 시간을 보낸다. (O, X)

16 범죄자 甲은 수뢰죄 혐의로 수사를 받으면서 사건 담당 사법경찰관 乙의 강제추행사실을 비난하였다. 이는 중화기술 중 '비난자에 대한 비난'에 해당한다. (O, X)

17 범죄자 甲은 특수절도를 하는 과정에서 공범인 乙 및 丙과의 친분관계 때문에 어쩔 수 없었다고 주장하였다. 이는 중화기술 중 '상위가치에의 호소'에 해당한다. (O, X)

18 범죄자 甲은 타인 乙의 재물을 절취하면서 자신은 아무런 재산이 없기 때문에 그런 행위를 하였다고 하며 자신의 책임을 부정하였다. 이는 중화기술 중 '책임의 부정'에 해당한다. (O, X)

15 ○
16 ○
17 ○
18 ○

(2) 사회유대의 요소

개인의 생래적인 범죄성향을 통제하는 수단을 개인이 일상적으로 가족·학교·동료 등 사회와 맺고 있는 유대(연대)라고 보아, 개인이 사회와 유대관계를 맺는 방법을 다음과 같이 제시하였다. 16. 사시☆

애착	① 애정과 정서적 관심을 통해 개인이 사회와 맺고 있는 유대관계로, 특히 부모·교사·친구 등에 대한 애착이 큰 영향을 미친다. 21. 교정7☆
	② 애착에 의한 사회유대가 가장 중요한 요소이다.
	예 자식이 비행을 저지르다가도 부모가 실망할 것을 우려해서 중지하는 것 16. 사시
전념 (수행, 관여)	① 규범 준수에 따른 사회적 보상에 얼마나 관심을 갖는가에 관한 것이다.
	② 규범적인 생활에 많은 관심을 두었던 사람은 그렇지 않은 사람에 비해 잃을 것이 많기 때문에 비행이나 범죄를 저지를 가능성이 낮다. 20. 보호7
	예 소년들이 미래를 생각해서 공부에 전념하는 것은 비행에 빠지면 자신에게 큰 손실이 있으리라고 판단하기 때문
참여	① 행위적 측면에서 개인이 사회와 맺고 있는 유대의 형태이다.
	② 일상적 행위에 참여가 높을수록 비행의 가능성이 적고, '게으른 자에게 악이 번창하듯이' 참여가 낮으면 일탈의 기회가 증가되어 비행의 가능성이 높다. 20. 보호7
	예 학교 수업을 태만하고 거리를 배회하는 소년들에서 비행의 정도가 높은 것
신념 (믿음)	① 관습적인 규범의 내면화를 통하여 개인이 사회와 맺고 있는 유대의 형태로서, 내적 통제의 다른 표현이다. 20. 보호7
	② 법과 사회규범의 타당성에 대한 믿음이 강하면 비행에 빠지지 않는다.
	예 음주운전은 안 된다는 믿음을 가진 사람이 그렇지 않은 사람보다 음주운전을 자제하는 것

(3) 범죄일반이론 - 고트프레드슨과 허쉬(M. Gottfredson & T. Hirschi) 21. 교정7☆

① 모든 유형의 범죄행위와 범죄유사행위를 설명할 수 있는 범죄의 일반적 원인을 범죄발생의 기회와 낮은 자기통제력이라고 보며(자기통제력이 작용할 수 있는 전제로서 범죄발생의 기회를 제시), 어렸을 때 부정적으로 형성된 자기통제력이라는 내적 성향 요소가 이후 청소년기나 성인기에서 문제행동의 원인이 된다고 주장하였다. 23. 보호7

② 낮은 자기통제의 형성에 가장 많은 영향을 끼치는 것은 부모의 잘못된 자녀양육이며, 그에 대한 대책은 아이들의 행동을 항상 관찰하고 비행을 저질렀을 때, 즉시 확인하여 벌을 주는 것 등의 외적 통제인 것이다(가정에서 부모의 역할을 강조). 23. 보호7☆

③ 이에 대해서는 범죄의 설명에 있어 청소년기에 경험하는 다양한 환경적 요인의 영향을 충분히 고려하지 않는다는 비판이 제기된다.

6. 평가

(1) 통제이론은 이론 검증을 위해 자기보고조사라는 새로운 조사방법을 사용하였다.

(2) 평범한 소년들의 사소한 범죄를 대상으로 하기 때문에 대표성이 낮다. 따라서 강력범죄 등 중대범죄에는 설득력이 떨어진다는 한계가 있다. 16. 사시

(3) 비행의 발생에 대해서 거시적 · 외부적 압력을 변수로 고려하지 않은 점도 한계이다.

3 사회구조이론

1 범죄정상이론

1. 사회구조이론의 기본입장

사회구조이론(social structure theory)에서는 범죄의 원인이 개인의 생물학적 · 심리학적 특성에 있는 것이 아니라 공동체의 불평등한 사회적 구조와 문화적 차이에 있다고 본다. 이 입장은 범죄원인으로서 개인적 차원의 차별성보다는 집단적 차원의 차별성에 관심을 둔다.

2. 구조기능주의 학파

범죄학에서 구조기능주의는 개인보다 사회체계 · 사회제도를 중심으로 범죄와 규범의 의미를 파악하는 범죄이론이다. 구조기능주의의 입장에서 보면, 범죄도 사회를 구성하는 요소로서 사회의 유지 · 발전에 기여하는 측면이 있다고 한다.

> **구조기능주의**
>
> 생물의 해부학적 구조와 생리적 기능을 연구하는 방법을 적용시켜 사회 조직을 기능적 분석 단위에 기초하여 연구하고자 하는 사회학 접근법이다.

3. 범죄정상설 – 뒤르껭(E. Durkheim)

(1) 범죄는 피할 수 없는 정상적 현상이며, 모든 건강한 사회의 통합적 구성요소가 된다.

(2) 범죄는 공동사회의 규범을 강화시켜 주는 기능을 하며, 범죄는 사회의 변화와 새로운 규범의 창설을 가능하게 해주는 전제가 된다.

(3) 범죄는 인간의 영원한 징표이다. 개인이 범죄자로 태어나는 것이 아니라 인간의 속성이 범죄성을 갖는 것이며, 범죄는 인간의 개선불가능한 악의성에 기인하는 것이다(성악설).

아노미(Anomie)

사회의 존속을 가능하게 하는 사회규범이 붕괴된 상태를 말한다. 즉, 사회적 혼란으로 인해 규범이 사라지고 가치관이 붕괴되면서 나타나는 사회적·개인적 불안정 상태를 말하는데, 규범이 더 이상 행동을 규제하는 데 효과적이지 않은 사회의 상태 또는 조건을 의미한다.

긴장(Strain)

심리학에서 흔히 사용하는 용어인 스트레스(Stress)와 유사한 개념으로, 사회학과 범죄학에서 자주 사용하는 용어이다

2 아노미이론(사회적 긴장이론)

1. 이론적 기초

(1) 머튼(R. Merton)은 뒤르껭(E. Durkheim)의 아노미(Anomie) 개념(→ 무규범 상태, 사회통합의 결여)을 도입하여, 미국사회에서 사회적으로 수용 가능한 목표와 합법적인 수단 간의 불일치를 의미하는 것으로 사용한다. 20. 교정9☆

(2) 사람들의 욕구(목표)는 생래적이거나 이기적 동기에 의한 것이 아니라, 사회의 관습이나 문화적 전통과 같은 사회환경에 의해 형성된다(공통가치설, 가치공유설). 미국과 같은 자본주의사회에서는 부의 성취가 구성원들의 공통적 목표(문화적 목표)이다. 22. 교정9

(3) 사람들이 추구하는 목표가 문화적으로 형성될 뿐만 아니라, 이를 달성할 수 있는 수단 역시 문화적으로 규정되어 있다.

(4) 문제는 문화적 목표를 달성하기 위한 수단의 확보기회가 계층에 따라 차별적이라는 점이다. 여기에서 사회적 긴장관계가 형성된다. 22. 교정9☆

(5) 사회적 긴장은 특정 사회에서 문화적 목표에 대해서는 지나치게 강조하는 반면에, 사회구조적 특성에 의해 제도화된 수단으로 문화적 목표를 성취할 수 있는 기회가 제한되었을 때에 발생한다(아노미 상황의 발생). 14. 교정7☆

(6) 이념적으로 성공이라는 목표를 달성할 수 있는 기회는 누구에게나 공평하게 주어진다고 얘기하지만(평등주의적 이념), 실제로는 그 기회가 계층에 따라 차별적이기 때문에 아노미 상황이 발생하게 된다.

(7) 문화적 목표를 정당한 수단으로 달성할 수 있는 가능성이 없고, 목표달성을 위한 정당한 수단이 별로 강조되지 않는 경우에 일탈행위(범죄)가 발생한다. 14. 교정7

2. 반응양식(적응 유형)

(1) 의의

① 머튼(R. Merton)은 대부분의 전통적 범죄가 하류계층에 의해 실행됨을 설명하고자 하며, 개인의 반응양식의 차이는 개인의 속성이 아니라 사회의 문화구조에 의한 것이라고 보았다.

② 개인의 사회적 긴장에 대한 반응양식은 문화적 목표와 제도화된 수단에 따라 각각 수용과 거부의 조합을 기준으로, 5가지의 형태로 나타난다. 22. 교정9

③ 개인의 반응양식(적응양식) 중 '동조'만이 정상적인 사람들의 반응양식이며, 그 외에는 모두 반사회적 적응양식이라고 본다. 13. 사시

(2) 형태 20. 보호7☆

① **동**조형(순응형, Conformity) 14. 보호7
  ⊙ 의의: 정상적인 기회구조에 접근할 수는 없지만, 문화적 목표도 승인하고 제도화된 수단도 승인하는 경우이다.
  ⓒ 예: 금전적 성공이 문화적 목표로 강조되고 근면·검약·교육 등이 제도화된 수단으로 인정되는 경우, 비록 본인은 충분한 교육기회가 없더라도 주어진 조건 내에서 돈을 벌고자 하는 태도 등

② **혁**신형(개혁형, Innovation) 16. 보호7☆
  ⊙ 의의: 문화적 목표는 승인하지만 제도화된 수단은 부정하는 경우로서, 범죄자들의 전형적인 반응양식이다. 대부분의 범죄가 비합법적인 수단을 통하여 자신들이 원하는 목표를 달성하려고 한다는 점에서 이러한 반응양식에 해당하며, 머튼(Merton)이 가장 관심 깊게 다룬 유형이다.
  ⓒ 예: 횡령, 탈세, 매춘, 강도 등

③ **의례**형(의식주의, Ritualism)
  ⊙ 의의: 문화적 목표를 부인하고 제도화된 수단을 승인하는 것으로서, 수단이 자신의 목표가 되는 경우이다.
  ⓒ 예: 자기가 하는 일의 목표는 안중에 없고 무사안일하게 절차적 규범·규칙만을 준수하는 하위직 공무원 등

④ **은둔**형(도피형, Retreatism) 18. 교정9☆
  ⊙ 의의: 문화적 목표와 사회적으로 승인된 수단 모두를 부정하여 사회활동을 거부하는 경우이다.
  ⓒ 예: 정신병자, 빈민층, 부랑자, 방랑자, 폭력배, 만성적 알코올중독자 및 마약상습자 등

⑤ **반항**형(혁명형, Rebellion) 18. 교정9☆
  ⊙ 의의: 문화적 목표와 사회적으로 승인된 수단 모두를 부정하는 동시에 기존 사회질서를 다른 사회질서로 대체할 것을 요구하는 경우이다.
  ⓒ 예: 욕구불만의 원인을 현재 사회구조에서 규명하고, 사회주의 국가의 건설을 목표로 설정, 이를 위한 수단으로 폭력혁명을 주장하는 경우 등

⊙ 머튼(Merton)의 반응양식 18. 교정9

반응양식	문화적 목표	제도화된 수단	행위 유형
동조(순응)	+	+	대부분의 정상인
혁신(개혁)	+	−	전통적 재산범죄자
의례(의식주의)	−	+	하층관료, 샐러리맨
은둔(도피, 퇴행)	−	−	약물중독자, 부랑자
반항(혁명)	±	±	반역자, 혁명가

참고 '+'는 수용, '−'는 거부, '±'는 이전의 가치는 거부하고 새로운 가치는 수용하는 것

선생님 TIP
반응양식의 형태
동/혁/의례/은둔/반항

핵심 OX

21 머튼(Merton)은 아노미 상황에서 개인의 적응 방식을 동조형(Conformity), 혁신형(Innovation), 의례형(Ritualism), 도피형(Retreatism), 반역형(Rebellion)으로 구분하였다. (○, ×)

22 아노미이론에서 제시한 개인의 적응 방식 중 '사업이 수차례 실패로 끝나자 자신의 신세를 한탄하면서 부랑생활을 하는 자'는 은둔형에 해당한다. (○, ×)

21 ○
22 ○

(3) 검토

현대사회가 사회구성원들에게 공통의 목표(예 부의 획득, 좋은 학교에 입학 등)를 강조하면서도 이를 달성하기 위한 합법적인 수단에 접근할 수 있는 가능성은 개인의 능력이나 사회적 계층에 따라 각기 다른 상태에 두고 있고, 수단에 접근할 기회가 제한된 사람들(하위계층)은 목표의 달성을 위하여 수단의 합법성 여부를 무시한 행동(범죄)으로 나아간다고 본다. 22. 교정9

3. 평가

(1) 구체적 실증의 부재

① 목표와 수단 간의 괴리 상황에서 반응양식의 차이에 대한 구체적 실증이 명확하지 않다.

② 어느 사회에서나 문화적 목표에 대해서 기본적인 합의가 있다는 공통가치설을 지나치게 강조하고 있다(다양성의 무시). 11. 교정9

(2) 보편성의 결여

① 과실범·격정범·근친상간·동성애·상류계층의 경미한 재산범죄 등을 설명할 수 없다.

② 범죄가 사회구조적 문제로 인해 발생함을 강조하면서도 그에 대응하는 구체적 사회정책을 제시하지 못하고 있다.

③ 최근 증가하는 중산층이나 상류층의 범죄를 설명하는 데에는 한계를 나타냄으로써 범죄원인의 일반이론으로 보기는 힘들다. 22. 교정9☆

4. 아노미이론의 발전

(1) 제도적 아노미이론 23. 교정9☆

① 메스너와 로젠펠드(S. Messner & R. Rosenfeld)는 머튼(R. Merton)의 이론에 동의하면서 범죄·비행을 미국 사회의 문화적·제도적 영향의 결과로 본다.

② 미국 사회의 경제적 성공을 강조하는 소위 아메리칸 드림은 그 저변에 성취지향, 개인주의, 보편주의, 물신주의(물질만능주의)를 전제하고 있다.

③ 문화와 제도에 있어서 아메리칸 드림이라는 경제적 욕망의 지배는 경제제도와 다른 사회제도 사이에 힘의 불균형 상태를 초래하여(제도적 힘의 불균형), 가족·교회·학교 등에서 시행하는 비공식적 사회통제를 약화시키고 이는 미국 사회의 높은 범죄율로 연결된다는 것이다.

④ 범죄방지대책으로는 시민들이 경제적 안전망(예 복지·연금 등)을 제공받게 된다면 경제적 박탈감의 영향을 극복할 수 있게 되며 범죄율은 감소한다고 본다.

아노미의 피드백 효과

아노미이론이 중산층·상류층의 범죄를 설명하지 못한다는 비판에 대해, 머튼(R. Merton)은 아노미의 피드백 효과(Feedback Effect)라는 가설로 반박한다. 즉, 문화적 목표는 만족할수록 그 정도가 높아져서 더욱 많은 것을 추구하게 된다는 것이다. 개인의 욕망은 완전한 만족이 존재하지 않는 가변적인 것이기 때문에 물질적 욕구에서 생긴 문화적 목표를 달성한 다음에도 점차 높아지는 목표를 충족하기 위해 다시 불법적인 수단을 사용하게 된다.

아메리칸 드림

메스너와 로젠펠드는 아메리칸 드림을 "개인들의 열린 경쟁이라는 조건하에서 사회의 모든 이들이 추구해야 할 물질적 성공이라는 목표에 대한 헌신을 낳는 문화사조"라고 정의한다.

(2) 일반긴장이론 – 애그뉴(R. Agnew) 20. 교정7☆

① 애그뉴(R. Agnew)는 머튼의 이론을 수정하고 미시적으로 계승하여 사회에서 스트레스와 긴장을 경험하는 개인이 범죄를 저지르기 쉬운 이유를 설명하고자 하였다(긴장의 개인적 영향, 미시적 범죄이론). 22. 교정9☆

② 목표달성의 실패(또는 기대와 성취 사이의 괴리), 긍정적 자극의 소멸, 부정적 자극의 발생을 긴장의 원인으로 보아 범죄원인으로 제시하고, 경험한 긴장의 강도가 강하고 횟수가 거듭될수록 개인은 부정적 감정의 충격을 많이 받으며 범죄에 빠질 가능성이 높다고 본다(긴장 → 부정적 감정 → 비행). 20. 승진

③ 일반긴장이론은 머튼의 긴장 개념을 확장하여 다양한 상황이나 사건들이 긴장 상태를 유발할 수 있다고 보는 입장으로서, 머튼(R. Merton)의 이론과 같이 하층계급의 범죄에 국한한 것이 아니라, 사회의 모든 계층의 범죄에 대한 일반론적인 설명을 제공하고자 한다. 18. 교정7☆

④ 이를 통해 개인 차원의 일탈을 예측할 수 있고, 나아가 공동체의 범죄율의 차이를 설명하기도 한다.

⑤ 긴장상태에 있더라도 긍정적인 정서를 가진 사람은 자신의 능력을 신뢰하여 범죄로 나아가지 않는다고 보므로, 같은 수준의 긴장에 처한 경우에 모든 사람이 동일한 정도로 범죄를 저지르는 것은 아니라고 한다. 20. 승진

3 갈등이론

1. 범죄에 대한 두 가지 관점

범죄에 대한 관점은 법의 기원과 범죄의 특성, 형사제재에서 국가의 역할 등을 어떻게 보느냐에 따라 두 가지 상반된 관점으로 나누어진다. 12. 교정7

합의론	합의론(Consensus View)적 관점은 사회합의론과 기능론을 이론적 전제로 하며 범죄에 대한 대책에서는 현상유지적·수정적 경향을 지닌다. 즉, 한 사회의 법률은 사회구성원들에 의해 일반적으로 합의된 행위규범을 반영하는 것으로 그 사회의 가치·신념의 주류를 대변하는 것이고, 범죄는 이러한 법률의 위반으로 사회 전체의 일반적 합의에 모순된 행위로 규정된다.
갈등론	갈등론(Conflict View)적 관점은 이익갈등론과 강제론을 전제로 하며 범죄에 대한 대책에서도 개혁적·변혁적 경향을 띠고 있다. 갈등론자들은 법을 사회구성원의 합의의 산물로 보는 전통적 관점을 배척하고 법의 기원을 선별적인 과정으로 본다. 즉, 사회의 다양한 집단들 중에서 자신들의 정치적·경제적 힘을 주장할 수 있는 집단이 자신들의 이익과 기득권을 보호하기 위한 수단으로 만들어 낸 것이 법률이라는 것이다.

일반긴장이론에서 긍정적 자극의 소멸과 부정적 자극의 발생

일반긴장이론에서는 친한 친구나 가족의 사망 등을 '긍정적 자극의 소멸'의 예로 보고, 부모와의 충돌, 선생님의 꾸중 등을 '부정적 자극의 발생'의 예로 본다.

갈등이론이 제기하는 의문

아래와 같은 질문을 통해 갈등이론은 범죄와 범죄자가 만들어지는 사회적·정치적 과정, 즉 범죄의 정치학을 연구한다.

1. 왜 특정 집단·계층의 규범은 법으로 전이되는 반면, 다른 집단·계층의 규범은 법제화되지 않아서 특정 집단·계층과 갈등관계에 있는 집단·계층에서 범죄자를 만들게 되는가?
2. 왜 특정 법률은 집행되는 반면, 일부 다른 법률은 집행되지 않아서 특정 법률을 위반한 사람만 범죄자로 만드는가?
3. 왜 법률이 특정 집단이나 계층에 대해서만 집행되고 일부 다른 집단이나 계층에 대해서는 집행되지 않아서 일부 특정 법률의 위반자만 범죄자로 만드는가?

🏛 **핵심 OX**

23 애그뉴(Agnew)의 일반긴장이론(General Strain Theory)은 머튼(Merton)의 아노미이론(Anomie Theory)에 그 이론적 뿌리를 두고 있으며, 거시적 수준의 범죄이론으로 분류된다. (○, ×)

23 ×

2. 분류

갈등이론은 갈등집단의 속성을 어떻게 파악하는가에 따라 보수적 갈등이론과 급진적 갈등이론으로 구분할 수 있다. 편의상 보수적 갈등이론을 먼저 보고, 급진적 갈등이론은 비판범죄학 부분에서 보기로 한다.

보수적 갈등이론	사회를 구성하는 다수의 다양한 집단이 그들의 이익을 추구하기 위해 경쟁하고 있다는 견해이다.
급진적 갈등이론	마르크스의 계급갈등론을 바탕으로 사회에는 두 가지 계급이 존재하며 양자가 서로 사회를 지배하고자 경쟁하고 있다는 견해로서, 비판범죄학이라고도 한다(비판적 갈등이론).

3. 보수적 갈등이론

(1) 범죄분석 - 베버(M. Weber)

범죄는 사회 내 여러 집단들이 자기의 생활기회를 증진시키기 위해 하는 정치적 투쟁, 즉 권력투쟁의 산물이라고 한다. 따라서 범죄는 사회체제 여하를 떠나서 권력체계, 즉 정치체계가 조직되어 있는 모든 사회에 존재한다고 본다.

(2) 집단갈등이론 - 볼드(G. Vold) 10. 교정9

① **집단형성의 동기:** 집단갈등이론은 사람이란 원래 집단지향적인 존재이며, 이들의 생활은 대부분 집단에 참여함으로써 가능하다는 전제에서 출발한다. 혼자만의 노력보다 비슷한 이해관계와 요구를 가진 사람들이 집단행동을 통해 자신들의 요구를 보다 잘 실현할 수 있기에 집단이 형성된다고 본다.

② **집단갈등의 원인**

㉠ 집단 간에 갈등이 발생하는 이유는 여러 집단들이 추구하는 이익과 목적이 중첩되고, 서로 잠식하며 경쟁적이 되기 때문이다.

㉡ 법의 제정, 위반, 집행의 모든 측면을 정치적 이익갈등의 차원에서 조명한다. 특히 집단 간의 이익갈등이 가장 첨예한 상태로 대립하는 영역으로 입법정책 부문을 지적하였다. 22. 보호7☆

㉢ 범죄행위란 집단갈등의 과정에서 자신들의 이익과 목적을 제대로 방어하지 못한 집단의 행위로 인식한다. 즉, 범죄는 법제정 과정에 참여하여 자기의 이익을 반영시키지 못한 집단의 구성원이 일상생활 속에서 법을 위반하여 자기의 이익을 추구하는 행위이고, 그에 대한 형사제재 역시 법의 내용을 장악한 집단이 자기들의 이익을 보호하고 공고히 하는 정치적 행위라는 것이다. 16. 사시☆

③ 평가
　　㉠ 긍정: 집단갈등이론은 <u>전통적 범죄이론이 도외시하였던 특정 범죄(예</u> <u>인종갈등·노사분쟁·확신범죄 등)의 설명에 적합</u>하며, 이후 갈등론적 범죄이론의 발전에 많은 기여를 하였다는 평가를 받는다.
　　㉡ 부정: 이익집단들의 갈등과 연계되지 않는 충동적이고 비합리적인 범죄행위(비이성적·격정적 범죄)에 대해서는 적용할 수 없다는 근본적인 한계에 대해 비판을 받는다.

(3) 권력갈등이론(범죄화론) - 터크(A. Turk)

① 사회질서의 기초: 집단 간에 발생하는 갈등의 원인은 사회를 통제할 수 있는 권위를 추구하는 데에 있다고 본다. 그리고 사회의 권위 구조를 집단의 문화규범·행동양식을 타인에게 강제할 수 있는 권위를 가진 지배집단과 그렇지 못한 피지배집단으로 구분하였다. 22. 보호7

② 범죄화의 유발요인
　　㉠ 법제도 자체보다는 <u>법이 집행되는 과정에서 특정 집단의 구성원이 범죄자로 규정되는 과정을 중시</u>하였다. 그리하여 어떤 조건하에서 집단간에 갈등이 발생하고, 어떤 사람들이 범죄자로 규정되는지 그 과정과 관련하여 세 가지 조건을 주장하였다. 24. 보호9
　　　　ⓐ 법률의 지배집단에 대한 의미: 현실의 법이 지배집단의 문화규범 및 행동규범과 일치할수록 그러한 법이 우선적으로 집행될 가능성이 크다. 24. 보호9
　　　　ⓑ 법 집행자와 저항자 사이의 상대적 권력관계: 통상적으로 법은 법 집행에 도전할 수 있는 힘을 가진 지배집단보다는 이와 같은 힘을 갖지 못한 피지배집단에 더욱 집요하게 집행된다. 24. 보호9☆
　　　　ⓒ 갈등 진행의 현실성: 집단 간 갈등의 산물인 법규 위반이 실현가능성이 낮은 목표를 주장·관철하려는 경우일수록 법 집행이 강화된다. 24. 보호9
　　㉡ 지배집단이 하층계급의 사람들에게 그들의 실제 행동과는 관계없이 범죄자라는 신분을 부여할 수 있다는 측면에서 피지배집단의 범죄현상을 이해한다. 결국 지배집단의 힘이 강하고 갈등이 그들의 행동규범이나 문화규범에 중요한 경우에 피지배집단의 구성원들이 범죄자로 규정되고 처벌될 가능성이 크다고 본다. 10. 보호7

(4) 문화갈등이론 - 셀린(T. Sellin)

① 범죄원인: 『문화갈등과 범죄』에서 전체 문화가 아닌 개별집단의 상이한 문화를 범죄원인에 대한 설명의 거점으로 삼고 있다. '개별집단의 문화적 행동규범과 사회 전체의 지배적 가치체계 사이에 발생하는 문화적 갈등관계가 범죄원인이 된다'는 것이다. 15. 사시☆

집단갈등의 긍정적·부정적 측면

집단 간의 갈등은 분쟁의 유발이라는 부정적 측면이 있지만, 구성원들의 집단에 대한 애착심을 강화시키는 긍정적 측면도 있다.

사회질서의 기초

사회질서는 권위를 확보한 지배집단들에 의해 유지되는 합의와 강제 사이의 균형상태에 기초한다. 지배집단은 이러한 균형이 깨져서 과도하게 강압적인 지배관계나 과도하게 합의지향적인 평등관계로 이해하는 것을 방지함으로써 사람들이 지배집단과 피지배집단이라는 사회적 역할에 의문을 제기하지 않고 그렇게 조건지어진 삶을 영위하도록 한다.

갈등의 조건

1. 문화규범과 사회규범을 구별하여 문화규범이 법조문에 관계된다면 사회규범은 법이 실제로 집행되는 실제적 행동양식도 관련된다.
2. 갈등은 지배집단과 피지배집단 사이에 문화적·사회적 규범의 차이가 있다는 점에서 출발한다. 갈등의 개연성은 지배집단과 피지배집단, 양자의 조직화의 정도와 세련됨의 수준에 의해 영향을 받는다.

문화갈등이론의 배경

문화갈등이론은 인간의 사회행동을 결정하는 데에는 한 사회의 문화적 가치체계가 결정적 작용을 한다는 전제로부터 출발한다. 그리고 일탈행동은 개인이 사회의 지배적 가치와 다른 규범체계, 즉 하위문화 또는 이주자의 생소한 문화로부터 배운 가치체계를 지향할 때 발생하는 것으로 설명한다.

② 문화갈등

　ㄱ 다원적·복잡한 사회일수록 고유한 문화전통과 규범의식을 가진 다양한 부분사회를 내포한다. 전체 사회의 규범과 개별 집단의 규범 사이에는 갈등이 존재하기 쉽고, 개인에게도 이러한 문화갈등이 내면화되어 인격 해체가 이루어지고 범죄원인으로 작용한다. 범죄학적으로 의미가 있는 문화갈등은 합법적 행위규범과 비합법적 행위규범이 다른 경우이다.

　ㄴ 문화갈등은 두 개의 인접문화가 만나는 경계지역에서 한 규범체계가 다른 문화의 규범체계로 확대 적용될 경우 또는 한 문화의 구성원이 다른 문화권으로 이주할 경우에 발생한다.

　ㄷ 일차적 문화갈등과 이차적 문화갈등 모두 범죄의 원인이 된다고 지적한다.

일차적 문화갈등 (횡적 문화갈등)	이질적 문화의 충돌에 의한 문화갈등의 경우 24. 보호9☆ 예 국가병합, 이민의 경우 등
이차적 문화갈등 (종적 문화갈등)	동일문화 안에서 사회변화에 의한 문화갈등의 경우 24. 보호9☆ 예 세대 간 갈등, 빈부 간 갈등, 지역 간 갈등 등

③ 평가

　ㄱ 문화갈등이론은 이민사회의 다양한 민족을 전제로 한 이론이기 때문에 범죄이론으로 보편화함에 한계가 있다.

　ㄴ 문화갈등이론에 의하면 문화갈등이 없는 집단의 범죄율은 그렇지 않은 집단보다 상대적으로 낮게 나타나야 하나, 이와 같은 사실은 통계적으로 입증되지 않고 있다.

(5) 챔블리스(W. Chambliss)의 법현실주의이론

① 급진적 마르크스주의의 입장에서 자본주의가 발달할수록 부와 권력을 가진 지배계층이 늘어나고, 지배계층은 자신들의 부와 권력을 유지하기 위한 사회적 규범을 더 많이 제정하게 되며, 이를 위반한 것이 범죄라고 보았다.

② 법이란 기존 세력집단의 이익을 대변하여 운용되는 것이며, 법을 집행하는 관료들은 법의 집행이 조직의 이익에 부합될 때 적극적으로 집행한다.

③ 형사사법기관은 사회의 하위계층의 범죄에 대하여 엄격하게 법을 집행하나, 상위계층의 범죄에 대해서는 관대하게 법을 집행한다. 하위계층은 저항이 적으므로 법집행이 비교적 쉽지만 상위계층에 대한 법집행은 부담이 따르기 때문이다.

(6) 블랙(Black)의 법행동이론

① 블랙(Black)에 의하면, 법은 사회통제의 일종이며 사회적 계층이나 문화 등의 차이에 의해 법을 동원하는 양(量)이 결정된다고 본다.

② 따라서 사회계층이 높은 사람들이 낮은 사람들에 비해서 법을 이용할 확률이 높아지고 법은 많아진다(법은 사회계층에 정비례하여 변화한다).

4. 평가

(1) 갈등이라는 개념이 명확하지 못하다.

(2) 범죄통제에 대한 지나친 관심으로 정작 범죄원인은 제대로 규명하지 못한다.

(3) 갈등이 사회문제의 근원이라고 할 수도 있지만, 사회구성원들의 동기를 자극하여 사회발전에 기여하는 부분도 있다는 점을 무시하였다.

(4) 갈등은 범죄의 원인이므로 갈등을 제거하여 범죄를 줄일 수 있다는 가정은 단순하다. 즉, 갈등을 줄이려는 노력은 결국 사회적 약자인 피지배자의 희생을 강요할 수밖에 없어 그러한 노력이 오히려 갈등의 골을 더욱 심화시킬 수 있다.

(5) 갈등 없는 사회로서의 이상적 사회주의 국가를 지향한다면, 사회주의 국가에서도 자본주의 국가와 유사한 범죄양태가 존재한다는 현실을 설명할 수 없다.

5. 갈등이론에 대한 대안이론

(1) 좌파현실주의

① 레아(J. Lea)와 영(J. Young)은 법과 질서유지를 강조하는 우파의 보수주의적 태도에 반대함과 동시에 지배계급의 권력남용에 초점을 맞추는 극좌파의 태도에도 반대하면서, 지배계급과 하위계급 내부의 범죄집단에 의해 이중으로 고통받는 빈곤계층의 현실을 직시해야 한다고 주장한다.

② 상대적 박탈감으로 인한 불만족의 문제를 정치적 해법으로 해결하지 못하면 범죄로 발전하게 된다고 본다.

③ 사회주의의 실현이 범죄문제를 해결할 수도 있겠으나, 현존하는 자본주의 제도에서도 범죄통제를 위한 조치가 취해져야 하며, 이를 위해 공동체적 노력에 기반한 범죄통제정책이 필요하다고 본다.

(2) 페미니스트 범죄이론(여성주의 범죄학)

① 의의

㉠ 과거 여성범죄에 대한 인식은 잘못된 고정관념(예 기사도, 가족주의, 가부장제도)에 기초한 것이어서, 사회 내의 갈등이 성(gender)의 불평등성에서 발생한 것이므로 성평등이 실현되면 남성과 여성의 범죄성은 비슷해질 것이라는 주장이다.

㉡ 성적 차별에 의해 여성은 가정과 사회에서 이중의 착취를 당하고 있다는 인식이 페미니즘 출현의 동기라고 본다.

㉢ 달리(K. Daly)와 린드(M. Chesney-Lind)는 기존 범죄학의 연구는 남성중심주의적이라고 비판하면서, 범죄는 남성 고유의 문제가 아니므로 성(gender)의 차이를 인정해야 한다고 주장하고, 범죄를 남성과 여성 모두에게 있어 정상적으로 나타나는 현상으로 이해해야 한다고 주장한다.

ⓔ 여성의 범죄행동에 대한 연구들이 축적되어 가고 있으나, 여성주의 범죄학이 범죄학의 주류에 포함되고 있는가에 대해서는 부정적으로 보는 것이 일반적이다.

② 유형

급진주의적 페미니즘	남성은 공격적 성향을 타고났기 때문에 여성을 통제나 지배의 대상으로 인식(남성우월주의)하고, 이는 가부장제도를 통해 남성의 여성에 대한 지배가 사회 전반으로 확장되었다고 주장한다.
자유주의적 페미니즘	성의 사회화가 범죄의 원인으로 작용하여 여성보다 남성이 더 많은 범죄를 저지르는 것은 성에 대한 역할기대에 부합하기 때문이며, 성 불평등의 원인은 법적·제도적 기회의 불평등으로 인한 것이라고 보아, 사회의 정책적 노력(동등한 기회 부여, 선택의 자유 허용)에 의해 성 불평등이 제거될 수 있다고 주장한다.
마르크스주의적 페미니즘	남성의 재산소유와 생산수단에 대한 통제(사유재산제도)가 남성지배 및 여성억압의 근원이므로 자본주의-가부장제를 위협하는 여성의 행동은 범죄로 규정된다고 보아, 자본주의에 대한 투쟁을 통해 여성억압과 불평등을 해결할 수 있다고 주장한다.
사회주의적 페미니즘	성 불평등은 사회의 경제구조와 자본주의의 결과라고 보는 입장에서 여성의 임신·출산·육아는 여성이 생존을 위해 남성에게 의존하도록 만들었고, 이는 노동의 성 분업과 남성의 여성에 대한 지배·통제를 초래하여 남성에게 더 많은 범죄기회가 주어졌다고 주장한다.

(3) 권력통제이론

① 권력통제이론(Power Control Theory)이란 범죄에서 나타나는 성차를 설명하기 위해 급진적인 여성주의 시각을 도입하여, 범죄율이 계급적 권력과 가족 내 권력에 의해 결정된다고 보는 이론이다. 헤이건(J. Hagan)은 범죄나 비행의 발생률이 사회적 지위와 가정 기능이라는 두 가지 요소에 의해 결정된다고 주장한다.

② 부모의 직장에서의 권력적 지위가 가족구성원 간의 권력관계에 반영되고, 가정 내에서 권력이 젠더구조화된 정도는 부모가 자녀를 양육하는 방식에 영향을 미친다고 본다.

③ 가정 기능은 다시 가부장적 기능과 평등주의적 기능으로 나뉜다. 먼저 가부장적 가정에서는 아버지가 생계 유지를 위한 경제활동을 하고, 어머니는 가사와 육아의 활동을 하는데 딸에 대해서는 통제가 강하나 아들에 대해서는 통제가 느슨하다. 따라서 아들의 비행가능성이 높다고 한다.

④ 반면에 평등주의적 가정에서는 아버지와 어머니가 동등한 권력과 지위를 향유하므로 딸에 대한 통제가 약하며 그로 인하여 아들과 딸의 비행가능성에 차이가 없다고 본다. 부모가 비슷한 권력을 소유하고 있는 가정에서 딸은 남자 형제와 비슷하게 직업적 성공에 대한 기대감을 갖고 있으며 그 결과 성별에 관계없이 위험추구적 행동이나 비행을 저지르도록 사회화된다는 것이다.

(4) 포스트모던 범죄이론

① 포스트모던 범죄이론은 범죄원인의 설명에서 기존의 주장들은 여러 이론 중 하나일 뿐이라고 본다.

② 범죄란 특정 사회에서 규정하고 있는 인간행동의 한 범주이며, 인식의 오류나 지각성의 부족을 범죄의 원인이라고 본다. 즉, 사회와 연결되지 못하고 자기의 생각과 방식대로 행동하며 사회와 타인을 거부하는 행동이 범죄라고 본다.

③ 포스트모던 범죄이론은 기존의 전통적 범죄이론을 거부하여 인종적·계급적 차별을 타파하고자 함에 특징이 있다. 다만, 범죄의 개념이 부정확·모호하며 실질적 대책의 제시가 없다는 비판을 받는다.

4 범죄적 하위문화이론(문화적 비행이론)

1. 서론

(1) 범죄적 하위문화이론(비행적 하위문화이론, Cultural Deviance Theory)은 사회해체이론과 아노미이론을 결합하여, 해체되고 타락한 지역의 거주자들(하위계층)이 사회적 소외와 경제적 박탈에 대해 어떻게 반응하는지를 설명하는 이론이다. 12. 교정9

(2) 사회의 여러 하위문화 중에서 규범의 준수를 경시하거나 반사회적 행동양식을 옹호하는 범죄적 하위문화가 존재하며, 이러한 환경에서 생활하는 사람들은 범죄적 하위문화의 영향으로 인하여 범죄행위에 빠져든다고 본다. 14. 사시☆

2. 하위계층문화이론(하층계급문화이론) – 밀러(W. Miller)

(1) 하위계층의 문화

① 밀러는 경제적 하층계급인 갱단의 비행에 설명의 초점을 맞추어, 셀린(T. Sellin)이 지적한 이차적 갈등에 의한 범죄발생의 이론을 발전시켰다.

② 하위계층에는 중류계층의 문화와는 구별되는 독자적인 문화규범이 존재하고, 이에 따른 행동이 중류계층문화의 법규범에 위반됨으로써 범죄가 발생한다. 23. 보호7☆

③ 하위계층의 대체문화는 사회의 주류문화에 대하여 다른 가치를 가지는 문화로 파악된다. 하층계급의 범죄 및 일탈은 병리적인 행위가 아니고 중류계층의 규범에 대항하는 것도 아니며, 단지 자기가 소속된 해당 문화에 충실한 행위일 뿐이다. 이는 악의적인 저항이 아니라는 점에서 <u>코헨(A. Cohen)의 비행하위문화이론과 구별된다</u>. 23. 보호7☆

④ 하층계급에 독특한 문화규범이 생기는 이유는 그들의 관심의 초점(중심가치, Forcal Concerns)이 일반인(중류계층)과 다르기 때문이다.

(2) 관심의 초점(중심가치) 23. 보호7☆

선생님 TIP

관심의 초점
교활/강/말/자/명/분/관심

말썽(사고치기) [Trouble]	하층계급은 유난히 사고를 유발하고, 이를 원활히 처리하는 데에 많은 관심을 갖고 있다. 사고를 저지르고 경찰에 체포되거나 피해자에게 배상하는 것은 어리석은 것이며, 이를 교묘히 피해가는 것이 주위의 주목을 끌고 높은 평가를 받게 된다. 16. 사시
자율성(독자성) [Autonomy]	경찰, 선생, 부모 등의 권위로부터 벗어나려 하고, 그들의 간섭을 받는 것을 혐오한다. 따라서 사회의 권위 있는 기구들에 대한 경멸적 태도를 취하게 된다.
숙명(운명주의) [Fatalism]	미래가 자기의 노력보다는 통제할 수 없는 운명에 달려있다는 믿음이다. 범죄를 저지르고 체포된 경우, 반성하기보다는 운이 없었다고 판단하기도 한다.
흥분(자극) [Excitement]	스릴과 위험한 일을 추구하여 권태감을 해소하는 것이다. 하층계급의 거주지역에서는 도박·싸움·음주·성적 일탈이 많이 발생한다. 16. 사시
교활(기만) [Smartness]	지적인 총명함이 아니라, 도박·사기·탈법 등과 같이 기만적인 방법으로 다른 사람을 속일 수 있는 능력을 말한다.
강인(억셈) [Toughness]	감성적이며 부드러운 것을 거부하고, 육체적인 힘이나 싸움능력을 중시하며 두려움을 나타내지 않는다. 이는 여성가장기구에 대한 반작용으로 볼 수 있다.

(3) 범죄의 발생

하층계급에서는 중심가치(관심의 초점)를 높이 평가하고 깊은 관심을 가짐으로써 일정한 지위를 차지하고 갱단에 속하게 된다. 따라서 이러한 문화적 분위기에 순응하는 과정에서 범죄를 저지르게 된다.

(4) 평가

① 하층계급의 독자적 하위문화가 실제로 존재하는지는 아직 증명되지 않고 있다.

② 하층계급의 문화의 다양성을 고려하지 않기 때문에 모든 경우에 적용할 수 있는 것은 아니다.

③ 관심의 초점(중심가치)이라는 것이 하위문화의 일부 요소일 수는 있으나 유일한 것일 수는 없고, 중류계층의 가치와 문화가 영향을 미칠 수도 있음을 무시하고 있다.

핵심 OX

26 하위문화(Subculture)란 지배집단의 문화와는 별도로 특정한 집단에서 강조되는 가치나 규범체계를 의미한다.
(O, X)

27 하위문화이론에 속하는 여러 견해들의 공통점은 특정한 집단이 지배집단의 문화와는 상이한 가치나 규범체계에 따라 행동하며, 그 결과가 범죄와 비행이라고 보는 것이다. (O, X)

26 ○
27 ○

3. 비행하위문화이론 - 코헨(A. Cohen)

(1) 의의

① 밀러(W. Miller)의 이론이 하층문화가 생성되는 과정에 대해서는 관심을 두지 않았다고 비판하면서, 하류계층 청소년들 사이에서 반사회적 가치나 태도를 옹호하는 비행문화가 형성되는 과정을 집중적으로 다루었다. 14. 사시

② 미국과 같이 중류계층의 가치체계의 의해 지배되는 사회에서는 중산층의 가치나 규범을 중심으로 형성된 사회의 중심문화와 빈곤계층 소년들의 익숙한 생활 사이에서 긴장이나 갈등이 발생하며, 이러한 긴장관계를 해소하려는 시도에서 비행적 대체문화가 형성된다. 18. 승진☆

③ 중산층 문화에 적응하지 못한 하류계층의 소년들이 좌절감을 해소하고 삶에 의미를 부여하기 위해서 다른 하류계층 소년들과 함께 주류문화와 전혀 다른 문화(비행하위문화)를 구성하여 중류계층의 거부에 대한 해결책을 찾는다(문화적 혁신). 16. 보호7☆

④ 결국 비행하위문화는 중류계층의 가치와 규범에 대한 반동(저항)적 성격을 지닌다고 본다. 23. 보호7☆

(2) 적응의 문제와 비행집단의 형성

① 하류계층의 비행집단(갱)은 계층사회 내에서 하류계층의 소년들이 학교에 제대로 적응하지 못함으로 인해 발생한다. 학교제도 자체가 중류계층의 척도에 의해 지배되므로 그들과 다른 배경을 가진 하류계층 소년들에게는 적응의 문제가 발생한다(학교에서의 실패를 경험, 지위좌절).

② 하류계층 소년들의 반응에는 대학소년 반응, 길모퉁이소년 반응, 비행소년 반응 등이 있다. 비행소년들에게 하위문화는 중류계층의 거부에 의한 좌절감을 표출하는 매개물이다. 이러한 비행소년들이 어울려서 집단적으로 반항하면서 비행집단이 형성된다.

(3) 비행하위문화의 특성 20. 보호7☆

① **다**면성(변덕): 하류계층 소년들은 여러 방면의 재주·잡기·융통성을 중요시한다.

② **단**기적 쾌락주의: 미래의 성공을 위해 현재의 욕구를 억제하지 못하고 당장의 쾌락을 추구하는 경향을 띤다(예 폭주족 등).

③ **반**항성(부정성): 하류계층의 소년들은 사회의 지배적 가치체계를 무조건 거부하고, 사회의 중심문화와 반대방향으로 하위문화의 가치·규범을 형성한다.

④ **집**단자율성: 하류계층 소년들은 기존 사회에서 인정받지 못하는 것에 대한 반작용으로, 내적으로 강한 단결력과 외적으로 적대감을 나타낸다.

⑤ **비**공리성(비합리성): 합리적 계산을 통한 범죄의 이익보다는 타인에게 피해를 입히고 동료로부터 얻는 명예·지위 때문에 범죄행위를 한다.

⑥ **악**의성: 타인에게 불편을 주고 금기를 파괴하는 행위를 강조한다.

📖 **선생님 TIP**

비행하위문화의 특성
다/단/반/집/비/악

🏛 **핵심 OX**

28 코헨(Cohen)은 하위계층 청소년들 사이에서 반사회적 가치나 태도를 옹호하는 비행문화가 형성되는 과정을 규명하였다. (O, ×)

28 ○

(4) 평가

① 중산층·상류층 소년들이 저지르는 비행이나 범죄는 설명하지 못한다. 20. 보호7☆

② 하위계층 소년들 중 비행을 저지르지 않는 소년이 많다는 사실을 간과하였다.

③ 하위계층 소년들의 비행 중에서 가장 많은 것이 절도 등의 이욕범죄인데, 이를 비합리성·악의성·부정성 등의 영향으로 보기는 힘들다.

④ 실제 체포된 비행소년들의 대부분은 자신의 행동을 후회하고 뉘우치므로, 이들의 행위를 비행하위문화의 영향을 받은 것으로 보기 어렵다. 23. 교정9☆

4. 차별적 기회구조이론 – 클로워드와 오린(R. Cloward & L. Ohlin)

(1) 의의

① 코헨(A. Cohen)의 비행하위문화이론에 동의하면서, 더 나아가 비행자가 왜 그러한 비행하위문화에 빠져들게 되는지를 설명하고자 하였다. 12. 사시

② 아노미이론(R. Merton)과 차별적 접촉이론(E. H. Sutherland)을 통합하여, 성공을 위한 목표로의 수단에는 합법적·비합법적 기회구조가 있음을 전제로 하여 차별적 기회이론을 제시한다. 23. 교정9☆

③ 비행하위문화를 촉발시키는 요인으로 합법적인 수단을 사용할 수 있는 기회의 불평등한 분포를 든다. 아노미이론과 같이 사회에는 문화적 목표와 이를 합법적인 수단으로 달성할 수 있는 가능성 간에 현격한 차이가 있고, 이로 인해 비행하위문화가 형성된다. 12. 사시

④ 성공하기 위하여 합법적인 수단을 사용할 수 없는 사람들은 비합법적 수단을 사용한다는 머튼의 주장에 대해서는 반대한다. 머튼(R. Merton)의 이론은 비합법적인 수단에 대한 접근가능성을 간과하였으며, 실제 비행하위문화의 성격은 비합법적인 기회가 어떻게 분포되었는가에 따라 다르며 연관된 비행행위의 종류도 다르다고 비판한다(합법적 수단과 비합법적 수단 모두에 대한 차별적 기회의 고려). 23. 교정9☆

(2) 비행하위문화의 기본형태

① 개인이 성공을 위한 목표를 달성하려고 할 때 합법적 수단과 비합법적 수단 중 어느 수단을 취하는가는 사회구조와의 관계에서 어느 수단을 취할 수 있는 지위에 있는가에 달려있다. 23. 교정9☆

| 범죄적 하위문화 | ㉠ 비합법적 기회구조가 많은 지역에서 형성되는 하위문화로서, 범죄적 가치와 지식이 체계적으로 전승된다.
 ㉡ 소년들은 범죄로 성공한 성인범죄자를 자신의 미래상으로 인식하고 범죄조직에 관련된 잡일을 하면서 범죄적 가치나 지식을 습득한다.
 ㉢ 절도 등의 재산범죄가 일상화되어 범죄가 가장 많이 발생한다. |

	⊙ 성인들의 범죄가 조직화되지 않아 소년들이 비합법적인 수단에 접근할 수 없는 지역에서 형성되는 하위문화이다.
갈등적 하위문화	ⓛ 비합법적인 수단을 가르쳐 주는 성공적인 범죄집단은 없지만, 범죄가 없는 것도 아니다.
	ⓒ 대체로 개인적 · 비조직적 · 경미한 범죄(예 과시적 폭력범죄)만 발생하므로, 범죄적 하위문화는 형성되지 못한다.
도피적 하위문화	⊙ 문화적 목표를 추구하는 데 필요한 합법적 수단을 이용하기 어렵고 불법적인 기회도 없는 상황에서 형성되는 하위문화이다.
	ⓛ 대표적 예로는 약물중독자 · 정신장애자 · 알코올중독자 등이 자포자기하여 퇴행적 생활로 도피하는 것을 든다.

② 클로워드와 오린(R. Cloward & L. Ohlin)은 머튼(R. Merton)의 반응양식을 수정하여 다음과 같이 설명한다.

구분	목표	합법적 수단	비합법적 수단	폭력수용	머튼
일반인	+	+			동조
범죄적 하위문화	+	−	+		혁신
갈등적 하위문화	+	−	−	+	
도피적 하위문화	−	−	−	−	은둔

③ 합법적 기회와 비합법적 기회가 모두 결여된 경우를 '이중실패자'라고 하는데, 이들 중의 일부는 좌절을 폭력으로 표출하게 되고(갈등적 하위문화), 다른 일부는 내면화된 규범의식 또는 신체적 능력의 결여 때문에 폭력을 사용하지 못하고 좌절하게 된다(도피적 하위문화). 다만, 일반적으로 이중실패자는 도피적 하위문화에 적응하여 반사회적인 행위를 하는 사람들을 지칭한다. 21. 교정7

(3) 평가

① 특정 지역에서 발생하는 일탈 유형을 그 지역의 하위문화의 특성과 관련하여 설명하고, 하위문화의 형성 과정을 합법적 기회구조와 비합법적 기회구조를 통하여 설명함으로써 이후 사회정책의 개발에도 많은 기여를 하였다. 실제 1960년대 미국에서 시행된 지역사회교정이나 비행예방 프로그램들은 차별적 기회이론의 관점에 기초를 두었다.

② 수형자에 대한 교정교육은 합법적 기회구조에 접근할 수 있는 기회를 부여할 수 있으므로 범죄예방에 도움이 된다고 본다. 10. 교정7

③ 중 · 상류계층의 비행발생에 대해서는 적용하기 어렵고, 동일한 기회구조에 속해 있음에도 동일한 반응이 나타나지 않는 경우를 설명할 수 없으며, 하위문화의 분류 자체가 불명확하여 특정 유형의 비행이 어떤 하위문화에 의해 유발된 것인지를 분명히 구별할 수 없다는 등의 비판을 받는다.

🏛 **핵심 OX**

29 비행하위문화이론은 중산층 또는 상류계층 청소년의 비행이나 범죄를 잘 설명하지 못한다. (O, ×)

29 ○

5. 폭력적 하위문화이론

(1) 의의

① 밀러(W. Miller)가 중시한 문화적 영향은 이후 여러 연구에 계승되었다. 그중 울프강과 페라쿠티(M. Wolfgang & F. Feracuti)는 지배적인 문화와는 별도로 특정 지역을 중심으로 폭력사용을 용인하고 권장하는 폭력하위문화가 존재한다고 보았다.

② 폭력적 하위문화에서 폭력은 구성원들이 부정적·문제적 환경에 적응하는 효과적 생활양식으로서 오랜 경험에서 학습된 결과라고 본다. 즉, 다른 것보다 폭력을 사용했을 때 문제가 효과적으로 해결된다는 점을 경험적으로 인식하고 있다는 것이다.

③ 특정 지역의 사람들은 일반인들에 비해서 자신의 명예, 집안의 명예, 남자의 명예 등을 지나치게 강조하고 인간의 생명을 가볍게 보는 경향이 있다. 이러한 문화적 특성은 이들의 생활양식, 사회화 과정, 대인관계 면에서 폭력 사용이 정상적인 행위양식의 하나로 정립되어 있다는 것이다. 미국 필라델피아 지역이 다른 지역에 비해 살인사건이 많은 것은 바로 폭력하위문화의 영향을 보여주는 것이라고 하였다.

(2) 폭력적 하위문화에 대한 명제

① 하위문화는 사회의 주류문화와 완전히 갈등적이거나 분리될 수 없다.

② 폭력적 하위문화라도 모든 상황에서 폭력을 사용하지는 않는다.

③ 폭력적 하위문화의 개인은 다양한 문제의 해결을 위해 폭력에 잠재적 또는 적극적으로 의지하는 경향을 뚜렷하게 보인다.

④ 폭력적 하위문화에서 폭력성향은 모든 연령대에서 나타나지만, 특히 청소년기 후반부터 중년기까지 연령대에서 가장 확실하게 나타난다.

⑤ 폭력적 하위문화에서 반대규범은 비폭력적이다.

⑥ 폭력적 하위문화에서 폭력 및 폭력사용에 대한 태도는 차별적 접촉, 학습, 동일시 등을 통하여 개발·발전된다.

⑦ 폭력적 하위문화에서 폭력의 사용은 불법적 행동으로 간주되지 않으며, 행위자 역시 자신의 행동에 죄의식을 갖지 않는다.

6. 범죄적 하위문화이론에 대한 평가

(1) 비행청소년 등의 행위의 다양성이 실제로 하위문화의 존재를 증명하는가, 즉 소년들의 비행이 대부분 하위문화에서 비롯된다는 경험적 증거를 제시할 수 없다.

(2) 하위문화와 주류문화의 구별이 분명치 않다는 것도 문제로 지적된다.

(3) 하위문화에 속하지 않는 사람들의 범죄나 비행에 대한 논의가 없다. 즉, 중·상류계층에서도 비행에 빠지는 소년들이 많은데도 불구하고 이들에 대해서는 아무런 설명이 없다.

거리의 규범

앤더슨(E. Anderson)은 도시 빈민가의 젊은 흑인 남성들 사이에는 '거리의 규범'이 존재하고, 이것이 그들의 행위를 관장하여 빈번하게 폭력이 발생한다고 보았다. 이에 의하면 거리의 규범은 그들에게 거칠고 폭력적일 것을 요구하며, 용기있다는 명성은 그들의 자존감과 지위를 높여주는 유일한 수단이다.

문화지체이론 – 오그번(W. Ogburn)

1. 사회의 문화를 물질의 생산·분배에 관한 물질문화와 이에 부수되는 종교·도덕·법 등의 부수문화(정신문화)로 구분하였다.
2. 물질문화의 변화에 부수문화가 제때 따라가 주지 못할 경우에 여러 사회문제가 발생하는데, 범죄 역시 그러한 사회문제 중의 하나이다. 또한 동일한 부수문화 사이에서도 변화의 속도가 다르므로 이들 사이의 부조화도 각종 사회문제를 야기하게 된다.

4 낙인이론과 비판범죄학

1 낙인이론

1. 의의

(1) 낙인이론(Labeling Theory)에서는 범죄란 일정한 행위속성의 결과가 아니고, 통제기관에 의해 범죄로 규정된다고 본다(패러다임의 전환). 즉, 범죄는 일정한 원인에 의해 발생하는 것이 아니라 사법기관의 낙인에 의해 선별적으로 만들어진다고 본다(귀속과 낙인의 산물). 15. 사시☆

(2) 낙인이론은 일탈행위와 사회적 낙인화의 관계를 사회적 상호작용이라는 관점에서 파악한다(사회적 반작용이론, 사회적 반응이론). 18. 보호7☆

(3) 낙인이론이 관심을 두는 것은 범죄행위가 아니라 <u>범죄행위에 대한 통제기관의 반작용</u>이다. 범죄는 어느 곳에나 골고루 편재되어 있음에도 일부만 처벌되는 것은 결국 사법기관이 범죄자를 선별하여 범죄자로 낙인을 찍기 때문이라는 것이다(형사사법기관의 역할에 대해 회의적 입장). 이러한 공식적 낙인은 사회적 약자에게 차별적으로 부여될 가능성이 높다고 본다. 18. 교정7☆

(4) <u>일탈자로 낙인찍힌 자와 이러한 낙인을 찍는 자의 상호작용을 중시하고 일탈행위가 형성되는 사회적 메커니즘에 관심을 가진다(상징적 상호작용론).</u> 16. 사시☆

(5) 낙인이론은 공식적 처벌이 가지는 긍정적 효과보다는 부정적 효과에 주목한다. 19. 승진

(6) 낙인이론은 형사사법제도의 불공정성과 처벌의 부정적 효과를 지적하는데, 패터노스터(Paternoster)와 이오반니(Iovanni)는 낙인이론의 근원은 <u>갈등이론</u>과 상징적 상호작용이론에 있다고 주장한다.

   ① <u>갈등이론</u>의 영향을 받아 낙인이론에서는 지배계층이 그들의 우월적 지위를 공고하게 하기 위해 사회적 약자계층의 일상적이고 평범한 행위에 대하여 비행의 낙인을 부여하여 탄압하며, 비행은 사회계층간 갈등·경쟁의 산물이라고 본다.

   ② <u>상징적 상호작용이론</u>은 개인의 정체성이나 자아관념은 타인과의 상호작용을 통해 형성된다고 보며, 이에 영향을 받은 낙인이론에서는 사회적 상호작용의 한 유형으로 낙인과 이에 따라 형성되는 비행자아의 정체성에 관심을 둔다.

2. 특징

(1) 범죄행위 자체에 중점을 두었던 전통적·심리학적·다원적 범죄원인론을 배척한다.

(2) 전통적 범죄학이 등한시했던 법 집행기관의 역할을 중요시하여 연구대상으로 삼는다. 10. 보호7

낙인이론의 이론적 배경

1. 낙인이론의 토대는 구체적 사안에 대한 규범 적용은 원칙적으로 자의적이라는 규범회의주의이다.
2. 법관·경찰·검찰 등의 사법기관은 범죄라는 낙인을 법률로부터 이끌어내는 것이 아니라 범죄와 비범죄 사이의 한계를 자신의 표상에 따라서 인위적으로 결정한다.

상징적 상호작용론

인간의 사고능력은 사회적 상호작용에 의해 형성되며, 사회적 상호작용을 통하여 인간은 인간 고유의 사고능력을 행사하도록 해주는 의미와 상징을 습득한다. 이런 의미와 상징은 인간으로서 독특한 행위와 상호작용을 수행하도록 해주며 행위와 상호작용이 뒤얽혀 여러 유형의 집단과 사회를 구성한다고 본다.

(3) 일탈규정을 독립변수(원인)로 보지 않고 종속변수(결과)로 보아 그러한 규정의 형성 과정이나 적응메커니즘을 연구대상으로 한다.

(4) 공식범죄통계의 허점(암수범죄의 문제)을 지적하고, 자기보고조사나 참여적 관찰에 의한 보충을 요구한다.

3. 이론의 전개

(1) 탄넨바움(F. Tannenbaum)

사회에서 범죄자로 규정되는 과정이 일탈 강화의 악순환으로 작용하여 오히려 범죄로 비난받는 특성을 자극하여 강화시켜 준다고 주장하며, 이를 '악의 극화 (Dramatization of Evil)'라고 하고, 악의 극화를 만들지 않는 것이 청소년비행을 줄이는 방안이라고 주장하였다. 23. 교정7☆

(2) 레머트(E. Lemert)

① 일탈의 유형

㉠ 일탈을 개인의 심리구조나 사회적 역할수행에 거의 영향을 주지 않는 일차적 일탈과 사회가 규범 위반으로 규정하는 이차적 일탈로 구별하고, 특히 이차적 일탈을 중시하였다. 22. 교정9☆

일차적 일탈	우연적 · 일시적 일탈로서 그 원인은 다양하며, 개인의 자아정체감이 훼손되지 않은 상태에서 발생하는 행위이다. 예 학생들이 재미로 물건을 훔치는 상점절도 등
이차적 일탈	일차적 일탈에 대해 제재가 가해지면서 일탈자라는 공식적 낙인을 받게 되고, 그것이 사회적 지위로 작용하여 상응하는 규범 위반행위를 하게 되는 것이다. 이는 행위자의 정체성이나 사회적 역할의 수행에 중요한 영향을 미친다. 15. 교정7☆ 예 상점 절도를 저지른 학생들이 경찰에 체포된 후에 억울하다는 마음으로 다시 상점 절도를 한 경우

㉡ 이차적 일탈은 일차적 일탈에 대한 제재를 공격 · 방어하기 위한 동기에서 발생하거나, 일탈자라는 사회적 낙인이 스스로를 일탈자로 자아규정하게 함으로써 발생하기도 한다. 20. 교정9☆

② 공식반응에 의한 낙인효과

㉠ 일탈에 대한 사회적 반응을 사회구성원의 비공식반응과 사법기관의 공식반응으로 나누고, 사법기관의 공식반응이 가장 영향력이 크다고 본다. 20. 교정9☆

㉡ 일차적 일탈자를 이차적 일탈자로 악화시킴에 따른 공식반응이 미치는 낙인효과를 지적한다. 18. 보호7

낙인이론의 인과 과정

공식적 낙인

⇩

- 차별적 기회구조의 초래
- 차별적 접촉의 초래
- 부정적 자기관념의 초래

⇩

이차적 일탈

🏛 핵심 OX

30 낙인이론은 범죄의 원인을 범죄자의 개인적 특징에서 찾는다. (○, ×)

31 낙인이론은 범죄행위 자체보다 범죄행위에 대한 형사사법기관의 반작용에 관심을 둔다. (○, ×)

32 낙인이론가인 레머트(Lemert)에 의하면 이차적 일탈은 일반적으로 오래 지속되며, 행위자의 정체성이나 사회적 역할들의 수행에 중요한 영향을 미친다. (○, ×)

30 ×
31 ○
32 ○

오명 씌우기	사법기관의 공식반응으로 일차적 일탈자에게는 도덕적 열등 이라는 오명이 씌워진다(대중매체의 보도, 전과기록 등).
불공정에 대한 자각	일차적 일탈자는 법 집행의 불공정성을 경험하고, 사법제도의 공정성에 대한 신뢰 및 사회정의에 대한 신뢰를 상실한다.
제도적 강제의 수용	공식처벌을 받게 되면 일탈자는 사법기관의 판단을 받아들일 수밖에 없다.
비행하위문화에 의한 사회화	공식처벌을 집행하는 시설 특유의 비행하위문화를 접하면서 범죄를 옹호하는 가치나 새로운 범죄기술을 습득한다.
부정적 정체성의 긍정적 측면	사법기관이 부여한 부정적 정체성을 수용하면서 얻는 이익(죄책 감으로부터 도피 등) 때문에 부정적 평가를 거부하지 않게 된다.

(3) 벡커(H. Becker) 22. 교정9

① **규율 위반과 일탈행위의 구분**: 일탈행위로 낙인받는 과정은 누가 낙인을 부여하고, 누가 낙인을 받는가에 따라 달라진다. 따라서 단순한 규율 위반과 낙인을 받은 일탈행위는 구분되어야 한다.

② **단계적 모델**

   ㉠ 범죄자로 낙인을 찍히는 것이 사회적 지위와 같은 효과를 낳게 하여 사회생활에 가장 직접적이고 중요한 '주지위(Master Status)'의 작용을 한다. 19. 교정9☆

   ㉡ 사회집단이 일탈을 규정하는 규칙을 정하고 특정인에게 적용하여 국외자(이방인, Outsider)로 낙인찍음으로써 일탈을 조장한다. 19. 교정9

   ㉢ 즉, 사회의 주도적 집단(도덕적 기획가, 도덕적 십자군)으로 대변되는 기득권층이 그들의 가치와 신념을 반영하여 만든 법을 지위가 낮은 사람이 위반하면 일탈자라 낙인찍고(아웃사이더), 이는 그의 주지위가 되어 이후 교육과 직업 등에 방해받으며 결과적으로 일탈을 계속하게 만든다.

   ㉣ 범죄자라는 사회적 낙인은 일반인들에게 어떤 보조지위도 무력화시킬 만큼 영향력을 가지고 있고, 온갖 편견·질시·냉대의 원인이 된다. 결국 당사자는 자포자기 상태에 이르게 되고 사회가 규정한 대로 행동하게 되는 결과를 가져온다(단계적 모델).

   ㉤ 일탈의 경력을 차례차례 쌓아감으로써 단순한 규범 위반자가 상습적 일탈행위자로 변화되는 과정을 설명한다(경력적 일탈).

(4) 슈어(E. M. Schur)

① 이차적 일탈은 일탈적 자아관념이나 동일시의 표현이다.

② 낙인을 받았더라도 바로 이차적 일탈로 이어지는 것은 아니며, 어떤 범죄자는 낙인을 수용하지 않고 성공적 변호와 협상(낙인에 대한 개인적 적응)으로 그 낙인을 벗어날 수도 있다(낙인 과정의 협상적 측면). 10. 사시

일탈행위 유형 분류 – 벡커(H. Becker)

구분	복종행위	규율 위반행위
일탈로 인식 ○	잘못된 비난	순수한 일탈
일탈로 인식 ✕	동조행위	비밀 일탈

단계적 모델과 동시적 모델

1. 단계적 모델
최초의 일탈에 따른 사회적 낙인이 다른 일탈을 촉진하는 새로운 환경을 낳고, 이것이 다음 단계의 일탈을 낳는 원인이 된다는 입장이다.

2. 동시적 모델
최초의 일탈 원인이 일탈행위의 전 과정에 작용한다고 보는 입장이다.

③ 범죄자가 스스로 내면화된 사회적 기대에 따라 이차적 일탈에 이르는 경우도 있다(자아낙인). 12. 보호7☆

④ 범죄대책과 관련하여서는 '눈덩이 효과 가설'을 바탕으로 급진적 불개입주의에 의해 피해자 없는 범죄에 대한 비범죄화를 주장한다.

4. 평가

(1) 공헌

① 낙인이론은 범죄자에 대한 사회제재에는 양면성이 있음을 지적하였다(위하 · 개선과 낙인으로 인한 악화). 다만, 낙인이론에서도 중한 범죄에 대해서는 형벌의 위하적 · 개선적 효과를 무시하지는 않는다.

② 기존의 범죄원인론을 비판하고, 비판범죄학과 더불어 인도적 형사정책을 옹호하였다. 14. 사시

③ 소년범죄자 · 경미범죄자 · 과실범죄자의 경우 재범방지(이차적 일탈의 방지)에 대한 대책의 수립에 영향을 주었다(4D정책). 19. 승진

④ 단기자유형을 낙인의 부작용으로 인해 상습범으로 되는 요인이라고 보아 단기자유형을 반대한다.

⑤ 시설 내 처우에 따른 악풍 감염의 방지 및 사회 내 처우의 필요성을 주장하였다. 19. 승진☆

> ★ **핵심** POINT | **4D정책(4D원칙) – 낙인이론의 목적(목표)**
> 1. 낙인이론의 형사정책적 목적은 <u>비범죄화</u>(Decriminalization), <u>비형벌화</u>(Depenalization), <u>전환</u>(Diversion), <u>비시설처우</u>(탈시설화, Deinstitutionalization)이다. 여기에 <u>법의 적정절차</u>(Due Process of Law)를 덧붙여 5D원칙이라고도 한다. 20. 교정9☆
> 2. 다른 견해에 따르면 비범죄화, 전환, 탈시설수용화, <u>탈낙인화</u>(Destigmatization, 이미 행해진 사회통제적 낙인은 재사회화가 성과 있게 이루어진 후에는 피낙인자에게 그의 사회적 지위를 되돌려 주어야 한다)가 낙인이론의 형사정책적 결론으로 주장되기도 한다. 14. 보호7

(2) 비판

① 일탈자와 사회 간의 상호작용을 지나치게 과장하고 있고, 특히 초범(일차적 일탈)의 경우에는 설명이 부족하다. 19. 승진☆

② 낙인이 없으면 일탈도 없다고 보므로 일탈자의 주체적인 특성을 무시한다.

③ 하층계급의 일탈에 논의를 한정하여 <u>화이트칼라 범죄</u> 등 지배계층의 범죄를 간과한다.

④ 일탈의 원인을 사회반작용에 두어 일탈자에 대한 반교정주의로 나아갈 위험성이 있다.

⑤ 범죄행위 자체는 사라져 버리고 남은 것은 행위자에 대한 사회통제기관의 작용뿐이다.

⑥ 미시적 이론으로서 범죄의 사회구조적 원인을 간과하여 비판범죄학의 형성계기가 되었다.

2 비판범죄학

1. 의의

(1) 비판범죄학은 <u>마르크스주의를 이론적 기초</u>로 하여, 범죄를 개인의 반사회성에 기인하는 것으로 보고 재사회화를 형벌 목적으로 삼는 종래의 이론(실증주의)을 강하게 비판한다. 12. 사시

(2) 비판범죄학은 낙인이론의 기본관점을 차용하나, 낙인이론의 가치중립성과 추상성을 비판하면서 **범죄자로 만드는 주체의 정당성을 문제로 삼는다는 점에서 낙인이론과 본질적 차이가 있다**(범죄발생의 이면에 작용하는 구조적 요인을 거시적으로 분석). 16. 사시☆

(3) <u>자본주의 사회의 모순에 관심을 가지고</u> 일탈의 문제도 자본주의 사회의 모순에 대한 총체적 해명 가운데 이해한다.

(4) 일탈 및 범죄문제의 해결에 대해서도 현상유지와 개혁주의적 해결을 거부하고 전반적인 체계변동과 억압에 대한 투쟁에의 정치적 참여를 주장한다.

2. 유물론적 비판범죄학(신범죄학)

테일러(I. Taylor), 왈튼(P. Walton), 영(J. Young) 등은 범죄의 정치경제성과 사회심리성을 중시하여, 권력층의 범죄를 폭로하고 형사사법체계의 불평등을 주장한다. 12. 보호7

3. 급진적 갈등이론(계급주의 범죄학)

(1) 의의

① 급진적 갈등이론에서는 마르크스의 계급갈등론을 바탕으로 범죄를 자본주의 사회의 경제모순에서 야기되는 산물로 파악한다.

② 형법은 지배계급이 사회지배를 위해 사용하는 도구이며, 형벌은 경제적 지배계급(부르주아)이 피지배계급(프롤레타리아트)을 억압·착취하기 위해 사용하는 물리력이라고 본다. 16. 사시☆

③ 자본주의 사회의 범죄통제는 법 이외에도 일정한 이념(지배계급의 이해)을 기초로 하는 제도·기관을 통하여 수행되며, 피지배계급은 계속 억압된다.

④ 자본주의의 모순은 법체계의 억압성으로 은폐되므로, 자본주의 사회의 붕괴와 사회주의에 의한 새로운 사회 건설을 통해서만 범죄문제가 해결될 수 있다.

(2) **범죄분석 - 마르크스(K. Marx)**

① 범죄발생의 원인을 계급갈등과 경제적 불평등으로 설명한다. 자본주의 사회에서는 자본가 계급은 노동자 계급보다 지배적인 위치를 차지하고, 상호 간의 대립된 경제적 이해관계로 인하여 이들 간의 계급갈등은 필연적이라고 보았다. 16. 보호7

자본주의 사회의 모순

1. 자본주의 사회는 생산수단을 소유·통제하는 자본가 계급과 그로부터 배제되는 노동자 계급으로 나누어지며, 자본가는 자본축적을 위해서 노동자의 노동력을 착취하여 잉여가치를 확보하지 않을 수 없는데, 여기에서 양 계급 간의 기본모순이 발생한다.

2. 기본모순은 자본주의의 유지·발전을 위해 필연적으로 야기되는 모순이면서도 그것으로 인해 양 계급 간의 갈등이 점차 심화되고, 결국 자본주의의 변혁을 일으키는 조건이 된다.

② 마르크스(K. Marx)가 제시하는 근본적인 범죄대책은 사회변혁을 통하여 범죄를 야기하는 계급갈등을 없애는 것이다.

(3) 경제결정론 – 봉거(W. Bonger) 15. 사시

① 범죄원인

ⓗ 『범죄성과 경제적 조건』에서 범죄의 원인이 경제적 이유에 있다고 주장한다. 11. 사시

ⓛ 자본주의 사회는 경제영역에서 소수가 다수를 지배하는 체계로서, 이러한 억압적 체계는 인간이 본질적으로 지니는 사회적 본성을 질식시켜 모든 사람들을 탐욕스럽고 이기적으로 만들며, 오로지 자신의 이익을 추구하도록 조장한다.

ⓒ 사법체계는 가진 자에게는 그들의 욕망을 달성할 수 있는 합법적 수단을 허용하는 반면, 가난한 자에게는 이러한 기회를 허용하지 않기 때문에 범죄는 하위계급에 집중된다. 16. 보호7

ⓔ 범죄에 영향을 미치는 것은 부의 불평등한 분배의 문제이다. 하류계층의 범죄는 그들의 경제적 종속과 빈곤의 산물로서 설명할 수 있는 반면, 지배계층의 범죄는 자본주의 사회의 비도덕화로서 설명할 수 있다. 10. 보호7

② 범죄대책

ⓗ 자본주의 사회에서는 범죄를 예방할 방법이 없기 때문에 범죄문제가 항상 심각할 것이라고 예측하였다.

ⓛ 범죄문제에 대한 정책으로 사회주의 사회의 달성을 제시하였다. 만약 사회주의 사회에서 범죄가 있다고 하여도 이는 정신질환에 의한 것밖에 없을 것이며, 이러한 범죄도 법에 의해 처벌받는 것이 아니라 의학적으로 치료될 것이라고 보았다. 10. 사시

(4) 경제계급론 – 퀴니(R. Quinney)

① 범죄원인: 초기 연구는 다양한 집단들의 갈등 현상을 다루었으나, 후기 연구에서는 보다 마르크스주의적 관점을 취하였다. 그리하여 범죄란 자본주의의 물질적 상황에 의해 어쩔 수 없이 유발되는 반응양태라고 보았다. 16. 보호7

② 자본주의 사회의 범죄의 유형

ⓗ 지배와 억압의 범죄: 자본가 계급의 범죄는 그들이 자본주의의 기본모순을 안고 체제유지를 해 나가는 과정에서 자신의 이익을 보호하기 위해 불가피하게 자신이 만든 법을 스스로 위반하는 경우에 발생한다.

경제범죄	기업범죄, 가격담합, 부당내부거래, 환경오염, 화이트칼라 범죄 등이다.
정부범죄	공무원의 독직범죄, 부정부패 및 정치적 테러와 전쟁범죄 등이다.
통제범죄	형사사법기관이 시민의 인권을 탄압하는 행위이다.

ⓒ **적응과 저항의 범죄:** 노동자 계급의 범죄로서 생산수단을 소유 · 통제하지 못하는 노동자 계급이 개별적으로 자본주의의 기본모순에 반응하는 형태를 지칭한다. 22. 보호7☆

적응의 범죄 (화해의 범죄)	생존의 필요에 의한 <u>약탈범죄</u>(예 절도죄, 강도죄, 마약거래죄 등), 기본모순의 심화 속에서 야기된 난폭성의 표현인 <u>대인범죄</u>(예 살인죄, 폭행죄, 강간죄 등)로 구성된다.
저항의 범죄 (대항의 범죄)	노동자 집단이 기본모순에 저항하고 극복하려는 과정에서 행하는 행위들을 국가가 범죄로 규정된다.

③ **범죄통제와 범죄대책:** 범죄통제 역시 지배집단의 체제유지라는 맥락에서 이해되어야 한다고 주장하면서, 범죄문제의 궁극적인 해결은 자본주의가 몰락하고 사회주의가 도래하여야 가능하다고 본다.

④ **기타**

ⓐ 퀴니(R. Quinney)는 법의 제정, 자본주의 사회에서의 사회통제, 후기 산업사회의 범죄문제 등에 대하여 급진론적 관점을 대표하였다.

ⓑ 법이란 기존의 사회 · 경제질서를 유지하고 영속시키기 위한 국가와 자본가 계급의 도구라고 규정한다. 주로 사회적으로 열악한 사람들이 범죄자가 되는 이유는 자본가 계급이 법을 만드는 힘과 법을 집행할 수 있는 권력을 갖고 있기 때문이다. 16. 사시

(5) 후기 자본주의 갈등이론 – 스피처(S. Spitzer)

① **후기 자본주의의 문제**

ⓐ 후기 자본주의 시대의 경제활동이나 계급 갈등을 중심으로 범죄발생이나 사회통제에 관심을 두었다.

ⓑ 후기 자본주의에서 가장 중요한 사회문제의 하나로 그가 지적한 것은 문제인구의 생산이었다. 후기 자본주의 사회에서는 기술이 발달하여 전문적인 숙련노동자들을 필요로 하게 되어 비숙련노동자들은 점차 생산활동에서 소외되어 문제인구를 양산하게 된다. 이들이 부유층의 재물탈취, 태업에 동참, 정치적 혁명의 도모 등을 함으로써 범죄행위를 비롯한 많은 일탈적 행위가 야기될 것이라고 한다. 24. 보호9

② **사회통제 방법의 전환:** 문제인구가 늘어남에 따라 전통적인 사회통제 방법으로는 급증하는 범죄문제를 대처할 수 없게 되고, 이에 따라 사회통제의 방법 자체를 변화시킬 수밖에 없게 되었다.

범죄의 정상화	범죄자를 교도소나 교정시설에 수용하지 않고 바로 지역사회에 방치하여 범죄자에 대한 국가관리를 포기하는 것이다.
전환	범죄를 저지를 개연성이 높은 사람이나 재활을 끝낸 범죄자를 보호관찰 보조자, 교도소의 상담인과 같이 국가사법기관의 활동을 보좌하는 보조자로 전환하는 것이다.

🏛 **핵심 OX**

40 퀴니(Quinney)는 피지배집단(노동자계급)의 범죄를 적응(Accommodation)의 범죄와 대항(Resistance)의 범죄로 구분하였다. (O, ×)

40 ○

억류	문제가 될 수 있는 인구들을 특정 지역에 집중시키고 지역 외부로 나오지 않는 한 이들의 범죄행위를 묵인하는 것이다.
범죄적 사업의 묵인	문제인구들이 나름대로 수입과 직업을 창출하도록 하여 국가가 이들에 대한 관리비용을 절감하는 방법이다.

4. 휴머니즘 비판범죄학 12. 보호7

(1) 슈벤딩어 부부(H. Schwendinger & J. Schwendinger)는 기존의 법적 범죄개념을 비판하고 범죄개념 정의에서 가치판단을 배제하여, 역사적으로 확대되어 온 인권개념에 입각해서 인권 침해 행위를 범죄로 보아야 한다고 주장하였다.

(2) 노동력 착취, 인종차별, 성차별 등과 같이 인권을 침해하는 사회제도가 범죄적이라고 평가하게 된다.

5. 평가

(1) 공헌

① 종래의 범죄이론과 달리 범죄원인을 사회구조에서 찾는 거시적 관점이다.

② 규범의 정당성에 의문을 제기하였고, 권력형 범죄의 분석에 유용하다.

③ 공식범죄통계의 신뢰성에 의문을 제기하고, 암수범죄의 인식이 중요함을 지적하였다.

(2) 비판

① 지나치게 이데올로기적 기반이 강하다.

② 범죄통제에만 관심을 두어 범죄원인의 측면에는 소홀하다.

③ 범죄통제 정책이 빈약하고, 중·상류계층의 범죄를 설명함에는 부족하다.

④ 형사사법체계의 개선 및 범죄방지를 위한 구체적 대안을 제시하지 못한다.
12. 보호7

낙인이론과 비판범죄학에 대한 종합평가

1. 공헌
범죄자도 법률상 일정한 보호를 받는 권리 주체라는 새로운 인식을 제시하였고, 사법통제기관의 정치적 목적을 분석·비판의 대상으로 삼았다.

2. 비판
① 형법의 통제가 특정 계급의 이익을 대변하는 것에 불과하다는 것은 다른 통제수단이 범죄를 더욱 잘 규제할 수 있다는 결론이 가능할 때 설득력이 있다.
② 형법에 대한 맹목적 불신은 범죄인의 보장 기능을 수행하는 형법의 법치국가적 순기능을 무시한다는 문제가 있다.

5 범죄이론의 발전

1 발전범죄학(발달범죄이론)

1. 의의

(1) 발전범죄학(발달범죄학, Development Theory)이란 비행청소년의 어린 시절 경험도 중요하지만, 어린 아이가 청소년으로 성장하면서 경험하는 다양한 변화 또한 범죄의 원인이라고 보는 이론이다. 즉, 범죄경력의 시작과 지속이 전 생애과정을 통해 발전적으로 변화한다고 본다(범죄경력 연구).

(2) 글룩 부부(S. Glueck & E. Glueck)는 1930년대에 비행청소년 500명과 정상청소년 500명을 대상으로 비행원인을 밝히는 연구를 진행하였다. 이를 통해 가정생활의 변화가 범죄에 상당한 영향을 주고, 특히 아동기에 부적응이 클수록 성인기에 적응의 장애를 겪으며, 아동기의 범죄경력이 성인기의 범죄경력으로 이어지는 경향이 강하다는 결과를 얻었다. 23. 교정7

(3) 발달범죄학이론은 샘슨과 라웁(R. J. Sampson & J. H. Laub)이 위와 같은 글룩 부부의 연구결과를 심층면접조사와 생애사 내러티브 분석 등의 질적 연구를 통해 재분석하면서 시작되었다고 한다.

2. 특징

(1) 개인의 발달 과정은 개인과 사회적 환경 간의 상호작용을 통하여 영향을 받으며, 개인의 발달은 동시에 다양한 영역(심리적 · 신체적 · 가정적 · 대인관계적 · 문화적 · 사회적 · 사회생태학적 측면)에서 진행된다고 본다(사회적 발달이론).

(2) 범죄자가 가지는 범죄성향이 평생 동안 지속되면서 변하지 않는 것이 아니라, 결혼 · 취업 등과 같은 인생의 전환점에서 거의 대부분의 사람들은 범죄를 그만두게 된다고 본다.

(3) 범죄와 비행을 연구하는 데 종단적 연구방법을 주로 사용하며, 생애주기에 따른 개인의 행동양식의 변화에 관심을 둔다.

3. 상호작용이론

(1) 손베리(Thornberry)의 상호작용이론(Interaction Theory)에 따르면 범죄와 비행의 원인은 양방향이다. 즉, 범죄행위는 행위자와 환경이 상호작용하는 발전적 과정에 의하여 발생한다고 본다.

(2) 약한 사회유대는 청소년들에게 비행을 저지른 친구와의 관계를 발전시키고(사회유대이론), 결국 비행에 참여하도록 유도하며(학습이론), 빈번한 비행 참여는 다른 친구들과의 유대를 약화시키고 결국 관습적 유대관계를 재정립하기가 어려워진다는 것이다. 23. 교정7

(3) 구체적으로 청소년기를 초기(11~13세), 중기(15~16세), 후기(18~20세)로 구분하였는데, 초기에는 상대적으로 가정에서 부모와의 유대가 비행에 매우 중요한 요인으로 작용하지만, 중기를 거쳐 후기에 이를수록 부모의 영향력은 감소하고 대신 친구의 영향력이 증대된다고 보았다.

4. 상호작용이론 발전모형

(1) 패터슨(G. Patterson)은 반사회적 행동의 발전과정을 초기진입자(조기 개시형)와 후기진입자(만기 개시형)로 나누었다(범죄경력의 진입연령 분류).

(2) **초기진입자(early starters):** 아동기의 부적절한 양육(역기능적 가정)에 기인하며, 후에 학업의 실패와 친구집단의 거부를 경험하여(이중적 실패) 비행집단에 참가할 가능성이 높다고 보며, 만성적 비행자가 될 가능성이 높다고 한다.

(3) **후기진입자(late starters):** 청소년기 중기에 부모의 감시와 감독이 느슨하여 비행친구들과 접촉하게 되나, 이중적 실패를 경험하지 않으며 보다 쉽게 범죄경력에서 이탈할 수 있다고 한다. 23. 교정7

5. 이원적 경로이론

(1) 모피트(Moffitt)는 어린 시절 가정환경과 문제성향을 청소년비행의 원인으로 파악하지만 그것과 청소년시기의 비행과의 관계 사이에 매개변인으로 작용하는 사회요인을 강조하면서, 비행청소년을 크게 생애지속형과 청소년기 한정형이라는 두 부류로 나누어 설명하였다(발달 분류 모형).

(2) **비행청소년의 분류**

① 모피트는 생래적인 신경심리적 결함 또는 언어·인지능력의 낮음으로 인하여 어려서부터 문제성향과 문제행동을 보인 아이들은 친사회적 유대관계를 형성하지 못하여 생애지속범죄자가 될 가능성이 높고, 폭력 등 심각한 비행을 저지를 가능성이 높다고 보았는데 이들은 비행청소년 중 소수를 차지한다고 보았다. 23. 교정7☆

② 반면에 대부분의 비행청소년이 포함되는 부류로서 어려서 문제성향을 보이지 않은 아이들은 어느 정도 친사회적인 유대관계를 형성하였으나 청소년기에 성숙의 차이 또는 부모의 감독 미비, 비행친구에게 노출됨으로써 사회적 모방 등을 통해 비행을 저지르는 한시적인 비행청소년, 즉 청소년지위비행자로 파악했다(청소년기 한정비행자). 22. 교정7

(3) **평가**

① 모피트에 의하면 청소년지위비행자는 모두 탈(脫)비행에 성공하지만, 생애지속범죄자는 특별한 예외적 상황이 없는 한 탈비행에 성공하기 어렵다고 한다.

② 그러나 이러한 주장은 어린 시절부터 심각한 비행을 일삼은 생애지속범죄자 중에서도 청소년기나 성인기에 전환점이 되는 사건을 계기로 탈비행에 성공하는 다수의 경우를 설명하지 못한다는 단점이 있다.

6. 생애과정이론

(1) **의의**

샘슨과 라웁(R. J. Sampson & J. H. Laub)은 사회적 학습이론과 사회적 통제이론에 바탕을 둔 생애과정이론(Life Course Theory, 인생항로이론, 생애주기이론)에서, 범죄경력은 개인의 생애발달에서 다양한 범죄적 영향(개인적 특성, 사회적 경험, 경제적 상황 등의 영향)의 결과에 따라 발생한다고 주장하였다. 23. 교정7

(2) 특징

① 범죄경력을 가진 사람과 그렇지 않은 사람 간에 생애 발달 과정의 차이가 있다는 것으로, 범죄적 행동은 생애주기를 통하여 뚜렷한 패턴을 보인다는 점을 중시한다. 이에 의하면 범죄성은 청소년기에 나타나는 특징적인 현상으로 청소년기 말기 및 성인기 초기에 가장 현저하게 나타났다가 점차 감소된다.

② 인생 전반에서 직업, 결혼, 부모, 범죄 등을 변화요인으로 정하여 행동패턴의 변화를 연구하였는데, 특정인에게 아동기 또는 청소년기, 성인기의 행동에 '연속성'이 있다는 것을 확인하였다. 또한 인생 전반에서 관계를 유지하는 친척과 친구, 직장동료 등과의 상호관계의 범위 역시 매우 중요한 영향을 주는 것으로 보았다.

(3) 범죄중단요소로서의 사회자본

① 샘슨과 라웁(Sampson & Laub)은 비행을 사회적 통제가 약하거나 깨졌을 때 발생하는 것으로 보지만(허쉬의 사회통제이론을 전제), 범죄경력에 전환점이 있다는 사실을 파악하여, 성인 위반자에게서 범죄를 중단하게끔 하는 삶의 사건을 찾아내었다. 즉, 결혼, 취업 및 군입대를 통해 사회자본(Social Capital)을 형성하는 것이 범죄를 중단하게 하는 요소(전환점)가 될 수 있다고 보았다(연령성숙이론, 연령등급이론).

② 이들은 청소년기에 비행을 저지른 아이들도 사회유대(또는 사회자본)의 약화 혹은 강화에 따라 비행청소년으로 발전하기도 하고, 비행을 중단하여 정상인으로 되돌아가기도 한다고 주장한다(범죄의 지속성과 가변성).

③ 이 이론에 따르면 비행은 비공식적 사회통제 혹은 유대의 결과이다. 어려서부터 문제행동을 보였던 아이는 이미 사회와의 유대가 약화되어 지속적으로 혹은 더 심각한 비행을 저지르게 되지만, 사회와의 유대가 회복되거나 강화될 경우에는 비행을 중단하게 된다고 한다.

④ 특히 결혼이나 취업과 같은 성인기의 변화는 새로운 사회유대(사회자본)를 형성하고, 이러한 사회유대(사회자본)가 가하는 비공식적 통제로 인하여 범죄행동의 가능성은 줄어들 수 있다고 본다.

(4) 탈비행화 정책의 중요성 강조

샘슨과 라웁(Sampson & Laub)은 아동기나 청소년기의 비행경력에도 불구하고 그 후 발생한 사건, 애착, 사회적 자본 등이 탈비행을 가능하게 한다는 점을 강조하면서, 범죄를 줄이는 방법으로 비행원인을 제거하는 정책보다는 지금 상황에서 비공식적 통제가능성을 높일 수 있는 탈비행화 정책들을 추천한다.

사회자본

한 개인이 그 안에 참여함으로써 특정한 행동을 하거나 목적을 달성하는 것을 가능하게 해주는 사회구조 혹은 사회적 관계의 한 측면이라고 할 수 있다. 즉, 사회자본은 인간관계에서 비롯되는 지원 또는 네트워크의 한 측면으로서, 구성원 상호 간에 애착과 유대가 강한 경우는 사회자본이 높고 그렇지 않은 경우는 낮다고 할 수 있다.

7. 기타 이론

(1) 비행적 발달이론

① 훼링톤과 웨스트(D. P. Farrington & D. J. West)는 사람의 비행이 초기 아동기부터 연령대에 따라 고유의 증세를 보인다고 하면서, 생애에 있어서 범죄행동의 지속이 아닌 단념하는 시기에 대한 종단적 연구를 하였다 (Delinquent Development Theory).

② 일반적으로 17~18세 정도에 범죄성이 가장 정점에 이르렀다가 서서히 감소하여 35세 정도에는 대부분의 범죄자들이 정상적인 생활에 적응한다는 결과를 제시하였다.

(2) 진화론적 생태이론

① 울프강(M. Wolfgang) 등이 주장한 진화론적 생태이론(Evolutionary Ecology Theory)은 개인의 생애에서 경험·가정·사회·교육적 환경 등이 범죄성을 발전시킨다는 입장이다.

② 이에 의하면 동시대에 환경이 다른 지역에서 태어나 성장하는 또래집단의 생애는 서로 다른 발달 과정을 보인다고 한다. 즉, 아동기에 직면하는 환경에 따라 아동은 서로 다른 생애행로를 보인다고 한다.

8. 평가

(1) 공헌

발전범죄학은 청소년기의 발달단계가 비행과 밀접한 관련이 있다는 여러 연구결과를 발표하여 청소년 범죄예방 및 비행청소년에 대한 교정정책의 방향을 제시하였다는 평가를 받는다.

(2) 비판

개념정의와 관련하여 생애경로, 전환점, 위험요소, 지속, 단념, 범죄경력 등의 의미가 명확하지 않다는 비판을 받는다.

2 통합적 범죄이론

1. 의의

통합적 범죄이론이란 기존 이론들이 범죄원인의 설명에 한계를 보인다는 점을 지적하면서 사회학적, 심리학적, 경제적 요인 등을 통합하여 보다 복합적 관점에서 범죄의 원인을 규명하는 입장이다.

2. 긴장 - 통제 통합이론

(1) 엘리엇(Elliott)은 비행이나 범죄를 저지르게 되는 경로는 다양하다고 전제하여 아동기에 강한 사회유대가 형성되었는지를 중요하게 고려하여 범죄에 이르는 경로를 사회유대이론, 긴장이론, 학습이론 등을 통하여 설명하고자 하였다.

(2) 그는 아동기의 사회유대 유형을 통합과 전념으로 구분하였다.

통합	가족, 학교, 친구와 같은 일상적 사회집단과 제도에 관여하여 연결된 정도로서, 개인은 사회적 역할을 담당하면 그에 대한 기대와 관련된 제재를 통해 통제된다(허쉬의 '전념', '참여' 개념과 유사).
전념	일상적 사회집단과 제도 및 사회적 역할에 대한 개인의 애착 정도로서, 사회규범에 대하여 도덕적인 구속감을 느끼는 것을 말한다(허쉬의 '애착', '신념' 개념과 유사).

(3) 아동기에 강한 사회유대를 형성하고 이를 유지할 경우, 청소년기에 비행 가능성이 낮다. 반면에 아동기에 약한 사회유대는 이후 청소년기에 비행집단에 참여할 가능성이 높아지고 지속적 범죄행위로 연결될 수 있다.

(4) 강한 사회유대가 형성되었더라도 일부 청소년은 범죄로 나아가는 경우가 있는데, 이는 청소년기에 성공기회의 제약으로 지나치게 긴장을 경험한 것이 사회유대를 약화시키게 되고 비행집단에 참여하게 되어 지속적 범죄행위가 유발된다.

3. 재통합적 수치이론

(1) 형사처벌의 효과에 대하여, 낙인이론은 형사처벌(공식적 낙인)로 또 다른 범죄나 비행이 유발된다고 보지만(이차적 일탈), 전통적 이론들은 형사처벌이 향후 범죄를 억제한다고 주장한다(억제이론).

(2) 재통합적 수치이론은 위와 같이 형사처벌의 효과에 대하여 엇갈리는 연구의 결과들을 통합하려는 시도의 일환이라고 할 수 있다. 22. 교정7

(3) 브레이스웨이트(Braithwaite)는 사람들이 범죄를 저지르지 않는 이유는 처벌의 두려움 때문이 아니라 범죄 자체가 수치스러운 것이기 때문이라고 주장한다.

(4) 수치(shaming)는 낙인과 유사한 개념으로 사회적 불승인으로서 당사자에게 양심의 가책을 느끼게 하는 것으로, 반사회적 행위를 저지르면 주위의 비난과 훈계를 경험하게 되는 것을 말한다.

(5) 낙인이론에서 일탈적 정체성을 갖는 조건의 구체화와 관련하여 범죄자에 대해 지역사회가 어떤 식으로 반응하는지에 따라 재범률이 달라진다.

(6) 브레이스웨이트는 수치를 재통합적 수치와 해체적 수치로 구분하면서, 강한 사회유대를 형성한 사람은 재통합적 수치를 경험할 가능성이 높다고 본다.

재통합적 수치	범죄자에게 사회와 결속을 위한 고도의 확신을 주는 것으로, 낙인으로부터 벗어나도록 하기 위한 의식, 용서의 말과 몸짓도 포함되며, 이 경우에는 범죄율이 감소하게 된다.
해체적 수치	범죄자에게 공동체의 구성원으로 받아들이지 않겠다는 낙인을 찍는 것으로, 이 경우에는 범죄율이 증가하게 된다(거부적 수치, 오명). 22. 교정7

(7) 범죄자에게 지역사회가 완전히 관계를 끊고 해체적인 수치를 준다면 그는 자신을 더욱 범죄자로 생각하고 재범을 할 가능성이 높을 것이지만, 반대로 지역사회와 범죄자와의 관계를 범죄가 발생하기 전의 상태와 같이 유지하면서 재통합적으로 수치를 줄 때 범죄자는 사회로 복귀할 가능성이 높다고 보았다.

(8) 상호의존적이고 공동체 지향적인 사회일수록 재통합적 수치의 효과가 더 크다고 보며, 재통합적으로 수치를 부여하는 사회는 해체적으로 수치를 부여하는 사회에 비해 재범률이 낮다고 주장한다.

(9) 브레이스웨이트는 형사사법기관의 공식적 개입을 지양하며 가족, 사회지도자, 피해자, 피해자 가족 등 지역사회의 공동체 강화를 중시하는 '회복적 사법(restorative justice)'에 영향을 주었다. 22. 교정7

4. 통제균형이론

(1) 티틀(C. Tittle)은 개인에 대한 통제의 정도와 그 개인이 행사할 수 있는 통제력의 정도가 일탈행위의 발생가능성을 결정한다고 주장한다.

(2) 일탈행위의 유형을 강탈, 반항(저항), 항복(굴종), 착취, 약탈(침탈), 퇴폐(타락) 등으로 구분한다.

(3) 개인의 타인에 대한 통제력과 타인으로부터 통제당하는 정도를 비교하여, 양자가 균형이면 순응하지만 불균형이면 범죄를 저지른다.

(4) 개인의 통제력보다 통제당하는 정도가 더 크면(통제결핍) 통제당하는 것을 피하기 위해 약탈적·반항적 일탈행동을 하게 되고, 반대로 통제당하는 정도보다 개인의 통제력이 더 크면(통제과잉) 타인에 대해 더 강한 통제를 하려는 경향을 보여 착취적·퇴폐적 일탈행동을 하게 된다.

5. 마르크스주의 통합이론

(1) 콜빈(Colvin)과 폴리(Poly)는 마르크스주의 범죄이론과 사회통제이론을 결합한 이론을 주장하였다.

(2) 자본가계급은 노동자계급을 효과적으로 통제하기 위해 미숙련 저임금 노동자에게는 강압적 통제방식으로, 노동조합에 가입한 산업체 노동자에게는 물질적 보상으로, 고숙련 노동자나 고임금 전문가에게는 업무자율성과 의사결정권한의 부여 또는 높은 지위의 제공으로 각각 다른 유형의 통제방식을 적용하여 순응하도록 만든다.

(3) 노동자의 지위에 따른 차별적 통제방식은 가정에서 부모의 양육방식과 연관되어 있는데, 특히 미숙련 저임금 노동자의 경우에는 직장에서 강압적 통제방식에 익숙하므로 가정에서 자녀들에게 강압적이고 과도하며 일관성이 결여된 양육방식을 적용하며, 이로 인해 부모와 자녀 사이의 유대관계가 형성되지 못하여 자녀들이 비행이나 범죄로 이어지게 된다고 본다.

(4) 콜빈은 이후에도 강압적 통제의 문제를 연구하여, 청소년비행의 설명과 관련
하여 강제적이고 비일관적인 방식으로 통제가 가해지면 강한 범죄성향이 만들
어져서 만성적 범죄인이 될 수 있고, 반대로 비강제적이고 일관적인 방식으로
통제가 가해지면 건전성향의 청소년이 된다고 주장하였다(차별강제이론).

01 스토우퍼(Stouffer), 머튼(Merton) 등은 상대적 빈곤론을 주장하면서 범죄발생에 있어 빈곤의 영향은 단지 빈곤계층에 국한된 현상이 아니라고 지적하였다. 22. 보호7 ( )

02 매스컴과 범죄에 대하여 '카타르시스 가설'과 '억제가설'은 매스컴의 역기능성을 강조하는 이론이다. 22. 보호7 ( )

03 버제스(Burgess)의 동심원 이론에 따르면, 도시 중심부로부터 멀어질수록 범죄 발생률이 높아진다. 24. 보호9 ( )

04 버제스의 동심원 이론은 소위 변이지역(zone in transition)의 범죄율이 거주민들의 국적이나 인종의 변화에도 불구하고 지속해서 높다는 것을 보여 준다. 24. 보호9 ( )

05 사회해체이론에 의히면, 범죄를 예방하기 위해서는 도시의 지역사회를 재조직함으로써 사회통제력을 증가시키는 것이 중요하다. 24. 보호9 ( )

06 차별접촉은 빈도, 기간, 우선순위, 그리고 강도(強度) 등에 의하여 차이가 발생한다. 22. 보호7 ( )

정답

01 ○ 케틀레, 스토우퍼, 머튼, 토비 등은 상대적 빈곤 연구를 통해 범죄발생에 있어서 빈곤의 영향은 단지 하류계층에 국한된 현상이 아니라, 어떤 계층이든지 느낄 수 있는 것이므로 광범위한 사회계층에 작용하는 문제라고 주장한다(상대적 결핍감이 범죄원인이라는 주장).

02 ✕ 카타르시스 가설은 매스컴에서 등장하는 범죄 또는 그 범죄자에 대한 처벌은 일반인들에게 카타르시스의 역할을 하여 오히려 범죄를 억제하는 기능을 한다는 이론이고, 억제 가설은 매스컴을 통해 범죄에 대한 적개심을 불러일으킬 수 있고, 범죄의 충격적 장면은 잠재적 범죄충동을 억제·해소하는 기회가 될 수 있다는 이론으로서, 모두 '매스컴과 범죄발생의 상관성을 부정'하는 입장(범죄억제 기능)에 해당한다.

03 ✕ 버제스(Burgess)의 동심원 이론에 따르면, '도시 중심부에 가까워질수록 범죄 발생률이 높아진다'고 하며, 특히 제2지대인 변이지역(퇴화과도 지역)에 범죄가 집중적으로 발생하였다고 한다.

04 ○ 변이지역 내에서 구성원의 인종·국적이 바뀌었음에도 불구하고 계속적으로 높은 범죄율을 보인다는 사실을 통해, 지역의 특성과 범죄발생과는 중요한 연관이 있다고 보았다.

05 ○ 사회해체이론은 범죄대책으로서 개별 범죄자에 대한 처우보다 도시의 지역사회를 재조직화하여 사회통제력을 증가시킬 것을 주장한다.

06 ○ 서덜랜드가 주장한 범죄학습이 이루어지는 과정에 대한 9가지 명제 중 하나이다.

07 차별적 접촉이론은 범죄원인으로는 접촉의 경험이 가장 큰 역할을 한다고 보아, 나쁜 친구들을 사귀면 범죄를 저지를 것이라는 단순한 등식을 제시했다. 22. 보호7 ( )

08 차별적 접촉이론은 범죄학습이 신문·영화 등 비대면적인 접촉수단으로부터도 큰 영향을 받는다는 점을 간과하고 있다. 22. 보호7 ( )

09 버제스(Burgess)와 에이커스(Akers)의 차별적 강화이론에 의하면, 범죄행동은 고전적 조건형성의 원리에 따라 학습된다. 23. 보호7 ( )

10 에이커스(Akers)의 사회학습이론에 따르면, 비행이나 일탈은 사회 구성원 간의 상호작용을 통해 학습된다. 24. 보호9 ( )

11 라이스(Reiss)와 나이(Nye)의 내적·외적 통제이론에 따르면, 애정·인정·안전감 및 새로운 경험에 대한 청소년의 욕구가 가족 내에서 충족될수록 범죄를 저지를 확률이 낮아진다. 24. 보호9 ( )

12 기초수급자로 지정받지 못한 채 어렵게 살고 있던 중에 배가 고파서 편의점에서 빵과 우유를 훔쳤다고 주장하는 사람은 중화기술이론의 사례에서 책임의 부정에 해당한다. 22. 보호7 ( )

정답

07 ✕ 단순히 나쁜 친구들을 사귀면 범죄를 저지르는 것이 아니라, '법률 위반에 대한 긍정적 정의가 부정적 정의를 압도하는 경우에 범죄를 학습'하여 저지르게 된다고 본다(차별적 접촉).

08 ○ 차별적 접촉이론에 대해서는 범죄학습이 매스미디어와 같은 비개인적 접촉 수단에 의해 영향을 받음을 간과하였다는 비판이 제기된다.

09 ✕ 버제스와 에이커스는 차별적 접촉이론을 수정·보완하면서 '스키너(Skinner)의 조작적 조건형성 개념'을 결합한 차별적 강화이론을 주장하였다. 고전적 조건형성 개념은 파블로프(Pavolv)가 자극과 반응을 통한 학습의 원리로 제시한 것이다.

10 ○ 에이커스(Akers)는 사회학습이론에서, 범죄행위는 그것을 강화하고 두드러지게 하는 사회 외적 분위기 또는 사람들과의 사회적 상호작용을 통해 학습된다고 주장한다.

11 ○ 라이스(Reiss)는 소년비행의 원인을 개인통제력의 미비와 사회통제력의 부족에서 파악하였고, 나이(Nye)는 라이스(Reiss)의 견해를 발전시켜 청소년의 비행을 예방하는 사회통제의 유형을 분류하면서 사회통제의 유형 중 가장 효율적인 방법은 가정·학교에서 이루어지는 비공식적 간접 통제의 방법이라고 보았다(개인 및 사회통제이론).

12 ○ 책임의 부정이란 범죄·비행에 대한 자신의 책임을 인정하지 않고 오히려 자신을 사회상황의 피해자로 여기는 것이다(예 비행의 책임을 열악한 가정환경·빈약한 부모훈육·빈곤 등의 외부적 요인으로 전가하여 합리화하는 것 등).

13 성매수를 했지만 성인끼리 합의하여 성매매를 한 것이기 때문에 누구도 법적 책임을 질 필요가 없다고 주장하는 사람은 중화기술이론의 사례에서 가해의 부정에 해당한다. 22. 보호7 ( )

14 부정한 행위로 인하여 사회적 비난을 받는 사람의 차량을 파손하고 사회정의를 실현한 것이라고 주장하는 사람은 중화기술이론의 사례에서 피해자의 부정에 해당한다. 22. 보호7 ( )

15 교통범칙금을 부과하는 경찰관에게 단속실적 때문에 함정단속을 한 것이 아니냐고 따지는 운전자은 중화기술이론의 사례에서 비난자에 대한 비난에 해당한다. 22. 보호7 ( )

16 허쉬(Hirschi)는 사회통제이론을 통해 법집행기관의 통제가 범죄를 야기하는 과정을 설명하였다. 22. 교정9 ( )

17 갓프레드슨과 허쉬(Gottfredson & Hirschi)는 부모의 부적절한 자녀 양육이 자녀의 낮은 자기통제력의 원인이라고 보았다. 22. 교정9 ( )

18 갓프레드슨(Gottfredson)과 허쉬(Hirschi)의 낮은 자기통제(low self-control)이론은 폭력범죄부터 화이트칼라범죄에 이르기까지 모든 범죄를 낮은 자기통제의 결과로 이해한다. 23. 보호7 ( )

19 낮은 자기통제(low self-control)이론은 비효율적 육아와 부적절한 사회화보다는 학습이나 문화전이와 같은 실증적 근원에서 낮은 자기통제의 원인을 찾는다. 23. 보호7 ( )

정답

13 ○ 가해의 부정이란 자신의 범행에 의한 손해를 사회통제기관과 달리 평가하여 매우 가볍게 여기는 것을 말한다.

14 ○ 피해자의 부정이란 피해자는 응당 당해야 마땅할 일을 당했을 뿐이라고 자신의 비행을 정당화하는 것을 말한다.

15 ○ 비난자에 대한 비난이란 사회통제기관들은 부패한 자들로 자기를 심판할 자격이 없다고 하면서 그들의 위선을 비난하는 것을 말한다.

16 X 허쉬(Hirschi)는 개인적 통제보다 사회적 통제를 강조하여 '사회유대의 약화'를 비행의 원인으로 본다. 가족·학교·동료 등과 같은 사회집단에 밀접하게 연대되어 있는 사람은 여간해서 비행행위를 하지 않는다는 것이다.

17 ○ 갓프레드슨과 허쉬(Gottfredson & Hirschi)는 범죄일반이론에서 범죄의 일반적 원인을 범죄발생의 기회와 낮은 자기통제력이라고 보며, 어렸을 때 부정적으로 형성된 자기통제력이라는 내적 성향 요소가 이후 청소년기나 성인기에서 문제행동의 원인이 된다고 하면서, 낮은 자기통제의 형성에 가장 많은 영향을 끼치는 것은 부모의 잘못된 자녀양육이라고 주장하였다.

18 ○ 갓프레드슨(Gottfredson)과 허쉬(Hirschi)는 모든 유형의 범죄행위와 범죄유사행위를 설명할 수 있는 범죄의 일반적 원인을 범죄발생의 기회와 낮은 자기통제력이라고 본다(자기통제력이 작용할 수 있는 전제로서 범죄발생의 기회를 제시).

19 X 갓프레드슨(Gottfredson)과 허쉬(Hirschi)는 어렸을 때 부정적으로 형성된 자기통제력이라는 내적 성향 요소가 이후 청소년기나 성인기의 문제행동의 원인이 된다고 주장하며, 낮은 자기통제의 형성에 가장 많은 영향을 끼치는 것은 '부모의 잘못된 자녀양육'이라고 본다.

20 머튼(Merton)은 아노미이론에서 '부(富)의 성취는 미국사회에 널리 퍼진 문화적 목표이다.'라고 주장하였다. 22. 교정9

( )

21 머튼(Merton)은 아노미이론에서 '합법적 수단이 제한된 하류계층 사람들은 비합법적인 수단을 통해서라도 목표를 달성하려고 한다.'라고 주장하였다. 22. 교정9

( )

22 머튼(Merton)은 아노미 상황에서 긴장을 느끼는 개인이 취할 수 있는 5가지 적응유형을 제시하였다. 22. 교정9

( )

23 머튼(Merton)의 아노미이론은 '하류계층뿐만 아니라 상류계층의 범죄를 설명하는 데 유용하다.'라고 평가된다. 22. 교정9

( )

24 ㉠ 아메리칸 드림이라는 문화사조는 경제제도가 다른 사회제도들을 지배하는 '제도적 힘의 불균형' 상태를 초래하고, ㉡ 아메리칸 드림과 같은 문화사조와 경제제도의 지배는 서로 상호작용을 하면서 미국의 심각한 범죄문제를 일으킨다고 주장한 학자는 메스너와 로젠펠드(Messner & Rosenfeld)이다. 23. 교정9

( )

25 셀린(Sellin)은 이민 집단의 경우처럼 특정 문화집단의 구성원이 다른 문화의 영역으로 이동할 때에 발생할 수 있는 갈등을 이차적 문화갈등으로 보았다. 22. 보호7

( )

정답

20 ○ 아노미이론에서는 사람들의 욕구(목표)는 생래적이거나 이기적 동기에 의한 것이 아니라, 사회의 관습이나 문화적 전통과 같은 사회환경에 의해 형성된다고 보면서(공통가치설), 미국과 같은 자본주의사회에서는 부의 성취가 구성원들의 공통적 목표(문화적 목표)라고 본다.

21 ○ 아노미이론에서는 문화적 목표를 달성하기 위한 합법적인 수단에 접근할 수 있는 가능성은 개인의 능력이나 사회적 계층에 따라 각기 다른 상태에 두고 있고, 수단에 접근할 기회가 제한된 사람들(하위계층)은 목표의 달성을 위하여 수단의 합법성 여부를 무시한 행동(범죄)으로 나아간다고 본다.

22 ○ 머튼(R. Merton)은 대부분의 전통적 범죄가 하류계층에 의해 실행됨을 설명하고자 하며, 개인의 반응양식의 차이는 개인의 속성이 아니라 사회의 문화구조에 의한 것이라고 보았으며, 개인의 사회적 긴장에 대한 반응양식은 문화적 목표와 제도된 수단에 따라 각각 수용과 거부의 조합을 기준으로 5가지의 형태로 나타난다고 하였다.

23 ✕ 아노미이론은 근 증가하는 중산층이나 상류층의 범죄를 설명하는 데에는 한계를 나타냄으로써 범죄원인의 일반이론으로 보기는 힘들다는 비판을 받는다.

24 ○ 제도적 아노미이론을 주장한 메스너와 로젠펠드(Messner & Rosenfeld)는 머튼(R. Merton)의 아노미이론에 동의하면서 범죄 · 비행을 미국 사회의 문화적 · 제도적 영향의 결과로 본다. 이에 의하면 문화와 제도에 있어서 경제적 욕망(아메리칸 드림)의 지배는 가족 · 교회 · 학교 등에서 시행하는 비공식적 사회통제를 약화시키고(제도적 힘의 불균형) 이는 미국 사회의 높은 범죄율로 연결된다는 것이다.

25 ✕ 셀린(Sellin)은 문화갈등이론을 주장하면서, 일정한 문화지역에 속하는 규범이 다른 지역에 이입됨으로써 행위규범간의 충돌이 생기는 경우를 '일차적 문화갈등'이라고 하였다(문화적 관습의 갈등으로서의 문화갈등).

26 볼드(Vold)는 이해관계의 갈등에 기초한 집단갈등론을 주장하였으며, 특히 집단 간의 이익갈등이 가장 첨예한 상태로 대립하는 영역으로 입법정책 부문을 지적하였다. 22. 보호7 ( )

27 터크(Turk)는 사회를 통제할 수 있는 권력 또는 권위의 개념을 범죄원인과 대책 분야에 적용시키고자 하였다. 22. 보호7 ( )

28 스핏처(Spitzer)는 후기 자본주의 사회에서는 생산활동에서 소외되는 인구가 양산됨에 따라 이로 인해 많은 일탈적 행위가 야기될 것이라고 보았다. 24. 보호9 ( )

29 밀러(Miller)는 하류계층의 문화를 고유의 전통과 역사를 가진 독자적 문화로 보았다. 23. 보호7 ( )

30 밀러(Miller)에 의하면, 하류계층의 여섯 가지 주요한 관심의 초점은 사고치기(trouble), 강인함(toughness), 영악함(smartness), 흥분추구(excitement), 운명(fate), 자율성(autonomy)이다. 23. 보호7 ( )

31 밀러(Miller)는 중류계층의 관점에서 볼 때, 하류계층 문화는 중류계층 문화의 가치와 갈등을 초래하여 범죄적 · 일탈적 행위로 간주된다고 주장한다. 23. 보호7 ( )

32 밀러(Miller)에 의하면, 범죄와 비행은 중류계층에 대한 저항으로서 하류계층 문화 자체에서 발생한다. 23. 보호7 ( )

정답

26 ○ 볼드(Vold)는 집단갈등이론을 주장하면서, 집단 간에 갈등이 발생하는 이유는 여러 집단들이 추구하는 이익과 목적이 중첩되고 서로 잠식하며 경쟁적이 되기 때문이라고 보았다. 그는 법의 제정, 위반, 집행의 모든 측면을 정치적 이익갈등의 차원에서 조명하여, 특히 집단 간의 이익갈등이 가장 첨예한 상태로 대립하는 영역으로 입법정책 부문을 지적하였다.

27 ○ 터크(Turk)는 권력갈등이론을 주장하면서, 집단 간에 발생하는 갈등의 원인은 사회를 통제할 수 있는 권위를 추구하는 데에 있다고 본다. 그리고 사회의 권위 구조를 집단의 문화규범 · 행동양식을 타인에게 강제할 수 있는 권위를 가진 지배집단과 그렇지 못한 피지배집단으로 구분하였다.

28 ○ 스핏처의 후기 자본주의 갈등이론에 대한 설명이다.

29 ○ 밀러(Miller)는 하류계층에게는 그들만의 독자적인 문화규범이 존재한다고 보았다.

30 ○ 밀러는 하류계층에게 독자적인 문화규범이 생기는 이유로 그들의 관심의 초점이 중류계층과 다르기 때문이라고 보면서, 관심의 초점의 내용으로 사고치기(말썽), 자율성, 운명, 흥분, 영악함(교활), 강인함을 제시하였다.

31 ○ 밀러는 하류계층이 자신들의 독자적인 문화규범에 따라 행동하는 것이 중류계층 문화의 법규범에 위반됨으로써 범죄가 발생한다고 본다.

32 ✕ '코헨(Cohen)'의 '비행하위문화이론'의 내용이다.

33 클라워드(Cloward)와 올린(Ohlin)은 차별기회이론(differential opportunity theory)에서 합법적 수단뿐만 아니라 비합법적 수단에 대해서도 차별기회를 고려하였다. 23. 교정9 ( )

34 차별기회이론에 의하면 도피 하위문화는 마약 소비 행태가 두드러지게 나타나는 갱에서 주로 발견된다. 23. 교정9 ( )

35 차별기회이론은 머튼의 아노미이론과 서덜랜드의 차별접촉이론으로 하위문화 형성을 설명하였다. 23. 교정9 ( )

36 차별기회이론은 비행 하위문화를 갈등 하위문화(conflict subculture), 폭력 하위문화(violent subculture), 도피 하위문화(retreatist subculture)로 구분하였다. 23. 교정9 ( )

37 울프강(Wolfgang)의 폭력사용의 정당화, 코헨(Cohen)의 지위좌절, 밀러(Miller)의 주요 관심(focal concerns)을 모두 포괄하는 범죄이론은 갈등이론이다. 22. 보호7 ( )

38 낙인이론에서는 경미한 범죄에 대하여 공식적 처벌과 같은 낙인보다는 다양한 대체처분으로서의 전환을 강조한다. 23. 교정7 ( )

39 봉거(Bonger)는 법규범과 문화적·사회적 규범의 일치도, 법 집행자와 저항자 간의 힘의 차이, 법규범 집행에 대한 갈등의 존재 여부가 범죄화에 영향을 미친다고 보았다. 24. 보호9 ( )

정답

33 ○ 머튼(Merton)의 아노미이론은 비합법적인 수단에 대한 접근가능성을 간과하였다고 비판하면서, 실제 비행하위문화의 성격은 비합법적인 기회가 어떻게 분포되었는가에 따라 다르며 연관된 비행행위의 종류도 다르다고 주장하였다.

34 ○ 비행 하위문화 중 도피 하위문화는 문화적 목표를 추구하는 데 필요한 합법적 수단을 이용하기 어렵고 불법적인 기회도 없는 상황에서 형성되는 하위문화로서, 약물중독자·정신장애자·알코올중독자 등이 자포자기하여 퇴행적 생활로 도피하는 것을 예로 든다.

35 ○ 아노미이론(Merton)과 차별접촉이론(Sutherland)을 통합하여, 성공을 위한 목표로의 수단에는 합법적·비합법적 기회구조가 있음을 전제로 하여 차별기회이론을 주장하였다.

36 ✕ 비행 하위문화의 형태를 '범죄 하위문화', '갈등 하위문화', '도피 하위문화'로 구분하였다.

37 ✕ 울프강(Wolfgang)의 폭력하위문화이론, 코헨(Cohen)의 비행하위문화이론, 밀러(Miller)의 하위계층문화이론은 '범죄적 하위문화이론'으로 분류된다.

38 ○ 전환제도는 형사사법의 탈제도화라는 의미에서 낙인이론의 산물이라고 할 수 있다.

39 ✕ 터크는 권력갈등이론에서 법이 집행되는 과정에서 특정 집단의 구성원이 범죄자로 규정되는 과정을 설명하면서, 법률의 지배집단에 대한 의미(현실의 법이 지배집단의 문화규범 및 행동규범과 일치할수록 그러한 법이 우선적으로 집행될 가능성이 크다), 법 집행자와 저항자 사이의 상대적 권력관계(통상적으로 법은 법 집행에 도전할 수 있는 힘을 가진 지배집단보다는 이와 같은 힘을 갖지 못한 피지배집단에 더욱 집요하게 집행된다), 갈등 진행의 현실성(집단 간 갈등의 산물인 법규 위반이 실현가능성이 낮은 목표를 주장·관철하려는 경우일수록 법 집행이 강화된다)을 그 요소로 보았다.

40 퀴니(Quinney)는 노동자계급의 범죄를 자본주의 체제에 대한 적응범죄와 대항범죄로 구분하였다. 22. 보호7 (   )

41 글룩(Glueck)부부는 반사회적인 아이들은 성인이 되어 가해 경력을 지속할 가능성이 크다고 보았다. 23. 교정7

(   )

42 모피트(Moffitt)는 청소년기 한정형(adolescence-limited) 일탈의 원인으로 ㉠ 신경심리적 결함과 ㉡ 낮은 인지 능력을 지적하였다. 22. 교정7 (   )

43 샘슨(R. Sampson)과 라웁(J. Laub)은 생애주기에 있어 시기에 따라 서로 다른 비공식적 사회통제가 존재하며 인생의 전환점에 의해 언제든지 변할 수 있다고 보았다. 23. 교정7 (   )

44 재통합적 수치심 개념은 낙인이론, 하위문화이론, 기회이론, 통제이론, 차별접촉이론, 사회학습이론 등을 기초로 하고 있다. 22. 교정7 (   )

45 해체적 수치심(disintegrative shaming)을 이용한다면 범죄자의 재범확률을 낮출 수 있으며, 궁극적으로는 사회의 범죄율을 감소시키는 효과를 기대할 수 있다. 22. 교정7 (   )

46 재통합적 수치심의 궁극적인 목표는 범죄자가 자신의 잘못을 진심으로 뉘우치고 사회로 복귀할 수 있도록 그들이 수치심을 느끼게 할 방법을 찾아내는 것이다. 22. 교성7 (   )

정답

40 ○ 퀴니(Quinney)는 자본주의 사회의 범죄의 유형을 자본가 계급의 범죄(지배와 억압의 범죄)와 노동자 계급의 범죄(적응과 저항의 범죄)로 분류하고, 노동자 계급의 범죄는 다시 적응의 범죄와 저항의 범죄로 구분하였다.

41 ○ 글룩(Glueck)부부는 1930년대에 비행청소년 500명과 정상청소년 500명을 대상으로 비행원인을 밝히는 연구를 진행하였다. 이를 통해 가정생활의 변화가 범죄에 상당한 영향을 주고, 특히 아동기에 부적응이 클수록 성인기에 적응의 장애를 겪으며, 아동기의 범죄경력이 성인기의 범죄경력으로 이어지는 경향이 강하다는 결과를 얻었다.

42 ✕ 모피트의 주장에 의하면, 청소년기 한정형 범죄자는 어느 정도 친사회적인 유대관계를 형성하였으나 청소년기에 '성숙의 차이' 또는 부모의 감독이 미비 또는 비행친구에게 노출됨으로써 '사회적 모방' 등을 통해 일탈행동을 하다가 성인이 되면 일탈행동을 그만두는 유형이다. 반면에 '생애지속형' 범죄자는 생래적인 신경심리적 결함과 언어 · 인지능력이 낮음으로 인하여 어려서부터 문제행동을 시작하여(초기진입자) 친사회적 유대관계를 형성하지 못하여 평생 동안 범죄행동을 지속하는 유형이라고 한다.

43 ○ 샘슨(Sampson)과 라웁(Laub)의 생애과정이론의 내용이다.

44 ○ 브레이스웨이트(Braithwaite)의 재통합적 수치이론은 기존 이론들이 범죄원인의 설명에 한계를 보인다는 점을 지적하면서 사회학적, 심리학적, 경제적 요인 등을 통합하여 보다 복합적 관점에서 범죄의 원인을 규명하는 통합적 범죄이론에 해당한다.

45 ✕ 브레이스웨이트는 수치(shaming)를 재통합적 수치와 해체적 수치로 구분하였는데, 해체적 수치는 범죄자에게 공동체의 구성원으로 받아들이지 않겠다는 낙인을 찍는 것으로, 이 경우에는 범죄율이 증가하게 된다(거부적 수치, 오명).

46 ○ 브레이스웨이트(Braithwaite)의 재통합적 수치이론은 회복적 사법의 이론적 근거가 되었는데, 처벌을 통해 범죄자가 반성을 하면서 지역사회의 구성원으로 재통합하려는 노력을 병행하여 장래의 범죄 가능성을 줄이도록 하겠다는 입장이다.

단원별 출제비중 *최근 4개년 교정직 · 보호직 기출 분석

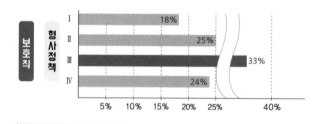

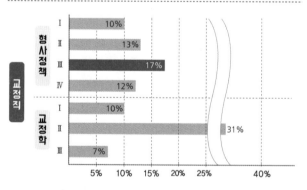

범죄대책론은 형사정책 중 가장 출제비중이 높은 '형벌론'과 '보안처분론'이 속해있는 단원입니다. 형벌론은 자유형제도와 재산형제도의 개념 및 의의 그리고 현행제도를 법령 중심으로 정확히 파악하여 학습하는 것이 필요합니다. 보안처분론은 보안처분의 목적 및 형벌과의 관계를 파악하고, 현행제도(보호관찰, 치료감호, 성충동 약물치료, 전자장치 부착 등)를 묻는 문제에 대비할 수 있도록 꼼꼼하게 학습하는 것이 좋습니다. 다만, 범죄예측과 범죄예방 및 형사사법절차 부분도 출제가능성이 낮은 것은 아니므로 주요 주제를 중심으로 학습하시기 바랍니다.

구분	2021 교정9	2021 교정7	2021 보호7	2022 교정9	2022 교정7	2022 보호7	2023 교정9	2023 교정7	2023 보호7	2024 교정9	2024 보호9
범죄예측과 범죄예방						2			1		1
형사사법절차	1	1	1	1		2					1
형벌론과 보안처분론	4	4	7		4	5	3	3	3	2	6

Ⅲ

범죄대책론

01 범죄예측과 범죄예방

1 범죄예측론

1 서론

1. 의의

(1) 범죄예측이란 범죄의 가능성이 있는 사람을 조사하거나 사회의 환경변화를 연구하여 장래의 범죄행위에 대한 발생가능성 · 빈도 · 정도 등을 미리 예측하는 것을 말한다. 범죄예측에는 사회적 차원에서 장래의 범죄행위를 예측하는 것과 특정한 개인 · 집단의 범행가능성을 예측하는 것이 있다.

(2) 범죄원인을 올바르게 파악하고 이를 기초로 적절한 범죄방지대책을 수립하기 위해서는 범죄행동에 대한 정확한 예측이 선행되어야 하고, 범죄행동을 예측할 수 있는 범위 내에서 범죄를 예방할 수 있다.

(3) 범죄예측은 예방 · 수사 · 재판 · 교정의 형사사법절차 각 단계에서 매우 유용하다. 이의 적정 여부는 범죄자 관리 · 처우활동의 성패를 좌우하며, 결과적으로 형사정책 전반의 성패와 밀접한 관계를 갖는다. 16. 사시

(4) 범죄예측은 크게 범죄사건예측, 범죄자예측, 범죄자신원(동일성)예측, 피해자예측 등 4가지 영역으로 구분된다.

2. 전제조건 10. 사시

객관성	누가 예측을 하더라도 동일한 결과가 나오도록 신뢰성이 담보되어야 한다.
타당성	예측의 목적에 따라서 예측이 합목적적인 방법으로 수행되어야 한다.
단순성	예측방법과 결과가 쉽게 이해되도록 단순하게 구성되어야 한다.
경제성	예측에 소요되는 비용과 시간이 절약되고 효율적이어야 한다.

3. 연혁

(1) **미국의 연구**

① 미국에서는 사회학자들에 의해 가석방의 대상 · 시기의 결정과 관련하여 실천적 필요에 의해 발달하였다.

② 1923년 워너(S. Warner)가 가석방 대상을 가려내기 위해 재범가능성을 점수화하는 범죄예측을 최초로 시행하였다. 10. 보호7

③ 1928년 버제스(E. W. Burgess)는 경험표(가석방예측표)를 작성하여 재범예측에 사용하였다. 20. 교정7

④ 1940년대 글륙 부부(S. Glueck & E. Glueck)는 아버지의 훈육, 어머니의 감독, 아버지의 애정, 어머니의 애정, 가족의 결집력 등 5가지 요인을 기준으로 하는 가중실점방식에 의한 조기예측법을 소개하였다. 16. 보호7

(2) 독일의 연구

① 독일에서는 정신의학자들을 중심으로 범죄원인론의 일환으로 발달하였다.

② 1935년 엑스너(F. Exner)는 버제스의 예측법을 도입하여 예측의 필요성을 강조하였다.

③ 1936년 쉬트(R. Schiedt)는 재범예측표를 작성하였다.

(3) 최근의 연구

① 하더웨이와 맥킨리(S. Hathaway & J. Mckinly)가 고안한 미네소타식 다면성 인성검사법(MMPI)이 가장 표준화된 범죄자 인성조사방법으로 쓰이고 있다. 이는 정신이상 정도를 측정하기 위한 것으로서 사람의 성격진단과 상담치료를 하는 데에 현재 가장 많이 이용되는 방법이다.

② 위트와 쉬미트(Witte & Schimitt) 등은 재범의 확률뿐만 아니라 그 시점까지도 예측하는 연구를 하였다.

③ 우리나라에서 범죄예측은 청소년의 재범을 예측하기 위해서 시작되었다.

2 범죄예측방법

1. 예측방법에 따른 분류

(1) 직관적 예측방법 12. 보호7

① 의의

㉠ 실무 경험(직업적 경험, 임상적 경험)이 많은 판사·검사·교도관 등이 실무에서 애용하는 방법이다.

㉡ 예측하는 사람의 직관적 예측능력을 토대로 대상자의 인격 전체를 분석·종합하는 예측방법이다(전체적 관찰법).

② 단점: 전적으로 판단자의 주관적 입장·지식·경험 등에 의존한다는 점에서, 주관적 자의의 한계와 합리적 판단 기준의 결여를 극복하기 어렵다는 비판이 있다. 16. 보호7

(2) 통계적 예측방법 16. 사시☆

① 의의

㉠ 범죄자의 특징을 계량화하여 그 점수의 많고 적음에 따라 장래의 범죄행동을 예측하는 방법이다(점수법). 18. 보호7

㉡ 기존 자료에 대한 분석을 통하여 예측요인 중에서 빈도가 높거나 범죄요인으로 간주되는 요인을 통계적으로 점수화하여 판정척도를 작성하고 그 기준에 따라 범죄 또는 비행 여부를 예측하는 것이다(범죄예측표).

미네소타식 다면성 인성검사법(Minnesota Multiphasic Personality Inventory)

우울, 히스테리, 편집증, 정신병리, 내향성·외향성, 강박관념 등의 비정상적 성격 특성을 파악하기 위한 척도들로 구성되어 있다. 이 측정도구는 4개의 타당성 척도와 10개의 임상척도로 구성되어 있다. 이러한 척도들은 모두 550개의 문항으로 만들어져 있으며 각 질문에 대해 '예' 혹은 '아니오'로 응답하게 되어 있다. 임상척도는 ① 건강염려증, ② 우울증, ③ 히스테리, ④ 반사회성, ⑤ 남성성·여성성, ⑥ 편집증, ⑦ 강박증, ⑧ 정신분열증, ⑨ 경조증, ⑩ 내향성이다. MMPI는 비행이 성인의 부적응행위와 비슷한 정신질환의 증후라는 전제하에 비행을 예측하기 위해 사용되었다. 경험적 연구 결과, 시설에 수용된 비행자는 반사회적·비도덕적·정신병질적 행위척도에서 높은 점수를 나타냈고, 범죄성향이 없는 사람들은 좀더 내향적인 것으로 나타났다.

🏛 **핵심 OX**

02 직관적 예측방법은 실무에서 자주 사용되는 방법이지만, 이는 판단자의 주관적 입장에 의존한다는 점에서 비판을 받는다. (O, X)

02 O

② 장·단점
ⓐ 장점: 비전문가도 주어진 평가 기준에 대입하여 예측을 할 수 있어 널리 이용되며, 범죄예측을 객관적 기준에 의함으로써 실효성이 높고 비교적 공평하며 비용도 절감되는 장점이 있다. 20. 교정7
ⓑ 단점: 숫자의 많고 적음에 따라 발생개연성을 판단하는 통계적 예측결과밖에 제시하지 못한다는 한계가 있다. 그리고 개별 범죄자마다 고유한 범죄의 특성 내지 개인의 편차가 예측에 제대로 반영되지 않을 가능성이 있다는 비판을 받는다. 16. 보호7☆

(3) **임상적 예측방법** 16. 사시☆
① 의의
ⓐ 정신과 의사나 범죄심리학자가 전문지식을 이용하여 행위자의 성격분석을 토대로 내리는 예측방법이다(경험적 개별예측). 20. 교정7☆
ⓑ 주로 사용하는 방법은 조사와 관찰이고 임상실험의 도움을 받기도 한다.
② 단점: 판단자의 주관적 평가가 개입될 가능성이 있어 객관적 기준을 확보하기 곤란할 뿐만 아니라, 판단자의 경험·전문성의 부족으로 자료를 잘못 해석할 위험성이 있다. 또한 시간과 비용이 많이 드는 방법이기 때문에 쉽게 사용할 수 없다는 단점도 있다. 11. 교정9☆

(4) **통합적 예측방법** 12. 보호7
① 의의: 직관적 예측방법과 통계적 예측방법 및 임상적 예측방법을 일정한 방향으로 조합(절충)함으로써 각각의 예측방법의 단점을 보완하고자 하는 예측방법이다(구조예측의 방법).
② 단점: 각각의 예측방법의 결함은 어느 정도 보완할 수 있을지 모르지만, 완전히 제거하는 것은 불가능하다. 또한 많은 시간이 소요된다는 점에서 실용성에 문제가 있을 수 있다.

2. 예측시점에 따른 분류

(1) 조기예측
① 의의
ⓐ 특정인에 대해 범행 이전에 미리 그 위험성을 예측하는 것으로, 주로 소년범죄예측에 많이 사용되는 예측방법이다.
ⓑ 이는 주로 초범예측, 즉 범죄의 사전예방을 주된 목적으로 하며 사법예측이 아니라는 점에 특징이 있다. 16. 보호7
② 사례: 조기예측으로는 글룩 부부(S. Glueck & E. Glueck)의 '소년비행의 해명'이 가장 유명하며, 우리나라의 경우에는 소년분류심사원에서 행하는 일반 소년에 대한 외래분류심사가 조기예측에 해당된다(「보호소년 등의 처우에 관한 법률」 제26조). 10. 보호7

글룩 부부(S. Glueck & E. Glueck)의 연구
'아버지의 훈육, 어머니의 감독, 아버지의 애정, 어머니의 애정, 가족의 결집력'이라는 5가지 요인에 의한 가중실점방식의 조기예측법을 연구·소개하였다.

🗄 **핵심 OX**
03 임상적 예측방법은 정신과 의사나 범죄심리학자가 조사와 관찰 등에 의해 행위자의 성격분석을 토대로 내리는 예측이므로 판단자의 자료해석의 오류나 주관적 평가가 개입될 위험이 있다. (O, X)

03 ○

③ 단점: 조기예측의 결과에 의해 교육기관·사회복지기관을 통해 필요한 교육을 할 경우에도 자칫 잘못하면 미래의 비행자로 낙인을 찍음으로써 오히려 예측이 스스로 실현되는 위험성이 있을 수 있다. 조기예측이 진압적 형사정책과 연결되면 일반인의 자유가 지나치게 제한되는 경우도 발생할 수 있다.

(2) 수사단계의 예측

경찰·검찰이 비행자·범죄자에 대한 수사를 종결하면서 내릴 처분 내용을 결정할 때 사용하는 예측방법이다. 예를 들어, 수사단계의 예측은 조건부 기소유예와 같은 처분의 결정 시 소년에 대한 잠재적 비행성을 판단하는 데 유용하다. 18. 보호7☆

(3) 재판단계의 예측

① 의의: 재판단계의 예측이란 법원에서 유·무죄의 판단 및 형벌의 종류를 결정하는 과정에서 범죄자의 개별처우를 위하여 장래의 위험성을 예측하는 것을 말한다. 18. 보호7☆

② 공헌

㉠ 재판단계의 예측은 특히 양형책임을 결정하는 중요한 수단으로 작용한다. 피고인에게 어느 정도의 형을 부과하여야 수형기간 동안 교정·교화에 유리한가를 예측하는 것은 재사회화 이념에 비추어 가장 중요한 양형 기준이라고 할 수 있다.

㉡ 양형단계에서 법정형의 폭에 따라 법관에게 상당한 재량의 여지가 주어져 있으므로 예측판단에 의한 개별화의 가능성은 매우 넓다.

③ 비판

㉠ 재판단계에서 피고인의 재범가능성에 대한 예측은 법관에게 예단을 갖게 할 수도 있다.

㉡ 현행 재판제도에서는 제한된 자료를 가지고 짧은 기간 내에 피고인의 다양한 상황을 조사해야 하므로 정확한 예측에는 한계가 있으며, 판결 전 조사제도 등으로 보완해야 한다.

(4) 석방단계의 예측(교정단계의 예측)

① 석방단계의 예측은 주로 가석방 결정에 필요한 예측을 말한다. 형사정책에서 범죄예측이 시작된 것은 바로 석방단계의 예측부터라고 할 수 있다. 범죄예측은 '석방단계의 예측 → 재판단계의 예측 → 조기예측'의 순서로 발전되었다. 18. 보호7☆

② 석방단계의 예측에서는 수용될 때까지의 생활력·행형성적·복귀할 환경 등을 고려하고 통계를 통해 성적과 인자의 관계를 확인하여 전체적 평가법이나 점수법을 통해 예측을 하는 방법을 사용한다. 20. 교정7

③ 현행 「형법」 제72조는 가석방의 요건 가운데 하나로서 수형자의 '행상이 양호하여 뉘우침이 뚜렷한 때'임을 요하고 있는데, 이는 결국 가석방 후에 재범의 우려가 없다는 예측이 가능해야 한다는 의미이다.

가석방에 사용되는 구체적 예측방법

1. 양점법 – 버제스(Burgess)

추행조사의 방법을 범죄예측에 도입하였으며, 수형자가 가석방 전의 생활에서 보여준 인자 가운데서 가석방 예측에 긍정적으로 사용할 수 있는 것을 추려내어 각 인자에 평점을 부여하였다.

2. 난점법

① 글룩 부부(S. Glueck & E. Glueck): 난점법으로 예측표를 만들고 그 결과 범죄예측에 필요한 인자를 선정하여 다시 소종류로 분류한 다음 가석방 후의 생활과 비교하였다.

② 쉬트(Schiedt): 상태범이나 기회범에 관련된 인자, 행형 중의 상태변화와 관련된 인자, 장래생활관계와 관련된 인자를 선정하여 개인적 인자로 난점법을 이용하였다.

④ 비판: 석방단계의 예측은 가석방에 유리한 조건을 이미 학습하고 있는 영악한 범죄자에게 더 유리한 결과를 가져올 우려가 있다는 비판을 받는다.

3 범죄예측의 문제점과 발전가능성

1. 문제점

(1) 법률적 문제점
범죄예측의 적용이 죄형법정주의나 책임형법의 원칙과 조화를 이룰 수 있는가의 문제가 있다. 아직 행해지지 않은 미래의 행위에 의하여 범죄자 또는 잠재적 범죄자에게 차별적 대우를 한다면 이는 행위 중심의 죄형법정주의를 위배하게 될 것이다.

(2) 기술적 문제점
① 형사정책적 결정의 합리성은 오로지 예측의 정확성에 달려 있다. 미래의 범죄 위험성에 대한 정확한 예측을 근거로 할 때 사회통제체계의 최후수단인 형법의 투입은 비로소 정당화될 수 있기 때문이다.

② 그러나 기술적 측면에서 100%의 정확도를 가진 범죄예측은 현실적으로 가능하지 않다. 따라서 예측에는 잘못된 결과가 나타날 가능성이 존재한다.

구분	내용	피해발생 유형
잘못된 긍정 (False Positive)	차후 범죄가 있을 것이라고 예측하였지만 실제로는 그렇지 않은 경우이다.	개인의 인권 침해
잘못된 부정 (False Negative)	차후 범죄가 없을 것이라고 예측하였지만 실제로 범죄를 저지른 경우이다.	사회와 구성원의 피해

(3) 윤리적 문제점
예측 항목이 사회적 가치에 반할 수 있다. 범죄발생과 연관이 밀접한 항목으로는 흔히 성별이나 소득수준을 드는데, 이는 결국 자신의 신분적 지위 때문에 차별대우를 받게 하는 것으로 공평한 사법처리와는 거리가 멀다.

2. 발전가능성

(1) 효과적 범죄예방을 위해 사법실무에서 필요한 범죄예측은 정밀하고 신속하게 이루어져야 하는 것으로서 엄격한 과학적 방법의 도움이 필요하다. 어떤 경우에도 예측을 명분으로 피의자나 수형자를 자의적으로 탄압하는 일이 있어서는 안 된다.

(2) 범죄예측의 실무적용은 앞으로 오류 긍정이나 오류 부정을 줄일 수 있는 신뢰성 있고 정확한 예측기법을 개발하고, 죄형법정주의를 유지하는 상태에서 범죄자의 자유의지를 고려하고 사회의 기본가치에 반하지 않는 방향에서 운영하는 신중함이 필요하다.

2 범죄예방

1 서론

1. 개념

(1) 범죄예방은 범죄발생의 원인을 제거하거나 범죄억제작용을 하는 여러 요소를 강화함으로써 장래에 범죄가 발생하지 않도록 하는 것을 말한다.

(2) 제프리(C. R. Jeffery)는 기존의 범죄통제정책에 문제점을 제기하면서 범죄예방이란 ① 범죄발생 이전의 활동이며, ② 범죄행동에 대한 직접적 통제이며, ③ 개인의 행동에 초점을 맞추는 것이 아니라 개인이 속한 환경과 그 환경 내의 인간관계에 초점을 맞춰야 하며, ④ 인간의 행동을 연구하는 다양한 학문을 배경으로 하는 것이라고 하였다.

(3) 랩(S. P. Lab)은 범죄예방의 개념을 실제의 범죄발생 및 시민이 범죄에 대해서 가지는 두려움을 제거하는 활동이라고 하면서, 범죄예방은 범죄의 실질적인 발생을 줄이려는 정책과 일반시민이 범죄에 대하여 가지는 막연한 두려움과 공포를 줄여나가는 정책을 포함하여야 한다고 보았다.

2. 사후진압적 범죄예방과 사전적 범죄예방

(1) 범죄예방에는 이미 행하여진 범죄를 진압함으로써 범죄예방의 효과를 얻는 방법(사후진압적 범죄예방)과 사전에 범죄가 발생하는 것을 방지하는 방법(사전적 범죄예방)이 있다.

(2) 범죄로 인한 피해의 회복 불능, 범죄자의 검거와 교정의 비용, 범죄로 인한 일반국민의 불안 등을 고려할 때 사후진압적 범죄예방보다는 사전적 범죄예방이 중시된다.

2 범죄예방이론

1. 브랜팅햄과 파우스트(P. Brantingham & F. Faust)의 범죄예방모델

(1) 의의

브랜팅햄과 파우스트는 범죄예방에 질병의 예방과 치료의 개념을 도입하여 범죄예방을 1차적 범죄예방, 2차적 범죄예방, 3차적 범죄예방으로 나누었다.

23. 보호7

(2) 구체적 분류 24. 보호9

구분	대상	내용
1차적 범죄예방	일반시민	범죄를 유발·촉진하는 물리적·사회적 환경을 개선 ㉯ 환경설계, 이웃감시, 민간경비, 범죄예방교육 등 23. 보호7
2차적 범죄예방	우범자, 우범지역	잠재적 범죄자의 범죄기회를 차단(상황적 범죄예방) ㉯ 감시카메라·비상벨 설치, 방어공간의 확보 등
3차적 범죄예방	범죄자	재범을 예방 ㉯ 형사사법절차에서 특별예방을 위한 여러 조치(형벌, 보안 처분 등)

2. 제프리(C. R. Jeffery)의 범죄예방모델

(1) 의의

제프리(Jeffery)는 범죄통제(예방)의 모형을 ㉠ 형벌을 통한 범죄억제 모델, ㉡ 범죄자의 치료와 갱생을 통한 사회복귀 모델, ㉢ 사회환경 개선을 통한 환경공학적 범죄통제 모델로 구분하고 그 중에서 특별히 '사회환경 개선을 통한 범죄예방 모델(㉢)'을 강조하였다.

(2) 범죄예방모델의 구분

① 범죄억제 모델: 비결정론을 전제하는 고전학파의 이론과 같은 맥락에서 범죄예방의 방법으로 형벌을 수단으로 하는 진압적 방법을 사용한다. 범죄억제 모델은 처벌을 통한 범죄예방의 효과를 높이기 위해서 처벌의 신속성·확실성·엄격성을 요구한다. 18. 보호7

② 사회복귀 모델: 결정론을 전제하는 실증주의의 이론과 같은 맥락에서 형 집행단계에서 특별예방의 관점이 많이 강조되는 유형이다. 임상적 치료를 통한 개선 또는 지역활동·교육·직업훈련에 의한 사회복귀 등의 방법을 사용한다. 18. 보호7

③ 환경공학적 범죄통제 모델: 범죄원인을 개인과 환경의 상호작용에서 찾는 입장에 기초하여 범죄정책에 국한하지 않고 사회 전반의 변화를 통해 범죄에 대처하는 사전적 범죄예방을 지향한다(빈곤, 차별, 경제적 불평등, 사회구조의 해체 등 사회적 범죄원인을 개선·제거). 제프리(C. R. Jeffery)는 범죄예방 모델을 가장 강조하였는데, 환경설계를 통한 범죄예방(CPTED)도 여기에 포함시킬 수 있다. 18. 보호7☆

3. 뉴만(O. Newman)의 방어공간이론

(1) 제프리(C. R. Jeffery)의 범죄예방 모델을 도입하여, 주택의 건축 과정에서 공동체의 익명성을 줄이고 범죄자의 침입과 도주를 차단하며 순찰·감시가 용이하도록 구성하여 범죄예방을 도모하여야 한다는 방어공간(Defensible Space)의 개념을 사용하였다.

(2) 방어공간의 기본요소에는 ① 영역설정(영역성), ② 감시(자연적 감시), ③ 이미지, ④ 주변지역보전(환경) 등이 있다.

영역설정 (영역성)	어느 지역에 대한 권리를 주장하는 합법적 이용자들의 능력과 희망을 말하는데, 지역에 대한 통제는 경계를 만들고, 합법적 이용자들과 낯선자들을 구별하며, 공동체의 분위기를 조성함으로써 지역에 대한 통제가 가능하게 된다.
감시 (자연적 감시)	주민들이 특별한 장치의 도움 없이 이웃과 낯선자들 모두의 일상 활동을 관찰할 수 있도록 지역을 설계하는 것을 말하며, 이를 통해 주민들이 범죄행위를 관찰하고 쉽게 대응할 수 있도록 하는 것이다.
이미지	외관상 범행을 하기 쉬운 대상으로 여겨지지 않도록 만들고, 주위로부터 고립되지 않은 이웃·공동체를 건설하고자 하는 것이다.
주변지역보전 (환경)	보다 넓고, 범죄율이 낮으며, 철저히 감시되는 지역에 거주지를 건설하여 범죄를 예방하고자 하는 것이다.

(3) 이와 같이 범죄행위에 대한 위험과 어려움을 높여(대상물 강화) 범죄기회를 줄임으로써 범죄예방을 도모하는 것을 **상황적 범죄예방 모델**이라고 한다. 범죄기회가 주어지면 누구든지 범죄를 저지를 수 있는 것으로 보는 일상활동이론은 이 모델의 근거가 된다. 18. 보호7☆

4. 클락(Clarke)과 코니쉬(Cornish)의 상황적 범죄예방기법

· 클락과 코니쉬는 상황적 범죄예방을 위한 기법으로 ① 노력의 증가, ② 위험의 증가, ③ 보상의 감소, ④ 자극(충동)의 감소, ⑤ 변명의 제거를 제시하였다.

노력의 증가	범죄대상물 강화(목표물 견고화), 접근 통제, 출입시 검색, 범죄자를 우회, 도구 통제 등
위험의 증가	보호 강화, 자연적 감시 지원, 익명성 감소, 장소관리자 활용, 공식적 감시 강화 등
보상의 감소	목표물 은닉, 목표물 제거, 소유물 표시, 시장의 관리, 이익 차단 등
자극(충동)의 감소	스트레스 감소, 논쟁 감소, 감정적 충동 억제, 동료의 압력 중화, 모방의 차단 등
변명의 제거	규칙 제정, 경고문 표시, 양심에 경고, 준법 지원, 마약과 술의 통제 등

5. 상황적 범죄예방의 효과에 대한 논의

(1) 범죄의 전이효과

① 범죄예방활동을 통한 범죄기회의 차단은 범죄행위를 대체·이동시키는 전이효과만 발생하게 한다는 주장이다.

② 범죄의 전이에서는 <u>범죄의 양과 종류는 비탄력적이어서 일정기간 일정량의 범죄는 반드시 발생하며</u>, 잠재적 범죄자는 물리적·사회적 환경의 다양한 요인들에 기초하여 합리적 의사결정을 하고 범행을 결정한다는 가설을 전제한다.

③ 레페토(T. A. Reppetto)는 범죄 전이의 유형을 다음과 같이 나누었다.

지역적 전이	범죄를 인근의 다른 지역으로 이동하여 저지르는 것(영역적 전이)
시기적 전이	범행의 시간이 다른 시간대로 옮겨가는 것
전술적 전이	범행의 수법을 바꾸는 것(범행방법 전이)
목표의 전이	동일 지역에서 다른 범행대상을 선택하는 것(범행대상 전이)
기능적 전이	기존의 범죄를 포기하고 다른 유형의 범죄를 저지르는 것(범행유형 전이)

(2) 범죄통제이익의 확산효과

① 지역의 상황적 범죄예방 활동 효과는 다른 지역으로 확산되어 다른 지역에서도 범죄기회가 줄어들어 결국 범죄예방에 긍정적인 효과를 가져온다는 이익의 확산효과를 강조한다.

② 클라크와 와이즈버드(Clarke & Weisburd)는 범죄통제이익의 확산효과의 유형을 다음과 같이 나누었다.

억제효과	상황적 범죄예방수단의 억제력이 지속되어 잠재적 범죄자의 범죄활동을 억제하는 것
단념효과	합리적 선택의 관점에서 범죄자가 범행을 위한 노력과 그로 인한 보상을 고려하여 전자가 후자보다 크면 범행을 단념하는 것

(3) 공권력에 의한 자유 억압

국가가 상황적 범죄예방을 이유로 과도한 경비시설을 설치하거나 지나친 감시를 시행할 경우, 국민의 자유가 억압되거나 사생활이 침해될 우려가 있다는 비판이 있다.

6. 깨진 유리창 이론 – 윌슨과 켈링(J. Wilson & G. Kelling) 12. 보호7

(1) 깨진 유리창 이론(Broken Window Theory)이란 윌슨과 켈링(Wilson & Kelling)에 의해 주장된 것으로서, 건물 주인이 건물의 깨진 유리창을 수리하지 않고 방치해 둔다면 건물관리가 소홀하다는 것을 반증함으로써 절도나 건물파괴 등 강력범죄를 일으키는 원인을 제공한다는 것이다. 즉, 우리의 <u>일상생활에서 사소한 위반이나 침해행위가 발생했을 때 이것들을 제때에 제대로 처리하지 않으면 결국에는 더 큰 위법행위로 발전한다는 것</u>을 의미한다.

(2) 더 나아가 이를 계기로 지역환경의 황폐화가 촉진되고 범죄가 증가하며, 지역 전체의 방범환경에 대한 의식이 저하되어 지역 전체가 황폐화된다고 본다(황폐이론).

(3) 즉, 이웃사회의 무질서는 비공식적 사회통제 참여활동을 감소시켜 이로 인해 지역사회가 점점 더 무질서해지는 악순환에 빠져 지역사회의 붕괴로 이어지게 된다는 것이다.

(4) 무관용 정책과 집합효율성의 강화가 범죄예방에 중요한 기여를 하게 된다고 본다.

(5) 종래의 범죄대책이 범죄자 개인에 집중하는 개인주의적 관점을 취한다는 점을 비판하고 공동체적 관점으로의 전환을 주장하며, 범죄예방활동의 중요성을 강조하는 이론이다.

(6) 1990년대 미국 뉴욕시에서 깨진 유리창 이론을 적용하여 사소한 범죄(무질서 행위)라도 강력히 처벌하는 이른바 무관용주의를 도입·시행하였다.

(7) 다만, 깨진 유리창 이론에 대해서는 과연 무질서가 범죄를 초래하는 것인지에 대한 경험적 연구가 미약하다는 비판이 제기된다.

7. 환경설계를 통한 범죄예방(CPTED)

(1) 의의

① 환경설계를 통한 범죄예방(CPTED, Crime Prevention Through Environmental Design)이란 지역이나 시설의 물리적 환경설계를 범죄자가 범행을 하기 어렵도록 하는 범죄예방기법을 말한다(범죄기회의 감소, 사전적 범죄예방). CPTED는 범죄기회이론에 해당하는 일상활동이론 등을 이론적 전제로 한다. 24. 보호9

② 환경설계란 어느 지역에서 건물의 건축과 그 용도의 설정을 하는 경우에 뉴만(O. Newman)이 제시한 방어공간(defensible space)의 개념을 도입하여 범죄를 예방하고자 하는 것을 말한다.

③ ㉠ 제1세대 CPTED는 도시 건축적인 물리적 환경의 개선을 추구하는 것, ㉡ 제2세대 CPTED는 지자체 주도의 가이드라인 제시와 규제 중심의 제도적 환경의 개선을 추구하고 지역사회의 참여와 유대를 강화하여 사회문화적 환경의 개선을 추구하는 것, ㉢ 제3세대 CPTED는 도시의 생활 기준을 제고하고 도시의 이미지를 사용자 친화적이고, 안전·안심한 것으로 개선하기 위한 친환경적이고, 지속가능하며, 기술적으로 진보된 접근을 추구하여, CPTED에 친환경(에코) 디지털 하이테크 솔루션(예 방범기능을 하는 다용도 친환경 공공시설물이나 안전감을 높여주는 공공장소의 인터랙티브 공공미술)을 적용하는 것을 내용으로 한다.

(2) CPTED의 구성 22. 보호7

아래의 요소들은 엄밀히 구분되는 독립적 영역에 있는 것이 아니라 서로 중첩적이며, 상호영향을 주는 보완적 관계에 있다(종합적 고려).

제3세대 CPTED

제3세대 CPTED의 개념에 대하여, 정부나 지자체 주도의 정책에 지역사회 구성원이 협조하는 방식을 탈피하여 지역사회의 구성원이 스스로 필요한 서비스를 결정하고 추진하는 공동체적 추진절차를 구축하여 CPTED의 지속가능성을 확보하는 것이라고 보기도 한다(지역공동체 셉티드 정책수립, 주민주도형 셉티드 추진).

기본 전략	자연적 영역성 강화	주거지역의 공간을 개인 공간(사적 공간)과 공공 공간, 준공공 공간 등으로 분리·재배치하여 소유와 관리가 잘 이루어지고 있음을 명확히 알림으로써 접근에 대한 심리적 부담을 증대시켜 외부의 접근을 통제하는 방안이다. 이는 공동체의식과 애착을 증진시켜 주민 스스로 지역사회를 지키는 능력의 향상으로 이어진다. 예 울타리, 관목, 잔디 등으로 공적·사적 영역을 구분, 표지판
	자연적 감시	감시의 기회를 늘림으로써 잠재적 범죄인과 범행 대상에 대한 가시성을 증가시키는 전략이다. 이를 통해 사적 공간에 대한 경계를 강화하여 주민들의 책임의식과 소유의식을 증대시킴으로써 사적 공간에 대한 관리권을 강화할 수 있다. 예 방범등 설치, 가로수 관리, 담장 허물기, CCTV, 순찰
	자연적 접근통제	공공 공간과 개인 공간을 명확히 구별하여 잠재적 범죄인이 범행 대상에 쉽게 접근하지 못하도록 하는 전략이다. 사람들의 출입을 관리·통제함으로써 범죄를 예방한다. 예 안과 밖이 서로 보이는 펜스, 잠금장치, 출입차단기, 경비원
부가 전략	활용성 증대	공적인 공간에 대한 시민들의 사용을 활성화시키는 전략이다 (활동성 지원). 이는 거리의 눈(street with eyes)을 증가시키고 사용자들의 안전감을 증대시키며, 주민들의 건전한 상호작용을 증대시킬 수 있다(활동성 지원). 예 거리의 벤치, 휴식 공간, 놀이터, 근린공원
	유지· 관리	공공장소나 시설물이 처음 설계될 때의 상태로 계속 사용될 수 있도록 보존하는 전략이다. 이는 깨진 유리창 이론과도 연관된 개념이다. 예 공공시설 파손시 복구

8. 브랜팅햄(Brantingham) 부부의 범죄패턴이론

(1) 브랜팅햄 부부에 의하면, 범죄는 패턴이 있고, 범죄를 저지르는 결정에도 패턴이 있으며, 범행과정에도 패턴이 있다고 한다.

(2) 잠재적 범죄인의 생활패턴은 거의 일정하기 때문에 범죄발생의 3요소가 수렴하는 시간과 장소는 그 생활패턴에서 크게 벗어나지 않는다고 본다.

(3) 범죄는 시간, 공간, 지역사회를 아우르며 무작위로 발생하거나 균등하게 발생하지 않으며, 범죄다발지역이 있고 상습범죄자들이나 반복피해자들이 있다고 한다.

(4) 범죄패턴이론의 주장은 맵핑과 지리적 프로파일링, 핫스팟 분석기법의 발달에 영향을 미쳤고, 나아가 최근에는 시공간 분석과 근접-반복 모델링, 위험지역 분석 등으로 이어져 범죄예측의 이론적 토대로 자리 잡았다고 한다.

3 일반적 범죄예방(초범의 예방)

1. 경찰의 범죄예방

경찰은 범죄진압과 범죄예방 기능을 모두 담당하는데, 사후진압적 범죄예방은 사법경찰의 관할 영역이 되고, 사전적 범죄예방은 방범경찰의 관할 영역이 된다.

2. 형벌의 일반예방 기능

(1) 형벌의 위하 작용에 의해 범죄를 예방하고 준법의식을 갖게 하는 것이다.
(2) 형벌은 범죄인의 개선을 통한 특별예방 효과도 거둘 수 있어 재범예방에도 효과적이다.

3. 지역사회의 조직화(지역사회 방범활동의 강화)

(1) 범죄를 개인의 문제에 국한되지 않는 사회적 현상으로 이해하고 범죄의 사회적 원인을 고려하면, 범죄에 영향을 미치는 사회의 여러 조직을 개편·개선함으로써 범죄를 감소시킬 수 있는 가능성이 있다.
(2) 구체적으로는 구역감시, 동행봉사, 이동순찰, 재물등록, 범죄예방을 위한 자발적 봉사 등이 비공식적 사회통제방법으로서 범죄예방에 도움을 줄 수 있다.
(3) 지역사회의 조직화는 초범예방뿐만 아니라 재범예방에도 효과적이라는 장점이 있으나, 구성원의 이질성이나 인구의 이동성이 높은 지역에서는 한계가 있다는 단점이 있다.

4. 협력회의의 편성과 활동

범죄예방을 위한 유관기관(예 경찰, 소년법원, 학교, 청소년 상담소, 사회복지단체 등)들이 범죄예방을 위해 조직 간의 프로그램을 연계하는 방법이다.

5. 매스컴의 범죄예방활동

매스컴은 대중에게 범죄문제를 자세히 알릴 수 있을 뿐만 아니라 범죄예방을 위한 다양한 방법을 교육할 수도 있다.
예 경찰청사람들, 사건25시, 그것이 알고 싶다 등의 TV 프로그램

6. 그룹워크(Group Work)

그룹워크란 반사회적 성향이 있는 사람을 별도로 분류하여 교육을 시키거나 다양한 방법으로 치료를 함으로써 사회에 긍정적 태도를 갖도록 하는 것을 말한다.

7. 여가지도

범행가능성이 높은 사람이 여가를 선용하도록 건전한 레크레이션 활동을 권장하는 것이다. 특히 청소년 집단을 대상으로 하는 여가지도는 반달리즘(Vandalism)을 특징으로 하는 소년범죄의 예방에 효과적 방법이 될 수 있다.

4 재범의 예방

1. 교정시설 내의 재범예방

(1) 형벌의 특별예방 기능

형벌(자유형)은 범죄자에게 범행에 상응하는 고통을 부과하여 다시 범죄로 나아가지 않게 하며 범죄자를 사회로부터 격리함으로써 반성·개선하게 하는 효과가 있다.

(2) 기계적 개선법

주로 형벌에 부수하는 효과로서, 수형기간 동안 강제적 방법으로 직업교육과 준법생활을 하도록 함으로써 도덕심을 함양하고 사회에 대한 적응능력을 높이는 것이다.

(3) 임상적 개선법

범죄인에게 존재하는 생물학적·정신의학적·심리학적 이상·결함을 발견하여 치료하는 것을 말한다.

예 「치료감호 등에 관한 법률」상 치료감호 처분

(4) 집단관계 개선법

① 범죄인의 행동은 특수한 성격·속성의 결과가 아니고 십난관계·집단문화의 소산이라고 보아(사회적 범죄원인을 중시), 수형자의 대인관계를 개선함으로써 재범가능성을 감소시키는 방법이다.

② 집단관계를 이용한 개선방법은 교정시설 안에서 수형자의 개선을 촉진하기 위한 방법으로 사용되고 있다(예 치료를 위한 학교, 수형자자치제 등).

(5) 전문기술적용 개선법

대상 범죄자의 능력을 발견하고 이를 발전시켜 사회적 자원을 활용하여 범죄자 스스로 당면한 문제를 해결하고 사회에 대한 적응능력을 높일 수 있도록 도와주는 것으로서, 소셜 워크(Social Work)라고 한다.

2. 교정시설 밖의 재범예방

교정시설 밖의 재범예방조치로는 **갱생보호활동**이 있고, 이를 위한 방법으로는 교육·훈련, 사회여건의 개선 등이 있다.

교육·훈련	교정시설 안의 강제적·비전문적인 직업교육은 석방 이후의 사회적응에 큰 도움이 되지 못한다. 범죄자의 사회적응을 위한 교육·훈련은 석방 이후에도 계속되어야 한다. 예 교육 기회의 확대, 교육 프로그램의 개선, 직업훈련교육을 받을 조건을 구비하기 위한 복지정책, 적절한 직업의 알선 등
사회여건 개선	전과자는 공식적·비공식적으로 취업의 불가능 기타 제약을 받는 것이 현실이다. 전과자의 사회적응을 위해서는 사회의 제반여건을 개선하는 것이 가장 좋은 방법이다.

5 범죄예방대책의 발전방향

1. 비공식적 사회통제의 강화

공식적 사회통제는 인력·재원의 부족으로 인해 범죄통제에 한계가 있으나, 비공식적 사회통제는 이러한 한계를 보완하고 지역사회의 범죄를 감소시키는 역할을 한다. 그리고 지역사회의 통합성이 높을수록 비공식적 사회통제는 더욱 효율적으로 작용한다.

2. 지역사회 경찰활동의 강화

경찰이 범죄예방활동을 효율적으로 수행해 나가기 위해서는 지역주민의 적극적인 참여가 전제되어야 한다. 이처럼 경찰이 지역사회와 공동으로 범죄예방활동을 해 나가는 것을 지역사회 경찰활동(Community Policing)이라고 한다. 12. 보호7

3. 기타의 대책

(1) 미국의 국립범죄예방연구소(NCPI)와 같이 범죄예방을 전담하는 국가기구를 설립하여 보다 효율적으로 범죄예방활동을 수행하는 것이 요구된다.

(2) 환경설계를 통한 범죄예방(CPTED)도 모색되어야 한다. 특히 건물설계에 범죄예방을 위한 방어공간을 확보하고, 도시계획상 범죄예방평가제의 도입도 고려하여야 한다.

(3) 청소년비행예방 프로그램의 개발이 시급히 요구된다.

(4) 이웃감시활동, 시민순찰 등을 도입하여 민간자율방범활동을 적극적으로 실시하여야 한다.

(5) 민간경비의 발전을 위해서 청원경찰과 용역경비의 일원화를 모색하고, 전문화, 재정금융 지원, 경찰지원 및 역할 증대를 고려하여야 한다.

(6) 범죄율이 상대적으로 높은 도시지역을 대상으로 영국의 '더 안전한 도시 프로그램(Safer City Programme)'과 같은 범죄예방 프로그램을 개발하여야 한다.

(7) 다양한 다이버전 프로그램을 개발하는 것은 물론이고, 범죄자의 재범방지를 위한 다양한 사회복귀 프로그램을 개발·시행하여야 하며, 범죄자의 출소 후 사회적응을 지원하기 위한 갱생보호활동도 활발하게 전개하여야 한다.

★ 핵심 POINT	범죄예방대책의 구분
초범 예방대책	경찰의 범죄예방, 형벌의 일반예방 기능, 지역사회 방범활동의 강화, 협력회의의 편성과 활동, 매스컴의 범죄예방활동, 그룹워크, 여가지도 등을 말한다.
재범 예방대책	형벌의 특별예방 기능, 기계적 개선법, 임상적 개선법, 집단관계 개선법, 전문기술적용 개선법, 교육·훈련, 사회여건 개선 등을 말한다.

🏛 핵심 O×

08 범죄예방을 주된 임무로 하는 기관은 경찰이지만 민간기관이나 시민들도 범죄예방활동에 관여할 수 있다. (○, ×)

08 ○

6 참고 - 중대범죄신상공개제도

1. 의의

종래 특정강력범죄의 피의자와 성폭력범죄의 피의자에 대하여 신상정보 공개제도가 규정되어 있었으나, 최근 「특정중대범죄 피의자 등 신상정보 공개에 관한 법률」이 제정되어, 국가, 사회, 개인에게 중대한 해악을 끼치는 특정중대범죄 사건에 대하여 수사 및 재판 단계에서 피의자 또는 피고인의 신상정보 공개제도가 시행되었다(시행 2024.1.25.).

2. 「특정중대범죄 피의자 등 신상정보 공개에 관한 법률」의 주요 내용

> 제1조 【목적】 이 법은 국가, 사회, 개인에게 중대한 해악을 끼치는 특정중대범죄 사건에 대하여 수사 및 재판 단계에서 피의자 또는 피고인의 신상정보 공개에 대한 대상과 절차 등을 규정함으로써 국민의 알권리를 보장하고 범죄를 예방하여 안전한 사회를 구현하는 것을 목적으로 한다.
>
> 제2조 【정의】 이 법에서 "특정중대범죄"란 다음 각 호의 어느 하나에 해당하는 죄를 말한다.
> 1. 「형법」 제2편 제1장 내란의 죄 및 같은 편 제2장 외환의 죄
> 2. 「형법」 제114조(범죄단체 등의 조직)의 죄
> 3. 「형법」 제119조(폭발물 사용)의 죄
> 4. 「형법」 제164조(현주건조물 등 방화) 제2항의 죄
> 5. 「형법」 제2편 제25장 상해와 폭행의 죄 중 제258조(중상해, 존속중상해), 제258조의2(특수상해), 제259조(상해치사) 및 제262조(폭행치사상)의 죄. 다만, 제262조(폭행치사상)의 죄의 경우 중상해 또는 사망에 이른 경우에 한정한다.
> 6. 「특정강력범죄의 처벌에 관한 특례법」 제2조의 특정강력범죄
> 7. 「성폭력범죄의 처벌 등에 관한 특례법」 제2조의 성폭력범죄
> 8. 「아동·청소년의 성보호에 관한 법률」 제2조 제2호의 아동·청소년대상 성범죄. 다만, 같은 법 제13조, 제14조 제3항, 제15조 제2항·제3항 및 제15조의2의 죄는 제외한다.
> 9. 「마약류 관리에 관한 법률」 제58조의 죄. 다만, 같은 조 제4항의 죄는 제외한다.
> 10. 「마약류 불법거래 방지에 관한 특례법」 제6조 및 제9조 제1항의 죄
> 11. 제1호부터 제10호까지의 죄로서 다른 법률에 따라 가중처벌되는 죄
>
> 제3조 【다른 법률과의 관계】 수사 및 재판 단계에서 신상정보의 공개에 대하여는 다른 법률의 규정에도 불구하고 이 법을 우선 적용한다.
>
> 제4조 【피의자의 신상정보 공개】 ① 검사와 사법경찰관은 다음 각 호의 요건을 모두 갖춘 특정중대범죄사건의 피의자의 얼굴, 성명 및 나이(이하 "신상정보"라 한다)를 공개할 수 있다. 다만, 피의자가 미성년자인 경우에는 공개하지 아니한다.
> 1. 범행수단이 잔인하고 중대한 피해가 발생하였을 것(제2조 제3호부터 제6호까지의 죄에 한정한다)
> 2. 피의자가 그 죄를 범하였다고 믿을 만한 충분한 증거가 있을 것

3. 국민의 알권리 보장, 피의자의 재범 방지 및 범죄예방 등 오로지 공공의 이익을 위하여 필요할 것

② 검사와 사법경찰관은 제1항에 따라 신상정보 공개를 결정할 때에는 범죄의 중대성, 범행 후 정황, 피해자 보호 필요성, 피해자(피해자가 사망한 경우 피해자의 유족을 포함한다)의 의사 등을 종합적으로 고려하여야 한다.

③ 검사와 사법경찰관은 제1항에 따라 신상정보를 공개할 때에는 피의자의 인권을 고려하여 신중하게 결정하고 이를 남용하여서는 아니 된다.

④ 제1항에 따라 공개하는 피의자의 얼굴은 특별한 사정이 없으면 공개 결정일 전후 30일 이내의 모습으로 한다. 이 경우 검사와 사법경찰관은 다른 법령에 따라 적법하게 수집·보관하고 있는 사진, 영상물 등이 있는 때에는 이를 활용하여 공개할 수 있다.

⑤ 검사와 사법경찰관은 제1항에 따라 피의자의 얼굴을 공개하기 위하여 필요한 경우 피의자를 식별할 수 있도록 피의자의 얼굴을 촬영할 수 있다. 이 경우 피의자는 이에 따라야 한다.

⑥ 검사와 사법경찰관은 제1항에 따라 피의자의 신상정보 공개를 결정하기 전에 피의자에게 의견을 진술할 기회를 주어야 한다. 다만, 신상정보공개심의위원회에서 피의자의 의견을 청취한 경우에는 이를 생략할 수 있다.

⑦ 검사와 사법경찰관은 피의자에게 신상정보 공개를 통지한 날부터 5일 이상의 유예기간을 두고 신상정보를 공개하여야 한다. 다만, 피의자가 신상정보 공개 결정에 대하여 서면으로 이의 없음을 표시한 때에는 유예기간을 두지 아니할 수 있다.

⑧ 검사와 사법경찰관은 정보통신망을 이용하여 그 신상정보를 30일간 공개한다.

제5조 【피고인의 신상정보 공개】 ① 검사는 공소제기 시까지 특정중대범죄사건이 아니었으나 재판 과정에서 특정중대범죄사건으로 공소사실이 변경된 사건의 피고인으로서 제4조 제1항 각 호의 요건을 모두 갖춘 피고인에 대하여 피고인의 현재지 또는 최후 거주지를 관할하는 법원에 신상정보의 공개를 청구할 수 있다. 다만, 피고인이 미성년자인 경우는 제외한다.

② 제1항에 따른 청구는 해당 특정중대범죄 피고사건의 항소심 변론종결 시까지 하여야 한다.

③ 제1항에 따른 청구에 관하여는 해당 특정중대범죄 피고사건을 심리하는 재판부가 아닌 별도의 재판부에서 결정한다.

④ 법원은 피고인의 신상정보 공개 여부를 결정하기 위하여 필요하다고 인정하는 때에는 검사, 피고인, 그 밖의 참고인으로부터 의견을 들을 수 있다.

⑤ 제1항에 따른 청구를 받은 법원은 청구의 허부에 관한 결정을 하여야 한다.

⑥ 제5항의 결정에 대하여는 즉시항고를 할 수 있다.

⑦ 법원의 신상정보 공개 결정은 검사가 집행하고, 이에 대하여는 제4조 제4항·제5항·제8항·제9항을 준용한다.

제6조 【피의자에 대한 보상】 ① 피의자로서 이 법에 따라 신상정보가 공개된 자 중 검사로부터 불기소처분을 받거나 사법경찰관으로부터 불송치결정을 받은 자는 「형사보상 및 명예회복에 관한 법률」에 따른 형사보상과 별도로 국가에 대하여 신상정보의 공개에 따른 보상을 청구할 수 있다. 다만, 신상정보가 공개된 이후 불기소처분 또는 불송치결정의 사유가 있는 경우와 해당 불기소처분 또는 불송치결정이 종국적인 것이 아니거나 「형사소송법」 제247조에 따른 것일 경우에는 그러하지 아니하다.

② 다음 각 호의 어느 하나에 해당하는 경우에는 제1항에 따른 보상의 전부 또는 일부를 지급하지 아니할 수 있다.

1. 본인이 수사 또는 재판을 그르칠 목적으로 거짓 자백을 하거나 다른 유죄의 증거를 만듦으로써 신상정보가 공개된 것으로 인정되는 경우

2. 보상을 하는 것이 선량한 풍속이나 그 밖에 사회질서에 위배된다고 인정할 특별한 사정이 있는 경우

제7조【피고인에 대한 보상】 ① 이 법에 따라 신상정보가 공개된 피고인이 해당 특정중대범죄에 대하여 무죄재판을 받아 확정되었을 때에는 「형사보상 및 명예회복에 관한 법률」에 따른 형사보상과 별도로 국가에 대하여 신상정보의 공개에 따른 보상을 청구할 수 있다.

② 다음 각 호의 어느 하나에 해당하는 경우에는 법원은 재량으로 보상청구의 전부 또는 일부를 기각할 수 있다.

1. 「형법」 제9조 및 제10조 제1항의 사유로 무죄재판을 받은 경우

2. 본인이 수사 또는 심판을 그르칠 목적으로 거짓 자백을 하거나 다른 유죄의 증거를 만듦으로써 기소, 신상정보 공개, 또는 유죄재판을 받게 된 것으로 인정된 경우

3. 수개의 특정중대범죄로 인하여 신상정보가 공개된 피고인이 1개의 재판으로 경합범의 일부인 특정중대범죄에 대하여 무죄재판을 받고 다른 특정중대범죄에 대하여 유죄재판을 받은 경우

제8조【신상정보공개심의위원회】 ① 검찰총장 및 경찰청장은 제4조에 따른 신상정보 공개 여부에 관한 사항을 심의하기 위하여 신상정보공개심의위원회를 둘 수 있다.

② 신상정보공개심의위원회는 위원장을 포함하여 10인 이내의 위원으로 구성한다.

③ 신상정보공개심의위원회는 신상정보 공개 여부에 관한 사항을 심의할 때 피의자에게 의견을 진술할 기회를 주어야 한다.

신상정보공개심의위원회
신상정보공개심의위원회는 각급 검찰청(지청을 포함) 및 경찰관서에 둘 수 있고, 위원장은 공무원이 아닌 위원 중에서 검찰총장 또는 경찰청장이 위촉한다(시행령 제8조 참조).

01 전체적 평가법은 통계적 예측법에서 범하기 쉬운 객관성 문제를 개선하기 위해 개발된 방법이다. 20. 교정7 (　　)

02 통계적 예측법은 범죄자의 소질과 인격에 대한 상황을 분석하여 범죄자의 범죄성향을 임상적 경험에 의하여 예측하는 방법이다. 20. 교정7 (　　)

03 가석방 시의 예측은 교도소에서 가석방을 결정할 때 수용생활 중의 성적만을 고려하여 결정한다. 20. 교정7 (　　)

04 일상활동이론(routine activity theory)에서는, 범죄예방에 관하여 범죄자의 범죄 성향이나 동기를 감소시키는 것보다는 범행 기회를 축소하는 것이 강조된다. 24. 보호9 (　　)

05 브랜팅햄(Brantingham)과 파우스트(Faust)는 질병예방에 관한 보건의료모형을 응용하여 단계화한 범죄예방모델을 제시하였다. 23. 보호7 (　　)

06 브랜팅햄(Brantingham)과 파우스트(Faust)가 제시한 범죄예방 구조모델에 따르면, 사회환경 가운데 범죄의 원인이 될 수 있는 것을 정화하는 것은 3차 예방에 해당한다. 24. 보호9 (　　)

정답

01 ✕ '통계적 예측법'(점수법)은 범죄예측을 객관적 기준에 의함으로써, 전체적 평가법(직관적 예측법)의 문제점(주관적 자의의 한계와 합리적 판단기준의 결여를 극복하기 어렵다는 객관성의 문제)을 개선할 수 있다고 한다.

02 ✕ '직관적 예측법(전체적 관찰법)'에 대한 설명이다. 이는 실무 경험(직업적 경험, 임상적 경험)이 많은 판사 · 검사 · 교도관 등이 실무에서 애용하는 방법으로, 예측하는 사람의 직관적 예측능력을 토대로 대상자의 인격 전체를 분석 · 종합하는 예측방법이다.

03 ✕ 석방단계 예측은 주로 가석방 결정에 필요한 예측을 말하는데, '수용될 때까지의 생활력' · 행형성적 · 복귀할 환경 등을 고려하고 통계를 통해 성적과 인자의 관계를 확인하여 전체적 평가법이나 점수법을 통해 예측을 하는 방법을 사용한다. 따라서 가석방 시의 예측은 수용생활 중의 성적만을 고려하여 결정하는 것은 아니다.

04 ○ 일상활동이론은 범죄예방에 있어 범죄기회(환경이나 상황)의 감소에 중점을 두는 범죄기회이론에 속한다.

05 ○ 브랜팅햄(Brantingham)과 파우스트(Faust)는 범죄예방에 질병의 예방과 치료의 개념을 도입하여 범죄예방을 1차적 범죄예방, 2차적 범죄예방, 3차적 범죄예방으로 나누었다.

06 ✕ 브랜팅햄과 파우스트의 범죄예방모델 중 사회환경 가운데 범죄의 원인이 될 수 있는 것을 정화하는 것은 범죄를 유발 · 촉진하는 물리적 · 사회적 환경을 개선하는 것으로 '1차 예방'에 해당한다.

07 환경설계를 통한 범죄예방(CPTED)모델은 사전적 범죄예방을 지향한다. 24. 보호9 ( )

08 뉴먼은 주택건축과정에서 공동체의 익명성을 줄이고 순찰·감시가 용이하도록 구성하여 범죄예방을 도모해야 한다는 방어공간의 개념을 사용하였다. 22. 보호7 ( )

09 범죄행위에 대한 위험과 어려움을 높여 범죄기회를 줄임으로써 범죄예방을 도모하려는 방법을 '상황적 범죄예방모델'이라고 한다. 22. 보호7 ( )

10 레피토는 범죄의 전이양상을 시간적 전이, 전술적 전이, 목표물 전이, 지역적 전이, 기능적 전이의 5가지로 분류하였다. 22. 보호7 ( )

11 상황적 범죄예방활동에 대해서는 '이익의 확산효과'로 인해 사회 전체적인 측면에서는 범죄를 줄일 수 없게 된다는 비판이 있다. 22. 보호7 ( )

12 환경설계를 통한 범죄예방(CPTED)의 원리 중 영역성 강화(territorial reinforcement)란 레크레이션 시설의 설치, 산책길에의 벤치설치 등 당해 지역에 일반인의 이용을 장려하여 그들에 의한 감시기능을 강화하는 전략이다. 22. 보호7 ( )

정답

07 ○ 환경설계를 통한 범죄예방(CPTED)이란 지역이나 시설의 물리적 환경설계를 범죄자가 범행을 하기 어렵도록 하는 범죄예방기법을 말하는 것으로서 사전적 범죄예방을 목표로 한다(범죄기회의 감소).

08 ○ 뉴먼(O. Newman)은 제프리(C. R. Jeffery)의 범죄예방 모델을 도입하여, 주택의 건축 과정에서 공동체의 익명성을 줄이고 범죄자의 침입과 도주를 차단하며 순찰·감시가 용이하도록 구성하여 범죄예방을 도모하여야 한다는 방어공간(Defensible Space)의 개념을 사용하였다.

09 ○ 뉴먼의 방어공간 개념을 전제로 범죄행위에 대한 위험과 어려움을 높여(대상물 강화) 범죄기회를 줄임으로써 범죄예방을 도모하는 것을 상황적 범죄예방 모델이라고 한다.

10 ○ 범죄의 전이효과란 범죄예방활동을 통한 범죄기회의 차단은 범죄행위를 대체·이동시키는 전이효과만 발생하게 한다는 주장으로, 레피토(T. A. Reppetto)는 범죄의 전이의 유형을 지문과 같이 나누었다.

11 ✕ 이익의 확산효과란 지역의 상황적 범죄예방 활동의 효과는 다른 지역으로 확산되어 '다른 지역에서도 범죄기회가 줄어들어 결국 사회 전체의 범죄예방에 긍정적인 효과를 가져온다'는 주장이다.

12 ✕ 영역성 강화란 주거지역의 공간을 개인 공간(방어 공간)과 공공 공간, 준공공 공간 등으로 분리·재배치하여 외부의 접근을 통제하는 방안이다. 지문의 내용은 '활용성 증대(활동성 지원)'에 해당하는 설명이다.

02 형사사법절차

1 공소단계의 형사정책

1. 공소제기

검사는 수사결과 범죄의 객관적 혐의가 인정되고 유죄의 판결을 받을 수 있다고 판단할 때에는 공소를 제기한다. 공소제기가 없는 때에는 법원은 그 사건에 대하여 심판을 할 수 없다(불고불리의 원칙).

2. 공소제기의 역사

(1) 국가소추주의를 취할 때에는 소추기관이 기소 여부를 결정할 수 있는 재량을 갖는가에 따라 기소법정주의와 기소편의주의로 구별된다.

(2) 현행 「형사소송법」은 기소편의주의를 채택하고 있다.

> 형사소송법
> **제246조 【국가소추주의】** 공소는 검사가 제기하여 수행한다.
> **제247조 【기소편의주의】** 검사는 「형법」 제51조의 사항을 참작하여 공소를 제기하지 아니할 수 있다(→ 기소유예). 14. 사시

3. 기소유예제도

(1) 의의

① 기소유예란 공소를 제기할 수 있는 충분한 범죄혐의가 있고 기타 소송조건을 구비하고 있음에도 검사가 재량으로 공소권을 행사하지 않는 경우이다 (「형사소송법」 제247조).

② 기소유예는 범죄의 객관적 혐의가 없거나 소송조건이 구비되지 않을 경우에 내리는 협의의 불기소처분이나, 피의자 또는 중요한 참고인의 소재불명 등으로 인하여 증거발견이 가능함에도 불구하고 수사절차를 일시 중지하는 경우인 기소중지처분과 구별된다.

공소제기에 관한 고전주의학파와 실증주의학파의 입장

1. 고전주의학파는 기소재량의 인정은 법 앞의 평등에 반하고 법적 안정성을 해치기 쉽다는 이유로 '기소법정주의'를 원칙으로 하였다.
2. 반면 실증주의학파는 기소가 형벌 목적을 달성할 수 없을 때에는 기소하지 않는 것이 오히려 현명하다고 보아서 '기소편의주의'의 입장을 보였다.

🏛 핵심 OX

01 기소유예는 「형법」 제51조의 양형의 조건을 참작하여 검사가 결정한다.
(O, X)

02 기소유예는 피의자에게 전과의 낙인 없이 기소 전 단계에서 사회복귀를 가능하게 하고, 법원 및 교정기관의 부담을 덜 수 있다. (O, X)

01 O
02 O

(2) 장·단점

장점	① 기소법정주의에 따른 형식적 공평과 경직성을 지양하고, <u>구체적 정의의 실현과 실질적 공평의 추구</u>에 필요한 탄력성을 부여한다. 14. 사시 ② 기소 여부의 결정에 형사정책적 고려를 할 수 있으며, <u>단기자유형의 폐해를 막는 방법</u>으로 기소 전 단계에서 사회복귀를 유도할 수 있다(다이버전의 일종). 17. 교정7 ③ 형사사법에 대한 사회 일반의 신뢰를 높일 수 있고, <u>공소제기 자체의 일반예방 효과와 특별예방 효과를 증대시킬 수 있다.</u> ④ 낙인 없이 기소 전에 사회복귀를 가능하게 하고, <u>법원 및 교정시설의 부담을 경감</u>할 수 있다. 17. 교정7☆
단점	① 범죄인의 유·무죄 판단은 법원의 사법처분을 통하는 것이 합리적임에도 불구하고, 기소단계에서 <u>검사의 행정처분에 의해 사법적 판단이 좌우되는 것</u>은 본질적으로 문제가 있다. ② 무죄결정을 내리는 것이 아니라 시효가 완성될 때까지 기소를 유예하는 것이므로 <u>법적 안정성을 침해</u>할 수 있다. 17. 교정7 ③ 교화·개선가능성보다 <u>검사의 자의적 판단에 좌우될 위험</u>이 있고, 불기소 처분을 할 사건에 대해 안이하게 기소유예처분을 하는 폐단마저 생길 수 있다. 14. 보호7

(3) 검토

① 기소유예처분은 협의의 불기소 처분과 달리 적어도 장래에 정상참작 자료로 남게 되는 것인 만큼, 검사가 불기소처분이 아닌 기소유예처분을 하는 경우에는 신중하게 해야 할 필요가 있다.

② <u>검사의 기소유예처분이 재량권 남용에 해당되지 않도록 제도적 장치를 마련할 필요도 있다.</u> 따라서 기소편의주의는 합리적 운영을 전제하므로 기소합리주의가 되어야 하며, 기소유예처분도 일종의 기속재량행위로 이해되어야 한다.

(4) 형벌작용 17. 교정7

① 기소유예뿐만 아니라 선고유예·집행유예 등 각종 유예제도들은 형사사법절차의 진행을 일정기간 유보해 주는 기능을 넘어서 현실적으로는 하나의 형벌처럼 작용하고 있다.

② 단기자유형의 폐해를 없애고 행위자에게 일종의 경고를 하는 것으로써 형벌을 대신한다는 장점이 있다. 그러나 각종 유예제도가 형벌의 일종으로 작용하는 것이 정당화되는가는 비판적으로 검토할 필요가 있다.

(5) 조건부 기소유예제도

① 소년범에 대해서는 1981년부터 전국적으로 선도조건부 기소유예를 실시하여 왔다. 이는 범죄소년을 소년절차의 초기단계에서 이탈시켜 민간인인 범죄예방자원봉사위원의 선도보호를 받도록 하여 소년의 사회복귀와 재범방지를 도모하는 제도이다. 이는 보호관찰소의 보호관찰관의 전문적인 보호관찰이 수반되는 보호관찰소 선도위탁제도(「보호관찰 등에 관한 법률」 제15조 제3호)와는 구별된다.

② 2007년 「소년법」의 개정에 의해 조건부 기소유예제도가 도입되어, 선도조건부 기소유예의 법률적 근거를 명문화함과 동시에 선도의 내용을 범죄예방자원봉사위원 선도, 소년 선도, 교육과 관련된 단체, 시설에서의 상담, 교육 등으로 다양화하였다(「소년법」 제49조의3 참조).

(6) 개선방안

① 기소유예제도 자체는 형사정책상 매우 효과적인 제도라고 할 수 있으나, 검사의 자의적인 재량을 견제하고 정치적 개입을 배제하기 위한 제도적 장치와 피의자의 원활한 사회복귀를 위한 제도적 보완이 이루어져야 한다.

② 현행법상 자의적인 공소권 행사로 인한 기소유예처분에 대한 대처방안으로는 불기소처분의 통지(형사소송법 제258조), 불기소이유 고지(동법 제259조), 재정신청(동법 제260조), 검찰항고·재항고(검찰청법 제10조), 헌법소원(헌법재판소법 제68조) 등이 있다. 14. 사시

> **헌법재판소법**
> **제68조【청구사유】** ① <u>공권력의 행사 또는 불행사로 인하여 헌법상 보장된 기본권을 침해받은 자는 법원의 재판을 제외하고는 헌법재판소에 헌법소원심판을 청구할 수 있다. 다만, 다른 법률에 구제절차가 있는 경우에는 그 절차를 모두 거친 후에 청구할 수 있다.</u> 13. 교정7

4. 미결구금제도

(1) 의의

① 미결구금(미결수용)이란 피의자 또는 피고인으로서 구속영장의 집행을 받은 자에 대하여 수사 및 공판심리의 원활한 진행을 도모하고, 도주 및 증거인멸을 방지하며, 종국에는 형집행을 확보하기 위하여 아직 형이 확정되지 않았지만 신병을 일정한 국가시설에 수용하는 강제처분을 말한다.

② 미결수용자는 형이 확정되기 전까지는 원칙적으로 무죄추정을 받으므로(헌법 제27조 제4항, 「형사소송법」 제275조의2), 미결수용의 목적을 위한 제한 이외에는 헌법상의 기본권이 보장되어야 한다. 12. 교정7

③ 미결구금은 형벌은 아니지만 실질적으로 자유를 박탈하는 자유형의 집행과 같은 효과를 가지고 있기 때문에 형사정책적 논의의 대상이 된다.

선도조건부 기소유예제도

자유제한적 조치임에도 불구하고 종래 법무부령(검찰사건사무규칙)·법무부훈령(소년선도보호지침)에 근거하여 검사가 법원의 재판 없이 단독으로 행하였던 것으로서, 헌법상 무죄추정의 원칙에 비추어 볼 때 정당성을 찾기 어렵다는 비판을 받았다.

무죄추정의 원칙

1. 헌법
   형사피고인은 유죄의 판결이 확정될 때까지는 무죄로 추정된다(헌법 제27조 제4항).
2. 「형사소송법」
   피고인은 유죄의 판결이 확정될 때까지는 무죄로 추정된다(「형사소송법」 제275조의2).

🏛 **핵심 OX**

03 「소년법」상 검사는 피의자에 대하여 범죄예방자원봉사위원의 선도를 받게 하고 공소를 제기하지 아니할 수 있으며, 이 경우 소년과 소년의 친권자·후견인 등 법정대리인의 동의를 받아야 한다.
(○, ×)

04 기소유예제도는 처벌의 공백을 두지 않음으로써 철저한 법 집행을 기할 수 있다는 장점이 있다. (○, ×)

05 기소유예의 결정권자인 검사의 재량을 통제하기 위하여 재정신청 대상범죄의 축소, 강제적 기소유예 등이 제시된다. (○, ×)

06 기소유예는 공소권 행사에 있어 법 앞의 평등을 실현하고 공소권 행사에 있어서 정치적 영향을 배제할 수 있다. (○, ×)

03 ○
04 ×
05 ×
06 ×

(2) 문제점

① 법이론적 측면

ㄱ 미결구금의 근본적인 문제는 아직 유죄가 확정되지 않은 피의자·피고인의 자유를 제한하는 처분이 정당화될 수 있는가 하는 점에 있다. 이와 관련하여 미결구금일수 전부를 형기에 산입하도록 규정되어 있다(「형법」 제57조 제1항).

> **형법**
> **제57조【판결선고 전 구금일수의 통산】** ① 판결선고 전의 구금일수는 그 전부를 유기징역, 유기금고, 벌금이나 과료에 관한 유치 또는 구류에 산입한다.

ㄴ 여기서 다시 무죄판결을 받은 피고인에 대한 보상문제, 형기에 산입하지 못하는 형벌을 선고받은 자에 대한 문제 등이 제기된다. 「형사보상 및 명예회복에 관한 법률」은 형사소송 절차에서 무죄재판 등을 받은 자에 대한 형사보상 및 명예회복을 위한 방법과 절차를 규정하고 있다. 또한 「형법」은 무기자유형이나 사형을 선고받은 자는 선고받기 전 미결구금일수가 형기에 산입되지 않는 것으로 규정하고 있다(「형법」 제57조 제1항).

미결구금일수 형기산입

종래에는 미결구금일수의 '전부 또는 일부'를 형기에 산입하도록 되어 있었으나, 이와 관련하여 '또는 일부'의 해석에 대하여 헌법재판소의 위헌결정이 선고되었고(2007헌바25), 미결구금일수의 '전부'를 형기에 산입하도록 개정되어 있다.

🏛 **핵심 OX**

07 판결선고 전 미결구금일수는 그 전부가 법률상 당연히 본형에 산입되므로 판결에서 별도로 미결구금일수 산입에 관한 사항을 판단할 필요가 없다. (○, ×)

07 ○

② **미결구금영장의 발부**: 구속영장실질심사제도가 실시되면서 사정은 많이 호전되었으나, 종래에는 검사의 영장청구가 예외적으로만 기각됨으로써 아무런 사전통제 없이 가능하였다. 수사실무에 있어서 될 수 있는 대로 구속수사를 지양하는 것이 바람직하다. 어디까지나 임의수사가 원칙이고 강제수사는 예외적으로 시행되어야 하는 것이다. 법원의 심리를 신속하게 종결하는 것도 미결구금의 장기화를 방지할 수 있는 좋은 방법이 된다.

③ **미결구금시설의 관리문제**

　　㉠ 무죄로 추정되는 미결수용자를 수용하는 곳은 일반교도소보다 시설이 양호해야 하나, 현실은 예산상의 제약 등으로 그렇지 못하다. 미결수용시설에 준하는 것으로 보는 경찰서 유치장(대용감방)의 문제점도 많이 지적된다.

　　㉡ 미결구금의 장소가 새로운 범죄수법을 학습하는 곳이 되지 않도록 특별한 배려를 하여야 한다. 수용의 과밀화 등으로 인해 수형자와의 분리가 제대로 이루어지지 않을 경우 미결구금된 자가 주위의 불량한 범죄인으로부터 오염될 위험성이 있기 때문이다(악풍감염의 우려).

　　㉢ 구금기간 중에도 수형자와 달리 접견교통권을 완전히 보장해 주어야 한다. 이는 절차에 정당하게 참여할 수 있는 각종 권리행사의 기초가 된다.

(3) 개선방안

① **구속수사의 지양**: 종래에는 불구속수사의 원칙에도 불구하고 수사의 편의를 위해 구속수사를 원칙처럼 시행함으로써 불필요한 미결수용자를 양산하였고, 그 결과 미결구금시설의 과밀화를 야기하였다. 이를 해소하고 피의자·피고인의 인권 및 방어권을 보장하기 위해서도 불구속수사의 원칙이 실현되어야 한다.

② **석방제도의 적극적 활용**: 무죄추정을 받는 미결수용자는 형사소송상 대등한 당사자의 지위를 가지므로 이의 보장을 위해서라도 체포구속적부심이나 보석제도가 적극 활용되어야 한다.

③ **수사 및 법원심리의 신속화**: 법원의 심리지연은 수용시설의 과밀화와 미결수용자의 고통 가중의 원인이 되므로, 졸속재판을 야기하지 않는 범위에서 가능한 최대로 신속한 재판의 원칙이 지켜져야 한다.

④ **구금시설의 증설과 개선**: 구금시설의 과밀화를 억제하고 분류처우와 악성감염 방지를 위하여 미결구금시설을 교도소와 분리하여 법원, 검찰청 인근에 독립 설치하여야 한다. 아울러 대용감방은 폐지하고 경찰서 유치장을 대체하는 구치지소의 확보가 요구된다.

대용감방(대용교도소)

1. 「형의 집행 및 수용자의 처우에 관한 법률」 제11조~제13조에 의하면 미결수용자는 구치소에 수용함을 원칙으로 하며, 일정한 예외사유가 있으면 교도소에 미결수용자를 수용할 수 있다. 이 때 수형자와 미결수용자를 같은 교정시설에 수용하는 경우에는 서로 분리하여 수용한다.

2. 「형의 집행 및 수용자의 처우에 관한 법률」 제87조는 "경찰관서에 설치된 유치장은 교정시설의 미결수용실로 보아 이 법을 준용한다."고 규정하고 있는데, 이를 대용감방(대용교도소)라고도 한다. 대용감방은 유치장의 관리 및 처우를 수사기관이 관장하여 수사에 편리하도록 처우할 수도 있어 인권침해의 우려가 있다는 비판이 있다.

(4) 「형의 집행 및 수용자의 처우에 관한 법률」 중 미결구금 관련내용

제11조【구분수용】 ① 수용자는 다음 각 호에 따라 구분하여 수용한다.

3. 미결수용자: 구치소

제12조【구분수용의 예외】 ① 다음 각 호의 어느 하나에 해당하는 사유가 있으면 교도소에 미결수용자를 수용할 수 있다.

1. 관할 법원 및 검찰청 소재지에 구치소가 없는 때
2. 구치소의 수용인원이 정원을 훨씬 초과하여 정상적인 운영이 곤란한 때
3. 범죄의 증거인멸을 방지하기 위하여 필요하거나 그 밖에 특별한 사정이 있는 때

제79조【미결수용자 처우의 원칙】 미결수용자는 무죄의 추정을 받으며 그에 합당한 처우를 받는다.

제80조【참관 금지】 미결수용자가 수용된 거실은 참관할 수 없다. 13. 사시☆

제81조【분리수용】 소장은 미결수용자로서 사건에 서로 관련이 있는 사람은 분리수용하고 서로 간의 접촉을 금지하여야 한다. 11. 사시

제82조【사복 착용】 미결수용자는 수사·재판·국정감사 또는 법률로 정하는 조사에 참석할 때에는 사복을 착용할 수 있다. 다만, 소장은 도주우려가 크거나 특히 부적당한 사유가 있다고 인정하면 교정시설에서 지급하는 의류를 입게 할 수 있다. 13. 사시☆

제83조【이발】 미결수용자의 두발 또는 수염은 특히 필요한 경우가 아니면 본인의 의사에 반하여 짧게 깎지 못한다. 13. 사시

제84조【변호인과의 접견 및 편지수수】 ① 제41조 제4항에도 불구하고 미결수용자와 변호인(변호인이 되려고 하는 사람을 포함한다. 이하 같다)과의 접견에는 교도관이 참여하지 못하며, 그 내용을 청취 또는 녹취하지 못한다. 다만, 보이는 거리에서 미결수용자를 관찰할 수 있다. 13. 사시☆

② 미결수용자와 변호인 간의 접견은 시간과 횟수를 제한하지 아니한다.

③ 제43조 제4항 단서에도 불구하고 미결수용자와 변호인 간의 편지는 교정시설에서 상대방이 변호인임을 확인할 수 없는 경우를 제외하고는 검열할 수 없다.

제85조【조사 등에서의 특칙】 소장은 미결수용자가 징벌 대상자로서 조사받고 있거나 징벌집행 중인 경우에도 소송서류의 작성, 변호인과의 접견·편지수수, 그 밖의 수사 및 재판 과정에서의 권리행사를 보장하여야 한다. 12. 교정7☆

제86조【작업과 교화】 ① 소장은 미결수용자에 대하여는 신청에 따라 교육 또는 교화 프로그램을 실시하거나 작업을 부과할 수 있다. 13. 사시☆

제87조【유치장】 경찰관서에 설치된 유치장은 교정시설의 미결수용실로 보아 이 법을 준용한다.

제88조【준용규정】 형사사건으로 수사 또는 재판을 받고 있는 수형자와 사형확정자에 대하여는 제82조(→ 사복 착용), 제84조(→ 변호인과의 접견 및 편지수수) 및 제85조(→ 조사 등에서의 특칙)를 준용한다.

2 재판단계의 형사정책

1 양형이론

1. 양형의 의의

(1) 개념

양형이란 유죄가 인정된 피고인에게 구체적 형벌의 종류와 범위를 정하는 것을 말한다. 즉, 법정형을 토대로 형의 종류를 선택하고 필요한 가중감경을 한 처단형의 범위 내에서 해당 사건에 상당하다고 인정되는 형벌의 종류와 정도를 구체적으로 결정하는 법원의 작용을 양형이라고 한다.

(2) 과정

① 법관은 먼저 피고인에게 적용된 구성요건의 형벌범위, 즉 법정형을 확인해야 한다.

② 법정형을 토대로 법률상 가중·감경을 하고, 피고인에게 정상에 참작할 만한 사유가 있으면 정상참작감경을 한다. 이를 처단형이라 한다.

③ 처단형을 토대로 「형법」 제51조의 양형사유를 고려하여 선고형을 결정한다.

2. 양형의 기준

(1) 의의

① 법관이 법정형의 범위 안에서 구체적인 형벌을 결정하는 일은 일종의 재량행위이다. 하지만 이는 자유재량이 아니라 어디까지나 법적으로 구속된 재량(기속재량)을 의미한다.

② 양형에서 재량은 부분적으로는 성문화되어 있지 않은 양형원칙의 구속을 받는데, 이 원칙은 형벌목적과 양형사안의 관계로부터 나온다. 그 밖에 「형법」은 비록 추상적이기는 하지만 법관이 양형 기준으로 삼아야 할 양형규칙을 제시하고 있다(「형법」 제51조).

(2) 양형의 기초

① 행위자의 책임

㉠ 우리 「형법」은 독일 형법과 달리 이에 대한 명시적 규정이 없으나 이론적으로 볼 때 양형은 책임한계를 벗어날 수 없다. 책임원칙은 형벌을 지배하는 최고의 규범원칙이기 때문이다.

㉡ 책임주의는 법치국가의 이념을 기초로 하여 개인의 자유와 권리를 보호하는 데 그 의미가 있는 것이므로, 책임에 상응하는 형벌이 있어야 한다는 적극적인 내용(적극적 책임주의)이라기보다는 형벌의 최상한을 정한다고 하는 소극적인 의미(소극적 책임주의)라고 보아야 하며, 책임의 범위 내에서 범죄인의 개선·교화와 사회복귀의 목적을 함께 추구해야 한다.

© 형벌책임의 근거를 비난가능성에서 구하는 것은 객관적이고 중립적이어야 할 국가형벌권의 행사가 감정에 치우칠 위험이 있다는 비판이 제기된다. 12. 보호7

② 형벌의 목적

㉠ 형벌은 무엇보다도 불법과 책임의 정당한 응보에 기여할 수 있어야 한다.

㉡ 특별예방 목적을 생각해 볼 수 있다. 양형은 행위자가 사회에 복귀하는 데 도움이 되는 방향으로 이루어짐으로써 그의 사회적 지위를 필요 이상으로 침해하는 일이 없도록 유의하여야 한다(재사회화 목적). 나아가 위험한 행위자로부터 일반인을 보호하는 것도 빼놓을 수 없는 특별예방 목적에 속한다(보안 목적).

㉢ 일반예방 목적 또한 고려대상이 된다. 형벌은 범죄행위 결과를 일반인 들에게 부정적 본보기로 중화시키고 동시에 일반인의 규범의식을 강화시킴으로써, 행위자의 주변사람들이 요구하는 정의의 요청을 충족시켜 줄 수 있는 방향으로 양정되어야 한다(적극적 일반예방과 법질서 보호).

(3) **양형이론** 11. 사시

책임범위 이론	① 독일연방최고법원이 확립한 이론으로, 법관은 책임에 상응하는 형벌범위 안에서 일반예방과 특별예방을 고려하여 최종적으로 구체적인 형량을 결정하게 된다(범주이론·재량여지이론). 12. 보호7 ② 책임이 일정한 범위로 형벌 제한 기능을 온전히 수행한다는 것은 불가능한 일이고, 이론적으로 완전히 정립되지 않은 일방예방·특별예방에 의해 구체적 형량을 결정한다는 것은 현실을 무시한 것이라는 비판을 받는다.
유일점 형벌이론	① 책임은 언제나 고정된 일정한 크기를 가지므로 정당한 형벌은 언제나 하나일 수밖에 없다는 주장이다. 나아가서 형벌을 확정하는 데는 책임 이외의 다른 어떤 관점도 기준이 되어서는 안 된다고 한다. 12. 보호7 ② 절대적 형벌이론을 전제한 것이기 때문에 형벌 목적의 모순관계를 해결할 수 있는 기준을 제시하지 못한다는 비판을 받는다 (→ 일반예방이나 특별예방을 고려하지 못함).
단계이론	① 양형의 단계를 나누어서 그 단계에 맞는 형벌 목적의 의미·가치를 고려하여 형을 양정해야 한다는 이론이다. 형량은 책임에 따라 결정하지만 형벌의 종류는 예방적 목적에 따라서 결정된다고 한다. ② 양형의 단계마다 상이한 형벌 목적이 적용되는 것은 타당하지 않다는 비판이 있다.
특별예방형 위가이론	범주이론과 단계이론을 결합하여 응보형이론을 배제하고 책임을 상한선으로 하고, 법질서 방위의 적극적 예방목적을 하한선으로 하여 그 범위 안에서 특별예방 목적의 우위를 주장하는 이론이다(Roxin).

(4) 양형의 조건

① 법적 근거: 「형법」 제51조는 양형에서 참작해야 할 조건을 규정하고 있다.

② 비판: 「형법」 제51조는 충분한 양형 조건을 규정하고 있다고 보기 어려우므로 양형의 예시적 규정으로 보아야 한다. 이 밖에도 예방 목적이 가중·감경 사유로 작용할 수 있다고 봄이 일반적이다. <u>양형판단의 기초가 되는 내용은 책임에서부터 예방 목적에 이르기까지 법률에 구체적으로 규정하는 것이 바람직하다는 지적이 있다.</u>

> **형법**
>
> **제51조 【양형의 조건】** 형을 정함에 있어서는 다음 사항을 참작하여야 한다.
> 22. 교정7☆
> 1. 범인의 연령, 성행, 지능과 환경
> 2. 피해자에 대한 관계
> 3. 범행의 동기, 수단과 결과
> 4. 범행 후의 정황

> **🔨 관련 판례** | 피고인의 진술거부 등을 이유로 가중적 양형의 허용 여부
>
> 형사소송 절차에서 피고인이 범죄사실에 대하여 진술을 거부하거나 거짓 진술을 하는 경우, 피고인의 그러한 태도나 행위를 가중적 양형의 조건으로 참작할 수 있는지 여부(한정 적극) ─ 「형법」 제51조 제4호에서 <u>양형의 조건의 하나로 정하고 있는 범행 후의 정황 가운데에는 형사소송 절차에서의 피고인의 태도나 행위를 들 수 있는데, 모든 국민은 형사상 자기에게 불리한 진술을 강요당하지 아니할 권리가 보장되어 있으므로(헌법 제12조 제2항), 형사소송 절차에서 피고인은 방어권에 기하여 범죄사실에 대하여 진술을 거부하거나 거짓 진술을 할 수 있고, 이 경우 <u>범죄사실을 단순히 부인하고 있는 것이 죄를 반성하거나 후회하고 있지 않다는 인격적 비난요소로 보아 가중적 양형의 조건으로 삼는 것은 결과적으로 피고인에게 자백을 강요하는 것이 되어 허용될 수 없다</u>고 할 것이나, 그러한 태도나 행위가 <u>피고인에게 보장된 방어권 행사의 범위를 넘어 객관적이고 명백한 증거가 있음에도 진실의 발견을 적극적으로 숨기거나 법원을 오도하려는 시도에 기인한 경우에는 가중적 양형의 조건으로 참작될 수 있다.</u> [대판 2001.3.9, 2001도192]

(5) 양형에 있어 이중평가의 금지

① 의의: 이중평가의 금지원칙이란 이미 구성요건의 불법과 책임을 근거지우 거나 가중·감경사유가 된 상황은 다시 양형의 자료로 고려해서는 아니 된다는 원칙이다. 12. 보호7

② 예시: 누범가중(형법 제35조)의 기초가 된 범인의 전과를 양형에서 범인의 성행 불량으로 다시 고려해서는 안 된다.

3. 양형의 합리화 방안 13. 사시

(1) 서론

① 현행법은 양형에서 법관에게 재량을 부여하고 적정하고 공평한 양형을 할 것을 기대하고 있다. 그러나 실무상 양형의 지역 간 불균형, 법관 간의 편차 등의 양형의 불공정에 대한 논란이 적지 않게 일어나고 있다.

② 현행법상 양형의 합리화를 위한 제도로는 「형사소송법」상 상소심에 의한 양형통제(제361조의5 제15호, 제383조 제4호)가 있으나 이것만으로는 충분하지 않다.

(2) 양형의 지도원칙의 명시 등 법률의 개선

① 「형법」 제51조에 양형의 지도원칙을 명시할 것이 요구된다. 「형법」 제51조는 양형조건만을 예시적으로 열거하고 있을 뿐, 책임요소만이 양형의 근거인지 아니면 예방관점도 함께 고려되는 것인지 규정하고 있지 않다.

② 피고인에게 불리한 가중처벌 규정(누범가중·상습범가중)들이 행위책임의 원칙에 상응하는 것인가를 검토할 필요가 있다.

③ 「형법」 제53조의 정상참작감경 규정*은 법률상 감경사유와 같은 효과를 가지면서도 그 판단에 있어 법관에게 재량이 너무 크게 주어지는 것으로 바람직하지 않다는 비판이 있는바, 이를 폐지하고 대신에 법정감경사유를 개별적으로 확대하여야 한다고 본다.

> * 「형법」 제53조【정상참작감경】 범죄의 정상에 참작할 만한 사유가 있는 경우에는 그 형을 감경할 수 있다.

⚖ 관련 판례 | 징역형과 벌금형 병과 시 징역형만의 작량감경 가능 여부

징역형과 벌금형을 병과하여야 할 경우, 징역형만의 작량감경 가부(소극) – 징역형과 벌금형을 병과하여야 할 경우에 특별한 규정이 없는 한 징역형에만 작량감경을 하고 벌금형에는 작량감경을 하지 않는 것은 위법하다. [대판 1997.8.26, 96도3466] 16. 사시

---

(3) 공판절차 이분론

① 의의: 공판절차 이분론이란 소송절차를 범죄사실의 인정절차(유·무죄 인부절차)와 양형절차로 나누자는 주장이다(소송절차 이분제도). 이는 영미의 형사소송에서 유래하는 것으로서, 배심원에 의한 유죄평결이 있은 후에 직업법관에 의한 형의 선고가 이루어지게 된다.

② 장·단점

장점	공판절차 이분론은 사실인정 절차의 순수화, 양형의 합리화, 피고인의 인격권 보호, 변호인의 변호권 보장에 충실할 수 있다.
단점	㉠ 양형자료를 조사하는 전문조사관이 확보되지 않은 상황에서 소송절차를 이분하면 소송지연의 원인이 될 수 있다. ㉡ 공판절차 이분론은 배심원에게 사실인정에 관한 판단을 맡기는 영미식 재판제도를 모델로 한 것이므로 민간인의 형사절차 참여를 전제로 해야 한다. 이는 형사소송의 근본적인 구조 변경을 의미하며, 사법절차에 익숙하지 않은 국민의 법감정에 생소하다는 문제점이 있다. ㉢ 범죄사실의 인정절차에서는 공개주의가 원칙이나, 양형절차에서는 피고인의 인격권 침해를 방지하기 위해 공개주의를 제한할 필요가 있다.

(4) 판결 전 조사제도

① **의의**: 유죄가 인정된 자에게 적합한 처우를 찾아낼 수 있도록 판결을 내리기 전에 피고인의 인격·소질·환경에 대한 과학적 조사를 하여 이를 양형의 기초로 사용하는 제도이다.

② **연혁**

　㉠ 판결 전 조사제도는 미국의 프로베이션(Probation) 제도와 관련하여 널리 채택되고 있다. 또한 판결 전 조사제도는 소송절차 이분제도를 전제하는 것이라고 할 수 있다. 12. 교정7☆

　㉡ 미국에서는 판결 전 조사의 결과에 대하여 피고인과 변호인에게 논박할 기회를 충분히 제공(반대신문권의 인정)하도록 하고 있다. 12. 교정7☆

　㉢ 우리나라에서는 「보호관찰 등에 관한 법률」에서 판결 전 조사제도를 규정하고 있다. 종래에는 소년 형사범을 대상으로만 판결 전 조사제도를 규정하고 있었으나, 2008년 개정에서 성인에 대한 판결 전 조사(제19조)와 보호소년에 대한 결정 전 조사(제19조의2)를 도입하였다. 12. 교정7☆

> **보호관찰 등에 관한 법률**
>
> **제19조 【판결 전 조사】** ① 법원은 피고인(→ 소년·성인 불문)에 대하여 「형법」 제59조의2(→ 선고유예 시 보호관찰) 및 제62조의2(→ 집행유예 시 보호관찰, 사회봉사·수강명령)에 따른 보호관찰, 사회봉사 또는 수강을 명하기 위하여 필요하다고 인정하면 그 법원의 소재지 또는 피고인의 주거지를 관할하는 보호관찰소의 장에게 범행 동기, 직업, 생활환경, 교우관계, 가족상황, 피해회복 여부 등 피고인에 관한 사항의 조사를 요구할 수 있다. 23. 교정9☆
>
> **제19조의2 【결정 전 조사】** ① 법원은 「소년법」 제12조에 따라 소년 보호사건에 대한 조사 또는 심리를 위하여 필요하다고 인정하면 그 법원의 소재지 또는 소년의 주거지를 관할하는 보호관찰소의 장에게 소년의 품행, 경력, 가정상황, 그 밖의 환경 등 필요한 사항에 관한 조사를 의뢰할 수 있다. 23. 교정9☆

③ **평가**

　㉠ 판결 전 조사제도는 직권주의의 실질적 부활이라는 비판이 있으나, 양형의 합리화뿐만 아니라 개별적인 교정의 합리화(처우의 개별화)에도 유용하게 이용될 수 있다. 12. 사시☆

　㉡ 변호인의 변호 활동을 보완하는 기능도 있고, 전체적으로는 실체적 진실발견에 기여하며 보호관찰의 활성화에도 기여할 수 있다.

　㉢ 특히 보안처분제도나 각종 유예제도 및 보호관찰을 인정하는 경우, 행위자의 위험성의 정도와 필요한 처우를 판단할 때 판결 전 조사의 결과가 매우 중요한 의미를 가진다.

프로베이션(Probation)

보통 선고유예나 집행유예에 수반하는 보호관찰을 의미한다. 비교 개념으로 가석방에 수반하는 보호관찰은 패롤(Parole)이라고 한다.

(5) 양형위원회

① 의의

ㄱ 양형위원회제도는 유죄가 인정된 피고인에 대한 양형 과정의 일부를 위원회 형식의 협의체에 맡기는 방법이다.

ㄴ 미국의 양형위원회에서는 법관 이외에 범죄학, 형사정책 및 교정학 등의 전문가가 참여하며, 법관은 여기서 자유롭게 토론하고 그 결과를 양형에 참고하게 된다.

② 장·단점

장점	ㄱ 전문가가 양형절차에 참여하여 과학적·합리적인 양형을 할 수 있다. ㄴ 양형에서 교정까지 통일적인 사법절차를 행할 수 있게 된다.
단점	ㄱ 양형에 참여할 전문가를 양성함에 어려움이 있다. ㄴ 고도의 법적 평가를 법관이 아닌 사람에 의해 할 수 있는가에 대해 논란의 여지가 있다.

③ 우리나라의 양형위원회제도

ㄱ 국민의 사법불신을 야기시키는 양형불균형의 문제를 해소하기 위하여 「법원조직법」의 개정을 통해 양형위원회제도를 도입하였다.

ㄴ 우리나라의 양형위원회는 양형 기준의 설정·변경과 이와 관련된 양형정책의 심의를 위하여 설치된 것으로, 실제 재판의 양형에 관여하는 미국의 양형위원회와는 차이가 있다.

> **법원조직법**
>
> **제81조의2 【양형위원회의 설치】** ① 형을 정할 때 국민의 건전한 상식을 반영하고 국민이 신뢰할 수 있는 공정하고 객관적인 양형을 실현하기 위하여 대법원에 양형위원회(이하 '위원회'라 한다)를 둔다.
> ② 위원회는 양형 기준을 설정·변경하고, 이와 관련된 양형정책을 연구·심의할 수 있다.
> ③ 위원회는 그 권한에 속하는 업무를 독립하여 수행한다.
>
> **제81조의6 【양형 기준의 설정 등】** ② 위원회는 양형 기준을 설정·변경할 때 다음 각 호의 원칙을 준수하여야 한다.
> 1. 범죄의 죄질, 범정(犯情) 및 피고인의 책임의 정도를 반영할 것
> 2. 범죄의 일반예방과 피고인의 재범방지 및 사회복귀를 고려할 것
> 3. 같은 종류 또는 유사한 범죄에 대해서는 고려하여야 할 양형요소에 차이가 없으면 양형에서 서로 다르게 취급하지 아니할 것
> 4. 피고인의 국적, 종교 및 양심, 사회적 신분 등을 이유로 양형상 차별을 하지 아니할 것
> ③ 위원회는 양형 기준을 설정·변경할 때 다음 각 호의 사항을 고려하여야 한다. 11. 사시
> 1. 범죄의 유형 및 법정형
> 2. 범죄의 중대성을 가중하거나 감경할 수 있는 사정

3. 피고인의 나이, 성품과 행실, 지능과 환경

4. 피해자에 대한 관계

5. 범행의 동기, 수단 및 결과

6. 범행 후의 정황

7. 범죄 전력(前歷)

8. 그 밖에 합리적인 양형을 도출하는 데 필요한 사항

④ 위원회는 양형 기준을 공개하여야 한다.

제81조의7 【양형 기준의 효력 등】 ① 법관은 형의 종류를 선택하고 형량을 정할 때 양형 기준을 존중하여야 한다. 다만, 양형 기준은 법적 구속력을 갖지 아니한다. 12. 사시☆

② 법원이 양형 기준을 벗어난 판결을 하는 경우에는 판결서에 양형의 이유를 적어야 한다. 다만, 약식절차 또는 즉결심판절차에 따라 심판하는 경우에는 그러하지 아니하다. 11. 사시

⚒ 관련 판례 | 대법원 양형위원회가 설정한 '양형 기준'의 법적 효력

「법원조직법」 제81조의2 이하의 규정에 의하여 마련된 대법원 양형위원회의 양형 기준은 법관이 합리적인 양형을 정하는 데 참고할 수 있는 구체적이고 객관적인 기준으로 마련된 것이다(「법원조직법」 제81조의6 제1항). 위 양형 기준은 법적 구속력을 가지지 아니하고(「법원조직법」 제81조의7 제1항 단서), 단지 위와 같은 취지로 마련되어 그 내용의 타당성에 의하여 일반적인 설득력을 가지는 것으로 예정되어 있으므로 법관의 양형에 있어서 그 존중이 요구되는 것일 뿐이다(대법원 양형위원회가 설정한 '양형 기준'이 발효하기 전에 공소가 제기된 범죄에 대하여 위 '양형 기준'을 참고하여 형을 양정한 사안에서, 피고인에게 불리한 법률을 소급하여 적용한 위법이 있다고 할 수 없다고 한 사례). [대판 2009.12.10. 2009도11448]

---

(6) 양형기준표

① 의의: 개개 범죄자의 특징별로 재범가능성, 각종 형벌에 대한 적응능력, 교정방안 등을 범죄학적으로 분석하여 이를 참고로 양형이 이루어지도록 하는 방법이다(양형지침서).

② 장·단점

장점	㉠ 통계적 연구를 양형에 도입함으로써 양형의 실제적 차별을 명확하게 하고 양형의 과학화에 기여할 수 있다.
	㉡ 판결에 대한 예측이 가능하여 교정을 미리 준비하는 데에 적합하다.
단점	㉠ 양형의 수량화는 형벌 목적의 이율배반이나 판결효과의 예방적 작용에 대한 무지 등 개인적 차원의 문제를 통계로 처리하는 데에는 일정한 한계가 있다.
	㉡ 법관이 어느 정도로 기준표에 구속될 것인가 하는 점도 문제이다.
	㉢ 기준표의 내용은 어디까지나 과거에 대한 통계이기 때문에 미래의 교정측면을 고려하는 양형수단으로는 한계가 있다.

(7) 기타 합리화 방안

① 검사의 합리적 구형이 필요하다. 검사의 구형은 양형 기준을 종합적으로 검토하고 합리적으로 범위를 설정해야 함에도 불구하고, 실제로는 법관의 안이한 양형을 예정하여 구형 자체를 높이는 경향이 적지 않다.

② 판결서에 양형이유를 명시하는 것도 양형합리화에 기여할 수 있다. 「형사소송법」은 "형의 선고를 하는 때에는 판결이유에 범죄될 사실, 증거의 요지와 법령의 적용을 명시하여야 한다."고 규정하나(「형사소송법」 제323조 제1항), 양형이유에 대해서는 언급하지 않고 있다.

③ 「형사소송법」에서 양형부당에 대한 상고이유를 '사형, 무기 또는 10년 이상의 징역이나 금고가 선고된 사건'으로 엄격히 제한한 것(「형사소송법」 제383조 제4호)을 완화하는 것도 필요하다.

> **◁ 참고**
>
> **시민참여재판을 위한 배심제의 도입**
> 1. 우리나라의 재판제도는 직업법관이 전담하여 운영하는 형태이나, 사법에도 민주적 정당성과 투명성을 강화하고 국민의 신뢰를 받는 사법제도의 확립이 필요하다는 인식에서 일반국민도 일정한 요건을 갖추어 재판절차에 참여하도록 할 필요가 있다.
> 2. 일반국민이 형사재판에 참여하는 제도로서 대표적으로 배심제와 참심제가 있다.
>
> | | |
> |---|---|
> | **배심제** | 일반시민으로 구성된 배심원단이 형사사건에서 유·무죄의 판단 등 사실문제에 대한 평결을 내리고, 법관은 그 평결 결과에 구속되어 양형재판을 하는 제도 |
> | **참심제** | 일반시민인 참심법관이 직업법관과 함께 재판부의 일원으로 참여하여 직업법관과 동등한 권한을 가지고 사실문제 및 법률문제를 모두 판단하는 제도 |
>
> 3. 사법의 민주적 정당성을 강화하고 투명성을 높임으로써 국민으로부터 신뢰받는 사법제도를 확립하기 위하여 국민이 배심원으로서 형사재판에 참여하는 국민참여재판제도가 「국민의 형사재판 참여에 관한 법률」의 제정으로 도입되었다.

2 선고유예제도와 집행유예제도

1. 서론

(1) 단기자유형이나 다른 형벌의 폐해를 될 수 있는 대로 피하려는 취지에서 형을 집행하지 않고도 형벌의 목적을 달성할 수 있는 제도로 나오게 된 것이 바로 형의 선고유예제도와 집행유예제도이다.

(2) 단기자유형의 폐해를 줄이기 위한 방안으로 기소유예제도, 일수벌금제 등 벌금형의 합리적 운용, 교정시설의 합리화·과학화 등이 있으나, 선고유예·집행유예는 재판단계에서 법관의 사법처분을 통하여 범죄인의 조속한 사회복귀를 도모한다는 형사정책적 고려를 한다는 점이 특징이다.

단기자유형의 문제점

범정이 경미한 우발적인 초범자에 대하여는 형을 집행하지 않는 것이 도리어 형사정책에 부합하는 경우가 있다. 특히 이들에 대해 부과되는 단기자유형은 범죄인을 개선·교화시키기에는 너무나 짧을 뿐만 아니라 일반예방 효과가 없다. 또한 그 집행으로 인하여 수형자를 자포자기에 빠지게 하며 동료 수형자에게 나쁜 영향을 받거나 석방 후에 생업에 복귀하기 어렵게 만들어 결국 수형자로 하여금 재범으로 몰아넣을 가능성이 충분하다.

2. 선고유예제도

(1) 의의

① **개념**: 선고유예란 비교적 가벼운 범죄를 범한 자에 대해 일정기간 형의 선고 자체를 유예하고, 그 유예기간 동안 형법질서를 준수하면 면소된 것으로 간주하는 제도이다(「형법」제59조). 16. 사시

> **형법**
>
> **제59조【선고유예의 요건】** ① 1년 이하의 징역이나 금고, 자격정지 또는 벌금의 형을 선고할 경우에 제51조의 사항을 고려하여 뉘우치는 정상이 뚜렷할 때에는 그 형의 선고를 유예할 수 있다. 다만, 자격정지 이상의 형을 받은 전과가 있는 사람에 대해서는 예외로 한다. 24. 보호9☆
> ② 형을 병과할 경우에도 형의 전부 또는 일부에 대하여 선고를 유예할 수 있다.

② **형사정책적 의의**

㉠ 선고유예는 경미한 범죄에 대한 유죄선고를 유보함으로써 피고인이 쉽게 사회질서에 다시 통합될 가능성을 높여 준다(특별예방). 16. 사시

㉡ 경미사건의 초범일 경우에는 선고유예를 함으로써 재산형·자유형의 폐단을 방지한다는 점에서 다른 형벌에 대한 대용방안으로서의 의미가 있다.

③ **연혁**

㉠ 선고유예제도는 주로 영미법계에서 보호관찰제도의 발달과 더불어 성립된 것으로서, 선고유예와 보호관찰이 결합된 형태를 프로베이션(Probation)이라고 한다.

㉡ 영미법계는 유죄판결 자체를 유예하는 것으로 되어 있지만, 우리나라는 일단 유죄판결은 내리고 형의 선고만 유예하는 방식을 채택하고 있다.

④ **법적 성격**: 선고유예는 형의 선고 자체를 유예하므로 형 집행방법의 변형으로 볼 수도 없고, 미리 선고할 형을 정하여 둔다는 점에서 보안처분으로 볼 수도 없다. 따라서 책임과 형벌을 확정하여 두고 선고만을 유예하는 점에서 고유한 제3의 형사제재라고 본다.

(2) 요건

① **1년 이하의 징역이나 금고, 자격정지 또는 벌금의 형을 선고할 경우일 것**

㉠ 구류형에 대하여는 선고유예를 할 수 없다(판례).

㉡ 주형에 대하여 선고를 유예하는 경우에는 그 부가형인 몰수·추징에 대하여도 선고를 유예할 수 있다. 주형에 대하여 선고를 유예하는 경우에도 몰수의 요건이 있는 때에는 몰수형만 선고를 할 수도 있다. 그러나 주형에 대하여 선고를 유예하지 않으면서 이에 부가한 몰수·추징에 대하여서만 선고를 유예할 수는 없다(판례). 23. 보호7☆

ⓒ 형을 병과할 경우에도 형의 전부 또는 일부에 대하여 선고를 유예할 수 있다(「형법」제59조 제2항). 따라서 징역형과 벌금형을 병과하면서 징역형에 대하여는 집행을 유예하고 벌금형의 선고를 유예할 수도 있다(판례). 그러나 하나의 형의 일부에 대한 선고유예는 허용되지 않는다.

② 뉘우치는 정상이 뚜렷할 것: 행위자에게 형을 선고하지 않아도 재범의 위험성이 없다고 인정되는 것을 말한다. 그 판단의 기초는 「형법」제51조에 규정된 양형의 조건이며, 판단의 기준시기는 판결선고 시이다.

⚖ 관련 판례 '개전의 정상이 현저한 때'의 의미

선고유예의 요건 중 '개전의 정상이 현저한 때'의 의미 − 선고유예의 요건 중 '개전의 정상이 현저한 때'라고 함은 반성의 정도를 포함하여 널리 「형법」제51조가 규정하는 양형의 조건을 종합적으로 참작하여 볼 때, 형을 선고하지 않더라도 피고인이 다시 범행을 저지르지 않으리라는 사정이 현저하게 기대되는 경우를 가리킨다고 해석할 것이고, 이와 달리 여기서의 '개전의 정상이 현저한 때'가 반드시 피고인이 죄를 깊이 뉘우치는 경우만을 뜻하는 것으로 제한하여 해석하거나, 피고인이 범죄사실을 자백하지 않고 부인할 경우에는 언제나 선고유예를 할 수 없다고 해석할 것은 아니다. [대판 2003.2.20, 2001도6138 전합] 23. 보호7

---

③ 자격정지 이상의 형을 받은 전과가 없을 것: 선고유예는 불법과 책임이 통상의 경우에 비하여 현저히 경미한 경우에만 인정되므로 재범의 위험성이 없는 자, 특히 초범에 대하여만 인정될 수 있다는 의미이다.

⚖ 관련 판례 집행유예 기간을 경과한 자에 대한 선고유예 가능 여부

집행유예의 선고를 받고 그 유예 기간을 무사히 경과한 자에 대하여 선고유예의 선고가 가능한지 여부(소극) − 「형법」제59조 제1항 단행에서 정한 '자격정지 이상의 형을 받은 전과'라 함은 자격정지 이상의 형을 선고받은 범죄경력 자체를 의미하는 것이고, 그 형의 효력이 상실된 여부는 묻지 않는 것으로 해석함이 상당하다고 할 것이고, 따라서 형의 집행유예를 선고받은 자는 「형법」제65조에 의하여 그 선고가 실효 또는 취소됨이 없이 정해진 유예 기간을 무사히 경과하여 형의 선고가 효력을 잃게 되었다고 하더라도 형의 선고의 법률적 효과가 없어진다는 것일 뿐, 형의 선고가 있었다는 기왕의 사실 자체까지 없어지는 것은 아니므로, 「형법」제59조 제1항 단행에서 정한 선고유예 결격사유인 '자격정지 이상의 형을 받은 전과가 있는 자'에 해당한다고 보아야 한다. [대판 2003.12.26, 2003도3768]

관련 판례 | 형법 제59조 제1항 단서 위헌소원

형의 실효제도를 두어 형이 실효되었을 때 수형인명부의 해당란을 삭제하고 수형인명표를 폐기하도록 규정한 것은 전과자의 정상적인 사회복귀를 보장하기 위하여 형의 선고에 기한 법적 효과를 장래에 향하여 소멸시키는 것에 불과하고, 이 제도를 채택하고 있는 것이 전과자가 다시 범죄를 저지르는 경우 초범자와 동일한 취급을 보장하기 위함이 아니다. 형의 선고유예는 단기자유형의 집행으로 인한 범죄자의 사회복귀장애를 해소하고 범죄자의 자발적 개선과 갱생을 촉진하고자 하는 제도이다. (중략) 따라서 구법 조항(→ 형법 제59조 제1항 단서)이 과잉금지원칙을 위반하여 자격정지 이상의 형을 받은 전과가 있는 자의 공정한 재판을 받을 권리를 침해한다고 볼 수 없다.
[헌재 2023.7.20, 2022헌마232]

(3) 효과

① **선고유예의 선고:** 선고 여부는 법원의 재량에 속하나, 유예기간은 언제나 2년이다(단축 불가). 선고유예도 유죄판결의 일종이므로 범죄사실과 선고할 형을 정해서 선고해야 하며, 판결선고 전 구금일수도 선고형에 산입해 두어야 한다.

② **선고유예와 보호관찰:** 선고유예의 경우에는 보호관찰을 명할 수 있으나, 사회봉사명령이나 수강명령은 할 수 없다는 점에서 집행유예와 다르다. 18. 보호7☆

> **형법**
> **제59조의2【보호관찰】** ① 형의 선고를 유예하는 경우에 재범방지를 위하여 지도 및 원호가 필요한 때에는 보호관찰을 받을 것을 명할 수 있다(→ 임의적 보호관찰). 23. 보호7☆
> ② 제1항의 규정에 의한 보호관찰의 기간은 1년으로 한다. 23. 보호7☆

③ **선고유예 기간 경과의 효력**

> **형법**
> **제60조【선고유예의 효과】** 형의 선고유예를 받은 날로부터 2년을 경과한 때에는 면소된 것으로 간주한다. 20. 보호7☆

(4) 실효

선고유예는 실효제도만 있고 취소제도는 없다*는 점에서 집행유예와 차이가 있다. 10. 사시

> **형법**
> **제61조【선고유예의 실효】** ① 형의 선고유예를 받은 자가 유예기간(→ 2년) 중 자격정지 이상의 형에 처한 판결이 확정되거나 자격정지 이상의 형에 처한 전과가 발견된 때에는 유예한 형을 선고한다(→ 필요적 실효).
> ② 제59조의2의 규정에 의하여 보호관찰을 명한 선고유예를 받은 자가 보호관찰기간(→ 1년) 중에 준수사항을 위반하고 그 정도가 무거운 때에는 유예한 형을 선고할 수 있다(→ 임의적 실효). 20. 보호7☆

* 선고유예의 경우에는 형의 선고 자체를 하지 않고 유예하기 때문에 집행유예의 '취소'와 같은 제도가 없다.

🏛 **핵심 O X**

10 형의 선고를 유예하는 경우 재범방지를 위하여 보호관찰을 받을 것을 명할 수 있지만 사회봉사 또는 수강을 명할 수는 없다. (O, ×)

10 ○

선고유예 실효결정에 대한 상소심 진행 중에 유예기간인 2년이 경과한 경우, 선고유예 실효 결정을 할 수 있는지 여부(소극) – 형법 제60조, 제61조 제1항, 형사소송법 제335조, 제336조 제1항의 각 규정에 의하면, 형의 선고유예를 받은 자가 유예기간 중 자격정지 이상의 형에 처한 판결이 확정되더라도 검사의 청구에 의한 선고유예 실효의 결정에 의하여 비로소 선고유예가 실효되는 것이고, 또한 형의 선고유예의 판결이 확정된 후 2년을 경과한 때에는 형법 제60조가 정하는 바에 따라 면소된 것으로 간주되고, 그와 같이 유예기간이 경과함으로써 면소된 것으로 간주된 후에는 실효시킬 선고유예의 판결이 존재하지 아니하므로 선고유예 실효의 결정(선고유예된 형을 선고하는 결정)을 할 수 없으며, 이는 원결정에 대한 집행정지의 효력이 있는 즉시항고 또는 재항고로 인하여 아직 그 선고유예 실효 결정의 효력이 발생하기 전 상태에서 상소심에서 절차 진행 중에 그 유예기간이 그대로 경과한 경우에도 마찬가지이다. [대결 2007.6.28, 2007모348]

3. 집행유예제도

(1) 의의

① 개념: 집행유예란 일단 유죄를 인정하여 형을 선고하되 일정한 요건 아래 일정기간 동안 그 형의 집행을 유예하고, 그것이 취소 또는 실효되지 않고 유예기간을 경과하면 형의 집행뿐만 아니라 형의 선고의 효력까지도 상실시키는 제도이다(「형법」 제62조). 16. 사시

> **형법**
> **제62조 【집행유예의 요건】** ① 3년 이하의 징역이나 금고 또는 500만 원 이하의 벌금의 형을 선고할 경우에 제51조의 사항을 참작하여 그 정상에 참작할 만한 사유가 있는 때에는 1년 이상 5년 이하의 기간 형의 집행을 유예할 수 있다. 다만, 금고 이상의 형을 선고한 판결이 확정된 때부터 그 집행을 종료하거나 면제된 후 3년까지의 기간에 범한 죄에 대하여 형을 선고하는 경우에는 그러하지 아니하다. 24. 보호9☆
> ② 형을 병과할 경우 그 형의 일부에 대하여 집행을 유예할 수 있다. 24. 보호9☆

② 형사정책적 의의

㉠ 집행유예는 자유형의 집행을 유보함으로써 유죄판결을 받은 피고인이 자발적으로 형법 질서에 재통합될 수 있는 기회를 부여하고자 하는 것이다.

㉡ 일정기간 동안 형의 집행이 연기된 것일 뿐이라는 것을 알려서 범죄인에게 심리적인 압박을 가하는 동시에, 일정기간 후에는 선고 효력이 없어진다는 희망을 갖게 하여 범죄인의 개선을 유도할 수 있도록 하는 것에 중요한 의미가 있다(특별예방).

집행유예의 의의

실무에서 실질적으로 가장 많이 결정되는 형의 선고유형이 집행유예이다. 이는 집행유예가 형벌의 기능을 독자적으로 담당하면서 기타 다른 형벌의 종류보다 형사정책적으로 중요한 수단이 된다는 것을 의미한다고 볼 수 있다.

📋 **핵심 OX**

11 선고유예는 형의 선고 자체를 유예한다는 점에서 형을 선고하되 집행만을 유예하는 집행유예와는 다르다. (○, ×)

11 ○

© 집행유예는 단기자유형의 폐해를 제거하기 위한 대용방안으로서도 유용하다.

③ **연혁:** 집행유예제도는 대륙법계가 영미법계의 프로베이션(Probation)을 다소 변형시켜 도입한 것이라고 한다.

조건부 유죄판결주의	유예기간 중에 집행유예가 취소되지 않는 한 기간이 경과하면 형의 선고가 없었던 것과 동일한 효과를 발생하게 하는 입장이다(예 우리나라 등).
조건부 특사주의	형의 집행만을 면제하고, 형의 선고는 여전히 유효로 하는 입장이다(예 독일 등).

④ **법적 성격:** 집행유예는 특수성을 가진 형 집행의 변형으로서 자유형을 선고하고 그 집행만 유예되는 것에 지나지 않으며, 사회복귀 사상이 주요한 역할을 하고 있는 일종의 양형에 불과하다고 본다.

(2) 요건

① 3년 이하의 징역이나 금고 또는 500만 원 이하의 벌금의 형을 선고할 경우일 것

② **정상에 참작할 만한 사유가 있을 것:** 형의 집행 없이 형의 선고만으로도 피고인에게 경고 기능을 다하여 재범의 위험성이 없다고 인정되는 경우로서, 「형법」 제51조의 양형조건을 종합하여 판단하며, 그 판단시점은 '판결선고 시'를 기준으로 한다.

③ 금고 이상의 형을 선고한 판결이 확정된 때부터 그 집행을 종료하거나 면제된 후 3년까지의 기간에 범한 죄가 아닐 것

🔨 **관련 판례** | 집행유예 결격사유의 위헌 여부

「형법」 제62조 제1항 단서(이하 '이 사건 집행유예 결격조항')가 평등원칙, 책임주의원칙에 위배되는지 여부(소극) - 집행유예 결격조항이 초범자나 과거의 범죄일로부터 상당한 기간이 지날 때까지 재범을 하지 아니한 자에 한하여 집행유예를 할 수 있게 규정한 것은 합리적인 형사정책적 이유가 있어 <u>평등원칙에 위배되지 않는다.</u> 그리고 집행유예 결격조항은 결격사유를 '금고 이상의 형을 선고한 판결이 확정된 때'로 정하여 전범이 무겁지 아니한 때에는 후에 한 범죄에 대하여 집행유예를 선고할 수 있도록 하고, 집행유예를 선고하려고 하는 범죄의 범행시기를 전범의 집행종료 또는 면제 후 3년까지의 기간 내에 행해진 것으로 한정하였으므로, <u>책임주의원칙을 위반하였다고 할 수 없다.</u> [헌재 2013.9.26, 2012헌바275]

④ **하나의 형의 전부에 대한 것일 것:** 형을 병과할 경우에는 그 형의 일부에 대하여 집행을 유예할 수 있다(「형법」 제62조 제2항).

집행유예의 요건 관련

1. 집행유예를 선고받고 그 유예기간이 경과하지 않은 동안에 죄를 범한 경우에는 원칙적으로 다시 집행유예를 선고할 수 없다. 다만, 집행유예기간 중에 범한 범죄라고 할지라도 집행유예가 실효 취소됨이 없이 그 유예기간이 경과한 경우에는 이에 대해 다시 집행유예의 선고가 가능하다(판례).
2. 금고 이상의 형이 확정되고 그 집행을 종료하거나 면제된 후 3년이 경과하지 않은 경우이더라도 현재 판결의 대상이 되는 범죄가 금고 이상의 형이 확정된 범죄 이전에 범한 경우에는 집행유예가 가능하다.

🗑 **핵심 OX**

12 하나의 자유형으로 징역 1년의 형을 선고할 경우 그 일부인 6개월에 대해서만 형의 집행을 유예할 수 있다. (O, ×)

12 ×

(3) 효과

① 집행유예의 신고 효력

> **형법**
> **제65조 【집행유예의 효과】** 집행유예의 선고를 받은 후 그 선고의 실효 또는 취소됨이 없이 유예기간을 경과한 때에는 형의 선고는 효력을 잃는다. 15. 사시☆

집행유예의 기간은 1년 이상 5년 이하이며, 그 범위 내에서 법원의 재량으로 정한다. 형의 선고가 효력을 잃는다는 것은 형의 선고의 법률적 효과가 없어진다는 것을 의미할 뿐이며, 형의 선고가 있었다는 기왕의 사실까지 없어지는 것은 아니다(판례).

② 보호관찰, 사회봉사 및 수강명령: 형의 집행을 유예하는 경우에는 보호관찰을 받을 것을 명하거나 사회봉사 또는 수강을 명할 수 있다.

> **형법**
> **제62조의2 【보호관찰, 사회봉사 · 수강명령】** ① 형의 집행을 유예하는 경우에는 보호관찰을 받을 것을 명하거나 사회봉사 또는 수강을 명할 수 있다. 20. 승진☆
> ② 제1항의 규정에 의한 보호관찰의 기간은 집행을 유예한 기간으로 한다. 다만, 법원은 유예기간의 범위 내에서 보호관찰기간을 정할 수 있다. 20. 보호7☆
> ③ 사회봉사명령 또는 수강명령은 집행유예기간 내에 이를 집행한다. 20. 보호7☆

⊙ 집행유예 시 보호관찰과 동시에 사회봉사 또는 수강을 명할 수 있는가에 대해 견해가 대립하나, 판례는 긍정설의 입장에 있다.

> 🔨 **관련 판례** | 집행유예 시 보호관찰, 사회봉사·수강명령의 동시 부과

「형법」제62조에 의하여 집행유예를 선고하는 경우에 같은 법 제62조의2 제1항에 규정된 보호관찰과 사회봉사를 동시에 명할 수 있는지 여부(적극) − 「형법」제62조의2 제1항은 "형의 집행을 유예하는 경우에는 보호관찰을 받을 것을 명하거나 사회봉사 또는 수강을 명할 수 있다."고 규정하고 있는바, 그 문리에 따르면 보호관찰과 사회봉사는 각각 독립하여 명할 수 있다는 것이지, 반드시 그 양자를 동시에 명할 수 없다는 취지로 해석되지는 아니할 뿐더러, (중략) 「형법」제62조에 의하여 <u>집행유예를 선고할 경우에는 같은 법 제62조의2 제1항에 규정된 보호관찰과 사회봉사 또는 수강을 동시에 명할 수 있다</u>고 해석함이 상당하다. [대판 1998.4.24, 98도98] 15. 사시☆

ⓒ 「형법」에는 보호관찰, 사회봉사·수강명령의 구체적 집행에 대해서는 규정이 없다. 따라서 「보호관찰 등에 관한 법률」에 의하여 시행한다.

보호관찰 등에 관한 법률

제59조【사회봉사명령·수강명령의 범위】 ① 법원은 「형법」제62조의2에 따른 사회봉사를 명할 때에는 <u>500시간</u>, 수강을 명할 때에는 <u>200시간</u>의 범위에서 그 기간을 정하여야 한다. 다만, 다른 법률에 특별한 규정이 있는 경우에는 그 법률에서 정하는 바에 따른다. 10. 보호7

② 법원은 제1항의 경우에 사회봉사·수강명령 대상자가 사회봉사를 하거나 수강할 분야와 장소 등을 지정할 수 있다.

제61조【사회봉사·수강명령 집행 담당자】 ① 사회봉사명령 또는 수강명령은 <u>보호관찰관</u>이 집행한다. 다만, 보호관찰관은 국공립기관이나 그 밖의 단체에 그 집행의 전부 또는 일부를 <u>위탁</u>할 수 있다.

> 🔨 **관련 판례** | 「형법」제62조의2 제1항 위헌소원

[1] 형의 집행을 유예하면서 사회봉사를 명할 수 있도록 한 「형법」제62조의2 제1항 중 사회봉사명령에 관한 부분(이하 '이 사건 법률조항')이 사회봉사의 의의, 부과요건, 부과 대상자를 구체적으로 규정하지 아니하여 명확성원칙에 위배되는지 여부(소극) − 이 사건 법률조항의 '사회봉사'란 '<u>사회의 이익이나 복지를 위하여 범죄자에게 부과하는 일 또는 근로활동</u>'이라고 해석할 수 있고, 사회봉사명령의 부과요건 및 부과 대상자는 이 사건 법률조항과 「형법」제62조 제1항을 종합하면 '<u>범죄사실이 유죄로 인정되어 3년 이하의 징역 또는 금고의 형을 선고받음과 동시에 그 형의 집행을 유예받는 피고인</u>'이며, 사회봉사명령의 집행방법은 「<u>보호관찰 등에 관한 법률</u>」에서 집행기관, 집행담당자, 집행절차 등을 규정하고 있으므로, 이 사건 법률조항은 명확성원칙에 위배되지 아니한다.

📖 **핵심 OX**

13 형의 집행을 유예하는 경우 보호관찰과 사회봉사를 동시에 명할 수 있다.

(○, ×)

13 ○

[2] 형의 집행을 유예하면서 사회봉사를 명할 수 있도록 한 이 사건 법률조항이 범죄인의 일반적 행동의 자유를 과도하게 제한하여 과잉금지원칙에 위배되는지 여부(소극) — 이 사건 법률조항은, 범죄인에게 근로를 강제하여 형사제재적 기능을 함과 동시에 사회에 유용한 봉사활동을 통하여 사회와 통합하여 재범 방지 및 사회복귀를 용이하게 하려는 것으로서, 이에 근거하여 부과되는 사회봉사명령이 자유형 집행의 대체수단으로서 자유형의 집행으로 인한 범죄인의 자유의 제한을 완화하여 주기 위한 수단인 점, 기간이 500시간 이내로 제한되어 있는 점 등을 종합하여 보면 과잉금지원칙에 위배되지 아니한다. [헌재 2012.3.29, 2010헌바100] 13. 사시

(4) 실효와 취소

① 집행유예의 실효

> **형법**
> **제63조【집행유예의 실효】** 집행유예의 선고를 받은 자가 유예기간 중 고의로 범한 죄로 금고 이상의 실형을 선고받아 그 판결이 확정된 때에는 집행유예의 선고는 효력을 잃는다. 15. 사시☆

② 집행유예의 취소

> **형법**
> **제64조【집행유예의 취소】** ① 집행유예의 선고를 받은 후 제62조 단행의 사유가 발각된 때에는 집행유예의 선고를 취소한다(→ 필요적 취소).
> ② 제62조의2의 규정에 의하여 보호관찰이나 사회봉사 또는 수강을 명한 집행유예를 받은 자가 준수사항이나 명령을 위반하고 그 정도가 무거운 때에는 집행유예의 선고를 취소할 수 있다(→ 임의적 취소).

③ 효과: 집행유예가 실효·취소되면 유예한 형을 집행한다.

> **⚖ 관련 판례** 「형법」 제64조 제2항 위헌소원
>
> 보호관찰이나 사회봉사 또는 수강을 명한 집행유예를 선고받은 자가 준수사항이나 명령을 위반하고 그 정도가 무거운 때에 집행유예의 선고를 취소할 수 있도록 한 형법 제64조 제2항(이하 '이 사건 법률조항')에 의하여 집행유예가 취소되는 경우 사회봉사 등 의무를 이행하였는지 여부와 관계없이 유예되었던 본형 전부를 집행하는 것이 이중처벌금지원칙에 위반되는지 여부(소극) — 집행유예의 취소 시 부활되는 본형은 집행유예의 선고와 함께 선고되었던 것으로 판결이 확정된 동일한 사건에 대하여 다시 심판한 결과 부과되는 것이 아니므로 일사부재리의 원칙과 무관하고, 사회봉사명령 또는 수강명령은 그 성격, 목적, 이행방식 등에서 형벌과 본질적 차이가 있어 이중처벌금지원칙에서 말하는 '처벌'이라 보기 어려우므로, 이 사건 법률조항은 이중처벌금지원칙에 위반되지 아니한다. [헌재 2013.6.27, 2012헌바345·364]

형법 제64조 제2항에 규정된 집행유예취소의 요건에 해당하는지 여부를 심리할 때의 평가요소 – 법원이 「보호관찰 등에 관한 법률」에 의한 검사의 청구에 의하여 「형법」 제64조 제2항에 규정된 집행유예취소의 요건에 해당하는가를 심리함에 있어, 보호관찰기간 중의 재범에 대하여 따로 처벌받는 것과는 별도로 보호관찰자 준수사항 위반 여부 및 그 정도를 평가하여야 하고, 보호관찰이나 사회봉사 또는 수강명령은 각각 병과되는 것이므로 사회봉사 또는 수강명령의 이행 여부는 보호관찰자 준수사항 위반 여부나 그 정도를 평가하는 결정적인 요소가 될 수 없다. [대결 2010.5.27, 2010모446]

(5) 문제점

집행유예제도는 여러 가지 이론적 장점에도 불구하고 현실적으로는 법관이 유죄판결을 받는 피고인에게 베푸는 은혜의 수단으로 악용될 위험성이 높고, 실제로 그렇게 이용되고 있다는 비판을 받는다.

3 기타 형사절차의 특수문제

1 다이버전(Diversion)

1. 의의

(1) 다이버전(전환제도, Diversion)이란 일반적으로 공식적 형사절차로부터의 이탈과 동시에 사회 내 처우 프로그램에 위탁하는 것을 그 내용으로 한다. 23. 교정7☆

(2) 다이버전은 기존의 형사사법체계가 낙인효과로 인하여 범죄문제를 오히려 악화시킨다는 가정에서 논의를 시작한다. 20. 교정9☆

(3) 형사사법기관이 통상의 형사절차를 중단하고 이를 대체하는 새로운 절차로의 이행을 의미하며, 이를 통하여 형사제재의 최소화를 도모할 수 있다. 14. 보호7☆

(4) 다이버전은 형사사법의 탈제도화라는 의미에서 낙인이론의 산물이라고 할 수 있다(4D 정책). 일부 낙인이론가들은 경미범죄는 형사처벌의 대상에서 제외하는 것이 오히려 사회에 이익이 된다는 급진적 불간섭주의를 주장하기도 한다. 24. 보호9

2. 분류

(1) 단계별 다이버전

형사사법절차의 진행단계에 따라 체포 전 다이버전, 기소 전 다이버전, 공판절차 전 다이버전, 재판단계 다이버전 등으로 구분된다.

(2) 주체별 다이버전 24. 보호9☆

① 경찰 단계: 훈방, 경고, 통고처분, 보호기관 위탁 등

② 검찰 단계: 기소유예, 불기소처분, 조건부 기소유예, 약식명령청구 등

다이버전의 종류 관련

보석이나 구속적부심사제도는 구속 상태에서 불구속 상태로 전환하여 수사·재판을 받게 할 수 있는 제도로서 형사사법기관이 통상의 형사절차를 중단하여 공식적 형사절차로부터 이탈시키는 것이 아니므로 다이버전에 해당하지 않는다.

③ 법원 단계: 선고유예, 집행유예, 약식명령 등
④ 교정 단계: 가석방, 개방처우, 보호관찰, 주말구금 등

(3) 처우별 다이버전

① 단순형 다이버전: 국가가 관여하지 않으면서 구금의 대안으로 제기되는 모든 다이버전을 말한다.
② 개입형 다이버전: 보호처분·보호관찰·민간위탁 등을 통해 신체의 자유를 제한하는 형태의 비공식적 제재를 수반하는 다이버전을 말한다(예 조건부 기소유예 등).

3. 목표

(1) 형사사법제도에 융통성을 부여하여 범죄인에 대하여 보다 적절히 대응하고 범죄를 효과적으로 처리할 수 있도록 한다.
(2) 범죄인에게 형사절차와 유죄판결을 피할 수 있는 기회를 제공한다.
(3) 범죄인에게 범죄를 중단할 수 있는 변화의 기회를 제공한다.
(4) 형사사법제도의 운영이 최적수준이 되도록 자원을 배치한다.
(5) 범죄인이 책임감을 갖고 스스로 자신의 생활을 영위할 수 있도록 한다.
(6) 범죄인이 직업을 가지고 자신과 가족을 부양할 수 있도록 한다.
(7) 범죄인이 피해자에게 배상할 수 있는 기회를 갖도록 한다.

4. 장·단점

장점	① 정식의 형사절차보다 경제적인 방법으로 범죄문제를 처리할 수 있다(대안적 분쟁해결 가능). 22. 교정9 ② 범죄자를 전과자로 낙인찍을 가능성을 감소시킨다(이차적 일탈의 예방). 23. 교정7☆ ③ 형사사법기관의 업무량을 줄여 중요한 범죄에 집중할 수 있게 한다(형사사법의 능률성과 신축성 제고). 24. 보호9☆ ④ 범죄자에 대하여 보다 인도적인 처우방법이다. ⑤ 과밀수용을 방지하고, 시설 내 처우의 폐해를 감소시킬 수 있다. ⑥ 성인형사사법에서보다는 소년형사사법에서 더욱 유용한 제도로 평가된다.
단점	① 다이버전의 등장으로 인해 형사사법의 대상조차 되지 않을 문제가 다이버전의 대상이 된다는 점에서 이는 사회적 통제가 오히려 강화된다고 볼 수 있다(형사사법망의 확대). 22. 교정9☆ ② 형벌의 고통을 감소시켜 오히려 재범의 위험성을 증가시킬 수 있다. ③ 다이버전은 범죄원인의 제거와는 무관하다. ④ 선별적인 법 집행으로 인해 형사사법의 불평등을 가져올 수 있다. 14. 보호7 ⑤ 재판 전 형사사법의 개입이라는 점에서 또 하나의 형사사법절차를 창출할 뿐이다. 11. 사시 ⑥ 사실상 유죄추정에 근거하므로, 무죄추정의 원칙에 위배된다.

2 누범

1. 의의

(1) 개념과 법적 성질

① 개념: 광의의 누범이란 확정판결을 받은 범죄가 있는 경우에 그 후 다시 범한 범죄를 말한다. 이 중에서 「형법」 제35조의 요건을 구비한 경우를 협의의 누범이라고 한다.

② 법적 성질: 양형상 형벌가중사유로 보는 것이 일반적이다.

(2) 누범과 상습범의 비교

구분	누범	상습범
중요 요소	반복된 처벌 12. 사시	반복된 범죄에 징표된 범죄적 경향
전과 여부	반드시 전과를 요건으로 하지만, 동일 죄명 또는 동일 죄질의 전과를 요하지는 않는다.	반드시 전과를 요건으로 하지 않으나, 동일 죄명 또는 동일 죄질의 범죄의 반복을 요건으로 한다.
가중처벌의 근거	형벌의 경고 기능을 무시함을 이유로 행위 책임의 측면에서 가중처벌을 한다. 12. 사시	상습성이라는 행위자 책임의 측면에서 가중처벌을 한다.
경합 여부	양 사유가 경합하는 경우에는 거듭 가중이 가능하다.	

(3) 누범가중의 문제점

> **📌 관련 판례** | 누범 가중처벌의 위헌 여부
>
> 누범을 가중처벌하도록 규정하고 있는 「형법」 제35조 제1항·제2항(이하 '이 사건 법률조항'이라 한다)의 위헌 여부(소극) – 누범을 가중처벌하는 것은 전범에 대하여 형벌을 받았음에도 그 형벌의 경고 기능을 무시하고 다시 범행을 하였다는 데 있는 것이지, 전범에 대하여 처벌을 받았음에도 다시 범행을 하는 경우에 전범을 후범과 일괄하여 다시 처벌한다는 것은 아님이 명백하고, 전범 자체가 심판의 대상이 되어 다시 처벌받기 때문에 형이 가중되는 것은 아니므로, 이 사건 법률조항은 일사부재리원칙에 위배된다고 볼 수 없다. 또한 누범을 가중처벌하는 것은 형벌의 경고 기능을 무시하고 다시 범행을 하여 범죄인의 행위 책임이 가중되기 때문이고, 나아가 재범예방이라는 형사정책적 목적을 달성하기 위한 것이므로 행위 책임을 근간으로 하는 책임주의에 반한다고 할 수 없으며, 법관으로 하여금 후범의 보호법익과 죄질, 전범과의 연관성 등 구체적인 정상에 따라 그에 알맞은 적정한 선고형을 이끌어낼 수 있도록 누범가중의 요건과 정도를 적절히 제한하고 있으므로 책임과 형벌 간의 비례원칙에 위배되는 과잉형벌이라고 할 수도 없다. 한편, 누범은 전범에 대한 형벌의 경고적 기능을 무시하고 다시 범죄를 저질렀다는 점에서 사회적 비난가능성이 높고, 이러한 누범이 증가하고 있는 추세를 감안하여 범죄예방 및 사회방위의 형사정책적 고려에 기인하여 이를 가중처벌하는 것이어서 합리적 근거 있는 차별이라 볼 것이므로 이 사건 법률조항이 평등원칙에 위배된다고 할 수 없다. 따라서 이 사건 법률조항은 헌법에 위반된다고 할 수 없다. [헌재 2011.5.26, 2009헌바63 등]

누범가중의 문제점 관련

1. 누범가중과 책임주의의 조화에 대한 입장
   ① 누범의 형을 무조건 가중할 것이 아니라 재범에 의하여 비난이 가중된 경우에 한하여 형을 가중하는 것이 타당하다는 입장
   ② 누범가중은 책임주의와 일치하지 못하므로 폐지해야 한다는 입장

2. 누범가중의 위헌성 여부
   ① 누범은 전 판결을 통해 가해진 형벌의 경고 기능을 무시하고 다시 범죄를 저질렀기 때문에 후범에 대해 책임을 가중하는 것이며, 전범을 다시 심판의 대상으로 삼는 것은 아니므로 일사부재리에 반하지 않는다고 본다.
   ② 누범가중은 범죄자의 증가된 책임 및 예방의 목적에 의해 범죄자에게 적합한 양형을 하는 것이므로 이를 헌법이 금지하는 신분에 의한 불합리한 차별이라고는 볼 수 없다고 한다.

2. 요건

> **형법**
> **제35조【누범】** ① 금고 이상의 형을 선고받아 그 집행을 종료되거나 면제된 후 3년 내에 금고 이상에 해당하는 죄(→ 고의범·과실범 불문)를 지은 사람은 누범으로 처벌한다.
> ② 누범의 형은 그 죄에 대하여 정한 형의 장기의 2배까지 가중한다. 15. 사시

(1) 전범에서 금고 이상의 형의 선고를 받았을 것
(2) 전범의 형의 집행이 종료되거나 면제받았을 것
(3) 후범은 금고 이상에 해당하는 범죄일 것

> **⚖ 관련 판례** | **법정형 중 벌금형을 선택한 경우 누범가중의 적부**
>
> 「형법」 제35조 제1항에 규정된 '금고 이상에 해당하는 죄'라 함은 유기금고형이나 유기징역형으로 처단할 경우에 해당하는 죄를 의미하는 것으로서 법정형 중 벌금형을 선택한 경우에는 누범가중을 할 수 없다. [대판 1982.9.14, 82도1702] 15. 사시

(4) 후범은 전범의 형집행 종료 또는 면제 후 3년 이내에 범한 죄일 것

> **⚖ 관련 판례** | **포괄일죄에서 누범 해당 여부**
>
> 포괄일죄의 일부 범행이 누범기간 내에 이루어지고 나머지 범행이 누범기간 경과 후에 이루어진 경우, 범행 전부가 누범에 해당하는지 여부(적극) - 포괄일죄의 일부 범행이 누범기간 내에 이루어진 이상 나머지 범행이 누범기간 경과 후에 이루어졌더라도 그 범행 전부가 누범에 해당한다고 보아야 한다. [대판 2012.3.29, 2011도14135] 15. 사시

3. 효과

(1) 누범은 그 죄에 정한 형의 장기의 2배까지 가중하나, 그 장기가 50년을 초과할 수 없다. 단기는 가중할 수 없으나, 「특정 강력범죄의 처벌에 관한 특별법」 제3조는 장기뿐만 아니라 단기도 2배까지 가중할 수 있도록 규정하고 있다.

(2) 누범으로 인해 가중되는 형은 법정형이지, 선고형이 아니다. 누범에 대해서도 법률상·재판상 감경이 가능하고 법률상 가중도 할 수 있다.

4. 판결선고 후의 누범 발견

> **형법**
> **제36조【판결선고 후의 누범 발각】** 판결선고 후 누범인 것이 발각된 때에는 그 선고한 형을 통산하여 다시 형을 정할 수 있다. 단, 선고한 형의 집행을 종료하거나 그 집행이 면제된 후에는 예외로 한다.

01 미결구금의 폐해를 줄이기 위한 정책으로는 구속영장실질심사제, 신속한 재판의 원칙, 범죄피해자보상제도, 미결구금 전용수용시설의 확대 등이 있다. 22. 보호7 ( )

02 미결구금된 사람을 위하여 변호인이 되려는 자의 접견교통권은 변호인의 조력을 받을 권리의 실질적 확보를 위해서 헌법상 기본권으로서 보장되어야 한다. 22. 보호7 ( )

03 판결선고 전 미결구금일수는 그 전부가 법률상 당연히 본형에 산입되므로 판결에서 별도로 미결구금일수 산입에 관한 사항을 판단할 필요가 없다. 22. 보호7 ( )

04 재심재판에서 무죄가 확정된 피고인이 미결구금을 당하였을 때에는 국가에 대하여 그 구금에 대한 보상을 청구할 수 있다. 22. 보호7 ( )

05 「형법」에 의하면 피해의 정도뿐만 아니라 가해자와 피해자의 관계도 양형에 고려된다. 22. 교정7 ( )

06 형의 집행유예의 선고가 실효 또는 취소됨이 없이 정해진 유예기간을 경과하여 형의 선고가 효력을 잃게 되었더라도, 이는 선고유예 결격사유인 자격정지 이상의 형을 받은 전과가 있는 경우에 해당한다. 21. 보호7 ( )

정답

01 ✕ '범죄피해자보상제도'는 범죄피해를 받은 사람에게 피해의 전부 또는 일부를 국가가 금전으로 보상하여 구제하는 제도이므로, 미결구금의 폐해를 줄이기 위한 정책과는 관련이 없다.

02 ○ 헌재 2019.2.28, 2015헌마1204

03 ○ 대판 2009.12.10, 2009도11448

04 ○ 「형사보상 및 명예회복에 관한 법률」 제2조 제1항

05 ○ 「형법」 제51조 참조

06 ○ 대판 2003.12.26, 2003도3768

07 주형의 선고유예를 하는 경우 몰수의 요건이 있더라도 몰수형만의 선고를 할 수는 없다. 23. 보호7 ( )

08 피고인이 범죄사실을 자백하지 않고 부인할 경우에는 언제나 선고유예를 할 수 없다고 해석할 것은 아니다. 23. 보호7

( )

09 형의 선고를 유예하는 경우에 재범방지를 위하여 지도 및 원호가 필요한 때에는 보호관찰을 받을 것을 명할 수 있는데, 이에 따른 보호관찰의 기간은 1년으로 한다. 23. 보호7 ( )

10 선고유예 판결에서도 그 판결 이유에서는 선고형을 정해 놓아야 하고, 그 형이 벌금형일 경우에는 벌금액뿐만 아니라 환형유치처분까지 해 두어야 한다. 21. 보호7 ( )

11 500만 원 이하 벌금형을 선고할 경우 피고인의 사정을 고려하여 100만 원만 집행하고 400만 원은 집행을 유예할 수 있다. 21. 보호7 ( )

12 전환은 범죄자를 공식적인 형사사법절차와 과정으로부터 비공식적인 절차와 과정으로 우회시키는 제도이다. 23. 교정7

( )

정답

07 ✕ 주형에 대하여 선고를 유예하는 경우에는 그 부가할 몰수 · 추징에 대하여도 선고를 유예할 수 있으나, 그 주형에 대하여 선고를 유예하지 아니하면서 이에 부가할 몰수 · 추징에 대하여서만 선고를 유예할 수는 없다[대판 1988.6.21, 88도551].

08 ○ 대판 2003.2.20, 2001도6138

09 ○ 형법 제59조의2 제1항 · 제2항

10 ○ 대판 2015.1.29, 2014도15120

11 ✕ 3년 이하의 징역이나 금고 또는 '500만 원 이하의 벌금의 형을 선고'할 경우 양형의 조건(「형법」 제51조)을 참작하여 정상에 참작할 만한 사유가 있는 때에는 1년 이상 5년 이하의 기간 형의 집행을 유예할 수 있고(형법 제62조 제1항), 형을 '병과'할 경우(둘 이상이 형을 함께 선고할 경우) 그 형의 '일부'에 대하여 집행을 유예할 수 있으므로(「형법」 제62조 제2항), '하나의 형' 중 '일부에 대해서 집행유예를 선고할 수는 없다.

12 ○ 전환(Diversion)제도란 일반적으로 공식적 형사절차로부터의 이탈과 동시에 사회 내 처우 프로그램에 위탁하는 것을 그 내용으로 한다.

13 다이버전(diversion)은 범죄학 이론 중 낙인이론의 정책적 함의와 관련이 있다. 24. 보호9 　　(　)

14 검찰 단계의 대표적 다이버전으로서 훈방과 통고처분이 있다. 24. 보호9 　　(　)

15 다이버전은 형벌 이외의 사회통제망의 축소를 가져온다. 22. 교정9 　　(　)

16 다이버전은 공식적인 절차에 비해서 형사사법비용을 절감할 수 있다. 22. 교정9 　　(　)

17 다이버전은 업무경감으로 인하여 형사사법제도의 능률성과 신축성을 가져온다. 22. 교정9 　　(　)

18 다이버전은 범죄로 인한 낙인의 부정적 영향을 최소화하여 2차적 일탈의 예방에 긍정적이다. 22. 교정9 　　(　)

19 다이버전(diversion)은 소년범에 대해 그 필요성이 강조되고 있다. 24. 보호9 　　(　)

정답

13 ○ 다이버전은 형사사법의 탈제도화라는 의미에서 낙인이론의 산물이라고 할 수 있다(4D 정책).

14 ✕ 훈방과 통고처분은 '경찰 단계'의 다이버전에 해당한다. 검찰 단계의 다이버전으로는 기소유예, 불기소처분, 조건부 기소유예, 약식명령청구 등이 있다.

15 ✕ 다이버전의 등장으로 인해 형사사법의 대상조차 되지 않을 문제가 다이버전의 대상이 된다는 점에서 이는 '사회적 통제가 오히려 강화'된다고 볼 수 있다는 비판을 받는다(형사사법망의 확대).

16 ○ 다이버전은 정식의 형사절차보다 경제적인 방법으로 범죄문제를 처리할 수 있다고 평가된다(대안적 분쟁해결 가능).

17 ○ 다이버전은 형사사법기관의 업무량을 줄여 중요한 범죄에 집중할 수 있게 한다고 평가된다(형사사법의 능률성과 신축성 제고).

18 ○ 다이버전은 범죄자를 전과자로 낙인찍을 가능성을 감소시킨다는 평가를 받는다(이차적 일탈의 예방).

19 ○ 개선가능성이 높고 경미한 소년범죄의 경우에는 낙인효과를 최소화하기 위하여 다이버전의 활용이 더욱 필요하다고 본다.

03 형벌론

1 형벌이론

1 형벌의 의의

(1) 형벌은 범죄에 대한 형사제재로서의 해악을 내용으로 하는 국가적 강제수단이다.

(2) 일반적으로 형벌은 광의·협의의 개념으로 나뉘어 사용된다. 협의의 형벌은 「형법」 제41조에 규정된 형벌만을 의미하며, 광의의 형벌은 협의의 형벌과 보안처분을 결합한 개념이다.

(3) 형사정책에서 말하는 형벌은 실정법에 규정된 것에 국한되지 않고, 범죄자에게 해악이 되는 다양한 제도를 포함한다.

2 형벌이론(형벌의 본질·목적)

1. 절대적 형벌이론

절대적 형벌이론의 주장자
칸트(Kant), 헤겔(Hegel) 등이 있다.

(1) 의의

① 절대적 형벌이론에서는 형벌이 일정한 목적을 추구하기 위하여 존재하는 것이 아니라, 범죄자에게 고통을 주는 그 자체로서 가치가 있는 것으로 파악한다(형벌의 자기목적성).

② 형벌의 본질은 범죄에 대한 정당한 응보에 있다. 18. 보호7

③ 책임주의에 입각하여 형벌권의 행사를 제한하는 데 기여한다.

(2) 장·단점

장점	① 범죄인의 존엄성까지도 철저하게 신봉하고 지키려고 하는 것은 절대적 형벌이론의 탁월한 장점이다. ② 책임원칙의 절대적 준수는 범죄인에 대한 부당한 인권침해를 방지한다.
단점	① 절대적 범죄개념이란 타당하지 않으므로, 상대적으로 정의되는 범죄에 대해 절대적 가치의 형벌을 귀속시키는 것은 모순이다. ② 절대적 형벌이론은 어떠한 목적 추구도 거부하기 때문에 형사정책적으로 무기력하다.

2. 상대적 형벌이론

(1) 의의

① 상대적 형벌이론은 형벌의 도구적 성격을 분명히 하는 입장으로서, 형벌을 통한 국가적·사회적 이익을 강조한다. 형벌의 정당성도 형벌이 추구하는, 사회적으로 유익한 구체적 목적에 따라서 좌우된다.

② 목적의 내용은 범죄예방과 관련이 있는데, 일반인을 대상으로 하는 일반예방과 범죄자에 대한 영향력 행사인 특별예방으로 나뉜다. 18. 보호7

(2) 일반예방이론

① 의의: 형벌은 불특정 다수의 일반인의 범죄예방에 정당성이 인정된다는 견해이다. 즉, 처벌하는 과정을 형벌이 달성하고자 하는 일정한 목적인 잠재적 범죄자의 범죄행위 저지로부터 설명하는 입장이다(형벌의 상대설, 예방형벌 사상). 18. 보호7

② 구분

소극적 일반예방	형벌이 갖는 <u>위하</u>(겁주기)에 의해 일반인이 범행하지 못하도록 하는 것
적극적 일반예방	형벌에 의한 위하가 사회의 <u>규범의식</u>을 강화시켜서 범죄가 예방된다는 것 24. 보호9

(3) 특별예방이론

① 특별예방이론은 형벌을 범죄자에 대한 영향력 행사로 보는 입장이다. 이 이론에서는 범죄자 자신이 달성하고자 하는 목적 주체로 등장한다.

② 특별예방이론의 내용은 재사회화와 보안이다. 형벌을 통해 범죄자를 교화(재사회화)시키거나, 교화가 불가능한 범죄자는 사회로부터 격리(보안)함으로써 다시 범죄를 저지르지 못하게 한다는 것이다. 18. 보호7

③ 특별예방이론은 그 목적달성의 수단으로서 형벌의 개별화, 단기자유형의 제한, 가석방·집행유예·선고유예의 활용, 상습범의 특별취급 등을 주장한다.

3. 사회방위론

(1) 의의

① 개념

㉠ 사회방위론은 범죄에 대응하여 사회를 보호하고 사회구성원이 범죄인이 되는 것을 방지하며, 이미 범행한 사람에 대해서는 개선조치를 취하여 사회에 복귀하도록 하는 현대 형사정책이론의 하나이다.

㉡ 사회방위론은 형벌이론의 측면에서는 특별예방 중 '보안'을, 형벌과제의 측면에서는 '일반인 보호'를 강화한 이론이다.

② 형사정책적 의의

사회안전을 위한 정책	형사정책의 최우선 목표는 범죄로부터 사회를 보호하는 것이며, 이를 위해서 범죄자를 제거·격리·치료할 수 있는 어떤 수단을 사용하든지 무방하다.
실증주의적 성격	사회방위는 이미 발생한 범죄행위를 처벌함에 목적이 있는 것이 아니라, <u>사전에 범죄위험성으로부터 사회를 보호</u>하자는 성격을 가지고 있다.
개인예방 중심	사회방위는 개별 범죄자의 재범예방과 처우에 중점을 두기 때문에 재사회화를 위한 체계적 조치로서 형벌을 대신한다.
인도주의적 형사정책	범죄심리학이나 정신의학 등과 면밀한 협조를 한다.

초기 사회방위론의 주장

초기 사회방위론은 범죄행위가 자유의사의 산물이며, 범죄는 범죄자에게 책임이 있다는 전제를 부정한다. 책임의 개념 대신 인간의 주관적·반사회적 인격성을 근거로 예방적·교육적 치료처분을 해야 하며, 처분의 방법은 형벌이 아닌 사회보호절차에 의해 이루어져야 한다고 본다.

신사회방위론의 주장

앙셀(M. Ancel)의 책임개념은 응보에 상응하는 과거지향적인 것이 아니라 오히려 위험성에 가까운 미래지향적 내용을 가지고 있기 때문에(책임과 위험성의 구별을 부정) 그 결과로 부과되는 형벌은 보안처분과 구별되지 않는다고 한다(일원론).

(2) 초기 사회방위론(급진적 사회방위론) – 그라마티카(F. Gramatica)

① 1945년 사회방위연구소를 설립하고, 1947년 제1차 국제사회방위학회를 개최하면서부터 본격적으로 시작되었다.

② 책임 대신에 주관주의적 반사회성을 기초로 한 사회방위법에 의해 형법을 대체하고, 형벌을 보안처분으로 대체하는 것을 주요한 내용으로 한다.

③ 국가는 개인을 처벌할 수 있는 주체가 될 수 없으며, 단지 사회화할 의무만을 갖는다고 보아 형법과 형벌제도를 인정하지 않는다.

(3) 신사회방위론(온건적 사회방위론) – 앙셀(M. Ancel)

① 1954년 앙셀(M. Ancel)의 의견이 반영된 '최소강령'이 국제사회방위학회의 기본입장으로 채택되면서 시작되었다.

② 사회방위법과 형법을 공존시키면서 인도적 형사정책을 목표로 형법의 기본틀을 새롭게 구성하는 것을 목표로 한다.

③ 그라마티카(F. Gramatica)와 달리 단순한 사회보호절차를 거부하고 형법과 형벌을 존치시키되, 응보 목적으로 지향된 형벌제도·형사절차는 반대한다.

(4) 평가 – 급진적 사회방위론에 대한 비판

법치국가 원리의 침식	사회안전을 위해 범죄가능성이 있는 사람을 무단으로 억압할 수 있음을 배제하기 어렵다.
평등의 정의에 대한 위배	중대한 범죄도 사회적 위험성이 없으면 처벌받지 않는 반면, 가벼운 범죄라도 사회적 위험성이 크면 책임 정도를 초과하여 방위의 대상이 될 수 있다.
사회적 위험성의 모호성	사회적 위험성은 그 내용, 판단 주체, 판단 기준 등에서 매우 모호한 개념이다.
형법의 사회방위 기능 무시	형법이 사회방위 기능이 없는 것은 아니며, 사회방위 효과는 형법의 시행을 통해 자연적으로 발생할 수 있다.

2 현행법상의 형벌제도

1 서론

(1) 현행법상 형벌은 「형법」에 9가지로 규정되어 있다.

> **형법**
> **제41조【형의 종류】** 형의 종류는 다음과 같다.
> 1. 사형　　　　　　2. 징역　　　　　　3. 금고
> 4. 자격상실　　　　5. 자격정지　　　　6. 벌금
> 7. 구류　　　　　　8. 과료　　　　　　9. 몰수

(2) 현행법상 형벌은 형태에 따라 <u>생명형</u>(사형), <u>자유형</u>(징역 · 금고 · 구류), <u>재산형</u>(벌금 · 과료 · 몰수), <u>명예형</u>(자격상실 · 자격정지)으로 구분된다. 12. 교정9

2 사형제도

1. 의의

(1) 사형은 범죄자의 생명을 박탈하여 그 사회적 존재를 영구적으로 말살하는 것을 내용으로 하는 형벌이다.

(2) 「형법」에서 절대적 법정형으로서 사형을 과할 수 있는 죄는 여적죄(제93조)뿐이고, 이외에는 상대적 법정형으로서 법관의 재량으로 자유형을 선택할 수 있도록 규정하고 있다.

(3) 「소년법」에서는 죄를 범할 당시 18세 미만인 소년에 대하여 사형 또는 무기형으로 처할 경우에는 15년의 유기징역으로 하도록 하고 있다(제59조).

2. 현행법상 사형제도의 운용

> **형법**
> **제66조【사형】** 사형은 교정시설 안에서 <u>교수</u>하여 집행한다. 12. 경채☆
>
> **군형법**
> **제3조【사형 집행】** 사형은 소속 군 참모총장 또는 군사법원의 관할관이 지정한 장소에서 <u>총살</u>로써 집행한다. 12. 경채☆
>
> **형의 집행 및 수용자의 처우에 관한 법률**
> **제91조【사형의 집행】** ① 사형은 교정시설의 사형장에서 집행한다.
> ② <u>공휴일과 토요일에는 사형을 집행하지 아니한다.</u>
>
> **형사소송법**
> **제463조【사형의 집행】** 사형은 <u>법무부장관</u>의 명령에 의하여 집행한다. 10. 사시

제465조【사형집행명령의 시기】① 사형집행의 명령은 판결이 확정된 날로부터 <u>6월</u> 이내에 하여야 한다. 10. 사시

제466조【사형집행의 기간】법무부장관이 사형의 집행을 명한 때에는 <u>5일</u> 이내에 집행하여야 한다.

제467조【사형집행의 참여】① 사형의 집행에는 검사와 검찰청서기관과 교도소장 또는 구치소장이나 그 대리자가 참여하여야 한다.
② 검사 또는 교도소장 또는 구치소장의 허가가 없으면 누구든지 형의 집행장소에 들어가지 못한다.

제468조【사형집행조서】사형의 집행에 참여한 검찰청서기관은 집행조서를 작성하고 검사와 교도소장 또는 구치소장이나 그 대리자와 함께 기명날인 또는 서명하여야 한다.

제469조【사형집행의 정지】① <u>사형선고를 받은 사람이 심신의 장애로 의사능력이 없는 상태에 있거나 임신 중인 여자인 때에는 법무부장관의 명령으로 집행을 정지한다.</u> 18. 승진
② 제1항에 따라 형의 집행을 정지한 경우에는 <u>심신장애의 회복 또는 출산 후 법무부장관의 명령에 의하여</u> 형을 집행한다.

3. 사형존폐론

(1) 사형폐지론의 논거

① 사형은 인도주의 입장에서 허용할 수 없다. 국가는 사람의 생명을 박탈할 권리를 가질 수 없으며, 실정법적으로 헌법 제10조 인간의 존엄성에 반한다.
② 사형의 집행이 오판으로 판정이 났을 때 이를 회복할 방법이 없다.
③ <u>사형의 위하력은 과장된 것이다.</u>
④ 범행한 자만을 사형하는 것은 범죄에 대한 사회적 책임을 은폐시키는 것이다.
⑤ 사형은 개선·교육의 형벌 이념과 부합하지 않는다.
⑥ 사형은 국가가 인간생명의 절대성을 부정하는 시범을 보이는 것으로서 생명경시풍조를 조장하는 것이다.
⑦ 사형은 범죄피해자에 대한 손해배상·구제에 아무런 도움이 되지 못한다.
⑧ 사형은 다른 형벌처럼 정도의 차이를 나타낼 수 없어, 죄에 대한 형벌의 균형을 유지하기 어렵다.

(2) 사형존치론의 논거

① 사형은 정의에 대한 응보적 요구에서 정당하다(필요악).
② 사형은 <u>강력한 일반예방효과</u>를 가지기 때문에 일반인의 범죄를 억제한다.
③ 사회방위를 위해서 극악한 인물을 사회로부터 완전히 격리할 수 있는 방법이 필요하다.
④ 사형은 피해자 또는 일반인의 피해감정을 정화시켜 줄 수 있다.
⑤ 사형은 국가의 행형비용을 절감시킨다.
⑥ 사형에 대한 오판의 우려는 지나친 염려이다.

사형존치론자와 사형폐지론자 23. 교정9

1. **사형존치론자**
   루소(Rousseau), 칸트(Kant), 헤겔(Hegel), 롬브로조(Lombrosso) 등
2. **사형폐지론자**
   베카리아(Beccaria), 페스탈로찌(Pestalozzi), 하워드(Howard), 캘버트(Calvert), 리프만(Liepmann), 앙셀(Ancel), 서덜랜드(Sutherland) 등

사형의 범죄억제력에 대한 연구

1. **셀린(T. Sellin)**
   사형의 범죄억지 효과가 장기징역보다 크다고 말할 수 없으며, 실제로 사형제도의 존재 여부는 살인율에 아무런 영향을 미치지 않는다.
2. **에어리히(I. Ehrlich)**
   1건의 사형집행은 7~8건의 살인을 감소시켰다.

⑦ 사형제도 자체를 위헌이라고 볼 수 없다.

⑧ 사람을 살해한 자가 자신의 생명을 박탈당할 수도 있다는 것은 아직까지 일반 국민이 가지고 있는 법적 확신이다.

☆ 관련 판례 「형법」 제41조 등 위헌제청

[1] 사형제도가 헌법 제37조 제2항에 위반하여 생명권을 침해하는지 여부(소극) - (가) 사형은 일반국민에 대한 심리적 위하를 통하여 범죄의 발생을 예방하며 극악한 범죄에 대한 정당한 응보를 통하여 정의를 실현하고, 당해 범죄인의 재범가능성을 영구히 차단함으로써 사회를 방어하려는 것으로 그 입법 목적은 정당하고, 가장 무거운 형벌인 사형은 입법 목적의 달성을 위한 적합한 수단이다. (나) 사형은 무기징역형이나 가석방이 불가능한 종신형보다도 범죄자에 대한 법익침해의 정도가 큰 형벌로서, 인간의 생존본능과 죽음에 대한 근원적인 공포까지 고려하면, 무기징역형 등 자유형보다 더 큰 위하력을 발휘함으로써 가장 강력한 범죄억지력을 가지고 있다고 보아야 하고, 극악한 범죄의 경우에는 무기징역형 등 자유형의 선고만으로는 범죄자의 책임에 미치지 못하게 될 뿐만 아니라 피해자들의 가족 및 일반국민의 정의 관념에도 부합하지 못하며, 입법 목적의 달성에 있어서 사형과 동일한 효과를 나타내면서도 사형보다 범죄자에 대한 법익침해 정도가 작은 다른 형벌이 명백히 존재한다고 보기 어려우므로 사형제도가 침해최소성 원칙에 어긋난다고 할 수 없다. 한편, 오판가능성은 사법제도의 숙명적 한계이지 사형이라는 형벌제도 자체의 문제로 볼 수 없으며 심급제도, 재심제도 등의 제도적 장치 및 그에 대한 개선을 통하여 해결할 문제이지, 오판가능성을 이유로 사형이라는 형벌의 부과 자체가 위헌이라고 할 수는 없다. (다) 사형제도에 의하여 달성되는 범죄예방을 통한 무고한 일반국민의 생명 보호 등 중대한 공익의 보호와 정의의 실현 및 사회방위라는 공익은 사형제도로 발생하는 극악한 범죄를 저지른 자의 생명권이라는 사익보다 결코 작다고 볼 수 없을 뿐만 아니라, 다수의 인명을 잔혹하게 살해하는 등의 극악한 범죄에 대하여 한정적으로 부과되는 사형이 그 범죄의 잔혹함에 비하여 과도한 형벌이라고 볼 수 없으므로, 사형제도는 법익균형성원칙에 위배되지 아니한다.

[2] 사형제도가 인간의 존엄과 가치를 규정한 헌법 제10조에 위반되는지 여부(소극) - 사형제도는 우리 헌법이 적어도 간접적으로나마 인정하고 있는 형벌의 한 종류일 뿐만 아니라, 사형제도가 생명권 제한에 있어서 헌법 제37조 제2항에 의한 헌법적 한계를 일탈하였다고 볼 수 없는 이상, 범죄자의 생명권 박탈을 내용으로 한다는 이유만으로 곧바로 인간의 존엄과 가치를 규정한 헌법 제10조에 위배된다고 할 수 없으며, 사형제도는 형벌의 경고 기능을 무시하고 극악한 범죄를 저지른 자에 대하여 그 중한 불법의 정도와 책임에 상응하는 형벌을 부과하는 것으로서 범죄자가 스스로 선택한 잔악무도한 범죄행위의 결과인바, 범죄자를 오로지 사회방위라는 공익 추구를 위한 객체로만 취급함으로써 범죄자의 인간으로서의 존엄과 가치를 침해한 것으로 볼 수 없다. 한편 사형을 선고하거나 집행하는 법관 및 교도관 등이 인간적 자책감을 가질 수 있다는 이유만으로 사형제도가 법관 및 교도관 등의 인간으로서의 존엄과 가치를 침해하는 위헌적인 형벌제도라고 할 수는 없다. [헌재 2010.2.25, 2008헌가23] 13. 사시

사형의 집행방법

교살	수형자의 목을 끈을 이용하여 맨 후 수형자의 중량을 이용하여 질식시켜 사망에 이르게 하는 것으로서 흔히 교수형이라고 불린다(「형법」 제66조).
총살	대상자를 총으로 사살하는 집행방법으로서 보통 수형자의 명예를 존중하는 의미에서 사용된다(「군형법」 제3조).
참살	사형 대상자의 머리를 절단하여 사형에 처하는 방법을 말한다. 조선시대에는 칼을 사용하였고 서양에서는 손도끼를 사용하였는데, 근래까지 사용되어 온 가장 유명한 것은 프랑스에서 사용하였던 기요틴(Guillotine)이다.
전기살	사형 대상자의 몸에 전류를 통하게 함으로써 그의 생명을 빼앗는 것을 말한다. 고통이 덜하고 순간적으로 끝나며 집행인이 직접 손을 대지 않기 때문에 그의 심리적 압박이나 불쾌감을 덜어준다는 장점이 있다고 한다.
가스살	사형수를 밀폐된 가스실에 감금하고 그 안에 가스를 통하게 함으로써 질식사시키는 사형방법을 말한다. 이는 사망의 신속성과 인도성 그리고 가장 고통을 적게 하는 것이라는 장점이 있다.
기타	서남아시아 부근의 국가(사우디, 이란 등)에서는 특정한 성범죄에 대해서 돌을 던져 살해하는 석형을 법으로 정하고 있으며, 미국의 텍사스주에서는 1977년 9월부터 무통주사에 의한 처형을 인정하고 있다.

4. 개선방안

(1) 대상범죄의 제한

① 사상적 · 정치적 범죄에 대한 사형조항(예 국가적 법익에 대한 죄 및 「국가보안법」상의 사형조항 등)은 민주주의 이념과도 합치하지 않는다고 할 것이다.

② 특별법을 통해 특정 범죄에 대한 가중처벌로서 사형을 인정하는 경우는 적법절차의 관점에서 정당하다고 보기 어렵다.

(2) 선고의 신중

① 절차를 통한 적법성을 보장하고 오판의 가능성을 최소화한다는 차원에서 보면 사형을 법정형으로 정한 범죄에 대해서도 사형선고를 신중하게 하기 위한 방안이 필요하다.

> **형사소송법**
>
> **제33조 【국선변호인】** ① 다음 각 호의 어느 하나에 해당하는 경우에 변호인이 없는 때에는 법원은 직권으로 변호인을 선정하여야 한다.
>
> 6. 피고인이 사형, 무기 또는 단기 3년 이상의 징역이나 금고에 해당하는 사건으로 기소된 때
>
> **제282조 【필요적 변호】** 제33조(→ 국선변호인) 제1항 각 호의 어느 하나에 해당하는 사건 및 같은 조 제2항 · 제3항의 규정에 따라 변호인이 선정된 사건에 관하여는 변호인 없이 개정하지 못한다. 단, 판결만을 선고할 경우에는 예외로 한다.
>
> **제283조 【국선변호인】** 제282조 본문의 경우 변호인이 출석하지 아니한 때에는 법원은 직권으로 변호인을 선정하여야 한다.
>
> **제349조 【상소의 포기, 취하】** 검사나 피고인 또는 제339조에 규정한 자는 상소의 포기 또는 취하를 할 수 있다. 단, 피고인 또는 제341조에 규정한 자는 사형 또는 무기징역이나 무기금고가 선고된 판결에 대하여는 상소의 포기를 할 수 없다. 13. 사시☆

② 초범에 대해서는 사형선고를 금지하는 방안, 사형선고 시 필요적 재심사유로 하는 방안, 합의의 정족수를 강화하는 방안 등이 요청되며, 판결 전 조사제도도 사형판결에 신중을 기한다는 취지에서 활용할 수 있을 것이다.

(3) 집행의 제한

사형의 집행을 제한하기 위한 제도로서는 사형의 집행유예제도를 들 수 있다. 이는 중국 형법의 사완제도(사형집행연기제도)에서 유래를 찾을 수 있다.

사완제도(사형집행연기제도)

중국 형법 제43조 제1항에서는 "사형의 판결에 처해야 할 범죄자에 대하여 바로 집행하지 않으면 안 될 경우를 제외하고는, 사형의 판결에 처함과 동시에 집행연기 2년을 선고하여 노동개조를 실행하고 그 태도를 볼 수 있다."고 규정하고 있다.

3 자유형제도

1. 의의

(1) 자유형이란 범죄인을 사회생활로부터 격리시킴으로써 범죄자의 신체의 자유를 박탈하는 형벌을 말한다.

(2) 자유형을 형벌로서 인정하게 된 이유는 ① 범죄인의 자유를 박탈함으로써 법적 해악으로서의 징벌성을 충족하게 하고, ② 원칙적으로 노동을 강제하여 범죄인을 개선·교화하고 질서 있는 국민생활에 적응하도록 이끌며, ③ 범죄인의 자유를 구속하여 장래의 범죄행위로부터 사회를 방위하려는 점 등이 있다.

2. 역사

(1) 범죄인의 개선·교화를 목적으로 하는 근대적인 자유형은 16세기 말 유럽 각지에 설치된 '노역장'에서 비롯된 것이라고 할 수 있다. 특히 1595년 네덜란드의 암스테르담 노역장이 대표적이라 할 수 있다.

(2) 교육·개선이라는 자유형 감옥의 특징은 17세기 중엽 이래 18세기까지 전통적인 위치를 차지하였던 응보형 사상의 영향으로 후퇴해야 했다. 이때 응보형주의의 행형제도에 대하여 개량의 기치를 들고 나온 사람이 영국의 하워드(J. Howard)였다. 하워드의 감옥개량운동의 영향을 받아 유럽 각국에서 감옥개량운동이 일어나고, 18세기 말에는 미국을 비롯하여 범세계적으로 감옥개량운동이 전개되었으며, 19세기 말에는 개선 목적이 더욱 강조되는 한편 보안처분성이 강화되기에 이르렀다.

3. 집행

(1) 구금주의와 유형주의

구금 주의	① 수형자를 국가 안의 일정한 장소에 감금하는 것으로서, <u>현행법이 규정하고 있는 자유형의 집행방식이다.</u> ② 자유를 박탈하고 구금하여 고통을 부과하여 일반예방의 효과 및 사회복귀의 도모에 의의가 있다. ③ 독거제·반독거제·혼거제 등으로 나누어지며, 근래에는 사회복귀에 중점을 둔 개방처우·외부 통근제·반구금제·주말구금제·귀휴제 등이 논의된다.
유형 주의	① 국가가 강제로 수형자를 국내·국외의 먼 곳에 보내 일정기간 또는 무기한 체류하게 하는 것을 말한다. ② 사형에 대한 환형으로서 사형완화방법으로도 이용되며, 범죄자를 사회에서 격리시킨다는 점에서 사형과 같은 보안기능을 할 수 있고, 국가의 교도소 관리비용을 절약할 수 있는 장점도 있다.

자유형의 역사

고대의 노예형·노역형을 자유형의 기원으로 보기도 하나, 이는 노동력 확보가 목적이며 자유박탈에 형벌의 의미가 부여된 것은 아니라고 한다. 이후 중세까지 수사, 재판절차의 확보 또는 다른 형벌의 집행에 앞서서 일시적 감금수단으로 이용되었을 뿐 형벌로 인식되지는 않았다.

(2) 현행법상 자유형의 집행방법

> 형법
>
> **제42조【징역 또는 금고의 기간】** 징역 또는 금고는 무기 또는 유기로 하고 유기는 1개월 이상 30년 이하로 한다. 단, 유기징역 또는 유기금고에 대하여 형을 가중하는 때에는 50년까지로 한다. 22. 보호7☆
>
> **제46조【구류】** 구류는 1일 이상 30일 미만으로 한다. 19. 승진☆
>
> **제67조【징역】** 징역은 교정시설에 수용하여 집행하며, 정해진 노역에 복무하게 한다(→ 정역의무 ○). 24. 교정9☆
>
> **제68조【금고와 구류】** 금고와 구류는 교정시설에 수용하여 집행한다(→ 정역의무 ✕). 14. 사시☆
>
> **제72조【가석방의 요건】** ① 징역이나 금고의 집행 중에 있는 사람이 행상이 양호하여 뉘우침이 뚜렷한 때에는 무기형은 20년, 유기형은 형기의 3분의 1이 지난 후 행정처분으로 가석방을 할 수 있다. 20. 보호7☆
>
> 형의 집행 및 수용자의 처우에 관한 법률
>
> **제67조【신청에 따른 작업】** 소장은 금고형 또는 구류형의 집행 중에 있는 사람에 대하여는 신청에 따라 작업을 부과할 수 있다. 14. 사시☆

⚖ 관련 판례 | 「형의 집행 및 수용자의 처우에 관한 법률」 제66조 위헌확인

[1] 징역형 수형자에게 정역 의무를 부과하는 「형법」 제67조(이하 '이 사건 법률조항')가 청구인의 신체의 자유를 침해하는지 여부(소극) − 이 사건 법률조항은 수형자의 교정교화와 건전한 사회복귀를 도모하고, 노동의 강제를 통하여 범죄에 대한 응보 및 일반예방에 기여하기 위한 것으로서 그 목적이 정당하고, 수단의 적합성도 인정된다. 또한 관련 조항에 의하면 교도소에서의 작업시간 및 그 강도 등이 과중하다고 볼 수 없고, 생산성 없이 육체적 고통만 부과하는 내용의 작업은 배제되고 기술을 습득할 수 있는 직업 훈련을 통하여 재사회화를 위한 실질적인 교육이 이루어지며, 일정 정도의 작업장려금을 지급받아 노동의 가치를 인정받을 수 있다는 점 등에 비추어 볼 때, 신체의 자유에 대한 제한을 최소화하는 방식으로 집행되고 있다. (중략) 이 사건 법률조항은 신체의 자유를 침해하지 아니한다.

[2] 이 사건 법률조항이 청구인의 평등권을 침해하는지 여부(소극) − (중략) 결과적으로 징역형 수형자에게만 작업의무를 부과한다는 점에서 차별이 있다 하더라도 이는 책임에 따른 형벌의 개별화를 실현하려는 입법자의 의사가 반영된 것으로 그 차별에 합리적 이유도 인정되므로, 청구인의 평등권을 침해하지 아니한다.

[3] 이 사건 법률조항이 청구인의 인격권·행복추구권을 침해하는지 여부(소극) − 내용 생략 [헌재 2012.11.29, 2011헌마318] 13. 사시

4. 문제점

(1) 형벌성

단지 사람을 구금하는 것만으로는 범죄에 대한 응보가 될 수 없고 위하효과도 없다고 보아 자유형의 형벌성에 대한 의문이 제기되었다. 그러나 일정장소에 구금하는 것만으로도 충분히 형벌작용이 있다고 할 수 있다.

(2) 재사회화

재사회화의 목적이 자유형을 통해서 달성될 수 없다는 비판이 있다. 특히 단기자유형의 경우에는 교도소에서 더욱 심각한 범죄를 학습하는 것(악풍감염)과 재사회화에 필요한 충분한 기간이 되지 못한다는 것이 지적된다.

(3) 간접형벌

수형자가 가장일 경우 그 가족은 생계를 보장받을 수 없으며, 가정의 기본조건도 파괴된다. 이는 가족이 자신의 책임과 무관한 간접적 형벌을 받는 결과가 된다.

5. 개선방안

(1) 단기자유형

① 의의

　㉠ 단기자유형이란 구류형 또는 극히 단기간의 징역형·금고형를 선고하는 경우를 말한다.

　㉡ 단기의 기준에 대해서는 6주 이하(Liszt), 3월 이하(국제형법 및 형무회의), 6월 이하(UN 범죄방지 및 범죄자처우회의), 1년 이하 등으로 다양하나, 일반적으로는 6월 이하를 단기로 본다. 현행법상 단기의 기준은 규정되어 있지 않다. 15. 사시

② 폐지론의 근거 – 문제점

　㉠ 행형 과정에서 사회복귀를 위한 개선·교화의 효과를 거둘 시간적 여유가 없다.

　㉡ 수형자에 대한 정신적 고통이 적어 위하력이 약하다.

　㉢ 경미한 범죄에 과해지는 경우가 많으므로 가족의 경제적 파탄을 가져오기 쉽다.

　㉣ 전과자의 낙인이 찍히므로 석방 후 사회복귀에 어려움을 겪게 되고, 오히려 재범의 위험성이 있다.

　㉤ 단기자유형의 집행시설은 일반적으로 시설이 불충분하고, 다수가 한꺼번에 수용되기 때문에 무질서·통제곤란·악풍감염 등이 야기되어 도리어 범죄를 조성하기 쉽다. 15. 사시☆

'단기'의 의미

포레스타(Poresta)는 단기의 의미에 대해 '수형자의 개선을 위해서는 너무나 짧은 기간이지만 그를 부패시키는 데는 충분한 기간'이라고 표현하였다.

🗄 핵심 OX

01 어느 정도 기간까지의 자유형이 단기자유형인지를 현행 「형법」은 규정하고 있지 않다. (O, ×)

02 단기자유형의 예로 현행 「형법」의 구류형이 언급된다. (O, ×)

01 ○
02 ○

ⓗ 단기자유형의 대상자는 대개 하층계급에 속하여 구금 및 시설 내 생활에 대해 공포감을 갖지 않는 경우가 많고, 오히려 일시적인 생활고에서 구금시설로 도피를 희망하는 경우까지 있다.

ⓢ 단기자유형으로 인해 후에 누범가중이나 집행유예 결격사유가 될 수 있다.

③ 개선방안 17. 교정9☆

선생님 TIP
단기자유형의 개선방안
벌/집/선/기/구

벌금형 활용	⊙ 벌금형의 양정 및 집행방법을 개선하여 단기자유형에 대한 대체효과를 거두려는 것이다. 실제 독일에는 6월 미만의 단기자유형에 대해서 원칙상 벌금형으로 대체하는 규정이 있다. ⓛ 피고인의 재산 상태에 부합하는 벌금액의 양정, 일수벌금제도 도입, 벌금의 분납 및 납입정지 등 편의가 선행되어야 한다.
선고 · 집행 유예제도	⊙ 선고 · 집행유예의 원래 목적은 범죄자를 사회 내에서 처우한다는 데 있으나, 단기자유형의 폐해를 제거하는 데에도 중요한 역할을 한다. ⓛ 유예제도와 보호관찰을 결합시켜 보다 효과적인 범죄방지대책이 될 수 있다.
기소유예 확대 운용	⊙ 단기자유형의 폐해를 기소단계에서 제거하려는 것으로서, 범죄인의 조속한 재사회화라는 관점에서 매우 의미있다. 16. 사시 ⓛ 검사의 자의적인 재량에 단기자유형의 개선방안을 맡긴다는 점에 대한 비판도 있다.
구금제도 완화	주말구금, 휴일구금, 단속구금, 반구금제, 무구금강제노역 등이 있다. 15. 사시
기타 방안	선행보증, 가택구금, 거주 제한 등 자유 제한을 수반하는 독자적인 보호관찰의 실시 등이 있다.

④ 활용

⊙ 단기자유형의 폐해에도 불구하고 현실에서는 단기자유형을 선고하지 않을 수 없는 사건들이 많은 비중을 차지하고 있다. 따라서 단기자유형의 폐해를 가능한 한 줄이고, 단기자유형을 효과적으로 활용하기 위한 방안이 모색될 필요가 있다.

ⓛ 최근에는 경고적 의미의 단기자유형이 반드시 부정적인 효과만을 초래하는 것은 아니라는 주장도 제기된다. 특히 청소년범죄나 교통범죄 · 경제범죄 등에 대하여는 제한적으로 단기자유형을 효과적으로 활용하는 방안으로서 단기교정요법을 개발 · 실시할 필요가 있다(충격구금).

(2) 무기자유형

① 무기자유형은 중한 범죄에 대한 최후수단으로서 대부분의 국가에서 시행되고 있다. 특히 사형제도를 폐지한 국가에서 생명을 해치는 범죄에 대한 제재수단으로 인식되고 있다.

② 무기자유형을 받는 수형자에게는 장기간의 구금생활로 인하여 정신적 장애가 발생하고 인격의 퇴화와 사회적응능력의 상실 등이 일어난다.

경고적 의미의 단기자유형의 활용

영국	청소년에 대한 단기수용소가 원칙적으로 3개월의 수용기간에 작업과 스포츠로 수용청소년을 훈련시키는 3S주의(Short, Sharp, Shock)에 입각하고 있다.
독일	소년구금에 대해서는 자각형으로서의 단기형을 인정하고 있다.
미국	단기자유형 집행 후 보호관찰(Shock Probation), 단기자유형 집행 후 가석방(Shock Parole), 형의 일부에 대한 집행유예(Split Sentencing) 등이 인정되며 점차 확대되는 추세이다.

③ 우리나라에서 가석방은 수형자의 권리가 아니라 국가의 은혜적인 행정처분에 불과하다. 무기수에게도 일정기간의 집행을 통하여 재범의 우려가 없다면 가석방을 보장해주는 방안이 검토되어야 한다. 독일은 무기수에 대해 필요적 가석방제도를 규정하고 있다.

(3) 자유형의 단일화

① 의의

㉠ 자유형의 단일화는 <u>목적형·교육형주의</u> 입장에서 현행법상 징역·금고·구류의 세 종류로 되어 있는 자유형을 한 가지로 통일하자는 논의이다.

㉡ 모든 자유형의 목적은 교육·개선에 있으므로 형벌의 내용에 따른 구별이 의미가 없다는 인식에 근거한다. 자유형을 단일화하자는 주장은 제2회 국제형법 및 형무회의(IPPC)에서 처음으로 등장하였다.

㉢ 역사적으로 금고형은 비파렴치범(예 사상범·정치범·확신범·과실범 등)에게 명예존중의 목적으로 정역을 면제하는 형벌로 이해되었고(명예구금), 징역형은 파렴치범에게 강제노역을 부과하는 형벌로 평가되었다.

② 견해의 대립

단일화 찬성론	㉠ <u>교정 정책의 일관성</u>을 유지해야 한다. ㉡ 징역과 금고의 구별 기준인 파렴치성은 모호하고 주관적이다. ㉢ 징역이 금고에 비해 중한 형벌이라는 전제는 노동천시사상에서 유래한다. ㉣ 실무상 <u>금고형 수형자의 대부분이 신청에 따른 작업</u>에 종사한다. ㉤ 행형의 개별화는 노역 유무가 아니라 행형수단 또는 처우의 개별화를 의미하는 것이다.
단일화 반대론	㉠ 노동이 형벌과 함께 강제되므로 <u>노동의 형벌성</u>을 인정할 수 있다. ㉡ 금고형이나 구류형도 징역형과 구별되는 고유한 응보내용이 있다. ㉢ 과실범 등을 다른 고의범죄자와 같이 취급하는 것이 국민감정에 맞지 않으므로, <u>비파렴치범에 대한 구별</u>이 필요하다. ㉣ 형벌의 종류가 다양하면 <u>형벌의 개별화</u>에 유리하다.

③ 검토

㉠ 현대적 자유형이 노동을 함께 부과한 것은 노동의 강제가 형벌성을 가졌기 때문이 아니라, 노동 고유의 교정·개선기능이 있었기 때문이다. 행형을 통한 형벌의 개별화라는 취지에서 자유형을 단일화하는 것이 요청된다.

㉡ 수형자의 개성에 따라 과학적인 분류를 하고 이를 기초로 범죄자의 개선과 재사회화라는 관점에서 교도작업 기타 필요한 처우를 탄력적으로 운용해야 한다.

가석방과 부정기형제도

형법에 의한 정기형의 경우에 가석방이 인정되므로 실질적으로는 형기를 부정기화하고 있고, 무기자유형도 가석방과 결합됨으로써 실질적으로는 일종의 절대적 부정기형이 된다고 할 수 있다. 그러나 형 집행 단계의 부정기형화는 부정기형제도 자체와 구별되어야 한다.

(4) 부정기형

① 의의

㉠ 부정기형(Indeterminate Sentence)은 자유형을 선고할 때 형기를 확정하지 않는 것으로서, 형기는 형의 집행단계에서 결정된다.

㉡ 이에는 절대적 부정기형과 상대적 부정기형이 있는데, 절대적 부정기형은 죄형법정주의의 명확성의 원칙에 반한다고 본다.

절대적 부정기형	형의 기간에 대한 일체의 언급이 없는 경우
상대적 부정기형	기간을 장기와 단기로 정하여 일정한 범위로 형벌을 선고하는 경우

② 연혁

㉠ 부정기형의 필요성은 19세기 전반에 형벌의 목적을 범인의 개선·교육으로 보기 시작하면서 주장되었다.

㉡ 19세기 후반에는 드와이트(Dwight), 와인즈(Wines), 브록웨이(Brockway) 등이 아메리카감옥협회를 조직하여 부정기형운동을 벌였으며, 1877년 뉴욕주의 엘마이라 감옥(Elmira Correctional Facility)에서 처음으로 상대적 부정기형이 실시되었다.

㉢ 현행 「형법」은 정기형을 원칙으로 하고 있으나, 「소년법」에서 소년범에 대해서만 상대적 부정기형을 인정하고 있다(제60조 제1항). 22. 보호7

③ 견해의 대립

부정기형 찬성론	㉠ 부정기형은 개선 목적의 달성에 적합하다. 22. 보호7 ㉡ 단기간에 행해지는 양형은 합리적 결정이 되기 어려우므로, 행형단계에서 수형자를 면밀히 관찰하고 범죄성을 평가하여 형량을 정함이 바람직하다. ㉢ 위험한 범죄자나 상습범을 장기간 사회로부터 격리할 수 있다 (사회방위). 22. 보호7 ㉣ 위험성이 있는 범죄인에게 형기의 부정기가 위하력을 발휘할 수 있다. 22. 보호7 ㉤ 초범자나 범죄성이 소멸한 자에게는 수형기간을 단축할 수 있다. ㉥ 석방기일을 자신의 노력에 따라 당길 수 있으므로 개선 의욕이 촉진된다.
부정기형 반대론	㉠ 부정기형의 개선 효과가 입증된 적이 없다. ㉡ 부정기형은 사회적 불공정성이 우려된다. ㉢ 행위 당시의 책임을 넘어서는 처벌을 가능하게 할 수 있다. ㉣ 수형자 간에 긴장과 불안이 생기며 서로 불신하는 분위기에 놓이게 된다. ㉤ 부정기형에서 형의 정도를 판단할 수 있는 객관적 기준이 없다. ㉥ 부정기형은 교활한 수형자에게는 유리하지만, 사회적 위험성이 없고 융통성이 없는 수형자에게는 오히려 준엄한 형벌이 된다. ㉦ 가석방의 결정 과정에 관해 적정절차의 보장이 결여되어 있고 그 판단 기준도 모호하다.

④ 검토

　　㉠ 부정기형제도는 형벌 정도를 정하는 권한이 법관으로부터 행형담당자에게 넘어간다는 것을 의미하는데, 이것이 어떻게 정당화될 수 있는가를 설명해야 한다.

　　㉡ 형벌의 많고 적음은 행위 시의 책임을 기준으로 하여야 하며, 부정기형은 책임의 정도를 넘어선 자유의 구속을 가능하게 한다는 점에서 책임주의에 반한다고 본다.

　　㉢ 책임에 상응한 형벌상한과 일반예방에 상응한 형벌하한 사이에서 상대적 부정기형이 부과되는 경우에는 이를 거부할 이유가 없다. 책임원칙의 보장 기능과 일반예방의 형벌 목적의 범위에서 자율적인 개선·교화라는 특별예방의 형벌 목적을 실현할 수 있기 때문이다.

　　㉣ 자율적 개선노력이 요구되는 소년범의 경우에는 상대적 부정기형이 필요하다.

　　㉤ 성인범의 경우에는 가석방제도가 사실상 상대적 부정기형제도의 기능을 가지고 있기 때문에 굳이 형선고단계에서 부정기형제도를 규정할 필요는 없는 것으로 판단된다.

6. 가석방제도

(1) 의의

① 개념

　　㉠ 가석방이란 징역·금고의 집행을 받고 있는 자가 개전의 정이 현저하다고 인정되는 때에 형기만료 전에 조건부로 수형자를 석방하고, 그것이 실효 또는 취소됨이 없이 일정한 기간을 경과한 때에 형의 집행을 종료한 것으로 간주하는 제도이다.

　　㉡ 수형자의 사회복귀를 위한 자발적·적극적 노력을 촉진시키는 특별예방사상을 실현하고 정기형제도의 결함을 보충하여 형 집행의 구체적 타당성에 기여한다. 15. 사시

② 법적 성격: 가석방은 자유형의 집행 중에 있는 수형자를 행정처분에 의하여 조기 석방하는 제도라는 점에서 행정기관의 형집행작용으로 본다.

(2) 요건 12. 교정9

> 형법
>
> 제72조 【가석방의 요건】 ① 징역이나 금고의 집행 중에 있는 사람이 행상이 양호하여 뉘우침이 뚜렷한 때에는 무기형은 20년*, 유기형은 형기의 3분의 1이 지난 후 행정처분으로 가석방을 할 수 있다. 20. 보호7☆
> ② 제1항의 경우에 벌금이나 과료가 병과되어 있는 때에는 그 금액을 완납하여야 한다. 11. 교정9☆

* 개정 전에는 무기에 있어서는 '10년'을 경과할 것을 요건으로 하였다.

'행상이 양호하여 뉘우침이 뚜렷한 때'의 의미

남은 형기를 집행하지 않고 석방하더라도 수형자에게 '재범의 위험성'이 없다는 판단이 가능해야 한다. 이에 대한 판단은 오로지 특별예방적 관점만을 기준으로 해야 하고, 책임이나 일반예방적 관점을 고려해서는 안 된다.

제73조【판결선고 전 구금과 가석방】① 형기에 산입된 판결선고 전 구금일수는 가석방을 하는 경우 집행한 기간에 산입한다. 21. 보호7☆

② 제72조 제2항의 경우에 벌금이나 과료에 관한 노역장 유치기간에 산입된 판결선고 전 구금일수는 그에 해당하는 금액이 납입된 것으로 본다.

소년법

제65조【가석방】징역 또는 금고를 선고받은 소년에 대하여는 다음 각 호의 기간이 지나면 가석방을 허가할 수 있다. 18. 승진

1. 무기형의 경우에는 5년
2. 15년 유기형의 경우에는 3년
3. 부정기형의 경우에는 단기의 3분의 1 15. 사시

⚖ 관련 판례 | 수형자에게 가석방을 요구할 권리의 인정 여부

무기징역의 집행 중에 있는 자의 가석방 요건을 종전의 '10년 이상'에서 '20년 이상' 형 집행 경과로 강화한 개정 「형법」(이하 '개정 「형법」') 제72조 제1항을, 「형법」 개정 당시에 이미 수용 중인 사람에게도 적용하는 「형법」 부칙 제2항(이하 '이 사건 부칙조항')이 신뢰보호원칙에 위배되어 신체의 자유를 침해하는지 여부(소극) - 수형자가 「형법」에 규정된 형 집행 경과기간 요건을 갖춘 것만으로 가석방을 요구할 권리를 취득하는 것은 아니므로, 10년간 수용되어 있으면 가석방 적격심사 대상자로 선정될 수 있었던 구 「형법」(이하 '구 「형법」') 제72조 제1항에 대한 청구인의 신뢰를 헌법상 권리로 보호할 필요성이 있다고 할 수 없다. (중략) 그렇다면 죄질이 더 무거운 무기징역형을 선고받은 수형자를 가석방할 수 있는 형 집행 경과기간이 개정 「형법」 시행 후에 유기징역형을 선고받은 수형자의 경우와 같거나 오히려 더 짧게 되는 불합리한 결과를 방지하고, 사회를 방위하기 위한 이 사건 부칙조항이 신뢰보호원칙에 위배되어 청구인의 신체의 자유를 침해한다고 볼 수 없다. [헌재 2013.8.29. 2011헌마408]

(3) 효과

① 가석방의 기간과 보호관찰

형법

제73조의2【가석방의 기간 및 보호관찰】① 가석방의 기간은 무기형에 있어서는 10년으로 하고, 유기형에 있어서는 남은 형기로 하되, 그 기간은 10년을 초과할 수 없다. 20. 보호7☆

② 가석방된 자는 가석방기간 중 보호관찰을 받는다. 다만, 가석방을 허가한 행정관청이 필요가 없다고 인정한 때에는 그러하지 아니하다(→ 필요적 보호관찰, 예외 有). 16. 교정7☆

② 가석방의 효과

> 형법
>
> **제76조【가석방의 효과】** ① 가석방의 처분을 받은 후 그 처분이 실효 또는 취소되지 아니하고 <u>가석방기간을 경과한 때에는</u> <u>형의 집행을 종료한 것으로 본다.</u> 19. 승진☆

> 소년법
>
> **제66조【가석방기간의 종료】** 징역 또는 금고를 선고받은 소년이 가석방된 후 그 처분이 취소되지 아니하고 <u>가석방 전에 집행을 받은 기간과 같은 기간이 지난 경우에는</u> 형의 집행을 종료한 것으로 한다. 다만, 제59조의 형기 또는 제60조 제1항에 따른 장기의 기간이 먼저 지난 경우에는 그 때에 형의 집행을 종료한 것으로 한다. 14. 보호7

(4) 실효와 취소

> 형법
>
> **제74조【가석방의 실효】** 가석방 기간 중 <u>고의로 지은 죄로 금고 이상의 형을 선고받아 그 판결이 확정된 경우에</u> 가석방 처분은 <u>효력을 잃는다</u>(→ 필요적 실효). 19. 승진☆
>
> **제75조【가석방의 취소】** 가석방의 처분을 받은 자가 <u>감시에 관한 규칙을 위배하거나, 보호관찰의 준수사항을 위반하고 그 정도가 무거운 때에는</u> 가석방 처분을 취소할 수 있다(→ 임의적 취소). 20. 보호7☆
>
> **제76조【가석방의 효과】** ② 전2조의 경우(→ <u>가석방의 실효·취소</u>)에는 <u>가석방 중의 일수는 형기에 산입하지 아니한다.</u> 15. 사시

(5) 심사 · 허가

> 형의 집행 및 수용자의 처우에 관한 법률
>
> **제119조【가석방심사위원회】**「형법」제72조에 따른 가석방의 적격 여부를 심사하기 위하여 <u>법무부장관 소속으로</u> 가석방심사위원회*(이하 이 장에서 '위원회'라 한다)를 둔다.
>
> **제120조【위원회의 구성】** ① 위원회는 위원장을 포함한 <u>5명 이상 9명 이하의</u> 위원으로 구성한다.
>
> ② 위원장은 법무부차관이 되고, 위원은 판사, 검사, 변호사, 법무부 소속 공무원, 교정에 관한 학식과 경험이 풍부한 사람 중에서 법무부장관이 임명 또는 위촉한다.
>
> **제121조【가석방 적격심사】** ① 소장은「형법」제72조 제1항의 기간이 지난 수형자에 대하여는 법무부령으로 정하는 바에 따라 위원회에 <u>가석방 적격심사를 신청</u>하여야 한다.
>
> ② 위원회는 수형자의 나이, 범죄동기, 죄명, 형기, 교정성적, 건강상태, 가석방 후의 생계능력, 생활환경, 재범의 위험성, 그 밖에 필요한 사정을 고려하여 <u>가석방의 적격 여부를 결정</u>한다.

<u>가석방의 실효와 취소</u>
가석방의 실효와 취소의 경우에는 가석방 당시의 잔형기의 형을 집행한다.

* 종래에는 '교도소 단위로' 가석방심사위원회를 두고 있었다.

제122조 【가석방 허가】 ① 위원회는 가석방 적격결정을 하였으면 5일 이내에 법무부장관에게 가석방 허가를 신청하여야 한다. 15. 교정9

② 법무부장관은 제1항에 따른 위원회의 가석방 허가신청이 적정하다고 인정하면 허가할 수 있다.

가석방의 문제점

1. **삼권분립과 죄형법정주의의 문제**
   가석방은 사법권에 의한 확정 판결을 행정기관의 재량에 의하여 변경하는 것이므로, 삼권분립에 반한다는 문제와 행정처분으로서 그 집행내용에 변경을 가함으로 인하여 형을 사실상 부정기화한다는 점에서 죄형법정주의에 반한다는 비판이 있다.

2. **가석방심사의 일원화**
   현재 성인의 경우에는 가석방심사위원회에서, 소년의 경우에는 보호관찰심사위원회에서 가석방 적격 여부를 심사하여 법무부장관의 허가를 받도록 되어 있다. 반면에 보호관찰의 심사는 성인·소년 모두 보호관찰심사위원회가 담당한다. 가석방과 보호관찰에 대한 심사는 일관성 유지를 위해 일원화하는 것이 검토되어야 한다.

★ **핵심 POINT** | 집행유예 · 선고유예 · 가석방의 비교 13. 교정7

구분	집행유예	선고유예	가석방
성격	프로베이션 (Probation)	프로베이션 (Probation)	패롤 (Parole)
결정	법원의 재량 (사법처분)	법원의 재량 (사법처분)	행정기관의 재량 (행정처분)
요건	• 3년 이하의 징역·금고 또는 500만 원 이하의 벌금의 형을 선고 • 정상에 참작할 만한 사유 • 금고 이상의 판결이 확정된 때부터 그 집행을 종료·면제된 후 3년이 경과	• 1년 이하의 징역·금고, 자격정지 또는 벌금의 형을 선고 • 뉘우치는 정상이 뚜렷할 것 • 자격정지 이상의 전과가 없을 것	• 징역·금고의 집행 중 • 무기는 20년, 유기는 형기의 1/3 경과 • 행상이 양호하여 뉘우침이 뚜렷할 것 • 벌금·과료의 병과시 완납
기간	1년 이상 5년 이하 (법원의 재량)	2년	무기형은 10년, 유기형은 남은 형기 (10년 초과 ×)
효과	형 선고의 효력 상실	면소 간주	형 집행 종료 간주
실효	유예기간 중 고의로 범한 죄로 금고 이상의 실형을 선고받아 그 판결이 확정 → 필요적 실효	• 유예기간 중 자격정지 이상의 판결이 확정, 자격정지 이상의 전과가 발견 → 필요적 실효 • 보호관찰기간 중에 준수사항을 위반하고 그 정도가 무거운 때 → 임의적 실효	가석방 중 고의범죄로 금고 이상의 선고를 받아 확정된 때 → 필요적 실효
취소	• 집행유예의 선고 후 결격사유 발각 → 필요적 취소 • 준수사항·명령을 위반하고 그 정도가 무거운 때 → 임의적 취소	없음	감시에 관한 규칙을 위배 또는 보호관찰의 준수사항을 위반하고 그 정도가 무거운 때 → 임의적 취소
보호관찰의 재량·기간	• 임의적 • 집행유예기간(단축 ○)	• 임의적 • 1년(단축 ×)	• 필요적(원칙) • 가석방기간(단축 ×)
사회봉사· 수강명령	가능 (500시간·200시간)	불가능	불가능

📖 **핵심 OX**

03 가석방된 자는 가석방을 허가한 행정관청이 필요 없다고 인정한 때가 아닌 한 가석방기간 중 보호관찰을 받는다.
(○, ×)

04 가석방의 처분을 받은 후 그 처분이 실효 또는 취소되지 아니하고 가석방기간을 경과한 때에는 형의 집행을 종료한 것으로 본다.
(○, ×)

03 ○
04 ○

4 재산형제도

1. 서론

(1) 의의

재산형이란 국가가 범죄인에게 일정한 금전의 지급을 명하여 범죄인의 재산을 박탈하는 것을 내용으로 하는 형벌을 말한다.

(2) 역사

① 국가가 가해자에게 피해자에 대한 배상금의 지급을 강제함과 동시에 일부를 국가에 납입하게 하는 평화금제도가 나타나면서 공형벌(公刑罰)로서 재산형이 출현하였다.

② 근대에 이르러 화폐경제의 발달과 더불어 벌금형이 단기자유형에 대한 대체방안으로 주목을 받게 되었다. 현행 「형법」은 벌금, 과료, 몰수 등 세 가지의 재산형을 규정하고 있다.

고대의 재산형

고대에서 재산형은 가해자가 피해자에 대해 지급하는 배상금 내지 속죄금의 의미를 지니는 사형벌(私刑罰)의 성격을 가지고 있었다.

2. 벌금과 과료

(1) 의의

① 벌금은 일정금액의 벌금을 국고에 납부하는 것을 내용으로 하는 형벌이다. 과료도 재산형의 한 종류이지만, 경미범죄에 부과되고 금액도 벌금보다 적다.

② 몰수처럼 재산권을 일방적으로 국가에 귀속시키는 효과를 갖는 것이 아니라, 독립된 형벌로서 일정한 금액의 납입의무만을 부담시킨다.

형법

제45조 【벌금】 벌금은 5만 원 이상으로 한다(→ 상한에는 제한이 없음). 다만, 감경하는 경우에는 5만 원 미만으로 할 수 있다. 23. 보호7☆

제47조 【과료】 과료는 2천 원 이상 5만 원 미만으로 한다. 19. 교정9☆

형사소송법

제477조 【재산형 등의 집행】 ① 벌금, 과료, 몰수, 추징, 과태료, 소송비용, 비용배상 또는 가납의 재판은 검사의 명령에 의하여 집행한다.

⑥ 벌금, 과료, 추징, 과태료, 소송비용 또는 비용배상의 분할납부, 납부연기 및 납부대행기관을 통한 납부 등 납부방법에 필요한 사항은 법무부령(→ 재산형 등에 관한 검찰 집행사무규칙)으로 정한다.

---

(2) 성격 14. 교정9

① 재산형은 범죄인 자신에게 속하는 것으로서, 벌금 등을 제3자가 대납하는 것이 허용되지 않는다(일신전속성).

② 벌금은 범죄자가 국가에 대해 채권을 가지고 있는 경우에도 상계될 수 없다(상계 금지).

🏛 **핵심 OX**

05 벌금은 5만 원 이상으로 한다. 다만, 감경하는 경우에는 5만 원 미만으로 할 수 있다. (O, ×)

05 O

* **제478조 【상속재산에 대한 집행】** 몰수 또는 조세, 전매 기타 공과에 관한 법령에 의하여 재판한 벌금 또는 추징은 그 재판을 받은 자가 재판확정 후 사망한 경우에는 그 상속재산에 대하여 집행할 수 있다. 14. 보호7

* **제479조 【합병 후 법인에 대한 집행】** 법인에 대하여 벌금, 과료, 몰수, 추징, 소송비용 또는 비용배상을 명한 경우에 법인이 그 재판확정 후 합병에 의하여 소멸된 때에는 합병 후 존속한 법인 또는 합병에 의하여 설립된 법인에 대하여 집행할 수 있다.

③ 다수인이 함께 벌금형을 선고받은 경우에도 각 개인이 국가에 대해 벌금을 납부하여야 하며 공동연대책임을 지는 것은 아니다(개별책임원칙). 14. 교정9

④ 벌금납부의무는 상속되지 않는 것이 원칙이나(비상속성), 예외가 있다(「형사소송법」 제478조*, 제479조*).

(3) 벌금형의 확대 10. 교정9

① 20세기를 전후하여 벌금형은 단기자유형의 폐단을 줄이는 대체수단으로 주장되고 이용되었다.

② 일정한 범죄영역에서 벌금형으로 처벌할 수 있는 영역이 형성되고, 자유형의 문제점을 인식한 형벌관의 변화, 교정기관의 과밀화와 운영경비증가의 방지, 재범률을 낮추면서 재사회화의 효과를 거둘 수 있는 점 등을 이유로 벌금형이 확대되는 경향이다.

③ 형사사법의 운용에 대한 경제적 시각(과밀화 및 운영경비의 과다), 범죄로 인한 수익을 박탈하는 수단으로서의 활용, 범죄자의 경제적 능력을 고려하는 벌금액 부과(일수벌금제도)의 도입으로 인하여 형평성 문제가 해결된 점도 벌금형의 증가를 이끈 요인이다.

(4) 형사정책적 의미

① 이욕에 기인한 범죄 동기를 억압할 수 있다(예 도박죄, 장물죄, 조세법 위반 등).

② 악풍감염의 염려가 전혀 없고, 벌금의 합리적 양정으로 보다 나은 사회복귀를 가능하게 하며, 오판의 회복도 상당부분 가능하다.

③ 벌금형의 집행에는 많은 비용을 요하지 아니하고, 특히 즉결심판·약식절차에 의하는 경우에는 소송경제상 큰 도움이 된다.

④ 국고수입을 증대시킬 수 있고, 이를 범죄방지대책에 사용하여 또 다른 형사정책적 효과를 거둘 수 있다.

⑤ 법인에 의한 범죄에 대해서 자유형을 부과할 수는 없으므로, 벌금형이 효과적인 제재수단이 될 수 있다.

(5) 문제점

평등문제	재산형의 가장 큰 문제점은 상대적 불평등에 있다. 벌금형은 가난한 자에게는 무거운 형이 되지만, 재산이 많은 사람에게는 형벌의 효과가 거의 없을 수도 있기 때문이다. 11. 사시
예방효과	재산형은 징역형과 비교하면 사회통념상 현저히 가벼운 형벌이다. 재산이 많은 사람에게는 예방효과도 적다. 직업 범죄인의 경우에는 벌금을 일종의 세금으로 생각하는 풍조가 생길 수도 있다. 재산이 없어서 벌금을 내지 못하거나 대납하는 경우 형벌의 실효성이 의문시된다. 또한 화폐가치의 변동에 따라 범죄예방효과에 차이가 생길 수 있다.

🔖 **핵심 OX**

06 벌금형은 공동연대책임이 허용되지 않는다. (○, ×)

07 벌금은 범죄인의 사망으로 소멸된다. (○, ×)

06 ○
07 ○

환형처분	환형처분(노역장유치)은 벌금형의 체계가 단기자유형에 의해 무너지는 결과를 가져온다. 이로 인해 벌금형의 장점을 살릴 수 없게 되고, 단기자유형의 문제점이 여전히 존속하게 된다. 10. 교정9
간접형벌	가족 중 한 사람이 벌금형에 처해지면 나머지 가족에게도 금전적 손실을 초래하여 생계에 영향을 미칠 수 있다.

(6) 개선방향

① 일수벌금제도

ㄱ 현행법은 벌금형을 선고하는 경우에 전체 벌금형을 확정 · 선고하는 총액벌금제도를 시행하고 있다. 24. 보호9☆

ㄴ 일수벌금제도란 범행의 경중에 따라 일수를 먼저 정하고, 일수정액은 피고인의 경제사정을 고려하여 별도로 정하는 개선된 벌금형제도이다. 이는 행위자의 경제상태 내지 지불능력을 고려하여 벌금형을 개별화함으로써 그 효과를 극대화하기 위한 목적을 가지고 있다.

ㄷ 스웨덴의 타이렌(Thyren) 교수가 주장한 것으로, 포르투갈에서 처음 시행되었으며, 주로 스칸디나비아 국가들을 중심으로 발전하였다.

ㄹ 장 · 단점

일수벌금제도에서 벌금액의 산정방법

벌금액 = 일수(불법과 책임을 고려) × 일수정액(경제사정을 고려)

장점	ⓐ 일수벌금제도는 범행 자체에 대한 평가를 분명히 하면서 행위자가 받는 고통의 내용에 대해 실질적 평등을 기할 수 있다(배분적 정의에 적합). ⓑ 일수는 양형규정에 따라 불법과 책임을 표시하여 대체자유형의 문제를 자동적으로 해결하고, 일수정액은 피고인의 경제사정을 고려하여 결정함으로써 합리적이고 정당한 벌금형을 정할 수 있다. ⓒ 책임주의와 희생평등의 원칙을 조화시키는 의미를 가지고 있다. 12. 사시
단점	ⓐ 범죄자의 경제상태를 실제로 조사하는 것이 쉽지 않다. 11. 사시 ⓑ 법관의 자의적 일수정액 산정이 있을 수 있다. ⓒ 양형 과정이 범죄인의 재산상태 조사에 치우칠 가능성이 높다. ⓓ 범죄와 관련이 없는 재산을 양형의 주요기준으로 삼는 것은 책임주의에 부합하기 어렵다.

② 벌금의 분납 · 연납제도

ㄱ 벌금을 일시에 납부하는 것이 곤란한 경우에 나누어 내거나 연기 후에 내는 제도이다.

ㄴ 우리나라는 현재 「재산형 등에 관한 검찰 집행사무규칙」에 따라 벌과금의 일부납부 또는 납부연기가 인정되고 있다. 18. 보호7

벌과금 등

벌금·과료·추징·과태료·소송비용 및 비용배상을 말한다.

정기벌금형제도 – 바우만(Baumann)

벌금액을 한꺼번에 내는 것을 허용하지 않고 장기간에 걸쳐 피고인의 수입으로부터 일정액수를 공제하여 그의 생활수준을 일정기간 제한하는 것이다. 이에 대해서는 범죄인의 조속한 사회복귀를 저해할 수도 있다는 우려가 있다.

기타 벌금형의 개선방향

1. **벌금의 현실화 문제**
   ① 급격한 경제 환경의 변화는 다양한 경제범죄를 양산하였고 이에 따른 범죄기대수익 또한 높은 것이 사실이므로, 신종 경제범죄 등의 벌금액을 현실화할 필요가 있다.
   ② 이에 대해서도 일수벌금제도의 도입이 대처방안으로 제시되는데, 일수벌금제도하에서는 법률에 구체적인 벌금액의 상한·하한을 정할 필요가 없기 때문이다.

2. **벌금형의 과태료 전환 문제**
   ① 벌금형의 과태료 전환 문제는 특히 행정형법에 규정된 벌금형에 대해서 주장된다.
   ② 행정형벌과 행정질서벌의 구분은 한계가 모호하고, 벌금형과 과태료를 구분하여 규정하는 것도 일관성·균형성이 유지되기 어려우며, 다수 국민이 전과자가 되는 것을 방지할 수 있다는 점에서 전환이 필요하다.

3. **과료의 문제**
   ① 현재의 경제수준에서 2천 원 이상 5만 원 미만의 금액을 형벌로 부과하는 것은 형벌의 실효성이라는 측면에서 효과를 기대하기 어렵다.
   ② 과료의 대상범죄를 비범죄화하거나, 범칙금·과태료와 같은 행정벌로의 대체가 필요하며, 벌금과 과료를 일원화한다는 취지에서 바람직하다.

> **재산형 등에 관한 검찰 집행사무규칙**
>
> **제12조 【분할납부 등】** ① 납부의무자가 벌과금 등의 분할납부 또는 납부연기를 받으려면 별지 제14호서식에 따른 분할납부(납부연기) 신청서를 제출하여야 한다. 이 경우 재산형등 집행 사무 담당직원은 분할납부 또는 납부연기를 신청한 자가 다음 각 호(생략)의 어느 하나에 해당하는지를 조사한 후 관련 자료를 첨부하여 소속 과장을 거쳐 검사의 허가를 받아야 한다. 14. 보호7☆
>
> ② 검사는 제1항에 따른 신청을 받으면 납부의무자의 경제적 능력, 벌과금 등의 액수, 분할납부 또는 납부연기 시 이행 가능성, 노역장 유치 집행의 타당성 등을 고려하여 분할납부 또는 납부연기의 필요성이 있다고 인정되는 경우에는 이를 허가할 수 있다.
>
> ③ 검사는 벌과금 등의 액수가 500만 원 이하인 경우로서 납부의무자의 신체적·정신적인 건강상태가 질병·음주 등으로 인하여 즉각적인 노역장 유치 집행을 하기 어려운 상태로 판단되는 경우에는 직권으로 벌과금 등의 분할납부 또는 납부연기를 결정할 수 있다.
>
> ④ 제2항·제3항에 따른 분할납부 또는 납부연기 기한은 6개월 이내로 하되, 검사는 해당 분할납부 또는 납부연기의 사유가 소멸되지 않는 경우 3개월의 범위에서 그 기한을 2회에 한하여 연장할 수 있다.
>
> ⑤ 검사는 제2항·제3항에 따른 분할납부 또는 납부연기의 허가·결정을 받은 사람이 정당한 사유 없이 2회에 걸쳐 허가·결정 내용을 이행하지 않는 경우에는 해당 허가·결정을 취소할 수 있다.

ⓒ 장·단점

장점	벌금을 일시납부하기 어려운 경우 합리적으로 벌금을 징수할 수 있다.
단점	ⓐ 분납을 하는 경우에는 수형자가 세금을 내는 것과 같이 느낄 수 있으므로 벌금형의 형벌 기능이 상실될 우려가 있다. ⓑ 집행기관의 부담이 늘어나며, 도중에 수형자가 지급불능상태에 빠질 수 있다.

③ 벌금형의 유예제도

㉠ 종래 「형법」은 벌금형에 관해 선고유예만을 인정하고 있었다(제59조). 18. 보호7☆

㉡ 징역형에 대해 인정되는 집행유예가 징역형보다 상대적으로 가벼운 형벌인 벌금형에는 인정되지 않아 합리적이지 않다는 비판이 제기되어 왔고, 벌금 납부능력이 부족한 서민의 경우 벌금형을 선고받아 벌금을 납부하지 못할 시 노역장에 유치되는 것을 우려하여 징역형의 집행유예 판결을 구하는 예가 빈번히 나타나는 등 형벌의 부조화 현상을 방지하고 서민의 경제적 어려움을 덜어주기 위해 벌금형에 대한 집행유예를 도입할 필요가 인정된다. 다만, 고액 벌금형의 집행유예를 인정하는 것에 대한 비판적인 법 감정이 있는 점 등을 고려하여 500만 원 이하의 벌금형을 선고하는 경우에만 집행유예를 선고할 수 있도록 규정하였다.

(7) 대체자유형제도

① 의의

○ 대체자유형(환형처분)이란 법관의 자유재량으로 벌금형을 자유형으로 바꾸어 부과하는 것을 말한다.

○ 우리나라의 대체자유형은 벌금을 완납할 때까지 노역장에 유치함으로써 벌금의 납입을 강제하거나 벌금·과료미납자를 노역장에 유치하여 작업에 복무하게 함으로써 납입을 대체하는 방식으로 규정되어 있다(노역장유치).

> **형법**
>
> **제69조【벌금과 과료】** ① 벌금과 과료는 판결확정일로부터 30일 내에 납입하여야 한다. 단, 벌금을 선고할 때에는 동시에 그 금액을 완납할 때까지 노역장에 유치할 것을 명할 수 있다. 24. 교정9☆
>
> ② 벌금을 납입하지 아니한 자는 1일 이상 3년 이하, 과료를 납입하지 아니한 자는 1일 이상 30일 미만의 기간 노역장에 유치하여 작업에 복무하게 한다. 22. 보호7☆
>
> **제70조【노역장유치】** ① 벌금이나 과료를 선고할 때에는 이를 납입하지 아니하는 경우의 노역장 유치기간을 정하여 동시에 선고하여야 한다. 19. 승진☆
>
> ② 선고하는 벌금이 1억 원 이상 5억 원 미만인 경우에는 300일 이상, 5억 원 이상 50억 원 미만인 경우에는 500일 이상, 50억 원 이상인 경우에는 1천일 이상의 노역장 유치기간을 정하여야 한다. 23. 보호7☆
>
> **제71조【유치일수의 공제】** 벌금이나 과료의 선고를 받은 사람이 그 금액의 일부를 납입한 경우에는 벌금 또는 과료액과 노역장 유치기간의 일수에 비례하여 납입금액에 해당하는 일수를 뺀다. 24. 교정9☆

⚖ 관련 판례 | 「형법」 제69조 제2항 등 위헌소원

[1] 벌금미납자를 노역장에 유치하여 신체를 구금하는 「형법」 제69조 제2항 및 제70조 중 각 '벌금' 부분(이하 '이 사건 법률조항들')이 과잉금지원칙에 위반되는지 여부(소극) - 이 사건 법률조항들은 벌금의 철저한 징수를 통하여 벌금형의 형벌 효과를 유지·확보하기 위한 것으로서 입법 목적의 정당성이 인정되며, 벌금을 납입하지 아니할 경우 자유박탈을 내용으로 하는 노역장유치는 벌금납입을 대체 혹은 강제할 수 있는 유효한 수단이라는 점에서 수단의 적합성도 갖추었다. 또한 사회봉사특례법의 일정한 요건을 충족할 때에는 노역장유치를 사회봉사명령으로 대신하여 집행할 수 있고, 집행사무규칙에 의하여 벌금의 분납·연기신청이 가능하며, 노역장유치기간이 제한되어 있는 점 등을 감안하면 피해의 최소성원칙에 반한다고 볼 수 없다. 마지막으로 노역장유치를 통하여 벌금형의 집행율을 제고하고 형벌의 목적을 달성하려는 공익은 노역장유치자가 입게 되는 불이익에 비하여 현저히 작다고 할 수 없으므로 법익균형성에 위배된다고도 할 수 없어 이 사건 법률조항들은 과잉금지원칙에 위배되지 아니한다.

[2] 이 사건 법률조항들이 평등원칙에 위반되는지 여부(소극) - 노역장유치는 경제적 능력의 유무와는 상관없이 모든 벌금미납자에게 적용되므로 이 사건 법률조항들이 경제적 능력이 없는 자를 경제적 능력이 있는 자와 차별하기 위한 것이라고 보기는 어렵고, 1일 환산금액은 법원이 벌금 총액 및 피고인의 경제적 능력 등을 고려하여 결정하는 것이므로 이 사건 법률조항들에 의하여 1일 환산금액에 따른 차별이 발생하는 것이 아니며, 노역장유치처분을 받은 벌금미납자가 실형이 선고된 수형자와 동일하게 신체구금을 당하게 된다고 하더라도, 앞에서 본 바와 같은 합리적 이유가 있으므로, 이 사건 법률조항들은 평등원칙에도 위배되지 않는다. [헌재 2011.9.29, 2010헌바188, 2011헌바91·151]

⚖ 관련 판례 「형법」 부칙 제2조 제1항 위헌소원 등

[1] 1억 원 이상의 벌금형을 선고하는 경우 노역장유치기간의 하한을 정한 형법(2014.5.14. 법률 제12575호로 개정된 것) 제70조 제2항(이하 '노역장유치조항'이라 한다)이 과잉금지원칙에 반하여 청구인들의 신체의 자유를 침해하는지 여부(소극) - 벌금에 비해 노역장유치기간이 지나치게 짧게 정해지면 경제적 자력이 충분함에도 고액의 벌금 납입을 회피할 목적으로 복역하는 자들이 있을 수 있으므로, 벌금 납입을 심리적으로 강제할 수 있는 최소한의 유치기간을 정할 필요가 있다. 또한 고액 벌금에 대한 유치기간의 하한을 법률로 정해두면 1일 환형유치금액 간에 발생하는 불균형을 최소화할 수 있다. 노역장유치조항은 주로 특별형법상 경제범죄 등에 적용되는데, 이러한 범죄들은 범죄수익의 박탈과 함께 막대한 경제적 손실을 가하지 않으면 범죄의 발생을 막기 어렵다. 노역장유치조항은 벌금 액수에 따라 유치기간의 하한이 증가하도록 하여 범죄의 경중이나 죄질에 따른 형평성을 도모하고 있고, 노역장유치기간의 상한이 3년인 점과 선고되는 벌금 액수를 고려하면 그 하한이 지나치게 장기라고 보기 어렵다. 또한 노역장유치조항은 유치기간의 하한을 정하고 있을 뿐이므로 법관은 그 범위 내에서 다양한 양형요소들을 고려하여 1일 환형유치금액과 노역장유치기간을 정할 수 있다. 이러한 점들을 종합하면 노역장유치조항은 과잉금지원칙에 반하여 청구인들의 신체의 자유를 침해한다고 볼 수 없다.

[2] 노역장유치조항을 시행일 이후 최초로 공소제기되는 경우부터 적용하도록 한 형법 부칙(2014.5.14. 법률 제12575호) 제2조 제1항(이하 '부칙조항'이라 한다)이 형벌불소급원칙에 위반되는지 여부(적극) - 형벌불소급원칙에서 의미하는 '처벌'은 형법에 규정되어 있는 형식적 의미의 형벌 유형에 국한되지 않으며, 범죄행위에 따른 제재의 내용이나 실제적 효과가 형벌적 성격이 강하여 신체의 자유를 박탈하거나 이에 준하는 정도로 신체의 자유를 제한하는 경우에는 형벌불소급원칙이 적용되어야 한다. 노역장유치는 그 실질이 신체의 자유를 박탈하는 것으로서 징역형과 유사한 형벌적 성격을 가지고 있으므로 형벌불소급원칙의 적용대상이 된다. (중략) 그런데 부칙조항은 노역장유치조항의 시행 전에 행해진 범죄행위에 대해서도 공소제기의 시기가 노역장유치조항의 시행 이후이면 이를 적용하도록 하고 있으므로, 이는 범죄행위 당시보다 불이익한 법률을 소급 적용하도록 하는 것으로서 헌법상 형벌불소급원칙에 위반된다. [헌재 2017.10.26, 2015헌바239 등] 19. 승진

② 문제점

　㉠ 대체자유형은 단기자유형의 문제점을 그대로 가질 뿐만 아니라, 악용될 염려도 있다. 벌금이 지나치게 높은 경우에는 집행 불가로 노역장에 유치되는 것이 범죄자에게 더 유리한 결과가 될 수 있기 때문이다.

　㉡ 현재 우리나라에서는 노역장유치자를 전담하여 수용하는 독립된 전문시설이 설치되어 있지 않아 기존의 교정시설에서 집행되며, 체계적인 전문 프로그램도 실시되고 있지 않다.

　㉢ 미납벌금이 고액인 경우에도 노역장유치기간이 3년을 초과할 수 없어 형사제재의 실효성을 확보하기 어렵다.

　㉣ 대체자유형은 일수벌금제도와 결합될 때 비로소 범죄인의 불법과 책임에 상응하는 형벌의 의미를 갖는다고 할 수 있다.

(8)「벌금 미납자의 사회봉사 집행에 관한 특례법」

① 의의

　㉠ 현행 제도상 벌금을 납입하지 아니할 경우 일률적으로 노역장에 유치하고 있어, 벌금 납입의사가 있으나 경제적 능력이 없어 납입하지 못하는 경우 경제적 불평등이 형벌의 불평등으로 이어지는 경우가 많다.

　㉡ 경제적 무능력을 이유로 벌금을 납입하지 못한 사람에 대하여 노역장유치에 앞서 미납벌금을 사회봉사로 대체하여 집행할 수 있도록 「형법」 제69조 제2항에 대한 특례를 마련함으로써 노역장유치에 따른 범죄 학습, 가족관계 단절, 구금시설 과밀화 등의 문제점을 해소하거나 최소화하는 동시에 벌금 미납자에 대한 편익을 도모하자는 취지에서 「벌금 미납자의 사회봉사 집행에 관한 특례법」이 제정되었다. 18. 보호7☆

② 「벌금 미납자의 사회봉사 집행에 관한 특례법」의 주요 내용

> **제1조 【목적】** 이 법은 「형법」 제69조 제2항의 벌금 미납자에 대한 노역장 유치를 사회봉사로 대신하여 집행할 수 있는 특례와 절차를 규정함으로써 경제적인 이유로 벌금을 낼 수 없는 사람의 노역장유치로 인한 구금을 최소화하여 그 편익을 도모함을 목적으로 한다.
>
> **제4조 【사회봉사의 신청 *】** ① 대통령령으로 정한 금액(→ 500만 원) 범위 내의 벌금형이 확정된 벌금 미납자는 검사의 납부명령일부터 30일 이내에 주거지를 관할하는 지방검찰청(지방검찰청지청을 포함한다. 이하 같다)의 검사에게 사회봉사를 신청할 수 있다. 다만, 검사로부터 벌금의 일부납부 또는 납부연기를 허가받은 자는 그 허가기한 내에 사회봉사를 신청할 수 있다. 20. 승진☆
> ② 제1항에도 불구하고 다음 각 호의 어느 하나에 해당하는 사람은 사회봉사를 신청할 수 없다. 20. 승진☆
> 1. 징역 또는 금고와 동시에 벌금을 선고받은 사람 19. 승진
> 2. 「형법」 제69조 제1항 단서에 따라 법원으로부터 벌금선고와 동시에 벌금을 완납할 때까지 노역장에 유치할 것을 명받은 사람 18. 승진

* 종래 사회봉사 신청이 가능한 벌금형 금액의 상한액은 300만 원이었으나, 물가상승 등 경제상황 변화와 벌금형에 대해 집행유예를 적용할 수 있는 벌금의 상한액이 500만 원인 점 등을 고려하여 사회봉사를 신청할 수 있는 벌금형 금액의 상한액을 500만 원으로 상향함으로써 경제적인 이유로 벌금을 내지 못해 발생하는 노역장 유치를 최소화하고, 생계곤란으로 벌금을 내지 못하는 사람의 경제적 어려움을 덜어주기 위하여 개정되었다 (시행령 제2조, 2020.1.7. 개정).

🏛 **핵심 OX**

10 벌금형이 확정된 미납자는 검사의 납부명령이 고지된 날로부터 30일 이내에 사회봉사명령을 신청할 수 있다.

(○, ×)

10 ○

3. 다른 사건으로 형 또는 구속영장이 집행되거나 노역장에 유치되어 구금 중인 사람
4. 사회봉사를 신청하는 해당 벌금에 대하여 법원으로부터 사회봉사를 허가받지 못하거나 취소당한 사람. 다만, 사회봉사 불허가사유가 소멸한 경우에는 그러하지 아니하다.

제5조【사회봉사의 청구】 ① 제4조 제1항의 신청을 받은 검사는 사회봉사 신청인(이하 '신청인'이라 한다)이 제6조 제2항 각 호의 요건에 해당하지 아니하는 때에는 법원에 사회봉사의 허가를 청구하여야 한다. 14. 보호7

② 검사는 사회봉사의 청구 여부를 결정하기 위하여 필요한 경우 신청인에게 출석 또는 자료의 제출을 요구하거나, 신청인의 동의를 받아 공공기관, 민간단체 등에 벌금 납입능력 확인에 필요한 자료의 제출을 요구할 수 있다.

④ 검사는 신청일부터 7일 이내에 사회봉사의 청구 여부를 결정하여야 한다. 다만, 제2항에 따른 출석 요구, 자료제출 요구에 걸리는 기간은 위 기간에 포함하지 아니한다. 12. 교정7

⑥ 사회봉사의 신청을 기각하는 검사의 처분에 대한 이의신청에 관하여는 「형사소송법」 제489조를 준용(→ 법원에 이의신청)한다. 18. 승진

제6조【사회봉사 허가】 ① 법원은 검사로부터 사회봉사 허가 청구를 받은 날부터 14일 이내에 벌금 미납자의 경제적 능력, 사회봉사 이행에 필요한 신체적 능력, 주거의 안정성 등을 고려하여 사회봉사 허가 여부를 결정한다. 다만, 제3항에 따른 출석 요구, 자료제출 요구에 걸리는 기간은 위 기간에 포함하지 아니한다. 14. 보호7☆

② 다음 각 호의 어느 하나에 해당하는 경우에는 사회봉사를 허가하지 아니한다. 18. 승진☆

1. 제4조 제1항에 따른 벌금의 범위를 초과하거나 신청기간이 지난 사람이 신청을 한 경우
2. 제4조 제2항에 따라 사회봉사를 신청할 수 없는 사람이 신청을 한 경우
3. 정당한 사유 없이 제3항에 따른 법원의 출석 요구나 자료제출 요구를 거부한 경우
4. 신청인이 일정한 수입원이나 재산이 있어 벌금을 낼 수 있다고 판단되는 경우
5. 질병이나 그 밖의 사유로 사회봉사를 이행하기에 부적당하다고 판단되는 경우

④ 법원은 사회봉사를 허가하는 경우 벌금 미납액에 의하여 계산된 노역장 유치기간에 상응하는 사회봉사시간을 산정하여야 한다. 다만, 산정된 사회봉사시간 중 1시간 미만은 집행하지 아니한다. 18. 승진☆

⑤ 사회봉사를 허가받지 못한 벌금 미납자는 그 결정을 고지받은 날부터 15일 이내에 벌금을 내야 하며, 위의 기간 내에 벌금을 내지 아니할 경우 노역장에 유치한다. 다만, 사회봉사 불허가에 관한 통지를 받은 날부터 15일이 지나도록 벌금을 내지 아니한 사람 중 「형법」 제69조 제1항에 따른 벌금 납입기간이 지나지 아니한 사람의 경우에는 그 납입기간이 지난 후 노역장에 유치한다.

제8조 【사회봉사의 신고】 ① 사회봉사 대상자는 법원으로부터 사회봉사 허가의 고지를 받은 날부터 10일 이내에 사회봉사 대상자의 주거지를 관할하는 보호관찰소의 장에게 주거, 직업, 그 밖에 대통령령으로 정하는 사항을 신고하여야 한다.

제9조 【사회봉사의 집행담당자】 ① 사회봉사는 보호관찰관이 집행한다. 다만, 보호관찰관은 그 집행의 전부 또는 일부를 국공립기관이나 그 밖의 단체 또는 시설의 협력을 받아 집행할 수 있다. 13. 교정7

제10조 【사회봉사의 집행】 ① 보호관찰관은 사회봉사 대상자의 성격, 사회경력, 범죄의 원인 및 개인적 특성 등을 고려하여 사회봉사의 집행분야를 정하여야 한다. 18. 승진☆

② 사회봉사는 1일 9시간을 넘겨 집행할 수 없다. 다만, 사회봉사의 내용상 연속집행의 필요성이 있어 보호관찰관이 승낙하고 사회봉사 대상자가 분명히 동의한 경우에만 연장하여 집행할 수 있다. 19. 교정7

③ 사회봉사의 집행시간은 사회봉사기간 동안의 집행시간을 합산하여 시간 단위로 인정한다. 다만, 집행시간을 합산한 결과 1시간 미만이면 1시간으로 인정한다.

제11조 【사회봉사의 집행기간】 사회봉사의 집행은 사회봉사가 허가된 날부터 6개월 이내에 마쳐야 한다. 다만, 보호관찰관은 특별한 사정이 있으면 검사의 허가를 받아 6개월의 범위에서 한 번 그 기간을 연장하여 집행할 수 있다.

19. 교정7

제12조 【사회봉사 대상자의 벌금 납입】 ① 사회봉사 대상자는 사회봉사의 이행을 마치기 전에 벌금의 전부 또는 일부를 낼 수 있다. 15. 교정9

② 사회봉사 집행 중에 벌금을 내려는 사회봉사 대상자는 보호관찰소의 장으로부터 사회봉사집행확인서를 발급받아 주거지를 관할하는 지방검찰청의 검사에게 제출하여야 한다. 20. 승진

제13조 【사회봉사 이행의 효과】 이 법에 따른 사회봉사를 전부 또는 일부 이행한 경우에는 집행한 사회봉사시간에 상응하는 벌금액을 낸 것으로 본다. 14. 보호7

제14조 【사회봉사 허가의 취소】 ① 사회봉사 대상자가 다음 각 호의 어느 하나에 해당하는 경우 보호관찰소 관할 지방검찰청의 검사는 보호관찰소의 장의 신청에 의하여 사회봉사 허가의 취소를 법원에 청구한다.

1. 정당한 사유 없이 제8조 제1항의 신고를 하지 아니하는 경우
2. 제11조의 기간 내에 사회봉사를 마치지 아니한 경우
3. 정당한 사유 없이 「보호관찰 등에 관한 법률」 제62조 제2항의 준수사항을 위반하거나 구금 등의 사유로 사회봉사를 계속 집행하기에 적당하지 아니하다고 판단되는 경우

⑦ 사회봉사 허가가 취소된 사회봉사 대상자는 취소통지를 받은 날부터 7일 이내에 남은 사회봉사시간에 해당하는 미납벌금을 내야 하며, 그 기간 내에 미납벌금을 내지 아니하면 노역장에 유치한다.

제15조 【사회봉사의 종료】 ① 사회봉사는 다음 각 호의 어느 하나에 해당하는 경우에 종료한다.

집행유예 시 사회봉사·수강명령의 경우와 비교(제10조 제1항 관련)

집행유예 시 사회봉사·수강명령의 경우에는 '법원'이 사회봉사·수강할 분야와 장소 등을 지정할 수 있다(「보호관찰 등에 관한 법률」 제59조 제2항).

사회봉사 집행시간(제10조 제2항 관련)

사회봉사는 평일 주간에 집행하는 것을 원칙으로 하나, 사회봉사 대상자의 동의 또는 신청을 받아 사회봉사 대상자의 생업, 학업, 질병 등을 고려하여 야간 또는 공휴일에 집행할 수 있다. 또한 1일 9시간을 넘겨 사회봉사를 집행하는 경우에도 1일 총 13시간을 초과할 수 없다(「벌금 미납자의 사회봉사 집행에 관한 특례법 시행령」 제8조). 13. 교정7

🔨 관련 판례 「특정범죄 가중처벌 등에 관한 법률」 제8조 제1항 제1호 등 위헌소원 등

[1] 조세포탈범을 가중처벌하는 경우 포탈세액의 2배 이상 5배 이하에 상당하는 벌금형을 필요적으로 병과하도록 규정한 「특정범죄 가중처벌 등에 관한 법률」 제8조 제2항(이하 '이 사건 법률조항')이 과잉처벌에 해당하는지 여부(소극) − 조세포탈범에 대한 벌금형의 필요적 병과 여부는 원칙적으로 입법정책의 문제로서 (중략) 법관은 정상에 따라 벌금형을 감액할 수도 있고, 벌금형만을 선고유예할 수도 있으므로 이 사건 법률조항이 벌금형을 반드시 병과하도록 하였다 하더라도 형벌체계상의 균형을 잃은 것이라거나 범행자를 귀책 이상으로 과잉처벌하는 것으로 보기는 어렵다.
[2] 벌금형의 필요적 병과가 법관의 양형재량권을 침해하는지 여부(소극) − 내용 생략
[3] 벌금을 납입하지 않은 때에 노역장에 유치하는 것이 헌법 제13조 제1항 후단의 이중처벌금지의 원칙에 위배되는지 여부(소극) − 벌금형을 선고받는 자가 그 벌금을 납입하지 않은 때에 그 집행 방법의 변경으로 하게 되는 노역장유치는 이미 형벌을 받은 사건에 대해 또 다시 형을 부과하는 것이 아니라, 단순한 형벌 집행방법의 변경에 불과한 것이므로 헌법 제13조 제1항 후단의 이중처벌금지의 원칙에 위반되지 아니한다. [헌재 2009.3.26, 2008헌바52·104] 10. 사시

★ 핵심 POINT | 벌금과 과료의 비교

구분	벌금	과료
금액	5만 원 이상 (감경 시 5만 원 미만 가능)	2천 원 이상 5만 원 미만
노역장유치기간	1일 이상 3년 이하	1일 이상 30일 미만
선고유예	○	×
완납 시까지 노역장유치	○	×

3. 몰수 및 추징

(1) 의의

① 몰수: 몰수는 범죄의 반복을 막거나 범죄로 인한 이득을 방지하기 위해 범행과 관련된 재산을 박탈하여 국고에 귀속시키는 재산형이다. 12. 사시

㉠ 일반몰수와 특별몰수

일반몰수	범인의 전 재산을 국고에 귀속시키는 것이다.
특별몰수	범죄와 관계되는 특정한 물건의 소유권을 국고에 귀속시키는 것이다. 일반적으로 몰수란 특별몰수를 의미한다.

ⓒ 임의적 몰수와 필요적 몰수

임의적 몰수	법원의 재량에 의해 국고에 귀속시키는 것이며, 형법총칙상 몰수의 원칙이다(「형법」 제48조 제1항).
필요적 몰수	형법각칙에서는 뇌물죄의 뇌물이나 아편에 관한 죄의 아편 등을 대상으로 하며, 특별법상의 몰수는 대부분 필요적 몰수에 해당한다.

② 추징

㉠ 추징은 몰수 대상물의 전부 또는 일부를 몰수하기 불가능한 때에 몰수에 대신해서 그 가액의 납부를 명령하는 사법 처분을 말한다(형벌이 아님). 몰수의 취지를 관철하기 위한 부가형의 성격을 가지고 있다(판례).

㉡ 수인의 공동피고인으로부터 추징할 때에는 원칙적으로 개별추징을 하여야 하며, 개별액을 알 수 없으면 평균분할액을 추징해야 한다(판례).

㉢ 추징가액의 산정 기준에 대해서는 범행시설·몰수불능시설·판결선고시설 등이 있으나, 추징가액은 범인이 몰수의 선고를 받았더라면 상실할 이득 상당액을 의미한다고 보아야 할 것이므로 '판결선고시설'이 타당하다(판례). 12. 사시

(2) 법적 성격

몰수는 「형법」 제41조에 형벌의 일종으로 규정되어 있어 형식적으로는 형벌의 일종이지만 실질적으로는 대물적 보안처분에 속한다는 것이 다수의 견해이다.

(3) 몰수의 대상과 요건

> 형법
>
> **제48조【몰수의 대상과 추징】**① 범인(→ 공범 포함) 외의 자의 소유에 속하지 아니하거나 범죄 후 범인 외의 자가 사정을 알면서 취득한 다음 각 호의 물건(→ 권리 또는 이익 포함)은 전부 또는 일부를 몰수할 수 있다(→ 임의적 몰수).
> 1. 범죄행위에 제공하였거나 제공하려고 한 물건
> 2. 범죄행위로 인하여 생겼거나 취득한 물건
> 3. 제1호 또는 제2호의 대가로 취득한 물건
> ② 제1항 각 호의 물건을 몰수할 수 없을 때에는 그 가액을 추징(→ 형벌 ×, 사법처분 ○)한다.
> ③ 문서, 도화, 전자기록 등 특수매체기록 또는 유가증권의 일부가 몰수의 대상이 된 경우에는 그 부분을 폐기한다. 13. 사시

(4) 몰수의 부가성과 예외

> 형법
>
> **제49조【몰수의 부가성】**몰수는 타형에 부가하여 과한다. 단, 행위자에게 유죄의 재판을 아니할 때에도 몰수의 요건이 있는 때에는 몰수만을 선고할 수 있다.
> 15. 교정9☆

몰수와 공소제기

1. 압수된 물건의 몰수만을 위한 검사의 공소제기는 불가능하며, 불기소처분을 하는 경우에도 압수된 물건만을 몰수할 수 없다.

2. 검사가 공소제기를 하면서 몰수의 청구를 하지 않더라도 몰수의 요건이 있는 경우에는 법원이 형을 선고하면서 직권으로 몰수를 할 수 있으며 이는 불고불리의 원칙에 반하는 것이 아니다(판례).

🏛 **핵심 OX**

12 「형법」상 행위자에게 유죄의 재판을 아니할 때에는 몰수의 요건이 있는 때에도 몰수만을 선고할 수는 없다.

(○, ✕)

12 ✕

(5) 범죄수익박탈제도

① 의의

⊙ 최근에 조직범죄·약물범죄 등으로 인한 범죄수익이 증대하면서 이에 대한 효과적인 억제방안들이 모색되고 있고, 그 일환으로 범죄의 수익을 박탈하는 제도가 논의되고 있다.

ⓛ 조직·약물·기업범죄 등은 범죄로 인한 이익이 범죄의 주된 동기를 이루므로, 범죄활동의 이득을 박탈하는 것이 그러한 범죄를 억제·무력화하는 데 중요한 역할을 한다는 것이다.

ⓒ 현행 몰수제도는 몰수의 대상을 한정하고 있고, 범죄인의 재산과 범죄 간에 인과관계가 증명되지 못한 경우 효과적인 범죄수익박탈이 곤란하다.

ⓔ 이러한 점을 고려하여 범죄자의 재산 일반에 대한 박탈 내지 몰수를 인정하기 위해 고안된 제도를 범죄수익박탈제도라고 한다. 이는 형사정책의 초점이 범죄자의 재사회화나 정당한 처벌에서 범죄무력화로 이행되는 경향을 나타내는 것이라는 점에서 주목할 만하다.

ⓜ 범죄수익박탈제도는 행위자의 재산을 기준으로 형벌을 양정하므로 개별책임에 반하며 국민의 재산권을 침해할 가능성이 있다는 비판을 받는다. 또한 특별예방적인 고려에 의한 제도이므로, 책임원칙의 한도를 넘을 위험성이 있다는 지적이 있다.

② 「범죄수익은닉의 규제 및 처벌 등에 관한 법률」의 주요 내용

제1조 【목적】 이 법은 특정 범죄와 관련된 범죄수익의 취득 등에 관한 사실을 가장하거나 특정 범죄를 조장할 목적 또는 적법하게 취득한 재산으로 가장할 목적으로 범죄수익을 은닉하는 행위를 규제하고, 특정 범죄와 관련된 범죄수익의 몰수 및 추징에 관한 특례를 규정함으로써 특정 범죄를 조장하는 경제적 요인을 근원적으로 제거하여 건전한 사회질서의 유지에 이바지함을 목적으로 한다.

범죄수익박탈제도의 시행
현재 「공무원범죄에 관한 몰수 특례법」, 「마약류 불법거래 방지에 관한 특례법」, 「범죄수익은닉의 규제 및 처벌 등에 관한 법률」 등에서 범죄수익박탈제도가 시행되고 있다.

제2조 【정의】 이 법에서 사용하는 용어의 뜻은 다음과 같다.

　4. '범죄수익 등'이란 범죄수익, 범죄수익에서 유래한 재산 및 이들 재산과 그 외의 재산이 합쳐진 재산을 말한다.

제8조 【범죄수익 등의 몰수】 ① 다음 각 호의 재산은 몰수할 수 있다.

　1. 범죄수익

　2. 범죄수익에서 유래한 재산

　3. 제3조 또는 제4조의 범죄행위에 관계된 범죄수익 등

　4. 제3조 또는 제4조의 범죄행위에 의하여 생긴 재산 또는 그 범죄행위의 보수로 얻은 재산

　5. 제3호 또는 제4호에 따른 재산의 과실 또는 대가로 얻은 재산 또는 이들 재산의 대가로 얻은 재산, 그 밖에 그 재산의 보유 또는 처분에 의하여 얻은 재산

5 자격형(명예형)제도

1. 의의

명예형(자격형)이란 범죄인의 자격(명예)을 박탈·제한하는 형벌이다. 현행 「형법」에는 자격상실과 자격정지의 두 가지가 있다(제43조).

2. 현행법상의 명예형

(1) 자격상실

① 사형, 무기징역 또는 무기금고의 선고가 있으면 별도의 선고 없이 자격이 당연히 상실되는 것이다. 이는 형벌선고에 따르는 부대적 효력이다.

② 자격상실은 무기형을 선고받은 자가 사면·가석방이 되더라도 복권이라는 별도의 조치가 없는 한 자격이 영구히 상실된다는 점에서 매우 가혹하다는 비판이 있다.

형법

제43조 【형의 선고와 자격상실, 자격정지】 ① 사형, 무기징역 또는 무기금고의 판결을 받은 자는 다음에 기재한 자격을 상실한다.

　1. 공**무**원이 되는 자격

　2. 공법상의 **선**거권과 피선거권

　3. 법률로 요건을 정한 **공**법상의 업무에 관한 자격

　4. 법인의 이**사**, 감사 또는 지배인 기타 법인의 업무에 관한 검사역이나 재산관리인이 되는 자격

명예형(자격형)의 역사

1. 명예형은 중세부터 19세기까지 유럽에서 널리 이용되던 형벌이다. 19세기 초까지는 주로 범죄인을 일반대중에게 공개함으로써 수치심을 유발하는 치욕형의 형태였으나, 이후 명예상실·공직박탈·직업금지 등 자격형으로 변모하였다.

2. 우리나라에서도 조선시대에 관직에서 해임되거나 관직취임을 금지시키는 '윤형(閏刑)'이 있었다.

선생님 TIP

상실되는 자격
무/선/공/사

(2) 자격정지

① 자격정지는 일정기간 자격의 전부 또는 일부가 정지되는 것으로서 범죄의 성질에 따라서 선택형 또는 병과형이 있고, 당연정지와 선고정지가 있다.

당연정지	유기징역 또는 유기금고의 판결을 받은 자에 대하여 그 형의 집행이 종료되거나 면제될 때까지 일부 자격이 당연히 정지되는 것
선고정지	판결의 선고에 의해 자격의 전부 또는 일부를 1년 이상 15년 이하의 기간 동안 정지시키는 것

② 자격정지가 선택형일 때에는 다른 형벌과 마찬가지로 판결이 확정된 날로부터 기산한다. 병과형일 때에는 징역 또는 금고의 집행을 종료하거나 면제된 날로부터 기산한다.

> **형법**
>
> **제43조【형의 선고와 자격상실, 자격정지】** ② 유기징역 또는 유기금고의 판결을 받은 자는 그 형의 집행이 종료하거나 면제될 때까지 전항 제1호 내지 제3호에 기재된 자격이 정지된다(→ 원칙적 당연정지). 다만, 다른 법률에 특별한 규정이 있는 경우에는 그 법률에 따른다.
>
> **제44조【자격정지】** ① 전조에 기재한 자격의 전부 또는 일부에 대한 정지는 1년 이상 15년 이하로 한다(→ 선고정지). 19. 승진
> ② 유기징역 또는 유기금고에 자격정지를 병과한 때에는 징역 또는 금고의 집행을 종료하거나 면제된 날로부터 정지기간을 기산한다. 24. 교정9☆

⚖ **관련 판례** | 「공직선거법」 제18조 제1항 제2호 위헌확인 등

집행유예기간 중인 자와 수형자의 선거권을 제한하고 있는 「공직선거법」(2005.8.4. 법률 제7681호로 개정된 것) 제18조 제1항 제2호 중 '유기징역 또는 유기금고의 선고를 받고 그 집행이 종료되지 아니한 자(이하 '수형자'라 한다)'에 관한 부분과 '유기징역 또는 유기금고의 선고를 받고 그 집행유예기간 중인 자(이하 '집행유예자'라 한다)'에 관한 부분 및 「형법」(1953.9.18. 법률 제293호로 제정된 것) 제43조 제2항 중 수형자와 집행유예자의 '공법상의 선거권'에 관한 부분(이 조항들을 함께 '심판대상조항'이라 한다)이 헌법 제37조 제2항에 위반하여 청구인들의 선거권을 침해하고, 보통선거원칙에 위반하여 평등원칙에도 어긋나는지 여부(적극) - 심판대상조항은 집행유예자와 수형자에 대하여 전면적·획일적으로 선거권을 제한하고 있다. 심판대상조항의 입법 목적에 비추어 보더라도, 구체적인 범죄의 종류나 내용 및 불법성의 정도 등과 관계없이 일률적으로 선거권을 제한하여야 할 필요성이 있다고 보기는 어렵다. 범죄자가 저지른 범죄의 경중을 전혀 고려하지 않고 수형자와 집행유예자 모두의 선거권을 제한하는 것은 침해의 최소성원칙에 어긋난다. 특히 집행유예자는 집행유예선고가 실효되거나 취소되지 않는 한 교정시설에 구금되지 않고 일반인과 동일한 사회생활을 하고 있으므로, 그들의 선거권을 제한해야 할 필요성이 크지 않다. 따라서 심판대상조항은 청구인들의 선거권을 침해하고, 보통선거원칙에 위반하여 집행유예자와 수형자를 차별취급하는 것이므로 평등원칙에도 어긋난다. [헌재 2014.1.28. 2012헌마409·510, 2013헌마167]

명예형 제도의 문제점

1. 명예의 주관성
명예는 침해 정도의 확인이 어렵고 개인의 편차가 커서 보편적 형벌이 되기 어렵다는 지적이 있으나, 명예형이 자격을 제한·박탈하는 것으로 변모하였기 때문에 더 이상 문제되지 않는다고 본다.

2. 이중형벌
범행을 공적으로 확인함으로써 이미 명예는 충분히 실추되었다고 볼 수 있는데, 다시 자격형을 별도로 부과할 필요가 있는가 하는 비판이 있다.

3. 의무면제의 가능성
자격의 정지나 박탈로 일정한 권리나 의무를 면하게 되는 것이 오히려 이익이 될 수도 있다(예 병역의무의 면제, 증인자격의 박탈 등).

4. 예방효과
명예형은 일반예방효과가 적을 뿐만 아니라 특별예방효과 또한 거의 없어서 형벌의 목적에 부합하지 않는다는 지적이 있다.

5. 낙인효과
명예형의 본질은 범죄인에게 낙인을 찍는 것이므로 낙인효과가 개인에 따라 달라질 수 있다는 문제도 있다.

6. 사회복귀
자격정지를 병과형으로 하는 경우에는 다른 형의 집행을 종료한 후에 다시 형기가 기산되어 사회복귀를 가로막는 결과가 된다는 지적이 있다.

1년 이상의 징역의 형의 선고를 받고 그 집행이 종료되지 아니한 사람의 선거권을 제한하는 공직선거법(2015.8.13. 법률 제13497호로 개정된 것) 제18조 제1항 제2호 본문 중 '1년 이상의 징역의 형의 선고를 받고 그 집행이 종료되지 아니한 사람'에 관한 부분(이하 '심판대상조항'이라 한다)이 청구인들의 선거권을 침해하는지 여부(소극) – (중략) 심판대상조항이 과실범, 고의범 등 범죄의 종류를 불문하고, 침해된 법익의 내용을 불문하며, 형 집행 중에 이뤄지는 재량적 행정처분인 가석방 여부를 고려하지 않고 선거권을 제한한다고 하여 불필요한 제한을 부과한다고 할 수 없다. 1년 이상의 징역형을 선고받은 사람의 선거권을 제한함으로써 형사적·사회적 제재를 부과하고 준법의식을 강화한다는 공익이, 형 집행기간 동안 선거권을 행사하지 못하는 수형자 개인의 불이익보다 작다고 할 수 없다. 따라서 심판대상조항은 과잉금지원칙을 위반하여 청구인의 선거권을 침해하지 아니한다. [헌재 2017.5.25. 2016헌마292·568(병합)]

6 기타 형벌 관련 규정

형법

제77조 【형의 시효의 효과】 형(사형은 제외한다)을 선고받은 자에 대해서는 시효가 완성되면 그 집행이 면제된다. 15. 사시☆

제78조 【형의 시효의 기간】 시효는 형을 선고하는 재판이 확정된 후 그 집행을 받지 아니하고 다음 각 호의 구분에 따른 기간이 지나면 완성된다.

1. 삭제(← 사형: 30년)
2. 무기의 징역 또는 금고: 20년
3. 10년 이상의 징역 또는 금고: 15년
4. 3년 이상의 징역이나 금고 또는 10년 이상의 자격정지: 10년
5. 3년 미만의 징역이나 금고 또는 5년 이상의 자격정지: 7년(←5년)
6. 5년 미만의 자격정지, 벌금, 몰수 또는 추징: 5년(←3년) 23. 보호7☆
7. 구류 또는 과료: 1년

제79조 【형의 시효의 정지】 ① 시효는 형의 집행의 유예나 정지 또는 가석방 기타 집행할 수 없는 기간은 진행되지 아니한다.
② 시효는 형이 확정된 후 그 형의 집행을 받지 아니한 사람이 형의 집행을 면할 목적으로 국외에 있는 기간 동안은 진행되지 아니한다.

제80조 【형의 시효의 중단】 시효는 징역, 금고 및 구류의 경우에는 수형자를 체포한 때, 벌금, 과료, 몰수 및 추징의 경우에는 강제처분을 개시한 때에 중단된다. 13. 교정9

제81조 【형의 실효】 징역 또는 금고의 집행을 종료하거나 집행이 면제된 자가 피해자의 손해를 보상하고 자격정지 이상의 형을 받음이 없이 7년을 경과한 때에는 본인 또는 검사의 신청에 의하여 그 재판의 실효를 선고할 수 있다. 24. 교정9☆

제82조 【복권】 자격정지의 선고를 받은 자가 피해자의 손해를 보상하고 자격정지 이상의 형을 받음이 없이 정지기간의 2분의 1을 경과한 때에는 본인 또는 검사의 신청에 의하여 자격의 회복을 선고할 수 있다. 24. 교정9

선거권 제한규정의 개정

'헌재 2014.1.28. 2012헌마409 등'에서 수형자 및 집행유예 중인 자의 선거권을 제한하는 법률규정에 대한 헌법불합치 및 위헌결정이 선고됨에 따라 「공직선거법」이 1년 미만의 징역 또는 금고의 집행을 선고받아 수형 중에 있는 사람과 형의 집행유예를 선고받고 유예기간 중에 있는 사람에 대하여 선거권을 부여하도록 개정되었고, 그로 인하여 징역 또는 금고의 집행이 종료하거나 면제될 때까지 선거권을 포함하는 자격 전반이 정지되도록 정하고 있는 「형법」 제43조 제2항의 개정이 필요하게 되어 단서조항이 추가되었다.

형의 시효 개정

종래 벌금 또는 몰수·추징에 대한 형의 시효는 3년으로 규정되어 있으나, 매년 다수의 벌금이 시효 완성으로 인하여 집행불능 처리되고 있으며, 몰수 또는 추징금의 환수에도 어려움이 발생하여 형벌 집행의 실효성과 신뢰성을 해치는 요인으로 작용하고 있었고, 또한 이미 확정된 형벌의 집행권이 소멸되는 형의 시효는 일반적으로 「형사소송법」상 미확정인 형벌권인 공소시효보다 장기로 규정되어 있으나, 벌금형의 경우 공소시효가 5년으로 형의 시효인 3년보다 장기로 규정되어 있었다. 따라서 5년 미만의 자격정지, 벌금, 몰수 또는 추징에 대한 형의 시효를 현행 3년에서 5년으로 연장하고, 3년 미만의 징역이나 금고 또는 5년 이상의 자격정지에 대한 형의 시효를 현행 5년에서 7년으로 연장하여 형의 경중에 따라 시효를 단계적으로 규정함으로써 형 집행의 실효성을 높이고 「형법」상 형의 시효와 「형사소송법」상 공소시효 간의 균형을 맞추기 위하여 개정되었다(형법 제78조 제5호·제6호).

형사소송법 제337조 【형의 소멸의 재판】 ① 「형법」 제81조 또는 동 제82조의 규정에 의한 선고는 그 사건에 관한 기록이 보관되어 있는 검찰청에 대응하는 법원에 대하여 신청하여야 한다. 24. 교정9

🏛 **핵심 OX**

13 형의 선고를 받은 자가 피해자의 손해를 배상하지 않더라도 형의 시효가 완성되면 형의 집행이 면제된다. (○, ×)

13 ○

사면법

제2조 【사면의 종류】 사면은 일반사면과 특별사면으로 구분한다.

제3조 【사면 등의 대상】 사면, 감형 및 복권의 대상은 다음 각 호와 같다.

1. 일반사면: 죄를 범한 자
2. 특별사면 및 감형: 형을 선고받은 자 23. 보호7
3. 복권: 형의 선고로 인하여 법령에 따른 자격이 상실되거나 정지된 자

제5조 【사면 등의 효과】 ① 사면, 감형 및 복권의 효과는 다음 각 호와 같다.

1. 일반사면: <u>형 선고의 효력이 상실되며</u>, 형을 선고받지 아니한 자에 대하여는 <u>공소권이 상실된다.</u> 다만, 특별한 규정이 있을 때에는 예외로 한다. 23. 보호7☆
2. 특별사면: <u>형의 집행이 면제된다.</u> 다만, 특별한 사정이 있을 때에는 이후 <u>형 선고의 효력을 상실하게 할 수 있다.</u>
3. 일반에 대한 감형: 특별한 규정이 없는 경우에는 <u>형을 변경한다.</u>
4. 특정한 자에 대한 감형: <u>형의 집행을 경감한다.</u> 다만, 특별한 사정이 있을 때에는 <u>형을 변경할 수 있다.</u>
5. 복권: 형 선고의 효력으로 인하여 상실되거나 정지된 <u>자격을 회복한다.</u>

② 형의 선고에 따른 기성의 효과는 사면, 감형 및 복권으로 인하여 변경되지 아니한다.

제7조 【집행유예를 선고받은 자에 대한 사면 등】 형의 집행유예를 선고받은 자에 대하여는 형 선고의 효력을 상실하게 하는 특별사면 또는 형을 변경하는 감형을 하거나 그 유예기간을 단축할 수 있다. 23. 보호7

제8조 【일반사면 등의 실시】 일반사면, 죄 또는 형의 종류를 정하여 하는 감형 및 일반에 대한 복권은 대통령령으로 한다. 이 경우 일반사면은 죄의 종류를 정하여 한다. 23. 보호7

제10조 【특별사면 등의 상신】 ① <u>법무부장관</u>은 대통령에게 특별사면, 특정한 자에 대한 감형 및 복권을 상신한다.

② 법무부장관은 제1항에 따라 특별사면, 특정한 자에 대한 감형 및 복권을 상신할 때에는 제10조의2에 따른 <u>사면심사위원회의 심사를 거쳐야 한다.</u>

제10조의2 【사면심사위원회】 ① 제10조 제1항에 따른 특별사면, 특정한 자에 대한 감형 및 복권 상신의 적정성을 심사하기 위하여 <u>법무부장관 소속으로</u> 사면심사위원회를 둔다.

② 사면심사위원회는 위원장 1명을 포함한 9명의 위원으로 구성한다.

③ <u>위원장은 법무부장관</u>이 되고, 위원은 법무부장관이 임명하거나 위촉하되, <u>공무원이 아닌 위원을 4명 이상 위촉하여야 한다.</u>

⑤ 사면심사위원회의 심사 과정 및 심사내용의 공개범위와 공개시기는 다음 각 호와 같다. 다만, 제2호 및 제3호의 내용 중 <u>개인의 신상을 특정할 수 있는 부분은 삭제하고 공개하되,</u> 국민의 알 권리를 충족할 필요가 있는 등의 사유가 있는 경우에는 사면심사위원회가 달리 의결할 수 있다.

1. 위원의 명단과 경력사항은 임명 또는 위촉한 즉시
2. 심의서는 해당 특별사면 등을 행한 후부터 즉시
3. <u>회의록은 해당 특별사면 등을 행한 후 5년이 경과한 때부터</u>

제11조【특별사면 등 상신의 신청】 검찰총장은 직권으로 또는 형의 집행을 지휘한 검찰청 검사의 보고 또는 수형자가 수감되어 있는 교정시설의 장의 보고에 의하여 법무부장관에게 특별사면 또는 특정한 자에 대한 감형을 상신할 것을 신청할 수 있다.

제12조【특별사면 등의 제청】 ① 형의 집행을 지휘한 검찰청의 검사와 수형자가 수감되어 있는 교정시설의 장이 특별사면 또는 특정한 자에 대한 감형을 제청하려는 경우에는 제14조에 따른 서류를 첨부하고 제청사유를 기재한 보고서를 검찰총장에게 제출하여야 한다.

형사소송법

제249조【공소시효의 기간】 ① 공소시효는 다음 기간의 경과로 완성한다.

1. 사형에 해당하는 범죄에는 25년
2. 무기징역 또는 무기금고에 해당하는 범죄에는 15년
3. 장기 10년 이상의 징역 또는 금고에 해당하는 범죄에는 10년
4. 장기 10년 미만의 징역 또는 금고에 해당하는 범죄에는 7년
5. 장기 5년 미만의 징역 또는 금고, 장기 10년 이상의 자격정지 또는 벌금에 해당하는 범죄에는 5년
6. 장기 5년 이상의 자격정지에 해당하는 범죄에는 3년
7. 장기 5년 미만의 자격정지, 구류, 과료 또는 몰수에 해당하는 범죄에는 1년

② 공소가 제기된 범죄는 판결의 확정이 없이 공소를 제기한 때로부터 25년을 경과하면 공소시효가 완성한 것으로 간주한다.

제462조【형집행의 순서】 2 이상의 형을 집행하는 경우에 자격상실, 자격정지, 벌금, 과료와 몰수 외(→ 사형, 징역, 금고, 구류)에는 무거운 형을 먼저 집행한다. 다만, 검사는 소속 장관의 허가를 얻어 무거운 형의 집행을 정지하고 다른 형의 집행을 할 수 있다. 18. 승진

01 응보형주의는 개인의 범죄에 대하여 보복적인 의미로 형벌을 과하는 것이다. 21. 교정7 ( )

02 응보형주의에 의하면 범죄는 사람의 의지에 의하여 발생하는 것이 아니라 사회 환경 및 사람의 성격에 의하여 발생하는 것이다. 21. 교정7 ( )

03 교육형주의는 범죄인의 자유박탈과 사회로부터의 격리를 교육을 위한 수단으로 본다. 21. 교정7 ( )

04 적극적 일반예방 이론은 형벌이 사회의 규범의식을 강화해 주는 효과를 가짐으로써 범죄가 예방된다고 보는 것이다. 24. 보호9

05 유기징역 또는 유기금고는 1개월 이상 25년 이하로 하되, 형을 가중하는 때에는 50년까지로 한다. 22. 보호7 ( )

06 부정기형은 범죄인의 개선에 필요한 기간을 판결선고시에 정확히 알 수 없기 때문에 형을 집행하는 단계에서 이를 고려한 탄력적 형집행을 위한 제도로 평가된다. 22. 보호7 ( )

07 부정기형은 범죄자에 대한 위하효과가 인정되고, 수형자자치제도의 효과를 높일 수 있으며, 위험한 범죄자를 장기구금하게 하여 사회방위에도 효과적이다. 22. 보호7 ( )

정답

01 ○ 응보형주의는 형벌의 목적을 응보로 이해하여, 행형의 본질적 목적은 자유의 박탈이라고 본다.

02 ✕ 응보형주의는 자유의사를 인정하는 고전주의 학파의 주장을 전제로 한다. 범죄를 사회 환경 및 사람의 성격에 의하여 발생하는 것(범죄의 원인으로 소질 또는 환경을 주장)이라고 보는 입장은 실증주의 학파이다.

03 ○ 교육형주의는 형벌을 통한 범죄인의 자유박탈과 사회로부터의 격리를 교육을 위한 수단이라고 본다.

04 ○ 반면에 소극적 일반예방은 형벌의 위하 효과에 의해 범죄가 예방된다고 보는 것이다.

05 ✕ 유기징역 또는 유기금고는 1개월 이상 '30년' 이하로 하는 것이 원칙이다(「형법」 제42조).

06 ○ 부정기형은 자유형을 선고할 때 형기를 확정하지 않는 것으로서, 형기는 형의 집행단계에서 결정된다. 정기형의 필요성은 19세기 전반에 형벌의 목적을 범인의 개선 · 교육으로 보기 시작하면서 주장되었다.

07 ○ 부정기형은 위험성이 있는 범죄인에게 형기의 부정기가 위하력을 발휘할 수 있고, 위험한 범죄자나 상습범을 장기간 사회로부터 격리할 수 있으며(사회방위), 수형자자치제도는 그 전제로서 부정기형제도의 활용이 필요하다(사회방위).

08 부정기형은 형벌개별화원칙에 반하고, 수형자의 특성에 따라서 수형기간이 달라지게 되는 문제점이 있으며, 교도관의 자의가 개입할 여지가 있고, 석방결정과정에서 적정절차의 보장이 결여될 위험이 있다. 22. 보호7 ( )

09 「소년법」 제60조 제1항은 "소년이 법정형으로 장기 2년 이상의 유기형에 해당되는 죄를 범한 경우에는 그 형의 범위 내에서 장기와 단기를 정하여 형을 선고하되, 장기는 10년, 단기는 5년을 초과하지 못한다."고 규정하여 상대적 부정기형제도를 채택하였다. 22. 보호7 ( )

10 징역 또는 금고의 집행 중에 있는 자가 그 행상이 양호하여 개전의 정이 현저한 때에는 무기에 있어서는 10년, 유기에 있어서는 형기의 2분의 1을 경과한 후 행정처분으로 가석방을 할 수 있다. 20. 보호7 ( )

11 형기에 산입된 판결선고 전 구금의 일수는 가석방에 있어서 집행을 경과한 기간에 산입하지 아니한다. 20. 보호7 ( )

12 가석방의 기간은 무기형에 있어서는 20년으로 하고, 유기형에 있어서는 남은 형기로 하되, 그 기간은 10년을 초과할 수 없다. 20. 보호7 ( )

13 가석방의 처분을 받은 자가 감시에 관한 규칙을 위배하거나, 보호관찰의 준수사항을 위반하고 그 정도가 무거운 때에는 가석방처분을 취소할 수 있다. 20. 보호7 ( )

14 벌금과 과료는 판결확정일로부터 30일 내에 납입하여야 한다. 다만, 벌금을 선고할 때에는 동시에 그 금액을 완납할 때까지 노역장에 유치할 것을 명하여야 한다. 24. 교정9 ( )

15 벌금형의 집행을 위한 검사의 명령은 집행력 있는 채무명의와 동일한 효력이 있다. 21. 보호7 ( )

정답

08 ✕ 부정기형은 개선 목적의 달성에 적합하므로 '형벌개별화원칙에 부합'한다고 평가된다.

09 ○ 「소년법」 제60조 제1항

10 ✕ 무기에 있어서는 '20년', 유기에 있어서는 형기의 '3분의 1'을 경과한 후 행정처분으로 가석방을 할 수 있다(「형법」 제72조 제1항).

11 ✕ 집행을 경과한 기간에 '산입한다'(「형법」 제73조 제1항).

12 ✕ 무기형에 있어서는 '10년'으로 한다(동법 제73조의2 제1항).

13 ○ 「형법」 제75조

14 ✕ 벌금을 선고할 때에는 동시에 그 금액을 완납할 때까지 노역장에 유치할 것을 명'할 수 있다'(「형법」 제69조 제1항 단서).

15 ○ 「형사소송법」 제477조 제1항·제2항

16 벌금을 납입하지 아니한 자는 1일 이상 3년 이하, 과료를 납입하지 아니한 자는 1일 이상 30일 미만의 기간 노역장에 유치하여 작업에 복무하게 한다. 22. 보호7   (   )

17 벌금에 대한 노역장 유치기간을 정하는 경우, 선고하는 벌금이 1억원 이상 5억원 미만인 경우에는 300일 이상, 5억원 이상 50억원 미만인 경우에는 500일 이상, 50억원 이상인 경우에는 1천일 이상의 유치기간을 정하여야 한다. 22. 보호7
(   )

18 60억 원의 벌금을 선고하면서 이를 납입하지 아니하는 경우의 노역장 유치기간을 700일로 정할 수 있다. 23. 보호7
(   )

19 벌금이나 과료의 선고를 받은 사람이 그 금액의 일부를 납입한 경우에는 벌금 또는 과료액과 노역장 유치기간의 일수 (日數)에 비례하여 납입금액에 해당하는 일수를 노역장 유치일수에서 뺀다. 24. 교정9

20 과료의 선고를 받은 자가 그 일부를 납입한 때에는 과료액과 유치기간의 일수에 비례하여 납입금액에 상당한 일수를 제한다. 20. 승진   (   )

21 벌금형에 따르는 노역장 유치는 실질적으로 자유형과 동일하므로, 그 집행에 대하여는 자유형의 집행에 관한 규정이 준용된다. 21. 보호7   (   )

22 500만 원 이하의 벌금형이 확정된 벌금 미납자는 검사의 납부명령일부터 30일 이내(검사로부터 벌금의 일부납부 또는 납부연기를 허가받은 자는 그 허가기한 내)에 사회봉사를 신청할 수 있지만, 징역 또는 금고와 동시에 벌금을 선고 받은 경우에는 사회봉사를 신청할 수 없다. 20. 승진   (   )

16 ○ 「형법」 제69조 제2항

17 ○ 「형법」 제70조 제2항

18 ✕ 선고하는 벌금이 50억 원 이상인 경우에는 '1천일 이상'의 노역장 유치기간을 정하여야 한다(「형법」 제70조 제2항).

19 ○ 「형법」 제71조

20 ○ 「형법」 제71조

21 ○ 대판 2013.9.12, 2012도2349

22 ○ 「벌금 미납자의 사회봉사 집행에 관한 특례법」 제4조 제1항, 동조 제2항 제1호

23 사회봉사 집행 중에 벌금을 내려는 사회봉사 대상자는 보호관찰소의 장으로부터 사회봉사집행확인서를 발급받아 주거지를 관할하는 지방검찰청의 검사에게 제출하여야 한다. 20. 승진 ( )

24 유기징역 또는 유기금고에 자격정지를 병과한 때에는 징역 또는 금고의 집행을 종료하거나 면제된 날로부터 정지기간을 기산한다. 22. 보호7 ( )

25 벌금을 선고하는 재판이 확정된 후 그 집행을 받지 아니하고 5년이 지나면 형의 시효가 완성된다. 23. 보호7 ( )

26 특별사면은 형을 선고받은 자를 대상으로 한다. 23. 보호7 ( )

27 일반사면이 있으면 특별한 규정이 없는 한 형을 선고받지 아니한 자에 대하여는 공소권이 상실된다. 23. 보호7 ( )

28 형의 집행유예를 선고받은 자에 대하여는 형 선고의 효력을 상실하게 하는 특별사면을 할 수 없다. 23. 보호7 ( )

29 형집행정지 심의위원회 위원은 학계, 법조계, 의료계, 시민단체 인사 등 학식과 경험이 있는 사람 중에서 각 지방검찰청 검사장이 임명 또는 위촉한다. 21. 교정9 ( )

정답
23 ○ 「벌금 미납자의 사회봉사 집행에 관한 특례법」 제12조 제2항
24 ○ 「형법」 제44조 제2항
25 ○ 「형법」 제78조 제6호
26 ○ 「사면법」 제3조 제2호
27 ○ 「사면법」 제5조 제1항 제1호
28 ✕ 형 선고의 효력을 상실하게 하는 특별사면 또는 형을 변경하는 감형을 하거나 그 유예기간을 단축할 수 있다(「사면법」 제7조).
29 ○ 「형사소송법」 제471조의2 제1항 · 제2항 참조

보안처분의 역사

1. 보안처분의 시작

① 보안처분이 처음 입법화된 것은 1532년 카롤리나 형법전이다.

② 18세기 말에 클라인(E. F. Klein)은 형벌과 구별되는 보안처분의 독자적 필요성을 강조하면서, 특별예방을 위한 보안사상을 형법이론에 도입하고 이원주의의 이론적 기초를 마련하였다.

③ 19세기에 자유주의적 법치국가가 형성되면서 죄형법정주의 및 응보형사상의 영향을 받아 특별예방을 중심으로 하는 클라인(E. F. Klein)의 보안처분사상은 좌절되었다.

2. 근대적 보안처분의 발달

① 19세기 후반 자본주의의 발달에 따라 실업자·무산계급의 증가, 범죄·누범의 격증, 소년범의 증가, 행형제도의 불비 등으로 인해 전통적 형벌인 응보형으로는 유효한 범죄대책을 강구할 수 없음을 인식하게 되면서 근대적 보안처분의 발달이 촉진되었다.

② 페리(E. Ferri)는 범죄의 사회적 원인을 중시하여, 범죄에 대한 사회방위는 형벌에 의하는 것보다 사회정책을 통해서 행해져야 한다고 본다(형벌대용물 사상). 또한 형벌과 보안처분의 구별을 없애고(일원주의), 부정기형을 내용으로 자유형제도를 정비할 것을 주장한다.

③ 리스트(F. V. Liszt)는 응보형에서 특별예방을 내용으로 하는 목적형으로의 전환을 주장한다. 형벌만으로 특별예방효과를 거둘 수 없는 경우에는 개선·보안을 위한 형사처분을 과할 것을 주장하며(보호형), 형벌과 보안처분을 일원화하려는 시도를 하였다(일원주의).

④ 근대적 보안처분제도는 슈토스(C. Stooss)가 보안처분을 체계적으로 형법전에 도입한 '스위스 형법예비초안'을 작성하면서 성립되었는데, 구파·신파의 입장을 절충하고 형벌 이외에 보안처분을 규정하여 이원주의를 채택한 특징이 있다.

1 보안처분이론

1 서론

1. 보안처분의 의의

(1) 보안처분이란 범죄로부터 사회를 방위하는 데 형벌만으로는 불충분·부적당한 경우에 형벌을 보충·대체하는 의미에서 범죄자 또는 범죄의 위험성이 있는 자에 대하여 국가가 과하는 형벌 이외의 범죄예방처분을 말한다.

(2) 광의의 보안처분은 행위자의 재범의 위험성을 방지하기 위하여 특별예방을 목적으로 하는 국가적 처분을 말하고, 특히 형법상의 보안처분을 협의의 보안처분이라고 한다. 12. 교정9

(3) 모든 사회적 일탈행위가 형법상의 범죄로 되는 것은 아니다. 또한 형법상의 범죄에 해당되는 경우에도 책임무능력자·한정책임능력자인 때에는 형벌이 면제·감경되어 재범위험성에 제대로 대처할 수 없는 경우가 있다. 그러므로 과거의 범죄행위에 대한 응징 차원을 넘어서 미래의 재범위험성을 예방하기 위하여 협의의 형벌을 보충해야 할 보안처분의 필요성이 등장했다. 10. 교정9

2. 형벌과 보안처분의 비교

구분	형벌	보안처분
본질	응보	사회방위＋교정
지도원칙	책임주의	비례성
기초	책임	사회적 위험성
목적	범죄진압	범죄예방
전제	과거의 범죄행위	장래의 위험한 성격
처분	형사처분(사법처분)	행정처분

2 법적 성격

1. 형벌이론에 따른 구분

응보형 이론	형벌은 과거의 범죄에 대한 비난으로서 위해이고, 보안처분은 장래의 범죄위험성에 대한 예방조치이므로, 양자는 별개의 제도이다(이원주의).
목적형·교육형 이론	보안처분도 역시 사회방위를 목적으로 위험한 사람의 개선을 도모하는 방법이므로 형벌과 공통의 성격을 가진다(일원주의).

2. 이원주의

(1) 의의

① 이원주의는 형벌의 본질이 주로 응보에 있다는 점을 전제로 하여(응보형 이론) 형벌과 보안처분은 그 기능이 다르다는 점을 강조한다. 따라서 형벌과 보안처분은 동시에 선고되고 중복해서 집행될 수 있다고 한다(병과 긍정).

② 클라인(Klein), 메이어(Mayer), 비르크마이어(Birkmeyer), 벨링(Beling) 등이 대표적 주장자이다.

(2) 근거 20. 보호7☆

① 형벌은 범죄에 대한 해악부과로서 규범적 비난이고 그 본질은 응보에 있는 것에 반하여, 보안처분은 사회방위와 범죄자의 교정·교육을 목적으로 하는 점에서 차이가 있다. 14. 보호7

② 형벌의 기초는 책임이지만, 보안처분의 기초는 사회적 위험성이다. 11. 사시

③ 형벌은 범죄를 전제로 하지만, 보안처분은 전적으로 위험한 성격을 전제로 한다.

④ 형벌은 과거의 범죄사실을 대상으로 하는 회고적(사후적) 성격이지만, 보안처분은 장래의 범죄예방을 목적으로 하는 전망적(예방적) 성격을 갖는다. 11. 사시

⑤ 형벌은 과거의 범죄에 대한 형사처분(법원에서 선고)이지만, 보안처분은 장래의 위험성에 대한 행정처분(행정기관의 권한)의 성격이 강하다.

(3) 비판

보안처분이 이론적으로는 형벌과 달리 해악을 내용으로 하지 않는다 하더라도 실제로 보안처분도 억압적 성격이 있고 형벌의 효과를 가지므로, 형벌과 보안처분을 중첩하여 집행하는 경우에는 이중처벌을 인정하는 결과가 된다. 벨첼(Welzel)은 이를 상표사기라고 표현하였다. 10. 교정9

3. 일원주의

(1) 의의

① 일원주의는 형벌의 본질을 사회방위와 범죄인의 교화·개선에 있다고 보아 (목적형·교육형 이론), 형벌과 보안처분은 모두 사회방위와 범죄인의 교육·개선을 목적으로 하고 반사회적 위험성을 기초로 하는 사회방위처분이 므로 양자의 본질적 차이는 없다고 본다. 따라서 형벌이나 보안처분 가운데 어느 하나만을 선고하여 집행하면 된다는 입장이다(대체성 긍정). 20. 보호7☆

② 리스트(Liszt), 페리(Ferri), 록신(Roxin) 등이 대표적 주장자이다.

(2) 근거

① 형벌도 개선·격리를 통한 사회방위를 목적으로 한다는 점에서 광의의 보안처분이라고 할 수 있고, 행위자에게 형벌적응성이 없을 경우에 보안처분을 과하는 것으로서 양자는 그 정도의 차이가 있을 뿐이다.

② 형벌을 범죄에 대한 해악으로 보는 응보형 이론의 입장은 부당하며, 형벌도 수형자의 사회복귀에 중점을 두어야 한다.

③ 보안처분이 합목적성을 강조하기는 하지만 형벌이 가지는 윤리적 비난이 없는 것은 아니며, 반사회적 행위자의 성격을 고려하는 점에 차이가 있을 뿐이다.

④ 보안처분도 형사처분의 성격을 가지므로 법원에서 선고한다.

(3) 비판

행위자의 반사회적 위험성만을 척도로 하여 일정한 제재를 부과하는 것은 개별책임원칙에 반할 위험이 있다. 11. 사시☆

4. 대체주의(제한적 이원론)

(1) 의의

대체주의는 일원주의와 이원주의를 절충한 것으로서, 형벌은 책임 정도에 따라 선고(이원주의)되지만 집행단계에서는 보안처분으로 대체하거나 보안처분의 집행이 종료된 후에 형벌을 집행(일원주의)하는 제도이다.

(2) 근거

① 대체주의는 형벌의 응보적 기능을 무시하지 않는다. 따라서 요건이나 선고에서는 형벌과 보안처분을 별개로 보지만, 양자 모두 범죄자의 사회복귀라는 동일 목적을 추구하므로 집행에서는 대체가 가능하다고 본다.

② 행위자의 사회복귀를 위해서 보안처분을 먼저 집행하는 것이 합목적적이다.

③ 보안처분도 부차적이지만 형벌처럼 해악부과의 성격이 있으므로, 보안처분이 집행된 후에 그 기간을 형기에 산입하거나 형벌 집행을 면제하는 기능적 대체가 가능하다. 11. 사시

(3) 비판

① 형벌과 보안처분의 대체는 엄격한 책임원칙에 어긋난다.

② 형벌과 보안처분의 적용범위가 불분명하다.

③ 형벌만을 선고받은 경우보다 형벌과 보안처분을 동시에 선고받은 경우가 더 유리할 수 있어 정의 관념에 반한다.

★핵심POINT | 형벌과 보안처분의 관계

구분	이원주의	일원주의	대체주의
의의	• 응보형주의 전제 • 형벌 ≠ 보안처분	• 교육형주의 전제 • 형벌 = 보안처분	• 선고: 이원주의 • 집행: 일원주의
주장	메이어, 벨링, 비르크마이어	록신, 리스트, 페리	슈토스
논거	• 형벌은 책임을 기초로 한 과거행위에 대한 응보로서 형사처분 • 보안처분은 장래의 위험성에 대한 예방조치로서 행정처분	형벌과 보안처분은 범죄인의 개선 및 사회복귀라는 점에서 동일(사회방위처분)	• 범죄인의 사회복귀를 위해서는 보안처분의 선집행이 합리적 • 보안처분도 자유박탈·제한을 내용으로 하므로 형벌 목적의 달성 가능
대체	• 대체성 × • 병과 ○	• 대체성 ○ • 어느 하나만 선고·집행	• 대체성 ○ • 기능적 대체 인정
선고	행정기관(행정처분)	법원(형사처분)	특별규정 필요
비판	• 이중처벌의 위험성 • 벨첼(Welzel)의 상표사기	책임주의에 반할 위험성	• 책임주의와 불일치 • 양자의 적용범위 불분명

3 기본원리와 적용요건

1. 보안처분법정주의

(1) 의의

① 보안처분법정주의란 형벌의 경우와 마찬가지로 보안처분에 대해서도 그 종류·요건·효과 등에 대해 미리 법률로 정해두어야 한다는 원칙이다.

② 보안처분 자체가 인간의 존엄성과 가치를 비롯한 기본권을 침해하는 것은 아니지만, 보안처분의 구체적 적용에 있어서 기본권이 본질적으로 침해될 수도 있으므로 엄격히 제한할 필요가 있다. 현행 헌법 제12조 제1항에서는 보안처분법정주의를 선언하고 있다. 12. 교정9

> 헌법
> **제12조** ① 모든 국민은 신체의 자유를 가진다. 누구든지 법률에 의하지 아니하고는 체포·구속·압수·수색 또는 심문을 받지 아니하며, 법률과 적법한 절차에 의하지 아니하고는 처벌·보안처분 또는 강제노역을 받지 아니한다.

보안처분법정주의의 내용

보안처분도 실제적으로 개인의 자유와 권리를 침해하는 것이므로, 보안처분법정주의의 실질적 내용은 죄형법정주의와 동일한 것으로 보아야 한다. 다만, 보안처분은 형벌과 달리 합목적성이 중시되므로, 죄형법정주의를 그대로 적용하는 것이 아니라 기본권 보장과 합목적성의 대립을 고려하여 개별적으로 검토할 필요가 있다.

(2) 구체적 내용

① 부정기 보안처분

ㄱ. 보안처분은 형벌과 달리 행위자의 위험성을 제거함에 목적이 있으므로, 대상자가 재범의 위험성을 가지는 한 처분의 효과가 지속되어야 하기 때문에 부정기처분이 필요하다. 다만, 개인의 자유가 무제한 박탈·제한되어 인권이 침해될 우려가 있으므로, 그 상한을 정하는 것이 일반적이며 정기적으로 처분의 계속 여부를 심사해야 한다.

ㄴ. 절대적 부정기 보안처분은 금지되나, 상대적 부정기 보안처분은 허용된다고 본다.

ㄷ. 구 「사회보호법」은 치료감호의 기간을 '감호의 필요가 없을 정도로 치유'될 때까지로 규정하였으나, 현행 「치료감호 등에 관한 법률」은 심신장애자와 정신성적 장애자에 대한 치료감호 시설의 수용은 15년, 중독자에 대한 수용은 2년을 초과할 수 없도록 규정하였다(동법 제16조 제2항, 상대적 부정기 보안처분).

② 유추해석(적용) 금지
보안처분은 위험성에 대한 합목적적 조치라는 점에서 유추해석(적용)을 허용해야 한다는 입장도 있으나, 개인의 자유와 권리에 대해 중대한 제약을 초래하는 점을 고려하면 법률에 대한 자의적인 적용을 초래하는 보안처분의 유추해석(적용)은 당연히 금지되어야 한다(다수설).

③ 소급효 금지
판례는 「형법」상의 보호관찰의 경우에는 소급효금지원칙의 적용을 부정하면서, 「가정폭력범죄의 처벌 등에 관한 특례법」상의 사회봉사명령에 대해서는 소급효금지원칙의 적용을 긍정하고 있다.

⚖ **관련 판례** 보안처분에 대한 소급효금지원칙의 적용 여부

개정 「형법」 시행 이전에 죄를 범한 자에 대하여 개정 「형법」에 따라 보호관찰을 명할 수 있는지 여부(적극) – 개정 「형법」 제62조의2 제1항에 의하면 (중략) 위 조항에서 말하는 보호관찰은 형벌이 아니라 보안처분의 성격을 갖는 것으로서, 과거의 불법에 대한 책임에 기초하고 있는 제재가 아니라 장래의 위험성으로부터 행위자를 보호하고 사회를 방위하기 위한 합목적적인 조치이므로, 그에 관하여 반드시 행위 이전에 규정되어 있어야 하는 것은 아니며, 재판 시의 규정에 의하여 보호관찰을 받을 것을 명할 수 있다고 보아야 할 것이고, 이와 같은 해석이 형벌불소급의 원칙 내지 죄형법정주의에 위배되는 것이라고 볼 수 없다. [대판 1997.6.13., 97도703] 24. 보호9

「가정폭력범죄의 처벌 등에 관한 특례법」상 사회봉사명령의 법적 성질 및 형벌불소급원칙의 적용 여부(적극) – 「가정폭력범죄의 처벌 등에 관한 특례법」이 정한 보호처분 중의 하나인 사회봉사명령은 가정폭력범죄를 범한 자에 대하여 환경의 조정과 성행의 교정을 목적으로 하는 것으로서 형벌 그 자체가 아니라 보안처분의 성격을 가지는 것이 사실이다. 그러나 한편으로 이는 가정폭력범죄행위에 대하여 형사처벌 대신 부과

소급효 금지에 대한 견해의 대립

1. 긍정설
보안처분도 형벌과 다름이 없으므로 소급효금지의 원칙이 적용된다고 보아야 한다.

2. 부정설
보안처분은 장래의 위험성으로부터 행위자를 보호하고 사회를 방위하기 위한 합목적적 조치이므로 어떤 조치가 합목적적인지는 판결 시에 결정되면 족하며 소급효금지의 원칙은 적용되지 않는다.

🏛 **핵심 O×**

02 「가정폭력범죄의 처벌 등에 관한 특례법」이 정한 사회봉사명령은 가정폭력범죄를 범한 자에 대하여 환경의 조정과 성행의 교정을 목적으로 하는 보안처분으로, 원칙적으로 형벌불소급의 원칙이 적용되지 않는다.　　　　(O, ×)

02 ×

되는 것으로서, 가정폭력범죄를 범한 자에게 의무적 노동을 부과하고 여가시간을 박탈하여 실질적으로는 신체적 자유를 제한하게 되므로, 이에 대하여는 원칙적으로 형벌불소급의 원칙에 따라 행위시법을 적용함이 상당하다(「가정폭력범죄의 처벌 등에 관한 특례법」상 사회봉사명령을 부과하면서, 행위시법상 사회봉사명령 부과시간의 상한인 100시간을 초과하여 상한을 200시간으로 올린 신법을 적용한 것은 위법하다고 한 사례).
[대결 2008.7.24, 2008어4] 14. 보호7☆

2. 보안처분의 정당성

(1) 보안처분의 목적과 수단

보안처분의 일차적 목적·과제는 형벌과 마찬가지로 일정한 법익침해로부터 사회를 방위하고 범죄인을 교화·개선함에 있다. 그러한 목적을 달성하기 위해서는 수단의 정당성이 있어야 하는데, 이는 비례성의 원칙에 의해 판단할 수 있다. 12. 교정9☆

(2) 비례성의 원칙

① 비례성의 원칙이란 보안처분에 의한 개인의 자유에 대한 침해는 보안처분의 목적이라 할 수 있는 사회방위와 균형을 이루어야 한다는 요청이다.

② 우리나라의 보안처분 관련법에서는 비례성의 원칙을 규정하고 있지 않다. 비례성의 원칙을 명문으로 규정함으로써 보안처분이 처벌의 연장수단으로 악용되는 것을 막고, 보호와 보장의 균형을 회복할 필요가 있다.

③ 비례성의 원칙은 일정한 목적의 실현을 위해 투입한 국가수단은 그 목적달성에 적합하고 필요하며 균형을 이루어야 한다는 것을 내용으로 한다.

적합성	보안처분의 수단은 보안처분의 목적달성에 적합하여야 한다.
필요성	대상자의 자유침해는 필요한 최소한도에 그쳐야 한다(최소침해의 원칙).
균형성	보안처분으로 달성하려는 목적과 침해되는 법익은 균형을 이루어야 한다.

4 종류

1. 대인적 보안처분과 대물적 보안처분

대인적 보안처분	장래의 범죄위험성을 방지하기 위한 '사람에 대한 보안처분'이다. 현행법상 보안처분은 모두 대인적 보안처분이다. 이는 자유침해의 정도에 따라 '자유박탈 보안처분'과 '자유제한 보안처분'으로 구분된다.
대물적 보안처분	범죄에 사용될 위험이 있는 '물건에 대한 보안처분'이다. 예 몰수, 영업장 폐쇄명령, 법인의 해산명령 등

보안처분의 적용요건

1. **원인되는 범죄행위의 존재**
   보안처분에 의해 일정한 조치를 취하기 위해서는 일정한 불법행위가 전제되어야 한다. 이는 반드시 유책할 필요는 없고, 구성요건에 해당하고 위법한 행위이면 족하다.

2. **중대한 범죄행위의 예상**
   특히 자유박탈 보안처분의 경우에는 기대되는 행위가 중대한 것이어야 한다.

3. **상당한 개연성을 가진 위험성의 존재**
   행위자가 나타내는 위험성의 정도는 단순히 재범의 '가능성'만으로는 부족하고 보다 높은 '개연성'의 정도에 이르러야 한다.

2. 자유박탈 보안처분과 자유제한 보안처분

(1) 자유박탈 보안처분

① **보호감호:** 구「사회보호법」의 보호감호는 동종 또는 유사한 죄로 인하여 수개의 형을 받거나 수개의 죄를 범하여 범죄상습성이 있다고 인정되는 자에 대해 적용되는 보안처분이다. 보호감호의 집행은 형벌집행이 종료된 후에 행해졌고, 보호감호에 처해진 자를 감호시설에 수용하여 감호 · 교화하고 사회복귀에 필요한 직업훈련과 근로를 하게 하였다.

② **치료감호:** 2005년「사회보호법」이 폐지되고 그 대체입법으로「치료감호법」이 시행됨에 따라 종래의 보호감호 및 그에 따른 보호관찰은 폐지되고, 치료감호 및 그에 따른 보호관찰만이 남게 되었다. 치료감호는 심신장애자 · 중독자 · 정신성적 장애자를 치료감호 시설에 수용하여 치료를 위한 조치를 행하는 보안처분을 말한다. 현재는「치료감호 등에 관한 법률」로 명칭이 개정되었다.

③ **기타**

사회치료 처분	정신병질자의 인격장애를 제거하기 위하여 각종 사회치료(환경요법 · 행동요법 · 작업요법 등)를 행하는 시설에 수용하는 처분이다. 이는 심신상태가 책임무능력 · 한정책임능력에 이르지 않으면서 사회적 위험성이 큰 경우에 치료감호처분을 부과할 수 없는 공백을 메우기 위하여 행해진다.
교정 처분	알코올 · 마약류 사용의 습벽이 있는 자나 중독자가 명정 · 마취상태에서 범죄를 저질러 그 습벽을 교정할 필요가 있는 경우에 금단시설에 수용하는 것이다.
노동개선 처분	부랑자 · 걸인 · 노동기피자 등에 대해 형을 선고하면서 노역장에 수용하고 작업에 종사하게 하여 근면하고 규율 있는 생활에 적응하도록 하는 것이다.
보안감호 처분	대개 사상범, 상습범, 누범위험성이 있는 강력범 등을 대상으로 자유형의 집행을 종료하였으나 아직 충분한 개선이 되지 않아 다시 범죄를 반복할 가능성이 있는 자를 특수한 시설에 수용하는 것이다.

(2) 자유제한 보안처분

① **보호관찰:** 보호관찰이란 범죄인을 구금시설에 수용하지 않고 사회에서 정상적 생활을 영위하면서 일정한 준수사항을 명하고 이를 지키도록 함으로써 원만하게 사회에 적응할 수 있도록 도와주는 것이다(사회 내 처우).

② **사회봉사명령:** 사회봉사명령은 범죄자에게「소년법」상의 보호처분 또는 「형법」상의 집행유예에 수반된 조건으로 일정시간 동안 지정된 장소에서 무보수로 일정한 노역에 종사하도록 하는 사회 내 처우제도의 하나이다.

③ **수강명령:** 경미한 비행이나 범행을 저지른 자를 일정시간 지정된 장소에서 교육을 받게 하여 교화 · 개선을 꾀하는 사회 내 처우의 일종이다.

④ 전자감시제도

 ⊙ 범죄자의 사회복귀를 위해 사회 내 처우를 확대하여야 한다는 형사정책적 요구와 교정시설의 유지 및 관리를 위한 비용절감의 현실적 필요성에 따라 현대 과학을 감시·감독체계에 응용한다는 취지에서 도입되었다.

 ⓒ 현행 「전자장치 부착 등에 관한 법률」에 의한 전자감시제도는 장래 재범의 위험성이 있는 특정 범죄자에게 전자장치를 부착하여 재범을 방지하고 사회를 보호하려는 것에 취지가 있다. 따라서 이는 외국과 같이 단기자유형이나 미결구금 등의 대체를 가능하게 할 수 있는 수단이라기보다는 범죄자의 재범위험성을 방지하기 위한 보안처분적 성격이 강하다.

⑤ 기타

선행보증	형의 집행유예를 선고하거나 가석방을 명하는 경우에, 장래의 위험성에 대비하여 금전 기타 유가증권을 제공하게 하거나 보증인을 세우게 하는 보안처분이다.
직업 금지	일정한 직업·영업을 남용하거나 그와 관련된 의무에 반하여 죄를 범하거나 장래의 위험성이 있는 자에 대해 해당 직업·영업에 종사하는 것을 일시적·영구적으로 금지시키는 제도이다.
거주 제한	특정한 범죄인에 대해 그 주거를 제한하는 것으로서 주로 사상범 등에 활용되는 것이 일반적이다(예 가택구금).
국외추방	외국인 범죄자의 국내 체류가 공공의 안전·질서를 위태롭게 할 염려가 있다고 인정되는 경우 과해지는 보안처분이다. 현행법상 「출입국관리법」을 위반하거나, 금고 이상의 형을 선고받은 외국인에 대해 국외로 강제퇴거를 시킬 수 있다(행정처분에 해당).
주점출입 금지	범죄원인이 되는 알코올을 과음한 경우 범죄자의 책임능력이 없다는 이유로 처벌되지 않는 경우에 과해진다.
단종·거세	단종은 생식능력을 가질 수 없게 하는 것이고, 거세는 이에 더해 생식선을 제거하는 것을 의미한다.

★핵심 POINT | 보안처분의 종류

구분		종류
대물적 보안처분		몰수, 영업장 폐쇄명령, 법인의 해산명령
대인적 보안처분	자유박탈 보안처분	보호감호, 치료감호, 사회치료처분, 교정처분, 노동개선처분, 보안감호처분
	자유제한 보안처분	보호관찰, 사회봉사명령, 수강명령, 선행보증, 직업 금지, 거주 제한, 국외추방, 주점출입 금지, 단종·거세

외국의 전자감시제도

외국의 경우 전자감시제도는 경범죄에 대한 자유형의 회피수단으로 많이 사용되고 있다. 특히 미국에서는 비폭력적이고 경미한 범죄자가 주요 대상이고 보호관찰에 수반되어 사용되기도 한다.

1 「보호관찰 등에 관한 법률」

1. 보호관찰제도

(1) 의의

① **개념**: 보호관찰이란 범죄자에 대한 사회 내 처우의 일종으로서, 유죄가 인정된 범죄자를 구금시설 안에서 수용·처벌하는 대신에 일정기간 범행하지 않는 것을 조건으로 형의 선고 또는 집행을 유예하여 사회에서 자유로운 활동을 할 수 있도록 허용하면서 동시에 보호관찰관의 개별적 지도·감독을 받아 사회복귀가 용이하도록 도와주는 제도를 말한다.

② **법적 성격**: 보호관찰의 법적 성격에 대해서는 여러 견해의 대립이 있으나, 통설 및 판례에 의하면 보호관찰은 응보나 일반예방을 목적으로 하지 않고 특별예방을 고려하여 장래의 범죄를 예방하기 위한 수단으로서 보안처분의 일종이라고 본다(보안처분설).

(2) 장·단점

장점	① 시설 내 처우가 갖는 비효율성·비인도성·낙인효과를 회피할 수 있다. ② 사회적 접촉·유대를 지속시켜 범죄자의 효과적 사회복귀를 촉진한다. ③ 구금비용의 절감으로 국가의 재정부담을 경감시킨다. ④ 사회를 보호하면서 동시에 범죄자의 자유를 극대화할 수 있다. ⑤ 범죄자의 책임의식을 촉진·강화하여 자발적인 자기변화를 추구한다.
단점	① 보호관찰이 범죄의 사회적 원인인 사회환경을 변화시킬 수는 없다. ② 보호는 강제성이 있으므로, 범죄자의 자발성과 모순이 야기된다. ③ 보호관찰에 필요한 재원과 전문인력을 확보하기 어렵다. ④ 재범방지의 실증적 효과에 대해서도 의문이 제기된다. ⑤ 사회통제를 강화하는 수단이 될 수 있다(형사사법망의 확대). ⑥ 범죄의 심각성에 비해 범죄자에게 너무 관대하고, 범죄자를 사회에 방치함으로써 공공의 안전을 해할 우려가 있다. ⑦ 대상자가 너무 많아 충분한 지도·원호·감시·통제가 유명무실하다.

(3) 실시방법

① 일반적 실시방법

Casework System	보호관찰관이 대상자를 1대1로 접촉하여 요구사항이나 문제점을 분석하여 그를 개선시키기에 적합한 처우방법을 찾는 방식
Team Approach System	각 분야의 전문가로 구성된 보호관찰관들이 각자의 전문지식이나 기술을 전제로 보호관찰사건에 대한 책임영역을 제한하는 방식

보호관찰 용어의 두 가지 의미

미국에서 보호관찰을 의미하는 용어로는 '프로베이션(Probation)'과 '패롤(Parole)'의 두 가지가 있다. 프로베이션(Probation)은 '보호관찰부 형의 집행유예'이고, 패롤(Parole)은 '보호관찰부 가석방'을 의미한다. 우리가 보통 보호관찰이라고 할 때에는 전자의 의미로 사용한다.

우리나라 보호관찰의 역사

1. 1988년 「보호관찰법」을 통해 '소년범에 대한 보호관찰'이 실시되었다. 1994년 「성폭력범죄의 처벌 및 피해자 보호 등에 관한 법률」의 시행으로 성인·소년 구분 없이 선고유예·집행유예 또는 가석방된 성폭력사범에 대하여 보호관찰을 실시하였다.
2. 1995년 「형법」 개정으로 선고유예·집행유예·가석방의 경우에 보호관찰을 명할 수 있도록 규정하여 '성인범에 대한 전면적인 보호관찰'이 시작되었다. 이에 따라서 「보호관찰법」을 「보호관찰 등에 관한 법률」로 전부개정하여 소년범뿐만 아니라 성인범에 대한 보호관찰, 사회봉사·수강명령 등을 전부 포함시켜 통일적인 절차를 규정하는 법률로 만들었다.
3. 현행법상 보호관찰을 규정하고 있는 법률에는 「형법」, 「치료감호 등에 관한 법률」, 「성폭력범죄의 처벌 등에 관한 특례법」, 「소년법」, 「가정폭력범죄의 처벌 등에 관한 특례법」, 「성매매알선 등 행위의 처벌에 관한 법률」, 「아동·청소년의 성보호에 관한 법률」 등이 있다. 11. 교정9
4. 형법상 집행유예·선고유예·가석방 시에 부과되는 보호관찰은 부가적 처분이지만, 소년법상 보호처분의 일종인 보호관찰처분은 독립적 처분으로 부과할 수 있다. 10. 교정9

② 구체적 실시방법

집중감시 보호관찰	갱집단·약물중독자 등에 대하여 주 5회 이상의 집중적인 접촉관찰과 병행하여 대상자에게 전자추적장치를 부착하여 제한구역을 이탈하면 즉시 감응 장치가 작동되도록 하는 등의 추적관찰을 실시하는 방법이다.
충격 보호관찰	형의 유예처분을 받은 초범자에 대해 3~6개월간 Boot Camp라는 시설에 수감하여 군대식 훈련 및 준법교육을 실시한 후 일반 보호관찰로 전환하는 방법이다.
음주운전 보호관찰	음주운전자의 차량에 감시용 잠금장치를 부착하거나 수시 소변검사 등을 통하여 대상자의 음주운전을 억제하게 하고 금주교육을 실시하는 방법이다.
교통사범 보호관찰	교통범죄자에게 3~4개월에 걸쳐 운전교습과 안전운전·운전자의 사회적 책임 및 교통사고사례 등에 관한 집단교육 등을 실시하는 방법이다.
가택구금	수형자를 그 자택에 둔 채로 자유형의 일부 혹은 전부를 집행하는 방법이다.
전자감시	범죄자가 지정된 장소에 있는지 여부를 확인하기 위한 원격감시 시스템이다.

참고

1. 스미크라(Smykla)의 보호관찰 모형 21. 교정7☆

전통적 모형	보호관찰관이 지식인(Generalist)으로서 내부자원을 이용하여 지역적으로 균등배분된 대상자에 대해서 지도·감독에서 보도·원호에 이르기까지 다양한 기능을 수행하나 통제를 보다 중시하는 모형
프로그램 모형	보호관찰관이 전문가(Specialist)를 지향하나 목적수행을 위한 자원은 내부적으로 해결하려는 것으로서, 대상자를 분류하여 보호관찰관의 전문성에 따라 배정하게 되는 유형
옹호 모형	보호관찰관이 지식인(Generalist, 만능보호관찰관)으로서 외부 자원을 적극 활용하여 대상자가 다양하고 전문적인 사회적 서비스를 제공받을 수 있도록 무작위로 배정된 대상자들을 사회기관에 위탁하는 것을 주된 임무로 하는 유형
중개 모형 (중재 모형)	보호관찰관은 전문가(Specialist)로서 자신의 전문성에 맞게 배정된 대상자에 대하여 사회자원의 개발과 중개의 방법으로 외부 자원을 적극 활용하여 전문적인 보호관찰을 하는 것으로, 현대 교정이념에 가장 적합하다고 평가되는 유형

2. 오린(Ohlin)의 보호관찰관 유형 21. 교정7☆

복지적(Welfare) 보호관찰관	목표를 대상자에 대한 복지향상에 두고 지원 기능을 강조
처벌적(Punitive) 보호관찰관	대상자를 위협하여 규율에 동조하도록 강요하는 통제를 강조
보호적(Protective) 보호관찰관	통제 기능과 지원 기능을 적절히 조화
수동적(Passive) 보호관찰관	통제나 지원 모두에 소극적(최소한의 개입)

보호관찰관의 역할갈등

오린(Ohlin)의 보호관찰관 유형 중 '보호적 보호관찰관'은 통제와 지원 기능의 적절한 조화가 어려운 경우에는 사회의 보호와 범죄자의 보호 사이에서 갈등을 겪게 된다(역할갈등의 발생).

(4) 개선점

① 보호관찰의 성패는 보호관찰관을 비롯한 보호관찰업무 담당자의 전문성에 좌우된다고 할 수 있으므로, 전문인력의 지속적 양성·확보를 위해서 교육과 투자 등 장기적 계획이 수립되어야 할 필요가 있다.

② 보호관찰 대상자에 적합한 보호관찰 프로그램의 개발은 곧 범죄인의 사회복귀와 직결되는 문제이므로, 각 대상자에 알맞은 준수사항을 개발해야 할 필요가 있다.

(5) 「보호관찰 등에 관한 법률」의 보호관찰 관련 내용

① 목적 및 대상자

> **제1조【목적】** 이 법은 죄를 지은 사람으로서 재범방지를 위하여 보호관찰, 사회봉사, 수강 및 갱생보호 등 체계적인 사회 내 처우가 필요하다고 인정되는 사람을 지도하고 보살피며 도움으로써 건전한 사회 복귀를 촉진하고, 효율적인 범죄예방 활동을 전개함으로써 개인 및 공공의 복지를 증진함과 아울러 사회를 보호함을 목적으로 한다.
>
> **제3조【대상자】** ① 보호관찰을 받을 사람(이하 '보호관찰 대상자'라 한다)은 다음 각 호와 같다.
> 1. 「형법」 제59조의2에 따라 보호관찰을 조건으로 형의 선고유예를 받은 사람
> 2. 「형법」 제62조의2에 따라 보호관찰을 조건으로 형의 집행유예를 선고받은 사람
> 3. 「형법」 제73조의2 또는 이 법 제25조에 따라 보호관찰을 조건으로 가석방되거나 임시퇴원된 사람
> 4. 「소년법」 제32조 제1항 제4호 및 제5호의 보호처분(→ 단기·장기 보호관찰)을 받은 사람
> 5. 다른 법률에서 이 법에 따른 보호관찰을 받도록 규정된 사람
>
> **제56조【군법 적용 대상자에 대한 특례】** 「군사법원법」 제2조 제1항 각 호의 어느 하나에 해당하는 사람에게는 이 법을 적용하지 아니한다. 13. 교정7

🔨 **관련 판례** │ 군법 적용 대상자에 대한 「보호관찰 등에 관한 법률」 적용 가능 여부

현역 군인 등 군법 적용 대상자에 대한 특례를 규정한 「보호관찰 등에 관한 법률」 제56조, 제64조 제1항의 해석상 군법 적용 대상자에게 보호관찰, 사회봉사·수강명령을 명할 수 있는지 여부(소극) - (중략) 위 특례조항은 군법 적용 대상자에 대하여는 보호관찰법이 정하고 있는 보호관찰, 사회봉사·수강명령의 실시 내지 집행에 관한 규정을 적용할 수 없음은 물론 보호관찰, 사회봉사·수강명령 자체를 명할 수 없다는 의미로 해석된다. [대판 2012.2.23, 2011도8124] 13. 교정7

② 보호관찰기관

　㉠ 보호관찰심사위원회

제5조【설치】 ① 보호관찰에 관한 사항을 심사·결정하기 위하여 <u>법무부 장관 소속</u>으로 보호관찰심사위원회(이하 '심사위원회'라 한다)를 둔다. ② 심사위원회는 <u>고등검찰청 소재지</u> 등 대통령령으로 정하는 지역에 설치한다.

제6조【관장 사무】 심사위원회는 이 법에 따른 다음 각 호의 사항을 심사·결정한다. 20. 교정9☆

1. <u>가석방과 그 취소</u>에 관한 사항 10. 사시
2. <u>임시퇴원, 임시퇴원의 취소</u> 및 「보호소년 등의 처우에 관한 법률」 제43 조 제3항에 따른 <u>보호소년의 퇴원</u>(이하 '퇴원'이라 한다)에 관한 사항
3. <u>보호관찰의 임시해제와 그 취소</u>에 관한 사항
4. <u>보호관찰의 정지와 그 취소</u>에 관한 사항
5. <u>가석방 중인 사람의 부정기형의 종료</u>에 관한 사항
6. 이 법 또는 다른 법령에서 심사위원회의 관장 사무로 규정된 사항
7. 제1호부터 제6호까지의 사항과 관련된 사항으로서 위원장이 회의에 부치는 사항

제7조【구성】 ① 심사위원회는 위원장을 포함하여 <u>5명 이상 9명 이하</u>의 위원으로 구성한다. 20. 승진☆
② 심사위원회의 위원장은 <u>고등검찰청 검사장 또는 고등검찰청 소속 검사</u> 중에서 법무부장관이 임명한다.
③ 심사위원회의 위원은 판사, 검사, 변호사, 보호관찰소장, 지방교정청 장, 교도소장, 소년원장 및 보호관찰에 관한 지식과 경험이 풍부한 사람 중에서 <u>법무부장관이 임명하거나 위촉</u>한다. 13. 교정9
④ 심사위원회의 위원 중 3명 이내의 상임위원을 둔다.

제12조【의결 및 결정】 ① 심사위원회의 회의는 재적위원 과반수의 출석으로 개의하고, 출석위원 과반수의 찬성으로 의결한다.

　㉡ 보호관찰소

제14조【보호관찰소의 설치】 ① <u>보호관찰, 사회봉사, 수강 및 갱생보호에 관한 사무</u>를 관장하기 위하여 <u>법무부장관 소속</u>으로 보호관찰소를 둔다.

제15조【보호관찰소의 관장 사무】 보호관찰소(보호관찰지소를 포함한다. 이하 같다)는 다음 각 호의 사무를 관장한다.
1. <u>보호관찰, 사회봉사명령 및 수강명령의 집행</u>
2. <u>갱생보호</u>
3. <u>검사가 보호관찰관이 선도함을 조건으로 공소제기를 유예하고 위탁한 선도 업무</u>(→ 소년·성인 불문)
4. 제18조에 따른 범죄예방 자원봉사위원에 대한 교육훈련 및 업무지도
5. <u>범죄예방활동</u>
6. 이 법 또는 다른 법령에서 보호관찰소의 관장 사무로 규정된 사항

고등검찰청의 설치

현재 서울, 대전, 대구, 부산, 광주, 수원에 고등검찰청이 설치되어 있다.

제16조 【보호관찰관】 ① 보호관찰소에는 제15조 각 호의 사무를 처리하기 위하여 보호관찰관을 둔다.

제18조 【범죄예방 자원봉사위원】 ① 범죄예방활동을 하고, 보호관찰활동과 갱생보호사업을 지원하기 위하여 범죄예방 자원봉사위원(이하 '범죄예방위원'이라 한다)을 둘 수 있다.

② 법무부장관은 법무부령으로 정하는 바에 따라 범죄예방위원을 위촉한다.

④ 범죄예방위원은 명예직으로 하되, 예산의 범위에서 직무수행에 필요한 비용의 전부 또는 일부를 지급할 수 있다.

③ 판결 전 조사 등

제19조 【판결 전 조사】 ① 법원은 피고인(→ 소년·성인 불문)에 대하여 「형법」제59조의2(→ 선고유예 시 보호관찰) 및 제62조의2(→ 집행유예 시 보호관찰, 사회봉사·수강명령)에 따른 보호관찰, 사회봉사 또는 수강을 명하기 위하여 필요하다고 인정하면 그 법원의 소재지 또는 피고인의 주거지를 관할하는 보호관찰소의 장에게 범행 동기, 직업, 생활환경, 교우관계, 가족상황, 피해회복 여부 등 피고인에 관한 사항의 조사를 요구할 수 있다. 23. 교정9☆

② 제1항의 요구를 받은 보호관찰소의 장은 지체 없이 이를 조사하여 서면으로 해당 법원에 알려야 한다. 이 경우 필요하다고 인정하면 피고인이나 그 밖의 관계인을 소환하여 심문하거나 소속 보호관찰관에게 필요한 사항을 조사하게 할 수 있다. 23. 교정9

③ 법원은 제1항의 요구를 받은 보호관찰소의 장에게 조사진행상황에 관한 보고를 요구할 수 있다. 23. 교정9

제19조의2 【결정 전 조사】 ① 법원은 「소년법」제12조에 따라 소년 보호사건에 대한 조사 또는 심리를 위하여 필요하다고 인정하면 그 법원의 소재지 또는 소년의 주거지를 관할하는 보호관찰소의 장에게 소년의 품행, 경력, 가정상황, 그 밖의 환경 등 필요한 사항에 관한 조사를 의뢰할 수 있다. 23. 교정9☆

제21조 【교도소장 등의 통보의무】 ① 교도소·구치소·소년교도소의 장은 징역 또는 금고의 형을 선고받은 소년(이하 "소년수형자"라 한다)이 「소년법」제65조 각 호의 기간(→ 무기형의 경우에는 5년, 15년 유기형의 경우에는 3년, 부정기형의 경우에는 단기의 3분의 1)을 지나면 그 교도소·구치소·소년교도소의 소재지를 관할하는 심사위원회에 그 사실을 통보하여야 한다. 24. 보호9

② 소년원장은 보호소년이 수용된 후 6개월이 지나면 그 소년원의 소재지를 관할하는 심사위원회에 그 사실을 통보하여야 한다.

제22조 【가석방·퇴원 및 임시퇴원의 신청】 ① 교도소·구치소·소년교도소 및 소년원(이하 '수용기관'이라 한다)의 장은 「소년법」제65조 각 호의 기간이 지난 소년수형자 또는 수용 중인 보호소년에 대하여 법무부령으로 정하는 바에 따라 관할 심사위원회에 가석방, 퇴원 또는 임시퇴원 심사를 신청할 수 있다.

제23조【가석방·퇴원 및 임시퇴원의 심사와 결정】 ① 심사위원회는 제22조 제1항에 따른 신청을 받으면 소년수형자에 대한 가석방 또는 보호소년에 대한 퇴원·임시퇴원이 적절한지를 심사하여 결정한다.

③ 심사위원회는 제1항 또는 제2항에 따라 소년수형자의 가석방이 적절한지를 심사할 때에는 보호관찰의 필요성을 심사하여 결정한다.

제24조【성인수형자에 대한 보호관찰의 심사와 결정】 ① 심사위원회는「형의 집행 및 수용자의 처우에 관한 법률」제122조에 따라 가석방되는 사람(→ 성인수형자)에 대하여 보호관찰의 필요성을 심사하여 결정한다.

제25조【법무부장관의 허가】 심사위원회는 제23조에 따른 심사 결과 가석방, 퇴원 또는 임시퇴원이 적절하다고 결정한 경우 및 제24조에 따른 심사 결과 보호관찰이 필요없다고 결정한 경우에는 결정서에 관계 서류를 첨부하여 법무부장관에게 이에 대한 허가를 신청하여야 하며, 법무부장관은 심사위원회의 결정이 정당하다고 인정하면 이를 허가할 수 있다.

제26조【환경조사】 ① 수용기관·병원·요양소·「보호소년 등의 처우에 관한 법률」에 따른 소년의료보호시설의 장은 소년수형자 및 「소년법」제32조 제1항 제7호·제9호·제10호(→ 병원 등 위탁·단기 소년원 송치·장기 소년원 송치)의 보호처분 중 어느 하나에 해당하는 처분을 받은 사람(이하 '수용자'라 한다)을 수용한 경우에는 지체 없이 거주예정지를 관할하는 보호관찰소의 장에게 신상조사서를 보내 환경조사를 의뢰하여야 한다. 16. 보호7

제28조【성인수형자에 대한 보호관찰 사안조사】 ① 교도소·구치소·소년교도소의 장은 징역 또는 금고 이상의 형을 선고받은 성인(이하 '성인수형자'라 한다)에 대하여 「형의 집행 및 수용자의 처우에 관한 법률」제121조에 따라 가석방심사위원회에 가석방 적격심사신청을 할 때에는 신청과 동시에 가석방 적격심사신청 대상자의 명단과 신상조사서를 해당 교도소·구치소·소년교도소의 소재지를 관할하는 심사위원회에 보내야 한다.

② 심사위원회는 교도소·구치소·소년교도소의 장으로부터 가석방 적격심사신청 대상자의 명단과 신상조사서를 받으면 해당 성인수형자를 면담하여 직접 제26조 제2항 전단에 규정된 사항, 석방 후의 재범 위험성 및 사회생활에 대한 적응가능성 등에 관한 조사(이하 '보호관찰 사안조사'라 한다)를 하거나 교도소·구치소·소년교도소의 소재지 또는 해당 성인수형자의 거주예정지를 관할하는 보호관찰소의 장에게 그 자료를 보내 보호관찰 사안조사를 의뢰할 수 있다.

④ 내용

㉠ 보호관찰의 개시, 기간 및 담당자

제29조【보호관찰의 개시 및 신고】 ① 보호관찰은 법원의 판결이나 결정이 확정된 때 또는 가석방·임시퇴원된 때부터 시작된다. 24. 보호9☆
② 보호관찰 대상자는 대통령령으로 정하는 바에 따라 주거, 직업, 생활계획, 그 밖에 필요한 사항을 관할 보호관찰소의 장에게 신고하여야 한다.

보호관찰 대상자의 일반준수사항
주/선/지/신고

보호관찰 대상자의 특별준수사항
「보호관찰 등에 관한 법률 시행령」제19
조【특별준수사항】법 제32조 제3항 제
10호에서 '대통령령으로 정하는 사항'이
란 다음 각 호의 사항을 말한다. 13. 교정7
1. 운전면허를 취득할 때까지 자동차(원
   동기장치자전거를 포함) 운전을 하지
   않을 것
2. 직업훈련, 검정고시 등 학과교육 또는
   성행(성품과 행실)개선을 위한 교육,
   치료 및 처우 프로그램에 관한 보호관
   찰관의 지시에 따를 것
3. 범죄와 관련이 있는 특정 업무에 관여
   하지 않을 것
4. 성실하게 학교수업에 참석할 것
5. 정당한 수입원에 의하여 생활하고 있
   음을 입증할 수 있는 자료를 정기적으
   로 보호관찰관에게 제출할 것
6. 흉기나 그 밖의 위험한 물건을 소지 또
   는 보관하거나 사용하지 아니할 것
7. 가족의 부양 등 가정생활에 있어서 책
   임을 성실히 이행할 것
8. 그 밖에 보호관찰 대상자의 생활상태,
   심신의 상태, 범죄 또는 비행의 동기,
   거주지의 환경 등으로 보아 보호관찰
   대상자가 준수할 수 있고 자유를 부당
   하게 제한하지 아니하는 범위에서 개
   선·자립에 도움이 된다고 인정되는
   구체적인 사항

핵심 OX

04 보호관찰은 보호관찰 대상자의 행위
지, 거주지 또는 현재지를 관할하는 보호
관찰소 소속 보호관찰관이 담당한다.
(○, ×)

05 「보호관찰 등에 관한 법률」상 범죄
의 내용과 종류 및 본인의 특성 등을 고려
하여 특별준수사항으로 '재범의 기회나
충동을 줄 수 있는 특정 지역·장소의 출
입을 하지 말 것'을 따로 부과할 수 있다.
(○, ×)

04 ×
05 ○

제30조【보호관찰의 기간】보호관찰 대상자는 다음 각 호의 구분에 따른 기간에 보호관찰을 받는다. 24. 보호9☆
1. 보호관찰을 조건으로 형의 선고유예를 받은 사람: 1년
2. 보호관찰을 조건으로 형의 집행유예를 선고받은 사람: 그 유예기간. 다만, 법원이 보호관찰 기간을 따로 정한 경우에는 그 기간
3. 가석방자: 「형법」제73조의2 또는 「소년법」제66조에 규정된 기간 (→ 10년, 남은 형기 / 가석방 전에 집행을 받은 기간과 같은 기간)
4. 임시퇴원자: 퇴원일부터 6개월 이상 2년 이하의 범위에서 심사위원회가 정한 기간
5. 「소년법」제32조 제1항 제4호 및 제5호(→ 단기·장기 보호관찰)의 보호처분을 받은 사람: 그 법률에서 정한 기간
6. 다른 법률에 따라 이 법에서 정한 보호관찰을 받는 사람: 그 법률에서 정한 기간

제31조【보호관찰 담당자】보호관찰은 보호관찰 대상자의 주거지를 관할하는 보호관찰소 소속 보호관찰관이 담당한다. 16. 보호7

ⓛ 보호관찰 대상자의 준수사항

제32조【보호관찰 대상자의 준수사항】② 보호관찰 대상자는 다음 각 호의 사항을 지켜야 한다(→ 일반준수사항). 23. 교정7☆
1. 주거지에 상주하고 생업에 종사할 것
2. 범죄로 이어지기 쉬운 나쁜 습관을 버리고 선행을 하며 범죄를 저지를 염려가 있는 사람들과 교제하거나 어울리지 말 것
3. 보호관찰관의 지도·감독에 따르고 방문하면 응대할 것
4. 주거를 이전하거나 1개월 이상 국내외 여행을 할 때에는 미리 보호관찰관에게 신고할 것
③ 법원 및 심사위원회는 판결의 선고 또는 결정의 고지를 할 때에는 제2항의 준수사항 외에 범죄의 내용과 종류 및 본인의 특성 등을 고려하여 필요하면 보호관찰기간의 범위에서 기간을 정하여 다음 각 호의 사항을 특별히 지켜야 할 사항으로 따로 과할 수 있다(→ 특별준수사항). 23. 교정7☆
1. 야간 등 재범의 기회나 충동을 줄 수 있는 특정 시간대의 외출 제한
2. 재범의 기회나 충동을 줄 수 있는 특정 지역·장소의 출입 금지
3. 피해자 등 재범의 대상이 될 우려가 있는 특정인에 대한 접근 금지
4. 범죄행위로 인한 손해를 회복하기 위하여 노력할 것
5. 일정한 주거가 없는 자에 대한 거주장소 제한
6. 사행행위에 빠지지 아니할 것
7. 일정량 이상의 음주를 하지 말 것
8. 마약 등 중독성 있는 물질을 사용하지 아니할 것
9. 「마약류 관리에 관한 법률」상의 마약류 투약, 흡연, 섭취 여부에 관한 검사에 따를 것
10. 그 밖에 보호관찰 대상자의 재범방지를 위하여 필요하다고 인정되어 대통령령(→ 시행령 제19조)으로 정하는 사항

④ 보호관찰 대상자가 제2항 또는 제3항의 <u>준수사항을 위반</u>하거나 사정변경의 상당한 이유가 있는 경우에는 <u>법원</u>은 보호관찰소의 장의 신청 또는 검사의 청구에 따라, <u>심사위원회</u>는 보호관찰소의 장의 신청에 따라 각각 <u>준수사항의 전부 또는 일부를 추가, 변경하거나 삭제</u>할 수 있다. 10. 교정9

⑤ 제2항부터 제4항까지의 <u>준수사항은 서면으로 고지</u>하여야 한다.

✦ 관련 판례 | 보호관찰 대상자에 대한 특별준수사항을 사회봉사 · 수강명령 대상자에게 적용할 수 있는지 여부

보호관찰명령 없이 사회봉사 · 수강명령만 선고하는 경우, 보호관찰 대상자에 대한 특별준수사항을 사회봉사 · 수강명령 대상자에게 그대로 적용할 수 있는지 여부(소극) – (중략) 보호관찰명령이 보호관찰기간 동안 바른 생활을 영위할 것을 요구하는 추상적 조건의 부과이거나 악행을 하지 말 것을 요구하는 소극적인 부작위조건의 부과인 반면, 사회봉사명령 · 수강명령은 특정 시간 동안의 적극적인 작위의무를 부과하는 데 그 특징이 있다는 점 등에 비추어 보면, <u>사회봉사 · 수강명령 대상자에 대한 특별준수사항은 보호관찰 대상자에 대한 것과 같을 수 없고, 따라서 보호관찰 대상자에 대한 특별준수사항을 사회봉사 · 수강명령 대상자에게 그대로 적용하는 것은 적합하지 않다.</u>
[대결 2009.3.30, 2008모1116] 20. 승진☆

보호관찰법 제32조 제3항이 보호관찰 대상자에게 과할 수 있는 특별준수사항으로 정한 "범죄행위로 인한 손해를 회복하기 위하여 노력할 것(제4호)" 등 같은 항 제1호부터 제9호까지의 사항은 보호관찰 대상자에 한해 부과할 수 있을 뿐, 사회봉사명령 · 수강명령 대상자에 대해서는 부과할 수 없다. [대판 2020.11.5, 2017도18291] 24. 보호9

ⓒ 분류처우, 원호 및 응급구호

> **제33조의2 【분류처우】** ① <u>보호관찰소의 장</u>은 범행 내용, 재범위험성 등 보호관찰 대상자의 <u>개별적 특성을 고려</u>하여 그에 알맞은 지도 · 감독의 방법과 수준에 따라 <u>분류처우를 하여야 한다.</u> 16. 보호7
>
> **제34조 【원호】** ① 보호관찰관은 보호관찰 대상자가 자조의 노력을 할 때에는 그의 개선과 자립을 위하여 필요하다고 인정되는 적절한 원호를 한다.
>
> **제35조 【응급구호】** 보호관찰소의 장은 보호관찰 대상자에게 부상, 질병, 그 밖의 긴급한 사유가 발생한 경우에는 대통령령으로 정하는 바에 따라 필요한 구호를 할 수 있다.

⑤ 보호관찰 대상자에 대한 통제

㉠ 경고

> **제38조 【경고】** <u>보호관찰소의 장</u>은 보호관찰 대상자가 제32조의 <u>준수사항을 위반</u>하거나 위반할 위험성이 있다고 인정할 상당한 이유가 있는 경우에는 준수사항의 이행을 촉구하고 형의 집행 등 불리한 처분을 받을 수 있음을 <u>경고</u>할 수 있다.

ⓒ 구인

제39조【구인】 ① 보호관찰소의 장은 보호관찰 대상자가 제32조의 준수사항을 위반하였거나 위반하였다고 의심할 상당한 이유가 있고, 다음 각 호의 어느 하나에 해당하는 사유가 있는 경우에는 관할 지방검찰청의 검사에게 신청하여 검사의 청구로 관할 지방법원 판사의 구인장을 발부받아 보호관찰 대상자를 구인할 수 있다. 24. 보호9☆
1. 일정한 주거가 없는 경우
2. 제37조 제1항에 따른 소환에 따르지 아니한 경우
3. 도주한 경우 또는 도주할 염려가 있는 경우
② 제1항의 구인장은 검사의 지휘에 따라 보호관찰관이 집행한다. 다만, 보호관찰관이 집행하기 곤란한 경우에는 사법경찰관리에게 집행하게 할 수 있다.

제40조【긴급구인】 ① 보호관찰소의 장은 제32조의 준수사항을 위반한 보호관찰 대상자가 제39조 제1항 각 호의 어느 하나에 해당하는 사유(→ 주거, 소환, 도주)가 있는 경우로서 긴급하여 제39조에 따른 구인장을 발부받을 수 없는 경우에는 그 사유를 알리고 구인장 없이 그 보호관찰 대상자를 구인할 수 있다. 이 경우 긴급하다 함은 해당 보호관찰 대상자를 우연히 발견한 경우 등과 같이 구인장을 발부받을 시간적 여유가 없는 경우를 말한다. 14. 교정7
② 보호관찰소의 장은 제1항에 따라 보호관찰 대상자를 구인한 경우에는 긴급구인서를 작성하여 즉시 관할 지방검찰청 검사의 승인을 받아야 한다. 19. 승진☆
③ 보호관찰소의 장은 제2항에 따른 승인을 받지 못하면 즉시 보호관찰 대상자를 석방하여야 한다. 14. 교정7

제41조【구인기간】 보호관찰소의 장은 제39조 또는 제40조에 따라 보호관찰 대상자를 구인하였을 때에는 제42조에 따라 유치 허가를 청구한 경우를 제외하고는 구인한 때부터 48시간 이내에 석방하여야 한다. 다만, 제42조 제2항에 따른 유치 허가를 받지 못하면 즉시 보호관찰 대상자를 석방하여야 한다. 19. 승진

ⓒ 유치

제42조【유치】 ① 보호관찰소의 장은 다음 각 호의 신청이 필요하다고 인정되면 제39조 또는 제40조에 따라 구인한 보호관찰 대상자를 수용기관 또는 소년분류심사원에 유치할 수 있다. 19. 교정7
1. 제47조에 따른 보호관찰을 조건으로 한 형(벌금형을 제외한다)의 선고유예의 실효 및 집행유예의 취소 청구의 신청
2. 제48조에 따른 가석방 및 임시퇴원의 취소 신청
3. 제49조에 따른 보호처분의 변경 신청

② 제1항에 따른 유치를 하려는 경우에는 보호관찰소의 장이 검사에게 신청하여 검사의 청구로 관할 지방법원 판사의 허가를 받아야 한다. 이 경우 검사는 보호관찰 대상자가 구인된 때부터 48시간 이내에 유치 허가를 청구하여야 한다. 24. 보호9☆

③ 보호관찰소의 장은 유치 허가를 받은 때부터 24시간 이내에 제1항 각 호의 신청을 하여야 한다. 24. 보호9☆

④ 검사는 보호관찰소의 장으로부터 제1항 제1호의 신청을 받고 그 이유가 타당하다고 인정되면 48시간 이내에 관할 지방법원에 보호관찰을 조건으로 한 형의 선고유예의 실효 또는 집행유예의 취소를 청구하여야 한다.

제43조【유치기간】 ① 제42조에 따른 유치의 기간은 제39조 제1항 또는 제40조 제1항에 따라 구인한 날부터 20일로 한다. 19. 교정7

② 법원은 제42조 제1항 제1호 또는 제3호에 따른 신청(→ 선고유예의 실효 및 집행유예의 취소 청구의 신청, 보호처분의 변경 신청)이 있는 경우에 심리를 위하여 필요하다고 인정되면 심급마다 20일의 범위에서 한 차례만 유치기간을 연장할 수 있다. 19. 교정7

③ 보호관찰소의 장은 제42조 제1항 제2호에 따른 신청(→ 가석방 및 임시퇴원의 취소 신청)이 있는 경우에 심사위원회의 심사에 필요하면 검사에게 신청하여 검사의 청구로 지방법원 판사의 허가를 받아 10일의 범위에서 한 차례만 유치기간을 연장할 수 있다. 19. 승진

제45조【유치기간의 형기 산입】 제42조에 따라 유치된 사람에 대하여 보호관찰을 조건으로 한 형의 선고유예가 실효되거나 집행유예가 취소된 경우 또는 가석방이 취소된 경우에는 그 유치기간을 형기에 산입한다. 24. 보호9☆

② 보호장구*

제46조의2【보호장구의 사용】 ① 보호관찰소 소속 공무원은 보호관찰 대상자가 다음 각 호의 어느 하나에 해당하고, 정당한 직무집행 과정에서 필요하다고 인정되는 상당한 이유가 있으면 제46조의3 제1항에 따른 보호장구를 사용할 수 있다.

1. 제39조 및 제40조에 따라 구인 또는 긴급구인한 보호관찰 대상자를 보호관찰소에 인치하거나 수용기관 등에 유치하기 위해 호송하는 때
2. 제39조 및 제40조에 따라 구인 또는 긴급구인한 보호관찰 대상자가 도주하거나 도주할 우려가 있는 때
3. 위력으로 보호관찰소 소속 공무원의 정당한 직무집행을 방해하는 때
4. 자살·자해 또는 다른 사람에 대한 위해의 우려가 큰 때
5. 보호관찰소 시설의 설비·기구 등을 손괴하거나 그 밖에 시설의 안전 또는 질서를 해칠 우려가 큰 때

제46조의3【보호장구의 종류 및 사용요건】 ① 보호장구의 종류는 다음 각 호와 같다. 19. 승진☆

1. 수갑
2. 포승

* 보호관찰 대상자의 인권보호를 위하여 보호관찰 대상자에 대한 보호장구의 종류별 사용요건 등을 구체적으로 정하였다(제46조의2, 제46조의3).

3. 보호대*
4. 가스총
5. 전자충격기
② 보호장구의 종류별 사용요건은 다음 각 호와 같다.
1. 수갑·포승·보호대: 제46조의2 제1항 제1호부터 제5호까지의 어느 하나에 해당하는 때
2. 가스총: 제46조의2 제1항 제2호부터 제5호까지(→ 호송 ×)의 어느 하나에 해당하는 때
3. 전자충격기: 제46조의2 제1항 제2호부터 제5호까지(→ 호송 ×)의 어느 하나에 해당하는 경우로서 상황이 긴급하여 다른 보호장구만으로는 그 목적을 달성할 수 없는 때

제46조의4【보호장구 사용의 고지 등】 ① 제46조의3 제1항 제1호부터 제3호까지의 보호장구(→ 수갑, 포승, 보호대)를 사용할 경우에는 보호관찰 대상자에게 그 사유를 알려주어야 한다. 다만, 상황이 급박하여 시간적인 여유가 없을 때에는 보호장구 사용 직후 지체 없이 알려주어야 한다. ② 제46조의3 제1항 제4호 및 제5호의 보호장구(→ 가스총, 전자충격기)를 사용할 경우에는 사전에 상대방에게 이를 경고하여야 한다. 다만, 상황이 급박하여 경고할 시간적인 여유 없는 때에는 그러하지 아니하다.

제46조의5【보호장구 남용 금지】 제46조의3 제1항에 따른 보호장구는 필요한 최소한의 범위에서 사용하여야 하며, 보호장구를 사용할 필요가 없게 되면 지체 없이 사용을 중지하여야 한다.

⑥ 보호관찰의 종료

제47조【보호관찰을 조건으로 한 형의 선고유예의 실효 및 집행유예의 취소】 ① 「형법」 제61조 제2항에 따른 선고유예의 실효(→ 임의적 실효) 및 같은 법 제64조 제2항에 따른 집행유예의 취소(→ 임의적 취소)는 검사가 보호관찰소의 장의 신청을 받아 법원에 청구한다. 20. 교정9

제48조【가석방 및 임시퇴원의 취소】 ① 심사위원회는 가석방 또는 임시퇴원된 사람이 보호관찰기간 중 제32조의 준수사항을 위반하고 위반 정도가 무거워 보호관찰을 계속하기가 적절하지 아니하다고 판단되는 경우에는 보호관찰소의 장의 신청을 받거나 직권으로 가석방 및 임시퇴원의 취소를 심사하여 결정할 수 있다.
② 심사위원회는 제1항에 따른 심사 결과 가석방 또는 임시퇴원을 취소하는 것이 적절하다고 결정한 경우에는 결정서에 관계 서류를 첨부하여 법무부장관에게 이에 대한 허가를 신청하여야 하며, 법무부장관은 심사위원회의 결정이 정당하다고 인정되면 이를 허가할 수 있다.

제49조【보호처분의 변경】 ① 보호관찰소의 장은 「소년법」 제32조 제1항 제4호 또는 제5호의 보호처분에 따라 보호관찰을 받고 있는 사람이 보호관찰기간 중 제32조의 준수사항을 위반하고 그 정도가 무거워 보호관찰을 계속하기 적절하지 아니하다고 판단되면 보호관찰소 소재지를 관할하는 법원에 보호처분의 변경을 신청할 수 있다.

② 제1항에 따른 보호처분의 변경을 할 경우 신청 대상자가 19세 이상인 경우에도 「소년법」 제2조 및 제38조 제1항에도 불구하고 같은 법 제2장의 보호사건 규정을 적용한다.

제50조【부정기형의 종료 등】 ① 「소년법」 제60조 제1항(→ 상대적 부정기형)에 따라 형을 선고받은 후 가석방된 사람이 그 형의 단기가 지나고 보호관찰의 목적을 달성하였다고 인정되면 같은 법 제66조에서 정한 기간(→ 가석방 전에 집행을 받은 기간과 같은 기간) 전이라도 심사위원회는 보호관찰소의 장의 신청을 받거나 직권으로 형의 집행을 종료한 것으로 결정할 수 있다.

② 임시퇴원자가 임시퇴원이 취소되지 아니하고 보호관찰기간을 지난 경우에는 퇴원된 것으로 본다.

제51조【보호관찰의 종료】 ① 보호관찰은 보호관찰 대상자가 다음 각 호의 어느 하나에 해당하는 때에 종료한다. 23. 보호7☆

1. 보호관찰기간이 지난 때
2. 「형법」 제61조에 따라 보호관찰을 조건으로 한 형의 선고유예가 실효되거나 같은 법 제63조 또는 제64조에 따라 보호관찰을 조건으로 한 집행유예가 실효되거나 취소된 때
3. 제48조 또는 다른 법률에 따라 가석방 또는 임시퇴원이 실효되거나 취소된 때
4. 제49조에 따라 보호처분이 변경된 때
5. 제50조에 따른 부정기형 종료 결정이 있는 때
6. 제53조에 따라 보호관찰이 정지된 임시퇴원자가 「보호소년 등의 처우에 관한 법률」 제43조 제1항의 나이(→ 22세)가 된 때
7. 다른 법률에 따라 보호관찰이 변경되거나 취소·종료된 때

② 보호관찰 대상자가 보호관찰기간 중 금고 이상의 형의 집행을 받게 된 때에는 해당 형의 집행기간 동안 보호관찰 대상자에 대한 보호관찰기간은 계속 진행되고, 해당 형의 집행이 종료·면제되거나 보호관찰 대상자가 가석방된 경우 보호관찰기간이 남아있는 때에는 그 잔여기간 동안 보호관찰을 집행*한다.

제52조【임시해제】 ① 심사위원회는 보호관찰 대상자의 성적이 양호할 때에는 보호관찰소의 장의 신청을 받거나 직권으로 보호관찰을 임시해제할 수 있다.

② 임시해제 중에는 보호관찰을 하지 아니한다. 다만, 보호관찰 대상자는 준수사항을 계속하여 지켜야 한다. 23. 보호7

③ 심사위원회는 임시해제 결정을 받은 사람에 대하여 다시 보호관찰을 하는 것이 적절하다고 인정되면 보호관찰소의 장의 신청을 받거나 직권으로 임시해제 결정을 취소할 수 있다.

④ 제3항에 따라 임시해제 결정이 취소된 경우에는 그 임시해제기간을 보호관찰기간에 포함한다. 23. 보호7☆

제55조의3【보호관찰 종료사실 등의 통보】 ① 보호관찰소의 장은 다음 각 호(생략)의 어느 하나에 해당하는 범죄를 저지른 가석방자의 보호관찰이 종료된 때에 재범 방지 등을 위하여 필요하다고 인정하면 가석방자의 보호관찰 종료사실 등을 그의 주거지를 관할하는 경찰관서의 장에게 통보할 수 있다.

* 보호관찰 대상자가 그 집행기간 중 금고 이상의 형의 집행을 받게 된 경우 해당 형의 집행기간 동안 보호관찰기간이 계속 진행하되, 해당 형의 집행이 종료·면제되거나 보호관찰 대상자가 가석방된 경우 보호관찰기간이 남아 있을 때는 그 잔여기간 동안 보호관찰을 집행하도록 하였다(제51조 제2항).

제55조의4【범죄경력자료 등의 조회 요청】① 법무부장관은 이 법에 따른 보호관찰의 집행이 종료된 사람의 재범 여부를 조사하고 보호관찰명령의 효과를 평가하기 위하여 필요한 경우에는 그 집행이 종료된 때부터 3년 동안 관계 기관에 그 사람에 관한 범죄경력자료와 수사경력자료에 대한 조회를 요청할 수 있다.
② 제1항의 요청을 받은 관계 기관의 장은 정당한 사유 없이 이를 거부해서는 아니 된다.

2. 사회봉사 · 수강명령제도

(1) 의의

사회봉사명령제도의 기능

처벌적 기능	여가를 박탈하여 무보수로 의무적으로 작업하게 하는 기능
속죄적 기능	범죄행위를 반성하고 속죄할 수 있는 기회를 부여하는 기능
배상적 기능	피해자나 지역사회를 위한 봉사활동을 하는 기능
화해적 기능	범죄자와 사회의 화해 및 재통합을 시도하는 기능

① 사회봉사명령제도: 사회봉사명령제도는 비교적 죄질이 가벼운 범죄자나 비행소년을 시설에 수용하는 대신에 정상적인 사회생활을 영위하게 하면서 일정기간 무보수로 사회봉사활동을 하도록 강제하는 제도이다.

② 수강명령제도: 수강명령제도는 유죄가 인정된 범죄자나 비행소년을 교화 · 개선하기 위해 일정기간 강의 · 교육을 받도록 하는 제도이다.

(2) 취지

① 사회봉사명령제도: 단기(또는 중기)자유형의 대체, 과밀수용의 해소, 형벌의 다양화, 구금에 대한 회의, 사회에 대한 배상 등의 이유로 도입되었다. 17. 교정9

② 수강명령제도: 범죄자의 여가시간을 박탈하여 처벌의 효과를 거두는 동시에 여가를 건전하게 활용하도록 함으로써 교육적 · 개선적 효과를 달성함에 목적이 있다. 17. 교정9

(3) 연혁

① 1972년 영국에서 당사자의 동의를 기초로 하는 사회봉사제도가 도입되었다. 이는 보호관찰보다 형벌적 성격이 강하면서 동시에 단기자유형을 대체할 수 있는 장점을 가지는 것이었다.

② 영국 · 프랑스 등은 사회봉사명령을 독립된 제재로 인정하고 있으나, 우리나라 · 독일 등은 집행유예 등에 부가되는 처분으로 인정하고 있다. 우리나라는 당사자의 동의를 전제로 하지 않는다. 11. 교정9

③ 현행법상 사회봉사 · 수강명령을 규정하고 있는 법률에는 「형법」, 「성폭력범죄의 처벌 등에 관한 특례법」, 「소년법」, 「가정폭력범죄의 처벌 등에 관한 특례법」, 「성매매알선 등 행위의 처벌에 대한 법률」, 「아동 · 청소년의 성보호에 관한 법률」 등이 있다. 이와 같은 사회봉사 · 수강명령을 총괄하는 절차법은 「보호관찰 등에 관한 법률」이다. 13. 교정9☆

(4) 장·단점

장점	① 악풍감염 및 낙인을 회피할 수 있고, 범죄자의 사회복귀를 도모할 수 있다. ② 시설 내 처우 및 다른 사회 내 처우보다 경제적이다. ③ 다양한 형벌 목적과 결합시켜 자유형에 상응한 형벌 효과를 거둘 수 있으므로 형벌의 다양화에 기여한다. 11. 교정9 ④ 범죄자를 사회에 봉사하는 능동적 주체로 전환시킬 수 있다. ⑤ 봉사활동을 강제함으로써 형벌의 엄격성을 유지할 수 있다.
단점	① 유용성을 실증하기 어렵다. ② 위반 시 처리기준이 명확하게 확립되어 있지 않다. ③ 대상자의 선정 및 봉사시간의 기준이 불명확하고, 공정하게 운용하는 것이 어렵다. ④ 정상적인 직업활동을 저해할 우려가 있다. 11. 교정9 ⑤ 대상자에 대한 또 다른 낙인으로 작용할 우려가 있다. 11. 교정9

(5) 「보호관찰 등에 관한 법률」의 사회봉사·수강명령 관련 내용

① 대상자, 범위 및 집행담당자, 판결의 통지

> **제3조【대상자】** ② 사회봉사 또는 수강을 하여야 할 사람(이하 '사회봉사·수강명령 대상자'라 한다)은 다음 각 호와 같다.
>
> 1. 「형법」 제62조의2에 따라 사회봉사 또는 수강을 조건으로 형의 집행유예를 선고받은 사람
> 2. 「소년법」 제32조에 따라 사회봉사명령 또는 수강명령을 받은 사람
> 3. 다른 법률에서 이 법에 따른 사회봉사 또는 수강을 받도록 규정된 사람
>
> **제59조【사회봉사명령·수강명령의 범위】** ① 법원은 「형법」 제62조의2(→ 집행유예 시 보호관찰, 사회봉사·수강명령)에 따른 사회봉사를 명할 때에는 500시간, 수강을 명할 때에는 200시간의 범위에서 그 기간을 정하여야 한다. 다만, 다른 법률에 특별한 규정이 있는 경우에는 그 법률에서 정하는 바에 따른다. 22. 교정7☆
>
> ② 법원은 제1항의 경우에 사회봉사·수강명령 대상자가 사회봉사를 하거나 수강할 분야와 장소 등을 지정할 수 있다. 16. 교정9
>
> **제60조【판결의 통지 등】** ① 법원은 「형법」 제62조의2에 따른 사회봉사 또는 수강을 명하는 판결이 확정된 때부터 3일 이내에 판결문 등본 및 준수사항을 적은 서면을 피고인의 주거지를 관할하는 보호관찰소의 장에게 보내야 한다. 20. 교정9
>
> **제61조【사회봉사·수강명령 집행담당자】** ① 사회봉사명령 또는 수강명령은 보호관찰관이 집행한다. 다만, 보호관찰관은 국공립기관이나 그 밖의 단체에 그 집행의 전부 또는 일부를 위탁할 수 있다. 22. 교정7☆
>
> ② 보호관찰관은 사회봉사명령 또는 수강명령의 집행을 국공립기관이나 그 밖의 단체에 위탁한 때에는 이를 법원 또는 법원의 장에게 통보하여야 한다. 11. 교정7

② 준수사항 및 종료

제62조【사회봉사·수강명령 대상자의 준수사항】① 사회봉사·수강명령 대상자는 대통령령으로 정하는 바에 따라 주거, 직업, 그 밖에 필요한 사항을 관할 보호관찰소의 장에게 신고하여야 한다. 11. 교정7

② 사회봉사·수강명령 대상자는 다음 각 호의 사항을 준수하여야 한다. 20. 교정9☆

1. 보호관찰관의 집행에 관한 지시에 따를 것
2. 주거를 이전하거나 1개월 이상 국내외 여행을 할 때에는 미리 보호관찰관에게 신고할 것

③ 법원은 판결의 선고를 할 때 제2항의 준수사항 외에 대통령령으로 정하는 범위에서 본인의 특성 등을 고려하여 특별히 지켜야 할 사항을 따로 과할 수 있다.

④ 제2항과 제3항의 준수사항은 서면으로 고지하여야 한다.

제63조【사회봉사·수강의 종료】① 사회봉사·수강은 사회봉사·수강명령 대상자가 다음 각 호의 어느 하나에 해당하는 때에 종료한다. 22. 보호7

1. 사회봉사명령 또는 수강명령의 집행을 완료한 때
2. 형의 집행유예기간이 지난 때
3. 「형법」 제63조 또는 제64조에 따라 사회봉사·수강명령을 조건으로 한 집행유예의 선고가 실효되거나 취소된 때
4. 다른 법률에 따라 사회봉사·수강명령이 변경되거나 취소·종료된 때

② 사회봉사·수강명령 대상자가 사회봉사·수강명령 집행 중 금고 이상의 형의 집행을 받게 된 때에는 해당 형의 집행이 종료·면제되거나 사회봉사·수강명령 대상자가 가석방된 경우 잔여 사회봉사·수강명령을 집행한다.* 24. 보호9☆

* 종래 사회봉사·수강명령 집행기간 중 금고 이상의 형의 집행을 받게 된 때에는 사회봉사·수강이 종료하는 것으로 규정되어 있었으나, 사회봉사·수강명령 집행기간이 계속 진행되는 것으로 보아 형의 집행이 종료·면제되거나 사회봉사·수강명령 대상자가 가석방된 경우 잔여 사회봉사·수강명령을 집행하도록 하였다(제63조 제2항).

🔨 관련 판례 | 사회봉사명령의 내용

[1] 일정한 금원의 출연을 내용으로 하는 사회봉사명령이 허용되는지 여부(소극) - (중략) 법원이 형의 집행을 유예하는 경우 명할 수 있는 사회봉사는 자유형의 집행을 대체하기 위한 것으로서 500시간 내에서 시간 단위로 부과될 수 있는 일 또는 근로활동을 의미하는 것으로 해석되므로, 법원이 「형법」 제62조의2의 규정에 의한 사회봉사명령으로 피고인에게 일정한 금원을 출연하거나 이와 동일시할 수 있는 행위를 명하는 것은 허용될 수 없다.

[2] 피고인에게 자신의 범죄행위와 관련하여 어떤 말이나 글을 공개적으로 발표하도록 명하는 내용의 사회봉사명령이 허용되는지 여부(소극) - 법원이 피고인에게 유죄로 인정된 범죄행위를 뉘우치거나 그 범죄행위를 공개하는 취지의 말이나 글을 발표하도록 하는 내용의 사회봉사를 명하고 이를 위반할 경우 「형법」 제64조 제2항에 의하여 집행유예의 선고를 취소할 수 있도록 함으로써 그 이행을 강제하는 것은, 헌법이 보호하는 피고인의 양심의 자유, 명예 및 인격에 대한 심각하고 중대한 침해에 해당하므로 허용될 수 없고, (중략) 이러한 사회봉사명령은 위법하다(재벌그룹 회장의 횡령행위 등에 대하여 집행유예를 선고하면서 사회봉사명령으로서 금전출연을 주된 내용으로 하는 사회공헌계획의 성실한 이행, 준법경영을 주제로 하는 강연과 기고를 명하는 것은 허용될 수 없다고 본 사례). [대판 2008.4.11, 2007도8373] 11. 교정9☆

3. 갱생보호

(1) 의의

협의의 갱생보호	수용시설에서 형사처분·보호처분의 집행 후에 출소한 자를 후견·지도·보호하는 활동(석방자 보호)
광의의 갱생보호	협의의 갱생보호를 포함하여 일체의 법적 구금상태에서 벗어난 자(집행유예·선고유예 등)를 대상으로 후견·지도·보호하는 활동

(2) 연혁

① 미국: 1776년 리차드 위스터(Wister)가 '불행한 수형자를 돕기 위한 필라델피아협회'를 결성하여 출소자 보호활동을 전개하였다.

② 영국: 보호관찰부 유예제도(Probation) 및 보호관찰부 가석방제도(Parole)와 결부된 유권적 갱생보호의 형태로 발전하였다.

③ 우리나라

㉠ 1961년 「갱생보호법」을 제정하고, 갱생보호회·갱생보호소를 설립하였다.

㉡ 1996년 「보호관찰 등에 관한 법률」을 제정하였다.

㉢ 2008년 한국갱생보호공단을 '한국법무보호복지공단'으로 전환하였다.

(3) 구분

① 임의적 갱생보호

㉠ 출소자의 동의·신청을 전제로 하여 물질적·정신적 원조를 제공하는 것이다.

㉡ 우리나라는 신청을 전제로 하는 임의적 갱생보호를 원칙으로 한다.

② 강제적 갱생보호

㉠ 국가가 출소자를 강제적으로 일정기간 보호하는 것이다.

㉡ 보호관찰부 유예제도 및 보호관찰부 가석방제도가 이에 해당한다.

(4) 문제점 및 개선방안

① 문제점

㉠ 임의적 갱생보호를 원칙으로 하므로, 제대로 실효성을 거두기 어렵다.

㉡ 갱생보호에 대한 국가적 관심과 재정지원이 미약하다.

㉢ 갱생보호의 전문인력이 절대적으로 부족하다.

㉣ 중간처우 및 사회 내 처우와 제대로 연결되지 못하고 있다.

② 개선방안

㉠ 강제적 갱생보호제도를 도입·확대할 필요가 있다.

㉡ 중간처우 및 사회 내 처우와 연계하여 확대 실시해야 한다.

㉢ 전문인력의 양성을 통해 갱생보호활동을 전문화해야 한다.

㉣ 복지시설을 늘리고 직업훈련 및 취업알선을 확대해야 한다.

㉤ 교정기관과의 긴밀한 협력을 통해 대상자를 확대해야 한다.

(5) 「보호관찰 등에 관한 법률」의 갱생보호 관련 내용

① 대상자

> **제3조【대상자】** ③ 갱생보호를 받을 사람(이하 '갱생보호 대상자'라 한다)은 <u>형사처분 또는 보호처분을 받은 사람</u>으로서 자립갱생을 위한 숙식 제공, 주거 지원, 창업 지원, 직업훈련 및 취업 지원 등 보호의 필요성이 인정되는 사람으로 한다. 19. 승진☆

② 갱생보호의 방법

선생님 TIP

갱생보호의 방법
주/식/취/직/창/출/심/사/가/자

> **제65조【갱생보호의 방법】** ① 갱생보호는 다음 각 호의 방법으로 한다. 18. 교정7☆
> 1. **숙식** 제공
> 2. **주거** 지원
> 3. **창업** 지원
> 4. **직업**훈련 및 **취업** 지원
> 5. **출소**예정자 사전상담
> 6. 갱생보호 대상자의 **가족**에 대한 지원
> 7. **심리**상담 및 심리치료
> 8. **사후**관리
> 9. 그 밖에 갱생보호 대상자에 대한 **자립** 지원

③ 갱생보호의 신청

> **제66조【갱생보호의 신청 및 조치】** ① 갱생보호 대상자와 관계 기관은 <u>보호관찰소의 장</u>, 제67조 제1항에 따라 <u>갱생보호사업 허가를 받은 자</u> 또는 제71조에 따른 한국법무보호복지공단에 갱생보호 신청을 할 수 있다(→ <u>임의적 갱생보호</u>). 21. 교정9☆

④ 갱생보호사업자

한국법무보호복지공단의 변천

사법보호회(1942)
⇨ 갱생보호회(1961)
⇨ 한국갱생보호공단(1995)
⇨ 한국법무보호복지공단(2009)

> **제67조【갱생보호사업의 허가】** ① 갱생보호사업을 하려는 자는 <u>법무부령</u>으로 정하는 바에 따라 <u>법무부장관의 허가</u>를 받아야 한다. 허가받은 사항을 변경하려는 경우에도 또한 같다. 15. 교정7☆
>
> **제70조의2【청문】** 법무부장관은 제70조에 따라 갱생보호사업의 <u>허가를 취소</u>하거나 <u>정지</u>하려는 경우에는 <u>청문</u>을 하여야 한다. 21. 교정9☆

⑤ 한국법무보호복지공단

핵심 OX

12 「보호관찰 등에 관한 법률」상 갱생보호의 방법에는 주거 지원, 출소예정자 사전상담, 갱생보호 대상자의 가족에 대한 지원이 포함된다. (O, ×)

12 ○

> **제71조【한국법무보호복지공단의 설립】** 갱생보호사업을 효율적으로 추진하기 위하여 한국법무보호복지공단(이하 '공단'이라 한다)을 설립한다. 21. 교정9☆
>
> **제72조【법인격】** 공단은 법인으로 한다.

제82조 【공단의 사업】 공단은 그 목적을 달성하기 위하여 다음 각 호의 사업을 한다.

1. 갱생보호
2. 갱생보호제도의 조사·연구 및 보급·홍보
3. 갱생보호사업을 위한 수익사업
4. 공단의 목적 달성에 필요한 사업

2 「치료감호 등에 관한 법률」

1. 목적

제1조 【목적】 이 법은 심신장애 상태, 마약류·알코올이나 그 밖의 약물중독 상태, 정신성적 장애가 있는 상태 등에서 범죄행위를 한 자로서 재범의 위험성이 있고 특수한 교육·개선 및 치료가 필요하다고 인정되는 자에 대하여 적절한 보호와 치료를 함으로써 재범을 방지하고 사회복귀를 촉진하는 것을 목적으로 한다. 14. 보호7

2. 치료감호

(1) 의의

치료감호란 심신장애인, 중독자 및 정신성적 장애자를 치료감호시설에 수용하여 치료를 위한 조치를 행하는 보안처분이다.

(2) 요건

치료감호의 요건에 해당하는지 여부는 범죄행위 시가 아니라 '판결선고 시'를 기준으로 판단한다.

제2조 【치료감호 대상자】 ① 이 법에서 '치료감호 대상자'란 다음 각 호의 어느 하나에 해당하는 자로서 치료감호시설에서 치료를 받을 필요가 있고 재범의 위험성이 있는 자를 말한다. 21. 교정9☆

1. 「형법」 제10조 제1항(→ 심신상실)에 따라 벌하지 아니하거나 같은 조 제2항(→ 심신미약)에 따라 형을 감경할 수 있는 심신장애인으로서 금고 이상의 형에 해당하는 죄를 지은 자
2. 마약·향정신성 의약품·대마, 그 밖에 남용되거나 해독을 끼칠 우려가 있는 물질이나 알코올을 식음·섭취·흡입·흡연 또는 주입받는 습벽이 있거나 그에 중독된 자로서 금고 이상의 형에 해당하는 죄를 지은 자
3. 소아성기호증, 성적가학증 등 성적 성벽이 있는 정신성적 장애인으로서 금고 이상의 형에 해당하는 성폭력 범죄를 지은 자

(3) 청구와 판결

> **제3조 【관할】** ① 치료감호사건의 토지관할은 치료감호사건과 동시에 심리하거나 심리할 수 있었던 사건의 관할에 따른다.
>
> ② 치료감호사건의 제1심 재판관할은 지방법원합의부 및 지방법원지원 합의부로 한다. 이 경우 치료감호가 청구된 치료감호 대상자(이하 '피치료감호 청구인'이라 한다)에 대한 치료감호사건과 피고사건의 관할이 다른 때에는 치료감호사건의 관할에 따른다. 15. 사시☆
>
> **제4조 【검사의 치료감호 청구】** ① 검사는 치료감호 대상자가 치료감호를 받을 필요가 있는 경우 관할 법원에 치료감호를 청구할 수 있다. 11. 교정7
>
> ② 치료감호 대상자에 대한 치료감호를 청구할 때에는 정신건강의학과 등의 전문의의 진단이나 감정을 참고하여야 한다. 다만, 제2조 제1항 제3호에 따른 치료감호 대상자(→ 정신성적 장애인)에 대하여는 정신건강의학과 등의 전문의의 진단이나 감정을 받은 후 치료감호를 청구하여야 한다. 12. 사시
>
> ⑤ 검사는 공소제기한 사건의 항소심 변론종결 시까지 치료감호를 청구할 수 있다. 11. 사시
>
> ⑦ 법원은 공소제기된 사건의 심리 결과 치료감호를 할 필요가 있다고 인정할 때에는 검사에게 치료감호 청구를 요구할 수 있다. 18. 승진☆
>
> **제6조 【치료감호영장】** ① 치료감호 대상자에 대하여 치료감호를 할 필요가 있다고 인정되고 다음 각 호의 어느 하나에 해당하는 사유가 있을 때에는 검사는 관할 지방법원 판사에게 청구하여 치료감호영장을 발부받아 치료감호 대상자를 보호구속(보호구금과 보호구인을 포함한다. 이하 같다)할 수 있다.
> 1. 일정한 주거가 없을 때
> 2. 증거를 인멸할 염려가 있을 때
> 3. 도망하거나 도망할 염려가 있을 때
>
> **제7조 【치료감호의 독립 청구】** 검사는 다음 각 호의 어느 하나에 해당하는 경우에는 공소를 제기하지 아니하고 치료감호만을 청구할 수 있다. 20. 보호7☆
> 1. 피의자가 「형법」 제10조 제1항(→ 심신상실)에 해당하여 벌할 수 없는 경우
> 2. 고소 · 고발이 있어야 논할 수 있는 죄(→ 친고죄)에서 그 고소 · 고발이 없거나 취소된 경우 또는 피해자의 명시적인 의사에 반하여 논할 수 없는 죄(→ 반의사불벌죄)에서 피해자가 처벌을 원하지 아니한다는 의사표시를 하거나 처벌을 원한다는 의사표시를 철회한 경우
> 3. 피의자에 대하여 「형사소송법」 제247조에 따라 공소를 제기하지 아니하는 결정(→ 기소유예결정)을 한 경우
>
> **제8조 【치료감호 청구와 구속영장의 효력】** 구속영장에 의하여 구속된 피의자에 대하여 검사가 공소를 제기하지 아니하는 결정을 하고 치료감호 청구만을 하는 때에는 구속영장은 치료감호영장으로 보며 그 효력을 잃지 아니한다. 20. 교정9☆
>
> **제9조 【피치료감호 청구인의 불출석】** 법원은 피치료감호 청구인이 「형법」 제10조 제1항(→ 심신상실)에 따른 심신장애로 공판기일에의 출석이 불가능한 경우에는 피치료감호 청구인의 출석 없이 개정할 수 있다.

제12조 【치료감호의 판결 등】 ① 법원은 치료감호사건을 심리하여 그 청구가 이유 있다고 인정할 때에는 판결로써 치료감호를 선고하여야 하고, 이유 없다고 인정할 때 또는 피고사건에 대하여 심신상실 외의 사유로 무죄를 선고하거나 사형을 선고할 때에는 판결로써 청구기각을 선고하여야 한다. 19. 교정9

② 치료감호 사건의 판결은 피고사건의 판결과 동시에 선고하여야 한다. 다만, 제7조에 따라 공소를 제기하지 아니하고 치료감호만을 청구한 경우에는 그러하지 아니하다.

제13조 【전문가의 감정 등】 법원은 제4조 제2항에 따른 정신건강의학과 전문의 등의 진단 또는 감정의견만으로 피치료감호 청구인의 심신장애 또는 정신성적 장애가 있는지의 여부를 판단하기 어려울 때에는 정신건강의학과 전문의 등에게 다시 감정을 명할 수 있다.

(4) 집행

제16조 【치료감호의 내용】 ① 치료감호를 선고받은 자(이하 '피치료감호자'라 한다)에 대하여는 치료감호시설에 수용하여 치료를 위한 조치를 한다.

② 피치료감호자를 치료감호시설에 수용하는 기간은 다음 각 호의 구분에 따른 기간을 초과할 수 없다. 21. 교정9☆

1. 제2조 제1항 제1호 및 제3호에 해당하는 자(→ 심신장애인, 정신성적 장애인): 15년

2. 제2조 제1항 제2호에 해당하는 자(→ 중독된 자): 2년

③ 「전자장치 부착 등에 관한 법률」 제2조 제3호의2에 따른 살인범죄(이하 '살인범죄'라 한다)를 저질러 치료감호를 선고받은 피치료감호자가 살인범죄를 다시 범할 위험성이 있고 계속 치료가 필요하다고 인정되는 경우에는 법원은 치료감호시설의 장의 신청에 따른 검사의 청구로 3회까지 매회 2년의 범위에서 제2항 각 호의 기간을 연장하는 결정을 할 수 있다.

⑤ 제3항에 따른 검사의 청구는 제2항 각 호의 기간 또는 제3항에 따라 연장된 기간이 종료하기 6개월 전까지 하여야 한다. 19. 교정9

⑥ 제3항에 따른 법원의 결정은 제2항 각 호의 기간 또는 제3항에 따라 연장된 기간이 종료하기 3개월 전까지 하여야 한다.

제16조의2 【치료감호시설】 ① 제16조 제1항에서 "치료감호시설"이란 다음 각 호의 시설을 말한다.

1. 국립법무병원

2. 국가가 설립·운영하는 국립정신의료기관 중 법무부장관이 지정하는 기관(이하 '지정법무병원'이라 한다)

② 지정법무병원은 피치료감호자를 다른 환자와 구분하여 수용한다.

제17조 【집행 지휘】 ① 치료감호의 집행은 검사가 지휘한다. 12. 사시

제18조 【집행 순서 및 방법】 치료감호와 형이 병과된 경우에는 치료감호를 먼저 집행한다. 이 경우 치료감호의 집행기간은 형 집행기간에 포함한다(→ 기능적 대체). 20. 교정9☆

제19조【구분 수용】 피치료감호자는 특별한 사정이 없으면 제2조 제1항 각 호의 구분에 따라 구분하여 수용하여야 한다.

제20조【치료감호 내용 등의 공개】 이 법에 따른 치료감호의 내용과 실태는 대통령령으로 정하는 바에 따라 공개하여야 한다. 이 경우 피치료감호자나 그의 보호자가 동의한 경우 외에는 피치료감호자의 개인신상에 관한 것은 공개하지 아니한다. 18. 승진☆

제21조【소환 및 치료감호 집행】 ① 검사는 보호구금되어 있지 아니한 피치료감호자에 대한 치료감호를 집행하기 위하여 피치료감호자를 소환할 수 있다.
② 피치료감호자가 제1항에 따른 소환에 응하지 아니하면 검사는 치료감호집행장을 발부하여 보호구인할 수 있다.
③ 피치료감호자가 도망하거나 도망할 염려가 있을 때 또는 피치료감호자의 현재지를 알 수 없을 때에는 제2항에도 불구하고 소환절차를 생략하고 치료감호집행장을 발부하여 보호구인할 수 있다.
④ 치료감호집행장은 치료감호영장과 같은 효력이 있다.

제21조의2【치료감호시설 간 이송】 ① 제37조에 따른 치료감호심의위원회는 피치료감호자에 대하여 치료감호 집행을 시작한 후 6개월마다 국립법무병원에서 지정법무병원으로 이송할 것인지를 심사·결정한다.
② 지정법무병원으로 이송된 피치료감호자가 수용질서를 해치거나 증상이 악화되는 등의 사유로 지정법무병원에서 계속 치료하기 곤란할 경우 제37조에 따른 치료감호심의위원회는 지정법무병원의 피치료감호자를 국립법무병원으로 재이송하는 결정을 할 수 있다.

제22조【가종료 등의 심사·결정】 제37조에 따른 치료감호심의위원회는 피치료감호자에 대하여 치료감호 집행을 시작한 후 매 6개월마다 치료감호의 종료 또는 가종료 여부를 심사·결정하고, 가종료 또는 치료위탁된 피치료감호자에 대하여는 가종료 또는 치료위탁 후 매 6개월마다 종료 여부를 심사·결정한다. 16. 교정9

제23조【치료의 위탁】 ① 제37조에 따른 치료감호심의위원회는 치료감호만을 선고받은 피치료감호자에 대한 집행이 시작된 후 1년이 지났을 때에는 상당한 기간을 정하여 그의 법정대리인, 배우자, 직계친족, 형제자매(이하 '법정대리인 등'이라 한다)에게 치료감호시설 외에서의 치료를 위탁할 수 있다. 19. 교정9
② 제37조에 따른 치료감호심의위원회는 치료감호와 형이 병과되어 형기에 상당하는 치료감호를 집행받은 자에 대하여는 상당한 기간을 정하여 그 법정대리인 등에게 치료감호시설 외에서의 치료를 위탁할 수 있다.

제24조【치료감호의 집행정지】 피치료감호자에 대하여「형사소송법」제471조 제1항 각 호의 어느 하나에 해당하는 사유(→ 임의적 형집행정지사유)가 있을 때에는 같은 조에 따라 검사는 치료감호의 집행을 정지할 수 있다. 이 경우 치료감호의 집행이 정지된 자에 대한 관찰은 형집행정지자에 대한 관찰의 예에 따른다. 18. 승진☆

임의적 형집행정지사유

1. 형의 집행으로 인하여 현저히 건강을 해하거나 생명을 보전할 수 없을 염려가 있는 때
2. 연령 70세 이상인 때
3. 잉태 후 6월 이상인 때
4. 출산 후 60일을 경과하지 아니한 때
5. 직계존속이 연령 70세 이상 또는 중병이나 장애인으로 보호할 다른 친족이 없는 때
6. 직계비속이 유년으로 보호할 다른 친족이 없는 때
7. 기타 중대한 사유가 있는 때

🏛 핵심 OX

21 치료감호심의위원회는 피치료감호자에 대하여 치료감호 집행을 시작한 후 매 6개월마다 치료감호의 종료 또는 가종료 여부를 심사·결정한다. (○, ×)

21 ○

(5) 피치료감호자 등의 처우와 권리

제25조【피치료감호자의 처우】 ① 치료감호시설의 장은 피치료감호자의 건강한 생활이 보장될 수 있도록 쾌적하고 위생적인 시설을 갖추고 의류, 침구, 그 밖에 처우에 필요한 물품을 제공하여야 한다.
③ 치료감호시설의 장은 피치료감호자의 사회복귀에 도움이 될 수 있도록 <u>치료와 개선 정도에 따라 점진적으로 개방적이고 완화된 처우</u>를 하여야 한다.

제25조의2【피치료감호 청구인의 처우】 ① <u>피치료감호 청구인은 피치료감호자와 구분하여 수용한다.</u> 다만, 다음 각 호의 어느 하나에 해당하는 경우에는 피치료감호 청구인을 피치료감호자와 <u>같은 치료감호시설에 수용할 수 있다.</u>
1. <u>치료감호시설이 부족한 경우</u>
2. <u>범죄의 증거인멸을 방지하기 위하여 필요하거나 그 밖에 특별한 사정이 있는 경우</u>
② 제1항 단서에 따라 같은 치료감호시설에 수용된 피치료감호자와 피치료감호 청구인은 <u>분리하여 수용한다.</u>
③ 치료감호시설의 장은 피치료감호 청구인이 치료감호시설에 수용된 경우에는 그 <u>특성을 고려하여 적합한 처우</u>를 하여야 한다.

제25조의3【격리 등 제한의 금지】 ① 치료감호시설의 장은 <u>피치료감호자 및 피치료감호 청구인</u>(이하 '피치료감호자 등'이라 한다)이 다음 각 호(→ 격리 등 제한 사유)의 어느 하나에 해당하는 경우가 아니면 피치료감호자 등에 대하여 <u>격리 또는 묶는 등의 신체적 제한을 할 수 없다.</u> 다만, 피치료감호자 등의 <u>신체를 묶는 등으로 직접적으로 제한</u>하는 것은 제1호의 경우에 한정한다.
1. 자신이나 다른 사람을 <u>위험</u>에 이르게 할 가능성이 뚜렷하게 높고 신체적 제한 외의 방법으로 그 위험을 <u>회피</u>하는 것이 뚜렷하게 곤란하다고 판단되는 경우
2. <u>중대한 범법행위</u> 또는 규율 위반행위를 한 경우
3. 그 밖에 수용질서를 <u>문란</u>케 하는 중대한 행위를 한 경우
② 치료감호시설의 장은 제1항에 따라 피치료감호자 등에 대하여 격리 또는 묶는 등의 신체적 제한을 하려는 경우 <u>정신건강의학과 전문의의 지시에 따라야 한다.</u> 다만, 제1항 제2호 또는 제3호에 해당하는 경우에는 담당 의사의 지시에 따를 수 있다.
③ 제1항 및 제2항에 따라 피치료감호자 등을 <u>격리</u>하는 경우에는 해당 치료감호시설 안에서 하여야 한다.

제26조【면회 등】 치료감호시설의 장은 수용질서 유지나 치료를 위하여 필요한 경우 외에는 피치료감호자 등의 <u>면회, 편지의 수신·발신, 전화통화</u> 등을 보장하여야 한다.

제27조【텔레비전 시청 등】 피치료감호자 등의 텔레비전 시청, 라디오 청취, 신문·도서의 열람은 일과시간이나 취침시간 등을 제외하고는 자유롭게 보장된다.
20. 교정9

제28조【환자의 치료】 ① 치료감호시설의 장은 피치료감호자 등이 치료감호시설에서 치료하기 곤란한 질병에 걸렸을 때에는 <u>외부 의료기관에서 치료</u>를 받게 할 수 있다.

피치료감호 청구인의 처우

피치료감호 청구인은 무죄의 추정을 받는 자이므로, 치료감호시설에 수용된 경우 원칙적으로 피치료감호자와 구분하여 수용하고, 그 특성을 고려한 처우가 이루어지도록 하였다(제25조의2).

피치료감호자와 피치료감호 청구인에 대한 신체적 제한

원칙적으로 금지하고, 엄격한 요건이 갖추어진 경우에 정신건강의학과 전문의의 지시를 받아서 할 수 있도록 하였다(제25조의3).

피치료감호 청구인의 권리행사

피치료감호 청구인도 치료감호시설에서 생활하는 동안 면회, 텔레비전 시청, 치료 등에 관한 권리를 행사할 수 있음을 명확하게 규정하였다(제26조부터 제28조까지, 제30조).

📖 **핵심 OX**

22 피치료감호자의 텔레비전 시청, 라디오 청취, 신문·도서의 열람은 일과시간이나 취침시간 등을 제외하고는 자유롭게 보장된다. (O, ×)

22 O

② 치료감호시설의 장은 제1항의 경우 본인이나 보호자 등이 직접 비용을 부담하여 치료받기를 원하면 이를 허가할 수 있다.

제29조【근로보상금 등의 지급】 근로에 종사하는 피치료감호자에게는 근로의욕을 북돋우고 석방 후 사회정착에 도움이 될 수 있도록 법무부장관이 정하는 바에 따라 근로보상금을 지급하여야 한다. 19. 교정9

제30조【처우개선의 청원】 ① 피치료감호자 등이나 법정대리인 등은 법무부장관에게 피치료감호자 등의 처우개선에 관한 청원을 할 수 있다.

제31조【운영실태 등 점검】 법무부장관은 연 2회 이상 치료감호시설의 운영실태 및 피치료보호자 등에 대한 처우 상태를 점검하여야 한다.

제31조의2【피감정유치자의 처우】「형사소송법」또는 그 밖에 다른 법률에 따라 정신감정을 위하여 치료감호시설에 유치된 자에 대하여는 제25조의2, 제25조의3, 제26조부터 제28조까지, 제30조 및 제31조를 준용한다.

다른 법률의 규정 준용
「형사소송법」이나 그 밖의 다른 법률에 따라 정신감정을 위하여 치료감호시설에 유치된 자도 무죄의 추정을 받으므로, 그에 대하여는 피치료감호청구인에 대한 규정을 준용하도록 하였다(제31조의2).

3. 보호관찰

(1) 의의

「치료감호 등에 관한 법률」상의 보호관찰이란 치료감호의 가종료·치료위탁 등의 경우에 피치료감호자를 감호시설 외에서 지도·감독하는 것을 내용으로 하는 보안처분이다.

(2) 요건

제32조【보호관찰】 ① 피치료감호자가 다음 각 호의 어느 하나에 해당하게 되면 「보호관찰 등에 관한 법률」에 따른 보호관찰(이하 '보호관찰'이라 한다)이 시작된다. 22. 교정7☆
1. 피치료감호자에 대한 치료감호가 가종료되었을 때
2. 피치료감호자가 치료감호시설 외에서 치료받도록 법정대리인 등에게 위탁되었을 때
3. 제16조 제2항 각 호에 따른 기간 또는 같은 조 제3항에 따라 연장된 기간(이하 '치료감호기간'이라 한다)이 만료되는 피치료감호자에 대하여 제37조에 따른 치료감호심의위원회가 심사하여 보호관찰이 필요하다고 결정한 경우에는 치료감호기간이 만료되었을 때

피치료감호자의 보호관찰 시작시점
재범의 위험성이 낮다고 보아 치료감호가 가종료된 사람에 대해서도 3년의 보호관찰이 부과되는데, 재범의 위험성이 있어 치료감호가 가종료되지 못하고 치료감호기간이 만료되어 출소한 사람에 대해서는 보호관찰을 부과할 수 없어 재범방지에 어려움이 있으므로, 치료감호 선고를 받은 사람이 원래 선고받은 치료감호기간이나 연장된 치료감호기간이 만료되어 치료감호가 종료된 경우에 치료감호심의위원회가 보호관찰이 필요하다고 결정한 경우에는 보호관찰이 시작되도록 하였다(제32조 제1항 제3호).

(3) 내용

제32조【보호관찰】 ② 보호관찰의 기간은 3년으로 한다. 22. 교정7☆
③ 보호관찰을 받기 시작한 자(이하 '피보호관찰자'라 한다)가 다음 각 호의 어느 하나에 해당하게 되면 보호관찰이 종료된다. 18. 교정9
1. 보호관찰기간이 끝났을 때
2. 보호관찰기간이 끝나기 전이라도 제37조에 따른 치료감호심의위원회의 치료감호의 종료결정이 있을 때

📖 핵심 OX
23 피치료감호자에 대한 치료감호가 가종료되었을 때 시작되는 보호관찰의 기간은 3년으로 한다. (○, ×)

23 ○

3. 보호관찰기간이 끝나기 전이라도 피보호관찰자가 다시 치료감호 집행을 받게 되어 재수용되었을 때

④ 피보호관찰자가 보호관찰기간 중 새로운 범죄로 금고 이상의 형의 집행을 받게 된 때에는 보호관찰은 종료되지 아니하며, 해당 형의 집행기간 동안 피보호관찰자에 대한 보호관찰기간은 계속 진행된다. 22. 교정7

⑤ 피보호관찰자에 대하여 제4항에 따른 금고 이상의 형의 집행이 종료·면제되는 때 또는 피보호관찰자가 가석방되는 때에 보호관찰기간이 아직 남아있으면 그 잔여기간 동안 보호관찰을 집행한다.

제33조【피보호관찰자의 준수사항】 ① 피보호관찰자는 「보호관찰 등에 관한 법률」 제32조 제2항에 따른 준수사항(→ 일반준수사항)을 성실히 이행하여야 한다.

② 제37조에 따른 치료감호심의위원회는 피보호관찰자의 치료경과 및 특성 등에 비추어 필요하다고 판단되면 제1항에 따른 준수사항 외에 다음 각 호의 사항 중 전부 또는 일부를 따로 보호관찰기간 동안 특별히 지켜야 할 준수사항으로 부과할 수 있다.

1. 주기적인 외래치료 및 처방받은 약물의 복용 여부에 관한 검사
2. 야간 등 재범의 기회나 충동을 줄 수 있는 특정 시간대의 외출 제한
3. 재범의 기회나 충동을 줄 수 있는 특정 지역·장소에 출입 금지
4. 피해자 등 재범의 대상이 될 우려가 있는 특정인에게 접근 금지
5. 일정한 주거가 없는 경우 거주 장소 제한
6. 일정량 이상의 음주 금지
7. 마약 등 중독성 있는 물질 사용 금지
8. 「마약류 관리에 관한 법률」에 따른 마약류 투약, 흡연, 섭취 여부에 관한 검사
9. 그 밖에 피보호관찰자의 생활상태, 심신상태나 거주지의 환경 등으로 보아 피보호관찰자가 준수할 수 있고 그 자유를 부당하게 제한하지 아니하는 범위에서 피보호관찰자의 재범방지 또는 치료감호의 원인이 된 질병·습벽의 재발방지를 위하여 필요하다고 인정되는 사항

③ 제37조에 따른 치료감호심의위원회는 피보호관찰자가 제1항 또는 제2항의 준수사항을 위반하거나 상당한 사정변경이 있는 경우에는 직권 또는 보호관찰소의 장의 신청에 따라 준수사항 전부 또는 일부의 추가·변경 또는 삭제에 관하여 심사하고 결정할 수 있다.

④ 제1항부터 제3항까지의 규정에 따른 준수사항은 서면으로 고지하여야 한다.

⑤ 보호관찰소의 장은 피보호관찰자가 제1항부터 제3항까지의 준수사항을 위반하거나 위반할 위험성이 있다고 인정할 상당한 이유가 있는 경우에는 준수사항의 이행을 촉구하고 제22조에 따른 가종료 또는 제23조에 따른 치료의 위탁(이하 '가종료 등')의 취소 등 불리한 처분을 받을 수 있음을 경고할 수 있다.

제33조의2【유치 및 유치기간 등】 ① 보호관찰소의 장은 제33조에 따른 준수사항을 위반한 피보호관찰자를 구인할 수 있다. 이 경우 피보호관찰자의 구인에 대해서는 「보호관찰 등에 관한 법률」 제39조 및 제40조를 준용한다.

② 보호관찰소의 장은 다음 각 호의 어느 하나에 해당하는 신청을 검사에게 요청할 필요가 있다고 인정하는 경우에는 구인한 피보호관찰자를 교도소, 구치소 또는 치료감호시설에 유치할 수 있다.

보호관찰기간 중 새로운 범죄

종래에 보호관찰 대상자가 보호관찰기간 중 금고 이상의 형의 집행을 받게 된 경우 바로 보호관찰이 종료되도록 하고 있어서, 남아있는 보호관찰기간보다 형 집행기간이 단기인 경우에는 보호관찰기간이 단축되는 문제점이 있으므로, 치료감호 가종료로 보호관찰 대상자가 된 사람이 보호관찰기간 중 새로운 범죄를 저질러 금고 이상의 형의 집행을 받게 된 경우 보호관찰 집행은 정지하되, 보호관찰기간은 계속 진행되는 것으로 하면서, 보호관찰 대상자에 대한 형의 집행이 종료·면제되거나 또는 가석방되는 시점에 보호관찰기간이 아직 남아있는 경우에는 잔여기간에 대하여 보호관찰을 집행하도록 하였다(제32조 제4항·제5항).

특별준수사항

「보호관찰 등에 관한 법률」에서 보호관찰 대상자에게 부과하는 일반적 준수사항 외에 보호관찰자의 특성을 고려한 특별한 준수사항을 부과할 필요가 있으므로, 보호관찰 대상자에 따라 주기적으로 외래치료를 받고 처방받은 약물의 복용 여부에 관한 검사를 받도록 하거나 야간 등 재범의 기회나 충동을 줄 수 있는 특정 시간대의 외출 제한 등 특수한 준수사항을 부과할 수 있도록 하였다(제33조 제2항).

1. 제22조에 따른 가종료의 취소 신청
2. 제23조에 따른 치료 위탁의 취소 신청

③ 보호관찰소의 장은 제2항에 따라 피보호관찰자를 유치하려는 경우 검사에게 신청하여 검사의 청구로 관할 지방법원 판사의 허가를 받아야 한다. 이 경우 검사는 피보호관찰자가 구인된 때부터 48시간 이내에 유치허가를 청구하여야 한다.

④ 보호관찰소의 장은 유치허가를 받은 때부터 24시간 이내에 검사에게 가종료 등의 취소 신청을 요청하여야 한다.

⑤ 검사는 보호관찰소의 장으로부터 제4항에 따른 신청을 받았을 경우에 그 이유가 타당하다고 인정되면 48시간 이내에 제37조에 따른 치료감호심의위원회에 가종료 등의 취소를 신청하여야 한다.

⑥ 보호관찰소의 장이 제2항에 따라 피보호관찰자를 유치할 수 있는 기간은 구인한 날부터 30일로 한다. 다만, 보호관찰소의 장은 제5항에 따른 검사의 신청이 있는 경우에 제37조에 따른 치료감호심의위원회의 심사에 필요하면 검사에게 신청하여 검사의 청구로 관할 지방법원 판사의 허가를 받아 20일의 범위에서 한 차례만 유치기간을 연장할 수 있다.

⑦ 보호관찰소의 장은 다음 각 호의 어느 하나에 해당하는 경우에는 유치를 해제하고 피보호관찰자를 즉시 석방하여야 한다.
1. 제37조에 따른 치료감호심의위원회가 제43조 제1항에 따른 검사의 가종료 등의 취소 신청을 기각한 경우
2. 검사가 제43조 제3항에 따른 보호관찰소의 장의 가종료 등의 취소 신청에 대한 요청을 기각한 경우

⑧ 제2항에 따라 유치된 피보호관찰자에 대하여 가종료 등이 취소된 경우에는 그 유치기간을 치료감호기간에 산입한다.

제34조【피보호관찰자 등의 신고의무】 ① 피보호관찰자나 법정대리인 등은 대통령령으로 정하는 바에 따라 출소 후의 거주 예정지나 그 밖에 필요한 사항을 미리 치료감호시설의 장에게 신고하여야 한다.

② 피보호관찰자나 법정대리인 등은 출소 후 10일 이내에 주거, 직업, 치료를 받는 병원, 피보호관찰자가 등록한 「정신건강증진 및 정신질환자 복지서비스 지원에 관한 법률」 제3조 제3호에 따른 정신건강복지센터(이하 '정신건강복지센터'라 한다), 그 밖에 필요한 사항을 보호관찰관에게 서면으로 신고하여야 한다.

제35조【치료감호의 종료】 ① 제32조 제1항 제1호(→ 가종료) 또는 제2호(→ 치료 위탁)에 해당하는 경우에는 보호관찰기간이 끝나면 피보호관찰자에 대한 치료감호가 끝난다. 21. 교정9

② 제37조에 따른 치료감호심의위원회는 피보호관찰자의 관찰성적 및 치료경과가 양호하면 보호관찰기간이 끝나기 전에 보호관찰의 종료를 결정할 수 있다.

제36조【가종료 취소와 치료감호의 재집행】 제37조에 따른 치료감호심의위원회는 피보호관찰자(제32조 제1항 제3호에 따라 치료감호기간 만료 후 피보호관찰자가 된 사람은 제외한다)가 다음 각 호의 어느 하나에 해당할 때에는 결정으로 가종료 등을 취소하고 다시 치료감호를 집행할 수 있다.
1. 금고 이상의 형에 해당하는 죄를 지은 때. 다만, 과실범은 제외한다.
2. 제33조의 준수사항이나 그 밖에 보호관찰에 관한 지시 · 감독을 위반하였을 때

3. 제32조 제1항 제1호(→ 가종료)에 따라 피보호관찰자가 된 사람이 증상이 악화되어 치료감호가 필요하다고 인정될 때

제36조의2【치료감호시설 출소자의 정신건강복지센터 등록 등】 치료감호가 종료 또는 가종료되거나 제24조에 따라 집행정지된 사람(이하 '치료감호시설 출소자'라 한다)은 정신건강복지센터에 등록하여 상담, 진료, 사회복귀훈련 등 정신건강 복지센터의 정신보건서비스를 받을 수 있다.

제36조의3【외래진료】 ① 치료감호시설 출소자가 치료감호시설에서의 외래진료를 신청한 경우에 치료감호시설의 장은 검사, 투약 등 적절한 진료 및 치료를 실시할 수 있다.

🔨 **관련 판례** | 치료감호 가종료시 보호관찰의 위헌 여부

[1] 피치료감호자에 대한 치료감호가 가종료되었을 때 필요적으로 3년간의 보호관찰이 시작되도록 규정하고 있는 구「치료감호법」제32조 제1항 제1호, 구「치료감호법」제32조 제2항('이 사건 법률조항')이 거듭처벌금지원칙에 반하는지 여부(소극) – 구「치료감호법」상의 보호관찰은 치료감호소 밖에서의 사회 내 처우를 통해 치료감호의 목적을 달성하기 위한 보안처분으로 형벌과 그 본질 및 목적, 기능에 있어서 독자적인 의의를 가지는 것이므로, 치료감호 가종료 시 보호관찰이 개시되도록 하는 것을 두고 거듭처벌이라고 할 수 없다.
[2] 이 사건 법률조항이 평등원칙에 반하는지 여부(소극) – 구「치료감호법」상의 보호관찰 대상자와「형법」상의 보호관찰 대상자를 본질적으로 동일한 집단으로 볼 수는 없고, 설사 동일한 집단이라 하더라도 위와 같은 차이점을 고려할 때 그 차별 취급에는 합리적인 이유가 있다고 인정되므로, 평등원칙에 위반된다고 할 수 없다. [헌재 2012.12.27. 2011헌마285]

- -

[1] 치료감호 가종료 시 3년의 보호관찰이 시작되도록 한 '치료감호 등에 관한 법률' 제32조 제1항 제1호, '치료감호 등에 관한 법률' 제32조 제2항(이하 모두 합하여 '심판대상조항'이라 한다)이 과잉금지원칙에 반하여 청구인의 일반적 행동자유권을 침해하는지 여부(소극) – 내용 생략
[2] 심판대상조항이 적법절차원칙에 반하여 청구인의 재판청구권을 침해하는지 여부 (소극) – 내용 생략 [헌재 2023.10.26. 2021헌마839]

---

4. 치료감호심의위원회

제37조【치료감호심의위원회】 ① 치료감호 및 보호관찰의 관리와 집행에 관한 사항을 심사·결정하기 위하여 법무부에 치료감호심의위원회(이하 '위원회'라 한다)를 둔다. 17. 교정7
② 위원회는 판사, 검사, 법무부의 고위공무원단에 속하는 일반직공무원 또는 변호사의 자격이 있는 6명 이내의 위원과 정신건강의학과 등 전문의의 자격이 있는 3명 이내의 위원으로 구성하고, 위원장은 법무부차관으로 한다. 12. 경채

③ 위원회는 다음 각 호의 사항을 심사·결정한다.

1. 피치료감호자에 대한 치료감호시설 간 이송에 관한 사항
2. 피치료감호자에 대한 치료의 위탁·가종료 및 그 취소와 치료감호 종료 여부에 관한 사항
3. 피보호관찰자에 대한 준수사항의 부과 및 준수사항 전부 또는 일부의 추가·변경 또는 삭제에 관한 사항
4. 피치료감호자에 대한 치료감호기간 만료 시 보호관찰 개시에 관한 사항
5. 그 밖에 제1호부터 제4호까지에 관련된 사항

제41조【의결 및 결정】 ① 위원회는 위원장을 포함한 재적위원 과반수의 출석으로 개의하고, 출석위원 과반수의 찬성으로 의결한다. 다만, 찬성과 반대의 수가 같을 때에는 위원장이 결정한다.

제42조【위원의 기피】 ① 피보호자와 그 법정대리인 등은 위원회의 위원에게 공정한 심사·의결을 기대하기 어려운 사정이 있으면 위원장에게 기피신청을 할 수 있다.
② 위원장은 제1항에 따른 기피신청에 대하여 위원회의 의결을 거치지 아니하고 신청이 타당한지를 결정한다. 다만, 위원장이 결정하기에 적절하지 아니한 경우에는 위원회의 의결로 결정할 수 있다.

제43조【검사의 심사신청】 ① 피보호자의 주거지(시설에 수용된 경우에는 그 시설을 주거지로 본다)를 관할하는 지방검찰청 또는 지청의 검사는 제37조 제3항에 규정된 사항에 관하여 위원회에 그 심사·결정을 신청할 수 있다.
③ 치료감호시설의 장이나 보호관찰소의 장은 검사에게 제1항에 따른 신청을 요청할 수 있다.

제44조【피치료감호자 등의 심사신청】 ① 피치료감호자와 그 법정대리인 등은 피치료감호자가 치료감호를 받을 필요가 없을 정도로 치유되었음을 이유로 치료감호의 종료 여부를 심사·결정하여 줄 것을 위원회에 신청할 수 있다.
③ 제1항에 따른 신청은 치료감호의 집행이 시작된 날부터 6개월이 지난 후에 하여야 한다. 신청이 기각된 경우에는 6개월이 지난 후에 다시 신청할 수 있다.

⚖ 관련 판례 | 구「치료감호법」제2조 제1항 제1호 등 위헌확인

[1] 알코올중독 등의 증상이 있는 자에 대한 치료감호기간의 상한을 2년으로 정하고 있는 구「치료감호법」제16조 제2항 제2호가 청구인의 신체의 자유를 침해하는지 여부(소극) – 내용 생략

[2] 치료감호심의위원회의 구성에 관한 구「치료감호법」제37조 제2항이 청구인의 법관에 의한 재판을 받을 권리를 침해하는지 여부(소극) – 치료감호심의위원회의 심사대상은 이미 판결에 의하여 확정된 치료감호처분을 집행하는 것에 불과하므로, 이를 다시 법관에게 맡길 것인지, 아니면 제3의 기관에 맡길 것인지는 입법 재량의 범위 안에 있다고 할 것이고, 치료감호의 가종료나 종료에 관한 치료감호심의위원회의 결정에 대하여 불복이 있는 경우 행정소송 등 사법심사의 길이 열려 있으므로, 구「치료감호법」제37조 제2항이 청구인의 법관에 의한 재판을 받을 권리를 침해한다고 할 수 없다. [헌재 2012.12.27, 2011헌마276]

5. 치료명령사건

제2조의3【치료명령 대상자】 이 법에서 '치료명령 대상자'란 다음 각 호의 어느 하나에 해당하는 자로서 통원치료를 받을 필요가 있고 재범의 위험성이 있는 자를 말한다.

1. 「형법」제10조 제2항(→ 심신미약)에 따라 형을 감경할 수 있는 심신장애인으로서 금고 이상의 형에 해당하는 죄를 지은 자

2. 알코올을 식음하는 습벽이 있거나 그에 중독된 자로서 금고 이상의 형에 해당하는 죄를 지은 자

3. 마약·향정신성의약품·대마, 그 밖에 대통령령으로 정하는 남용되거나 해독을 끼칠 우려가 있는 물질을 식음·섭취·흡입·흡연 또는 주입받는 습벽이 있거나 그에 중독된 자로서 금고 이상의 형에 해당하는 죄를 지은 자

제44조의2【선고유예 시 치료명령 등】 ① 법원은 치료명령 대상자에 대하여 형의 선고 또는 집행을 유예하는 경우 치료기간을 정하여 치료를 받을 것을 명할 수 있다. 20. 보호7
② 제1항의 치료를 명하는 경우 보호관찰을 병과하여야 한다. 20. 보호7
③ 제2항에 따른 보호관찰기간은 선고유예의 경우 1년, 집행유예의 경우 그 유예기간으로 한다. 다만, 법원은 집행유예기간의 범위에서 보호관찰기간을 정할 수 있다.
④ 제1항의 치료기간은 제3항에 따른 보호관찰기간을 초과할 수 없다.

제44조의3【판결 전 조사】 ① 법원은 제44조의2에 따른 치료를 명하기 위하여 필요하다고 인정하면 피고인의 주거지 또는 그 법원의 소재지를 관할하는 보호관찰소의 장에게 범죄의 동기, 피고인의 신체적·심리적 특성 및 상태, 가정환경, 직업, 생활환경, 병력, 치료비용 부담능력, 재범위험성 등 피고인에 관한 사항의 조사를 요구할 수 있다.

제44조의4【전문가의 진단 등】 법원은 제44조의2에 따른 치료를 명하기 위하여 필요하다고 인정하는 때에는 정신건강의학과 전문의에게 피고인의 정신적 상태, 알코올 의존도 등에 대한 진단을 요구할 수 있다.

제44조의6【치료명령의 집행】 ① 치료명령은 검사의 지휘를 받아 보호관찰관이 집행한다.
② 치료명령은 정신건강의학과 전문의의 진단과 약물 투여, 상담 등 치료 및 「정신건강증진 및 정신질환자 복지서비스 지원에 관한 법률」에 따른 정신건강전문요원 등 전문가에 의한 인지행동 치료 등 심리치료 프로그램의 실시 등의 방법으로 집행한다.

제44조의7【치료기관의 지정 등】 ① 법무부장관은 치료명령을 받은 사람의 치료를 위하여 치료기관을 지정할 수 있다.

제44조의8【선고유예의 실효 등】 ① 법원은 제44조의2에 따라 치료를 명한 선고유예를 받은 사람이 정당한 사유 없이 치료기간 중에 제44조의5의 준수사항을 위반하고 그 정도가 무거운 때에는 유예한 형을 선고할 수 있다.
② 법원은 제44조의2에 따라 치료를 명한 집행유예를 받은 사람이 정당한 사유 없이 치료기간 중에 제44조의5의 준수사항을 위반하고 그 정도가 무거운 때에는 집행유예의 선고를 취소할 수 있다.

제44조의9【비용부담】 ① 제44조의2에 따른 치료명령을 받은 사람은 치료기간 동안 치료비용을 부담하여야 한다. 다만, 치료비용을 부담할 경제력이 없는 사람의 경우에는 국가가 비용을 부담할 수 있다.

치료명령제도

1. 종래 주취·정신장애인이 중한 범죄를 저지르면 치료감호제도가 마련되어 있으나, 경미범죄를 저지른 경우에는 대부분 벌금형이 부과되고 치료받을 기회가 없어 재범을 하는 악순환이 반복되고 있는 문제점이 있어 이러한 경우에도 형사사법절차를 통해 치료를 받을 수 있도록 함으로써 재범을 방지하기 위해 치료명령제도가 도입되었다(제2조의3).

2. 마약류를 흡입하는 등의 습벽이 있는 자를 치료명령 대상자에 포함하여 마약류 등으로 인한 경미한 범죄에 대하여도 중독성과 재범가능성을 고려한 치료가 이루어질 수 있도록 하였다(제2조의3 제3호).

6. 기타 관련 규정

> **제45조【치료감호 청구의 시효】** ① 치료감호 청구의 시효는 치료감호가 청구된 사건과 동시에 심리하거나 심리할 수 있었던 죄에 대한 공소시효기간이 지나면 완성된다.
> ② 치료감호가 청구된 사건은 판결의 확정 없이 치료감호가 청구되었을 때부터 15년이 지나면 청구의 시효가 완성된 것으로 본다. 11. 교정9
>
> **제46조【치료감호의 시효】** ① 피치료감호자는 그 판결이 확정된 후 집행을 받지 아니하고 다음 각 호의 구분에 따른 기간이 지나면 시효가 완성되어 집행이 면제된다.
> 1. 제2조 제1항 제1호 및 제3호에 해당하는 자(→ 심신장애인, 정신성적 장애인)의 치료감호: 10년
> 2. 제2조 제1항 제2호에 해당하는 자의 치료감호: 7년

3 「전자장치 부착 등에 관한 법률」

1. 의의

(1) 현행 전자감시제도는 장래 재범의 위험성이 있는 특정 범죄자에 대하여 일정한 시기 동안 위치를 추적할 수 있는 전자장치를 신체에 부착할 수 있도록 함으로써 재범을 방지하고 사회를 보호하려는 것에 취지가 있다.

(2) 이는 외국과 같이 단기자유형이나 미결구금 등의 대체를 가능하게 할 수 있는 수단이라기보다는 범죄자의 재범위험성을 방지하기 위한 보안처분적 성격이 강한 것이다.

(3) 최근 가석방의 확대로 범죄에 대한 국민의 불안이 가중되고 있는바, 현행법상 특정 범죄자로 한정하고 있는 전자장치의 부착제도를 특정 범죄 이외의 범죄로 가석방되는 사람에 대해서도 적용되도록 함으로써 출소자 관리감독의 사각지대를 해소하고, 보석 허가자의 도주 방지와 출석 담보를 위하여 주거제한 등의 조치와 함께 전자장치 부착을 보석조건으로 부과할 수 있도록 개정되었다.

전자장치 부착명령의 대상 범죄

장애인인 아동·청소년에 대하여 간음 등을 저지른 사람은 피해자의 취약성을 이용한 범죄의 특성을 고려할 때 재범의 위험성이 높음을 고려하여 전자장치 부착명령의 대상이 되는 성폭력범죄에 유사강간죄, 장애인인 아동·청소년에 대한 간음 등의 죄, 아동·청소년에 대한 강간 등 상해·치상죄 또는 살인·치사죄를 추가하였다(제2조 제2호).

📖 **핵심 OX**

24 「특정 범죄자에 대한 보호관찰 및 전자장치 부착 등에 관한 법률」상 특정 범죄는 성폭력범죄, 미성년자 대상 유괴범죄, 살인범죄 및 강도범죄를 말한다.
(○, ×)

25 「특정 범죄자에 대한 보호관찰 및 전자장치 부착 등에 관한 법률」상 만 19세 미만의 자에 대하여 부착명령을 선고한 때에는 19세에 이르기까지 이 법에 따른 전자장치를 부착할 수 없다. (○, ×)

24 ○
25 ○

2. 주요 내용

(1) 목적 등

> **제1조【목적】** 이 법은 <u>수사·재판·집행 등 형사사법 절차에서 전자장치를 효율적으로 활용하여 불구속재판을 확대하고, 범죄인의 사회복귀를 촉진하며, 범죄로부터 국민을 보호함을 목적으로 한다.</u>
>
> **제2조【정의】** 이 법에서 사용하는 용어의 정의는 다음과 같다.
> 1. '특정 범죄'란 <u>성폭력범죄, 미성년자 대상 유괴범죄, 살인범죄, 강도범죄</u> 및 <u>스토킹범죄</u>를 말한다. 20. 교정7☆
>
> **제4조【적용 범위】** <u>만 19세 미만의 자에 대하여 부착명령을 선고한 때에는 19세에 이르기까지</u> 이 법에 따른 <u>전자장치를 부착할 수 없다.</u> 20. 교정7☆

(2) 형 집행 종료 후의 전자장치 부착

> **제5조【전자장치 부착명령의 청구】** ① <u>검사</u>는 다음 각 호의 어느 하나에 해당하고, 성폭력범죄를 다시 범할 위험성이 있다고 인정되는 사람에 대하여 전자장치를 부착하도록 하는 명령(이하 '부착명령'이라 한다)을 법원에 <u>청구할 수 있다.</u> 24. 보호9☆
> 1. 성폭력범죄로 징역형의 실형을 선고받은 사람이 그 집행을 종료한 후 또는 집행이 면제된 후 <u>10년</u> 이내에 성폭력범죄를 저지른 때
> 2. 성폭력범죄로 이 법에 따른 전자장치를 부착받은 <u>전력</u>이 있는 사람이 다시 성폭력범죄를 저지른 때
> 3. 성폭력범죄를 <u>2회</u> 이상 범하여(유죄의 확정판결을 받은 경우를 포함한다) 그 <u>습벽</u>이 인정된 때
> 4. <u>19세</u> 미만의 사람에 대하여 성폭력범죄를 저지른 때
> 5. 신체적 또는 정신적 <u>장애</u>가 있는 사람에 대하여 성폭력범죄를 저지른 때
> ② 검사는 미성년자 대상 유괴범죄를 저지른 사람으로서 미성년자 대상 유괴범죄를 다시 범할 위험성이 있다고 인정되는 사람에 대하여 부착명령을 법원에 <u>청구할 수 있다.</u> 다만, 유괴범죄로 징역형의 실형 이상의 형을 선고받아 그 집행이 종료 또는 면제된 후 다시 유괴범죄를 저지른 경우에는 부착명령을 <u>청구하여야 한다.</u> 24. 보호9☆
> ③ 검사는 <u>살인범죄</u>를 저지른 사람으로서 살인범죄를 다시 범할 위험성이 있다고 인정되는 사람에 대하여 부착명령을 법원에 <u>청구할 수 있다.</u> 다만, 살인범죄로 징역형의 실형 이상의 형을 선고받아 그 집행이 종료 또는 면제된 후 <u>다시 살인범죄를 저지른 경우에는</u> 부착명령을 <u>청구하여야 한다.</u> 23. 교정7☆
> ④ 검사는 다음 각 호의 어느 하나에 해당하고 <u>강도범죄를 다시 범할 위험성</u>이 있다고 인정되는 사람에 대하여 부착명령을 법원에 <u>청구할 수 있다.</u> 24. 보호9☆
> 1. 강도범죄로 징역형의 실형을 선고받은 사람이 그 집행을 종료한 후 또는 집행이 면제된 후 <u>10년</u> 이내에 다시 강도범죄를 저지른 때
> 2. 강도범죄로 이 법에 따른 전자장치를 부착하였던 <u>전력</u>이 있는 사람이 다시 강도범죄를 저지른 때
> 3. 강도범죄를 <u>2회</u> 이상 범하여(유죄의 확정판결을 받은 경우를 포함한다) 그 <u>습벽</u>이 인정된 때

🏛 **핵심 O X**

26 「특정 범죄자에 대한 보호관찰 및 전자장치 부착 등에 관한 법률」상 부착명령의 청구는 특정 범죄사건의 공소제기와 동시에 하여야 하고, 법원은 공소가 제기된 특정 범죄사건을 심리한 결과 부착명령을 선고할 필요가 있다고 인정하는 때에는 직권으로 부착명령을 할 수 있다.

(O, X)

26 ✕

⑤ 검사는 다음 각 호의 어느 하나에 해당하고 <u>스토킹범죄를 다시 범할 위험성</u>이 있다고 인정되는 사람에 대하여 부착명령을 법원에 <u>청구할 수 있다.</u> 〈신설 2023.7.11.〉 24. 보호9

1. 스토킹범죄로 징역형의 실형을 선고받은 사람이 그 집행을 종료한 후 또는 집행이 면제된 후 <u>10년</u> 이내에 다시 스토킹범죄를 저지른 때
2. 스토킹범죄로 이 법에 따른 전자장치를 부착하였던 <u>전력</u>이 있는 사람이 다시 스토킹범죄를 저지른 때
3. 스토킹범죄를 2회 이상 범하여(유죄의 확정판결을 받은 경우를 포함한다) 그 <u>습벽이 인정된</u> 때

⑥ 제1항부터 제5항까지의 규정에 따른 부착명령의 청구는 공소가 제기된 특정 범죄사건의 <u>항소심 변론종결</u> 시까지 하여야 한다. 20. 교정7☆

⑦ <u>법원은</u> 공소가 제기된 특정범죄사건을 심리한 결과 부착명령을 선고할 필요가 있다고 인정하는 때에는 <u>검사에게 부착명령의 청구를 요구</u>할 수 있다. 14. 보호7

⑧ 제1항부터 제5항까지의 규정에 따른 특정범죄사건에 대하여 판결의 확정 없이 공소가 제기된 때부터 15년이 경과한 경우에는 <u>부착명령을 청구할 수 없다.</u>

제6조【조사】 ① 검사는 부착명령을 청구하기 위하여 필요하다고 인정하는 때에는 피의자의 주거지 또는 소속 검찰청(지청을 포함한다. 이하 같다) 소재지를 관할하는 <u>보호관찰소(지소를 포함한다. 이하 같다)의 장에게 범죄의 동기, 피해자와의 관계, 심리상태, 재범의 위험성 등 피의자에 관하여 필요한 사항의 조사를 요청할 수 있다.</u> 20. 보호7☆

⑤ 검사는 부착명령을 청구함에 있어서 필요한 경우에는 피의자에 대한 정신감정이나 그 밖에 전문가의 진단 등의 결과를 참고하여야 한다.

제7조【부착명령 청구사건의 관할】 ① 부착명령 청구사건의 관할은 부착명령 청구사건과 <u>동시에 심리하는 특정 범죄사건의 관할에 따른다.</u>

② 부착명령 청구사건의 제1심 재판은 <u>지방법원 합의부</u>(지방법원지원 합의부를 포함한다. 이하 같다)의 관할로 한다. 13. 교정9

제8조【부착명령 청구서의 기재사항 등】 ② 법원은 부착명령 청구가 있는 때에는 지체 없이 <u>부착명령 청구서의 부본</u>을 피부착명령 청구자 또는 그의 변호인에게 송부하여야 한다. 이 경우 특정 범죄사건에 대한 공소제기와 동시에 부착명령 청구가 있는 때에는 제1회 공판기일 5일 전까지, 특정 범죄사건의 심리 중에 부착명령 청구가 있는 때에는 다음 공판기일 5일 전까지 송부하여야 한다. 13. 교정9

제9조【부착명령의 판결 등】 ① 법원은 부착명령 청구가 이유 있다고 인정하는 때에는 다음 각 호에 따른 기간의 범위 내에서 <u>부착기간</u>을 정하여 판결로 부착명령을 선고하여야 한다. 다만, <u>19세 미만의 사람에 대하여 특정 범죄를 저지른 경우에는 부착기간 하한을 다음 각 호에 따른 부착기간 하한의 2배</u>로 한다. 23. 교정7☆

1. 법정형의 상한이 <u>사형 또는 무기징역</u>인 특정 범죄: <u>10년 이상 30년 이하</u>
2. 법정형 중 징역형의 하한이 <u>3년 이상의 유기징역</u>인 특정 범죄(제1호에 해당하는 특정 범죄는 제외한다): <u>3년 이상 20년 이하</u>
3. 법정형 중 징역형의 하한이 <u>3년 미만의 유기징역</u>인 특정 범죄(제1호 또는 제2호에 해당하는 특정 범죄는 제외한다): <u>1년 이상 10년 이하</u>

② 여러 개의 특정 범죄에 대하여 동시에 부착명령을 선고할 때에는 법정형이 가장 중한 죄의 부착기간 상한의 2분의 1까지 가중하되, 각 죄의 부착기간의 상한을 합산한 기간을 초과할 수 없다. 다만, 하나의 행위가 여러 특정 범죄에 해당하는 경우에는 가장 중한 죄의 부착기간을 부착기간으로 한다. 16. 교정7

③ 부착명령을 선고받은 사람은 부착기간 동안 「보호관찰 등에 관한 법률」에 따른 보호관찰을 받는다(→ 필요적 보호관찰, 예외 無).

④ 법원은 다음 각 호의 어느 하나에 해당하는 때에는 판결로 부착명령 청구를 기각하여야 한다.

1. 부착명령 청구가 이유 없다고 인정하는 때
2. 특정 범죄사건에 대하여 무죄(심신상실을 이유로 치료감호가 선고된 경우는 제외한다)·면소·공소기각의 판결 또는 결정을 선고하는 때
3. 특정 범죄사건에 대하여 벌금형을 선고하는 때
4. 특정 범죄사건에 대하여 선고유예 또는 집행유예를 선고하는 때(제28조 제1항에 따라 전자장치 부착을 명하는 때를 제외한다)

⑤ 부착명령 청구사건의 판결은 특정 범죄사건의 판결과 동시에 선고하여야 한다.

⑦ 부착명령의 선고는 특정 범죄사건의 양형에 유리하게 참작되어서는 아니 된다. 14. 교정9

제9조의2 【준수사항】 ① 법원은 제9조 제1항에 따라 부착명령을 선고하는 경우 부착기간의 범위에서 준수기간을 정하여 다음 각 호의 준수사항 중 하나 이상을 부과할 수 있다. 다만, 제4호의 준수사항은 500시간의 범위에서 그 기간을 정하여야 한다.

1. 야간, 아동·청소년의 통학시간 등 특정 시간대의 외출 제한
2. 어린이 보호구역 등 특정 지역·장소에의 출입 금지 및 접근 금지
2의2. 주거지역의 제한
3. 피해자 등 특정인에의 접근 금지
4. 특정 범죄 치료 프로그램의 이수
5. 마약 등 중독성 있는 물질의 사용 금지
6. 그 밖에 부착명령을 선고받는 사람의 재범방지와 성행교정을 위하여 필요한 사항

③ 제1항에도 불구하고 법원은 성폭력범죄를 저지른 사람(19세 미만의 사람을 대상으로 성폭력범죄를 저지른 사람으로 한정한다) 또는 스토킹범죄를 저지른 사람에 대해서 제9조 제1항에 따라 부착명령을 선고하는 경우에는 다음 각 호의 구분에 따라 제1항의 준수사항을 부과하여야 한다. 〈개정 2023.7.11.〉

1. 19세 미만의 사람을 대상으로 성폭력범죄를 저지른 사람: 제1항 제1호(→ 야간, 아동·청소년의 통학시간 등 특정 시간대의 외출 제한) 및 제3호(→ 피해자 등 특정인에의 접근 금지)의 준수사항을 포함할 것. 다만, 제1항 제1호의 준수사항을 부과하여서는 아니 될 특별한 사정이 있다고 판단하는 경우에는 해당 준수사항을 포함하지 아니할 수 있다. 23. 교정7☆
2. 스토킹범죄를 저지른 사람: 제1항 제3호의 준수사항을 포함할 것

제11조 【국선변호인 등】 부착명령 청구사건에 관하여는 「형사소송법」 제282조(→ 필요적 변호) 및 제283조(→ 국선변호인)를 준용한다.

전자장치 부착명령의 준수사항

전자장치 부착명령을 선고하는 경우 부과할 수 있는 준수사항을 정비하고, '마약 등 중독성 있는 물질 사용의 금지'를 신설하며(제9조의2 제2항), 19세 미만의 사람에 대하여 성폭력범죄를 저지른 사람에 대하여 부착명령을 선고하는 경우에는 '야간, 아동·청소년의 통학시간 등 특정 시간대의 외출 제한' 및 '피해자 등 특정인에의 접근 금지'를 필요적으로 부과하도록 하였다(동조 제3항).

제12조 【집행지휘】 ① 부착명령은 검사의 지휘를 받아 보호관찰관이 집행한다.

11. 교정7

제13조 【부착명령의 집행】 ① 부착명령은 특정 범죄사건에 대한 형의 집행이 종료되거나 면제·가석방되는 날 또는 치료감호의 집행이 종료·가종료되는 날 석방 직전에 피부착명령자의 신체에 전자장치를 부착함으로써 집행한다. 다만, 다음의 경우에는 각 호의 구분에 따라 집행한다. 18. 승진

1. 부착명령의 원인이 된 특정 범죄사건이 아닌 다른 범죄사건으로 형이나 치료감호의 집행이 계속될 경우에는 부착명령의 원인이 된 특정 범죄사건이 아닌 다른 범죄사건에 대한 형의 집행이 종료되거나 면제·가석방 되는 날 또는 치료감호의 집행이 종료·가종료되는 날부터 집행한다.

2. 피부착명령자가 부착명령 판결 확정 시 석방된 상태이고 미결구금일수 산입 등의 사유로 이미 형의 집행이 종료된 경우에는 부착명령 판결 확정일부터 부착명령을 집행한다.

② 제1항 제2호에 따라 부착명령을 집행하는 경우 보호관찰소의 장은 피부착명령자를 소환할 수 있으며, 피부착명령자가 소환에 따르지 아니하는 때에는 관할 지방검찰청의 검사에게 신청하여 부착명령 집행장을 발부받아 구인할 수 있다.

④ 부착명령의 집행은 신체의 완전성을 해하지 아니하는 범위 내에서 이루어져야 한다. 18. 승진

⑤ 부착명령이 여러 개인 경우 확정된 순서에 따라 집행한다. 18. 승진

⑥ 다음 각 호의 어느 하나에 해당하는 때에는 부착명령의 집행이 정지된다. 18. 승진

1. 부착명령의 집행 중 다른 죄를 범하여 구속영장의 집행을 받아 구금된 때

2. 부착명령의 집행 중 다른 죄를 범하여 금고 이상의 형의 집행을 받게 된 때

3. 가석방 또는 가종료된 자에 대하여 전자장치 부착기간 동안 가석방 또는 가종료가 취소되거나 실효된 때

⑦ 제6항 제1호에도 불구하고 구속영장의 집행을 받아 구금된 후에 다음 각 호의 어느 하나에 해당하는 사유로 구금이 종료되는 경우 그 구금기간 동안에는 부착명령이 집행된 것으로 본다. 다만, 제1호 및 제2호의 경우 법원의 판결에 따라 유죄로 확정된 경우는 제외한다. 18. 승진

1. 사법경찰관이 불송치 결정을 한 경우

2. 검사가 혐의 없음, 죄가 안 됨, 공소권 없음 또는 각하의 불기소처분을 한 경우

3. 법원의 무죄, 면소, 공소기각 판결 또는 공소기각 결정이 확정된 경우

⑧ 제6항에 따라 집행이 정지된 부착명령의 잔여기간에 대하여는 다음 각 호의 구분에 따라 집행한다.

1. 제6항 제1호의 경우에는 구금이 해제되거나 금고 이상의 형의 집행을 받지 아니하게 확정된 때부터 그 잔여기간을 집행한다.

2. 제6항 제2호의 경우에는 그 형의 집행이 종료되거나 면제된 후 또는 가석방된 때부터 그 잔여기간을 집행한다.

3. 제6항 제3호의 경우에는 그 형이나 치료감호의 집행이 종료되거나 면제된 후 그 잔여기간을 집행한다.

제14조【피부착자의 의무】② 피부착자는 특정 범죄사건에 대한 <u>형의 집행이 종료</u>되거나 면제·가석방되는 날부터 <u>10일 이내</u>에 주거지를 관할하는 <u>보호관찰소</u>에 출석하여 대통령령으로 정하는 신상정보 등을 <u>서면으로 신고</u>하여야 한다. 16. 보호7

③ 피부착자는 <u>주거를 이전하거나 7일 이상의 국내여행</u>을 하거나 출국할 때에는 <u>미리 보호관찰관의 허가</u>를 받아야 한다. 23. 교정7☆

제16조【수신자료의 보존·사용·폐기 등】① 보호관찰소의 장은 피부착자의 전자장치로부터 발신되는 전자파를 수신하여 그 자료(이하 '수신자료'라 한다)를 보존하여야 한다.

② <u>수신자료</u>는 다음 각 호의 경우 외에는 <u>열람·조회·제공 또는 공개할 수 없다.</u>
1. 피부착자의 특정 범죄 혐의에 대한 수사 또는 재판자료로 사용하는 경우
2. <u>보호관찰관이 지도·원호</u>를 목적으로 사용하는 경우
3. 「보호관찰 등에 관한 법률」 제5조에 따른 보호관찰심사위원회(이하 '심사위원회')의 부착명령 임시해제와 그 취소에 관한 심사를 위하여 사용하는 경우
4. 보호관찰소의 장이 피부착자의 제38조(→ 전자장치 훼손 등) 또는 제39조(→ 준수사항 위반)에 해당하는 범죄 혐의에 대한 수사를 의뢰하기 위하여 <u>사용하는 경우</u>

제16조의2【피부착자의 신상정보 제공 등】① 보호관찰소의 장은 범죄예방 및 수사에 필요하다고 판단하는 경우 피부착자가 제14조 제2항에 따라 <u>신고한 신상정보 및 피부착자에 대한 지도·감독 중 알게 된 사실 등의 자료를 피부착자의 주거지를 관할하는 경찰관서의 장 등 수사기관에 제공할 수 있다.</u>

② <u>수사기관은 범죄예방 및 수사활동 중 인지한 사실이 피부착자 지도·감독에 활용할 만한 자료라고 판단할 경우 이를 보호관찰소의 장에게 제공할 수 있다.</u>

③ <u>보호관찰소의 장은 피부착자가 범죄를 저질렀거나 저질렀다고 의심할만한 상당한 이유가 있을 때에는 이를 수사기관에 통보하여야 한다.</u>

④ <u>수사기관은 체포 또는 구속한 사람이 피부착자임을 알게 된 경우에는 피부착자의 주거지를 관할하는 보호관찰소의 장에게 그 사실을 통보하여야 한다.</u> 16. 보호7

제16조의3【위치추적 관제센터의 설치·운영】① <u>법무부장관</u>은 보호관찰소의 장 및 보호관찰관이 피부착자의 위치를 확인하고 이동경로를 탐지하며, 전자장치로부터 발신되는 전자파를 수신한 자료를 보존·사용·폐기하는 업무를 지원하기 위하여 <u>위치추적 관제센터를 설치하여 운영할 수 있다.</u>

② 위치추적 관제센터의 장은 피부착자가 제9조의2 제1항 각 호(제4호 및 제6호는 제외한다)에 따른 준수사항 또는 제14조 제1항에 따른 효용 유지 의무를 위반하거나, 위반하였다고 의심할만한 상당한 이유가 있고 피부착자에 대한 신속한 지도·감독을 위하여 긴급히 필요한 경우 지방자치단체의 장에게 「개인정보 보호법」 제2조 제7호에 따른 영상정보처리기기를 통하여 수집된 영상정보의 제공 등 협조를 요청할 수 있다.

제17조【부착명령의 임시해제 신청 등】① <u>보호관찰소의 장 또는 피부착자 및 그 법정대리인</u>은 해당 보호관찰소를 관할하는 심사위원회에 <u>부착명령의 임시해제</u>를 신청할 수 있다. 19. 교정9

전자장치 피부착자의 범죄수사

전자장치를 부착한 사람이 전자장치를 훼손하거나 준수사항을 위반하는 등 범죄를 저지른 경우 보호관찰소의 장이 수사기관에 수사를 의뢰하면서 수신자료를 제공하여 추적·검거 등에 활용할 수 있도록 하였다(제16조 제2항 제4호).

🏛 **핵심 O×**

30 「특정 범죄자에 대한 보호관찰 및 전자장치 부착 등에 관한 법률」상 수사기관은 체포 또는 구속한 사람이 피부착자임을 알게 된 경우에는 피부착자의 주거지를 관할하는 보호관찰소의 장에게 그 사실을 통보하여야 한다. (O, ×)

30 ○

② 제1항의 신청은 부착명령의 집행이 개시된 날부터 3개월이 경과한 후에 하여야 한다. 신청이 기각된 경우에는 기각된 날부터 3개월이 경과한 후에 다시 신청할 수 있다. 19. 교정9

제20조【부착명령 집행의 종료】 제9조(→ 부착명령의 판결 등)에 따라 선고된 부착명령은 다음 각 호의 어느 하나에 해당하는 때에 그 집행이 종료된다. 11. 교정9

1. 부착명령기간이 경과한 때
2. 부착명령과 함께 선고한 형이 사면되어 그 선고의 효력을 상실하게 된 때
3. 삭제*(← 부착명령기간 중 다른 죄를 범하여 금고 이상의 형의 집행을 받게 된 때)
4. 부착명령이 임시해제된 자가 그 임시해제가 취소됨이 없이 잔여 부착명령기간을 경과한 때

* 종래에는 '부착명령기간 중 다른 죄를 범하여 금고 이상의 형의 집행을 받게 된 때'를 부착명령 집행의 '종료'사유로 규정하였으나(제20조 제3호), 이를 삭제하고 부착명령의 집행이 '정지'되는 경우로 개정하였다(제13조 제6항 제2호 참조).

⚖ **관련 판례** | 전자장치부착법 관련 – 1

「특정 범죄자에 대한 위치추적 전자장치 부착 등에 관한 법률」제5조 제1항 제3호에서 부착명령청구 요건으로 정한 '성폭력범죄를 2회 이상 범하여(유죄의 확정판결을 받은 경우를 포함한다)'에 '소년보호처분을 받은 전력'이 포함되는지 여부(소극) – [다수의견] 이 규정 전단은 문언상 유죄의 확정판결을 받은 전과 사실을 포함하여 성폭력범죄를 2회 이상 범한 경우를 의미한다고 해석된다. 따라서 피부착명령 청구자가 「소년법」에 의한 보호처분('소년보호처분')을 받은 전력이 있다고 하더라도, 이는 유죄의 확정판결을 받은 경우에 해당하지 아니함이 명백하므로, 피부착명령 청구자가 2회 이상 성폭력범죄를 범하였는지를 판단할 때 소년보호처분을 받은 전력을 고려할 것이 아니다. [대판 2012.3.22, 2011도15057 전합]

「특정 범죄자에 대한 위치추적 전자장치 부착 등에 관한 법률」제5조 제1항 제3호에서 정한 성폭력범죄의 '습벽'의 의미 및 습벽 유무를 판단하는 기준 – 법 제5조 제1항 제3호에 정한 '성폭력범죄의 습벽'은 범죄자의 어떤 버릇, 범죄의 경향을 의미하는 것으로서 행위의 본질을 이루는 성질이 아니고 행위자의 특성을 이루는 성질을 의미하는 것이므로, 습벽의 유무는 행위자의 연령·성격·직업·환경·전과, 범행의 동기·수단·방법 및 장소, 전에 범한 범죄와의 시간적 간격, 그 범행의 내용과 유사성 등 여러 사정을 종합하여 판단하여야 한다. [대판 2011.9.29, 2011전도82]

---

[1] 「특정 범죄자에 대한 위치추적 전자장치 부착 등에 관한 법률」제5조 제3항에서 정한 '살인범죄를 다시 범할 위험성'의 의미 및 재범의 위험성 유무를 판단하는 기준과 시기(= 판결 시) – 「특정 범죄자에 대한 위치추적 전자장치 부착 등에 관한 법률」제5조 제3항에 규정된 '살인범죄를 다시 범할 위험성'이란 재범할 가능성만으로는 부족하고 피부착명령 청구자가 장래에 다시 살인범죄를 범하여 법적 평온을 깨뜨릴 상당한 개연성이 있음을 의미한다. 살인범죄의 재범의 위험성 유무는 피부착명령 청구자의 직업과 환경, 당해 범행 이전의 행적, 범행의 동기, 수단, 범행 후의 정황, 개전의 정 등 여러 사정을 종합적으로 평가하여 객관적으로 판단하여야 하고, 이러한 판단은 장래에 대한 가정적 판단이므로 판결시를 기준으로 하여야 한다.

[2] 치료감호와 부착명령을 함께 선고할 경우, 부착명령 요건으로서 '재범의 위험성' 판단 방법 – (중략) 법원이 치료감호와 부착명령을 함께 선고할 경우에는 <u>치료감호의 요건으로서 재범의 위험성과는 별도로, 치료감호를 통한 치료 경과에도 불구하고 부착명령의 요건으로서 재범의 위험성이 인정되는지를 따져보아야 하고, 치료감호 원인이 된 심신장애 등의 종류와 정도 및 치료 가능성, 피부착명령 청구자의 치료 의지 및 주위 환경 등 치료감호 종료 후에 재범의 위험성을 달리 볼 특별한 사정이 있는 경우에는 치료감호를 위한 재범의 위험성이 인정된다 하여 부착명령을 위한 재범의 위험성도 인정된다고 섣불리 단정하여서는 안 된다.</u> [대판 2012.5.10, 2012도 2289 · 2012감도5 · 2012전도51]

「특정 범죄자에 대한 위치추적 전자장치 부착 등에 관한 법률」 제5조 등 위헌소원

[1] 성폭력범죄를 2회 이상 범하여 그 습벽이 인정된 때에 해당하고 성폭력범죄를 다시 범할 위험성이 인정되는 자에 대해 검사의 청구와 법원의 판결로 3년 이상 20년 이하의 기간 동안 전자장치 부착을 명할 수 있도록 한 구「특정 범죄자에 대한 위치추적 전자장치 부착 등에 관한 법률」 제9조 제1항 제2호 중 제5조 제1항 제3호에 관한 부분(이하 '이 사건 전자장치부착조항')이 청구인의 사생활의 비밀과 자유 등 기본권을 침해하는지 여부(소극) – 내용 생략

[2] 법원이 위 부착기간 중 기간을 정하여 야간 외출 제한 및 아동시설 출입 금지 등의 준수사항을 명할 수 있도록 한 구「특정 범죄자에 대한 위치추적 전자장치 부착 등에 관한 법률」 제9조의2 제1항 제1호 · 제2호 · 제4호(이하 '이 사건 준수사항부과조항')가 청구인의 일반적 행동의 자유를 침해하는지 여부(소극) – <u>이 사건 준수사항조항은 단순히 전자장치 부착만으로는 재범방지 목적을 달성할 수 없다는 지적에 따라 재범의 방지를 위한 구체적인 의무사항을 부과함으로써 전자장치부착법의 입법 목적을 효과적으로 달성하려는 것이므로 입법 목적의 정당성 및 수단의 적절성이 인정된다. 또한 피부착자에게 출입이 금지되는 구역과 외출이 금지되는 시간을 지정하거나 치료 프로그램의 이수 등을 의무화함으로써 다양한 형태로 전자감시제도를 시행하는 것은 재범을 방지하고 피부착자의 재사회화를 위한 것으로서 이보다 덜 침해적인 수단을 찾기 어렵다.</u> 전자장치부착법에서는 준수사항의 부과가 개별 피부착자의 재범 방지 및 재사회화를 위해 탄력적으로 이루어질 수 있도록 하고 있으며, 전자장치 부착과 더불어 준수사항 이행의무를 지게 됨으로써 피부착자가 받게 되는 기본권 제한이 적다고 볼 수 없으나, <u>성범죄의 습벽이 강하고 특히 재범의 위험성이 높아 형벌로는 특별예방이나 사회방위 효과를 거두기 힘든 성폭력범죄자의 재범을 예방하여 성폭력범죄로부터 국민을 보호한다고 하는 공익이 훨씬 크다.</u> [헌재 2012.12.27, 2011헌바89]

(3) 형 집행 종료 후의 보호관찰

제21조의2 【보호관찰명령의 청구】 검사는 다음 각 호의 어느 하나에 해당하는 사람에 대하여 형의 집행이 종료된 때부터 「보호관찰 등에 관한 법률」에 따른 보호관찰을 받도록 하는 명령(이하 '보호관찰명령'이라 한다)을 법원에 청구할 수 있다. 〈개정 2023.7.11.〉 22. 보호7

1. 성폭력범죄를 저지른 사람으로서 성폭력범죄를 다시 범할 위험성이 있다고 인정되는 사람
2. 미성년자 대상 유괴범죄를 저지른 사람으로서 미성년자 대상 유괴범죄를 다시 범할 위험성이 있다고 인정되는 사람
3. 살인범죄를 저지른 사람으로서 살인범죄를 다시 범할 위험성이 있다고 인정되는 사람
4. 강도범죄를 저지른 사람으로서 강도범죄를 다시 범할 위험성이 있다고 인정되는 사람
5. 스토킹범죄를 저지른 사람으로서 스토킹범죄를 다시 범할 위험성이 있다고 인정되는 사람

제21조의3 【보호관찰명령의 판결】 ① 법원은 제21조의2 각 호의 어느 하나에 해당하는 사람이 금고 이상의 선고형에 해당하고 보호관찰명령의 청구가 이유 있다고 인정하는 때에는 2년 이상 5년 이하의 범위에서 기간을 정하여 보호관찰명령을 선고하여야 한다.
② 법원은 제1항에도 불구하고 제9조 제4항 제1호(→ 부착명령 청구가 이유 없다고 인정)에 따라 부착명령 청구를 기각하는 경우로서 제21조의2 각 호의 어느 하나에 해당하여 보호관찰명령을 선고할 필요가 있다고 인정하는 때에는 직권으로 제1항에 따른 기간을 정하여 보호관찰명령을 선고할 수 있다.

제21조의4 【준수사항】 ① 법원은 제21조의3에 따라 보호관찰명령을 선고하는 경우 제9조의2 제1항 각 호의 준수사항 중 하나 이상을 부과할 수 있다. 다만, 제9조의2 제1항 제4호(→ 특정 범죄 치료 프로그램의 이수)의 준수사항은 300시간의 범위에서 그 기간을 정하여야 한다.
② 제1항 본문에도 불구하고 법원은 성폭력범죄를 저지른 사람(19세 미만의 사람을 대상으로 성폭력범죄를 저지른 사람으로 한정한다) 또는 스토킹범죄를 저지른 사람에 대해서는 제21조의3에 따라 보호관찰명령을 선고하는 경우 제9조의2 제1항 제3호(→ 피해자 등 특정인에의 접근 금지)를 포함하여 준수사항을 부과하여야 한다. 〈개정 2023.7.11.〉

제21조의5 【보호관찰명령의 집행】 보호관찰명령은 특정 범죄사건에 대한 형의 집행이 종료되거나 면제·가석방되는 날 또는 치료감호 집행이 종료·가종료되는 날부터 집행한다. 다만, 보호관찰명령의 원인이 된 특정 범죄사건이 아닌 다른 범죄사건으로 형이나 치료감호의 집행이 계속될 경우에는 보호관찰명령의 원인이 된 특정 범죄사건이 아닌 다른 범죄사건에 대한 형의 집행이 종료되거나 면제·가석방되는 날 또는 치료감호의 집행이 종료·가종료되는 날부터 집행한다.

제21조의6 【보호관찰 대상자의 의무】 ① 보호관찰 대상자는 특정 범죄사건에 대한 형의 집행이 종료되거나 면제·가석방되는 날부터 10일 이내에 주거지를 관할하는 보호관찰소에 출석하여 서면으로 신고하여야 한다.

보호관찰명령의 선고

형 집행 종료로 출소한 사람의 재범방지 등을 위한 출소 후 보호관찰제도가 활성화될 수 있도록 법원이 검사의 전자장치 부착명령 청구를 기각하는 경우에 보호관찰명령을 선고할 필요가 있다고 판단하면 검사의 별도 청구가 없어도 보호관찰명령을 선고할 수 있도록 하였다(제21조의3 제2항).

② 보호관찰 대상자는 주거를 이전하거나 7일 이상의 국내여행을 하거나 출국할 때에는 미리 보호관찰관의 허가를 받아야 한다.

제21조의7 【보호관찰기간의 연장 등】 ① 보호관찰 대상자가 정당한 사유 없이 제21조의4 또는 「보호관찰 등에 관한 법률」 제32조에 따른 준수사항을 위반하거나 제21조의6에 따른 의무를 위반한 때에는 법원은 보호관찰소의 장의 신청에 따른 검사의 청구로 다음 각 호의 결정을 할 수 있다.

1. 1년의 범위에서 보호관찰 및 부착기간의 연장
2. 제21조의4에 따른 준수사항의 추가 또는 변경

② 제1항 각 호의 처분은 병과할 수 있다.

(4) 가석방 및 가종료 등과 전자장치 부착

제22조 【가석방과 전자장치 부착】 ① 제9조에 따른 부착명령 판결을 선고받지 아니한 특정 범죄자로서 형의 집행 중 가석방되어 보호관찰을 받게 되는 자는 준수사항 이행 여부 확인 등을 위하여 가석방기간 동안 전자장치를 부착하여야 한다. 다만, 심사위원회가 전자장치 부착이 필요하지 아니하다고 결정한 경우에는 그러하지 아니하다. 14. 교정9☆

② 심사위원회는 특정 범죄 이외의 범죄로 형의 집행 중 가석방되어 보호관찰을 받는 사람의 준수사항 이행 여부 확인 등을 위하여 가석방 예정자의 범죄내용, 개별적 특성 등을 고려하여 가석방기간의 전부 또는 일부의 기간을 정하여 전자장치를 부착하게 할 수 있다.

제23조 【가종료 등과 전자장치 부착】 ① 「치료감호 등에 관한 법률」 제37조에 따른 치료감호심의위원회(이하 '치료감호심의위원회'라 한다)는 제9조에 따른 부착명령 판결을 선고받지 아니한 특정 범죄자로서 치료감호의 집행 중 가종료 또는 치료위탁되는 피치료감호자나 보호감호의 집행 중 가출소되는 피보호감호자(이하 '가종료자 등'이라 한다)에 대하여 「치료감호 등에 관한 법률」 또는 「사회보호법」(법률 제7656호로 폐지되기 전의 법률을 말한다)에 따른 준수사항 이행 여부 확인 등을 위하여 보호관찰기간의 범위에서 기간을 정하여 전자장치를 부착하게 할 수 있다.

제24조 【전자장치의 부착】 ① 전자장치 부착은 보호관찰관이 집행한다.

② 전자장치는 다음 각 호의 어느 하나에 해당하는 때 석방 직전에 부착한다.

1. 가석방되는 날
2. 가종료 또는 치료위탁되거나 가출소되는 날. 다만, 제23조 제1항에 따른 피치료감호자에게 치료감호와 병과된 형의 잔여 형기가 있거나 치료감호의 원인이 된 특정 범죄사건이 아닌 다른 범죄사건으로 인하여 집행할 형이 있는 경우에는 해당 형의 집행이 종료·면제되거나 가석방되는 날 부착한다.

③ 전자장치 부착집행 중 보호관찰 준수사항 위반으로 유치허가장의 집행을 받아 유치된 때에는 부착집행이 정지된다. 이 경우 심사위원회가 보호관찰소의 장의 가석방 취소신청을 기각한 날 또는 법무부장관이 심사위원회의 허가신청을 불허한 날부터 그 잔여기간을 집행한다. 15. 교정9

> **제25조 【부착집행의 종료】** 제22조(→ 가석방과 전자장치 부착) 및 제23조(→ 가종료 등과 전자장치 부착)에 따른 전자장치 부착은 다음 각 호의 어느 하나에 해당하는 때에 그 집행이 종료된다.
> 1. 가석방기간이 경과하거나 가석방이 실효 또는 취소된 때
> 2. 가종료자 등의 부착기간이 경과하거나 보호관찰이 종료된 때
> 3. 가석방된 형이 사면되어 형의 선고의 효력을 상실하게 된 때
> 4. 삭제(← 부착기간 중 다른 죄를 범하여 금고 이상의 형의 집행을 받게 된 때)

(5) 형의 집행유예와 부착명령

> **제28조 【형의 집행유예와 부착명령】** ① 법원은 특정 범죄를 범한 자에 대하여 형의 집행을 유예하면서 보호관찰을 받을 것을 명할 때에는 보호관찰기간의 범위 내에서 기간을 정하여 준수사항의 이행 여부 확인 등을 위하여 전자장치를 부착할 것을 명할 수 있다. 15. 교정9☆
>
> **제29조 【부착명령의 집행】** ① 부착명령은 전자장치 부착을 명하는 법원의 판결이 확정된 때부터 집행한다.
>
> **제30조 【부착명령 집행의 종료】** 제28조(→ 형의 집행유예와 부착명령)의 부착명령은 다음 각 호의 어느 하나에 해당하는 때에 그 집행이 종료된다.
> 1. 부착명령기간이 경과한 때
> 2. 집행유예가 실효 또는 취소된 때 20. 교정7
> 3. 집행유예된 형이 사면되어 형의 선고의 효력을 상실하게 된 때

🔨 **관련 판례** | 전자장치부착법 관련 - 2

「특정 범죄자에 대한 위치추적 전자장치 부착 등에 관한 법률」상 특정 범죄자에 대하여 집행유예를 선고할 경우, 보호관찰을 받을 것을 함께 명할지 여부와 구체적인 준수사항 내용, 같은 법 제28조 제1항에 따라 전자장치 부착을 명할지 여부와 그 기간 등에 관한 판단이 법원의 재량사항에 속하는지 여부(원칙적 적극) - (중략) 특정 범죄자에 대하여 집행유예를 선고할 경우에 보호관찰을 받을 것을 함께 명할지 여부 및 구체적인 준수사항의 내용, 나아가 법 제28조 제1항에 따라 전자장치의 부착을 명할지 여부 및 그 기간 등에 대한 법원의 판단은 그 전제가 되는 집행유예의 선고와 일체를 이루는 것으로서, 보호관찰명령이나 부착명령이 관련 법령에서 정하고 있는 요건에 위반한 것이 아닌 한, 형의 집행유예를 선고하는 것과 마찬가지로 법원의 재량사항에 속한다고 보는 것이 타당하다. [대판 2012.8.30, 2011도14257]

「특정 범죄자에 대한 위치추적 전자장치 부착 등에 관한 법률」상 특정 범죄를 범한 자에게 형의 집행을 유예하는 경우, 보호관찰을 명하는 때에만 위치추적 전자장치 부착을 명할 수 있는지 여부(적극) - 내용 생략 [대판 2011.2.24, 2010오1] 13. 교정7

(6) 보석과 전자장치 부착

제31조의2 【보석과 전자장치 부착】① 법원은 「형사소송법」 제98조 제9호에 따른 보석조건으로 피고인에게 전자장치 부착을 명할 수 있다.

② 법원은 제1항에 따른 전자장치 부착을 명하기 위하여 필요하다고 인정하면 그 법원의 소재지 또는 피고인의 주거지를 관할하는 보호관찰소의 장에게 피고인의 직업, 경제력, 가족상황, 주거상태, 생활환경 및 피해회복 여부 등 피고인에 관한 사항의 조사를 의뢰할 수 있다.

제31조의5 【전자장치 부착의 종료】제31조의2 제1항에 따른 전자장치의 부착은 다음 각 호의 어느 하나에 해당하는 경우에 그 집행이 종료된다.
1. 구속영장의 효력이 소멸한 경우
2. 보석이 취소된 경우
3. 「형사소송법」 제102조에 따라 보석조건이 변경되어 전자장치를 부착할 필요가 없게 되는 경우

(7) 스토킹행위자에 대한 전자장치 부착

제31조의6 【전자장치 부착의 집행】① 법원은 「스토킹범죄의 처벌 등에 관한 법률」 제9조 제1항 제3호의2에 따른 잠정조치(이하 이 장에서 "잠정조치"라 한다)로 전자장치의 부착을 결정한 경우 그 결정문의 등본을 스토킹행위자의 사건 수사를 관할하는 경찰관서(이하 이 장에서 "관할경찰관서"라 한다)의 장과 스토킹행위자의 주거지를 관할하는 보호관찰소(이하 이 장에서 "보호관찰소"라 한다)의 장에게 지체 없이 송부하여야 한다.
[본조신설 2023.7.11.]

제31조의7 【전자장치 부착의 종료】제31조의6에 따른 전자장치 부착은 다음 각 호의 어느 하나에 해당하는 때에 그 집행이 종료된다.
1. 잠정조치의 기간이 경과한 때
2. 잠정조치가 변경 또는 취소된 때
3. 잠정조치가 효력을 상실한 때
[본조신설 2023.7.11.]

(8) 보칙 · 벌칙

제32조 【전자장치 부착기간의 계산】① 전자장치 부착기간은 이를 집행한 날부터 기산하되, 초일은 시간을 계산함이 없이 1일로 산정한다.

② 다음 각 호의 어느 하나에 해당하는 기간은 전자장치 부착기간에 산입하지 아니한다. 다만, 보호관찰이 부과된 사람의 전자장치 부착기간은 보호관찰기간을 초과할 수 없다.
1. 피부착자가 제14조 제1항을 위반하여 전자장치를 신체로부터 분리하거나 손상하는 등 그 효용을 해한 기간

부착기간 불산입사유

전자장치를 일시 분리한 후 재부착을 위한 소환에 불응하는 등 전자장치 부착의무를 불이행한 기간도 부착기간 불산입사유에 추가하였다(제32조 제2항).

* 보호관찰소의 장은 19세 미만에 대한 성폭력범죄를 범한 피부착자 중 재범의 위험성이 현저히 높은 사람에 대해서는 일정기간 피부착자 1명만을 전담하는 보호관찰관을 지정하도록 하였다(제32조의2).

미수범 처벌조항의 신설
전자발찌를 손상하는 등의 행위가 결과적으로 전자발찌를 무용화하지는 못했다 하더라도, 재범을 위한 범죄를 시도 또는 착수한 것이라고 볼 수 있으므로 미수범을 처벌하는 조항을 신설하였다(제38조 제2항).

2. 피부착자의 치료, 출국 또는 그 밖의 적법한 사유로 전자장치가 신체로부터 일시적으로 분리된 후 해당 분리사유가 해소된 날부터 정당한 사유 없이 전자장치를 부착하지 아니한 기간

제32조의2【부착명령 등 집행전담 보호관찰관의 지정】 보호관찰소의 장은 소속 보호관찰관 중에서 다음 각 호의 사항을 전담하는 보호관찰관을 지정하여야 한다. 다만, 보호관찰소의 장은 19세 미만의 사람에 대해서 성폭력범죄를 저지른 피부착자 중 재범의 위험성이 현저히 높은 사람에 대해서는 일정기간 그 피부착자 1명만을 전담하는 보호관찰관을 지정하여야 한다.*

1. 부착명령 및 보호관찰명령을 청구하기 위하여 필요한 피의자에 대한 조사
2. 부착명령 및 보호관찰명령의 집행
3. 피부착자 및 보호관찰 대상자의 재범방지와 건전한 사회복귀를 위한 치료 등 필요한 조치의 부과
4. 그 밖에 피부착자 및 보호관찰 대상자의 「보호관찰 등에 관한 법률」 등에 따른 준수사항 이행 여부 확인 등 피부착자 및 보호관찰 대상자에 대한 지도·감독 및 원호

제33조【전자장치 부착 임시해제의 의제】 보호관찰이 임시해제된 경우에는 전자장치 부착이 임시해제된 것으로 본다.

제38조【벌칙】 ① 피부착자가 제14조 제1항(제27조 및 제31조에 따라 준용되는 경우를 포함한다)을 위반하여 전자장치의 부착기간 중 전자장치를 신체에서 임의로 분리·손상, 전파 방해 또는 수신자료의 변조, 그 밖의 방법으로 그 효용을 해한 때에는 7년 이하의 징역 또는 2천만 원 이하의 벌금에 처한다.
② 제1항의 미수범은 처벌한다.

3. 전자감시제도의 장·단점 23. 교정9☆

장점	단점
① 보호관찰관의 감시업무를 경감시켜 원조활동에 전념할 수 있게 한다.	① 대상자의 소재만 파악할 뿐, 어떤 행동을 하는지는 파악할 수 없다.
② 교정시설의 경비절감 및 과밀수용의 해소에 기여한다.	② 사회의 안전이 위협받을 수 있으며, 국민의 법감정에 부합하지 않는다.
③ 사회생활을 유지할 수 있어 생계유지와 피해자 배상에 유리하다.	③ 인간의 존엄성이 침해되며, 사생활 침해의 측면이 있다.
④ 교정시설에 구금하지 않으면서 자유형의 집행효과를 거둘 수 있다.	④ 재범 방지의 효과가 불분명하다.
⑤ 낙인효과와 단기자유형의 폐해를 방지할 수 있다. 17. 교정9	⑤ 사법통제망이 확대될 우려가 있다.

4 「성폭력범죄자의 성충동 약물치료에 관한 법률」

1. 의의

(1) 상습적 아동 성폭력범에게 성욕을 조절할 수 있는 호르몬 주사를 주기적으로 투여하는 약물치료요법과 심리치료를 병행하여 아동 성폭력범의 재범률을 현저히 낮춘 외국의 사례 등을 고려하여, 성폭력범죄자에 대하여 성충동 약물치료를 할 수 있는 법적 근거를 마련함으로써 성폭력범죄의 재범을 방지하고 잠재적 피해자들을 보호하기 위해 「성폭력범죄자의 성충동 약물치료에 관한 법률」이 제정되었다(2011.7.24. 시행).

(2) 성충동 약물치료는 초기에는 16세 미만을 대상으로 범한 성폭력범죄자에 대해서만 실시되었으나, 다시 16세 미만의 사람을 대상으로 하였는지를 불문하고 성폭력범죄자가 성도착증 환자인 경우에는 이 법에 따른 치료명령 등을 할 수 있도록 개정되었다(2013.3.19. 시행).

2. 「성폭력범죄자의 성충동 약물치료에 관한 법률」의 주요 내용

(1) 총칙

> **제1조【목적】** 이 법은 사람에 대하여 성폭력범죄를 저지른 성도착증 환자로서 성폭력범죄를 다시 범할 위험성이 있다고 인정되는 사람에 대하여 성충동 약물치료를 실시하여 성폭력범죄의 재범을 방지하고 사회복귀를 촉진하는 것을 목적으로 한다.
>
> **제2조【정의】** 이 법에서 사용하는 용어의 뜻은 다음과 같다.
> 1. '성도착증 환자'란 「치료감호 등에 관한 법률」 제2조 제1항 제3호에 해당하는 사람(→ 정신성적 장애인) 및 정신건강의학과 전문의의 감정에 의하여 성적 이상 습벽으로 인하여 자신의 행위를 스스로 통제할 수 없다고 판명된 사람을 말한다.
> 3. '성충동 약물치료'(이하 '약물치료'라 한다)란 비정상적인 성적 충동이나 욕구를 억제하기 위한 조치로서 성도착증 환자에게 약물 투여 및 심리치료 등의 방법으로 도착적인 성기능을 일정기간 동안 약화 또는 정상화하는 치료를 말한다. 13. 교정9
>
> **제3조【약물치료의 요건】** 약물치료는 다음 각 호의 요건을 모두 갖추어야 한다.
> 1. 비정상적 성적 충동이나 욕구를 억제하거나 완화하기 위한 것으로서 의학적으로 알려진 것일 것
> 2. 과도한 신체적 부작용을 초래하지 아니할 것
> 3. 의학적으로 알려진 방법대로 시행될 것

(2) 약물치료명령의 청구 및 판결

제4조 【치료명령의 청구】 ① 검사는 사람에 대하여 성폭력범죄를 저지른 성도착증 환자로서 성폭력범죄를 다시 범할 위험성이 있다고 인정되는 19세 이상의 사람에 대하여 약물치료명령(이하 '치료명령'이라고 한다)을 법원에 청구할 수 있다.
22. 보호7☆
② 검사는 치료명령 청구 대상자(이하 '치료명령 피청구자'라 한다)에 대하여 정신건강의학과 전문의의 진단이나 감정을 받은 후 치료명령을 청구하여야 한다.
22. 보호7☆
③ 제1항에 따른 치료명령의 청구는 공소가 제기되거나 치료감호가 독립청구된 성폭력범죄사건(이하 '피고사건'이라 한다)의 항소심 변론종결 시까지 하여야 한다.
④ 법원은 피고사건의 심리 결과 치료명령을 할 필요가 있다고 인정하는 때에는 검사에게 치료명령의 청구를 요구할 수 있다.
⑤ 피고사건에 대하여 판결의 확정 없이 공소가 제기되거나 치료감호가 독립청구된 때부터 15년이 지나면 치료명령을 청구할 수 없다.

제5조 【조사】 ① 검사는 치료명령을 청구하기 위하여 필요하다고 인정하는 때에는 치료명령 피청구자의 주거지 또는 소속 검찰청(지청을 포함한다. 이하 같다) 소재지를 관할하는 보호관찰소(지소를 포함한다. 이하 같다)의 장에게 범죄의 동기, 피해자와의 관계, 심리상태, 재범의 위험성 등 치료명령 피청구자에 관하여 필요한 사항의 조사를 요청할 수 있다.

제6조 【치료명령 청구사건의 관할】 ① 치료명령 청구사건의 관할은 치료명령 청구사건과 동시에 심리하는 피고사건의 관할에 따른다.
② 치료명령 청구사건의 제1심 재판은 지방법원 합의부(지방법원지원 합의부를 포함한다. 이하 같다)의 관할로 한다.

제8조 【치료명령의 판결 등】 ① 법원은 치료명령 청구가 이유 있다고 인정하는 때에는 15년의 범위에서 치료기간을 정하여 판결로 치료명령을 선고하여야 한다.
22. 보호7☆
② 치료명령을 선고받은 사람(이하 '치료명령을 받은 사람'이라 한다)은 치료기간 동안 「보호관찰 등에 관한 법률」에 따른 보호관찰을 받는다. 14. 교정7
③ 법원은 다음 각 호의 어느 하나에 해당하는 때에는 판결로 치료명령 청구를 기각하여야 한다.
1. 치료명령 청구가 이유 없다고 인정하는 때
2. 피고사건에 대하여 무죄(심신상실을 이유로 치료감호가 선고된 경우는 제외한다) · 면소 · 공소기각의 판결 또는 결정을 선고하는 때
3. 피고사건에 대하여 벌금형을 선고하는 때
4. 피고사건에 대하여 선고를 유예하거나 집행유예를 선고하는 때
④ 치료명령 청구사건의 판결은 피고사건의 판결과 동시에 선고하여야 한다.
⑥ 치료명령의 선고는 피고사건의 양형에 유리하게 참작되어서는 아니 된다.

치료명령 판결조항의 위헌 여부

제8조 제1항에 따른 치료명령의 판결조항은 치료명령 선고를 피고사건 선고와 동시에 하도록 규정하여 장기형이 선고되는 경우 치료명령 선고시점과 집행시점 사이에 상당한 시간적 격차가 있음에도 불구하고, 피치료자가 집행시점에 치료의 필요성에 이의를 제기함으로써 불필요한 치료를 막을 수 있는 절차를 두지 아니하여 과잉금지원칙에 위배된다는 이유로 헌법재판소가 헌법불합치 결정(2013헌가9)을 하였으나, 그 취지를 반영하여 치료명령의 집행 면제 신청 절차를 마련함으로써(제8조의2~제8조의4) 위헌성을 해소하였다.

제8조의2 【치료명령의 집행 면제 신청 등】 ① 징역형과 함께 치료명령을 받은 사람 및 그 법정대리인은 주거지 또는 현재지를 관할하는 지방법원(지원을 포함한 다. 이하 같다)에 치료명령이 집행될 필요가 없을 정도로 개선되어 성폭력범죄 를 다시 범할 위험성이 없음을 이유로 치료명령의 집행 면제를 신청할 수 있다. 다만, 징역형과 함께 치료명령을 받은 사람이 치료감호의 집행 중인 경우에는 치료명령의 집행 면제를 신청할 수 없다. 22. 보호7

② 제1항 본문에 따른 신청은 치료명령의 원인이 된 범죄에 대한 징역형의 집행 이 종료되기 전 12개월부터 9개월까지의 기간에 하여야 한다. 다만, 치료명령 의 원인이 된 범죄가 아닌 다른 범죄를 범하여 징역형의 집행이 종료되지 아니 한 경우에는 그 징역형의 집행이 종료되기 전 12개월부터 9개월까지의 기간에 하여야 한다.

④ 법원은 제1항 본문의 신청을 받은 경우 징역형의 집행이 종료되기 3개월 전 까지 치료명령의 집행 면제 여부를 결정하여야 한다.

⑤ 법원은 제4항에 따른 결정을 하기 위하여 필요한 경우에는 그 법원의 소재 지를 관할하는 보호관찰소의 장에게 치료명령을 받은 사람의 교정성적, 심리상 태, 재범의 위험성 등 필요한 사항의 조사를 요청할 수 있다. 이 경우 조사에 관하여는 제5조를 준용하며, '검사'는 '법원'으로 본다.

⑥ 법원은 제4항에 따른 결정을 하기 위하여 필요한 때에는 치료명령을 받은 사람에 대하여 정신건강의학과 전문의의 진단이나 감정을 받게 할 수 있다.

제8조의3 【치료감호심의위원회의 치료명령 집행 면제 등】 ① 「치료감호 등에 관한 법률」 제37조에 따른 치료감호심의위원회(이하 '치료감호심의위원회'라 한다) 는 같은 법 제16조 제1항에 따른 피치료감호자 중 치료명령을 받은 사람(피치료 감호자 중 징역형과 함께 치료명령을 받은 사람의 경우 형기가 남아 있지 아니 하거나 9개월 미만의 기간이 남아 있는 사람에 한정한다)에 대하여 같은 법 제 22조 또는 제23조에 따른 치료감호의 종료·가종료 또는 치료위탁 결정을 하는 경우에 치료명령의 집행이 필요하지 아니하다고 인정되면 치료명령의 집행을 면제하는 결정을 하여야 한다.

② 치료감호심의위원회는 제1항의 결정을 하기 위하여 필요한 경우에는 치료명 령을 받은 사람에 대하여 정신건강의학과 전문의의 진단이나 감정을 받게 할 수 있다.

제9조 【전문가의 감정 등】 법원은 제4조 제2항에 따른 정신건강의학과 전문의의 진단 또는 감정의견만으로 치료명령 피청구자의 성도착증 여부를 판단하기 어 려울 때에는 다른 정신건강의학과 전문의에게 다시 진단 또는 감정을 명할 수 있다. 14. 교정7

제10조 【준수사항】 ① 치료명령을 받은 사람은 치료기간 동안 「보호관찰 등에 관 한 법률」 제32조 제2항 각 호[제4호(→ 주거 이전, 1개월 이상 국내외 여행 시 미리 보호관찰에게 신고)는 제외한다]의 준수사항(→ 일반준수사항)과 다음 각 호의 준수사항을 이행하여야 한다.

1. 보호관찰관의 지시에 따라 성실히 약물치료에 응할 것
2. 보호관찰관의 지시에 따라 정기적으로 호르몬 수치 검사를 받을 것

치료명령 집행 면제 여부의 결정

헌법불합치결정(2013헌가9)의 취지를 반 영하여 치료명령 집행시점에 치료의 필요 성을 다시 판단함으로써 불필요한 치료가 이루어지지 아니하도록 하는 절차를 마련 할 필요가 있어, 징역형과 함께 치료명령을 선고받은 사람은 형 집행 종료 전 12개월부 터 9개월까지 사이에 법원에 치료명령의 집행 면제를 신청할 수 있도록 하고, 법원 은 정신건강의학과 전문의의 진단·감정 및 보호관찰소장의 재범위험성 등 조사 결 과를 근거로 치료필요성 여부를 심사하여 형 집행 종료 3개월 전까지 치료명령 집행 면제 여부를 결정하도록 하였고, 피치료감 호자 중 징역형과 함께 치료명령을 받은 사람의 경우 형기가 남아 있지 아니하거나 9개월 미만의 기간 동안 남아 있는 경우에 는 치료감호심의위원회가 치료명령이 선 고된 피치료감호자에 대한 치료감호의 종 료·가종료 또는 치료위탁 결정 시 정신건 강의학과 전문의의 진단·감정 등을 근거 로 치료필요성 여부를 심사하여 치료명령 집행 면제 여부를 결정하도록 하였다(제8 조의2~제8조의4).

3. 보호관찰관의 지시에 따라 인지행동 치료 등 심리치료 프로그램을 성실히 이수할 것

② 법원은 제8조 제1항에 따라 치료명령을 선고하는 경우 「보호관찰 등에 관한 법률」 제32조 제3항 각 호의 준수사항(→ 특별준수사항)을 부과할 수 있다.

제12조【국선변호인 등】 치료명령 청구사건에 관하여는 「형사소송법」 제282조(→ 필요적 변호) 및 제283조(→ 국선변호인)를 준용한다.

⚖ 관련 판례 성충동 약물치료법 관련 - 1

성폭력범죄를 저지른 성도착증 환자로서 재범의 위험성이 인정되는 19세 이상의 사람에 대해 법원이 15년의 범위에서 치료명령을 선고할 수 있도록 한 「성폭력범죄자의 성충동 약물치료에 관한 법률」(2012.12.18. 법률 제11557호로 개정된 것) 제4조 제1항(이하 '이 사건 청구조항'이라 한다) 및 「성폭력범죄자의 성충동 약물치료에 관한 법률」(2010.7.23. 법률 제10371호로 제정된 것) 제8조 제1항(이하 '이 사건 명령조항'이라 하며, 이 사건 청구조항과 합하여 '심판 대상조항들'이라 한다)이 치료명령 피청구인의 신체의 자유 등 기본권을 침해하는지 여부(일부 적극) – (중략) 다만, 장기형이 선고되는 경우 치료명령의 선고시점과 집행시점 사이에 상당한 시간적 간극이 있어 집행시점에서 발생할 수 있는 불필요한 치료와 관련한 부분에 대해서는 침해의 최소성과 법익균형성을 인정하기 어렵다. 따라서 이 사건 청구조항은 과잉금지원칙에 위배되지 아니하나, 이 사건 명령조항은 집행 시점에서 불필요한 치료를 막을 수 있는 절차가 마련되어 있지 않은 점으로 인하여 과잉금지원칙에 위배되어 치료명령 피청구인의 신체의 자유 등 기본권을 침해한다. [헌재 2015.12.23, 2013헌가9]

---

[1] 장기간의 형 집행이 예정된 사람에 대하여 「성폭력범죄자의 성충동 약물치료에 관한 법률」에 의한 약물치료명령을 부과하기 위한 요건 – 「성폭력범죄자의 성충동 약물치료에 관한 법률」(이하 '성충동 약물치료법'이라고 한다)에 의한 약물치료명령(이하 '치료명령'이라고 한다)은 (중략) 원칙적으로 형 집행 종료 후 신체에 영구적인 변화를 초래할 수도 있는 약물의 투여를 피청구자의 동의 없이 강제적으로 상당 기간 실시한다는 점에서 헌법이 보장하고 있는 신체의 자유와 자기결정권에 대한 직접적이고 침익적인 처분에 해당한다. 그러므로 장기간의 형 집행이 예정된 사람에 대해서는 그 형 집행에도 불구하고 재범의 방지, 사회복귀의 촉진과 국민의 보호를 위한 추가적인 조치를 취할 필요성이 인정되는 불가피한 경우에만 이를 부과하여야 한다.

[2] 성폭력범죄를 저지른 정신성적 장애인에 대하여 치료감호와 치료명령이 함께 청구된 경우, 치료감호와 함께 치료명령을 선고하기 위한 요건 – (중략) 성폭력범죄를 저지른 정신성적 장애인에 대하여는 치료감호와 치료명령이 함께 청구될 수도 있지만, (중략) 그러한 경우에는 치료감호를 통한 치료에도 불구하고 치료명령의 집행시점에도 여전히 약물치료가 필요할 만큼 피청구자에게 성폭력범죄를 다시 범할 위험성이 있고 피청구자의 동의를 대체할 수 있을 정도의 상당한 필요성이 인정되는 경우에 한하여 치료감호와 함께 치료명령을 선고할 수 있다. [대판 2015.3.12, 2014도17853 등]

(3) 치료명령의 집행

제13조 【집행지휘】 ① 치료명령은 검사의 지휘를 받아 보호관찰관이 집행한다. 24. 보호9☆

제14조 【치료명령의 집행】 ① 치료명령은 「의료법」에 따른 의사의 진단과 처방에 의한 약물 투여, 「정신건강증진 및 정신질환자 복지서비스 지원에 관한 법률」에 따른 정신보건전문요원 등 전문가에 의한 인지행동 치료 등 심리치료 프로그램의 실시 등의 방법으로 집행한다.

③ 치료명령을 받은 사람이 형의 집행이 종료되거나 면제·가석방 또는 치료감호의 집행이 종료·가종료 또는 치료위탁으로 석방되는 경우 보호관찰관은 석방되기 전 2개월 이내에 치료명령을 받은 사람에게 치료명령을 집행하여야 한다. 24. 보호9

④ 다음 각 호의 어느 하나에 해당하는 때에는 치료명령의 집행이 정지된다.

1. 치료명령의 집행 중 구속영장의 집행을 받아 구금된 때 24. 보호9☆

2. 치료명령의 집행 중 금고 이상의 형의 집행을 받게 된 때

3. 가석방 또는 가종료·가출소된 자에 대하여 치료기간 동안 가석방 또는 가종료·가출소가 취소되거나 실효된 때

⑤ 제4항에 따라 집행이 정지된 치료명령의 잔여기간에 대하여는 다음 각 호의 구분에 따라 집행한다.

1. 제4항 제1호의 경우에는 구금이 해제되거나 금고 이상의 형의 집행을 받지 아니하는 것으로 확정된 때부터 그 잔여기간을 집행한다. 24. 보호9

2. 제4항 제2호의 경우에는 그 형의 집행이 종료되거나 면제된 후 또는 가석방된 때부터 그 잔여기간을 집행한다.

3. 제4항 제3호의 경우에는 그 형이나 치료감호 또는 보호감호의 집행이 종료되거나 면제된 후 그 잔여기간을 집행한다.

제15조 【치료명령을 받은 사람의 의무】 ① 치료명령을 받은 사람은 치료기간 중 상쇄약물의 투약 등의 방법으로 치료의 효과를 해하여서는 아니 된다. 14. 교정7

② 치료명령을 받은 사람은 형의 집행이 종료되거나 면제·가석방 또는 치료감호의 집행이 종료·가종료 또는 치료위탁되는 날부터 10일 이내에 주거지를 관할하는 보호관찰소에 출석하여 서면으로 신고하여야 한다. 21. 교정9

③ 치료명령을 받은 사람은 주거 이전 또는 7일 이상의 국내여행을 하거나 출국할 때에는 미리 보호관찰관의 허가를 받아야 한다. 24. 보호9☆

제16조 【치료기간의 연장 등】 ① 치료 경과 등에 비추어 치료명령을 받은 사람에 대한 약물치료를 계속 하여야 할 상당한 이유가 있거나 다음 각 호의 어느 하나에 해당하는 사유가 있으면 법원은 보호관찰소의 장의 신청에 따른 검사의 청구로 치료기간을 결정으로 연장할 수 있다. 다만, 종전의 치료기간을 합산하여 15년을 초과할 수 없다. 21. 교정9

1. 정당한 사유 없이 「보호관찰 등에 관한 법률」 제32조 제2항(제4호는 제외한다) 또는 제3항에 따른 준수사항을 위반한 경우

2. 정당한 사유 없이 제15조 제2항을 위반하여 신고하지 아니한 경우

3. 거짓으로 제15조 제3항의 허가를 받거나 정당한 사유 없이 제15조 제3항을 위반하여 허가를 받지 아니하고 주거 이전, 국내여행 또는 출국을 하거나 허가기간 내에 귀국하지 아니한 경우

핵심 OX

34 「성폭력범죄자의 성충동 약물치료에 관한 법률」상 법원은 정신건강의학과 전문의의 진단 또는 감정의견만으로 치료명령 피청구자의 성도착증 여부를 판단하기 어려울 때에는 다른 정신건강의학과 전문의에게 다시 진단 또는 감정을 명할 수 있다. (O, ×)

35 「성폭력범죄자의 성충동 약물치료에 관한 법률」상 치료명령은 검사의 지휘를 받아 보호관찰관이 집행한다. (O, ×)

36 「성폭력범죄자의 성충동 약물치료에 관한 법률」상 치료명령을 받은 사람은 치료기간 중 상쇄약물의 투약 등의 방법으로 치료의 효과를 해하여서는 아니 된다. (O, ×)

37 「성폭력범죄자의 성충동 약물치료에 관한 법률」상 치료명령을 받은 사람은 7일 이상의 국내여행을 할 때에는 미리 보호관찰관의 허가를 받아야 한다. (O, ×)

34 ○
35 ○
36 ○
37 ○

제17조【치료명령의 임시해제 신청 등】① 보호관찰소의 장 또는 치료명령을 받은 사람 및 그 법정대리인은 해당 보호관찰소를 관할하는「보호관찰 등에 관한 법률」제5조에 따른 보호관찰 심사위원회(이하 '심사위원회'라 한다)에 치료명령의 임시해제를 신청할 수 있다.

② 제1항의 신청은 치료명령의 집행이 개시된 날부터 6개월이 지난 후에 하여야 한다. 신청이 기각된 경우에는 기각된 날부터 6개월이 지난 후에 다시 신청할 수 있다. 14. 교정9

제20조【치료명령 집행의 종료】제8조 제1항에 따라 선고된 치료명령은 다음 각 호의 어느 하나에 해당하는 때에 그 집행이 종료된다.

1. 치료기간이 지난 때
2. 치료명령과 함께 선고한 형이 사면되어 그 선고의 효력을 상실하게 된 때
3. 치료명령이 임시해제된 사람이 그 임시해제가 취소됨이 없이 잔여 치료기간을 지난 때

제21조【치료명령의 시효】① 치료명령을 받은 사람은 그 판결이 확정된 후 집행을 받지 아니하고 함께 선고된 피고사건의 형의 시효 또는 치료감호의 시효가 완성되면 그 집행이 면제된다.

② 치료명령의 시효는 치료명령을 받은 사람을 체포함으로써 중단된다. 14. 교정9

(4) 수형자 · 가종료자 등에 대한 치료명령

제22조【성폭력 수형자에 대한 치료명령 청구】① 검사는 사람에 대하여 성폭력범죄를 저질러 징역형 이상의 형이 확정되었으나 제8조 제1항에 따른 치료명령이 선고되지 아니한 수형자(이하 '성폭력 수형자'라 한다) 중 성도착증 환자로서 성폭력범죄를 다시 범할 위험성이 있다고 인정되고 약물치료를 받는 것을 동의하는 사람에 대하여 그의 주거지 또는 현재지를 관할하는 지방법원에 치료명령을 청구할 수 있다.

② 제1항의 수형자에 대한 치료명령의 절차는 다음 각 호에 따른다.

1. 교도소 · 구치소(이하 "수용시설"이라 한다)의 장은「형법」제72조 제1항의 가석방 요건을 갖춘 성폭력 수형자에 대하여 약물치료의 내용, 방법, 절차, 효과, 부작용, 비용부담 등에 관하여 충분히 설명하고 동의 여부를 확인하여야 한다. 22. 교정7
2. 제1호의 성폭력 수형자가 약물치료에 동의한 경우 수용시설의 장은 지체 없이 수용시설의 소재지를 관할하는 지방검찰청의 검사에게 인적사항과 교정성적 등 필요한 사항을 통보하여야 한다. 22. 교정7
3. 검사는 소속 검찰청 소재지 또는 성폭력 수형자의 주소를 관할하는 보호관찰소의 장에게 성폭력 수형자에 대하여 제5조 제1항에 따른 조사를 요청할 수 있다. 22. 교정7
4. 보호관찰소의 장은 제3호의 요청을 접수한 날부터 2개월 이내에 제5조 제3항의 조사보고서를 제출하여야 한다.
5. 검사는 성폭력 수형자에 대하여 약물치료의 내용, 방법, 절차, 효과, 부작용, 비용부담 등에 관하여 설명하고 동의를 확인한 후 정신건강의학과 전문의의

진단이나 감정을 받아 법원에 치료명령을 청구할 수 있다. 이 때 검사는 치료명령 청구서에 제7조 제1항 각 호의 사항 외에 치료명령 피청구자의 동의 사실을 기재하여야 한다.

6. 법원은 제5호의 치료명령 청구가 이유 있다고 인정하는 때에는 결정으로 치료명령을 고지하고 치료명령을 받은 사람에게 준수사항 기재서면을 송부하여야 한다.

③ 제2항 제6호의 결정(→ 치료명령결정)에 따른 치료기간은 15년을 초과할 수 없다.

⑭ 치료명령을 받은 사람은 치료명령결정이 확정된 후 집행을 받지 아니하고 10년이 경과하면 시효가 완성되어 집행이 면제된다. 18. 교정7

제23조【가석방】 ① 수용시설의 장은 제22조 제2항 제6호의 결정(→ 치료명령결정)이 확정된 성폭력 수형자에 대하여 법무부령으로 정하는 바에 따라「형의 집행 및 수용자의 처우에 관한 법률」제119조의 가석방심사위원회에 가석방 적격심사를 신청하여야 한다. 22. 교정7

② 가석방심사위원회는 성폭력 수형자의 가석방 적격심사를 할 때에는 치료명령이 결정된 사실을 고려하여야 한다. 18. 교정7☆

제24조【비용부담】 ① 제22조 제2항 제6호의 치료명령(→ 성폭력 수형자에 대한 치료명령)의 결정을 받은 사람은 치료기간 동안 치료비용을 부담하여야 한다. 다만, 치료비용을 부담할 경제력이 없는 사람의 경우에는 국가가 비용을 부담할 수 있다. 18. 교정7☆

제25조【가종료 등과 치료명령】 ①「치료감호 등에 관한 법률」제37조에 따른 치료감호심의위원회(이하 '치료감호심의위원회'라 한다)는 성폭력범죄자 중 성도착증 환자로서 치료감호의 집행 중 가종료 또는 치료위탁되는 피치료감호자나 보호감호의 집행 중 가출소되는 피보호감호자(이하 '가종료자 등'이라 한다)에 대하여 보호관찰기간의 범위에서 치료명령을 부과할 수 있다.

제27조【치료명령의 집행】 보호관찰관은 가종료자 등이 가종료·치료위탁 또는 가출소되기 전 2개월 이내에 치료명령을 집행하여야 한다. 다만, 치료감호와 형이 병과된 가종료자의 경우 집행할 잔여 형기가 있는 때에는 그 형의 집행이 종료되거나 면제되어 석방되기 전 2개월 이내에 치료명령을 집행하여야 한다.

제28조【치료명령 집행의 종료】 제25조에 따른 약물치료는 다음 각 호의 어느 하나에 해당하는 때에 그 집행이 종료된다.
1. 치료기간이 지난 때
2. 가출소·가종료·치료위탁으로 인한 보호관찰기간이 경과하거나 보호관찰이 종료된 때

제30조【치료기간의 계산】 치료기간은 최초로 성 호르몬 조절약물을 투여한 날 또는 제14조 제1항에 따른 심리치료 프로그램의 실시를 시작한 날부터 기산하되, 초일은 시간을 계산함이 없이 1일로 산정한다. 18. 승진

제32조【수용시설의 장 등의 협조】 제14조 제3항 및 제27조에 따른 보호관찰관의 치료명령 집행에 수용시설의 장, 치료감호시설의 장, 보호감호시설의 장은 약물의 제공, 의사·간호사 등 의료인력 지원 등의 협조를 하여야 한다. 18. 승진

[1] 장기간의 형 집행 및 그에 부수하여 전자장치 부착 등의 처분이 예정된 사람에 대하여 「성폭력범죄자의 성충동 약물치료에 관한 법률」에 의한 약물치료명령을 부과하기 위한 요건 – 「성폭력범죄자의 성충동 약물치료에 관한 법률」에 의한 <u>약물치료명령</u>(이하 '치료명령'이라고만 한다)은 사람에 대하여 성폭력범죄를 저지른 성도착증 환자로서 성폭력범죄를 다시 범할 위험성이 있다고 인정되는 19세 이상의 사람에 대하여 약물투여 및 심리치료 등의 방법으로 도착적인 성기능을 일정기간 동안 약화 또는 정상화하는 치료를 실시하는 <u>보안처분</u>이다. (중략) 장기간의 형 집행 및 그에 부수하여 전자장치 부착 등의 처분이 예정된 사람에 대해서는 위 형 집행 및 처분에도 불구하고 재범의 방지와 사회복귀의 촉진 및 국민의 보호를 위한 추가적인 조치를 취할 필요성이 인정되는 불가피한 경우에 한하여 이를 부과함이 타당하다.

[2] 「성폭력범죄자의 성충동 약물치료에 관한 법률」에 의한 약물치료명령의 요건인 '성폭력범죄를 다시 범할 위험성'의 의미 및 성도착증 환자로 진단받은 피청구자가 약물치료명령의 요건을 갖춘 것으로 보기 위한 요건과 그 판단 기준 – 「성폭력범죄자의 성충동 약물치료에 관한 법률」에 의한 약물치료명령(이하 '치료명령'이라고만 한다)의 요건으로 '성폭력범죄를 다시 범할 위험성'이란 재범할 가능성만으로는 부족하고 피청구자가 장래에 다시 성폭력범죄를 범하여 법적 평온을 깨뜨릴 상당한 개연성을 의미한다. (중략) 비록 피청구자가 성도착증 환자로 진단받았다고 하더라도 그러한 사정만으로 바로 피청구자에게 성폭력범죄에 대한 재범의 위험성이 있다고 단정할 것이 아니라, 치료명령의 집행시점에도 여전히 약물치료가 필요할 만큼 피청구자에게 성폭력범죄를 다시 범할 위험성이 있고 피청구자의 동의를 대체할 수 있을 정도의 상당한 필요성이 인정되는 경우에 한하여 비로소 치료명령의 요건을 갖춘 것으로 보아야 한다. 또한 이 경우 법원이 피청구자의 '성폭력범죄를 다시 범할 위험성'을 판단할 때에는 (중략) 여러 사정을 종합적으로 평가하여 <u>판결 시를 기준으로 객관적으로 판단하여야 한다.</u> [대판 2014.2.27, 2013도12301 등]

5 기타 보안처분 관련 법령

1. 「국가보안법」

제20조【공소보류】 ① <u>검사</u>는 이 법의 죄를 범한 자에 대하여 「형법」 제51조의 사항을 참작하여 <u>공소제기를 보류</u>할 수 있다.
② 제1항에 의하여 공소보류를 받은 자가 <u>공소의 제기 없이 2년을 경과</u>한 때에는 <u>소추할 수 없다.</u>
③ 공소보류를 받은 자가 법무부장관이 정한 감시·보도에 관한 규칙에 위반한 때에는 공소보류를 취소할 수 있다.
④ 제3항에 의하여 공소보류가 취소된 경우에는 「형사소송법」 제208조의 규정에 불구하고 동일한 범죄사실로 재구속할 수 있다.

2. 「성매매알선 등 행위의 처벌에 관한 법률」

제14조【보호처분의 결정 등】 ① 판사는 심리 결과 보호처분이 필요하다고 인정할 때에는 결정으로 다음 각 호의 어느 하나에 해당하는 처분을 할 수 있다.

1. 성매매가 이루어질 우려가 있다고 인정되는 장소나 지역에의 출입 금지
2. 「보호관찰 등에 관한 법률」에 따른 보호관찰
3. 「보호관찰 등에 관한 법률」에 따른 사회봉사 · 수강명령
4. 「성매매방지 및 피해자보호 등에 관한 법률」 제10조에 따른 성매매피해상담소에의 상담위탁
5. 「성폭력방지 및 피해자보호 등에 관한 법률」 제27조 제1항에 따른 전담의료기관에의 치료위탁

② 제1항 각 호의 처분은 병과할 수 있다.

제15조【보호처분의 기간】 제14조 제1항 제1호 · 제2호 · 제4호에 따른 보호처분기간은 6개월을, 같은 항 제3호에 따른 사회봉사 · 수강명령은 100시간을 각각 초과할 수 없다.

3. 「성폭력범죄의 처벌 등에 관한 특례법」

제16조【형벌과 수강명령 등의 병과】 ① 법원이 성폭력범죄를 범한 사람에 대하여 형의 선고를 유예하는 경우에는 1년 동안 보호관찰을 받을 것을 명할 수 있다. 다만, 성폭력범죄를 범한 「소년법」 제2조에 따른 소년에 대하여 형의 선고를 유예하는 경우에는 반드시 보호관찰을 명하여야 한다.

② 법원이 성폭력범죄를 범한 사람에 대하여 유죄판결(선고유예는 제외한다)을 선고하거나 약식명령을 고지하는 경우 500시간의 범위에서 재범예방에 필요한 수강명령 또는 성폭력 치료프로그램의 이수명령(이하 '이수명령'이라 한다)을 병과하여야 한다. 다만, 수강명령 또는 이수명령을 부과할 수 없는 특별한 사정이 있는 경우 그러하지 아니하다.

③ 성폭력범죄를 범한 자에 대하여 제2항의 수강명령은 형의 집행을 유예할 경우에 그 집행유예기간 내에서 병과하고, 이수명령은 벌금 이상의 형을 선고하거나 약식명령을 고지할 경우에 병과한다. 다만, 이수명령은 성폭력범죄자가 「전자장치 부착 등에 관한 법률」 제9조의2 제1항 제4호에 따른 이수명령을 부과받은 경우에는 병과하지 아니한다.

④ 법원이 성폭력범죄를 범한 사람에 대하여 형의 집행을 유예하는 경우에는 제2항에 따른 수강명령 외에 그 집행유예기간 내에서 보호관찰 또는 사회봉사 중 하나 이상의 처분을 병과할 수 있다. 16. 교정7☆

⑤ 제2항에 따른 수강명령 또는 이수명령은 형의 집행을 유예할 경우에는 그 집행유예기간 내에, 벌금형을 선고하거나 약식명령을 고지할 경우에는 형 확정일부터 6개월 이내에, 징역형 이상의 실형(實刑)을 선고할 경우에는 형기 내에 각각 집행한다. 다만, 수강명령 또는 이수명령은 성폭력범죄를 범한 사람이 「아동 · 청소년의 성보호에 관한 법률」 제21조에 따른 수강명령 또는 이수명령을 부과받은 경우에는 병과하지 아니한다.

🏛 **핵심 OX**

39 「성매매 알선 등 행위의 처벌에 관한 법률」의 성매매를 한 자 중 보호처분이 필요하다고 인정되는 자는 사회봉사명령 또는 허가의 대상이 될 수 있다.(O, ✕)

40 「성폭력범죄의 처벌 등에 관한 특례법」상 성폭력범죄를 범한 사람으로서 형의 집행을 유예받은 자에게 보호관찰과 수강명령을 병과할 수 있다. (O, ✕)

39 ○
40 ○

⑥ 제2항에 따른 수강명령 또는 이수명령이 벌금형 또는 형의 집행유예와 병과된 경우에는 보호관찰소의 장이 집행하고, 징역형 이상의 실형과 병과된 경우에는 교정시설의 장이 집행한다. 다만, 징역형 이상의 실형과 병과된 이수명령을 모두 이행하기 전에 석방 또는 가석방되거나 미결구금일수 산입 등의 사유로 형을 집행할 수 없게 된 경우에는 보호관찰소의 장이 남은 이수명령을 집행한다.

⑧ 성폭력범죄를 범한 사람으로서 형의 집행 중에 <u>가석방</u>된 사람은 <u>가석방기간</u> 동안 보호관찰을 받는다. 다만, 가석방을 허가한 행정관청이 보호관찰을 할 필요가 없다고 인정한 경우에는 그러하지 아니하다.

제42조 【신상정보 등록대상자】 ① 제2조 제1항 제3호·제4호, 같은 조 제2항(제1항 제3호·제4호에 한정한다), 제3조부터 제15조까지의 범죄 및 「아동·청소년의 성보호에 관한 법률」 제2조 제2호 가목·라목의 범죄(이하 "등록대상 성범죄"라 한다)로 <u>유죄판결이나 약식명령이 확정된 자</u> 또는 같은 법 제49조 제1항 제4호에 따라 <u>공개명령이 확정된 자</u>는 신상정보 등록대상자(이하 "등록대상자"라 한다)가 된다. 다만, 제12조·제13조의 범죄 및 「아동·청소년의 성보호에 관한 법률」 제11조 제3항 및 제5항의 범죄로 <u>벌금형을 선고받은 자는 제외</u>한다.

② 법원은 등록대상 성범죄로 유죄판결을 선고하거나 약식명령을 고지하는 경우에는 등록대상자라는 사실과 제43조에 따른 신상정보 제출 의무가 있음을 등록대상자에게 알려 주어야 한다.

제43조 【신상정보의 제출 의무】 ① 등록대상자는 제42조 제1항의 판결이 확정된 날부터 <u>30일</u> 이내에 다음 각 호(생략)의 신상정보(이하 "기본신상정보"라 한다)를 자신의 주소지를 관할하는 <u>경찰관서의 장</u>(이하 "관할경찰관서의 장"이라 한다)에게 제출하여야 한다. 다만, 등록대상자가 교정시설 또는 치료감호시설에 수용된 경우에는 그 교정시설등의 장에게 기본신상정보를 제출함으로써 이를 갈음할 수 있다.

② 관할경찰관서의 장 또는 교정시설등의 장은 제1항에 따라 등록대상자가 기본신상정보를 제출할 때에 등록대상자의 정면·좌측·우측 상반신 및 전신 컬러사진을 촬영하여 전자기록으로 저장·보관하여야 한다.

제44조 【등록대상자의 신상정보 등록 등】 ① 법무부장관은 제43조 제5항, 제6항 및 제43조의2 제3항에 따라 송달받은 정보와 다음 각 호의 등록대상자 정보를 등록하여야 한다. 24. 보호9

제45조 【등록정보의 관리】 ① <u>법무부장관</u>은 제44조 제1항 또는 제4항에 따라 기본신상정보를 최초로 등록한 날(이하 "최초등록일"이라 한다)부터 다음 각 호(생략)의 구분에 따른 기간(이하 "등록기간"이라 한다) 동안 등록정보를 보존·관리하여야 한다. 다만, 법원이 제4항에 따라 등록기간을 정한 경우에는 그 기간 동안 등록정보를 보존·관리하여야 한다.

제45조의2 【신상정보 등록의 면제】 ① 신상정보 등록의 원인이 된 성범죄로 형의 선고를 유예받은 사람이 선고유예를 받은 날부터 <u>2년이 경과</u>하여 「형법」 제60조에 따라 <u>면소된 것으로 간주</u>되면 신상정보 등록을 면제한다. 24. 보호9

제47조 【등록정보의 공개】 ② 등록정보의 공개는 <u>여성가족부장관</u>이 집행한다. 24. 보호9

제49조 【등록정보의 고지】 ② 등록정보의 고지는 <u>여성가족부장관</u>이 집행한다. 24. 보호9

관련 판례 성폭력처벌법상 수강명령·이수명령의 법적 성격

「성폭력범죄의 처벌 등에 관한 특례법」에 따라 병과하는 수강명령 또는 이수명령의 법적 성격 및 항소심이 제1심판결에서 정한 형과 동일한 형을 선고하면서 새로 수강명령 또는 이수명령을 병과하는 것이 불이익변경금지의 원칙상 허용되는지 여부(소극) – 「성폭력범죄의 처벌 등에 관한 특례법」에 따라 병과하는 수강명령 또는 이수명령은 이른바 범죄인에 대한 사회 내 처우의 한 유형으로서 형벌 자체가 아니라 보안처분의 성격을 가지는 것이지만, 의무적 강의 수강 또는 성폭력 치료프로그램의 의무적 이수를 받도록 함으로써 실질적으로는 신체적 자유를 제한하는 것이 되므로, 원심이 제1심판결에서 정한 형과 동일한 형을 선고하면서 새로 수강명령 또는 이수명령을 병과하는 것은 전체적·실질적으로 볼 때 피고인에게 불이익하게 변경한 것이므로 허용되지 않는다. [대판 2018.10.4, 2016도15961] 20. 승진

4. 「보안관찰법」

「보안관찰법」의 보안관찰처분은 검사의 청구에 의하여 보안관찰처분심의위원회의 의결을 거쳐 법무부장관이 행하는 '행정처분'이다. 10. 사시

제3조【보안관찰처분 대상자】 이 법에서 '보안관찰처분 대상자'라 함은 보안관찰 해당 범죄 또는 이와 경합된 범죄로 금고 이상의 형의 선고를 받고 그 형기 합계가 3년 이상인 자로서 형의 전부 또는 일부의 집행을 받은 사실이 있는 자를 말한다.

제4조【보안관찰처분】 ① 제3조에 해당하는 자 중 보안관찰 해당 범죄를 다시 범할 위험성이 있다고 인정할 충분한 이유가 있어 재범의 방지를 위한 관찰이 필요한 자에 대하여는 보안관찰처분을 한다. 12. 교정7

제5조【보안관찰처분의 기간】 ① 보안관찰처분의 기간은 2년으로 한다. 14. 교정9☆
② 법무부장관은 검사의 청구가 있는 때에는 보안관찰처분심의위원회의 의결을 거쳐 그 기간을 갱신할 수 있다(→ 갱신 횟수의 제한이 없음).

제7조【보안관찰처분의 청구】 보안관찰처분청구는 검사가 행한다. 14. 교정9

제12조【보안관찰처분심의위원회】 ① 보안관찰처분에 관한 사안을 심의·의결하기 위하여 법무부에 보안관찰처분심의위원회(이하 '위원회'라 한다)를 둔다.
② 위원회는 위원장 1인과 6인의 위원으로 구성한다. 20. 승진
③ 위원장은 법무부차관이 되고, 위원은 학식과 덕망이 있는 자로 하되, 그 과반수는 변호사의 자격이 있는 자이어야 한다.
⑤ 위촉된 위원의 임기는 2년으로 한다. 다만, 공무원인 위원은 그 직을 면한 때에는 위원의 자격을 상실한다. 14. 교정9

제27조【벌칙】 ① 보안관찰처분 대상자 또는 피보안관찰자가 보안관찰처분 또는 보안관찰을 면탈할 목적으로 은신 또는 도주한 때에는 3년 이하의 징역에 처한다. 14. 교정9

보안관찰 해당 범죄

내란목적살인, 내란예비·음모, 외환유치, 여적, 간첩 등 내란·외환의 죄와 「군형법」과 「국가보안법」상 특별한 범죄

🗃 **핵심 OX**

41 검사가 보안관찰처분을 청구한다. (O, ×)

42 보안관찰처분심의위원회의 위촉위원의 임기는 2년이다. (O, ×)

41 ○
42 ○

⚖ 관련 판례 | 보안관찰제도의 일사부재리원칙 위반 여부

「보안관찰」상 보안관찰제도가 일사부재리의 원칙에 위반되는지 여부(소극) - 보안처분은 그 본질, 추구하는 목적 및 기능에 있어 형벌과는 다른 독자적 의의를 가진 사회보호적인 처분이므로 형벌과 보안처분은 서로 병과하여 선고한다고 해서 그것이 헌법 제13조 제1항 후단 소정의 이중처벌금지의 원칙에 해당되지 아니한다고 할 것인데, 이 법상의 보안관찰처분 역시 그 본질이 헌법 제12조 제1항에 근거한 보안처분인 이상, 형의 집행 종료 후 별도로 이 법상의 보안관찰처분을 명할 수 있다고 하여 헌법 제13조 제1항이 규정한 일사부재리의 원칙에 위반하였다고 할 수 없다. [헌재 1997.11.27, 92헌바28]

01 「보호관찰 등에 관한 법률」상 법원은 피고인에 대하여 「형법」 제59조의2 및 제62조의2에 따른 보호관찰을 명하기 위하여 필요하다고 인정하면 그 법원의 소재지 또는 피고인의 주거지를 관할하는 보호관찰소의 장에게 피고인에 관한 사항의 조사를 요구할 수 있다. 23. 교정9   (   )

02 「보호관찰 등에 관한 법률」상 법원은 판결 전 조사 요구를 받은 보호관찰소의 장에게 조사진행상황에 관한 보고를 요구할 수 있다. 23. 교정9   (   )

03 「보호관찰 등에 관한 법률」상 법원은 「소년법」 제12조에 따라 소년 보호사건에 대한 조사 또는 심리를 위하여 필요하다고 인정하면 그 법원의 소재지 또는 소년의 주거지를 관할하는 보호관찰소의 장에게 소년의 품행, 경력, 가정상황, 그 밖의 환경 등 필요한 사항에 관한 조사를 의뢰할 수 있다. 23. 교정9   (   )

04 소년교도소의 장은 부정기형을 선고받은 소년이 단기의 3분의 1을 경과한 때에는 소년교도소의 소재지를 관할하는 보호관찰소의 장에게 그 사실을 통보하여야 한다. 24. 보호9   (   )

05 「보호관찰 등에 관한 법률」상 보호관찰은 법원의 판결이나 결정이 확정된 때 또는 가석방 · 임시퇴원된 때부터 시작된다. 24. 보호9   (   )

06 보호관찰을 조건으로 형의 선고유예를 받은 사람의 경우, 보호관찰 기간은 1년이다. 24. 보호9   (   )

07 소년 가석방자의 경우, 6개월 이상 2년 이하의 범위에서 가석방 심사위원회가 정한 기간이 보호관찰 기간이 된다. 24. 보호9   (   )

정답
01 ○ 「보호관찰 등에 관한 법률」 제19조 제1항
02 ○ 「보호관찰 등에 관한 법률」 제19조 제1항 · 제3항
03 ○ 「보호관찰 등에 관한 법률」 제19조의2 제1항
04 ✕ '보호관찰심사위원회'에 그 사실을 통보하여야 한다(「보호관찰 등에 관한 법률」 제21조 제1항).
05 ○ 「보호관찰 등에 관한 법률」 제29조 제1항
06 ○ 「보호관찰 등에 관한 법률」 제30조 제1호
07 ✕ 소년 가석방자의 경우, '가석방 전에 집행을 받은 기간과 같은 기간'이 보호관찰 기간이 된다(「보호관찰 등에 관한 법률」 제30조 제3호).

08 소년원 임시퇴원자의 경우, 퇴원일로부터 6개월 이상 2년 이하의 범위에서 보호관찰 심사위원회가 정한 기간이 보호관찰 기간이 된다. 24. 보호9 ( )

09 「보호관찰 등에 관한 법률」상 보호관찰 대상자의 준수사항에는 ㉠ 주거지에 상주하고 생업에 종사할 것, ㉡ 보호관찰관의 지도·감독에 따르고 방문하면 응대할 것 등이 포함된다. 23. 교정9 ( )

10 「보호관찰 등에 관한 법률」상 보호관찰 대상자의 준수사항에는 ㉠ 주거를 이전하거나 10일 이상 국내외 여행을 할 때에는 미리 보호관찰관에게 신고할 것, ㉡ 범죄로 이어지기 쉬운 나쁜 습관을 버리고 선행을 하며 범죄를 저지를 염려가 있는 사람들과 교제하거나 어울리지 말 것 등이 포함된다. 23. 교정9 ( )

11 보호관찰관은, 보호관찰 대상자가 준수사항을 위반하였다고 의심할 상당한 이유가 있고 조사에 따른 소환에 불응하는 경우, 관할 지방검찰청의 검사에게 구인장을 신청할 수 있다. 24. 보호9 ( )

12 보호관찰부 집행유예의 취소 청구를 하려는 경우, 보호관찰소의 장은 유치 허가를 받은 때부터 48시간 이내에 관할 지방검찰청의 검사에게 그 신청을 하여야 한다. 24. 보호9 ( )

13 유치된 보호관찰 대상자에 대하여 보호관찰을 조건으로 한 형의 선고유예가 실효된 경우에 그 유치기간은 형기에 산입되지 않는다. 24. 보호9 ( )

14 보호관찰을 조건으로 한 형의 선고유예가 실효되더라도 보호관찰은 종료되지 않는다. 23. 보호7 ( )

정답

08 ○ 「보호관찰 등에 관한 법률」 제30조 제4호

09 ○ 「보호관찰 등에 관한 법률」 제32조 제2항 제1호·제3호

10 ✕ 주거를 이전하거나 '1개월' 이상 국내외 여행을 할 때에는 미리 보호관찰관에게 신고할 것(㉠)을 일반준수사항으로 한다(「보호관찰 등에 관한 법률」 제32조 제2항 제2호·제4호).

11 ✕ '보호관찰소의 장'은 관할 지방검찰청의 검사에게 신청하여, 검사의 청구로 관할 지방법원 판사의 구인장을 발부받아 보호관찰 대상자를 구인할 수 있다(「보호관찰 등에 관한 법률」 제39조 제1항).

12 ✕ 보호관찰소의 장은 유치 허가를 받은 때부터 '24시간 이내'에 관할 지방검찰청의 검사에게 그 신청을 하여야 한다(「보호관찰 등에 관한 법률」 제42조 제3항).

13 ✕ 그 유치기간을 '형기에 산입한다'(「보호관찰 등에 관한 법률」 제45조).

14 ✕ 보호관찰을 조건으로 한 형의 선고유예가 실효된 때에 보호관찰은 종료한다(「보호관찰 등에 관한 법률」 제51조 제1항 제2호).

15 임시퇴원된 보호소년이 보호관찰이 정지된 상태에서 21세가 된 때에는 보호관찰이 종료된다. 23. 보호7　　(　)

16 보호관찰 대상자는 보호관찰이 임시해제된 기간 중에는 그 준수사항을 계속하여 지키지 않아도 된다. 23. 보호7

(　)

17 보호관찰의 임시해제 결정이 취소된 경우 그 임시해제 기간을 보호관찰 기간에 포함한다. 23. 보호7　　(　)

18 보호관찰관은 사회봉사명령 집행의 전부 또는 일부를 국공립기관이나 그 밖의 단체에 위탁할 수 있다. 22. 교정7

(　)

19 형의 집행유예 기간이 지난 때에는 사회봉사는 잔여 집행기간에도 불구하고 종료한다. 22. 교정7　　(　)

20 사회봉사명령 대상자가 사회봉사명령 집행 중 금고 이상의 형의 집행을 받게 된 때에는 해당 형의 집행이 종료·면제
되거나 사회봉사명령 대상자가 가석방된 경우 잔여 사회봉사명령을 집행한다. 24. 보호9　　(　)

21 피치료감호자가 치료감호시설 외에서 치료받도록 법정대리인 등에게 위탁되었을 때 보호관찰이 시작된다. 22. 교정7

(　)

22 피보호관찰자가 새로운 범죄로 금고 이상의 형의 집행을 받게 되었을지라도 보호관찰은 종료되지 아니하고 해당 형의
집행기간 동안 보호관찰기간은 정지된다. 22. 교정7　　(　)

정답

15 ✕ 임시퇴원된 보호소년이 보호관찰이 정지된 상태에서 '22세'가 된 때에는 보호관찰이 종료된다(「보호관찰 등에 관한 법률」 제51조 제1항 제6호).

16 ✕ 보호관찰이 임시해제된 기간 중에도 준수사항을 계속하여 지켜야 한다(「보호관찰 등에 관한 법률」 제52조 제2항).

17 ○ 보호관찰 등에 관한 법률 제52조 제4항

18 ○ 「보호관찰 등에 관한 법률」 제61조 제1항

19 ○ 「보호관찰 등에 관한 법률」 제63조 제1항 제2호

20 ○ 「보호관찰 등에 관한 법률」 제63조 제2항

21 ○ 「치료감호 등에 관한 법률」 제32조 제1항 제2호

22 ✕ 해당 형의 집행기간 동안 보호관찰기간은 '계속 진행'된다(「치료감호 등에 관한 법률」 제32조 제4항).

23 「전자장치 부착 등에 관한 법률」상 검사는 ㉠ 성폭력범죄로 징역형의 실형을 선고받은 사람이 그 집행을 종료한 후 또는 집행이 면제된 후 10년 이내에 성폭력범죄를 저지른 때, ㉡ 성폭력범죄를 2회 이상 범하여(유죄의 확정판결을 받은 경우를 포함한다) 그 습벽이 인정된 때, ㉢ 신체적 또는 정신적 장애가 있는 사람이 성폭력범죄를 저지른 때, ㉣ 19세 미만의 사람에 대하여 성폭력범죄를 저지른 때에 해당하고, 성폭력범죄를 다시 범할 위험성이 있다고 인정되는 사람에 대하여 전자장치 부착명령을 청구할 수 있다. 22. 교정7 ( )

24 검사는, 스토킹범죄를 2회 이상 범하여(유죄의 확정판결을 받은 경우를 제외한다) 그 습벽이 인정된 때에 스토킹범죄를 다시 범할 위험성이 있다고 인정되는 사람에 대하여 전자장치를 부착하도록 하는 명령을 법원에 청구할 수 있다. 24. 보호9 ( )

25 19세 미만의 사람에 대하여 성폭력범죄를 저지른 경우에는 부착기간 상한을 법이 정한 부착기간 상한의 2배로 한다. 23. 교정7 ( )

26 19세 미만의 사람에 대하여 성폭력범죄를 저지른 사람에게 부착명령을 선고하는 경우, 법원은 어린이 보호구역 등 특정지역·장소에의 출입금지 및 접근금지를 준수사항으로 부과하여야 한다. 23. 교정7 ( )

27 피부착자는 주거를 이전하거나 7일 이상 국내여행을 하거나 출국할 때에는 미리 보호관찰관에게 신고하여야 한다. 23. 교정7 ( )

정답

23 X ㉢ '신체적 또는 정신적 장애가 있는 사람에 대하여' 성폭력범죄를 저지른 때에 전자장치 부착명령을 청구할 수 있다(「전자장치 부착 등에 관한 법률」 제5조 제1항 제5호).

24 X 스토킹범죄를 2회 이상 범하여(유죄의 확정판결을 받은 경우를 '포함'한다) 그 습벽이 인정된 때에 스토킹범죄를 다시 범할 위험성이 있다고 인정되는 사람에 대하여 전자장치를 부착하도록 하는 명령을 법원에 청구할 수 있다(「전자장치 부착 등에 관한 법률」 제5조 제5항 제3호).

25 X 부착기간 '하한'을 법이 정한 부착기간 '하한'의 2배로 한다(「전자장치 부착 등에 관한 법률」 제9조 제1항 단서).

26 X '야간, 아동·청소년의 통학시간 등 특정 시간대의 외출 제한'을 준수사항으로 부과하여야 함이 원칙이다(「전자장치 부착 등에 관한 법률」 제9조의2 제3항 제1호).

27 X 미리 '보호관찰관의 허가'를 받아야 한다(「전자장치 부착 등에 관한 법률」 제14조 제3항).

28 「전자장치 부착 등에 관한 법률」상 형기종료 후 보호관찰명령의 대상자로는 ㉠ 성폭력범죄를 저지른 사람으로서 성폭력범죄를 다시 범할 위험성이 있다고 인정되는 사람, ㉡ 미성년자 대상 유괴범죄를 저지른 사람으로서 미성년자 대상 유괴범죄를 다시 범할 위험성이 있다고 인정되는 사람, ㉢ 살인범죄를 저지른 사람으로서 살인범죄를 다시 범할 위험성이 있다고 인정되는 사람, ㉣ 스토킹범죄를 저지른 사람으로서 스토킹범죄를 다시 범할 위험성이 있다고 인정되는 사람이 규정되어 있다. 22. 보호7 　　　　　　　　　　　　　　　　(　)

29 전자감독제도는 프라이버시 침해 우려가 없다. 23. 교정9 　　　　　　　　(　)

30 전자감독제도는 교정시설 수용인구의 과밀을 줄일 수 있다. 23. 교정9 　　　(　)

31 전자감독제도는 사법통제망이 지나치게 확대될 우려가 있다. 23. 교정9 　　(　)

32 전자감독제도는 대상자의 위치는 확인할 수 있으나 구체적인 행동은 통제할 수 없다. 23. 교정9 　　　　　　　　　　　　　　　　　　　　(　)

33 성충동 약물치료명령의 대상은 사람에 대하여 성폭력범죄를 저지른 성도착증 환자로서, 성폭력범죄를 다시 범할 위험성이 있다고 인정되는 19세 이상의 사람이다. 22. 보호7 　　　　　　　　　　　　　　　　(　)

34 법원은 성충동 약물치료명령 청구가 이유 있다고 인정하는 때에는 15년의 범위에서 치료기간을 정하여 판결로 치료명령을 선고하여야 한다. 22. 보호7 　　　　　　　　　　　(　)

정답
28 ○ 「전자장치 부착 등에 관한 법률」 제21조의2 참조
29 ✕ 전자감시(감독)제도에 대해서는 인간의 존엄성이 침해되며, '사생활 침해의 측면이 있다'는 비판이 제기된다.
30 ○ 전자감시(감독)제도는 교정시설의 경비절감 및 과밀수용의 해소에 기여한다는 장점이 있다.
31 ○ 전자감시(감독)제도는 사법통제망이 확대될 우려가 있다는 단점이 있다.
32 ○ 전자감시(감독)제도는 대상자의 소재만 파악할 뿐, 어떤 행동을 하는지는 파악할 수 없다는 단점이 있다.
33 ○ 「성폭력범죄자의 성충동 약물치료에 관한 법률」 제4조 제1항
34 ○ 「성폭력범죄자의 성충동 약물치료에 관한 법률」 제8조 제1항

35 징역형과 함께 성충동 약물치료명령을 받은 사람이 치료감호의 집행 중인 경우, 치료명령 대상자 및 그 법정대리인은 치료명령이 집행될 필요가 없을 정도로 개선되어 성폭력범죄를 다시 범할 위험성이 없음을 이유로, 주거지 또는 현재지를 관할하는 지방법원에 치료명령의 집행 면제를 신청할 수 있다. 22. 보호7 ( )

36 「성폭력범죄자의 성충동 약물치료에 관한 법률」상 치료명령은 범죄예방정책국장의 지휘를 받아 보호관찰관이 집행한다. 24. 보호9 ( )

37 「성폭력범죄자의 성충동 약물치료에 관한 법률」상 치료명령을 받은 사람이 형의 집행이 종료되거나 면제·가석방 또는 치료감호의 집행이 종료·가종료 또는 치료위탁으로 석방되는 경우, 보호관찰관은 석방되기 전 2개월 이내에 치료명령을 받은 사람에게 치료명령을 집행하여야 한다. 24. 보호9 ( )

38 「성폭력범죄자의 성충동 약물치료에 관한 법률」상 치료명령의 집행 중 구속영장의 집행을 받아 구금된 때에는 치료명령의 집행이 정지되며, 이 경우 구금이 해제되거나 금고 이상의 형의 집행을 받지 아니하는 것으로 확정된 때부터 그 잔여기간을 집행한다. 24. 보호9 ( )

39 「성폭력범죄자의 성충동 약물치료에 관한 법률」상 치료명령을 받은 사람은 주거 이전 또는 7일 이상 국내여행을 하거나 출국할 때에는 미리 보호관찰관의 허가를 받아야 한다. 24. 보호9 ( )

40 「성폭력범죄자의 성충동 약물치료에 관한 법률」상 교도소·구치소의 장은 가석방 요건을 갖춘 성폭력 수형자에 대하여 약물치료의 내용, 방법, 절차, 효과, 부작용, 비용부담 등에 관하여 충분히 설명하고 동의 여부를 확인하여야 한다. 22. 교정7 ( )

정답

35 ✕ 「성폭력범죄자의 성충동 약물치료에 관한 법률」 제8조의2 제1항 단서

36 ✕ '검사의 지휘'를 받아 보호관찰관이 집행한다(「성폭력범죄자의 성충동 약물치료에 관한 법률」 제13조 제1항).

37 ◯ 「성폭력범죄자의 성충동 약물치료에 관한 법률」 제14조 제3항

38 ◯ 「성폭력범죄자의 성충동 약물치료에 관한 법률」 제14조 제4항 제1호, 동조 제5항 제1호

39 ◯ 「성폭력범죄자의 성충동 약물치료에 관한 법률」 제15조 제3항

40 ◯ 「성폭력범죄자의 성충동 약물치료에 관한 법률」 제22조 제2항 제1호

41 「성폭력범죄자의 성충동 약물치료에 관한 법률」상 가석방 요건을 갖춘 성폭력 수형자가 약물치료에 동의한 경우 수용시설의 장은 지체 없이 수용시설의 소재지를 관할하는 지방검찰청의 검사에게 인적사항과 교정성적 등 필요한 사항을 통보하여야 한다. 22. 교정7　　　　　　　　　　　　　　　　　　　　　　　　　　　　　　（　　）

42 「성폭력범죄자의 성충동 약물치료에 관한 법률」상 검사는 성폭력 수형자의 주거지 또는 소속 검찰청 소재지를 관할하는 교도소·구치소의 장에게 범죄의 동기 등 성폭력 수형자에 관하여 필요한 사항의 조사를 요청할 수 있다. 22. 교정7　　　　　　　　　　　　　　　　　　　　　　　　　　　　　（　　）

43 「성폭력범죄자의 성충동 약물치료에 관한 법률」상 수용시설의 장은 법원의 치료명령 결정이 확정된 성폭력 수형자에 대하여 가석방심사위원회에 가석방 적격심사를 신청하여야 한다. 22. 교정7　　　　　　　　　　　（　　）

44 신상정보 등록의 원인이 된 성범죄로 형의 선고를 유예받은 사람이 선고유예를 받은 날부터 2년이 경과하여 면소된 것으로 간주되면 신상정보 등록을 면제한다. 24. 보호9　　　　　　　　　　　　　　　　　　　　　　（　　）

45 성범죄자의 신상정보 등록·공개·고지에 관한 제도는 성범죄자의 교화·개선에 중점을 두기보다는 성범죄자의 정보를 제공하여 지역사회의 안전을 강화하고자 하는 것이다. 24. 보호9　　　　　　　　　　　　　　　（　　）

46 신상정보의 등록은 여성가족부장관이 집행하고, 신상정보의 공개·고지는 법무부장관이 집행한다. 24. 보호9　　　　　　　　　　　　　　　　　　　　　　　　　　　　　　　　　（　　）

Ⅲ

범죄대책론 해커스공무원 노신 형사정책 기본서

정답

41 ○ 「성폭력범죄자의 성충동 약물치료에 관한 법률」 제22조 제2항 제2호

42 ✕ 성폭력 수형자의 주소를 관할하는 '보호관찰소의 장'에게 조사를 요청할 수 있다(「성폭력범죄자의 성충동 약물치료에 관한 법률」 제22조 제2항 제3호).

43 ○ 「성폭력범죄자의 성충동 약물치료에 관한 법률」 제23조 제1항

44 ○ 「성폭력범죄의 처벌 등에 관한 특례법」 제45조의2 제1항

45 ○ 구 청소년의 성보호에 관한 법률에서 청소년 대상 성범죄자의 신상정보 등록 등의 대상을 확대하면서, 그 이유로 청소년 대상 성범죄는 재범율이 높아 성범죄자의 관리가 필요하고, 성범죄자의 정보를 제공하여 지역사회의 안전을 강화할 필요가 있음을 개정이유로 제시한 바 있다.

46 ✕ 신상정보의 등록은 '법무부장관'이 집행하고(「성폭력범죄의 처벌 등에 관한 특례법」 제44조 참조), 신상정보의 공개·고지는 '여성가족부장관'이 집행한다(동법 제47조·제49조 참조).

단원별 출제비중 *최근 4개년 교정직 · 보호직 기출 분석

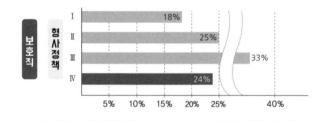

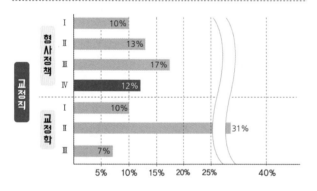

소년형사정책론에서는 소년범죄를 성인범죄와 달리 특별하게 취급하는 이유 및 목적을 알아야 하며, 소년사건의 처리절차가 보호사건절차와 형사사건절차 두 가지로 나뉜다는 점을 파악하여야 합니다. 보호사건절차는 관련절차에 대한 규정, 보호처분의 종류와 기간 등 위주로, 형사사건절차는 성인에 대한 형사사건절차와 소년에 대한 형사사건절차와의 차이점 위주로 학습하는 것이 좋습니다. 소년보호 관련법령에서는 「보호소년 등의 처우에 관한 법률」을 중심으로 소년원에서 행해지는 처우 내용 등을 학습하시기 바랍니다.

구분	2021 교정9	2021 교정7	2021 보호7	2022 교정9	2022 교정7	2022 보호7	2023 교정9	2023 교정7	2023 보호7	2024 교정9	2024 보호9
소년범죄의 일반이론				1							1
소년법에 의한 소년범죄대책	3		4	1	1	4	1	2	5	1	3
소년보호 관련 법령		2	2	1		2	1		1		1

IV

소년형사정책론

01 소년범죄의 일반이론

1 소년범죄

1. 개념

소년범죄는 성인범죄에 상대되는 개념으로서, 범죄인의 연령에 따라 범죄를 분류한 것이다. 「소년법」상의 소년은 14세 이상 19세 미만의 일반 형사사건을 저지른 범죄소년과 10세 이상의 촉법소년 및 우범소년을 포괄하는 개념이다.

2. 의의

(1) 대부분의 소년범죄가 후에 성인범죄로 발전할 수 있고, 청소년은 국가의 장래를 책임져야 할 사회적 지위를 가지고 있다는 점을 감안하면, 청소년이 건강하게 성장할 수 있도록 배려를 아끼지 않아야 하고 아울러 소년범죄에 대한 효과적 예방대책을 강구해야 한다.

(2) 소년범죄가 발생하였을 경우에는 그들의 범죄가 주로 사회적 미성숙에서 비롯된다는 점을 고려하여 처리하여야 한다. 이에 대한 처벌은 교육형의 의미를 갖도록 해야 하고, 소년을 둘러싼 사회적 환경을 개선하여 범죄의 기회를 최소화하도록 해야 한다.

3. 경향

(1) 폭력화되어간다.

(2) 재범률이 증가한다.

(3) 저연령화되어간다.

(4) 정상가정 및 중류 이상 가정 출신소년의 비행이 증가한다.

(5) 고학력화되어간다.

(6) 약물범죄와 교통범죄가 증가한다.

(7) 집단화되어간다.

(8) 여성범죄가 점진적으로 증가한다.

(9) 이유 없는 비행이 증가한다.

2 소년범죄의 원인과 대책

1. 원인

오늘날 소년범죄의 가장 큰 원인은 현대사회의 특징이 반영된 것으로 볼 수 있다. 도시화의 급격한 진행, 가정 기능의 저하, 학교 기능의 저하, 가치관의 변화와 다양화, 매스컴의 영향 등이 소년범죄의 근본적 원인이라고 할 수 있다.

2. 대책

위에서 본 소년범죄의 원인을 제거하는 것이 근본적인 해결책이 된다. 그 밖에 단기적이고 직접적인 대책으로는 다음과 같은 것을 들 수 있다.

(1) 사회차원의 예방활동 강화

소년의 계도활동은 교육적인 차원에서 실시되어야 하며, 가정과 사회·학교 그리고 대중매체 등 모두가 소년에 대한 사회교육을 담당한다는 인식을 공유하여야 한다.

(2) 소년계도의 강화

경찰이나 청소년 선도조직은 소년에 대한 일시적이고 개별적인 단속이나 계도보다는 청소년 선도 차원에서 계몽활동을 해야 한다.

(3) 유해환경의 규제

학교 주변의 유해업소에 대한 영업허가를 취소하고, 비교육적 영업시설이 들어서지 않도록 해야 한다. 청소년들이 유해매체에 접촉하는 것을 차단할 법적·제도적 장치 마련과 함께 영상매체를 건전하게 활용할 수 있도록 지도하는 것도 필요하다.

3 소년교정 모형 - 바톨라스와 밀러(C. Bartollas & W. Miller) 19. 교정9☆

의료 모형	① 국친사상과 실증주의를 결합하여, 비행소년은 자신이 통제할 수 없는 요인(소질·환경)에 의해 범죄로 나아가게 된다. ② 비행소년은 처벌이 아니라 치료의 대상이며, 국가는 비행소년을 대리 부모로서 보호할 의무가 있다.
적응 모형 17. 교정9	① 의료 모형의 전제인 국친사상과 실증주의에 재통합사상을 결합하여, 범죄자는 스스로 책임 있는 선택과 합법적 결정을 할 수 있다. ② 현실요법, 환경요법, 집단지도 상호작용, 교류분석, 긍정적 동료문화 등의 처우기법을 활용해야 한다.
범죄통제 모형	① 기존의 비행소년처우 모형의 실패를 비판하면서, 엄격한 훈육과 처벌만이 소년범죄를 억제하는 대안이라고 본다. ② 범죄자에 대한 처우가 아니라 범죄에 상응한 처벌을 중시하고, 비행소년에 대한 지역사회교정에 대해서는 부정적이다.
최소제한 모형	① 낙인이론에 근거하여 낙인의 부정적 영향, 소년교정의 비인도성 등을 이유로 형사사법기관의 개입을 최소화하자는 입장이다. ② 비행소년에 대한 절차적 권리의 보장 및 시설 내 처우의 제한을 주장한다.

🏛 핵심 OX

01 바톨라스(Bartollas)와 밀러(Miller)의 소년교정 모델 중 의료 모형(Medical Model)에 의하면 비행소년은 자신이 통제할 수 없는 요인에 의해서 범죄자로 결정되었으며, 이들은 사회적으로 약탈된 사회적 병질자이기 때문에 처벌의 대상이 아니라 치료의 대상이다. (O, ✕)

02 바톨라스(Bartollas)와 밀러(Miller)의 소년교정 모델 중 범죄통제 모형(Crime Control Model)에 의하면 청소년도 자신의 행동에 대해서 책임을 져야 하므로, 청소년 범죄자에 대한 처벌을 강화하는 것만이 청소년범죄를 줄일 수 있다. (O, ✕)

03 바톨라스(Bartollas)와 밀러(Miller)의 소년교정 모델 중 최소제한 모형(Least Restrictive Model)에 의하면 비행소년에 대해서 소년사법이 개입하게 되면, 이들 청소년들이 지속적으로 법을 위반할 가능성이 증대될 것이다. (O, ✕)

01 ○
02 ✕
03 ✕

소년범죄자에 대한 처우 유형 16. 교정7

구금시설에서 '복종 및 동조' 강조 유형	• 대규모의 보안직원, 소수의 처우요원 • 규율의 엄격한 집행, 수용자는 강제된 동조성을 강요받는 군대식 형태로 조직화된다. • 습관, 동조성 훈련, 권위에 대한 복종을 강조한다. • 조절(Conditioning)이 주된 기술이다. • 청소년은 외부 통제에 즉각적으로 동조하도록 요구받는다. • 강력한 직원통제와 다양한 부정적 제재에 의해 추구된다. • 구금을 강조하는 대부분의 소년교정시설을 대표한다.
'재교육 및 발전' 강조 유형	• 엄격한 규율과 제재가 적용되나, 복종보다는 교육을 강조하여 처우시설 내에서 규율의 엄격한 집행이 쉽지 않다. • 직원들은 대부분이 교사로서 기술습득과 가족과 같은 분위기 창출에 관심이 있다. • 훈련을 통한 청소년의 변화를 강조한다. • '복종 및 동조' 유형에 비해 청소년과 직원의 밀접한 관계를 강조한다. • 청소년의 태도와 행동의 변화, 기술의 습득, 개인적 자원의 개발에 중점을 둔다.
'처우' 중시 유형	• 가능한 많은 처우요원을 고용하며, 가장 복잡한 조직구조이다. • 청소년에 대한 처우계획의 진전을 위하여 처우요원과 보안요원의 협조 및 청소년 각자의 이해를 강조한다. • 처우 모형은 청소년의 인성변화를 강조하고, 청소년의 심리적 재편에 초점을 둔다. • 처벌은 자주 이용되지 않으며 엄하지 않게 집행한다. • 다양한 활동과 성취감을 강조하고, 자기 존중심의 개발과 자기 성찰을 강조한다. • 개인적 통제와 사회적 통제를 동시에 강조하고, 청소년의 개인적 문제해결에 도움을 주며 지역사회생활의 준비도 강조한다.

01 모피트(T. E. Moffit)는 사회적 자본(social capital) 개념을 도입하여 청소년기에 비행을 저지른 아이들도 사회유대 혹은 사회자본의 형성을 통해 취업과 결혼으로 가정을 이루는 인생의 전환점을 만들면 성인이 되어 정상인으로 돌아가게 된다고 주장하였다. 17. 교정9 　　　　　　　　　　　　　　　　　　　　　　　　　　　　　　　　(　)

02 패터슨(G. R. Patterson) 등에 따르면 초기 비행을 경험한 소년들이 후반에 비행을 시작한 소년에 비하여 어릴 때부터 반사회적 환경과 밀접한 관계를 맺음으로써 또래집단 속에서 정상적 사회화를 경험할 기회가 상대적으로 적기 때문에 만성적 범죄자가 될 확률이 높다고 하였다. 17. 교정9 　　　　　　　　　　　　　　　　　　　　　　　　　(　)

03 바톨라스(C. Bartollas)의 소년교정모형 중 범죄소년은 치료의 대상이지만 합리적이고 책임 있는 결정을 할 수 있다고 하면서, 현실요법·집단지도상호작용·교류분석 등의 처우를 통한 범죄소년의 사회재통합을 강조하는 입장은 범죄통제모형이다. 19. 교정9 　　　　　　　　　　　　　　　　　　　　　　　　　　　　　(　)

04 바톨라스(C. Bartollas)의 적응(개선)모델에 따르면 비행소년 스스로 책임 있는 선택과 합법적 결정을 할 수 있다고 하며, 이 모형에 따른 처우로서는 현실요법, 환경요법, 집단지도상호작용, 교류분석 등의 방법이 이용되고 있다. 17. 교정9 　　　　　　　　　　　　　　　　　　　　　　　　　　　　　　　　(　)

01 ✕ 샘슨(Sampson)과 라웁(Laub)이 주장한 내용이다. 이에 의하면 어려서 문제 성향을 보였던 아이들도 성인기의 사회 유대의 약화 혹은 강화에 따라 비행청소년으로 발전하기도 하고 비행을 중단하여 정상인으로 되돌아가기도 한다고 본다. 모피트(Moffit)는 어린 시절 가정에서의 부적절한 훈육과 신경심리계 손상의 이유로 충동적이고 언어·학습능력이 부족한 아이들이 어려서부터 문제행동을 하고, 이러한 아이들이 성인에 이르기까지 지속적으로 비행이나 범죄를 저지르게 될 가능성이 높다고 주장하였다.

02 ○ 패터슨과 그의 동료들은 비행시작연령에 따라 초기 진입자(early starter)와 후기 진입자(late starters)로 구분하여 연구하였다. 여기서 어려서 문제행동을 보이는 초기 진입자란 아동기에서부터 빈약한 부모양육행동을 경험하였고, 그 결과로 심각한 사회적 기술의 결핍을 경험하는 청소년들을 의미한다. 이들은 성장과정에서 타인과의 상호작용을 공격적으로 하기 때문에, 관습적인 또래집단들로부터 거부당하기 쉽다. 즉 친구집단, 학교 등 주요한 준거집단으로부터 거부당한 초기 비행진입자들은 그들만의 친구관계를 형성하게 된다. 반면 후기 비행진입자는 청소년 중·후기에 접어들면서 비행행동을 시험해보는 청소년들을 의미한다. 청소년들은 사춘기에 흔히 동반되는 부모와 자녀 간의 관계에서 혼돈이나 부모의 이혼, 실직 등으로 인해 부모양육행동의 질이 하락하는 것을 경험한다. 부모양육행동의 기능약화는 결국 비행친구와의 교류를 증가시키고, 이는 비행행동의 시도로 이어진다. 초기 비행진입자들은 청소년기와 성인기를 거쳐 만성적인 비행·범죄행동을 경험할 가능성이 높은 반면, 후기 비행진입자들은 청소년기에 비행행동을 시험해 보지만 단기간에 중단하는 경향이 크다고 보았다.

03 ✕ 적응모형은 국친사상과 실증주의에 재통합사상을 결합하여, 범죄자는 스스로 책임 있는 선택과 합법적 결정을 할 수 있다고 보고, 현실요법·환경요법·집단지도상호작용·교류분석 등의 처우기법을 활용할 것을 주장한다.

04 ○ 바톨라스와 밀러가 제시하는 소년교정의 모형 중 적응모형에서는 의료모형의 전제인 국친사상과 실증주의에 재통합사상을 결합하여, 범죄자는 스스로 책임 있는 선택과 합법적 결정을 할 수 있다고 보며, 현실요법·환경요법·집단지도 상호작용·교류분석·긍정적 동료문화 등의 처우기법을 활용해야 한다고 주장한다.

05 바톨라스(C. Bartollas)의 소년교정모형 중 비행소년에 대해서 소년사법이 개입하게 되면 낙인의 부정적 영향 등으로 인해 지속적으로 법을 어길 가능성이 증대되므로, 청소년을 범죄소년으로 만들지 않는 길은 시설에 수용하지 않는 것이고 보는 입장은 최소제한모형이다. 19. 교정9 ( )

06 바톨라스(C. Bartollas)의 소년교정모형 중 지금까지 소년범죄자에 대하여 시도해 온 다양한 처우모형들이 거의 실패했기 때문에 유일한 대안은 강력한 조치로서 소년범죄자에 대한 훈육과 처벌뿐이라고 보는 입장은 적응(조정)모형이다. 19. 교정9 ( )

07 글릭부부(S. Glueck & E. Glueck)는 비행소년들이 일반소년들보다 도전적이고 반항적이 지만 외향적이고 양면가치적인 성격은 갖지 않는다고 주장한다. 18. 승진 ( )

08 소년사법에 있어서 4D 중 비시설수용(deinstitutionalization)은 구금으로 인한 폐해를 막고자 성인교도소가 아닌 소년 전담시설에 별도로 수용하는 것을 의미한다. 22. 교정9 ( )

09 소년사법에 있어서 4D 중 적법절차(due process)는 소년사법절차에서 절차적 권리를 철저하고 공정하게 보장하여야 한다는 것을 의미한다. 22. 교정9 ( )

---

05 ○ 최소제한모형은 낙인이론에 근거하여, 낙인의 부정적 영향, 소년교정의 비인도성 등을 이유로 형사사법기관의 개입을 최소화하자는 입장으로서, 비행소년에 대한 절차적 권리의 보장 및 시설 내 처우의 제한을 주장한다.

06 ✕ 범죄통제모형은 기존의 비행소년 처우모형의 실패를 비판하면서, 엄격한 훈육과 처벌만이 소년범죄를 억제하는 대안이라고 보아, 범죄자에 대한 처우가 아닌 범죄에 상응한 처벌을 중시하고, 비행소년에 대한 지역사회교정에 대해 부정적 입장이다.

07 ✕ 글룩부부는 비행소년들이 외향적이고 충동적이며, 자제력이 약하고 도전적이며 파괴적이며, 다른 사람들의 기대에 관심이 없고 국가기관의 권위에 대해서도 양면적인 태도를 가지고 있다고 주장한다.

08 ✕ 비시설수용(deinstitutionalization)은 대상자를 시설에 수용하는 것에서 탈피하여 지역사회에 거주하게 하면서 필요한 서비스를 제공하는 것을 말한다. 성인교도소가 아닌 소년 전담시설(소년교도소, 소년원 등)에 별도로 수용하는 것은 비시설수용이 아니라 시설수용에 해당한다.

09 ○ 적법절차(due process)는 소년사건에서 국가의 복지적·후견적 기능의 강조에 따른 광범위한 재량권 행사의 결과로 소년의 인권 및 방어권이 경시되는 것을 막고자 하는 것이다.

02 소년법에 의한 소년범죄대책

1 소년법의 이념과 원칙

1 소년법의 성격과 범위

1. 성격

(1) 일반적으로 소년법은 공법이자 사법법, 특별형법, 실체법이자 절차법, 조직법·관할법·집행법으로 그 성격이 파악된다.

(2) 소년법은 일정한 연령층의 소년을 대상으로 한다는 점, 성인형법과 구별되는 절차와 처분을 통해 범죄소년의 교육을 지향한다는 점에서 행위자형법이자 교육형법으로 파악될 수 있다.

2. 범위

(1) 좁은 의미의 소년법은 1958년 7월 24일 공포·시행된 「소년법」을 의미한다.

(2) 「소년법」은 총칙·보호사건·형사사건·벌칙으로 구성되어 있다. 보호사건의 장에는 소년의 보호처분에 관한 조사·심리절차에 관한 내용이 규정되어 있으며, 형사사건의 장에는 일반형법의 규정을 완화하는 형사사건의 수사·심리·처분상의 특칙이 규정되어 있다.

(3) 「소년법」은 소년비행의 내용을 반사회성에서 찾고, 이를 제거하기 위하여 그 원인을 사회적 요인인 환경과 개인적 요인인 품행에 둠으로써, 사회적·개인적 원인을 모두 인정하고 있다.

> **소년법**
>
> **제1조 【목적】** 이 법은 반사회성이 있는 소년의 환경 조정과 품행 교정을 위한 보호처분 등의 필요한 조치를 하고, 형사처분에 관한 특별조치를 함으로써 소년이 건전하게 성장하도록 돕는 것을 목적으로 한다.
>
> **제2조 【소년 및 보호자】** 이 법에서 '소년'이란 19세 미만인 자를 말하며, '보호자'란 법률상 감호교육을 할 의무가 있는 자 또는 현재 감호하는 자를 말한다. 23. 보호7

넓은 의미의 소년법

이는 소년의 건전한 보호·육성·감호·복지증진 등을 위한 법률을 총칭하는 것으로, 「소년법」 이외에도 「소년심판규칙」, 「아동복지법」, 「청소년 보호법」, 「청소년 기본법」, 「교육기본법」, 「보호소년 등의 처우에 관한 법률」, 「보호관찰 등에 관한 법률」, 「아동·청소년의 성보호에 관한 법률」, 「소년업무처리규칙」 등과 「형법」, 「형사소송법」, 「법원조직법」, 「검사의 사법경찰관리에 대한 수사지휘 및 사법경찰관리의 수사준칙에 관한 규정」 등의 소년 관련규정이 있다.

소년범 감경에 관한 「소년법」 제60조 제2항 등의 적용 대상인 '소년'인지 여부를 판단하는 시기(= 사실심판결 선고 시) - 「소년법」이 적용되는 '소년'이란 심판 시에 19세 미만인 사람을 말하므로, 「소년법」의 적용을 받으려면 심판 시에 19세 미만이어야 한다. 따라서 「소년법」 제60조 제2항의 적용대상인 '소년'인지의 여부도 심판 시, 즉 사실심판결 선고 시를 기준으로 판단되어야 한다. 이러한 법리는 '소년'의 범위를 20세 미만에서 19세 미만으로 축소한 「소년법」 개정법률이 시행되기 전에 범행을 저지르고, 20세가 되기 전에 원심판결이 선고되었다고 해서 달라지지 아니한다. [대판 2009.5.28, 2009도2682] 16. 사시☆

★ 핵심POINT | 현행법상 아동·소년·청소년의 연령기준 23. 보호7☆

구분	기준
「청소년 기본법」상의 청소년	9세 이상 24세 이하인 사람
「청소년 보호법」상의 청소년	만 19세 미만인 사람 (만 19세가 되는 해의 1월 1일을 맞이한 사람은 제외)
「가정폭력방지 및 피해자보호 등에 관한 법률」상의 아동	18세 미만인 자
「아동·청소년의 성보호에 관한 법률」상의 아동·청소년	19세 미만인 사람
「소년법」상의 소년	19세 미만인 자
「아동복지법」상의 아동	18세 미만인 사람

2 소년법의 이념

1. 이념의 경향

(1) 소년법의 이념은 크게 형평법의 국친사상에 기초한 영미형과 교육형 사상에 기초한 형사정책적 유형인 대륙형으로 나눌 수 있다.

(2) 소년사법의 역사가 소년을 객체로 보아 행정적 후견을 강조하는 '복지 모델'과 사법절차에서 소년을 성인과 동일한 주체로 인정하여 적법절차원칙을 강조하는 '사법 모델(정의 모델)' 간의 경연장이 된 것도 이에 기인한다.

2. 국친사상

(1) 의미

① 비행소년을 건전하게 육성하기 위해 국가가 처벌보다는 처우를 통해 비행원인이 되는 환경과 성행을 개선하고 필요한 교육과 복지를 제공해야 한다. 그 바탕에는 국가가 비행소년의 부모로서의 역할을 대신하여 수행해야 한다는 국친사상이 자리잡고 있다.

📖 핵심 OX

01 「소년법」의 적용 대상인 '소년'인지의 여부는 사실심판결 선고 시가 아니라 범죄행위 시를 기준으로 판단한다. (○, ×)

02 「청소년 보호법」상 '청소년'이란 만 19세 미만인 사람을 말한다. 다만, 만 19세가 되는 해의 1월 1일을 맞이한 사람은 제외한다. (○, ×)

01 ×
02 ○

② 미국의 소년법원운동은 형평법 이론에 기초한 국친사상에 근거하여 그 대상소년을 형사정책의 대상이라기보다는 국가사회의 애호와 후견의 대상으로 본다. 따라서 그 대상을 비행소년에 한하지 않고 널리 보호를 요청하는 일체의 아동과 부모도 포함하고 있다.

(2) 문제점

① 국친사상은 후견이라는 명목하에 소년의 기본권에 대한 침해로 작용할 수 있으며, 보호의 명목하에 국가적 제재를 통한 사회방위를 추구할 위험성을 안고 있다.

② 국친사상의 문제점을 해결하기 위해 적법절차의 원칙을 강조하는 대안이 제시된다. 사회 내 처우의 다양화, 지위비행의 비범죄화, 다이버전의 활성화 등도 역시 같은 맥락이다.

3. 교육형주의

(1) 의미

① 소년비행·범죄는 성인범과는 다르기 때문에 교육 목적을 지닌 개별적 처우로 사회복귀를 도모해야 한다고 보아, 유럽의 소년법은 형사정책적 입장을 취하는 교육형 이론에 입각하여 발전하였다.

② 보호사건에 대한 특별한 심판절차, 보호처분의 우선, 형벌 대신 보호처분을 부과하는 비형벌화, 소년에 대한 형벌의 완화 등이 대표적 방안이다.

(2) 문제점

교육형주의는 소년형벌의 형벌확장 정책에 반대하여 성공적으로 투입되어 왔다는 평가를 받은 반면, 강제적 처분을 통한 교육도 형벌이며 사전에 예측된 현저한 교육의 필요성 때문에 교육에 의한 형벌확장에 문호를 개방하게 된다는 비판을 받는다.

3 소년법 제정의 연혁

(1) 1899년 일리노이주에서 세계 최초로 소년재판법이 제정되었고, 시카고 소년법원이 개설되었다. 이에 대해 파운드(R. Pound)는 '소년법원운동은 마그나카르타 이래 재판 사상 최대의 진보'라고 평가하였다.

(2) 1903년 덴버소년법원의 린제이(B. Lindsey) 판사에 의해 단순히 비행소년뿐만 아니라 방임되거나 유기된 소년과 소년문제에 책임이 있는 성인에 대해서도 소년법원이 관할권을 갖는 '가정식 방식(덴버 방식)'이 채택되었다.

(3) 1980년대 이후 소년사법의 중요 관심사는 <u>소년사법절차의 광범위한 재량권</u> <u>문제</u>에 집중되어 있다. 특히 소년보호사건에서 <u>국가의 복지적·후견적 기능에</u> <u>가려서 소년사범의 인권과 방어권이 자칫 소홀히 되는 것을 경계</u>하며, 미국 연방대법원은 '골트판결'에서 <u>적법절차의 원칙을 소년보호절차에서도 지켜야</u> 한다고 판시하였다. 22. 교정9

지위비행

음주·흡연·가출·무단결석 등 일반 성인에게는 허용되는 행위이나 청소년의 경우에는 사회적 지위나 신분에 걸맞지 않은 행동인 것을 의미한다.

골트판결

1964년 미국 애리조나주에서 골트(Francis Gerald Gault)라는 15세의 소년이 이웃집에 수차례에 걸쳐 음란전화를 하였다는 혐의로 구금되었다. 그는 이전에 보호관찰을 받은 적이 있었다. 경찰은 그를 체포할 당시 그의 부모에게 체포·구금사실을 알리지 않았다. 다음 날 골트는 소년법원 판사에게 송치되었는데 비행사실에 대한 증거가 제출되지 않았고, 증인의 증언도 없으며, 심리를 거쳤다는 기록도 없었다. 성인에게는 50달러 이하의 벌금형 또는 60일 미만의 구금형으로 처벌될 수 있는 범죄이었으나, 소년인 골트에게는 6년간 소년원 송치가 결정되었다. 애리조나주의 법은 소년사건에서 항소를 인정하지 않았으므로 주 대법원도 골트의 항소를 받아들이지 않았다. 연방대법원은 소년사건에 대한 애리조나주법이 적법절차에 위반되는지의 여부를 심사하게 되었다. 연방대법원은 소년법원의 판결이 적법절차가 적용되지 않은 심판절차이었음을 인정하고, 적법절차가 적용되지 않는다면 그 결정은 임의적이고 불공정할 수 있다고 판단하여, 소년심판절차에 부분적으로 적법절차의 적용을 확장하도록 결정하였다.

소년보호원칙의 분류

실체법적 성격	절차법적 성격
인격주의, 보호주의, 교육주의, 예방주의	개별주의, 심문주의, 과학주의, 협력주의, 밀행주의

4 소년보호의 원칙

1. 의의

(1) 소년범죄자는 범죄 주체의 특수성, 즉 성장발육기 또는 인격형성단계에 있다는 점을 고려하여 입법·사법·행형의 모든 면에서 성인과 구별되는 특별한 보호와 처우를 받는다.

(2) 「소년법」은 소년의 건전한 육성을 위한 사회환경을 조성하는 동시에, 소년비행의 원인을 제거함으로써 소년과 사회를 범죄로부터 보호해야 할 필요성에서 소년보호의 이념을 기초로 하고 있다. 소년보호의 이념은 범죄가 발생하기 전에 범죄를 예방하고, 범죄인의 사회적응을 용이하게 하는 교육에 중점을 둔다.

2. 내용

(1) **인격주의** 24. 보호9☆

① 소년법은 교육 기능과 사법 기능을 동시에 수행해야 하므로 객관적 비행사실만 중요시해서는 안 되고, 소년의 인격에 내재하는 개인적 범죄특성도 함께 고려하여야 한다.

② 「소년법」 제1조와 소년에 대한 사법의 개별화를 선언하고 있는 제4조 제1항은 인격주의를 표현한 것이다.

(2) **예방주의** 18. 보호7☆

① 소년법의 목적은 범행한 소년의 처벌이 아니라 이미 범행한 소년이 다시 범죄를 범하지 않도록 함에 있고, 장래에 죄를 범할 우려가 있는 우범소년도 그 대상으로 하여 범죄예방에 비중을 두어야 한다.

② 「소년법」 제4조 제1항의 우범소년에 관한 규정은 예방주의를 표현하고 있다. 14. 사시

(3) **보호주의**

보호처분뿐만 아니라, 형사처분의 경우에도 소년의 건전한 육성이 궁극적 목적이 되어야 하며, 응보나 일반예방을 목표로 하여서는 안 된다.

(4) **개별주의** 24. 보호9☆

① 소년사건에서 소년 개개인을 독립된 사건으로 취급하고 그 개별 특성을 중시하며, 소년사건의 조사에서는 대상소년의 개성·환경 등에 대한 정확한 규명이 필요하다.

② 「소년법」 제9조는 이러한 개별주의를 선언한 것이다.

(5) **과학주의** 24. 보호9☆

① 예방주의와 개별주의를 추구하기 위해서는 소년의 범죄환경 및 소년에게 어떤 형벌을 얼마나 부과하는 것이 적합한가에 대한 연구가 필요하다. 따라서 소년의 교육·보호에 적합한 대책을 정신의학·교육학 등의 전문가의 의견을 들어 결정해야 한다.

📖 **핵심 OX**

03 형벌 법령에 저촉되는 행위를 할 우려가 있는 우범소년도 「소년법」의 규율대상으로 하는 것과 직접적으로 관계되는 원칙은 개별주의이다. (O, ×)

03 ×

② 「소년법」 제9조와 제12조는 과학주의를 표방한 것이다.

(6) 교육주의 12. 보호7

반사회성이 있는 소년의 건전한 육성을 위해서 환경조성과 성행교정에 필요한 보호처분·형사처분을 할 때에는 처벌 위주가 아니라 치료·개선을 우선하는 특별한 조치를 취해야 한다.

(7) 협력주의 24. 보호9☆

효율적 소년보호를 위해 국가는 물론이고 소년의 보호자를 비롯한 민간단체 등이 서로 협력해야 한다. 소년보호를 위해서는 <u>보호자 및 관계기관은 물론이고 사회 전반에 걸쳐 상호부조·협력이 이루어져야 한다.</u>

(8) 밀행주의 18. 보호7

① 보호소년을 개선하여 사회생활에 적응시키고 건전하게 육성하기 위해서 문제소년을 가급적 노출시키지 않아야 한다. 이는 인권보장 및 재범방지의 측면에서 매우 중요하다.

② 「소년법」 제68조 제1항과 제24조 제2항은 밀행주의를 규정하고 있다.

(9) 심문주의(직권주의)

소년보호를 위하여는 소년을 심판의 당사자가 아닌 심리의 객체로 보아 당사자주의보다는 직접 심문의 방식을 취하여야 한다. 따라서 소년에 대한 심리는 법원의 직권에 의해 절차가 진행된다.

5 법원선의주의와 검사선의주의

1. 입법례

소년사건의 처리 과정에 관해서는 입법례에 따라 검사선의주의와 법원선의주의로 구분할 수 있다.

검사선의주의	소년사건을 먼저 검사가 송치받아 검토한 후 소년법원에 송치할 것인가의 여부를 결정하는 입장(사법적 형사처분에 기초)	대륙법계
법원선의주의	소년사건을 일단 소년법원이 먼저 수리·심리한 후에 형사처분을 함이 타당하다고 하는 사건만을 검사에게 송치하는 입장(복지적 보호처분에 바탕)	영미법계

2. 우리나라의 경우

(1) 현행 「소년법」은 검사선의주의를 채택하고 있다(「소년법」 제49조 제1항).

(2) 검사선의주의를 그대로 고수하면 행정기관에 의한 사법적 판단이 이루어진 셈이 되므로, 「소년법」은 소년법원의 검찰 송치(「소년법」 제49조 제2항, 송검)와 형사법원의 소년부 송치(「소년법」 제50조)에 관한 규정을 두어 사법적 통제를 하고 있다.

> 소년법
>
> **제49조【검사의 송치】** ① <u>검사는 소년에 대한 피의사건을 수사한 결과 보호처분에</u> <u>해당하는 사유가 있다고 인정한 경우에는 사건을 관할 소년부에 송치하여야 한다</u> (→ 검사선의주의). 18. 승진☆
>
> ② <u>소년부는 제1항에 따라 송치된 사건을 조사 또는 심리한 결과 그 동기와 죄질이</u> <u>금고 이상의 형사처분을 할 필요가 있다고 인정할 때에는 결정으로써 해당 검찰청</u> <u>검사에게 송치할 수 있다.</u> 22. 교정9☆
>
> ③ 제2항에 따라 송치한 사건은 다시 소년부에 송치할 수 없다(→ 역송 금지). 15. 사시☆
>
> **제50조【법원의 송치】** <u>법원은 소년에 대한 피고사건을 심리한 결과 보호처분에 해당</u> <u>할 사유가 있다고 인정하면 결정으로써 사건을 관할 소년부에 송치하여야 한다.</u> 23. 보호7☆
>
> **제51조【이송】** <u>소년부는 제50조에 따라 송치받은 사건을 조사 또는 심리한 결과 사건</u> <u>의 본인이 19세 이상인 것으로 밝혀지면 결정으로써 송치한 법원에 사건을 다시 이</u> <u>송하여야 한다.</u> 23. 보호7☆

⚖ 관련 판례 | 소년범에 대한 보호처분과 법원의 재량권

소년에 대한 피고사건을 심리한 법원이 그 결과에 따라 <u>보호처분에 해당할 사유가 있</u> 는지의 여부를 인정하는 것은 <u>법관의 자유재량에 의하여 판정될</u> 사항이다. [대판 1990.10.12, 90도1760]

2 소년법에 의한 소년사건처리

1 소년사건의 처리절차 개요

(1) 「소년법」상 소년사건은 소년보호사건과 소년형사사건의 이원적 구조를 띠고 있다. 소년보호사건은 가정법원 소년부나 지방법원 소년부에서 처리되고(「소년법」제3조 제2항), 소년형사사건은 일반형사사건과 동일하게 처리된다(「소년법」제48조).

(2) 경찰서장이 촉법소년과 우범소년을 발견한 때에는 검사를 거치지 않고 직접 관할 소년부에 송치하여야 한다(「소년법」제4조 제2항). 소년부는 조사 또는 심리한 결과 금고 이상의 형에 해당하는 범죄사실이 발견된 경우 그 동기와 죄질이 형사처분을 할 필요가 있다고 인정하면 결정으로써 사건을 관할 지방법원에 대응한 검찰청 검사에게 송치하여야 한다(「소년법」제7조 제1항). 경찰이 범죄소년을 검거한 때에는 검사에게 송치하여야 한다.

(3) 검사는 소년에 대한 피의사건을 수사한 결과 보호처분에 해당하는 사유가 있다고 인정한 경우 사건을 관할 소년부에 송치하여야 한다(「소년법」제49조 제1항).

그렇지 않은 경우에는 형사법원에 기소하여 일반 성인범과 마찬가지로 형사사건으로 처리한다.

(4) 소년부는 검사가 보호사건으로 송치한 사건을 조사·심리한 결과 그 동기와 죄질이 금고 이상의 형사처분을 할 필요가 있다고 인정할 때에는 결정으로써 해당 검찰청 검사에게 송치할 수 있고, 이 경우 송치한 사건은 다시 소년부에 송치할 수 없다(「소년법」 제49조 제2항·제3항).

(5) 형사법원은 소년에 대한 피고사건을 심리한 결과 보호처분에 해당할 사유가 있다고 인정하면 결정으로써 사건을 관할 소년부에 송치하여야 한다(「소년법」 제50조). 소년부는 형사법원으로부터 송치받은 사건을 조사·심리한 결과 소년 본인이 19세 이상인 것이 판명되면 결정으로써 송치한 법원에 사건을 다시 이송하여야 한다(「소년법」 제51조). 15. 교정9

2 보호사건

1. 통칙

(1) 관할 및 대상

> **제3조 【관할 및 직능】** ① 소년 보호사건의 관할은 소년의 행위지, 거주지 또는 현재지로 한다. 16. 보호7
>
> ② 소년 보호사건은 가정법원 소년부 또는 지방법원 소년부(이하 '소년부'라 한다)에 속한다. 16. 보호7☆
>
> ③ 소년 보호사건의 심리와 처분 결정은 소년부 단독판사가 한다. 15. 사시☆
>
> **제4조 【보호의 대상과 송치 및 통고】** ① 다음 각 호의 어느 하나에 해당하는 소년은 소년부의 보호사건으로 심리한다. 22. 보호7☆
>
> 1. 죄를 범한 소년(→ 범죄소년)
> 2. 형벌 법령에 저촉되는 행위를 한 10세 이상 14세 미만인 소년(→ 촉법소년)
> 3. 다음 각 목에 해당하는 사유가 있고 그의 성격이나 환경에 비추어 앞으로 형벌 법령에 저촉되는 행위를 할 우려가 있는 10세 이상인 소년(→ 우범소년)
>   가. 집단적으로 몰려다니며 주위 사람들에게 불안감을 조성하는 성벽이 있는 것
>   나. 정당한 이유 없이 가출하는 것
>   다. 술을 마시고 소란을 피우거나 유해환경에 접하는 성벽이 있는 것

(2) 송치, 통고 및 이송

> **제4조 【보호의 대상과 송치 및 통고】** ② 제1항 제2호 및 제3호에 해당하는 소년(→ 촉법소년, 우범소년)이 있을 때에는 경찰서장은 직접 관할 소년부에 송치하여야 한다. 23. 보호7☆
>
> ③ 제1항 각 호의 어느 하나에 해당하는 소년(→ 범죄소년, 촉법소년, 우범소년)을 발견한 보호자 또는 학교·사회복리시설·보호관찰소(보호관찰지소를 포함한다. 이하 같다)의 장은 이를 관할 소년부에 통고할 수 있다. 23. 보호7☆

핵심 OX

05 소년 보호사건의 심리와 처분 결정은 소년부 단독판사가 한다. (○, ×)

05 ○

제5조【송치서】 소년 보호사건을 송치하는 경우에는 송치서에 사건 본인의 주거·성명·생년월일 및 행위의 개요와 가정 상황을 적고, 그 밖의 참고자료를 첨부하여야 한다. 22. 보호7

제6조【이송】 ① 보호사건을 송치받은 소년부는 <u>보호의 적정을 기하기 위하여 필요하다고 인정하면</u> 결정으로써 사건을 <u>다른 관할 소년부에 이송할 수 있다.</u> 23. 보호7☆
② 소년부는 사건이 그 <u>관할에 속하지 아니한다고 인정하면</u> 결정으로써 그 사건을 관할 소년부에 <u>이송하여야 한다.</u> 23. 보호7☆

제7조【형사처분 등을 위한 관할 검찰청으로의 송치】 ① <u>소년부는 조사 또는 심리한 결과 금고 이상의 형에 해당하는 범죄사실이 발견된 경우 그 동기와 죄질이 형사처분을 할 필요가 있다고 인정하면</u> 결정으로써 사건을 관할 지방법원에 대응한 검찰청 검사에게 송치하여야 한다. 18. 승진☆
② 소년부는 조사 또는 심리한 결과 사건의 본인이 <u>19세 이상인 것으로 밝혀진 경우에는</u> 결정으로써 사건을 관할 지방법원에 대응하는 검찰청 검사에게 송치하여야 한다. 다만, 제51조에 따라 법원에 이송하여야 할 경우에는 그러하지 아니하다.

2. 조사와 심리

(1) 조사와 심리

제9조【조사 방침】 조사는 의학·심리학·교육학·사회학이나 그 밖의 전문적인 지식을 활용하여 소년과 보호자 또는 참고인의 품행, 경력, 가정 상황, 그 밖의 환경 등을 밝히도록 노력하여야 한다(→ 개별주의, 과학주의).

제10조【진술거부권의 고지】 소년부 또는 조사관이 범죄사실에 관하여 소년을 조사할 때에는 미리 소년에게 불리한 진술을 거부할 수 있음을 알려야 한다(→ 적법절차의 원칙). 23. 보호7☆

제11조【조사명령】 ① 소년부 판사는 <u>조사관에게</u> 사건 본인, 보호자 또는 참고인의 심문이나 그 밖에 필요한 사항을 <u>조사하도록 명할 수 있다.</u> 23. 교정9☆
② 소년부는 제4조 제3항에 따라 <u>통고된 소년을 심리할 필요가 있다고 인정하면</u> 그 사건을 <u>조사하여야 한다.</u> 10. 사시

제12조【전문가의 진단】 소년부는 조사 또는 심리를 할 때에 정신건강의학과 의사·심리학자·사회사업가·교육자나 그 밖의 전문가의 진단, 소년 분류심사원의 분류심사 결과와 의견, 보호관찰소의 조사 결과와 의견 등을 고려하여야 한다(→ 과학주의). 23. 교정9☆

제13조【소환 및 동행영장】 ① 소년부 판사는 사건의 조사 또는 심리에 필요하다고 인정하면 기일을 지정하여 <u>사건 본인이나 보호자 또는 참고인을 소환할 수 있다.</u> 22. 보호7☆
② <u>사건 본인이나 보호자가 정당한 이유 없이 소환에 응하지 아니하면 소년부 판사는 동행영장을 발부할 수 있다.</u> 23. 보호7☆

제14조【긴급동행영장】 소년부 판사는 <u>사건 본인을 보호하기 위하여 긴급조치가 필요하다고 인정하면 제13조 제1항에 따른 소환 없이 동행영장을 발부할 수 있다.</u> 18. 보호7☆

제16조 【동행영장의 집행】 ① 동행영장은 <u>조사관</u>이 집행한다.

② 소년부 판사는 <u>소년부 법원서기관 · 법원사무관 · 법원주사 · 법원주사보나 보호관찰관</u> 또는 사법경찰관리에게 동행영장을 집행하게 할 수 있다. 23. 교정9

③ 동행영장을 집행하면 지체 없이 보호자나 보조인에게 알려야 한다.

동행영장의 발부

'참고인'에 대해서는 동행영장을 발부할 수 없다.

(2) 보조인의 선임

제17조 【보조인 선임】 ① <u>사건 본인</u>이나 <u>보호자</u>는 소년부 판사의 허가를 받아 보조인을 선임할 수 있다. 22. 보호7☆

② 보호자나 <u>변호사</u>를 보조인으로 선임하는 경우에는 제1항의 <u>허가를 받지 아니하여도 된다</u>. 22. 보호7☆

④ 소년부 판사는 보조인이 심리절차를 고의로 지연시키는 등 심리진행을 방해하거나 소년의 이익에 반하는 행위를 할 우려가 있다고 판단하는 경우에는 보조인 선임의 허가를 취소할 수 있다. 24. 교정9

⑤ 보조인의 선임은 <u>심급마다</u> 하여야 한다. 22. 보호7

제17조의2 【국선보조인】 ① 소년이 소년분류심사원에 위탁된 경우 보조인이 없을 때에는 법원은 변호사 등 적정한 자를 보조인으로 <u>선정하여야 한다</u>. 23. 교정9☆

② 소년이 소년분류심사원에 위탁되지 아니하였을 때에도 다음의 경우 법원은 <u>직권</u>에 의하거나 소년 또는 보호자의 <u>신청</u>에 따라 <u>보조인을 선정할 수 있다</u>. 24. 교정9☆

1. 소년에게 신체적 · 정신적 <u>장애</u>가 의심되는 경우

2. 빈곤이나 그 밖의 사유로 보조인을 선임할 수 없는 경우

3. 그 밖에 소년부 판사가 보조인이 <u>필요</u>하다고 인정하는 경우

보조인 선임

「소년법」에는 범죄의 피해자가 소년인 경우에 보조인 선임에 대한 규정은 없다.

13. 사시

(3) 임시조치

제18조 【임시조치】 ① <u>소년부 판사</u>는 사건을 조사 또는 심리하는 데에 필요하다고 인정하면 소년의 감호에 관하여 결정으로써 다음 각 호의 어느 하나에 해당하는 조치를 할 수 있다. 18. 교정9☆

1. <u>보호자, 소년을 보호할 수 있는 적당한 자 또는 시설에 위탁</u>

2. <u>병원이나 그 밖의 요양소에 위탁</u>

3. <u>소년분류심사원에 위탁</u>

② <u>동행된 소년</u> 또는 제52조 제1항에 따라 인도된 소년(→ 소년부 송치 결정에 따라 인도된 소년)에 대하여는 도착한 때로부터 <u>24시간</u> 이내에 제1항의 조치를 하여야 한다. 10. 보호7

③ 제1항 제1호 및 제2호의 위탁기간은 <u>3개월</u>을, 제1항 제3호의 위탁기간은 <u>1개월</u>을 초과하지 못한다. 다만, 특별히 계속 조치할 필요가 있을 때에는 <u>한 번</u>에 한하여 결정으로써 <u>연장할 수 있다</u>. 23. 보호7☆

⑥ 제1항의 조치는 언제든지 결정으로써 <u>취소하거나 변경할 수 있다</u>. 13. 사시

제61조 【미결구금일수의 산입】 제18조 제1항 제3호(→ 소년분류심사원에 위탁)의 조치가 있었을 때에는 그 <u>위탁기간</u>은 「형법」 제57조 제1항의 판결선고 전 구금일수로 본다. 12. 사시☆

🏛 **핵심 OX**

07 소년이 소년분류심사원에 위탁되었는지 여부를 불문하고 보조인이 없을 때는 법원은 국선보조인을 선정하여야 한다.

(O, X)

07 ✕

IV

소년사법정책론 해커스공무원 노신 형사정책 기본서

(4) 심리 개시 · 불개시 결정 등

제19조 【심리 불개시의 결정】 ① 소년부 판사는 송치서와 조사관의 조사보고에 따라 사건의 심리를 개시할 수 없거나 개시할 필요가 없다고 인정하면 심리를 개시하지 아니한다는 결정을 하여야 한다. 이 결정은 사건 본인과 보호자에게 알려야 한다. 16. 보호7☆

② 사안이 가볍다는 이유로 심리를 개시하지 아니한다는 결정을 할 때에는 소년에게 훈계하거나 보호자에게 소년을 엄격히 관리하거나 교육하도록 고지할 수 있다. 24. 교정9☆

③ 제1항의 결정이 있을 때에는 제18조의 임시조치는 취소된 것으로 본다.

④ 소년부 판사는 소재가 분명하지 아니하다는 이유로 심리를 개시하지 아니한다는 결정을 받은 소년의 소재가 밝혀진 경우에는 그 결정을 취소하여야 한다.

제20조 【심리 개시의 결정】 ① 소년부 판사는 송치서와 조사관의 조사보고에 따라 사건을 심리할 필요가 있다고 인정하면 심리 개시 결정을 하여야 한다.

② 제1항의 결정은 사건 본인과 보호자에게 알려야 한다. 이 경우 심리 개시 사유의 요지와 보조인을 선임할 수 있다는 취지를 아울러 알려야 한다.

제21조 【심리 기일의 지정】 ① 소년부 판사는 심리 기일을 지정하고 본인과 보호자를 소환하여야 한다. 다만, 필요가 없다고 인정한 경우에는 보호자는 소환하지 아니할 수 있다. 24. 교정9☆

② 보조인이 선정된 경우에는 보조인에게 심리 기일을 알려야 한다.

제22조 【기일 변경】 소년부 판사는 직권에 의하거나 사건 본인, 보호자 또는 보조인의 청구에 의하여 심리 기일을 변경할 수 있다. 기일을 변경한 경우에는 이를 사건 본인, 보호자 또는 보조인에게 알려야 한다. 11. 교정7

제54조 【공소시효의 정지】 제20조에 따른 심리 개시 결정이 있었던 때로부터 그 사건에 대한 보호처분의 결정이 확정될 때까지 공소시효는 그 진행이 정지된다. 15. 사시☆

(5) 심리절차

제23조 【심리의 개시】 ① 심리 기일에는 소년부 판사와 서기가 참석하여야 한다.

② 조사관, 보호자 및 보조인은 심리 기일에 출석할 수 있다.

제24조 【심리의 방식】 ① 심리는 친절하고 온화하게 하여야 한다. 11. 교정7

② 심리는 공개하지 아니한다. 다만, 소년부 판사는 적당하다고 인정하는 자에게 참석을 허가할 수 있다(→ 밀행주의). 16. 사시☆

제25조의2 【피해자 등의 진술권】 소년부 판사는 피해자 또는 그 법정대리인 · 변호인 · 배우자 · 직계친족 · 형제자매(이하 이 조에서 '대리인 등'이라 한다)가 의견 진술을 신청할 때에는 피해자나 그 대리인 등에게 심리 기일에 의견을 진술할 기회를 주어야 한다. 다만, 다음 각 호의 어느 하나에 해당하는 경우에는 그러하지 아니하다. 15. 교정9☆

1. 신청인이 이미 심리절차에서 충분히 진술하여 다시 진술할 필요가 없다고 인정되는 경우

2. 신청인의 진술로 심리절차가 현저하게 지연될 우려가 있는 경우

제25조의3【화해권고】 ① 소년부 판사는 <u>소년의 품행을 교정하고 피해자를 보호하기 위하여 필요하다고 인정하면 소년에게 피해 변상 등 피해자와의 화해를 권고할 수 있다.</u> 14. 보호7☆

③ 소년부 판사는 소년이 제1항의 <u>권고에 따라 피해자와 화해하였을 경우에는 보호처분을 결정할 때 이를 고려할 수 있다.</u> 15. 사시☆

제26조【증인신문, 감정, 통역 · 번역】 ① 소년부 판사는 증인을 신문하고 감정이나 통역 및 번역을 명할 수 있다.

제27조【검증, 압수, 수색】 ① 소년부 판사는 검증, 압수 또는 수색을 할 수 있다.

제28조【원조, 협력】 ① 소년부 판사는 그 직무에 관하여 모든 행정기관, 학교, 병원, 그 밖의 공사단체에 필요한 원조와 협력을 요구할 수 있다.

제29조【불처분 결정】 ① 소년부 판사는 <u>심리 결과 보호처분을 할 수 없거나 할 필요가 없다고 인정하면 그 취지의 결정을 하고, 이를 사건 본인과 보호자에게 알려야 한다.</u> 21. 교정9☆

3. 보호처분

(1) 의의

① 보호처분은 범죄소년 · 촉법소년 · 우범소년에 대한 교화 · 개선 · 보호를 위해 소년의 환경조정 또는 품행교정에 필요한 처분을 말한다.

② 보호처분은 소년의 비행에 대한 책임을 묻는 제재로서 기능하기보다는, 소년의 범죄위험성에 대처하기 위한 수단으로서 보안처분의 일종으로 이해해야 한다.

(2) 보호처분의 종류 · 기간 등

제32조【보호처분의 결정】 ① <u>소년부 판사는 심리 결과 보호처분을 할 필요가 있다고 인정하면 결정으로써 다음 각 호의 어느 하나에 해당하는 처분을 하여야 한다.</u> 22. 보호7☆

1. 보호자 또는 보호자를 대신하여 소년을 보호할 수 있는 자에게 감호 위탁
2. 수강명령
3. 사회봉사명령
4. 보호관찰관의 단기 보호관찰
5. 보호관찰관의 장기 보호관찰
6. 「아동복지법」에 따른 아동복지시설이나 그 밖의 소년보호시설에 감호 위탁
7. 병원, 요양소 또는 「보호소년 등의 처우에 관한 법률」에 따른 의료재활소년원에 위탁
8. 1개월 이내의 소년원 송치
9. 단기 소년원 송치
10. 장기 소년원 송치

「소년법」상의 수강명령과 사회봉사명령

종래에는 보호관찰처분에 부수되는 것이었으나, 2007년 개정 법률에서 보호관찰 처분과 독립된 보호처분으로 규정하였다. 10. 교정7☆

🏛 **핵심 OX**

09 소년부 판사는 소년의 품행을 교정하고 피해자를 보호하기 위하여 필요하다고 인정하면 소년에게 피해 변상 등 피해자와의 화해를 권고할 수 있다. (O, ×)

10 소년부 판사는 심리 결과 보호처분을 할 수 없거나 할 필요가 없다고 인정하면 불처분 결정을 하고, 이를 사건 본인과 보호자에게 알려야 한다. (O, ×)

09 ○
10 ○

② 다음 각 호 안의 처분 상호 간에는 그 전부 또는 일부를 병합할 수 있다. 24. 보호9☆

1. 제1항 제1호·제2호·제3호·제4호 처분
2. 제1항 제1호·제2호·제3호·제5호 처분
3. 제1항 제4호·제6호 처분
4. 제1항 제5호·제6호 처분
5. 제1항 제5호·제8호 처분

③ 제1항 제3호의 처분(→ 사회봉사명령)은 14세 이상의 소년에게만 할 수 있다. 22. 보호7☆

④ 제1항 제2호 및 제10호의 처분(→ 수강명령, 장기 소년원 송치)은 12세 이상의 소년에게만 할 수 있다. 23. 보호7☆

⑥ 소년의 보호처분은 그 소년의 장래 신상에 어떠한 영향도 미치지 아니한다. 22. 보호7☆

제32조의2【보호관찰처분에 따른 부가처분 등】 ① 제32조 제1항 제4호 또는 제5호의 처분(→ 단기 보호관찰, 장기 보호관찰)을 할 때에 3개월 이내의 기간을 정하여 「보호소년 등의 처우에 관한 법률」에 따른 대안교육 또는 소년의 상담·선도·교화와 관련된 단체나 시설에서의 상담·교육을 받을 것을 동시에 명할 수 있다. 23. 보호7☆

② 제32조 제1항 제4호 또는 제5호의 처분(→ 단기 보호관찰, 장기 보호관찰)을 할 때에 1년 이내의 기간을 정하여 야간 등 특정 시간대의 외출을 제한하는 명령을 보호관찰 대상자의 준수사항으로 부과할 수 있다. 24. 보호9☆

③ 소년부 판사는 가정상황 등을 고려하여 필요하다고 판단되면 보호자에게 소년원·소년분류심사원 또는 보호관찰소 등에서 실시하는 소년의 보호를 위한 특별교육을 받을 것을 명할 수 있다. 20. 보호7☆

제33조【보호처분의 기간】 ① 제32조 제1항 제1호·제6호·제7호(→ 보호자 등 위탁·시설 등 위탁·병원 등 위탁)의 위탁기간은 6개월로 하되, 소년부 판사는 결정으로써 6개월의 범위에서 한 번에 한하여 그 기간을 연장할 수 있다. 다만, 소년부 판사는 필요한 경우에는 언제든지 결정으로써 그 위탁을 종료시킬 수 있다. 21. 교정7☆

② 제32조 제1항 제4호의 단기 보호관찰기간은 1년으로 한다(→ 연장 ×). 24. 보호9☆

③ 제32조 제1항 제5호의 장기 보호관찰기간은 2년으로 한다. 다만, 소년부 판사는 보호관찰관의 신청에 따라 결정으로써 1년의 범위에서 한 번에 한하여 그 기간을 연장할 수 있다. 24. 보호9☆

④ 제32조 제1항 제2호의 수강명령은 100시간을, 제32조 제1항 제3호의 사회봉사명령은 200시간을 초과할 수 없으며, 보호관찰관이 그 명령을 집행할 때에는 사건 본인의 정상적인 생활을 방해하지 아니하도록 하여야 한다. 21. 교정9☆

⑤ 제32조 제1항 제9호에 따라 단기로 소년원에 송치된 소년의 보호기간은 6개월을 초과하지 못한다. 20. 교정9☆

⑥ 제32조 제1항 제10호에 따라 장기로 소년원에 송치된 소년의 보호기간은 2년을 초과하지 못한다(→ 연장 ×). 21. 교정7☆

⑦ 제32조 제1항 제6호부터 제10호까지의 어느 하나에 해당하는 처분을 받은 소년이 시설위탁이나 수용 이후 그 시설을 이탈하였을 때에는 위 처분기간은 진행이 정지되고, 재위탁 또는 재수용된 때로부터 다시 진행한다.

「소년법」 제1조나 제32조 제5항(→ 현행 제6항)의 규정이 있다 하여 보호처분을 받은 사실을 상습성 인정의 자료로 삼을 수 없는 것은 아니다. [대판 1989.12.12, 89도2097]
18. 승진

★ 핵심 POINT | 「소년법」상 보호처분 13. 사시☆

호	종류	기간	기타
1	보호자 등 감호 위탁	6개월 (6개월-1회-연장)	
2	수강명령	100시간 초과 ×	12세 이상
3	사회봉사명령	200시간 초과 ×	14세 이상
4	단기 보호관찰	1년(연장 ×)	3개월 이내의 대안교육 등 부과, 1년 이내의 특정 시간대 외출 제한을 준수사항으로 부과
5	장기 보호관찰	2년 (1년-1회-연장)	
6	보호시설 등 감호 위탁	6개월 (6개월-1회-연장)	
7	병원 등 위탁	6개월 (6개월-1회-연장)	
8	1개월 이내 소년원 송치	1개월 이내	
9	단기 소년원 송치	6개월 초과×(연장×)	
10	장기 소년원 송치	2년 초과×(연장×)	12세 이상

1·2·3·4호, 1·2·3·5호, 4·6호, 5·6호, 5·8호 – 전부 또는 일부를 병합 가능

★ 핵심 POINT | 사회봉사명령·수강명령의 기간 비교

구분	사회봉사명령	수강명령
「가정폭력범죄의 처벌 등에 관한 특례법」	200시간 초과 × (연장 시 400시간 초과 ×)	200시간 초과 × (연장 시 400시간 초과 ×)
「형법」상 집행유예 시 부과	500시간 초과 ×	200시간 초과 ×
「성매매알선 등 행위의 처벌에 관한 법률」	100시간 초과 × (연장 시 200시간 초과 ×)	100시간 초과 × (연장 시 200시간 초과 ×)
「성폭력범죄의 처벌 등에 관한 특례법」	–	500시간 범위
「소년법」	200시간 초과 ×	100시간 초과 ×
「아동·청소년의 성보호에 관한 법률」	–	500시간 범위

🔖 **핵심 OX**

14 「소년법」상 소년부 판사는 심리 결과 보호처분을 할 필요가 있다고 인정하면 12세 이상의 소년에 대하여 100시간을 초과하지 않는 범위 내에서 수강명령처분을 할 수 있다. (○, ×)

15 「소년법」상 단기 보호관찰처분을 받은 자의 보호관찰기간은 2년이다. (○, ×)

16 「소년법」상 수강명령은 100시간을, 사회봉사명령은 200시간을 초과할 수 없다. (○, ×)

17 단기로 소년원에 송치된 소년의 보호기간은 6개월을 초과하지 못하며, 장기로 소년원에 송치된 소년의 보호기간은 2년을 초과하지 못한다. (○, ×)

14 ○
15 ×
16 ○
17 ○

(3) 기타

제34조 【몰수의 대상】 ① 소년부 판사는 제4조 제1항 제1호·제2호에 해당하는 소년(→ 범죄소년·촉법소년)에 대하여 제32조의 처분(→ 보호처분)을 하는 경우에는 결정으로써 다음의 물건을 몰수할 수 있다. 15. 사시
1. 범죄 또는 형벌 법령에 저촉되는 행위에 제공하거나 제공하려 한 물건
2. 범죄 또는 형벌 법령에 저촉되는 행위로 인해 생기거나 이로 인해 취득한 물건
3. 제1호와 제2호의 대가로 취득한 물건
② 제1항의 몰수는 그 물건이 사건 본인 이외의 자의 소유에 속하지 아니하는 경우에만 할 수 있다. 다만, 사건 본인의 행위가 있은 후 그 정을 알고도 취득한 자가 소유한 경우에는 그러하지 아니하다.

제37조 【처분의 변경】 ① 소년부 판사는 위탁받은 자나 보호처분을 집행하는 자의 신청에 따라 결정으로써 제32조의 보호처분과 제32조의2의 부가처분을 변경할 수 있다. 다만, 제32조 제1항 제1호·제6호·제7호의 보호처분(→ 보호자 등 감호 위탁, 보호시설 등 감호 위탁, 병원 등 위탁)과 제32조의2 제1항의 부가처분(→ 3개월 이내의 대안교육 등 부과)은 직권으로 변경할 수 있다. 23. 보호7☆

제38조 【보호처분의 취소】 ① 보호처분이 계속 중일 때에 사건 본인이 처분 당시 19세 이상인 것으로 밝혀진 경우에는 소년부 판사는 결정으로써 그 보호처분을 취소하고 다음의 구분에 따라 처리하여야 한다. 24. 보호9☆
1. 검사·경찰서장의 송치 또는 제4조 제3항의 통고에 의한 사건인 경우에는 관할 지방법원에 대응하는 검찰청 검사에게 송치한다.
2. 제50조에 따라 법원이 송치한 사건인 경우에는 송치한 법원에 이송한다.
② 제4조 제1항 제1호·제2호의 소년(→ 범죄소년·촉법소년)에 대한 보호처분이 계속 중일 때에 사건 본인이 행위 당시 10세 미만으로 밝혀진 경우 또는 제4조 제1항 제3호의 소년(→ 우범소년)에 대한 보호처분이 계속 중일 때에 사건 본인이 처분 당시 10세 미만으로 밝혀진 경우에는 소년부 판사는 결정으로써 그 보호처분을 취소하여야 한다.

제39조 【보호처분과 유죄판결】 보호처분이 계속 중일 때에 사건 본인에 대하여 유죄판결이 확정된 경우에 보호처분을 한 소년부 판사는 그 처분을 존속할 필요가 없다고 인정하면 결정으로써 보호처분을 취소할 수 있다. 24. 보호9☆

제40조 【보호처분의 경합】 보호처분이 계속 중일 때에 사건 본인에 대하여 새로운 보호처분이 있었을 때에는 그 처분을 한 소년부 판사는 이전의 보호처분을 한 소년부에 조회하여 어느 하나의 보호처분을 취소하여야 한다. 24. 보호9☆

제42조 【증인 등의 비용】 ① 증인·감정인·통역인·번역인에게 지급하는 비용, 숙박료, 그 밖의 비용에 대하여는 「형사소송법」 중 비용에 관한 규정을 준용한다. 14. 교정9
② 참고인에게 지급하는 비용에 관하여는 제1항을 준용한다.

제52조 【소년부 송치 시의 신병 처리】 ① 제49조 제1항이나 제50조에 따른 소년부 송치결정이 있는 경우에는 소년을 구금하고 있는 시설의 장은 검사의 이송 지휘를 받은 때로부터 법원 소년부가 있는 시·군에서는 24시간 이내에, 그 밖의 시·군에서는 48시간 이내에 소년을 소년부에 인도하여야 한다. 이 경우 구속영장의 효력은 소년부 판사가 제18조 제1항에 따른 소년의 감호에 관한 결정을 한 때에 상실한다. 19. 교정9

② 제1항에 따른 인도와 결정은 <u>구속영장의 효력기간</u> 내에 이루어져야 한다.

제53조 【보호처분의 효력】 제32조의 <u>보호처분을 받은 소년</u>에 대하여는 그 심리가 결정된 사건은 다시 공소를 제기하거나 소년부에 송치할 수 없다(→ 일사부재리의 원칙 또는 이중처벌금지의 원칙). 다만, 제38조 제1항 제1호의 경우(→ 소년이 처분 당시 19세 이상이어서 보호처분이 취소되고 검사에게 송치된 경우)에는 공소를 제기할 수 있다. 22. 보호7☆

🔨 **관련 판례** | 「소년법」상 보호처분을 받은 사건에 대한 공소제기

「소년법」상의 보호처분을 받은 사건과 동일한 사건에 대하여 다시 공소를 제기할 수 있는지 여부(소극) – 「소년법」 제32조의 보호처분을 받은 사건과 동일(상습죄 등 포괄일죄 포함)한 사건에 관하여 다시 공소제기가 되었다면, 이는 공소제기 절차가 법률의 규정에 위배하여 무효인 때에 해당한 경우이므로 「형사소송법」 제327조 제2호의 규정에 의하여 <u>공소기각의 판결</u>을 하여야 한다. [대판 1996.2.23, 96도47] 18. 승진☆

---

(4) 보호처분 등에 대한 구제

제43조 【항고】 ① 제32조에 따른 <u>보호처분의 결정</u> 및 제32조의2에 따른 <u>부가처분 등의 결정</u> 또는 제37조의 보호처분·부가처분 변경 결정이 다음 각 호의 어느 하나에 해당하면 <u>사건 본인·보호자·보조인 또는 그 법정대리인</u>은 관할 가정법원 또는 지방법원 본원 <u>합의부</u>에 <u>항고할 수 있다</u>(→ 검사, 피해자는 항고할 수 없음). 20. 보호7☆
1. 해당 결정에 영향을 미칠 <u>법령 위반</u>이 있거나 <u>중대한 사실 오인</u>이 있는 경우
2. 처분이 <u>현저히 부당한 경우</u>
② 항고를 제기할 수 있는 기간은 <u>7일</u>로 한다. 20. 보호7☆

제44조 【항고장의 제출】 ① 항고를 할 때에는 항고장을 <u>원심 소년부</u>에 제출하여야 한다. 18. 교정7
② 항고장을 받은 소년부는 <u>3일</u> 이내에 <u>의견서</u>를 첨부하여 항고법원에 송부하여야 한다.

제45조 【항고의 재판】 ① 항고법원은 항고절차가 법률에 위반되거나 항고가 이유 없다고 인정한 경우에는 결정으로써 항고를 <u>기각</u>하여야 한다.
② 항고법원은 항고가 이유가 있다고 인정한 경우에는 <u>원결정을 취소</u>하고 사건을 원소년부에 <u>환송</u>하거나 다른 소년부에 <u>이송</u>하여야 한다. 다만, 환송 또는 이송할 여유가 없이 급하거나 그 밖에 필요하다고 인정한 경우에는 <u>원결정을 파기</u>하고 불처분 또는 보호처분의 결정을 할 수 있다.
③ 제2항에 따라 항고가 이유가 있다고 인정되어 <u>보호처분의 결정을 다시 하는 경우</u>에는 원결정에 따른 보호처분의 집행기간은 그 전부를 항고에 따른 보호처분의 집행기간에 산입(제32조 제1항 <u>제8호·제9호·제10호</u> 처분 상호 간에만 해당한다)한다.

제46조 【집행 정지】 <u>항고는 결정의 집행을 정지시키는 효력이 없다.</u> 18. 교정7☆

제47조 【재항고】 ① 항고를 기각하는 결정에 대하여는 그 결정이 <u>법령에 위반</u>되는 경우에만 대법원에 재항고를 할 수 있다.

소년원 송치처분

범죄를 저지른 소년에게 내려지는 보호처분 중 소년원 송치는 기본적으로는 소년의 개선과 교화를 목적으로 하는 점에서 형벌과는 차이점이 존재하나, 결국은 범죄행위에 대한 처벌로서 형벌인 구금과 유사한 성격을 가진다 할 것이다. 그러나 형벌인 구금은 미결구금일수가 통산되는 것과는 달리, 소년원 송치처분의 경우에는 항고 결과 송치기간이 감형되는 경우에도 형사절차상의 형벌인 구금이 아니라는 이유로 원판결에 따른 소년원 송치기간이 항고에 따른 송치기간에 산입되지 않아 집행 과정상 결국 자신의 죄에 상응하는 처벌 이상으로 신체의 자유를 제한하는 문제점이 있었다. 이에 소년원 송치처분의 경우에도 원판결에 따른 송치기간이 항고에 따른 송치기간에 산입될 수 있도록 하였다(「소년법」 제45조 제3항).

「소년법」 제43조 제1항 중 '사건 본인·보호자·보조인 또는 그 법정대리인' 부분(이하 '이 사건 법률조항')이 청구인의 평등권을 침해하는지 여부(소극) - 형사소송절차에서는 일방 당사자인 검사가 상소 여부를 결정할 수 있고, 피해자도 간접적으로 검사를 통하여 상소 여부에 관여할 수 있음에 반하여, 소년심판절차에서는 검사에게 상소권이 인정되지 아니하여 소년심판절차에서의 피해자도 상소 여부에 관하여 전혀 관여할 수 있는 방법이 없는데, 양 절차의 피해자는 범죄행위로 인하여 피해를 입었다는 점에서 본질적으로 동일한 집단이라고 할 것임에도 서로 다르게 취급되고 있다. 그런데 소년심판절차의 전 단계에서 검사가 관여하고 있고, 소년심판절차의 제1심에서 피해자 등의 진술권이 보장되고 있다. 또한 소년심판은 형사소송절차와는 달리 소년에 대한 후견적 입장에서 소년의 환경조정과 품행교정을 위한 보호처분을 하기 위한 심문절차이며, 보호처분을 함에 있어 범행의 내용도 참작하지만 주로 소년의 환경과 개인적 특성을 근거로 소년의 개선과 교화에 부합하는 처분을 부과하게 되므로 일반 형벌의 부과와는 차이가 있다. 그리고 소년심판은 심리의 객체로 취급되는 소년에 대한 후견적 입장에서 법원의 직권에 의해 진행되므로 검사의 관여가 반드시 필요한 것이 아니고 이에 따라 소년심판의 당사자가 아닌 검사가 상소 여부에 관여하는 것이 배제된 것이다. 위와 같은 소년심판절차의 특수성을 감안하면, 차별대우를 정당화하는 객관적이고 합리적인 이유가 존재한다고 할 것이어서 이 사건 법률조항은 청구인의 평등권을 침해하지 않는다. [헌재 2012.7.26, 2011헌마232]

소년보호사건에서 항고제기기간 내에 항고 이유를 제출하지 않은 항고인에게 항고법원이 별도로 항고이유 제출 기회를 주어야 하는지 여부(소극) - (중략) 소년보호사건의 경우 제1심의 보호처분에 대하여 항고를 제기함에 있어서는 그 항고장에 항고이유를 기재하거나, 적법한 항고제기기간 내에 항고이유를 기재한 서면을 제출하여야 하고, 이와 별도로 항고법원이 항고인에게 항고이유의 제출 기회를 부여하여야 하는 것은 아니다. [대결 2008.8.12, 2007트13] 13. 사시

3 형사사건

1. 의의

(1) 형사사건의 대상은 해당 사건을 조사·심리한 결과 금고 이상의 형사처분을 할 필요가 있다고 인정되는 14세 이상 19세 미만의 범죄소년이다. 10. 사시

(2) 소년에 대한 형사사건은 형벌을 수단으로 하는 점에서 일반 형사사건의 경우와 차이가 없으나 소년을 대상으로 하므로 그 내용과 절차에 예외를 인정하고 있다. 그러나 소년에 대한 형사처분도 소년에 대한 건전한 육성이라는 관점에서 행하여져야 한다. 이와 함께 「형사소송법」의 이념인 피고인의 인권보장 내지 적정절차의 원리가 유지되어야 한다.

제48조【준거법례】 소년에 대한 형사사건에 관하여는 이 법에 특별한 규정이 없으면 일반 형사사건의 예에 따른다(→「소년법」이 먼저 적용되고 보충적으로「형법」·「형사소송법」등이 적용). 12. 보호7

2. 소년에 대한 형사사건의 특칙

(1) 형사절차상의 특칙

① 국선변호인의 선정 및 필요적 변호사건

> 형사소송법
>
> **제33조【국선변호인】** ① 다음 각 호의 어느 하나에 해당하는 경우에 변호인이 없는 때에는 법원은 직권으로 변호인을 선정하여야 한다.
>
> 2. 피고인이 미성년자인 때 14. 사시
>
> **제282조【필요적 변호】** 제33조 제1항 각 호의 어느 하나에 해당하는 사건 및 같은 조 제2항·제3항의 규정에 따라 변호인이 선정된 사건에 관하여는 변호인 없이 개정하지 못한다. 단, 판결만을 선고할 경우에는 예외로 한다. 11. 사시
>
> **제283조【국선변호인】** 제282조 본문의 경우 변호인이 출석하지 아니한 때에는 법원은 직권으로 변호인을 선정하여야 한다.

② 검사의 결정 전 조사

> **제49조의2【검사의 결정 전 조사】** ① 검사는 소년 피의사건에 대하여 소년부 송치, 공소제기, 기소유예 등의 처분을 결정하기 위하여 필요하다고 인정하면 피의자의 주거지 또는 검찰청 소재지를 관할하는 보호관찰소의 장, 소년분류심사원장 또는 소년원장(이하 '보호관찰소장 등'이라 한다)에게 피의자의 품행, 경력, 생활환경이나 그 밖에 필요한 사항에 관한 조사를 요구할 수 있다. 20. 보호7☆

③ 조건부 기소유예

> **제49조의3【조건부 기소유예】** 검사는 피의자에 대하여 다음 각 호에 해당하는 선도 등을 받게 하고, 피의사건에 대한 공소를 제기하지 아니할 수 있다. 이 경우 소년과 소년의 친권자·후견인 등 법정대리인의 동의를 받아야 한다.
>
> 18. 보호7☆
> 1. 범죄예방자원봉사위원의 선도
> 2. 소년의 선도·교육과 관련된 단체·시설에서의 상담·교육·활동 등

　㉠ '조건부 기소유예제도'란 기소편의주의와 검사선의주의를 전제로 하여 검사가 범죄소년에 대하여 일정기간 동안 준수사항을 이행하고 범죄예방자원봉사위원의 선도 등을 받을 것을 조건으로 기소유예처분을 하는 제도로서, 소년에 대한 다이버전의 일종(개입형 다이버전)이다. 11. 사시

조건부 기소유예와 보호관찰부 기소유예제도의 비교

조건부 기소유예제도의 비교대상으로 '보호관찰부 기소유예제도'가 있는데, 이는 범죄자의 연령과 범죄의 동기·수단 및 결과 등 제반사정을 고려하여 전문적인 선도가 요구되는 범죄자에 대하여 검사가 보호관찰소에 선도위탁을 하면 보호관찰관이 선도업무를 수행하는 제도이다(「보호관찰 등에 관한 법률」제15조 제3호). 조건부 기소유예제도는 소년만을 대상으로 하나, 보호관찰부 기소유예제도는 소년·성인 모두를 대상으로 할 수 있다는 차이가 있다.

🏛 **핵심 OX**

23 소년형사사건에서 소년에 대한 변호인이 없는 때에는 법원은 직권으로 국선변호인을 선정해야 한다. (O, ✕)

24 검사는 소년피의사건에 대해 소년부 송치, 공소제기 등의 처분을 결정하기 위하여 필요하다고 인정하면 피의자의 주거지 또는 검찰청 소재지를 관할하는 보호관찰소의 장 등에게 피의자의 품행, 생활환경 등에 관한 조사를 요구할 수 있다. (O, ✕)

25 검사는 피의소년에 대하여 피의소년과 법정대리인의 동의하에 범죄예방자원봉사위원의 선도를 받게 하고 피의사건에 대한 공소를 제기하지 않을 수 있다. (O, ✕)

23 ○
24 ○
25 ○

ⓛ 조건부 기소유예는 소년범죄의 예방 기능을 강화하고, 단기자유형의 폐단을 제거하며, 범죄자에 대한 낙인을 방지하여 효과적인 사회복귀를 도모하고, 지역사회의 정화를 가져올 수 있다는 점 등에서 취지가 있다.

ⓒ 피의사실이 인정(유죄가 전제)되는 소년에 대해 재범가능성이 희박하다고 판단되면 검사는 법원에 기소하거나 소년부에 송치하지 않고 선도 등을 조건으로 기소유예처분을 할 수 있다. 12. 보호7

ⓓ 조건부 기소유예는 기소나 소년부 송치에 대한 대안이므로 협의의 불기소처분(죄가 안 됨, 혐의 없음)의 대상은 당연히 제외된다. 11. 사시

④ **구속영장의 제한**

> 제55조【구속영장의 제한】① 소년에 대한 구속영장은 부득이한 경우가 아니면 발부하지 못한다. 22. 교정9☆
> ② 소년을 구속하는 경우에는 특별한 사정이 없으면 다른 피의자나 피고인과 분리하여 수용하여야 한다. 13. 사시

⑤ **조사**

> 제56조【조사의 위촉】법원은 소년에 대한 형사사건에 관하여 필요한 사항을 조사하도록 조사관에게 위촉할 수 있다. 15. 사시☆
> 제57조【심리의 분리】소년에 대한 형사사건의 심리는 다른 피의사건과 관련된 경우에도 심리에 지장이 없으면 그 절차를 분리하여야 한다. 22. 교정7☆
> 제58조【심리의 방침】① 소년에 대한 형사사건의 심리는 친절하고 온화하게 하여야 한다.
> ② 제1항의 심리에는 소년의 심신상태, 품행, 경력, 가정상황, 그 밖의 환경 등에 대하여 정확한 사실을 밝힐 수 있도록 특별히 유의하여야 한다.

(2) 형사처분상의 특칙

① **사형 및 무기형의 완화**

> 제59조【사형 및 무기형의 완화】죄를 범할 당시 18세 미만인 소년에 대하여 사형 또는 무기형으로 처할 경우에는 15년의 유기징역으로 한다. 23. 보호7☆

[참고] 이 규정은 행위 시에 18세 미만이었으나 과형 당시에 성인이 된 때에도 적용한다.

> ⚡ 관련 판례 | '사형 또는 무기형으로 처할 경우'의 의미
>
> 「소년법」 제53조 소정의 '사형 또는 무기형으로 처할 것인 때'의 의미 - 「소년법」 제53조(→ 현행 제59조) 소정의 "사형 또는 무기형으로 처할 것인 때에는 15년의 유기징역으로 한다."라는 규정은 소년에 대한 처단형이 사형 또는 무기형일 때에 15년의 유기징역으로 한다는 것이지 법정형이 사형 또는 무기형인 경우를 의미하는 것은 아니다. [대판 1986.12.23, 86도2314]

② 상대적 부정기형

> 제60조 【부정기형】 ① 소년이 법정형으로 장기 2년 이상의 유기형에 해당하는 죄를 범한 경우 그 형의 범위에서 장기와 단기를 정하여 선고한다. 다만, 장기는 10년, 단기는 5년을 초과하지 못한다(→ 상대적 부정기형). 24. 보호9☆
> ② 소년의 특성에 비추어 상당하다고 인정되는 때에는 그 형을 감경할 수 있다.
> ③ 형의 집행유예나 선고유예를 선고할 때에는 제1항을 적용하지 아니한다. 18. 교정9☆
> ④ 소년에 대한 부정기형을 집행하는 기관의 장은 형의 단기가 지난 소년범의 행형 성적이 양호하고 교정의 목적을 달성하였다고 인정되는 경우에는 관할 검찰청 검사의 지휘에 따라 그 형의 집행을 종료시킬 수 있다. 23. 교정7☆

★ 관련 판례 | 「소년법」상 부정기형 관련 판례

부정기형의 선고 시 장·단기형의 폭에 관한 기준 유무 – 「소년법」 제54조(→ 현행 제60조)에 의하여 부정기형을 선고할 때 그 장기와 단기의 폭에 관하여는 법정한 바 없으므로, 소년인 피고인에 대하여 선고한 형량의 장기가 3년, 단기가 2년 6월이어서 그 폭이 6월에 불과하다 하여 「소년법」 제54조의 해석을 잘못한 위법이 있다고 할 수 없다. [대판 1983.2.8, 82도2889]

미성년자에 대하여 법정형 중에서 무기징역을 선택한 후 작량감경하여 부정기의 징역형을 선고할 수 있는지 여부(소극) – 법정형 중에서 무기징역을 선택한 후 작량감경한 결과 유기징역을 선고하게 되었을 경우에는 피고인이 미성년자라 하더라도 부정기형을 선고할 수 없는 것이므로, 피고인에게 법정형 중 무기징역형을 선택한 후 작량감경을 하여 징역 10년의 정기형을 선고한 판결에 「소년법」 제59조, 제60조의 해석을 잘못한 위법이 없다. [대판 1991.4.9, 91도357] 13. 사시

소년범에 대한 작량감경 시 「소년법」 제54조 제1항 단서의 장·단기 제한도 1/2 감경할 수 있는지 여부 – 「형법」 제53조에 의한 작량감경은 법정형을 감경하여 처단형을 정하는 과정이며 법원은 이 처단형의 범위 내에서 선고형을 양정하게 되는 것인바, 「소년법」 제54조(→ 현행 제60조) 제1항 단서는 소년에 대한 부정기 선고형의 상한을 정한 것에 불과하고 법정형을 정한 것이 아니므로 피고인에게 「형법」 제53조에 의한 작량감경 사유가 있다고 하여 위 「소년법」 소정의 부정기 선고형의 상한도 아울러 감경되어야 하는 것은 아니다. [대판 1983.6.14, 83도993] 18. 승진

제1심에서 부정기형을 선고한 판결에 대한 항소심 계속 중 개정 「소년법」이 시행되었고 항소심 판결선고 시에는 이미 신법상 소년에 해당하지 않게 된 경우, 법원이 취하여야 할 조치(= 정기형 선고) – 개정 「소년법」은 제2조에서 '소년'의 정의를 '20세 미만'에서 '19세 미만'으로 개정하였고, 이는 같은 법 부칙 제2조에 따라 위 법 시행 당시 심리 중에 있는 형사사건에 관하여도 적용된다. 제1심은 피고인을 구 「소년법」 제2조에 의한 소년으로 인정하여 구 「소년법」 제60조 제1항에 의하여 부정기형을 선고하였고,

「특정강력범죄의 처벌에 관한 특례법」 제4조 【소년에 대한 형】 ② 특정 강력범죄를 범한 소년에 대하여 부정기형을 선고할 때에는 「소년법」 제60조 제1항 단서에도 불구하고 장기는 15년, 단기는 7년을 초과하지 못한다. 24. 보호9

🏛 핵심 OX

28 죄를 범할 당시 18세 미만인 소년에 대하여 사형 또는 무기형으로 처할 경우에는 10년의 유기징역으로 한다. (O, ×)

29 소년에게 형의 집행유예나 선고유예를 선고할 때에는 부정기형을 선고하지 못한다. (O, ×)

28 ×
29 O

그 항소심 계속 중 개정 「소년법」이 시행되었는데 항소심판결 선고일에 피고인이 이미 19세에 달하여 개정 「소년법」상 소년에 해당하지 않게 되었다면, 항소심 법원은 피고인에 대하여 정기형을 선고하여야 한다. [대판 2008.10.23, 2008도8090] 13. 사시

항소심 판결 당시 미성년이었으나 상고심 계속 중 성년이 된 자에 대한 부정기형 선고의 적부(적극) - 상고심에서의 심판대상은 항소심 판결 당시를 기준으로 하여 그 당부를 심사하는 데에 있는 것이므로 항소심 판결선고 당시 미성년이었던 피고인이 상고 이후에 성년이 되었다고 하여 항소심의 부정기형의 선고가 위법이 되는 것은 아니다. [대판 1998.2.27, 97도3421] 24. 보호9☆

피고인이 제1심판결 선고 시 소년에 해당하여 부정기형을 선고받았고, 피고인만이 항소한 항소심에서 피고인이 성년에 이르러 항소심이 제1심의 부정기형을 정기형으로 변경해야 할 경우, 불이익변경금지 원칙 위반 여부를 판단하는 기준(= 부정기형의 장기와 단기의 중간형) - [다수의견] (가) 소년법 제60조 제1항에 정한 '소년'은 소년법 제2조에 정한 19세 미만인 자를 의미하는 것으로 이에 해당하는지는 사실심판결 선고 시를 기준으로 판단하여야 하므로, 제1심에서 부정기형을 선고받은 피고인이 항소심 선고 이전에 19세에 도달하는 경우 정기형이 선고되어야 한다. 이 경우 피고인만이 항소하거나 피고인을 위하여 항소하였다면 형사소송법 제368조가 규정한 불이익변경금지 원칙이 적용되어 항소심은 제1심판결의 부정기형보다 무거운 정기형을 선고할 수 없다. / 그런데 부정기형은 장기와 단기라는 폭의 형태를 가지는 양형인 반면 정기형은 점의 형태를 가지는 양형이므로 불이익변경금지 원칙의 적용과 관련하여 양자 사이의 형의 경중을 단순히 비교할 수 없는 특수한 상황이 발생한다. (생략) / 이러한 법리를 종합적으로 고려하면, 부정기형과 실질적으로 동등하다고 평가될 수 있는 정기형은 부정기형의 장기와 단기의 정중앙에 해당하는 형(예를 들어 징역 장기 4년, 단기 2년의 부정기형의 경우 징역 3년의 형이다. 이하 '중간형'이라 한다)이라고 봄이 적절하므로, 피고인이 항소심 선고 이전에 19세에 도달하여 제1심에서 선고한 부정기형을 파기하고 정기형을 선고함에 있어 불이익변경금지 원칙 위반 여부를 판단하는 기준은 부정기형의 장기와 단기의 중간형이 되어야 한다.
(나) 항소심에서 선고될 수 있는 정기형이 부정기형의 단기보다는 무거운 형이라 하더라도, 그 정기형이 부정기형의 확정으로 인해 피고인이 합리적으로 예상할 수 있는 형 집행기간의 범위 내에 있다면, 피고인은 실질적인 불이익에 대한 우려 없이 합리적인 판단에 따라 상소권을 행사할 수 있다고 봄이 타당하다. 이와 관련하여 부정기형을 선고받은 피고인은 부정기형의 단기가 경과한 때부터 형의 장기가 도래할 때까지 동일한 가능성으로 소년법 제60조 제4항에 따른 검사의 지휘에 의해 그 형의 집행이 종료될 것을 기대할 수 있으므로, 부정기형의 장기와 단기의 중간형은 부정기형을 선고받은 피고인이 합리적으로 예상할 수 있는 형 집행의 기간에 부합한다고 할 수 있다 (제1심이 당시 18세로서 소년에 해당하는 피고인에 대하여 살인죄 및 사체유기죄를 유죄로 인정하면서 소년법 제60조 제1항 단서에 대한 특칙에 해당하는 특정강력범죄의 처벌에 관한 특례법 제4조 제2항에서 정한 장기와 단기의 최상한인 징역 장기 15년, 단기 7년의 부정기형을 선고하였고, 이에 대하여 피고인만이 항소하였는데, 피고인이 원심 선고 이전에 19세에 이르러 성년에 도달하자 원심이 직권으로 제1심판결을 파기하고 정기형을

선고하면서 불이익변경금지 원칙상 제1심이 선고한 부정기형의 단기인 징역 7년을 초과하는 징역형을 선고할 수 없다는 이유로 피고인에게 징역 7년을 선고한 사안에서, 원심이 제1심에서 선고한 징역 장기 15년, 단기 7년의 부정기형 대신 정기형을 선고함에 있어 불이익변경금지 원칙 위반 여부를 판단하는 기준은 부정기형의 장기인 15년과 단기인 7년의 중간형, 즉 징역 11년[=(15+7)/2]이 되어야 한다는 이유로, 이와 달리 제1심에서 선고한 부정기형의 단기인 징역 7년을 기준으로 불이익변경금지 원칙 위반 여부를 판단한 원심판결에 불이익변경금지 원칙에 관한 법리오해의 잘못이 있다고 한 사례). [대판(전합) 2020.10.22. 선고 2020도4140] 22. 보호7

③ 환형처분의 금지

> **제62조【환형처분의 금지】** 18세 미만인 소년에게는 「형법」 제70조(→ 노역장 유치)에 따른 유치선고를 하지 못한다. 다만, 판결선고 전 구속되었거나 제18조 제1항 제3호의 조치(→ 소년분류심사원에 위탁)가 있었을 때에는 그 구속 또는 위탁의 기간에 해당하는 기간은 노역장에 유치된 것으로 보아 「형법」 제57조(→ 판결선고 전 구금일수의 통산)를 적용할 수 있다. 20. 보호7☆

소년에 대한 노역장유치선고
'18세 이상 19세 미만'인 소년에게는 노역장유치선고를 할 수 있다(제62조 본문의 반대해석).

(3) 행형에 관한 특칙

① 분리주의

> **제63조【징역·금고의 집행】** 징역 또는 금고를 선고받은 소년에 대하여는 특별히 설치된 교도소(→ 소년교도소) 또는 일반 교도소 안에 특별히 분리된 장소에서 그 형을 집행한다. 다만, 소년이 형의 집행 중에 23세가 되면 일반 교도소에서 집행할 수 있다. 23. 보호7☆
>
> **형의 집행 및 수용자의 처우에 관한 법률**
> **제12조【구분수용의 예외】** ③ 수형자가 소년교도소에 수용 중에 19세가 된 경우에도 교육·교화 프로그램, 작업, 직업훈련 등을 실시하기 위하여 특히 필요하다고 인정되면 23세가 되기 전까지는 계속하여 수용할 수 있다.

② 보호처분과 형의 집행

> **제64조【보호처분과 형의 집행】** 보호처분이 계속 중일 때에 징역, 금고 또는 구류를 선고받은 소년에 대하여는 먼저 그 형을 집행한다. 16. 보호7☆

③ 가석방의 완화

> **제65조【가석방】** 징역 또는 금고를 선고받은 소년에 대하여는 다음 각 호의 기간이 지나면 가석방을 허가할 수 있다. 23. 보호7☆
> 1. 무기형의 경우에는 5년
> 2. 15년 유기형의 경우에는 3년
> 3. 부정기형의 경우에는 단기의 3분의 1

🏛 **핵심 OX**

30 18세 미만의 소년에게는 「형법」 제70조에 따른 노역장유치선고를 하지 못한다. (O, ×)

30 O

④ 자격에 관한 법령의 적용

제67조【자격에 관한 법령의 적용】① 소년이었을 때 범한 죄에 의하여 형의
선고 등을 받은 자에 대하여 다음 각 호의 경우 자격에 관한 법령을 적용할
때 장래에 향하여 형의 선고를 받지 아니한 것으로 본다.
1. 형을 선고받은 자가 그 집행을 종료하거나 면제받은 경우 15. 사시☆
2. 형의 선고유예나 집행유예를 선고받은 경우
② 제1항에도 불구하고 형의 선고유예가 실효되거나 집행유예가 실효·취
소된 때에는 그 때에 형을 선고받은 것으로 본다.

「소년법」제67조의 개정

소년이었을 때 범한 죄에 의하여 형을 선고받은 경우에는 그 집행이 종료되거나 면제되면 자격에 관한 법령을 적용할 때 장래에 대하여 형의 선고를 받지 아니한 것으로 특례를 규정하고 있다. 반면, 형의 집행유예를 선고받은 경우에 이와 같은 특례를 규정하고 있지 않은 「소년법」 제67조는 헌법상 평등원칙에 위배된다는 헌법재판소의 헌법불합치결정(2017헌가7)의 취지를 반영하여, 소년이었을 때 범한 죄에 의하여 형의 집행유예나 선고유예를 받은 경우에도 자격에 관한 법령을 적용할 때 형의 선고를 받지 아니한 것으로 보되, 형의 선고유예가 실효되거나 형의 집행유예가 실효·취소된 경우에는 그때에 형을 선고받은 것으로 보도록 하였다.

★핵심 POINT | 성인범과 소년범의 가석방 비교

구분	성인범(「형법」 적용)	소년범(「소년법」 적용)
경과기간	• 무기형: 20년 • 유기형: 형기의 1/3	• 무기형: 5년 • 15년의 유기형: 3년 • 부정기형: 단기의 1/3
가석방기간	• 무기형: 10년 • 유기형: 남은 형기(10년 초과 ×)	가석방 전에 집행을 받은 기간과 같은 기간
벌금·과료 완납	필요	규정 없음
가석방 심사	가석방심사위원회	보호관찰심사위원회
보호관찰 심사	보호관찰심사위원회	보호관찰심사위원회
효과	가석방 처분이 실효 또는 취소되지 아니하고 가석방기간을 경과한 때에는 형의 집행을 종료한 것으로 봄	가석방 처분이 취소되지 아니하고 가석방 전에 집행을 받은 기간과 같은 기간이 지난 경우에는 형의 집행을 종료한 것으로 함

🔨관련 판례 | 소년범으로서 처벌받은 징역형의 과거 전과 여부

「소년법」 제67조의 규정 취지 및 구 「특정범죄 가중처벌 등에 관한 법률」 제5조의4 제5항의 적용 요건인 과거 전과로서의 징역형에 '소년범'으로서 처벌받은 징역형도 포함되는지 여부(적극) – 「소년법」 제67조는 (중략) '사람의 자격'에 관한 법령의 적용에 있어 장래에 향하여 형의 선고를 받지 아니한 것으로 본다는 취지에 불과할 뿐 전과까지 소멸한다는 것은 아니다. 따라서 「특정범죄 가중처벌 등에 관한 법률」 제5조의4 제5항을 적용하기 위한 요건으로서 요구되는 과거 전과로서의 징역형에는 소년으로서 처벌받은 징역형도 포함된다고 보아야 한다(절도죄의 소년범으로서 1회, 성인범으로서 2회 각 징역형을 선고받아 그 집행을 종료한 후 누범기간 중에 다시 절도범행을 저지른 경우, 구 「특정범죄 가중처벌 등에 관한 법률」 제5조의4 제5항에 해당한다고 한 원심판단을 수긍한 사례). [대판 2010.4.29, 2010도973] 18. 승진

📖핵심 OX

31 징역 또는 금고를 선고받은 소년에 대하여는 무기형에는 5년, 15년 유기형에는 3년, 부정기형에는 단기의 3분의 1이 경과하면 가석방을 허가할 수 있다.

(○, ×)

32 「소년법」상 소년이었을 때 범한 죄에 의하여 형을 선고받은 자가 그 집행을 종료하거나 면제받은 경우 자격에 관한 법령을 적용할 때에는 장래에 향하여 형의 선고를 받지 아니한 것으로 본다.

(○, ×)

31 ○
32 ○

4 비행예방과 벌칙

1. 비행예방정책

> **제67조의2 【비행예방정책】** <u>법무부장관</u>은 제4조 제1항에 해당하는 자(이하 '비행소년' 이라 한다)가 건전하게 성장하도록 돕기 위하여 다음 각 호의 사항에 대한 필요한 조치를 취하여야 한다.
> 1. 비행소년이 건전하게 성장하도록 돕기 위한 조사·연구·교육·홍보 및 관련 정책의 수립·시행
> 2. 비행소년의 선도·교육과 관련된 중앙행정기관, 공공기관 및 사회단체와의 협조체계의 구축 및 운영

2. 벌칙규정

> **제68조 【보도 금지】** ① 이 법에 따라 조사 또는 심리 중에 있는 <u>보호사건</u>이나 <u>형사사건</u>에 대하여는 성명·연령·직업·용모 등으로 비추어 볼 때 그 자가 당해 사건의 당사자라고 미루어 짐작할 수 있는 정도의 사실이나 사진을 신문이나 그 밖의 출판물에 싣거나 방송할 수 없다(→ 밀행주의).
>
> **제69조 【나이의 거짓 진술】** 성인이 고의로 나이를 거짓으로 진술하여 보호처분이나 소년 형사처분을 받은 경우에는 1년 이하의 징역에 처한다.
>
> **제70조 【조회 응답】** ① 소년 <u>보호사건</u>과 관계있는 기관은 그 사건 내용에 관하여 재판, 수사 또는 군사상 필요한 경우 외의 어떠한 조회에도 응하여서는 아니 된다.
>
> **제71조 【소환의 불응 및 보호자 특별교육명령 불응】** 다음 각 호의 어느 하나에 해당하는 자에게는 300만 원 이하의 <u>과태료</u>를 부과한다.
> 1. 제13조 제1항에 따른 소환에 정당한 이유 없이 응하지 아니한 자
> 2. 제32조의2 제3항의 특별교육명령에 정당한 이유 없이 응하지 아니한 자

★ 핵심 POINT | 소년보호사건과 소년형사사건의 비교

구분	소년보호사건	소년형사사건
제재 수단	보호처분	형벌
연령 기준	10세 이상 19세 미만	14세 이상 19세 미만
대상	범죄소년·촉법소년·우범소년	범죄소년
관할	소년부(소년법원)	법원(형사법원)
심리구조	직권주의	당사자주의
재판 공개	비공개	공개
적용 법률	「소년법」	「소년법」, 「형법」, 「형사소송법」
진술거부권	인정	인정
변론	보조인, 국선보조인	필요적 변론, 국선변호인
수용시설	소년원	소년교도소

01 「청소년 기본법」상 청소년은 8세 이상 24세 이하인 사람을 말한다. 다만, 다른 법률에서 청소년에 대한 적용을 다르게 할 필요가 있는 경우에는 따로 정할 수 있다. 23. 보호7   (   )

02 소년보호의 원칙 중 개별주의에 의하면, 소년보호조치를 취할 때 소년사건을 형사사건과 병합하여 1개의 사건으로 취급한다. 24. 보호9   (   )

03 소년보호의 원칙 중 인격주의에 의하면, 소년보호사건에서는 소년의 행위에서 나타난 개성과 환경을 중시한다. 24. 보호9   (   )

04 검사가 소년부에 송치한 사건을 소년부는 다시 해당 검찰청 검사에게 송치할 수 없다. 22. 교정9   (   )

05 형벌 법령에 저촉되는 행위를 한 10세 이상 14세 미만인 소년이 있을 때에는 경찰서장은 직접 관할 소년부에 송치하여야 한다. 23. 보호7   (   )

06 정당한 이유 없이 가출하고 그의 성격이나 환경에 비추어 앞으로 형벌 법령에 저촉되는 행위를 할 우려가 있는 10세의 소년을 발견한 보호자는 이를 관할 소년부에 통고할 수 있다. 23. 보호7   (   )

정답

01 ✕ '9세' 이상 24세 이하인 사람을 말한다(「청소년 기본법」 제3조 제1호).

02 ✕ 개별주의란 소년사건에서 '소년 개개인을 독립된 사건으로 취급하고 그 개별 특성을 중시'하며, 소년사건의 조사에서는 대상소년의 개성·환경 등에 대한 정확한 규명이 필요하다는 원칙이다.

03 ○ 인격주의에 의하면, 소년사건에서 객관적 비행사실만 중요시해서는 안 되고, 소년의 인격에 내재하는 개인적 범죄특성도 함께 고려하여야 한다.

04 ✕ 소년부는 검사로부터 송치된 사건을 조사 또는 심리한 결과 그 동기와 죄질이 금고 이상의 형사처분을 할 필요가 있다고 인정할 때에는 결정으로써 해당 검찰청 검사에게 송치할 수 있다(「소년법」 제49조 제1항·제2항).

05 ○ 「소년법」 제4조 제2항

06 ○ 「소년법」 제4조 제3항

07 소년부는 송치받은 보호사건이 그 관할에 속하지 아니한다고 인정하더라도 보호의 적정을 기하기 위하여 필요하다고 인정하면 그 사건을 관할 소년부에 이송하지 않을 수 있다. 23. 보호7 　　　　　　　(　)

08 소년부 또는 조사관이 범죄 사실에 관하여 소년을 조사할 때에는 미리 소년에게 불리한 진술을 거부할 수 있음을 알려야 한다. 23. 보호7 　　　　　　　(　)

09 소년부 판사는 조사관에게 사건 본인, 보호자 또는 참고인의 심문이나 그 밖에 필요한 사항을 조사하도록 명할 수 있다. 23. 교정9 　　　　　　　(　)

10 소년부는 조사 또는 심리를 할 때에 정신건강의학과의사 · 심리학자 · 사회사업가 · 교육자나 그 밖의 전문가의 진단, 소년분류심사원의 분류심사 결과와 의견, 소년교도소의 조사결과와 의견을 고려하여야 한다. 23. 교정9 　　(　)

11 소년부 판사는 조사 또는 심리에 필요하다고 인정하여 기일을 지정해서 소환한 사건 본인의 보호자가 정당한 이유 없이 소환에 응하지 아니하면 동행영장을 발부할 수 있다. 23. 보호7 　　　　　　(　)

12 소년부 판사는 소년부 법원서기관 · 법원사무관 · 법원주사 · 법원주사보나 보호관찰관 또는 사법경찰관리에게 동행영장을 집행하게 할 수 있다. 23. 교정9 　　　　　　　(　)

13 소년이 보호자나 변호사를 보조인으로 선임하는 경우에 소년부 판사의 허가없이 보조인을 선임할 수 있다. 22. 보호7 　　　　　　　(　)

14 「소년법」상 보조인의 선임은 심급마다 하여야 한다. 22. 보호7 　　　　　　　(　)

정답

07 ✕ 소년부는 사건이 그 관할에 속하지 아니한다고 인정하면 결정으로써 그 사건을 관할 소년부에 이송하여야 한다(「소년법」 제6조 제1항 · 제2항).

08 ○ 「소년법」 제10조

09 ○ 「소년법」 제11조 제1항

10 ✕ 소년교도소가 아니라 '보호관찰소'의 조사결과와 의견을 고려하여야 한다(「소년법」 제12조).

11 ○ 「소년법」 제13조 제2항

12 ○ 「소년법」 제16조 제2항

13 ○ 「소년법」 제17조 제2항

14 ○ 「소년법」 제17조 제5항

15 소년이 소년분류심사원에 위탁된 경우 보조인이 없을 때에는 법원은 변호사 등 적정한 자를 보조인으로 선정하여야 한다. 23. 교정9 　　　　　　　　　　　　　　　　　　　　　　　(　)

16 소년이 소년분류심사원에 위탁되지 아니하였을 때에도 소년에게 신체적·정신적 장애가 의심되는 경우에는 법원은 직권으로 보조인을 선정하여야 한다. 22. 보호7 　　　　　　　　　　　　　　　　　　　(　)

17 소년부 판사가 사건을 조사 또는 심리하는 데에 필요하다고 인정하여 소년의 감호에 관한 결정으로써 병원이나 그 밖의 요양소에 위탁하는 조치를 하는 경우 그 위탁의 최장기간은 2개월이다. 23. 보호7 　　　　　　(　)

18 소년부 판사는 사안이 가볍다는 이유로 심리를 개시하지 아니한다는 결정을 할 때에는 소년에게 훈계하거나 보호자에게 소년을 엄격히 관리하거나 교육하도록 고지할 수 있다. 24. 교정9 　　　　　　　　　　(　)

19 소년부 판사는 소년의 품행을 교정하고 피해자를 보호하기 위하여 필요하다고 인정하면 소년에게 피해 변상 등 피해자와의 화해를 권고할 수 있다. 21. 보호7 　　　　　　　　　　　　　　　　　　　　(　)

20 소년보호처분 중 제1호 처분은 보호자 또는 보호자를 대신하여 소년을 보호할 수 있는 자에게 감호 위탁하는 것이다. 22. 보호7 　　　　　　　　　　　　　　　　　　　　　　　　　　　(　)

21 소년보호처분 중 제6호 처분은 「아동복지법」에 따른 아동복지시설이나 그 밖의 소년보호시설에 감호 위탁하는 것이다. 22. 보호7 　　　　　　　　　　　　　　　　　　　　　　　　　(　)

정답

15 ○ 「소년법」 제17조의2 제1항

16 × 보조인을 선정'할 수 있다'(「소년법」 제17조의2 제2항).

17 × 병원이나 그 밖의 요양소에 위탁하는 조치의 위탁기간은 3개월을 초과하지 못함이 원칙이지만, 특별히 계속 조치할 필요가 있을 때에는 한 번에 한하여 결정으로써 연장할 수 있으므로(「소년법」 제18조 제1항·제3항), 최장기간은 '6개월'이다.

18 ○ 「소년법」 제19조 제2항

19 ○ 「소년법」 제25조의3 제1항

20 ○ 「소년법」 제32조 제1항 제1호

21 ○ 「소년법」 제32조 제1항 제6호

22 1개월 이내의 소년원 송치 처분을 하는 경우 이 처분과 장기보호관찰을 병합할 수 없다. 24. 보호9 ( )

23 수강명령 및 장기 소년원 송치의 처분은 12세 이상의 소년에게만 할 수 있다. 23. 보호7 ( )

24 소년부 판사는 심리 결과 보호처분의 필요성이 인정되더라도 13세의 우범소년인 甲에게 수강명령과 사회봉사명령은 부과할 수 없다. 22. 보호7 ( )

25 소년보호처분 중 제5호 처분을 할 때 6개월의 기간을 정하여 「보호소년 등의 처우에 관한 법률」에 따른 대안교육 또는 소년의 상담·선도·교화와 관련된 단체나 시설에서의 상담·교육을 받을 것을 동시에 명할 수 있다. 22. 보호7
( )

26 보호관찰 처분을 할 때는 1년 이내의 기간을 정하여 야간 등 특정 시간대의 외출을 제한하는 명령을 보호관찰 대상자의 준수사항으로 부과할 수 있다. 24. 보호9 ( )

27 단기보호관찰을 받은 보호관찰 대상자가 준수사항을 위반하는 경우, 1년의 범위에서 보호관찰 기간을 연장할 수 있다. 24. 보호9 ( )

28 보호처분이 계속 중일 때에 당해 보호사건 본인이 처분 당시 19세 이상인 것으로 밝혀진 경우, 검사·경찰서장의 송치에 의한 사건에 대해서는 소년부 판사는 결정으로써 그 보호처분을 취소하고 관할 지방법원에 대응하는 검찰청 검사에게 송치한다. 24. 보호9 ( )

정답

22 ✕ 1개월 이내의 소년원 송치 처분(제8호 처분)과 장기보호관찰(제5호 처분)을 병합할 수 있다(「소년법」 제32조 제2항 제5호).

23 ○ 「소년법」 제32조 제4항

24 ✕ 甲은 13세이므로 '수강명령은 부과할 수 있으나, 사회봉사명령은 부과할 수 없다'(「소년법」 제32조 제3항·제4항 참조).

25 ✕ '3개월 이내'의 기간을 정하여 대안교육 등을 받을 것을 동시에 명할 수 있다(「소년법」 제32조의2 제1항).

26 ○ 「소년법」 제32조의2 제2항

27 ✕ 단기 보호관찰의 기간은 1년으로 하며, '연장할 수 없다'(「소년법」 제33조 제2항). 참고로 보호관찰소의 장은 「소년법」상 단기·장기 보호관찰을 받고 있는 사람이 보호관찰 기간 중 준수사항을 위반하고 그 정도가 무거워 보호관찰을 계속하기 적절하지 아니하다고 판단되면 법원에 보호처분의 변경을 신청할 수 있다(「보호관찰 등에 관한 법률」 제49조 제1항 참조).

28 ○ 「소년법」 제38조 제1항 제1호

29 보호처분이 계속 중일 때에 당해 보호사건 본인에 대하여 유죄판결이 확정된 경우에 보호처분을 한 소년부 판사는 그 처분을 존속할 필요가 없다고 인정하면 결정으로써 보호처분을 취소할 수 있다. 24. 보호9 ( )

30 보호처분이 계속 중일 때에 당해 보호사건 본인에 대하여 새로운 보호처분이 있었을 때에는 그 처분을 한 소년부 판사는 이전의 보호처분을 한 소년부에 조회하여 이전의 보호처분을 취소하여야 한다. 24. 보호9 ( )

31 법원이 소년에 대한 피고사건을 심리한 결과 보호처분에 해당할 사유가 있다고 인정하여 결정으로써 사건을 관할 소년부에 송치한 경우, 해당 소년부는 조사 또는 심리한 결과 사건의 본인이 19세 이상인 것으로 밝혀지면 결정으로써 송치한 법원에 사건을 다시 이송하여야 한다. 23. 보호7 ( )

32 보호처분 당시 19세 이상인 것으로 밝혀진 경우를 제외하고는 「소년법」 제32조의 보호처분을 받은 소년에 대하여는 그 심리가 결정된 사건은 다시 공소를 제기하거나 소년부에 송치할 수 없다. 22. 보호7 ( )

33 소년에 대한 구속영장은 부득이한 경우가 아니면 발부하지 못한다. 22. 교정9 ( )

34 소년에 대한 형사사건의 심리는 다른 피의사건과 관련된 경우 심리에 지장이 없으면 그 절차를 병합하여야 한다. 22. 교정7 ( )

35 죄를 범할 당시 18세 미만인 소년에 대하여 사형 또는 무기형으로 처할 경우에는 15년의 유기징역으로 한다. 22. 교정7 ( )

정답
29 ○ 「소년법」 제39조
30 × '어느 하나의' 보호처분을 취소하여야 한다(「소년법」 제40조).
31 ○ 「소년법」 제50조 · 제51조
32 ○ 「소년법」 제53조
33 ○ 「소년법」 제55조 제1항
34 × 절차를 '분리'하여야 한다(「소년법」 제57조).
35 ○ 「소년법」 제59조

36 소년이 법정형으로 장기 2년 이상의 유기형에 해당하는 죄를 범한 경우에는 그 형의 범위에서 장기와 단기를 정하여 선고한다. 24. 보호9 ( )

37 「특정강력범죄의 처벌에 관한 특례법」 소정의 특정강력범죄를 범한 소년에 대하여 부정기형을 선고할 때에는 장기는 15년, 단기는 7년을 초과하지 못한다. 24. 보호9 ( )

38 소년에 대한 부정기형을 집행하는 기관의 장은 형의 단기가 지난 소년범의 행형 성적이 양호하고 교정의 목적을 달성하였다고 인정되는 경우에는 관할 지방법원 판사의 명령에 따라 그 형의 집행을 종료시킬 수 있다. 23. 교정7 ( )

39 징역 또는 금고를 선고받은 소년에 대하여는 특별히 설치된 교도소 또는 일반 교도소 안에 특별히 분리된 장소에서 그 형을 집행한다. 다만, 소년이 형의 집행 중에 23세가 되면 일반 교도소에서 집행할 수 있다. 22. 교정7 ( )

40 징역 또는 금고를 선고받은 소년에 대하여는 무기형의 경우에는 5년, 15년 유기형의 경우에는 3년, 부정기형의 경우에는 단기의 3분의 1의 기간이 각각 지나면 가석방을 허가할 수 있다. 22. 교정7 ( )

41 15년 유기징역형을 선고받은 소년이 6년이 지나 가석방된 경우, 가석방된 후 그 처분이 취소되지 아니하고 9년이 경과한 때에 형의 집행을 종료한 것으로 한다. 22. 보호7 ( )

IV

소년형사정책론 해커스공무원 노신 형사정책 기본서

정답

36 ○ 「소년법」 제60조 제1항

37 ○ 「특정강력범죄의 처벌에 관한 특례법」 제4조 제2항

38 ✕ '관할 검찰청 검사의 지휘'에 따라 그 형의 집행을 종료시킬 수 있다(「소년법」 제60조 제4항).

39 ○ 「소년법」 제63조

40 ○ 「소년법」 제65조

41 ✕ 15년 유기징역형을 선고받은 소년이 6년이 지나 가석방된 경우, 가석방된 후 그 처분이 취소되지 아니하고 '6년', 즉, '가석방 전에 집행을 받은 기간과 같은 기간'이 경과한 때에 형의 집행을 종료한 것으로 한다(「소년법」 제66조 참조). 형법상 가석방의 경우에 유기징역은 남은 형기가 가석방기간이고 이를 경과한 때에는 형의 집행을 종료한 것으로 보는 것과 차이가 있다(「형법」 제73조의2 제1항 및 제76조 제1항 참조).

03 소년보호 관련 법령

1 보호소년 등의 처우에 관한 법률

1 총칙

제1조【목적】 이 법은 보호소년 등의 처우 및 교정교육과 소년원과 소년분류심사원의 조직, 기능 및 운영에 관하여 필요한 사항을 규정함을 목적으로 한다.

제1조의2【정의】 이 법에서 사용하는 용어의 뜻은 다음과 같다.

1. '보호소년'이란 「소년법」 제32조 제1항 제7호부터 제10호까지(→ 병원 등 위탁, 1개월 이내의 소년원 송치, 단기 소년원 송치, 장기 소년원 송치)의 규정에 따라 가정법원소년부 또는 지방법원소년부(이하 '법원소년부'라 한다)로부터 위탁되거나 송치된 소년을 말한다.
2. '위탁소년'이란 「소년법」 제18조 제1항 제3호(→ 소년분류심사원에 위탁)에 따라 법원소년부로부터 위탁된 소년을 말한다.
3. '유치소년'이란 「보호관찰 등에 관한 법률」 제42조 제1항에 따라 유치(留置)된 소년을 말한다.
4. '보호소년 등'이란 보호소년, 위탁소년 또는 유치소년을 말한다.

제2조【처우의 기본원칙】 ② 보호소년에게는 품행의 개선과 진보의 정도에 따라 점차 향상된 처우를 하여야 한다.

제3조【임무】 ① 소년원은 보호소년을 수용하여 교정교육을 하는 것을 임무로 한다.
② 소년분류심사원은 다음 각 호의 임무를 수행한다.

1. 위탁소년의 수용과 분류심사
2. 유치소년의 수용과 분류심사
3. 「소년법」 제12조에 따른 전문가 진단의 일환으로 법원소년부가 상담조사를 의뢰한 소년의 상담과 조사
4. 「소년법」 제49조의2에 따라 소년 피의사건에 대하여 검사가 조사를 의뢰한 소년의 품행 및 환경 등의 조사
5. 제1호부터 제4호까지의 규정에 해당되지 아니하는 소년으로서 소년원장이나 보호관찰소장이 의뢰한 소년의 분류심사

제4조【관장 및 조직】 ① 소년원과 소년분류심사원은 법무부장관이 관장한다.
② 소년원과 소년분류심사원의 명칭, 위치, 직제, 그 밖에 필요한 사항은 대통령령으로 정한다.

제5조【소년원의 분류】 ① 법무부장관은 보호소년의 처우상 필요하다고 인정하면 대통령령으로 정하는 바에 따라 소년원을 초·중등교육, 직업능력개발훈련, 의료재활 등 기능별로 분류하여 운영하게 할 수 있다.

현행법령상 소년원의 분류

초·중등교육 소년원, 직업능력개발훈련 소년원, 의료·재활교육 소년원, 인성교육 소년원(시행령 제12조 제1항)

② 법무부장관은 제1항에 따라 의료재활 기능을 전문적으로 수행하는 소년원을 <u>의료재활소년원</u>으로 운영한다.

제6조【소년원 등의 규모 등】 ① <u>신설하는 소년원 및 소년분류심사원은 수용정원이 150명 이내</u>의 규모가 되도록 하여야 한다. 다만, 소년원 및 소년분류심사원의 기능·위치나 그 밖의 사정을 고려하여 그 <u>규모를 증대할 수 있다</u>. 21. 교정7

② 보호소년등의 개별적 특성에 맞는 처우를 위하여 소년원 및 소년분류심사원에 두는 <u>생활실</u>은 대통령령으로 정하는 바에 따라 <u>소규모</u>로 구성하여야 한다(→ 4명 이하가 원칙, 예외적 증대 ○).

시행령 제5조의2【생활실 수용정원】 법 제6조 제2항에 따라 소년원 및 소년분류심사원에 두는 생활실의 수용정원은 4명 이하로 한다. 다만, 소년원 및 소년분류심사원의 기능·위치나 그 밖의 사정을 고려하여 수용인원을 증대할 수 있다.

2 수용·보호

제7조【수용절차】 ① 보호소년 등을 소년원이나 소년분류심사원에 수용할 때에는 <u>법원소년부의 결정서, 법무부장관의 이송허가서 또는 지방법원 판사의 유치허가장</u>에 의하여야 한다. 20. 보호7☆

제8조【분류처우】 ① 원장은 보호소년 등의 정신적·신체적 상황 등 개별적 특성을 고려하여 생활실을 구분하는 등 적합한 처우를 하여야 한다.

② 보호소년 등은 다음 각 호의 기준에 따라 <u>분리 수용</u>한다. 22. 교정9

1. <u>남성과 여성</u>

2. <u>보호소년, 위탁소년 및 유치소년</u>

③ 「소년법」 제32조 제1항 제7호(→ 병원 등 위탁)의 처분을 받은 보호소년은 <u>의료재활소년원에 해당하는 소년원에 수용하여야 한다.</u>

④ 원장은 <u>보호소년 등이 희망하거나 특별히 보호소년 등의 개별적 특성에 맞는 처우가 필요한 경우</u> 보호소년 등을 <u>혼자 생활하게 할 수 있다.</u>

제9조【보호처분의 변경 등】 ① <u>소년원장</u>은 <u>보호소년</u>이 다음 각 호의 어느 하나에 해당하는 경우에는 소년원 소재지를 관할하는 법원소년부에 「소년법」 제37조에 따른 <u>보호처분의 변경을 신청할 수 있다.</u>

1. 중환자로 판명되어 수용하기 위험하거나 장기간 치료가 필요하여 교정교육의 실효를 거두기가 어렵다고 판단되는 경우

2. 심신의 장애가 현저하거나 임신 또는 출산(유산·사산한 경우를 포함한다), 그 밖의 사유로 특별한 보호가 필요한 경우

3. 시설의 안전과 수용질서를 현저히 문란하게 하는 보호소년에 대한 교정교육을 위하여 보호기간을 연장할 필요가 있는 경우

② <u>소년분류심사원장</u>은 <u>위탁소년</u>이 제1항 각 호의 어느 하나에 해당하는 경우에는 위탁 결정을 한 법원소년부에 「소년법」 제18조에 따른 <u>임시조치의 취소·변경 또는 연장</u>에 관한 의견을 제시할 수 있다.

③ <u>소년분류심사원장</u>은 <u>유치소년</u>이 제1항 제1호(→ 중환자로 판명되어 수용하기 위험하거나 장기간 치료가 필요하여 교정교육의 실효를 거두기가 어렵다고 판단) 또는 제2호(→ 심신의 장애가 현저하거나 임신 또는 출산(유산·사산한 경우를 포함한다), 그 밖의 사유로 특별한 보호가 필요)에 해당하는 경우(→ 제3호는 해당 없음)에는 유치 허가를 한 지방법원 판사 또는 소년분류심사원 소재지를 관할하는 법원소년부에 <u>유치 허가의 취소</u>에 관한 의견을 제시할 수 있다. 21. 교정7

💊 **핵심 OX**

01 보호소년 등을 소년원이나 소년분류심사원에 수용할 때에는 법원소년부의 결정서에 의하여야 한다. (○, ×)

01 ○

⑤ 제1항에 따른 <u>보호처분의 변경</u>을 할 경우 보호소년이 <u>19세 이상</u>인 경우에도 「소년법」 제2조 및 제38조 제1항에도 불구하고 같은 법 제2장의 <u>보호사건 규정</u>을 적용한다.

제10조 【원장의 면접】 <u>원장</u>은 보호소년 등으로부터 <u>처우나 일신상의 사정</u>에 관한 의견을 듣기 위하여 <u>수시로</u> 보호소년 등과 면접을 하여야 한다.

제11조 【청원】 보호소년 등은 그 <u>처우에 대하여 불복</u>할 때에는 법무부장관에게 <u>문서</u>로 청원할 수 있다. 14. 교정9

제12조 【이송】 ① 소년원장은 분류수용, 교정교육상의 필요, 그 밖의 이유로 보호소년을 다른 소년원으로 이송하는 것이 적당하다고 인정하면 <u>법무부장관의 허가</u>를 받아 이송할 수 있다. 23. 보호7☆
② 「소년법」 제32조 제1항 제7호(→ <u>병원 등 위탁</u>)의 처분을 받은 보호소년은 <u>의료재활소년원</u>에 해당하지 아니하는 소년원으로 이송할 수 없다.

제14조 【사고 방지 등】 ① 원장은 보호소년 등이 이탈, 난동, 폭행, 자해(自害), 그 밖의 사고를 일으킬 우려가 있을 때에는 이를 방지하는 데에 필요한 조치를 하여야 한다.
② 보호소년 등이 소년원이나 소년분류심사원을 <u>이탈</u>하였을 때에는 그 <u>소속 공무원</u>이 재수용할 수 있다. 14. 교정9

제14조의2 【보호장비의 사용】 ① 보호장비의 종류는 다음 각 호와 같다. 17. 교정9☆
1. 수갑
2. 포승(捕繩)
3. 가스총
4. 전자충격기
5. <u>머리보호장비</u>
6. <u>보호대(保護帶)</u>
② 원장은 다음 각 호의 어느 하나에 해당하는 경우에는 소속 공무원으로 하여금 보호소년 등에 대하여 <u>수갑, 포승 또는 보호대</u>를 사용하게 할 수 있다. 23. 교정9☆
1. 이탈·난동·폭행·자해·자살을 방지하기 위하여 필요한 경우
2. 법원 또는 검찰의 조사·심리, 이송, 그 밖의 사유로 호송하는 경우
3. 그 밖에 소년원·소년분류심사원의 안전이나 질서를 해칠 우려가 현저한 경우
③ 원장은 다음 각 호의 어느 하나에 해당하는 경우에는 소속 공무원으로 하여금 보호소년 등에 대하여 <u>수갑, 포승 또는 보호대</u> 외에 가스총이나 전자충격기를 사용하게 할 수 있다. 23. 교정9☆
1. 이탈, 자살, 자해하거나 이탈, 자살, 자해하려고 하는 때
2. 다른 사람에게 위해를 가하거나 가하려고 하는 때
3. 위력으로 소속 공무원의 정당한 직무집행을 방해하는 때
4. 소년원·소년분류심사원의 설비·기구 등을 손괴하거나 손괴하려고 하는 때
5. 그 밖에 시설의 안전 또는 질서를 크게 해치는 행위를 하거나 하려고 하는 때
④ 제3항에 따라 <u>가스총이나 전자충격기</u>를 사용하려면 사전에 상대방에게 이를 <u>경고</u>하여야 한다. 다만, 상황이 급박하여 경고할 시간적인 여유가 없는 때에는 그러하지 아니하다. 23. 교정9

「보호관찰 등에 관한 법률」상 보호장구
수갑, 포승, 보호대, 가스총, 전자충격기

🛢 **핵심 ○×**

02 보호소년 등이 소년원이나 소년분류심사원을 이탈하였을 때에는 그 소속 공무원이 재수용할 수 있다. (○, ×)

02 ○

⑤ 원장은 보호소년 등이 <u>자해할 우려가 큰 경우</u>에는 소속 공무원으로 하여금 보호소년 등에게 <u>머리보호장비</u>를 사용하게 할 수 있다. 23. 교정9

⑥ 보호장비는 필요한 최소한의 범위에서 사용하여야 하며, 보호장비를 <u>사용할 필요가 없게 되었을 때</u>에는 지체 없이 사용을 중지하여야 한다. 23. 교정9

⑦ 보호장비는 <u>징벌의 수단</u>으로 사용되어서는 아니 된다. 22. 교정9

제14조의3【전자장비의 설치·운영】 ① 소년원 및 소년분류심사원에는 보호소년 등의 이탈·난동·폭행·자해·자살, 그 밖에 보호소년 등의 생명·신체를 해치거나 시설의 안전 또는 질서를 해치는 행위(이하 이 조에서 '자해 등'이라 한다)를 방지하기 위하여 필요한 최소한의 범위에서 전자장비를 설치하여 운영할 수 있다. 22. 교정9

② 보호소년 등이 사용하는 목욕탕, 세면실 및 화장실에 전자영상장비를 설치하여 운영하는 것은 자해 등의 우려가 큰 때에만 할 수 있다. 이 경우 전자영상장비로 보호소년 등을 감호할 때에는 <u>여성인 보호소년 등에 대해서는 여성인 소속 공무원만</u>, <u>남성인 보호소년 등에 대해서는 남성인 소속 공무원만</u>이 참여하여야 한다. 22. 교정9☆

제14조의4【규율 위반행위】 보호소년 등은 다음 각 호의 행위를 하여서는 아니 된다.

1. 「형법」, 「폭력행위 등 처벌에 관한 법률」, 그 밖의 <u>형사 법률에 저촉되는 행위</u>
2. 생활의 편의 등 자신의 <u>요구를 관철할 목적으로 자해하는 행위</u>
3. 소년원·소년분류심사원의 안전 또는 질서를 해칠 목적으로 <u>단체를 조직하거나 그 단체에 가입하거나 다중을 선동하는 행위</u>
4. <u>금지물품을 반입하거나</u> 이를 제작·소지·사용·수수·교환 또는 은닉하는 행위
5. 정당한 사유 없이 <u>교육 등을 거부하거나 게을리하는 행위</u>
6. 그 밖에 시설의 안전과 질서 유지를 위하여 <u>법무부령으로 정하는 규율을 위반하는 행위</u>

제15조【징계】 ① 원장은 보호소년 등이 제14조의4 각 호의 어느 하나에 해당하는 행위(→ 규율 위반행위)를 하면 제15조의2 제1항에 따른 <u>보호소년 등 처우·징계위원회의 의결</u>에 따라 다음 각 호의 어느 하나에 해당하는 징계를 할 수 있다.

1. 훈계
2. <u>원내 봉사활동</u>
3. 서면 사과
4. <u>20일 이내</u>의 텔레비전 시청 제한
5. 20일 이내의 단체 체육활동 정지
6. 20일 이내의 공동행사 참가 정지
7. 20일 이내의 기간 동안 <u>지정된 실(室) 안에서 근신</u>하게 하는 것

② 제1항 제3호부터 제6호까지(→ 서면 사과, 텔레비전 시청 제한, 단체 체육활동 정지, 공동행사 참가 정지)의 처분은 <u>함께 부과할 수 있다.</u>

③ 제1항 <u>제7호의 처분</u>(→ 지정된 실 안에서 근신)은 <u>14세 미만</u>의 보호소년 등에게는 <u>부과하지 못한다.</u> 23. 보호7☆

④ 원장은 제1항 제7호의 처분(→ <u>지정된 실 안에서 근신</u>)을 받은 보호소년 등에게 <u>개별적인 체육활동시간을 보장하여야 한다.</u> 이 경우 매주 1회 이상 실외운동을 할 수 있도록 하여야 한다.

⑤ 제1항 제7호의 처분(→ 지정된 실 안에서 근신)을 받은 보호소년 등에게는 그 기간 중 같은 항 제4호부터 제6호까지(→ 텔레비전 시청 제한, 단체 체육활동 정지, 공동행사 참가 정지)의 처우 제한이 함께 부과된다(→ 훈계, 원내 봉사활동, 서면 사과는 함께 부과 안됨). 다만, 원장은 보호소년 등의 교화 또는 건전한 사회복귀를 위하여 특히 필요하다고 인정하면 텔레비전 시청, 단체 체육활동 또는 공동행사 참가를 허가할 수 있다. 22. 교정9

⑥ 소년원장은 보호소년이 제1항 각 호의 어느 하나에 해당하는 징계를 받은 경우에는 법무부령으로 정하는 기준에 따라 교정성적 점수를 빼야 한다.

⑧ 원장은 보호소년 등에게 제1항에 따라 징계를 한 경우에는 지체 없이 그 사실을 보호자에게 통지하여야 한다.

⑨ 원장은 징계를 받은 보호소년 등의 보호자와 상담을 할 수 있다.

제15조의2 【보호소년 등 처우·징계위원회】 ① 보호소년 등의 처우에 관하여 원장의 자문에 응하게 하거나 징계 대상자에 대한 징계를 심의·의결하기 위하여 소년원 및 소년분류심사원에 보호소년 등 처우·징계위원회를 둔다.

② 제1항에 따른 보호소년 등 처우·징계위원회(이하 '위원회'라 한다)는 위원장을 포함한 5명 이상 11명 이하의 위원으로 구성하고, 민간위원은 1명 이상으로 한다.

③ 위원회가 징계 대상자에 대한 징계를 심의·의결하는 경우에는 1명 이상의 민간위원이 해당 심의·의결에 참여하여야 한다.

제16조 【포상】 ① 원장은 교정성적이 우수하거나 품행이 타인의 모범이 되는 보호소년등에게 포상을 할 수 있다. 23. 보호7

② 원장은 제1항에 따라 포상을 받은 보호소년등에게는 특별한 처우를 할 수 있다.

23. 보호7

제18조 【면회·편지·전화통화】 ① 원장은 비행집단과 교제하고 있다고 의심할 만한 상당한 이유가 있는 경우 등 보호소년 등의 보호 및 교정교육에 지장이 있다고 인정되는 경우 외에는 보호소년 등의 면회를 허가하여야 한다. 다만, 제15조 제1항 제7호(→ 지정된 실내에서 근신)의 징계를 받은 보호소년 등에 대한 면회는 그 상대방이 변호인이나 보조인(이하 '변호인 등'이라 한다) 또는 보호자인 경우에 한정하여 허가할 수 있다.

② 보호소년 등이 면회를 할 때에는 소속 공무원이 참석하여 보호소년 등의 보호 및 교정 교육에 지장이 없도록 지도할 수 있다. 이 경우 소속 공무원은 보호소년 등의 보호 및 교정 교육에 지장이 있다고 인정되는 경우에는 면회를 중지할 수 있다.

19. 승진☆

③ 제2항 전단에도 불구하고 보호소년 등이 변호인 등과 면회를 할 때에는 소속 공무원이 참석하지 아니한다. 다만, 보이는 거리에서 보호소년 등을 지켜볼 수 있다.

19. 승진

④ 원장은 공동으로 비행을 저지른 관계에 있는 사람의 편지인 경우 등 보호소년 등의 보호 및 교정 교육에 지장이 있다고 인정되는 경우에는 보호소년 등의 편지 왕래를 제한할 수 있으며, 편지의 내용을 검사할 수 있다. 19. 교정9☆

⑤ 제4항에도 불구하고 보호소년 등이 변호인 등과 주고받는 편지는 제한하거나 검사할 수 없다. 다만, 상대방이 변호인 등임을 확인할 수 없는 때에는 예외로 한다.

19. 승진

⑥ 원장은 공범 등 교정교육에 해가 된다고 인정되는 사람과의 전화통화를 제한하는 등 보호소년 등의 보호 및 교정교육에 지장을 주지 아니하는 범위에서 가족 등과 전화통화를 허가할 수 있다. 16. 교정9

제19조【외출】 소년원장은 보호소년에게 다음 각 호의 어느 하나에 해당하는 사유가 있을 때는 본인이나 보호자 등의 신청에 따라 또는 직권으로 외출을 허가할 수 있다. 16. 교정9

1. 직계존속이 위독하거나 사망하였을 때
2. 직계존속의 회갑 또는 형제자매의 혼례가 있을 때
3. 천재지변이나 그 밖의 사유로 가정에 인명 또는 재산상의 중대한 피해가 발생하였을 때
4. 병역, 학업, 질병 등의 사유로 외출이 필요할 때
5. 그 밖에 교정교육상 특히 필요하다고 인정할 때

제20조【환자의 치료】 ② 원장은 소년원이나 소년분류심사원에서 제1항에 따른 치료를 하는 것이 곤란하다고 인정되면 외부 의료기관에서 치료를 받게 할 수 있다.
③ 원장은 보호소년 등이나 그 보호자 등이 자비(自費)로 치료받기를 원할 때에는 이를 허가할 수 있다.
④ 소년원 및 소년분류심사원에 근무하는 간호사는 「의료법」 제27조에도 불구하고 야간 또는 공휴일 등 의사가 진료할 수 없는 경우 대통령령으로 정하는 경미한 의료행위를 할 수 있다.

제20조의3【출원생의 외래진료】 ① 의료재활소년원장은 의료재활소년원 출원생(出院生)이 외래진료를 신청하는 경우 의료재활소년원에서 검사, 투약 등 적절한 진료 및 치료를 받도록 할 수 있다.
② 법무부장관은 의료재활소년원 출원생이 신청하는 경우 「치료감호 등에 관한 법률」 제16조의2 제1항 제2호에 따른 법무부장관이 지정하는 기관(→ 지정법무병원)에서 외래진료를 받도록 할 수 있다. 이 경우 법무부장관은 예산의 범위에서 진료비용을 지원할 수 있다.

제21조【감염병의 예방과 응급조치】 ① 원장은 소년원이나 소년분류심사원에서 감염병이 발생하거나 발생할 우려가 있을 때에는 이에 대한 상당한 조치를 하여야 한다.
② 원장은 보호소년 등이 감염병에 걸렸을 때에는 지체 없이 격리 수용하고 필요한 응급조치를 하여야 한다.

제22조【금품의 보관 및 반환】 ① 원장은 보호소년 등이 갖고 있던 금전, 의류, 그 밖의 물품을 보관하는 경우에는 이를 안전하게 관리하고 보호소년 등에게 수령증을 내주어야 한다.
② 원장은 보호소년 등의 퇴원, 임시퇴원, 사망, 이탈 등의 사유로 금품을 계속 보관할 필요가 없게 되었을 때에는 본인이나 보호자 등에게 반환하여야 한다.
③ 제2항에 따라 반환되지 아니한 금품은 퇴원, 임시퇴원, 사망, 이탈 등의 사유가 발생한 날부터 1년 이내에 본인이나 보호자 등이 반환 요청을 하지 아니하면 국고에 귀속하거나 폐기한다.

제23조【친권 또는 후견】 원장은 미성년자인 보호소년 등이 친권자나 후견인이 없거나 있어도 그 권리를 행사할 수 없을 때에는 법원의 허가를 받아 그 보호소년 등을 위하여 친권자나 후견인의 직무를 행사할 수 있다. 23. 보호7☆

3 분류심사

> **제24조【분류심사】** ① 분류심사는 제3조 제2항에 해당하는 소년의 신체, 성격, 소질, 환경, 학력 및 경력 등에 대한 조사를 통하여 비행 또는 범죄의 원인을 규명하여 심사대상인 소년의 처우에 관하여 최선의 지침을 제시함을 목적으로 한다.
>
> **제26조【청소년심리검사 등】** 소년분류심사원장은 「청소년기본법」 제3조 제1호에 따른 청소년이나 그 보호자가 적성검사 등 진로 탐색을 위한 청소년심리검사 또는 상담을 의뢰하면 이를 할 수 있다. 이 경우에는 법무부장관이 정하는 바에 따라 실비를 받을 수 있다(→ 조기예측의 일종).

4 교정교육 등

> **제29조【학교의 설치·운영】** 법무부장관은 대통령령으로 정하는 바에 따라 소년원에 「초·중등교육법」 제2조 제1호부터 제4호까지의 학교(이하 '소년원학교'라 한다)를 설치·운영할 수 있다.
>
> **제30조【교원 등】** ① 소년원학교에는 「초·중등교육법」 제21조 제2항에 따른 자격을 갖춘 교원을 두되, 교원은 일반직공무원으로 임용할 수 있다.
>
> **제31조【학적관리】** ② 「초·중등교육법」 제2조의 학교에서 재학하던 중 소년분류심사원에 위탁되거나 유치된 소년 및 「소년법」 제32조 제1항 제8호의 처분(→ 1개월 이내의 소년원 송치)을 받은 소년의 수용기간은 그 학교의 수업일수로 계산한다.
>
> **제33조【통학】** 소년원장은 교정 성적이 양호한 보호소년의 원활한 학업 연계를 위하여 필요하다고 판단되면 보호소년을 전적학교 등 다른 학교로 통학하게 할 수 있다.
>
> **제35조【직업능력개발훈련】** ② 소년원장은 법무부장관의 허가를 받아 산업체의 기술지원이나 지원금으로 직업능력개발훈련을 실시하거나 소년원 외의 시설에서 직업능력개발훈련을 실시할 수 있다.
>
> **제37조【통근취업】** ① 소년원장은 보호소년이 직업능력개발훈련 과정을 마쳤을 때에는 산업체에 통근취업하게 할 수 있다.
> ② 소년원장은 보호소년이 제1항에 따라 취업을 하였을 때에는 해당 산업체로 하여금 「근로기준법」을 지키게 하고, 보호소년에게 지급되는 보수는 전부 본인에게 지급하여야 한다.
>
> **제42조의2【대안교육 및 비행예방 등】** ① 소년원과 소년분류심사원은 청소년 등에게 비행예방 및 재범방지 또는 사회적응을 위한 체험과 인성 위주의 교육을 실시하기 위하여 다음 각 호의 교육 과정(이하 '대안교육 과정'이라 한다)을 운영한다.
> 1. 「소년법」 제32조의2 제1항에 따라 법원소년부 판사가 명한 대안교육
> 2. 「소년법」 제49조의3 제2호에 따라 검사가 의뢰한 상담·교육·활동 등
> 3. 「초·중등교육법」 제18조에 따른 징계대상인 학생으로서 각급 학교의 장이 의뢰한 소년의 교육
> 4. 「학교폭력예방 및 대책에 관한 법률」 제15조 제3항에 따른 학교폭력 예방교육과 같은 법 제17조에 따른 가해학생 및 보호자 특별교육

제42조의3【보호자교육】 ① 소년원과 소년분류심사원은 「소년법」 제32조의2 제3항에 따라 교육명령을 받은 보호자 또는 보호소년 등의 보호자를 대상으로 역할개선 중심의 보호자교육 과정을 운영한다.

5 출원 · 보칙

제43조【퇴원】 ① 소년원장은 보호소년이 22세가 되면 퇴원시켜야 한다. 20. 보호7

② 소년원장은 「소년법」 제32조 제1항 제8호 또는 같은 법 제33조 제1항·제5항·제6항에 따라 수용상한기간에 도달한 보호소년은 즉시 퇴원시켜야 한다. 22. 보호7

③ 소년원장은 교정 성적이 양호하며 교정의 목적을 이루었다고 인정되는 보호소년[「소년법」 제32조 제1항 제8호(→ 1개월 이내의 소년원 송치)에 따라 송치된 보호소년은 제외한다]에 대하여는 「보호관찰 등에 관한 법률」에 따른 보호관찰심사위원회에 퇴원을 신청하여야 한다. 22. 보호7

④ 위탁소년 또는 유치소년의 소년분류심사원 퇴원은 법원소년부의 결정서에 의하여야 한다. 22. 보호7

제44조【임시퇴원】 소년원장은 교정 성적이 양호한 자 중 보호관찰의 필요성이 있다고 인정되는 보호소년(「소년법」 제32조 제1항 제8호에 따라 송치된 보호소년은 제외한다)에 대하여는 「보호관찰 등에 관한 법률」 제22조 제1항에 따라 보호관찰심사위원회에 임시퇴원을 신청하여야 한다.

제44조의2【보호소년의 출원】 소년원장은 제43조 제3항 및 제44조의 신청에 대하여 「보호관찰 등에 관한 법률」 제25조에 따른 법무부장관의 퇴원·임시퇴원 허가를 통보받으면 해당 허가서에 기재되어 있는 출원예정일에 해당 보호소년을 출원시켜야 한다. 다만, 제46조에 따라 계속 수용하는 경우(제45조 제3항의 경우를 포함한다)에는 그러하지 아니하다.

제45조의2【사회정착지원】 ① 원장은 출원하는 보호소년 등의 성공적인 사회정착을 위하여 장학·원호·취업알선 등 필요한 지원을 할 수 있다.

② 제1항에 따른 사회정착지원(이하 이 조에서 '사회정착지원'이라 한다)의 기간은 6개월 이내로 하되, 6개월 이내의 범위에서 한 번에 한하여 그 기간을 연장할 수 있다. 22. 보호7☆

제46조【퇴원자 또는 임시퇴원자의 계속 수용】 ① 퇴원 또는 임시퇴원이 허가된 보호소년이 질병에 걸리거나 본인의 편익을 위하여 필요하면 본인의 신청에 의하여 계속 수용할 수 있다. 22. 보호7☆

제47조【물품 또는 귀가여비의 지급】 소년원장은 보호소년이 퇴원허가 또는 임시퇴원 허가를 받거나 「소년법」 제37조 제1항에 따라 처분변경 결정을 받았을 때에는 필요한 경우 물품 또는 귀가여비를 지급할 수 있다.

제49조【방문 허가 등】 ① 보호소년 등에 대한 지도, 학술연구, 그 밖의 사유로 소년원이나 소년분류심사원을 방문하려는 자는 그 대상 및 사유를 구체적으로 밝혀 원장의 허가를 받아야 한다.

제52조 【소년분류심사원이 설치되지 아니한 지역에서의 소년분류심사원의 임무수행】 소년분류심사원이 설치되지 아니한 지역에서는 소년분류심사원이 설치될 때까지 <u>소년분류심사원의 임무는 소년원이 수행하고,</u> <u>위탁소년 및 유치소년은 소년원의 구획된 장소에 수용한다.</u>

참고

소년원과 소년교도소의 비교

구분	소년원	소년교도소
관할	소년부(소년법원)	법원(형사법원)
적용 법령	「보호소년 등의 처우에 관한 법률」	「형의 집행 및 수용자의 처우에 관한 법률」
제재	보호처분	형벌
수용 대상	범죄소년 · 촉법소년 · 우범소년	범죄소년
수용 중점	교육	자유형 집행
사회복귀	퇴원, 임시퇴원	석방, 가석방

2 아동 · 청소년의 성보호에 관한 법률

제1조 【목적】 이 법은 <u>아동 · 청소년 대상 성범죄의 처벌과 절차에 관한 특례를 규정</u>하고 <u>피해아동 · 청소년을 위한 구제 및 지원절차를 마련하며</u> <u>아동 · 청소년 대상 성범죄자를 체계적으로 관리함으로써</u> 아동 · 청소년을 성범죄로부터 보호하고 아동 · 청소년이 건강한 사회구성원으로 성장할 수 있도록 함을 목적으로 한다.

제2조 【정의】 이 법에서 사용하는 용어의 뜻은 다음과 같다.
1. '아동 · 청소년'이란 <u>19세 미만의 사람</u>을 말한다. 〈개정 2024.3.26.〉 23. 보호7☆
5. '아동 · 청소년성착취물'이란 <u>아동 · 청소년 또는 아동 · 청소년으로 명백하게 인식될 수 있는 사람이나 표현물이 등장</u>하여 제4호(→ 아동 · 청소년의 성을 사는 행위)의 어느 하나에 해당하는 행위를 하거나 그 밖의 성적 행위를 하는 내용을 표현하는 것으로서 <u>필름 · 비디오물 · 게임물 또는 컴퓨터나 그 밖의 통신매체를 통한 화상 · 영상 등의 형태로 된 것</u>을 말한다.*

제18조 【신고의무자의 성범죄에 대한 가중처벌】 제34조 제2항 각 호(→ 아동 · 청소년 대상 성범죄의 신고의무자)의 기관 · 시설 또는 단체의 장과 그 종사자가 자기의 <u>보호 · 감독 또는 진료를 받는 아동 · 청소년을 대상으로 성범죄를 범한 경우에는 그 죄에 정한 형의 2분의 1까지 가중처벌</u>한다.

제19조 【「형법」상 감경규정에 관한 특례】 <u>음주 또는 약물로 인한 심신장애 상태</u>에서 <u>아동 · 청소년 대상 성폭력범죄를 범한 때</u>에는 「형법」 제10조 제1항 · 제2항(→ 심신장애인) 및 제11조(→ 청각 및 언어 장애인)를 <u>적용하지 아니할 수 있다</u>(→ 책임의 면제 · 감경을 인정하지 아니할 수 있음). 14. 사시

* 아동 · 청소년을 대상으로 하는 음란물은 그 자체로 아동 · 청소년에 대한 성착취 및 성학대를 의미하는 것임에도 불구하고, 막연히 아동 · 청소년을 '이용'하는 음란물의 의미로 가볍게 해석되는 경향이 있는바, '아동 · 청소년이용음란물'을 '아동 · 청소년성착취물'이라는 용어로 변경함으로써 아동청소년이용음란물이 '성착취 · 성학대'를 의미하는 것임을 명확히 하였다(제2조 제5호).

제20조【공소시효에 관한 특례】① 아동·청소년 대상 성범죄의 공소시효는 「형사소송법」 제252조 제1항(→ 시효는 범죄행위가 종료한 때로부터 진행)에도 불구하고 해당 성범죄로 피해를 당한 아동·청소년이 성년에 달한 날부터 진행한다.

② 제7조의 죄는 디엔에이(DNA)증거 등 그 죄를 증명할 수 있는 과학적인 증거가 있는 때에는 공소시효가 10년 연장된다.

③ 13세 미만의 사람 및 신체적인 또는 정신적인 장애가 있는 사람에 대하여 다음 각 호(생략)의 죄를 범한 경우에는 제1항과 제2항에도 불구하고 「형사소송법」 제249조부터 제253조까지 및 「군사법원법」 제291조부터 제295조까지에 규정된 공소시효를 적용하지 아니한다. 14. 사시

④ 다음 각 호의 죄를 범한 경우에는 제1항과 제2항에도 불구하고 「형사소송법」 제249조부터 제253조까지 및 「군사법원법」 제291조부터 제295조까지에 규정된 공소시효를 적용하지 아니한다.

1. 「형법」 제301조의2(강간 등 살인·치사)의 죄(강간 등 살인에 한정한다)
2. 제10조 제1항(→ 아동·청소년에 대한 강간 등 살인) 및 제11조 제1항(→ 아동·청소년성착취물의 제작·수입·수출)의 죄
3. 「성폭력범죄의 처벌 등에 관한 특례법」 제9조 제1항의 죄

제21조【형벌과 수강명령 등의 병과】① 법원은 아동·청소년 대상 성범죄를 범한 「소년법」 제2조의 소년에 대하여 형의 선고를 유예하는 경우에는 반드시 보호관찰을 명하여야 한다.

② 법원은 아동·청소년 대상 성범죄를 범한 자에 대하여 유죄판결을 선고하거나 약식명령을 고지하는 경우에는 500시간의 범위에서 재범예방에 필요한 수강명령 또는 성폭력 치료프로그램의 이수명령(이하 '이수명령'이라 한다)을 병과하여야 한다. 다만, 수강명령 또는 이수명령을 부과할 수 없는 특별한 사정이 있는 경우에는 그러하지 아니하다.

③ 아동·청소년대상 성범죄를 범한 자에 대하여 제2항의 수강명령은 형의 집행을 유예할 경우에 그 집행유예기간 내에서 병과하고, 이수명령은 벌금 이상의 형을 선고하거나 약식명령을 고지할 경우에 병과한다. 다만, 이수명령은 아동·청소년 대상 성범죄자가 「전자장치 부착 등에 관한 법률」 제9조의2 제1항 제4호에 따른 성폭력 치료 프로그램의 이수명령을 부과받은 경우에는 병과하지 아니한다.

④ 법원이 아동·청소년 대상 성범죄를 범한 사람에 대하여 형의 집행을 유예하는 경우에는 제2항에 따른 수강명령 외에 그 집행유예기간 내에서 보호관찰 또는 사회봉사 중 하나 이상의 처분을 병과할 수 있다. 16. 보호7

제22조【판결 전 조사】① 법원은 피고인에 대하여 제21조에 따른 보호관찰, 사회봉사, 수강명령 또는 이수명령을 부과하거나 제56조에 따른 취업 제한명령을 부과하기 위하여 필요하다고 인정하면 그 법원의 소재지 또는 피고인의 주거지를 관할하는 보호관찰소의 장에게 피고인의 신체적·심리적 특성 및 상태, 정신성적 발달 과정, 성장 배경, 가정환경, 직업, 생활환경, 교우관계, 범행동기, 병력(病歷), 피해자와의 관계, 재범위험성 등 피고인에 관한 사항의 조사를 요구할 수 있다.

🏛 핵심 OX

03 「아동·청소년의 성보호에 관한 법률」에서 아동·청소년이란 19세 미만의 자를 말하나, 19세에 도달하는 연도의 1월 1일을 맞이한 자는 제외한다. (O, X)

04 「아동·청소년의 성보호에 관한 법률」상 음주 또는 약물로 인한 심신상실 상태에서 아동·청소년 대상 강간죄를 범한 경우 처벌할 수 있다. (O, X)

03 O
04 O

제23조【친권상실청구 등】 ① 아동·청소년 대상 성범죄사건을 수사하는 검사는 그 사건의 가해자가 피해아동·청소년의 친권자나 후견인인 경우에 법원에「민법」제924조의 친권상실선고 또는 같은 법 제940조의 후견인 변경 결정을 청구하여야 한다. 다만, 친권상실선고 또는 후견인 변경 결정을 하여서는 아니 될 특별한 사정이 있는 경우에는 그러하지 아니하다.

제25조【수사 및 재판절차에서의 배려】 ③ 수사기관과 법원은 제2항에 따른 조사나 심리·재판을 할 때 피해아동·청소년이 13세 미만이거나 신체적인 또는 정신적인 장애로 의사소통이나 의사표현에 어려움이 있는 경우 조력을 위하여「성폭력범죄의 처벌 등에 관한 특례법」제36조부터 제39조까지(→ 진술조력인제도)를 준용한다. 이 경우 '성폭력범죄'는 '아동·청소년 대상 성범죄'로, '피해자'는 '피해아동·청소년'으로 본다.

제25조의2【아동·청소년 대상 디지털 성범죄의 수사 특례】 ① 사법경찰관리는 다음 각 호(생략)의 어느 하나에 해당하는 범죄(이하 '디지털 성범죄'라 한다)에 대하여 신분을 비공개하고 범죄현장(정보통신망을 포함한다) 또는 범인으로 추정되는 자들에게 접근하여 범죄행위의 증거 및 자료 등을 수집(이하 '신분비공개수사'라 한다)할 수 있다.
② 사법경찰관리는 디지털 성범죄를 계획 또는 실행하고 있거나 실행하였다고 의심할 만한 충분한 이유가 있고, 다른 방법으로는 그 범죄의 실행을 저지하거나 범인의 체포 또는 증거의 수집이 어려운 경우에 한정하여 수사 목적을 달성하기 위하여 부득이한 때에는 다음 각 호의 행위(이하 '신분위장수사'라 한다)를 할 수 있다.
1. 신분을 위장하기 위한 문서, 도화 및 전자기록 등의 작성, 변경 또는 행사
2. 위장 신분을 사용한 계약·거래
3. 아동·청소년성착취물 또는「성폭력범죄의 처벌 등에 관한 특례법」제14조 제2항의 촬영물 또는 복제물(복제물의 복제물을 포함한다)의 소지, 판매 또는 광고

제26조【영상물의 촬영·보존 등】 ① 아동·청소년 대상 성범죄 피해자의 진술내용과 조사 과정은 비디오녹화기 등 영상물 녹화장치로 촬영·보존하여야 한다(→ 의무적).
② 제1항에 따른 영상물녹화는 피해자 또는 법정대리인이 이를 원하지 아니하는 의사를 표시한 때에는 촬영을 하여서는 아니 된다. 다만, 가해자가 친권자 중 일방인 경우는 그러하지 아니하다. 13. 사시
⑥ 제1항부터 제4항까지의 절차에 따라 촬영한 영상물에 수록된 피해자의 진술은 공판준비기일 또는 공판기일에 피해자 또는 조사 과정에 동석하였던 신뢰관계에 있는 자의 진술에 의하여 그 성립의 진정함이 인정된 때에는 증거로 할 수 있다.

제27조【증거보전의 특례】 ① 아동·청소년 대상 성범죄의 피해자, 그 법정대리인 또는 경찰은 피해자가 공판기일에 출석하여 증언하는 것에 현저히 곤란한 사정이 있을 때에는 그 사유를 소명하여 제26조에 따라 촬영된 영상물 또는 그 밖의 다른 증거물에 대하여 해당 성범죄를 수사하는 검사에게「형사소송법」제184조 제1항에 따른 증거보전의 청구를 할 것을 요청할 수 있다.

제28조【신뢰관계에 있는 사람의 동석】 ① 법원은 아동·청소년 대상 성범죄의 피해자를 증인으로 신문하는 경우에 검사, 피해자 또는 법정대리인이 신청하는 경우에는

재판에 지장을 줄 우려가 있는 등 부득이한 경우가 아니면 피해자와 <u>신뢰관계에 있</u>
<u>는 사람을 동석하게 하여야 한다</u>(→ 의무적).

② 제1항은 수사기관이 제1항의 피해자를 조사하는 경우에 관하여 준용한다.

제29조【서류 · 증거물의 열람 · 등사】 아동 · 청소년 대상 성범죄의 피해자, 그 법정대
리인 또는 변호사는 <u>재판장의 허가를 받아</u> 소송계속 중의 관계 서류 또는 증거물을
열람하거나 등사할 수 있다.

제30조【피해아동 · 청소년 등에 대한 변호사선임의 특례】 ① 아동 · 청소년 대상 성범죄
의 피해자 및 그 법정대리인은 형사절차상 입을 수 있는 피해를 방어하고 법률적
조력을 보장하기 위하여 <u>변호사를 선임할 수 있다.</u>

제34조【아동 · 청소년 대상 성범죄의 신고】 ① <u>누구든지</u> 아동 · 청소년 대상 성범죄의
발생사실을 알게 된 때에는 수사기관에 <u>신고할 수 있다.</u>

② 다음 각 호(생략)의 어느 하나에 해당하는 <u>기관 · 시설 또는 단체의 장과 그 종사</u>
<u>자</u>는 직무상 아동 · 청소년 대상 성범죄의 발생사실을 알게 된 때에는 즉시 수사기
관에 <u>신고하여야 한다.</u>

제38조【성매매 피해아동 · 청소년에 대한 조치 등】 ①「성매매알선 등 행위의 처벌에
관한 법률」제21조 제1항에도 불구하고 제13조(→ 아동 · 청소년의 성을 사는 행위
등) 제1항의 죄의 <u>상대방이 된 아동 · 청소년</u>에 대하여는 <u>보호를 위하여 처벌하지</u>
<u>아니한다.</u> 14 사시

② 검사 또는 사법경찰관은 성매매 피해아동 · 청소년을 발견한 경우 신속하게 사건을
수사한 후 지체 없이 여성가족부장관 및 제47조의2에 따른 성매매 피해아동 · 청소년
지원센터를 관할하는 특별시장 · 광역시장 · 특별자치시장 · 도지사 · 특별자치도지
사(이하 '시 · 도지사'라 한다)에게 통지하여야 한다.

③ 여성가족부장관은 제2항에 따른 통지를 받은 경우 해당 성매매 피해아동 · 청소
년에 대하여 다음 각 호의 어느 하나에 해당하는 조치를 하여야 한다.

1. 제45조에 따른 보호시설 또는 제46조에 따른 상담시설과의 연계

2. 제47조의2에 따른 성매매 피해아동 · 청소년 지원센터에서 제공하는 교육 · 상담
   및 지원 프로그램 등의 참여

제41조【피해아동 · 청소년 등을 위한 조치의 청구】 검사는 성범죄의 피해를 받은 아동 ·
청소년을 위하여 지속적으로 위해의 배제와 보호가 필요하다고 인정하는 경우 법원
에 제1호의 보호관찰과 함께 제2호부터 제5호까지의 조치를 청구할 수 있다. 다만,
「전자장치 부착 등에 관한 법률」제9조의2 제1항 제2호 및 제3호에 따라 가해자에게
특정 지역 출입 금지 등의 준수사항을 부과하는 경우에는 그러하지 아니하다.

1. 가해자에 대한「보호관찰 등에 관한 법률」에 따른 보호관찰

2. 피해를 받은 아동 · 청소년의 주거 등으로부터 가해자를 분리하거나 퇴거하는 조치

3. 피해를 받은 아동 · 청소년의 주거, 학교, 유치원 등으로부터 100미터 이내에 가
   해자 또는 가해자의 대리인의 접근을 금지하는 조치

4. 「전기통신기본법」제2조 제1호의 전기통신이나 우편물을 이용하여 가해자가 피
   해를 받은 아동 · 청소년 또는 그 보호자와 접촉을 하는 행위의 금지

5. 제45조에 따른 보호시설에 대한 보호위탁결정 등 피해를 받은 아동 · 청소년의
   보호를 위하여 필요한 조치

대상 아동 · 청소년의 삭제

종래에는 성매매에 유입되는 아동 · 청소
년을 처벌하지 않도록 하고 있음에도 불
구하고, 이러한 아동 · 청소년을 '피해아
동 · 청소년'으로 정의하지 않고 성을 사
는 행위의 '대상 아동 · 청소년'으로 정의
하여「소년법」에 따른 보호처분을 하고,
이에 따라 성매매 유입 아동 · 청소년은
경찰 · 검찰 등 수사기관의 수사를 거쳐
관할법원 소년부에 송치되거나 교육 과정
혹은 상담 과정을 마치도록 되어 있어 문
제점으로 지적되었다. 이에 '대상 아동 ·
청소년'을 삭제하고 이들에 대한 보호
처분을 폐지하였다(제39조 및 제40조의
삭제).

제44조【가해아동·청소년의 처리】 ① 10세 이상 14세 미만의 아동·청소년이 제2조 제2호 나목 및 다목의 죄와 제7조의 죄를 범한 경우에 수사기관은 신속히 수사하고, 그 사건을 관할 법원 소년부에 송치하여야 한다.

② 14세 이상 16세 미만의 아동·청소년이 제1항의 죄를 범하여 그 사건이 관할 법원 소년부로 송치된 경우 송치받은 법원 소년부 판사는 그 아동·청소년에게 다음 각 호의 어느 하나에 해당하는 보호처분을 할 수 있다.

1. 「소년법」 제32조 제1항 각 호의 보호처분
2. 「청소년 보호법」 제35조의 청소년 보호·재활센터에 선도보호를 위탁하는 보호처분

④ 판사는 제1항 및 제2항에 따라 관할 법원 소년부에 송치된 가해아동·청소년에 대하여 「소년법」 제32조 제1항 제4호 또는 제5호의 처분(→ 단기 보호관찰, 장기 보호관찰)을 하는 경우 재범예방에 필요한 <u>수강명령을 하여야 한다.</u>

제49조【등록정보의 공개】 ① 법원은 다음 각 호의 어느 하나(생략)에 해당하는 자에 대하여 판결로 제4항의 공개정보를 「성폭력범죄의 처벌 등에 관한 특례법」 제45조 제1항의 <u>등록기간 동안 정보통신망을 이용하여 공개하도록 하는 명령</u>(이하 '공개명령'이라 한다)을 등록 대상사건의 <u>판결과 동시에 선고하여야</u> 한다. 다만, <u>피고인이 아동·청소년인 경우</u>, 그 밖에 신상정보를 공개하여서는 아니 될 특별한 사정이 있다고 판단하는 경우에는 그러하지 아니한다. 16. 사시☆

② 제1항에 따른 <u>등록정보의 공개기간</u>(「형의 실효 등에 관한 법률」 제7조에 따른 기간을 초과하지 못한다)은 <u>판결이 확정된</u> 때부터 기산한다.

③ 다음 각 호의 기간은 제1항에 따른 공개기간에 넣어 계산하지 아니한다.

1. 공개명령을 받은 자(이하 '공개 대상자'라 한다)가 신상정보 공개의 원인이 된 성범죄로 교정시설 또는 치료감호시설에 수용된 기간. 이 경우 신상정보 공개의 원인이 된 성범죄와 다른 범죄가 「형법」 제37조(판결이 확정되지 아니한 수개의 죄를 경합범으로 하는 경우로 한정한다)에 따라 경합되어 같은 법 제38조에 따라 형이 선고된 경우에는 그 선고형 전부를 신상정보 공개의 원인이 된 성범죄로 인한 선고형으로 본다.
2. 제1호에 따른 기간 이전의 기간으로서 제1호에 따른 기간과 이어져 공개 대상자가 다른 범죄로 교정시설 또는 치료감호시설에 수용된 기간
3. 제1호에 따른 기간 이후의 기간으로서 제1호에 따른 기간과 이어져 공개 대상자가 다른 범죄로 교정시설 또는 치료감호시설에 수용된 기간

제50조【등록정보의 고지】 ① 법원은 공개 대상자 중 다음 각 호(생략)의 어느 하나에 해당하는 자에 대하여 판결로 제49조에 따른 <u>공개명령기간 동안</u> 제4항에 따른 고지정보를 제5항에 규정된 사람에 대하여 <u>고지하도록 하는 명령</u>(이하 '고지명령'이라 한다)을 등록 대상 성범죄사건의 <u>판결과 동시에 선고하여야</u> 한다. 다만, <u>피고인이 아동·청소년인 경우</u>, 그 밖에 신상정보를 고지하여서는 아니 될 특별한 사정이 있다고 판단하는 경우에는 그러하지 아니한다. 16. 사시

② 고지명령을 선고받은 자(이하 '고지 대상자'라 한다)는 공개명령을 선고받은 자로 본다.

제51조【고지명령의 집행】 ① 고지명령의 집행은 여성가족부장관이 한다.

제51조의2【고지정보의 정정 등】 ① 누구든지 제51조에 따라 집행된 고지정보에 오류가 있음을 발견한 경우 여성가족부장관에게 그 정정을 요청할 수 있다.

제52조【공개명령의 집행】 ① 공개명령은 여성가족부장관이 정보통신망을 이용하여 집행한다.

제53조【계도 및 범죄정보의 공표】 ① 여성가족부장관은 아동·청소년 대상 성범죄의 발생추세와 동향, 그 밖에 계도에 필요한 사항을 연 2회 이상 공표하여야 한다.

제56조【아동·청소년 관련 기관 등에의 취업 제한 등】 ① 법원은 아동·청소년 대상 성범죄 또는 성인 대상 성범죄(이하 '성범죄'라 한다)로 형 또는 치료감호를 선고하는 경우에는 판결(약식명령을 포함한다. 이하 같다)로 그 형 또는 치료감호의 전부 또는 일부의 집행을 종료하거나 집행이 유예·면제된 날(벌금형을 선고받은 경우에는 그 형이 확정된 날)부터 일정기간(이하 '취업 제한기간'이라 한다) 동안 다음 각 호(생략)에 따른 시설·기관 또는 사업장(이하 '아동·청소년 관련 기관 등'이라 한다)을 운영하거나 아동·청소년 관련 기관 등에 취업 또는 사실상 노무를 제공할 수 없도록 하는 명령(이하 '취업 제한명령'이라 한다)을 성범죄사건의 판결과 동시에 선고(약식명령의 경우에는 고지)하여야 한다. 다만, 재범의 위험성이 현저히 낮은 경우, 그 밖에 취업을 제한하여서는 아니 되는 특별한 사정이 있다고 판단하는 경우에는 그러하지 아니한다.
② 제1항에 따른 취업 제한기간은 10년을 초과하지 못한다.

제57조【성범죄의 경력자 점검·확인】 ① 여성가족부장관 또는 관계 중앙행정기관의 장은 다음 각 호(생략)의 구분에 따라 성범죄로 취업 제한명령을 선고받은 자가 아동·청소년 관련 기관 등을 운영하거나 아동·청소년 관련 기관 등에 취업 또는 사실상 노무를 제공하고 있는지를 직접 또는 관계 기관 조회 등의 방법으로 연 1회 이상 점검·확인하여야 한다.

제59조【포상금】 ① 여성가족부장관은 제8조, 제8조의2, 제11조 제1항·제2항·제4항 및 제13조부터 제15조까지에 해당하는 범죄를 저지른 사람을 수사기관에 신고한 사람에 대하여는 예산의 범위에서 포상금을 지급할 수 있다.

제61조【보호관찰】 ① 검사는 아동·청소년 대상 성범죄를 범하고 재범의 위험성이 있다고 인정되는 사람에 대하여는 형의 집행이 종료한 때부터 「보호관찰 등에 관한 법률」에 따른 보호관찰을 받도록 하는 명령(이하 '보호관찰명령'이라 한다)을 법원에 청구하여야 한다. 다만, 검사가 「전자장치 부착 등에 관한 법률」 제21조의2에 따른 보호관찰명령을 청구한 경우에는 그러하지 아니하다.
② 법원은 공소가 제기된 아동·청소년 대상 성범죄사건을 심리한 결과 보호관찰명령을 선고할 필요가 있다고 인정하는 때에는 검사에게 보호관찰명령의 청구를 요청할 수 있다.
③ 법원은 아동·청소년 대상 성범죄를 범한 사람이 금고 이상의 선고형에 해당하고 보호관찰명령 청구가 이유 있다고 인정하는 때에는 2년 이상 5년 이하의 범위에서 기간을 정하여 보호관찰명령을 병과하여 선고하여야 한다.

고지정보의 정정 청구

성범죄자의 거주지로 고지된 주소가 실제 성범죄자가 거주하는 주소와 달라 해당 주소에 거주하는 거주민이 성범죄자로 오인을 받는 경우 잘못 고지된 정보에 대해 정정을 청구할 수 있는 법적 근거를 마련하였다(제51조의2).

성범죄자에 대한 취업 제한

종래 아동·청소년 대상 성범죄 또는 성인 대상 성범죄자에 대하여 죄질, 형량 또는 재범위험성 등을 고려하지 아니하고 일률적으로 10년간 아동·청소년 관련 기관 등에 취업 또는 사실상 노무를 제공하는 것 등을 금지하도록 한 조항에 대하여 직업선택의 자유 침해 등을 이유로 헌법재판소가 위헌결정을 하였다(2013헌마585 등). 이러한 위헌결정의 취지를 반영하여 법원은 성범죄로 형 또는 치료감호를 선고하면서 이와 동시에 아동·청소년 관련기관 등에의 취업 제한명령을 선고하도록 하되 그 기간을 죄의 경중 및 재범위험성을 고려하여 차등하도록 하였다(제56조).

제62조 【보호관찰 대상자의 보호관찰기간 연장 등】① 보호관찰 대상자가 보호관찰기 간 중에 「보호관찰 등에 관한 법률」 제32조에 따른 준수사항을 위반하는 등 재범 의 위험성이 증대한 경우에 법원은 보호관찰소의 장의 신청에 따른 검사의 청구로 제61조 제3항에 따른 5년을 초과하여 보호관찰의 기간을 연장할 수 있다.

⚖ **관련 판례** 「아동·청소년의 성보호에 관한 법률」 관련 - 1

「아동·청소년의 성보호에 관한 법률」 제2조 제2호 (다)목의 아동·청소년 대상 성범죄 를 범한 자라고 하기 위해서는 성범죄의 대상이 아동·청소년이라는 사실을 인식하여야 하는지 여부(소극) - 법 제2조 제2호 (다)목의 아동·청소년 대상 성범죄를 범한 자 라 함은 성범죄의 대상이 아동·청소년이라는 사실을 인식하였는지 여부에 관계없이 아동·청소년에 대한 「형법」 제297조부터 제301조까지, 제301조의2, 제302조, 제 303조, 제305조 및 제339조의 죄를 범한 자를 의미한다고 할 것이다. [대판 2011.12.8, 2011도8163]

구 「아동·청소년의 성보호에 관한 법률」 제2조 제5호에서 정한 '아동·청소년이용음란물'에 해당하기 위한 요건 - 위 법률들 제2조 제5호에서 말하는 '아동·청소년이용음란물'은 '아동·청소년'이나 '아동·청소년 또는 아동·청소년으로 인식될 수 있는 사람이나 표현물'이 등장하여 그 아동·청소년 등이 제2조 제4호 각 목의 행위나 그 밖의 성적 행위를 하거나 하는 것과 같다고 평가될 수 있는 내용을 표현하는 것이어야 한다. [대판 2013.9.12, 2013도502]

[1] 「아동·청소년의 성보호에 관한 법률」에서 정한 공개명령 및 고지명령제도의 의의와 법적 성격(= 일종의 보안처분) - (중략) 위와 같은 공개명령 및 고지명령제도는 아 동·청소년 대상 성폭력범죄 등을 효과적으로 예방하고 그 범죄로부터 아동·청 소년을 보호함을 목적으로 하는 일종의 보안처분으로서, 그 목적과 성격, 운영에 관한 법률의 규정 내용 및 취지 등을 종합해 보면, 공개명령 및 고지명령제도는 범 죄행위를 한 자에 대한 응보 등을 목적으로 그 책임을 추궁하는 사후적 처분인 형 벌과 구별되어 그 본질을 달리한다. 14. 보호7

[2] 「아동·청소년의 성보호에 관한 법률」 제38조 제1항 단서, 제38조의2 제1항 단서에서 공개명령 또는 고지명령 선고의 예외사유로 규정한 '피고인이 아동·청소년인 경우'의 판단 기준시점(= 사실심 판결선고 시) - (중략) 공개명령 및 고지명령의 성격과 본 질, 관련 법률의 내용과 취지 등에 비추어 공개명령 등의 예외사유로 규정되어 있 는 위 '피고인이 아동·청소년인 경우'에 해당하는지는 사실심 판결의 선고 시를 기준으로 판단하여야 한다. [대판 2012.5.24, 2012도2763] 18. 승진

청소년 성매수자에 대한 신상공개를 규정한 「청소년의 성보호에 관한 법률」(이하, '법'이 라고만 함) 제20조 제2항 제1호가 과잉금지원칙에 위반되는지 여부(소극) - (중략) 그렇 다면 청소년 성매수자의 일반적 인격권과 사생활의 비밀의 자유가 제한되는 정도가 청소년 성보호라는 공익적 요청에 비해 크다고 할 수 없으므로 결국 법 제20조 제2항 제1호의 신상공개는 해당 범죄인들의 일반적 인격권, 사생활의 비밀의 자유를 과잉금 지의 원칙에 위배하여 침해한 것이라 할 수 없다. [헌재 2003.6.26, 2002헌가14] 13. 사시

[1] 아동·청소년 대상 성폭력범죄를 저지른 사람에 대하여 신상정보를 공개하도록 한 구「아동·청소년의 성보호에 관한 법률」제38조 제1항 본문 제1호(이하 '심판 대상조항') 가 청구인들의 인격권 및 개인정보 자기결정권을 침해하는지 여부(소극) – 내용 생략

[2] 심판 대상조항이 평등원칙에 반하는지 여부(소극) – 아동·청소년 대상 성폭력범죄 를 저지른 사람과 달리 아동·청소년 대상 일반범죄를 저지른 사람은 신상정보공 개 대상자가 아니지만, 아동·청소년 대상 일반범죄는 성폭력범죄와 달리 청소년 의 생명이나 신체의 완전성, 재산권을 보호하는 데 목적이 있으므로, 양자를 본질 적으로 동일한 비교집단으로 보기 어렵다. 또한, 아동·청소년을 대상으로 성폭력 범죄가 아닌 성범죄를 저지른 사람도 신상정보공개 대상자가 아니지만, 이는 행위 불법성의 차이와 입법 당시의 사회적 상황, 일반 국민의 법감정 등을 종합적으로 고려한 결과이므로 이를 자의적이고 비합리적인 차별이라고도 보기 어렵다. 따라 서 심판 대상조항은 평등원칙을 위반한 것이라고 볼 수 없다.

[3] 심판 대상조항이 적법절차원칙 및 이중처벌금지원칙에 반하거나 청구인들의 재판받 을 권리를 침해하는지 여부(소극) – 법관이 유죄판결을 선고하는 경우에만 여러 사 정을 종합적으로 고려하여 신상정보 공개명령을 할 수 있으므로, 심판 대상조항이 적법절차원칙에 반하거나 청구인들의 재판받을 권리를 침해한다고 볼 수 없다. 또 한 이중처벌은 동일한 행위를 대상으로 처벌이 거듭 행해질 때 발생하는 문제이 고, 이 사건과 같이 특정한 범죄행위에 대하여 동일한 재판절차를 거쳐 형벌과 신 상정보 공개명령을 함께 선고하는 것은 이중처벌금지원칙과 관련이 없다. [헌재 2013.10.24, 2011헌바106·107]

아동·청소년 대상 성범죄로 형 또는 치료감호를 선고받아 확정된 자에 대하여 그 형 또 는 치료감호의 전부 또는 일부의 집행을 종료하거나 집행이 유예·면제된 날부터 10년간 아동·청소년 관련 기관 등을 운영하거나 이에 취업하거나 사실상 노무를 제공할 수 없도 록 한 「아동·청소년의 성보호에 관한 법률」(2014.1.21. 법률 제12329호로 개정된 것) 제 56조 제1항 중 '아동·청소년 대상 성범죄로 형 또는 치료감호를 선고받아 확정된 자' 부 분(이하 '이 사건 취업 제한조항'이라 한다)이 청구인의 직업선택의 자유를 침해하는지 여 부(적극) – (중략) 그러나 이 사건 취업 제한조항은 아동·청소년 대상 성범죄 전력에 기초하여 어떠한 예외도 없이 그 대상자가 재범의 위험성이 있다고 간주하여 일률적으 로 아동·청소년 관련 기관 등의 취업 등을 10년간 금지하고 있는 점, (중략) 이 사건 취업 제한조항이 범죄행위의 유형이나 구체적 태양 등을 고려하지 않은 채 범행의 정 도가 가볍고 재범의 위험성이 상대적으로 크지 않은 자에게까지 10년 동안 일률적인 취업 제한을 부과하고 있는 점 등을 종합하면, (중략) 이 사건 취업 제한조항은 청구인 의 직업선택의 자유를 침해한다. [헌재 2016.4.28, 2015헌마98]

「성폭력범죄의 처벌 등에 관한 특례법」제47조 제1항, 제49조 제1항에 의하여 적용되는 「아동·청소년의 성보호에 관한 법률」제49조 제1항, 제50조 제1항 각 단서에서 공개명 령과 고지명령의 예외사유의 하나로 규정한 '신상정보를 공개하여서는 아니 될 특별한 사 정이 있다고 판단되는 경우'에 해당하는지 판단하는 기준 / 위와 같은 공개명령과 고지명 령의 예외사유를 각각 별개로 판단하여야 하는지 여부(소극) – (중략) 공개명령과 고지

명령의 예외사유의 하나로 규정한 '신상정보를 공개하여서는 아니 될 특별한 사정이 있다고 판단되는 경우'에 해당하는지는 피고인의 연령, 직업, 재범위험성 등 행위자의 특성, 당해 범행의 종류, 동기, 범행 과정, 결과 및 그 죄의 경중 등 범행의 특성, 공개명령 또는 고지명령으로 인하여 피고인이 입는 불이익의 정도와 예상되는 부작용, 그로 인해 달성할 수 있는 등록 대상 성폭력범죄의 예방 효과 및 등록대상 성폭력범죄로부터의 피해자 보호 효과 등을 종합 적으로 고려하여 판단하여야 한다. 한편, 위 규정의 내용과 취지에 비추어 보면, 위와 같은 공개명령과 고지명령의 예외사유를 각각 별개로 판단하여야 하는 것은 아니고, 공개명령과 고지명령의 예외사유가 있는지 여부에 대한 판단 근거와 이유가 공통되는 경우에는 함께 판단할 수 있다고 보아야 한다.

[대판 2016.11.10, 2016도14230]

01 신설하는 소년원 및 소년분류심사원은 수용정원이 150명 이상의 규모가 되도록 하여야 한다. 다만, 소년원 및 소년분류심사원의 기능 · 위치나 그 밖의 사정을 고려하여 그 규모를 축소할 수 있다. 21. 교정7 ( )

02 보호소년등은 남성과 여성, 보호소년과 위탁소년 및 유치소년, 16세 미만인 자와 16세 이상인 자 등의 기준에 따라 분리 수용한다. 22. 교정9 ( )

03 보호소년 등은 그 처우에 대하여 불복할 때에는 법무부장관에게 문서로 청원할 수 있다. 21. 보호7 ( )

04 소년원장은 분류수용, 교정교육상의 필요, 그 밖의 이유로 보호소년을 다른 소년원으로 이송하는 것이 적당하다고 인정하면 법무부장관의 허가를 받아 이송할 수 있다. 23. 보호7 ( )

05 「보호소년 등의 처우에 관한 법률」상 보호장비로는 ㉠ 가스총, ㉡ 보호복, ㉢ 머리보호장비, ㉣ 전자충격기 등이 있다. 21. 보호7 ( )

06 「보호소년 등의 처우에 관한 법률」상 원장은 법원 또는 검찰의 조사 · 심리, 이송, 그 밖의 사유로 호송하는 경우에는 소속 공무원으로 하여금 보호소년등에 대하여 수갑, 포승 또는 보호대 외에 가스총이나 전자충격기를 사용하게 할 수 있다. 23. 교정9 ( )

정답

01 ✕ '150명 이내'의 규모가 되도록 하여야 하며, 여러 사정을 고려하여 그 규모를 '증대'할 수 있다(보호소년 등의 처우에 관한 법률 제6조 제1항).

02 ✕ 16세 미만인 자와 16세 이상인 자는 보호소년 등의 처우에 관한 법률상 분리 수용의 기준이 아니다(보호소년 등의 처우에 관한 법률 제8조 제2항).

03 ○ 「보호소년 등의 처우에 관한 법률」 제11조 참조

04 ○ 「보호소년 등의 처우에 관한 법률」 제12조 제1항

05 ✕ 보호복(㉡)은 보호소년 등의 처우에 관한 법률에 규정된 보호장비에 해당하지 않는다(「보호소년 등의 처우에 관한 법률」 제14조의2 제1항).

06 ✕ 수갑, 포승 또는 보호대는 사용하게 할 수 있으나, '가스총이나 전자충격기를 사용하게 할 수 있는 경우에 해당하지 않는다'(「보호소년 등의 처우에 관한 법률」 제14조의2 제2항 제2호).

07 보호소년이 ㉠ 이탈 · 난동 · 폭행을 선동 · 선전하거나 하려고 하는 때, ㉡ 다른 사람에게 위해를 가하거나 가하려고 하는 때, ㉢ 위력으로 소속 공무원의 정당한 직무집행을 방해하는 때, ㉣ 소년원 · 소년분류심사원의 설비 · 기구 등을 손괴하거나 손괴하려고 하는 때에는 보호소년에 대하여 수갑, 포승 또는 보호대 외에 가스총이나 전자충격기를 사용할 수 있다. 22. 보호7   (   )

08 「보호소년 등의 처우에 관한 법률」상 원장은 보호소년등이 위력으로 소속 공무원의 정당한 직무집행을 방해하는 경우에는 소속 공무원으로 하여금 가스총을 사용하게 할 수 있다. 이 경우 사전에 상대방에게 이를 경고하여야 하나, 상황이 급박하여 경고할 시간적인 여유가 없는 때에는 그러하지 아니하다. 23. 교정9   (   )

09 「보호소년 등의 처우에 관한 법률」상 원장은 보호소년등이 자해할 우려가 큰 경우에는 소속 공무원으로 하여금 보호소년등에게 머리보호장비를 사용하게 할 수 있다. 23. 교정9   (   )

10 「보호소년 등의 처우에 관한 법률」상 보호장비는 필요한 최소한의 범위에서 사용하여야 하며, 보호장비를 사용할 필요가 없게 되었을 때에는 지체 없이 사용을 중지하여야 한다. 23. 교정9   (   )

11 보호장비는 징벌의 수단으로 사용되어서는 아니 된다. 22. 교정9   (   )

12 소년원 또는 소년분류심사원에서 보호소년등이 사용하는 목욕탕, 세면실 및 화장실에는 전자영상장비를 설치하여서는 아니 된다. 22. 교정9   (   )

13 소년원장은 14세 미만의 보호소년에게는 20일 이내의 기간 동안 지정된 실(室) 안에서 근신하게 하는 징계를 할 수 없다. 23. 보호7   (   )

정답

07 ✕ '이탈, 자살, 자해하거나 이탈, 자살, 자해하려고 하는 때'에는 수갑, 포승 또는 보호대 외에 가스총이나 전자충격기를 사용할 수 있으나(「보호소년 등의 처우에 관한 법률」 제14조의2 제3항 제1호 참조), ㉠ 지문과 같은 경우는 규정되어 있지 않다.

08 ○ 「보호소년 등의 처우에 관한 법률」 제14조의2 제3항 제3호, 동조 제4항

09 ○ 「보호소년 등의 처우에 관한 법률」 제14조의2 제5항

10 ○ 「보호소년 등의 처우에 관한 법률」 제14조의2 제6항

11 ○ 「보호소년 등의 처우에 관한 법률」 제14조의2 제7항

12 ✕ 자해 등의 우려가 큰 때에만 전자영상장비를 설치할 수 있다(「보호소년 등의 처우에 관한 법률」 제14조의3 제1항 · 제2항).

13 ○ 「보호소년 등의 처우에 관한 법률」 제15조 제3항

14 소년원장은 품행이 타인의 모범이 되는 보호소년에게 포상을 할 수 있고, 이에 따른 포상을 받은 보호소년에게는 특별한 처우를 할 수 있다. 23. 보호7 　　　　　　　　　　　　　　　　　　　　　　(　)

15 소년원장은 미성년자인 보호소년이 친권자나 후견인이 없거나 있어도 그 권리를 행사할 수 없을 때에는 법무부장관의 허가를 받아 그 보호소년을 위하여 친권자나 후견인의 직무를 행사할 수 있다. 23. 보호7 　　　　　　　　(　)

16 「소년법」제32조 제1항 제8호의 보호처분을 받은 보호소년의 경우에 소년원장은 해당 보호소년이 교정성적이 양호하고 교정 목적을 이루었다고 인정되면 보호관찰심사위원회에 퇴원을 신청하여야 한다. 22. 보호7 　　　(　)

17 위탁소년 또는 유치소년의 소년분류심사원 퇴원은 법원소년부의 결정서에 의하여야 한다. 22. 보호7 　　(　)

18 출원하는 보호소년에 대한 사회정착지원의 기간은 6개월 이내로 하되, 6개월 이내의 범위에서 한 번에 한하여 그 기간을 연장할 수 있다. 22. 보호7 　　　　　　　　　　　　　　　　　　　(　)

19 퇴원 또는 임시퇴원이 허가된 보호소년이 질병에 걸리거나 본인의 편익을 위하여 필요하면 본인의 신청에 의하여 계속 수용할 수 있다. 22. 보호7 　　　　　　　　　　　　　　　　　　　(　)

20 소년분류심사원이 설치되지 아니한 지역에서는 소년분류심사원이 설치될 때까지 소년분류심사원의 임무는 소년을 분리 유치한 구치소에서 수행한다. 21. 보호7 　　　　　　　　　　　　　　　　　　(　)

정답

14 ○ 「보호소년 등의 처우에 관한 법률」제16조 제1항·제2항

15 × '법원의 허가'를 받아야 한다(「보호소년 등의 처우에 관한 법률」제23조).

16 × 소년원장은 1개월 이내의 소년원 송치의 수용상한기간에 도달한 보호소년은 즉시 퇴원시켜야 한다(「보호소년 등의 처우에 관한 법률」제43조 제2항·제3항).

17 ○ 「보호소년 등의 처우에 관한 법률」제43조 제4항

18 ○ 「보호소년 등의 처우에 관한 법률」제45조의2

19 ○ 「보호소년 등의 처우에 관한 법률」제46조 제1항

20 × 소년분류심사원의 임무는 '소년원'이 수행한다(「보호소년 등의 처우에 관한 법률」제52조).

MEMO

MEMO

2025 대비 최신개정판

해커스공무원
노신
형사정책 기본서

개정 8판 1쇄 발행 2024년 6월 3일

지은이	노신 편저
펴낸곳	해커스패스
펴낸이	해커스공무원 출판팀

주소	서울특별시 강남구 강남대로 428 해커스공무원
고객센터	1588-4055
교재 관련 문의	gosi@hackerspass.com
	해커스공무원 사이트(gosi.Hackers.com) 교재 Q&A 게시판
	카카오톡 플러스 친구 [해커스공무원 노량진캠퍼스]
학원 강의 및 동영상강의	gosi.Hackers.com

ISBN	979-11-7244-111-1 (13360)
Serial Number	08-01-01

공무원 교육 1위,
해커스공무원 gosi.Hackers.com

해커스공무원

· 해커스공무원 학원 및 인강(교재 내 인강 할인쿠폰 수록)
· '회독'의 방법과 공부 습관을 제시하는 **해커스 회독증강 콘텐츠**(교재 내 할인쿠폰 수록)
· 정확한 성적 분석으로 약점 극복이 가능한 **합격예측 온라인 모의고사**(교재 내 응시권 및 해설강의 수강권 수록)
· 해커스 스타강사의 **공무원 형사정책 무료 특강**